【大字版】

金一南 ★ 著

苦难辉煌

作家出版社

前　言

　　《苦难辉煌》2009年出版至今，发行量已逾百万。今天修订，首先为补缺、正误。本书涉及大量历史事件和众多历史人物，成稿年代资料不像今天这样丰富，查询也不像今天这样便捷。例如原书曾经描述国民党将领周浑元："他是哪里人氏？他有一个什么样的军旅生涯？他在何处而终？此人跟着薛岳，长追红军两万余里，但来也无影，去也无踪。"就为这句话，书籍出版后众多读者来信来电，提供多种周浑元的资料，这一缺憾终得弥补。又如初稿曾以石原慎太郎为"九一八"事变灵魂人物石原莞尔之子，这一失误现在也得到纠正。再如强渡大渡河到底是几条船、是十七勇士还是十八勇士，当年安顺场先锋、红一师一团一营营长孙继先之子提供了其父留下来的珍贵资料，也使新版书的描述更为清晰准确。还有若干建议与修改，不再一一赘述。"众人拾柴火焰高"，《苦难辉煌》根据大家意见进一步修订，势在必行。衷心感谢每一位对本书提出批评建议的人！

　　其次，增加、补充了对一些事件及人物的描述，使本书整体上更为丰满。

　　最后，也想借此表达一下修订过程中的内心感受。

　　中国革命从来不是一场被看好的革命，中国共产党也从来不是一个被看好的政党，中国特色的社会主义道路同样从来不是一条两边鲜花盛开、中间铺上红地毯的道路。过去如此，今天如此，今后恐怕也是如此。机缘、时运、窍门从来不属于这个事业。只有依靠不屈不挠的坚韧、义无反顾的顽强、前仆后继的牺牲。过去的革命如是，今天的改革依然如是。披荆斩棘，特立独行。

　　海外一位"民运领袖"曾发出感慨："我们犯的最大错误，是低估了共产党的韧性。"

　　什么叫共产党的韧性？

这种韧性又从何而来？

党的韧性，从根本上说源于党人的韧性。近代以来，没有哪一个政治团体像中国共产党这样，拥有如此众多为了胸中的主义和心中的理想抛头颅洒热血、前仆后继、义无反顾、舍生忘死的奋斗者。他们不为官、不为钱，不怕苦、不怕死，只为主义，只为信仰。他们在中华民族历史上展现了空前顽强的生命力和战斗力。

《苦难辉煌》所揭示的，正是这种富含生命力、战斗力的坚韧之性。

这支跨过万水千山的队伍，从出发那一天起就一直在演变：牺牲的，叛变的，出走的，腐败的……这种演变到今天也没有停止。新陈代谢，吐故纳新。"尔曹身与名俱灭，不废江河万古流。"队伍主体从未改变，一直在民族救亡、民族复兴的历史进程中坚守自己的时代担当。

这就是这个党最大的韧性所在。

她是胜利者。

过去是，今天是。

今后能不能也是？

我们的思维，就此出发。

金一南

2015 年 2 月 25 日于海南

第一版前言

我从哪里来?

我们从哪里来?

所问像生命一样久远和古老。

不仅是未来对过去的寻问。是大树对根须的寻问。是火山对岩浆的寻问。是有限对无垠的寻问。

我们曾经是奴隶,否则不会有从 1840 到 1949 中华民族的百年沉沦。

我们也拥有英雄,否则不会有从 1949 到 2050 中华民族的百年复兴。

与波澜壮阔的历史相较,人的生命何其短暂。幸福起来的人们于是不想承认自己曾经是奴隶,也不屑于承认曾经有过英雄。不知不觉中,自己那部热血奔涌、震撼人心的历史被荒弃了、抽干了,弄成一部枯燥、干瘪的室内标本,放在那里无人问津。

历史命运蜕变为个人命运,众生便只有在周易八卦面前诚惶诚恐。

我们没有在丢掉自己的宝藏吗?

瞿秋白说,人爱自己的历史好比鸟爱自己的翅膀,请勿撕破我的翅膀!

不能深刻感触过去,怎么获得腾飞的翅膀?狄德罗说,除去真理和美德,我们还能为什么事物感动呢?把他的话反过来设问:若除去个人富足便不再为其他事物感动,又怎么获得挺直身躯的脊梁?

钱包鼓起来就自立于世界民族之林了吗?

皆从个人苦乐出发,中华民族永远出不了孙中山、毛泽东。

不是要你到历史中去采摘耀眼的花朵。应该去获取熔岩一般运行奔腾的地火。

法国年鉴学派史学大师吕西安·费弗尔说过一句话:在动荡不定

的当今世界,唯有历史能使我们面对生活而不感到胆战心惊。这个著有《为历史而战斗》的人早已去世,其话语仍然在新世纪全球动荡的回音壁上回响。

对中华民族来说,需要前仆后继的事业依然在继续。

我坚信,今天为中华民族复兴默默工作与坚韧奋斗的人们,必能从我们的过去吸收丰富的营养。

不论我们如何富强,也永远不要改变国歌中的这一句:"起来,不愿做奴隶的人们,把我们的血肉,筑成我们新的长城。"

不论我们如何艰难,也永远要记住《国际歌》中的这一句:"从来就没有什么救世主,也不靠神仙皇帝。"

物质不灭。宇宙不灭。唯一能与苍穹比阔的是精神。

任何民族都需要自己的英雄。真正的英雄具有那种深刻的悲剧意味:播种,但不参加收获。

这就是民族脊梁。

谨以此书献给过去、今天、未来成为民族脊梁的人们。

他们历尽苦难,我们获得辉煌。

金一南

2008 年 9 月 24 日

目 录

苏俄在中国最早看好的是吴佩孚而不是孙中山。斯大林在中国最早看好的是蒋介石而不是毛泽东。托洛茨基的警告与斯大林"挤柠檬"。陈独秀也须看共产国际脸色。蒋介石的悲剧,在于与毛泽东同时代。

各方都力图破解:中国的红色政权为什么能够存在?

中国是日本最早的老师。日本又是中国最新的老师。中国革命者从日本译来了《共产党宣言》,日本浪人却在中国炮制出法西斯理论。"三羽乌"从蒸汽浴室腾空而起,给世界的东方带来巨大黑暗。

蒋介石不是孙中山选定的接班人,毛泽东也不是共产国际钦定的领导者。共产国际让蒋介石作报告，却给毛泽东发讣告。蒋介石办杂志，毛泽东办报纸，皆由笔杆到枪杆。蒋介石以黄埔起家，毛泽东以井冈山起家。毛泽东通过枪杆子认识了蒋介石。蒋介石也通过枪杆子认识了毛泽东。

第四章 | "围剿"

李立三把舵的船，是一艘既勇猛奋进又剧烈摇摆的船。被称为"蒋何"的蒋军与被称为"朱毛"的红军在红色根据地迎面相撞，皆是战将如云。建议碉堡政策围困"朱毛"的并非德国顾问，而是朱德云南讲武堂丙班二队的同学金汉鼎。

第五章 | 崛起

中国是一块肥肉。为了吞下这块肥肉，昭和军阀的皮靴连续踏过三位首相。田中义一参加甲午战争时，河本大作还在穿开裆裤。张作霖爱国家，但更爱张家。吞下万斛泪水的石原流出鳄鱼的眼泪。即使政府首相，也只是军队的司务长。

第六章 | 陷落

共产国际的军事顾问也要打假。由于博古的苦衷,李德扮演起现代钟馗。第五次"围剿"蒋介石三遇其险,最伤心处是打碎了毛福梅的腌菜坛。一个前共产党员攻占红都瑞金。出发长征的中国工农红军,开始了最深重的苦难,也是最耀眼的辉煌。

第七章 | 突破

白崇禧、陈济棠皆对红军行动了若指掌。对李汉魂微妙不言的指责,尽在"保境安民"四个字。杨永泰提出的方向别说蒋介石,连红军自己也未意识到。掩盖了48年的隐秘,仍在《难忘的岁月》中维持岁月的尘封。

第八章 | 湘江,湘江

认为"有匪有我,无匪无我"的白崇禧,突然开放全、灌、兴铁三角,红二师却痛失宝贵战机。向来披坚执锐的红一军团,对自己战斗能力还能支撑多久产生动摇。湘军悍将李觉却至死不承认抄了林彪的军团部。

毛泽东一生四次败仗,两次发生在四渡赤水;遵义会议后又差点丢掉前敌总指挥职务。吴奇伟穷追红军一路,1949 年 10 月 1 日却立于开国大典的观礼台。 红军战略决策的变化令人眼花缭乱。没有句句是真理,只有步步实事求是。

第十二章｜大渡桥横铁索寒

红军长征期间,林彪急过两次,蒋介石兴奋过三次。各军团都在创造急行军速度的纪录,连李德都走着走着睡着了。刘伯承的 6 只小船,让全军渡过金沙江。会理会议的裂痕,一直延续到1959 年庐山会议。背挎马刀、腰缠手榴弹、攀援铁索的勇士,成为一尊永恒的青铜雕像。

第十三章｜阴间多云

蒋介石想打苏联牌,苏联也想打蒋介石的牌。蔡元培一边说抗日一边老泪纵横,眼泪滴到汤盘里。红军穿插于赤水河之际,"东方劳伦斯"走遍大半个中国。"三羽乌"是弃物,刺客就不是了吗?被蒋介石也被个人野心涮惨了的张学良,灼热的灵魂已成滚烫的岩浆。

工农红军战史中最兴奋的会师,却演化为最严重的分裂。毛泽东一生中,三个9月9日深深嵌入生命。阎锡山的讲话成了陕北有块根据地的通知。陕北根据地也搞起了肃反。历史最无情,历史也最有情。徐海东、刘志丹都对中国革命立下大功。

降日与抗日,皆在一念之间。只会唱《大刀进行曲》,还不能明白那段历史。毛泽东被蒋介石通缉,又被张国焘通缉。连陈昌浩都发生动摇,铁锤还能成其为铁锤么?秘密谈判破裂,蒋介石要"围剿"到底。但历史的决心从来不属于个人。

第十六章 | 狂飙歌

历史是兴衰,也是命运。在世界东方,不知多少人因中国而失掉名誉,又因中国而恢复名誉。"盖棺论定"讲一个人生命的完结,却不能讲一段历史完结。不是每个人,都能以短暂的生命辉映漫长的历史。常说殊途同归,殊途永远无法同归。

无终结的历史。

无终结即是一切的终结。

大江东去,浪淘尽,千古风流人物。

国际悲歌歌一曲,狂飙为我从天落。

参考书目

第一章

地火

苏俄在中国最早看好的是吴佩孚而不是孙中山。斯大林在中国最早看好的是蒋介石而不是毛泽东。托洛茨基的警告与斯大林"挤柠檬"。陈独秀也须看共产国际脸色。蒋介石的悲剧,在于与毛泽东同时代。

各方都力图破解:中国的红色政权为什么能够存在?

历史不论多么精彩纷呈、多么惊心动魄，当活动于其中的那些鲜活的生命逐渐消失之后，也就逐渐变成了书架上一排又一排积满灰尘的故纸。

静悄悄的图书馆内，靠角落那个书架上，有本如秋叶般枯黄脆裂的书，民国三十一年(1942年)10月重庆初版。翻到第195页，见一篇民国二十五年(1936年)12月12日的日记：

> ……凌晨五时半，床上运动毕，正在披衣，忽闻行辕大门前有枪声，立命侍卫往视，未归报，而第二枪发；再遣第二人往探，此后枪声连续不止……

颇像一部拙劣惊险小说的开头。可以想见，当年写到这里，作者握笔的手定在不住颤抖。

接着往下写：

> ……出登后山，经飞虹桥至东侧后门，门扃，仓促不得钥，乃越墙而出。此墙离地仅丈许，不难跨越；但墙外下临深沟，昏暗中不觉失足，着地后疼痛不能行。约三分钟后，勉强起行，不数十步，至一小庙，有卫兵守住，扶掖以登。此山东隅并无山径，而西行恐遇叛兵，故仍向东行进，山巅陡绝，攀援摸索而上……

竟然连"离地丈许"的高墙也认为"不难跨越"，上墙之后未及细看又飞身纵下而跌入深沟，出逃之狼狈仓皇与求生之急切鲁莽，浑然一体。

难以想象，这个越墙攀山身手不凡之人已年逾五十。

他就是国民政府军事委员会委员长蒋介石。

所记之事发生在1936年12月12日，史称"西安事变"。

事变第二天上午，中共中央在保安召开政治局常委扩大会议。大多数人的意见是审蒋、除蒋。当天中午，毛泽东、周恩来致张学良电，14日红军将领致张学良、杨虎城电，15日红军将领致国民党、国民政府电，都是这个态度。

事变第三天，苏联《真理报》发表社论："毫无疑问，张学良部队举行兵变的原因，应当从不惜利用一切手段帮助日本帝国主义推行奴役中国的事业的那些亲日分子的阴谋活动中去寻找。"他们认为张学良是日本特务，事变乃日本阴谋所主使。

日本政府则认为莫斯科同张学良达成了"攻防同盟"，张学良是苏俄工具。苏俄才是事变真正的后台。东京《每日新闻》发表社论："中国中央政府如在抗日容共的条件下与张妥协，日本决强硬反对。"

南京方面，何应钦调兵遣将要动武，宋美龄穿针引线欲求和，戴季陶摔椅拍桌、大哭大叫，连平日颇为持重的居正也用变调的嗓音呼喊："到了今日还不讨伐张、杨，难道我们都是饭桶吗?！"

凡此非常时期在中国政治舞台上立有一席之地的，无人是饭桶。

量变堆积历史，质变分割历史。人们能够轻松觉出每日每时不息不止的量变，却不易觉出行将到来或已经来到的质变。

1936年12月12日，当中国政治包含的量变已经足够时，所有各方便被一只看不见的手，猝不及防地推到了前台。

历史来到十字路口。

中国国民党、中国共产党、苏联和共产国际、日本昭和军阀集团，都在既谨慎又顽强、既坚定又游移地探索自己真正的位置，表白着自己的立场，又修改着自己的立场。表白的同时又在修改，修改的同时又在表白。

在华清池跌伤了腰腿的蒋委员长，更是一瘸一拐来到十字路口。

事变大起大落，他也大起大落。先不屈不挠翻墙越院求生，后不管不顾躺在床上寻死;先当着张学良的面,明骂其受赤党指使,后又当着周恩来的面,暗示想念在苏联加入了赤党的儿子。

委员长方寸大乱。他连衣帽都未穿戴整齐,沉重的历史帷幕便落下了。只容他将终生最为心痛的一句话,留在那页干枯得几乎要碎裂的纸张上:

此次事变,为我国民革命过程中一大顿挫:八年剿匪之功,预计将于两星期(至多一月内)可竟全功者,竟坐此变几全隳于一旦。

和共产党苦斗 8 年,最后就差了两个星期。8 年共 2920 天。两个星期为 14 天。8 年与两个星期之比,为 1000∶4.7。所谓差之毫厘,便失之了千里。

他把这句话一直默念到 1975 年 4 月 5 日清明节。

该日深夜 11 时 50 分,他在台北市郊草山脚下的士林官邸内病逝。

共产党人终剿不灭,是其终生不解之谜。

生命不在了,民国三十一年(1942 年)重庆版的日记也化为纸灰,谜底却依旧留在那里。

第一节　孙中山的困惑

新中国的中心是北京。

北京的中心是天安门。

天安门的中心又是什么呢?

是那幅巨大的毛泽东画像。

年年月月,不论白天还是黑夜,画像上毛泽东那双睿智的眼睛,通过面前这个世界上最大的广场,注视着新中国的人民。几乎所有中国人和世界上的很多人,都把天安门和毛泽东紧紧联系在了一起。

又有多少人知道,毛泽东最初并不喜欢天安门。他说天安门太高了，高高在上不好，要在天安门下面，跨在金水桥上搞一个二层的矮台子，观礼时离群众才近。至于天安门后面的故宫，他只在1954年4月三次登城墙绕行一周，一次也没有进去过。

为什么最终没能在天安门前另搞一个矮台子？

因为破坏了总体建筑格局，各方面都反对。

为什么后半生居住的中南海与故宫仅一街之隔，三次登故宫城墙却不愿去里边走走？个中缘由，今天已经无人能够知晓。

不管毛泽东的主观意志如何，风风雨雨中的无数次游行、庆典和检阅，把他和天安门融为了一体。

别的地方看不见毛泽东了，天安门能够看见毛泽东。有天安门在，就有毛泽东在。

过去每逢节日或重大庆典，天安门广场上毛泽东视线之内，还要挂出马克思、恩格斯、列宁、斯大林和孙中山的巨幅画像。

后来，马、恩、列、斯画像不挂了，但孙中山的画像依然准时地出现在人民英雄纪念碑之前。

孙中山和毛泽东，中国革命最为杰出的两位巨人，隔着世界上最大的广场，年年月月默默相望。

一人生于1866年，一人生于1893年，相差27年；

一人逝于1925年，一人逝于1976年，相差51年。

这两位革命巨人、现代中国的奠基者，他们之间真正互相理解吗？

18岁时，毛泽东知道了孙中山。

1936年，长征到达陕北的毛泽东对美国记者埃德加·斯诺说，1911年他考入长沙的湘乡驻省中学，看到同盟会党人于右任主编的《民立报》，上面刊载着广州起义和七十二烈士殉难的消息。从此，毛泽东知道了孙中山和同盟会的纲领。

这是毛泽东有生以来看到的第一份报纸。"我是如此的激动，以至于写了一篇文章贴在学校的墙上。这是我第一次发表政见。"

第一份报纸导致的第一次政见是什么呢？

风吹日蚀，湘乡驻省中学校园墙上，一个来自韶山的18岁青年写的那篇东西，早已无踪无影。幸亏还有个冒险闯进陕北的斯诺，通过他，毛泽东能够把那篇政见的内容留下来："我在文章里鼓吹必须把孙中山从日本召回，担任新政府的总统，由康有为任国务总理，梁启超任外交部长！"

康、梁是早年毛泽东心中的偶像。梁启超写的很多东西他一直要读到能够背诵。在梁启超的一篇文章上，青年毛泽东有这样一段批语："立宪之国家，宪法为人民所制定，君主为人民所推戴。"

当年毛泽东崇拜康、梁，赞成君主立宪。

但一个孙中山横空出世，便夺去了他心中的第一把交椅，他的"第一篇政见"就抛弃了君主立宪而改为共和。他提出来的不再是君主，而是总统、总理和外交部长。虽然康、梁与孙中山的区别他不甚清楚，还将三人糅为一体，但孙中山对毛泽东影响之大，震动之深，由此可见一斑。

孙中山知道毛泽东吗？

他年长毛泽东 27 岁。1925 年 3 月他在北京病逝时，毛泽东正在湖南家乡搞社会调查、办农民协会。后来震惊中外的湖南农民运动，当时还只是运行的地火。

但孙中山知道毛泽东。在实行"联俄、联共、扶助农工"三大政策的国民党"一大"上，有两个刚刚加入国民党的青年共产党员，以能言善辩、词锋激烈给国民党元老们留下了深刻印象。

一个是李立三，另一个就是毛泽东。

李立三单刀直入，大段阐发自己的观点，其中不乏率直批评国民党的言论；毛泽东则主要以孙先生的说法为依据，论证自己的观点。

许多国民党人惊异地注视着这两人，连汪精卫也发出由衷感叹："究竟是五四运动的青年！"

孙中山以赞赏的眼光注视着中共的这两个新锐。他亲自批准毛泽东为章程审查委员。

但孙中山所知道的热血青年毛泽东，毕竟不是后来那个集建党、建军、建国之誉为一身的毛泽东。

客观讲，如果没有俄国十月革命，孙中山、毛泽东这两个背景和性格都差异巨大的人，他们的生命轨迹也许永远不会交会。

十月革命一声炮响，改变了一切。

但最先听见这声炮响的中国人，既不是孙中山也不是毛泽东，而是北洋政府的驻俄公使刘镜人。

1917年11月7日，刘镜人给国内发回一封电报："近俄内争益烈，广义派势力益张，要求操政权，主和议，并以暴动相挟制。政府力弱，镇压为难，恐变在旦夕。"

这是最早向国内传递的十月革命即将发生的信息。刘镜人例行公事对北洋政府外交部进行情况报告，并不知道震撼整个20世纪的重大历史事件正在他眼皮底下发生。

次日，刘镜人再发一报："广义派联合兵、工反抗政府，经新组之革命军事会下令，凡政府命令非经该会核准，不得施行。昨已起事，夺国库，占车站……现城内各机关尽归革命党掌握，民间尚无骚扰情事。"

这是最早向国内传递的十月革命已经发生的消息。刘镜人的俄译汉有些问题，布尔什维克本应译为"多数派"，却被他翻译为"广义派"，让人看了有些摸不着头脑。

翻译有些问题、让人有些摸不着头脑的这些电报被送到北洋政府外交部，也因电讯不畅整整晚了20天。外交大员草草阅过，便将其撂在一边。北洋政府的外交当然是以各协约国的立场为立场，所做的决定也如出一辙：拒绝承认十月革命后的苏俄，召回公使刘镜人。无人想到刘镜人发回来的很快被归入档案的电报，预示着世界东方将要发生天翻地覆的巨变。

如果没有十月革命，会有中国共产党吗？

如果没有中国共产党，会有毛泽东吗？

如果没有十月革命，会有孙中山的三大政策吗？

如果不实行"联俄、联共、扶助农工"，孙中山、毛泽东的生命轨迹能够相遇吗？

历史的奥妙，在于它可以包含无穷无尽的假设。

历史的冷峻，又在于它总把假设永远置于假设。

结论是明显的:十月革命使中国奔腾运行的地火终于找到了突破口。中国国民党与中国共产党被那场俄国革命所促发的历史合力推向一起。

被革命之力推向一起的中国国民党人和中国共产党人,对中国革命未来走向的判断却截然不同。

包括孙中山本人。

孙中山对中国革命走向的估计判断,集中体现于1923年初的《孙文越飞宣言》。

这是一份国民党人经常引用、共产党人很少引用的宣言。后来出现的国共分裂及共产国际以苏联利益为中心干涉中国革命的倾向,都能从这份宣言的字里行间发现阴影。

越飞是老资格革命党人,真名叫艾布拉姆·阿道夫·亚伯拉罕维奇,克里米亚人,1908年就同托洛茨基在维也纳编辑《真理报》,1917年十月革命时是彼得格勒革命军事委员会委员。1922年8月,他以副外交人民委员的身份来华担任全权大使,肩负两个方向的使命:

在北方,与吴佩孚控制的北京政府建立外交关系,实际解决两国间悬而未决的中东路和外蒙古问题,维护苏维埃国家利益。

如果北方受挫,就在南方帮助孙中山的南方革命政府。

来中国之前,他绝对没有想到要和孙中山签署什么联合宣言。

到中国之初也没有想到。1922年8月19日,越飞在北京还给吴佩孚写了一封信,说吴将军"给莫斯科留下了特别好的印象",提议密切双方合作。

结果吴佩孚在中东路问题和外蒙古问题上毫不松口。越飞在北京半年,工作毫无进展。于是他重点转向发展与南方政府的关系,实行以南压北的方针。

1923年1月17日,越飞以养病为名赴上海。在沪十天之内,几乎每天都同孙中山或孙中山的代表张继接触。1月26日,《孙文越飞宣言》公开发表。

产生重大影响的是宣言第一条:

孙逸仙博士认为,共产组织甚至苏维埃制度,均不能引用于中国,因为中国无使此制度可以成功之情况。越飞完全同感,认为中国最要最急之问题在民国统一之成功,与完全国家独立之获得。关于此项大事业,且可以俄国援助为依赖。

孙中山和越飞,一个是中国民主革命的伟大先行者,一个是苏联政府同时也是共产国际在中国的代表。两人皆不认为中国存在马列主义生存发展的土壤;皆认为中国不存在建立苏维埃政权的条件。

孙中山的不信,一半出于对三民主义的信念,一半出于对当时刚刚成立的中国共产党的担心。所以他一定要用宣言的形式肯定"共产组织甚至苏维埃制度,均不能引用于中国,因为中国无使此制度可以成功之情况"。

越飞的不信,则出自苏联国家利益的考虑。为了换取孙中山对中东路和外蒙古问题的承诺,以实现以孙压吴、以南压北。

所以又有了宣言第三条、第四条:双方认为要以谅解的态度解决中东路纠纷,以双方实际之利益与权利解决现行铁路管理法;苏俄声明无意使外蒙古与中国分立,孙中山则表示苏俄红军不必立时由外蒙古撤退。

孙中山的主要兴趣在第一条。这是越飞的让步。

越飞的主要兴趣在第三条、第四条。这是孙中山的让步。

《孙文越飞宣言》是中国现代史上一份非常重要的文件。没有这份宣言,就没有后来的国民党改造,就没有国共合作,然后也就不会有黄埔军校和北伐战争。它既是孙中山对中国革命走向的判断和规定,也是新生的苏联将其斗争重心由世界革命中心转向苏联利益中心的启端。通过这份宣言,苏联在中国第一次完成了用意识形态与国家利益的交换。

初生的中国共产党人被蒙在鼓里。当时没有任何人想到要拿这份宣言去征求他们的意见。

孙中山早年向往社会主义。1896年旅居伦敦时就知道了马克思。

后来他对中国最早的社会党人江亢虎等介绍说:

> 有德国麦克司者,苦心孤诣,研究资本问题,垂三十年之
> 久,著为《资本论》一书,发阐真理,不遗余力,而无条理之学
> 说,遂成为有统系之学理。研究社会主义者,咸知所本,不复
> 专迎合一般粗浅激烈之言论矣。

社会主义对他产生了极大的吸引力。纯真的孙中山自信而又自愿地以社会主义者自许。

就如毛泽东当初分不清孙中山与康有为、梁启超的区别一样,孙中山也分不清马克思、恩格斯与考茨基、伯恩斯坦的区别。1905年初,他专程前往设在比利时布鲁塞尔的第二国际书记处,要求接纳他为"党的成员"。他见到了第二国际主席王德威尔得和书记处书记胡斯曼,向他们说明"中国社会主义者的目标和纲领"。面对这两位泰斗,孙中山大胆预言:中国将从中世纪的生产方式直接过渡到社会主义的生产阶段,而工人不必经受被资本家剥削的痛苦。

当时的孙中山还是个小人物。

小人物孙中山热衷于社会主义。变成大人物,就认为中国不能搞社会主义了。倒不是因为曾经被第二国际拒之门外。他认为他的三民主义更合乎中国国情。

认为中国不能搞社会主义,并不妨碍他崇敬列宁。

比驻俄公使刘镜人的电报晚三天,1917年11月10日,上海《民国日报》出现大号标题:"美克齐美党(Maximalist音译,过激党之意)占据都城"。这是孙中山看到的最早报道十月革命的报纸。他后来通过中间媒介给列宁致函,代表国民党向布尔什维克党人表示高度敬意,希望中俄两国革命党人团结在一起,共同斗争。

列宁称孙中山这封信是"东方的曙光"。外交人民委员齐契林代表列宁回信:

"在这个艰辛的时刻,俄国劳动阶级向他们的中国兄弟呼吁,号召

他们共同进行斗争,因为我们的胜利就是你们的胜利,如果我们遭受毁灭你们也要遭受毁灭。"

可惜这封信被耽误了。孙中山没有看到这些必然令他激动不已的话语。

但1920年11月,他见到了列宁的第一个使者维经斯基。

维经斯基1920年4月来华,首要任务是"把各革命团体联合起来组成一个中心组织",其中既包含推动中国共产党的成立,也包括帮助中国国民党进一步发展——"把各革命团体联合起来",甚至隐现着后来国共合作的身影。

孙中山提出了进一步的建议。据维经斯基记述,孙中山直截了当地说,广州的地理位置无法与俄国建立直接联系,应该在海参崴或满洲里建立一个可以互相联系的大功率电台。

列宁的第二个使者是马林。

作为共产国际执委会委员的马林颇得列宁赏识,为推动中国共产党的建立也发挥了重要作用。他亲自参加了中国共产党第一次代表大会,并在第一次会议上一口气作了将近四个小时的发言。"一大"代表们对他印象不错。毛泽东说他"精力充沛,富有口才";包惠僧说他"口若悬河,有纵横捭阖的辩才"。但是对初生的中国共产党,马林却颇不以为意。他在给共产国际的报告中评价说,中国共产党人是一些"不懂马克思主义,缺乏社会主义实践""倾向社会主义的学生",他们"从来不曾同工人阶级有过密切的联系"。对国民党,马林倒充满乐观和希望,认为它是由"知识分子、华侨资产阶级、南方士兵和工人组成的各阶级联盟"。这位共产国际执委会委员的结论是:"在上海我对中国的运动及其发展的可能性获得一种十分悲观的观点;我在南方才发现工作大有可为,而且能够成功。"

所以马林很快从举行中共"一大"的上海南下。

1921年12月,马林在广西桂林对孙中山提出了三条建议:

第一,改组国民党,广泛联合工农大众;

第二,创办军官学校,建立革命武装;

第三,与中国共产党合作。

孙中山认为,这是列宁给他传递过来的声音。

这三条建议,成为后来孙中山"联俄、联共、扶助农工"三大政策的起源。

孙中山注意到列宁,是通过俄国的十月革命;列宁注意到孙中山,是通过中国的辛亥革命。

1912年4月,孙中山辞去临时大总统,在一篇临别演说词中说,西方国家虽然富足,"但这些国家国内贫富间的悬殊仍极明显,所以革命的思潮常激动着这些国家的国民。如果不进行社会革命,则大多数人仍然得不到生活的快乐和幸福。现在所谓幸福只是少数几个资本家才能享受的"。

列宁对这篇演说词留下了深刻印象。他说这是"伟大的中国民主派的纲领","我们接触到的是真正伟大人民的真正伟大思想";"迫使我们再一次根据新的世界事变来研究亚洲现代资产阶级革命中民主主义和民粹主义的相互关系问题"。

列宁把对中国革命的希望,主要地放在了孙中山身上。

1918年,当年轻的苏维埃政权被帝国主义干涉者压得喘不过气,而通向中国的道路又被捷克斯拉夫军团、社会革命党人、高尔察克匪帮切断的时候,列宁就询问过,在被十月革命唤醒的旅俄中国工人中间,是否可以找到能与孙中山建立联系的勇士。

列宁与孙中山两人虽未谋面,但息息相通。

孙中山决心"联俄、联共、扶助农工"了,但并非不存在问题。

三大政策中最无问题的就是联俄。

孙中山联俄决心异常坚定,来源于他一生经历的无数次失败。先败于他认准的敌人清朝政府、袁世凯及北洋军阀;后败于他以为的友人英、美、日政府及国内官僚政客;到1922年6月陈炯明叛变——竟开始败于跟随他十余年的部属了。

尤其令他万分痛惜的是,陈炯明把他联德、联俄的三封密函作为缴获物在香港公布,挑起海内外舆论大哗。他心如刀绞般地说:"文率同志为民国而奋斗垂三十年,中间出死入生,失败之数不可偻指,顾失败之惨酷未有甚于此役者。"

趁火打劫的不仅是陈炯明。国民党内李石曾、吴稚晖等49人借机联名通电,劝孙中山下野。

在此紧急时刻,仍然毫不动摇地支持他的,只有列宁领导的苏俄。

患难识真金。几十年的选择比较使孙中山终于意识到真正的朋友所在。他叫陈友仁转告苏俄政府全权代表马林,"中国革命的唯一实际的真诚朋友是苏俄"。

三大政策中问题最大的就是联共。

孙中山钦佩共产党人。他对汪精卫、胡汉民、张继等人说:"我们的革命运动,黄花岗、潮州之役,人数极少;镇南关之役不过二百人;钦廉之役不过一百余人;现在中共组织工农运动,群众一起来,动辄成千逾万;开滦罢工、'二七'罢工规模浩大,震惊中外,其势尤不可侮!"

共产党人的组织能力和气势,给他以极深刻印象。

由此更感到已经腐朽的、无战斗力的国民党急需改造。

孙夫人宋庆龄问他,为何需要共产党加入国民党,他回答说:"国民党正在堕落中死亡,因此要救活它就需要新血液。"

他要新鲜血液救活国民党,但不是要新鲜血液取代国民党。笃信三民主义,笃信一个国家只能有一个党、一个领袖的孙中山,不想看到国民党外又出现一支政治力量,不想有任何力量与国民党分庭抗礼。

1923年1月《孙文越飞宣言》发表,他召集核心干部征询意见。

联俄大家都无问题,因为不论在道义在财政还是在武器在顾问,都需要苏俄提供强有力的支援。争论的焦点在联共。

汪精卫同意联俄,反对联共;

廖仲恺则赞成联俄联共,认为既联俄,就必须联共;

胡汉民介于汪、廖之间。

应该注意一下胡汉民。

胡汉民在国民党内地位,仅次于孙中山。

这个人不是第一次置于两种选择之间。1913年9月孙中山在日本筹组中华革命党,要求入党必须按指模并对孙个人效忠,引起党内意见严重分歧，胡汉民就调和于赞成与反对之间。

但他从心底里是佩服孙中山的。1905年在日本第一次与孙中山相见，就被孙的雄辩征服，与妻子和妹妹一起加入同盟会。十月革命对孙中山影响很大，对胡汉民影响也不小。从1919年9月开始，他连续发表10篇文章，研究和宣传唯物史观："因为这个学说出而社会学、经济学、历史学、社会主义，同时有绝大的改革，差不多划一个新纪元。"

高度评价马克思主义唯物史观的胡汉民，却不很在意成立不久的中国共产党。对国共两党党内合作，他的论点倒也特别：无政府主义者都能加入国民党努力服务，研究马克思主义的人也未尝不可。他的主意是先对共产党人有条件地收容，条件是"真正信仰本党的主义，共同努力于国民革命"；收容以后再有依据地淘汰，依据是"发现了他们有足以危害本党的旁的作用，或旁的行动"。

胡汉民的观点对孙中山影响很大。后来孙中山采纳有条件联共的主张，主要就是出自胡汉民。孙中山认为最理想的，是先用共产党人的力量改造国民党，再用国民党人的纪律约束共产党。

他既联俄，又不相信中国可以走俄国人的道路。既联共，又不相信红色政权可以在中国建立、生存和发展。

伟大的民主革命先行者在这里陷入了两难。

1923年11月，在国民党"一大"前，邓泽如、林直勉等11人以国民党广东支部名义呈孙中山一份《检举共产党文》，指责共产党人"此次加入本党，乃有系统的有组织的加入"；"实欲借俄人之力，耸动我总理，于有意无意之间，使我党隐为彼共产所指挥，成则共产党享其福，败则吾党受其祸"。

党内合作本是孙中山自己的主张。所以他在批语中维护共产党人、批评了邓泽如等人疑神疑鬼的话。但孙中山还有另外一些批语，在我们自己编纂的史料中却不多见了。

在今天一段我们基本不引用的批语中孙中山说，先前共产党人"所以竭力排挤而疵毁吾党者，初欲包揽俄国交际，并欲阻止俄国不与吾党往来，而彼得以独得俄助，而自树一帜，与吾党争衡也。乃俄国之革命党皆属有党政经验之人，不为此等少年所遇，且窥破彼等伎俩，于是大不以彼为然,故为我纠正之"。看来马林与孙中山的谈话和所提的建议,都被孙中山认为是"俄国之革命党皆属有党政经验之人,不为此等少年所遏""故为我纠正之"的表现。所以他对邓泽如等人表示,共产党人理应"与我一致动作";"如不服从吾党,我亦必弃之"。

第一次国共合作,就在这种复杂的心理因素和组织因素之下开始。

1924年1月,由孙中山主持,国民党在广州召开第一次全国代表大会。共产党员李大钊、谭平山、毛泽东、林祖涵、瞿秋白等10人当选为中央执行委员或候补执行委员,几乎占委员总数的1/4。谭平山出任组织部长,林祖涵出任农民部长;在国民党最强大的一个执行部——上海执行部,毛泽东当了组织部长胡汉民的秘书;恽代英则当了宣传部长汪精卫的秘书;文书主任邵元冲未到任前,毛泽东还代理了执行部的文书主任。

在共产党人表面获得的成功之中,国民党"一大"新设立的一个组织却被共产党人忽略了。或者更为准确地说,把共产党人忽略了。

这就是国民党的中央监察委员会。

国民党组织松散,历史上从来没有专设监察机构。同盟会的司法部,中华革命党的司法院、监察院,都未真正行使过职权。其实际职能仅是"赞助总理及所在地支部长进行党事之责"。1912年组建国民党时,连司法、监察的条文也未罗列。

国民党"一大"通过的党章,却专门设了第十一章《纪律》。孙中山、胡汉民在会上特别强调了纪律的重要。胡汉民专门作了说明:"嗣后党中遇有党员破坏纪律,或违背主义,当加以最严厉之制裁。"

这一章专对准共产党人而来。

执行纪律的操刀者,即中央监察委员会。

国民党"一大"选出中央监察委员5人:邓泽如、吴稚晖、李石曾、张继、谢持;候补中央监察委员5人:蔡元培、许崇智、刘震寰、樊钟秀、杨庶堪。

10名中央监察委员,无一名共产党人。

孙中山允许共产党人成为国民党中央执行委员、中央部长,却不允许他们成为国民党的监察委员。他想通过中央监委执行纪律对加

地火 ⋯⋯⋯⋯⋯⋯ 15

入国民党的共产党员有所防范,所以才有了10名监察委员全部由国民党员担任的精心安排。

从实质上看,国民党的联共政策是联俄政策不得已的产物。孙中山希望随着时间流逝,把为数不多的共产党员逐渐消化在国民党内。

如果不能消化呢?

1924年10月9日,在一封写给蒋介石关于组织革命委员会的信中,孙中山说:"而汉民、精卫二人性质俱长于调和现状,不长于彻底解决。所以现在局面,由汉民、精卫维持调护之;若至维持不住,一旦至于崩溃,当出快刀斩乱麻,成败有所不计,今之革命委员会,则为筹备以此种手段,此固非汉民、精卫之所宜也。"

孙中山对与共产党人的破裂,并非毫无准备。他认为只有置共产党人于国民党领导之下,才可防止其制造阶级斗争。而北伐军事一旦胜利,纵使共产党人想破坏国民革命,亦势所不能了。

"若共产党而有纷乱我党之阴谋,则只有断然绝其提携,而一扫之于国民党以外而已";不注上言者姓名,你敢相信是孙中山说的吗?

国民党的这些底数,当时连共产党人的领袖陈独秀都一无所知。

陈独秀加入国民党后,便以国民党员的身份在《向导》报上批评孙中山与奉系、皖系军阀建立反直系军阀的"三角联盟",认为这是走老路,希望他回到依靠工农革命的道路上来。孙中山对陈独秀的批评十分恼火,他只要求新加入者对他绝对服从,不能容纳他们的所谓意见。他几次对马林说:"共产党既加入国民党,便应该服从党纪,不应该公开批评国民党,共产党若不服从国民党,我便要开除他们;苏俄若祖护中国共产党,我便要反对苏俄。"

事情甚至发展到了孙中山想把陈独秀开除出国民党的地步。

后来虽然没有采取这种极端措施,但还是通过召开中央全会讨论对共产党的弹劾案这种方式,压迫和警告了陈独秀。

陈独秀深感意外。沉思之后,1924年7月14日,他给维经斯基写信说:"我们不应该没有任何条件和限制地支持国民党,只应当支持左派所掌握的某些活动方式,否则,我们就是在帮助我们的敌人,为自己收买(制造)反对派。"

陈独秀的这些话当时看,偏激;后来看,尖锐;今天看,深刻。伟大的民主先行者并不等于共产主义者。孙中山最终目标是三民主义的中国,不是社会主义、共产主义的中国。今天我们很多作品把这位国民党总理描写成几乎是共产党的一员,实在是对历史的曲解。

孙中山对红色政权后来怎样在中国产生、发展和遍及整个大地,无从知道。他1925年3月病逝于北京。

共同签署了《孙文越飞宣言》的越飞也无从知道。他与孙中山达成联合宣言后便赴日本,回国后受托洛茨基问题的牵连,1927年11月16日自杀身亡。

孙中山临终前共留下三份遗嘱:《政治遗嘱》《家事遗嘱》和《致苏联政府遗书》。

自杀前的越飞,却来不及留下片言只语。

《孙文越飞宣言》作为重要的历史文件,今天还放在那里。

但实践做出了不同的结论。中国的红色政权1949年获得全国胜利。

当这个天翻地覆的世纪过去,社会生活进入一泓平滑宽阔的缓流时,欢愉地漫步在天安门广场的人们,该怎样理解那些激流跌宕的年代呢?

孙中山永远不会知道,那些"与吾党争衡"的"此等少年",即使在中华人民共和国成立之后,对他也没有"亦必弃之",而是年年在天安门广场安放他的巨幅肖像。甚至在马、恩、列、斯的肖像不出现以后,他的肖像仍然一如既往。孙中山也永远不会知道,他亲手设计的中山装,后来成为新中国毛泽东、周恩来、刘少奇、邓小平等领袖人物的长期标准着装。

在其《政治遗嘱》中,孙中山说:"余致力国民革命,凡四十年,其目的在求中国之自由平等。积四十年之经验,深知欲达到此目的,必须唤起民众,及联合世界上以平等待我之民族,共同奋斗。"在《致苏联政府遗书》中他说:"亲爱的同志!当此与你们诀别之际,我愿表示我热烈的希望,希望不久即将破晓,斯时苏联以良友及盟国而欢迎强盛独立之中国,两国在争为世界被压迫民族自由之大战中,携手并进以取得胜利。"

当年认定"共产组织甚至苏维埃制度,均不能引用于中国,因为中国无使此制度可以成功之情况"的孙中山如果知道,最终由他的后进——中国共产党人通过"唤起民众,及联合世界上以平等待我之民族,共同奋斗",建成了"强盛独立之中国",难道不也会同样感到欣慰吗?

第二节　钢铁斯大林

俄国革命中有个大名鼎鼎的人物普列汉诺夫,他是俄国资格最老的马克思主义理论家。1880年他第二次流亡国外,在日内瓦创立并领导俄国第一个马克思主义团体"劳动解放社"时,世界无产阶级的革命导师弗拉基米尔·伊里奇·列宁才刚刚10岁。

年长的普列汉诺夫无疑对年轻的列宁产生了很大影响。列宁后来说,不研究普列汉诺夫的全部哲学著作,便不能成为一个自觉的、真正的共产主义者。

革命的发展,在大多数情况下要反过来淘汰革命者自身。1903年,俄国社会民主工党分裂为布尔什维克和孟什维克。普列汉诺夫起初在很多方面赞同列宁,但后来又很快转向了孟什维克。

转向了孟什维克的革命导师普列汉诺夫,反过来讥讽不放弃自己立场和观点的布尔什维克为"坚硬的石头"。

列宁把这个称呼当作一种称赞接受下来。当时一个叫作罗森费尔德的年轻布尔什维克立即选用"加米涅夫"——俄语"石头一般的"——作为自己的化名;不久,另一个叫作朱加施维里的年轻布尔什维克选用了一个更加坚硬的名字:"斯大林"——俄语的意思是"钢"。

布尔什维克党人用一切方法去回答挑战。

当然,名称并不能说明实质。例如那个加米涅夫,后来在革命中的表现并不像石头那样坚硬和顽强;倒是斯大林本人,以自己钢铁般的手腕和钢铁般的意志,给20世纪国际共产主义运动和世界政治烙下了一个永久的印痕。从近年来俄罗斯陆续公布的有关中国革命的档案资料来看,1923 年至 1927 年期间,为讨论中国革命问题,联共中央政治局共召开了 122 次会议,作了 738 个决定,事无巨细地指导中国大革命的基本路线和方针、政策。

钢铁巨人斯大林深深关注着中国革命。他有一段铿锵有力的著名论断,被中国共产党人反复引用:

"武装的革命反对武装的反革命,这是中国革命的特点之一,也是中国革命的优点之一。"

遗憾的是,斯大林讲这番话的时间是 1926 年年底。"武装的革命"之所指并非当时还未诞生的中国工农红军,而是正在摧枯拉朽的蒋总司令麾下的北伐大军。

斯大林这番话还是受国民党人的启发。

1926 年 11 月 30 日,莫斯科召开共产国际执行委员会第七次全会。共产国际的同情党——中国国民党代表邵力子在大会上发言。当时北伐革命在国内进展迅速,莫斯科的报纸上,已经在把攻克汉阳的"广东军"的辉煌胜利,与 1911 年武昌起义的伟大历史意义相提并论。

邵力子非常激动,对着麦克风高声宣称国民党"在共产国际领导下,一定会完成自己的历史任务",接着他说出了一句重要的话:"我们坚决相信,没有武装便没有革命的胜利,中国的形势特别证明了这条经验。"

邵力子发言不长,但这句话留给斯大林的印象非常深刻。

当天,斯大林出席国际执委会中国委员会会议,发表《论中国革命的前途》的演说。第二个问题"关于革命武装和革命军队问题"中,他把邵力子的话扩展为:

"在中国,是武装的革命反对武装的反革命。中国革命的特点之一和优点之一就在于此。中国革命军队的特殊意义也正在于此。"

一个著名论断由此产生。

共产国际是语言大师。斯大林是语言大师。指出阶级斗争的实质是"剥夺剥夺者",描述革命形势是"两个高潮中间的低潮",皆是以极其精练和巧妙的词汇搭配,完成了今天动辄需要数千字才能完成的概念。而"武装的革命反对武装的反革命",与邵力子"没有武装便没有革命的胜利"相较,基本意思相同,但以概念的清晰程度、明确程度、有力程度而论,斯大林的语言不知强大了多少倍。

邵力子是说者无意。之所以这样讲,依据的是国民党30年搞军事斗争和武装暴动的经验。斯大林则听者有心。孙中山去世后的国民党,在共产国际和中国共产党人的帮助下,通过北伐,正在进入最辉煌的历史时期。斯大林用这句话来高度评价北伐革命军本身。

斯大林和邵力子两人都没有想到,这条论断后来成为中国共产党人发动一次又一次武装起义、用枪杆子推翻国民党政权的基本依据。

如同孙中山直到临终也未料到红色政权会在中国产生,斯大林也未料到中国共产党人能够夺取政权。

他一直把中国革命成功的希望,放在国民党和蒋介石身上。

斯大林之所以看好蒋介石,因为他认定蒋是中国革命的雅各宾党人。在这位中国的罗伯斯庇尔领导下,未来政权有可能过渡到社会主义。

对国民党和蒋介石怀抱如此高希望的斯大林,又是怎样看待中国共产党人的呢?

在国际执委会第七次扩大全会上,斯大林发表的那篇《论中国革命的前途》演说中,除了那段著名的"武装的革命反对武装的反革命"外,还有这样一段话:

"有人说,中国共产党人应当退出国民党。同志们,这是不对的。中国共产党人现在退出国民党将是极大的错误。中国革命的全部进程、它的性质、它的前途都毫无疑问地说明中国共产党应当留在国民党内,并且在那里加强自己的工作。"

孙中山认为"共产组织甚至苏维埃制度,均不能引用于中国,因为中国无使此制度可以成功之情况";斯大林也不相信离开国民党,中国共产党能够独立存在,不相信中国共产党能够独立完成中国民主革命的伟大任务。

后来把王明推上台的米夫当时认为,应该提出在中国农村成立苏维埃的口号,为此受到斯大林的严肃批评。他说米夫在两个方面犯了错误:

第一,不能撇开中国的工业中心而在农村建立苏维埃;

第二,在中国工业中心组织苏维埃现在还不是迫切的任务。

斯大林不相信农村能够成为中国革命的基地,更不用说什么"农村包围城市"。

斯大林所谓"有人说,中国共产党人应当退出国民党"的这个"有人",是指托洛茨基。

这是一个在俄国革命中具有相当分量的人。

1924年1月21日,列宁去世。悲痛的日子到来之时,斯大林首先办的事是口授一封电报:"转告托洛茨基同志。1月21日6时50分,列宁同志猝然逝世。死亡系由呼吸中枢麻痹所引起。斯大林。"

一些苏联领导人后来被冠以"十月革命的领导人之一""重要参加者之一",托洛茨基从来不需要用"之一"来肯定其历史地位。1917年9月,在决定性的日子来临之时,他是彼得格勒苏维埃主席。十月革命期间,更担任着关键的彼得格勒革命军事委员会主席职务。即使在电影《列宁在十月》中人们也能看到,当"面包会有的"瓦西里掩护列宁四处化装躲藏之时,斯莫尔尼宫的起义组织领导没有停顿。若要还原历史真实,电影中在斯莫尔尼宫具体指挥武装起义的人,应该由斯大林换成托洛茨基。

某些时刻,事物需要从反面获得论证。西方唯心主义历史学家德·阿宁在评价十月革命时认为,"可以很有把握地说:布尔什维克革命的完成,首先有赖于列宁的百折不挠的狂热和托洛茨基的恶意煽动"。

联共(布)党史的一个悲剧:从敌方那里,才能重获从己方失去的公正。

所以十月革命后,斯大林仅出任民族人民委员。而担任陆海军人民委员、革命军事委员会主席、被人们称作"红军之父"的,是托洛茨基。其肖像与列宁并排悬挂。列宁在1922年12月23日至25日口授《给代表大会的信》中,称托洛茨基是"中央委员会中最有才能的人"。

这是那种极其难以被抹杀的历史地位。

托洛茨基又是那种时时刻刻都敏锐地意识到自己历史地位的人,而且语言又极其尖刻。

1927 年 4 月 6 日,斯大林在莫斯科积极分子代表大会上发表演讲说:"蒋介石也许并不同情革命,但是他在领导着军队,他除了反帝而外,不可能有其他作为";"因此,要充分利用他们,就像挤柠檬汁那样,挤干以后再扔掉"。

6 天之后,蒋介石便发动"四一二"反革命事变。托洛茨基嘲笑说,斯大林讲人们应利用中国资产阶级,然后像对待一个挤干的柠檬一样把它扔掉,几天以后这个被挤干的柠檬却夺取了政权和军队。

对蒋介石的背叛,斯大林极其愤怒。1927 年 5 月在代共产国际执行委员会起草给中共中央的信中,斯大林斩钉截铁地说:"现在是开始行动的时候了。必须惩办那些坏蛋。如果国民党人不学会做革命的雅各宾党人,那么他们是会被人民和革命所抛弃的。"

当时的情况的确尴尬。莫斯科正在筹备五一节游行,刚刚制成一个蒋介石的大型模拟像;斯大林也刚把一张亲笔签名的相片寄给蒋介石。

他这才明白那些"坏蛋",实际并非自己想象的"革命的雅各宾党人"。

托洛茨基对这一叛变却异常冷静。他只说了一句:"他们叛变的不是自己的阶级,而是我们的幻想。"

中国大革命的失败在苏联引起了激烈争论。

曾任共产国际远东情报部主任的斯列帕克,在国共合作初期就深刻地指出:先认为吴佩孚是个非常好的人、后认为蒋介石是革命的雅各宾党人的危险,"不要使党陷入一会儿向这位将军点头、一会儿向另一位将军点头的变化不定的窘境";"即使国民党目前确实是所有党派中最优秀的,更接近于国民革命运动,但也决不意味着我们应当做它的尾巴"。

但斯大林是不承认指导中国革命的方针有误的。

1927 年 5 月共产国际执委第八次全会上,斯大林还说中共中央正确执行了国际的路线,大革命失败后,他又立即指责中共中央违背国际指示,犯了机会主义错误。1927 年 7 月 9 日,在给莫洛托夫和布哈林的信中,他以最严厉的口吻指责说:"我们在中国没有真正的共产党,或者可以说,没有实实在在的共产党";"整整一年,中共中央靠国民党养活,享受着工作的自由和组织的自由,但它没有做任何工作";这就是"共产国际的指示未能被执行的原因所在"。

斯大林忘记了,1927年5月13日他还公开说:"在目前,用新的军队、用红军来代替现在的军队是不可能的,原因很简单,就是暂时没有什么东西可以代替它。"5月30日,又对中共中央发出"紧急指示"(即著名的"五月指示"):"立即开始建立由共产党员和工农组成的、有绝对可靠的指挥人员的八个师或十个师","组织(目前还不迟)一支可靠的军队",来代替正在叛变的"现在的军队",以惩办蒋介石。但当时中国共产党人连建立一个师的实力也没有。

斯大林忘记了,当最初中国共产党人提出要求建立武装的时候,他是如何的不以为然,而把援助的武器都给了国民党。

1926年"三二〇"中山舰事件后,陈独秀曾经产生"准备独立的军事势力和蒋介石对抗"的想法。当时正好有一批苏联军火到达广州港,陈独秀立即派彭述之代表中共中央到广州和国际代表面商,要求把供给蒋介石、李济深的这批军火匀出5000支枪武装广东农民,深得斯大林信任的苏联顾问鲍罗廷不同意,认为中共应将所有力量用于拥护蒋介石,巩固北伐计划。

1927年2月25日,上海工人第二次武装暴动失败,在华国际代表阿尔布列赫特向莫斯科报告:上海革命形势"非常好","这场罢工也许是起义的信号",但"没有钱。急需钱。有5万元就可以买到武器";但莫斯科仍然用什么也不提供的态度,反对中国共产党继续举行武装暴动。

对于蒋介石的背叛,斯大林比中国共产党人还要准备不足。

1927年4月收到中共中央报告蒋介石在上海发动反革命政变的消息后,斯大林的第一个反应,是立即回电询问蒋身边的苏联顾问鲍罗廷"是否属实",是否可以"对蒋介石做出某些让步以保持统一和不让他完全倒向帝国主义者一边"。

事到临头要求共产党人立即拥有一支强大武装与国民党对抗,为时晚矣。

当斯大林以最严厉的口吻指责"我们在中国没有真正的共产党,

或者可以说，没有实实在在的共产党"的时候，难道把自己说过的话和做过的决定都忘记了？

担任共产国际执委会主席的布哈林，更通过6个"如果"而且在每一个"如果"下面都加上着重号，把指导中国大革命失败的全部责任都归咎于中国共产党人。他说："如果共产国际的指示得到贯彻，如果土地革命没有受到阻挠，如果武装工农的工作大力进行，如果忠诚的军队团结一致，如果明确的、为群众所理解的政策得到实施，如果关于国民党民主化的指示正确执行了，那么武汉的形势就不至于如此危急了。"

文过饰非，功劳归自己，错误归别人，斯大林领导的联共中央和共产国际这种作风，由此开始。

所以托洛茨基派的维克多·西尔格一句话就把布哈林弄得面红耳赤："我们当然也可以用一个'如果'来概括这许多'如果'：'如果小资产阶级不是小资产阶级的话'。"

应该承认，在对待蒋介石的问题上，是托洛茨基最先发出的警告。当苏联与共产国际领导人普遍将蒋介石当作代表中小资产阶级的"雅各宾党人"之时，托洛茨基已经在提出要警惕大资产阶级、蒋介石是"波拿巴式的人物"了。

他较早认识了蒋介石。

1923年，蒋介石率领"孙逸仙博士代表团"访苏。在11月25日召开的共产国际执委会主席团会议的主席台上，蒋介石慷慨激昂地阐述了国民党的"世界革命概念"。

他说，俄国是世界革命的基地，应该帮助中国完成革命；在德国和中国革命胜利之后，俄、德、中三国结盟，开展对全世界资本主义的斗争；"靠德国人民的科学实力，中国的革命成功，俄国同志的革命精神和俄国的农产品，我们就不难完成世界革命，我们就能消灭世界上的资本主义制度"。

蒋介石最后说："我们希望在三五年之后，中国革命的第一阶段——民族革命将顺利完成，很快达到这一目的之后，我们将转入第二阶段——宣传共产主义口号。那时，对中国人民来说，将很容易实现共产主义。"

大会给蒋介石以热情的欢呼。季诺维也夫以共产国际执行委员会主席身份,请蒋介石"向中国国民党特别是向孙中山同志转达共产国际热烈的兄弟般的问候"。

一片热烈的气氛之中,44岁的托洛茨基冷冷坐在一旁。

托洛茨基称病,直到代表团临动身返国之前,才会见蒋介石。面对刚刚呼吁完世界革命的蒋,作为这一革命的狂热信徒,托洛茨基竟然只字不提世界革命。

蒋介石是慕名而来。苏俄红军之父、激烈的革命家、狂热的煽动家,甚至是不择手段的阴谋家;东西方的各种评价搅在一起,使蒋介石未见托洛茨基之前,心中就充满一种莫名的激动和冲动。

面对蒋介石等待指教的殷切盼望,托洛茨基装作对中国问题不甚了解。他对蒋说,他难以给代表团出什么主意。他不大相信中国能够接受社会主义革命。至于如何支援中国革命,他还未考虑好。

蒋介石向他转述孙中山的建议:从华南和蒙古兴兵,夹击中国北方军阀。

谁从蒙古出兵,孙中山没有说,蒋介石也不明谈,却显然是指望托洛茨基领导的红军。曾经设想过派遣骑兵军横穿阿富汗到印度去发动革命的托洛茨基,为什么不能率领军队穿过蒙古进入中国呢?

历来偏爱冒险决策的托洛茨基这一次却分外清醒理智。他说明,苏联出兵直接援助孙中山的军队是不可能的。此前他已经说过,只要孙中山专事军务,那么在中国工、农、手工业者和小商人的眼中就会像北方的张作霖和吴佩孚一样,不过是又一个军阀;那样,革命运动不可能胜利。

托洛茨基对蒋介石泼的都是凉水。会见没有出现本应出现的高潮。尤其是托洛茨基说,中国若没有一个强大的革命政党,这个党若不进行目的明确的政治和宣传工作,"即使我们给许多钱,给予军事援助,你们仍然会一事无成"。这些话令蒋介石万分气恼,给他的刺激也最大。

不知为何,托洛茨基第一次见革命红人蒋介石,就充满戒心。

中苏两国的报刊和出版物,皆从来不提这次会晤。

中国革命问题,后来成为联共(布)党内就世界革命和在一国内建成社会主义等一系列理论和实践问题争论的焦点。自1925年以后,斯大林、布哈林同托洛茨基、季诺维也夫在这一问题上产生了尖锐的分歧。

尖锐的托洛茨基和圆滑的季诺维也夫是失败者。1926年10月,二人被开除出政治局。一个月后的共产国际执委会第七次扩大全会上,季诺维也夫又被解除共产国际主席职务。以布哈林出任第一书记的共产国际,从组织上确立了斯大林对共产国际和世界革命的领导地位。

列宁晚年病中一再求助并决心与之一道反对官僚主义的托洛茨基,最终被戴上了"反列宁主义"甚至更严重的"暗害者、破坏者、侦探间谍、杀人凶手的匪帮"的帽子达数十年之久。中国共产党人也长期接受了这样的说法。只有当那段激荡的岁月像天边白云一样远去之后,这位十月革命时的彼得格勒苏维埃主席,才终于获得越来越趋近历史真实的评价。

中共党史出版社2002年新版《中国共产党历史》第一卷中,有这样的表述:"托洛茨基对大革命后期蒋介石、汪精卫两个集团的阶级实质的认识,对他们将要叛变革命的判断,对斯大林在指导中国革命中的错误的批评,有些是正确的或基本正确的";"托洛茨基认为斯大林应对中国大革命的失败负责"。

这种评价的变化确实来之不易。

1952年版《毛泽东选集》第一卷《论反对日本帝国主义的策略》中,对托洛茨基的注释如下:"托洛茨基集团,原是俄国工人运动中的一个反对列宁主义的派别,后来堕落成为完全反革命的匪帮。关于这个叛徒集团的演变,斯大林同志于一九三七年在联共中央全会上的报告里,作过如下的说明:'过去,在七八年前,托洛茨基主义是工人阶级中这样的政治派别之一,诚然,是一个反列宁主义的、因而也就是极端错误的政治派别,可是它当时总算是一个政治派别……现时的托洛茨基主义,并不是工人阶级中的政治派别,而是一伙无原则的和无思想的暗害者、破坏者、侦探间谍、杀人凶手的匪帮,是受外国侦探机关雇用而活动的工人阶级死敌的匪帮'",基本上全盘照搬苏联的观点。

1991年版《毛泽东选集》第一卷《论反对日本帝国主义的策略》中,对托洛茨基的注释则修改为如下内容:"托洛茨基(一八七九——一九四〇),俄国十月革命胜利后曾任革命军事委员会主席等职。列宁逝世后,反对列宁关于在苏联建设社会主义的理论和路线,一九二七年十一月被清除出党。在国际共产主义运动中,托洛茨基进行了许多分裂和破坏活动",已经开始有所节制。

1999年版《毛泽东文集》第六卷《在中国共产党全国代表会议上的讲话》和第七卷《在莫斯科共产党和工人党代表会议上的讲话》中,对托洛茨基的注释已经变为:"托洛茨基(一八七九——一九四〇),十月革命时,任俄国社会民主工党(布尔什维克)中央政治局委员、彼得格勒苏维埃主席。十月革命后,曾任外交人民委员、陆海军人民委员、革命军事委员会主席、共产国际执行委员会委员等职。一九二六年十月联共(布)中央全会决定,撤销他的中央政治局委员职务。一九二七年一月共产国际执行委员会决定,撤销他的执行委员职务,同年十一月被开除出党。一九二九年一月被驱逐出苏联。一九四〇年八月在墨西哥遭暗杀",客观描述占据主要成分了。

这是位既才华横溢又矛盾丛生的历史人物。他对大革命时期的中国形势做出了比斯大林更为客观的判断,但他的认识就百分之百正确而毫无问题吗?他会见蒋介石时装作对中国革命一无所知,其实那时他已经对中国革命产生了很大兴趣,后来还出版了《中国革命问题》一书,但出了书的托洛茨基就真正弄通了中国革命的问题吗?

的确是他最先提出要警惕蒋介石,在蒋介石叛变革命后又立即提出要警惕武汉的汪精卫,这些无疑皆是难能可贵的。但他又认为中国革命不应分为民主革命阶段和社会主义革命阶段。他宣称中国革命如果不是无产阶级专政下的社会主义革命,就不可能胜利。中国革命的主要目标是帝国主义。而中国民族资产阶级与帝国主义又有着共同的利益。买办资产阶级和民族资产阶级之间也没有不可逾越的鸿沟。于是任何一种统一战线都是不可能的。

托洛茨基虽然很尖锐,但也很左。

很左的托洛茨基陷入了自相矛盾。他看到了中国资产阶级的弱小,却忘掉了与此同时中国无产阶级的弱小。于是他低估农民群众在中国革命中的作用。他的结论是:只有工人运动的高涨才有农民运动的高涨;在城市无产阶级的革命运动陷入低潮情况下,红色政权在落后的农村无法存在。

托洛茨基认为只有当大革命还没有彻底失败以前,提出苏维埃口号才是正确的。中国共产党在革命形势处于高潮时没有组织苏维埃,大革命失败后,革命形势处于低潮时却提出组织苏维埃口号,一切都太迟了。因为无产阶级现在只能进行秘密活动,而秘密活动是无法组织苏维埃的。尤其在失去了城市工人阶级的力量、只有转入农村的时候,苏维埃更不可能在农村得到实现。

托洛茨基反对在中国先进行民主革命,否认统一战线,否认农民的革命性和农村根据地的作用。他根本不相信中国共产党人依靠农村根据地,能够夺取政权。

他太自信了。自信得以为列宁之后,只有他自己手中握有真理。

而真理却不是任何人能够独占的。

嘲笑了斯大林的托洛茨基,又反过来嘲笑在农村开展武装斗争的中国共产党人。

当斯大林开始不断修正对中国革命的判断,使之越来越接近实际之时,托洛茨基却开始偏离原先的正确判断、越滑越远。

智慧与谬误,可能永远就像这样,在历史中难解难分地交织在一起。

第三节　谁人看中毛泽东

有人翻遍历史,得出在中国欲成大事者,实践上必须具备三个条件:

其一,爱才如命;

其二,挥金如土;

其三,杀人如麻。

近代中国恐怕没有哪一个比蒋介石更加具备了。就江山改姓、王朝更迭来说，普天之下，也只有姓蒋。

蒋介石早年赴日本留学，在给表兄的照片背后题诗一首：

"腾腾杀气满全球，力不如人肯且休！光我神州完我责，东来志岂在封侯！"

从 1926 年"三二〇"中山舰事件到 1927 年"四一二"反革命事变；从 1941 年 1 月皖南事变到 1946 年 6 月 26 日大举进攻中原解放区，蒋介石每每突然间向中国共产党人举起屠刀。仅 1927 年 4 月到 1928 年上半年，死难的共产党员、共青团员、工农群众和其他革命人士，就达 33.7 万人；至 1932 年以前，达 100 万人以上。罗亦农、赵世炎、陈延年、李启汉、萧楚女、邓培、向警予、熊雄、彭湃、张太雷、瞿秋白、恽代英、方志敏等大批中共的优秀领导者皆被杀害。

周恩来曾经万分痛心地说过："敌人可以在几分钟内毁灭了我们革命的领袖，我们却不能在几分钟内锻炼出我们的领袖。"

大批领导人的被害，曾使中国共产党处境艰难。

国民党爱国将领陈铭枢在《"九一八"第四周年纪念感言》中写道："呜呼！不知多少万热血青年，就在这'清党'明文的'停止活动'四字之下，断送了最宝贵的生命！国民党为'救党'而屠杀了中国数百万有志有识的青年。这个损失是中国空前的损失，即秦始皇之焚书坑儒亦必不至于此。"

蒋介石用屠刀在中国造成的白色恐怖，可谓全世界顶尖的白色恐怖。

相较之下，俄国布尔什维克革命党人是有幸的。

列宁被捕流放过两次。

托洛茨基被捕流放过两次。

布哈林被捕流放过三次。

加米涅夫被判处终身流放。

加里宁多次被捕流放。捷尔任斯基多次被捕流放。奥尔忠尼启则多次被捕流放。古比雪夫多次被捕流放。斯维尔德洛夫先后被关押和监禁达 12 年之久。

斯大林被捕流放竟然达到 7 次之多。

若沙皇尼古拉二世也成为蒋介石，布尔什维克党中央能存几人？谁又将去领导改变了整个 20 世纪的十月革命？

在中国，共产党人只要一次被捕，便很难生还。中共中央总书记向忠发被捕后本已叛变，蒋介石也只让他活了三天。蒋记政治词汇中充满了"枪决""斩决""立决""斩立决""见电立决"；根本没有"流放"这个字眼。

只有极少数人能够幸免——例如陈赓，黄埔军东征时救过蒋的性命，杀掉他名声不好，捕了以后也只有勉强放走。那是 1925 年 10 月第二次东征期间，第三师在华阳附近被围，情况危急。蒋命第四团连长陈赓去传令：不许撤退。几个月前蒋介石与廖仲恺曾共同签署连坐法令，规定"如一班同退，只杀班长。一排同退，只杀排长。一连同退，只杀连长。一营同退，只杀营长。一团同退，只杀团长。一师同退，只杀师长"。但第三师在敌人压迫下已处全线动摇之中，连想杀的人都找不着。兵败如山倒之际蒋还站在那里大声叫喊，陈赓见状上去背起蒋就跑，一直跑到河边上船摆渡过去，方才脱险。蒋后来感慨道："幸仗总理在天之灵，出奇制胜，转危为安。"话虽这么说，却也知道是陈赓实实在在救了他一命。1933 年 3 月陈赓在上海被捕，蒋闻讯，立即命令将陈赓带到南昌，他要亲自劝降。据说那天陈赓闻蒋进屋，随手举报纸遮脸，不见。蒋以为陈赓真的在看报，便绕到左侧，陈赓复举报纸转向左侧；蒋又转到右侧，陈赓又举报纸随着转向右侧。一个来回，蒋已明白，无奈，苦笑离去。一个月后，蒋让人"陪伴"陈赓外出自由活动，同意随他走脱。

这算唯一的特例。

其余便没有那么客气了。连与蒋长期共事、先后任黄埔军校教育长、国民革命军总司令部政治部主任的邓演达，本来就不是共产党人，只是什么"第三党"，且还有陈诚在一边说情也不能幸免，坚决杀掉。

如此腾腾杀气，为何共产党人终剿不灭？是什么力量使中国的红色政权能够存在，中国共产党人能够一次又一次揩干净身上的血迹，掩埋好同伴的尸体,又继续战斗?

人人想破解这道近代中国之谜。

国民党中央政治会议主席汪精卫认为,原因在于中国农业破产。

1934年1月20日,国民党四届四中全会在南京举行,汪精卫在开幕词中说:

> 至于共匪之发生,则为中国历史上农民失业之结果,加以最近数十年来,经济落后,农村崩溃,失业人数遂以激增,而野心家因以施其操纵,谋为李自成、张献忠之所为。即以江西一省而论,人口减少至六百万,此等灾祸,真较洪水猛兽为重。本党除了努力治标清除共匪之外,还须努力治本,以解决农民失业问题。

汪精卫风度翩翩,是国民党内口若悬河的雄辩家、"总理遗嘱"起草人、孙中山临终最后呼唤的人物,也是中国现代史中一位颇富戏剧性的人物。

1909年11月,他与黄复生、喻培伦从香港潜入北京,行刺摄政王载沣。此前有朝鲜志士安重根在哈尔滨车站刺杀日本重臣伊藤博文,举世震惊。汪一方面正对革命党人多次起义失败痛心疾首,见清廷又宣布"预备立宪"欺骗舆论,遂决心效法安重根,刺清廷一重臣,以醒革命。另一方面则是对保皇党人冷嘲热讽的回应,他们说孙中山等"叫人家去革了命,而自己可以安安稳稳,到处受人欢迎,哪有做伟人这么便宜?"在此刺激之下,汪精卫决心以鲜血证实革命党人的决心意志。

决心与行动还不是一回事。汪、黄、喻三人皆有必死之心,却不是行刺里手,也无一人有安重根那样抵近行动的勇毅。炸弹安放地点花了三个多月时间研究,仍然举棋不定。

摄政王府在地安门外后海鸦儿胡同附近。炸药埋设点先选在鼓楼大街,后改烟袋斜街,最后皆作罢,定在银锭桥。选定一深夜三人到桥下掘土,吠声四起,便不敢干下去,约定次日晚上再来。第二天晚上,喻、黄两人刚埋好炸药,就被桥上行人发现。事情败露,三人全部被捕。

汪自料必死，行刺的慌乱便豁出去为临刑的慷慨。他在狱中供词长达数千言，痛斥清廷，吟诗言志：

> 慷慨歌燕市，从容作楚囚。
> 引刀成一快，不负少年头。

这首诗引出多少忧国忧民之士的滚滚热泪。

作为最具激情、最富浪漫色彩、最有个人魅力的激进党人，汪精卫几乎把革命者形象塑造到了完美无缺的地步。但事物的发展，就是这样在不经意中悄悄走向反面。

布尔什维克党人、共产国际主席季诺维也夫曾自称为"一切都预先看到的"政治家，却不能预见自己最后以"投靠法西斯"罪名，被斯大林处死。汪精卫这位辛亥革命前的著名刺客，也不能预料到自己在抗日战争前终于被刺。

1935年11月1日，国民党中央在南京召开四届六中全会。大会刚刚开幕、全体中央委员摄影完毕之际，身穿西装、外罩大衣的南京晨光通讯社记者孙凤鸣突然跨出人群，掏出手枪，向站在第一排正中的汪精卫连开三枪。

孙凤鸣刺杀汪精卫的快速敏捷，绝不像汪精卫刺杀载沣那样拖泥带水。

警卫拔枪反击之中会场大乱。代表们涌向门口逃生，腿脚不便的张静江被拥倒在地。

留在汪精卫脊椎骨中的那颗子弹，最后成为他致命的创伤。

1944年11月10日，汪精卫因枪伤复发死于日本。

此人在中国现代史中以刺客开始，以被刺告终。以杀身成仁的著名义士开始，以摇尾乞怜的头号汉奸告终。

如果历史做出另外一种安排：摄政王载沣当年抓住汪精卫后，断然将其处决，那么中国现代史将毫无疑问多一个令人唏嘘感慨的英俊英烈，少一个后来令万众唾弃的头号汉奸。

向使当年身便死，一生真伪有谁知。

汪精卫本身就是这样一个谜。

他却以为，用农业破产理论，便可解开中国的红色政权为什么能够产生和存在之谜。

汪精卫的死对头蒋介石则有另一种理论。

1931年5月12日，在国民党政府国民会议第四次会议上，何应钦代蒋作"剿匪"报告。在回答"为什么赤匪能有现在的猖獗"时，列五点理由：

"第一，自然是由于历年军阀的叛变，散军溃卒，啸集成匪，枪支遗失的既多，于是他们就凭地势，肆行不轨；

"第二，则是由于赤色帝国主义者之毒计，它因为想暗中并吞中国，去供给它的原料，销售它的产品；

"第三，是由于白色帝国主义者之经济侵略，以致农村濒于破产，增加了农村里的失业人数与痛苦，因此也有为生活所迫；

"第四，则是由于过去教育制度的不良，青年在学校里头，好的只注意了知的训练，而缺少了德的修养，所以多数的青年只有一时热烈的冲动，很少有沉毅持久的操守；

"第五，是由于中国社会组织的松懈。中国因为受了几千年专制的毒害，又遭了军阀的宰割，所以社会上简直失去了自动的能力，连保卫自己的愿望与勇气，都不容易实现出来。"

"由着这些缘故，赤匪的毒害，便如溃疮一样的烂起来。""如果我们自身不努力的话，也就说不定唐代黄巢、明末流寇之祸，又将重现于今日了。"

五条理由中，第一、四、五条原因在内部，执政的国民党难脱干系，不便多讲；第三条"白色帝国主义者"即英、美、日等，已多变成国民政府的后援，也轻描淡写只限于"经济侵略"，后果仅为农村破产，且还用了一个临界词："濒于"。

唯独对第二条"赤色帝国主义"用语最狠。

何应钦说，赤色帝国主义"用种种方法豢养它的走狗以为奸细，同时也想利用它走狗的力量去威胁欧美,得到它外交上的胜利,所以它不惜以中国为牺牲。我们知道我国历史上的流寇也有许多,但是与现在不同的,就是现在的赤匪是有国际的背景,携有经济的后援,有组织的指挥与训练,所以更形猖獗了"。

于是共产党组织所以屡禁不止,红色政权所以屡扑不灭,根子就全在苏俄、中国共产党领导的革命便不过是一场"雇佣革命"了。

这是国民党人用了几十年的武器。

最常用的武器却缺乏最基本的常识。

十月革命后的苏俄和共产国际,不仅给中国共产党,而且给中国各革命团体都提供了广泛的援助。颇富讽刺意味的是:其中绝大部分给了国民党。

1923年《孙文越飞联合宣言》签署后,越飞赴日,从日本热海致电马林转孙中山,宣布向国民党提供200万卢布的款项和8000支步枪、15挺机枪、4门火炮、2辆装甲车的援助,并派遣教练员帮助建立军校。

黄埔军校教授部主任王柏龄记述,军校开办前,孙中山批了300支粤造毛瑟枪给军校。但是当时兵工厂一心巴结军阀,不以军校为重,结果开学时仅仅发下30支,勉强够卫兵用,廖仲恺反复交涉也无济于事。正在此时苏联援助枪械的船只到岸,一下运来8000支步枪,全带刺刀,每支枪配有500发子弹;还有10支手枪。全体学员欢呼雀跃。王柏龄回忆说,这是"天大的喜事,全校自长官以至于学生,无不兴高采烈";"今后我们不愁了,革命有本钱了"。

蒋介石标榜的黄埔建军,本钱却来自苏俄。正是有了苏俄资助的200万卢布作为开办经费,加上提供的大批枪械,才使国民党获得了建军的基础。

除了经费和武器,苏俄还派来大批军事顾问。除担任国民党中央政治顾问的鲍罗廷和军事顾问的加伦将军外,专门派到军校工作的有总顾问切列潘诺夫、步兵顾问白里别列夫、炮兵顾问嘉列里、工兵顾问瓦林、政治顾问卡夫乔夫等。他们指导军事、政治训练工作,编订了典、范、令和战术、兵器、筑城、地形与交通通讯五大教程,成为黄埔党军后来强大战斗力的基础。

此后,苏俄继续运来枪支弹药。1925年一次运到广州的军火就价值56.4万卢布。1926年又将各种军火分四批运到广州。

第一批有日造来复枪4000支,子弹400万发,军刀1000把;

第二批有苏造来复枪9000支,子弹300万发;

第三批有机关枪40挺,子弹带4000个,大炮12门,炮弹1000发;

第四批有来复枪5000支,子弹500万发,机关枪50挺,大炮12门。

第二次东征大捷后,蒋介石在汕头曾说:"我们军队的组织方法是从哪里来的呢?各位恐怕不知道,我们老实说,我们军队的制度实在从俄国共产党红军仿照来的";"苏俄同志不来指导我们革命的方法,恐怕国民革命军至今还不能发生"。蒋介石深知,黄埔党军的胜利,很大一部分应归于苏俄武器装备和军事顾问。

为此国民党也曾面临"卢布党"的指责。

1924年,孙中山、汪精卫在一次答《顺天时报》记者问中,有记者问:"为什么国民党接受俄国布尔什维克每月五千金卢布资助?""为什么广州军事学校靠俄罗斯苏维埃政府的经费维持?"

孙中山、汪精卫巧妙地回答:关于国民党和黄埔军校接受经费的问题,这要有书面材料才能成立。记者君请拿出真凭实据来证明关于接受苏维埃资助的责难吧。如果他做不到这一点,那么他不仅负有道义上的责任,而且还负有法律上的责任。

末了,孙、汪通过进一步补充,也给自己留了后路:世界上也找不到一个政党或学校会反对接受别人的资助。因此,即使证明国民党或上述学校从其他来源获得财政支持,那在道义上也不是什么不光彩的事。为什么记者君一定要对我们的动机提出异议呢?

后来指中国共产党"是有国际的背景,挟有经济的后援,有组织的指挥与训练"的蒋介石,当初在这方面也有颇为精彩的论述。

1926年12月11日第二次东征大捷后,他在汕头总指挥部宴请苏俄顾问时讲:

"现在有人说,我们中国革命党受俄国人的指挥,在他说话人的用意,以为这句话就是可以诬蔑我们革命党的一个最好的材料。我以为作这样想的人,就好的一方面说,充其量,不过是一个19世纪以前知道国家主义的民族英雄而已,他并不明白现在是一个什么时代。我们要晓得这种褊狭的思想,在数十年以前闭关时代来说,还可算是一个爱国的英雄,但是现在20世纪就不行了。因为现在中国问题,几乎就是世界问题,若不具备世界眼光,闭了门来革命,不联合世界革命党,不与世界上以平等待我之民族共同奋斗,那么,革命成功的路径,恰同南辕北辙,决无成功的希望。"

蒋介石也是颇善雄辩之人。

苏联政府除了大力援助南方的孙中山、蒋介石外,还大力援助北方的冯玉祥。

从1925年3月至1926年7月,冯玉祥的国民军得到了俄式步枪38828支,日式步枪17029支,德国子弹1200万发,7.62毫米口径步枪子弹4620万发,大炮48门,山炮12门,手榴弹1万多枚,附带子弹的机枪230挺,迫击炮18门,以及大量药品等。

1926年10月底,国民军又从苏联得到3500支步枪,1150万发子弹,3架飞机,4000把马刀,10支火焰喷射器等。

苏联还派遣了相当数量的军事顾问。冯玉祥回忆说,顾问组中"步骑炮工各项专门人才皆备"。苏联顾问帮助国民军新建了一些兵工修理厂,生产弹药,培养技师;按照苏俄的图纸,还制造出第一批装甲车。

1926年3月,冯玉祥下野后访问苏联,又签订了约1100万卢布的军火贷款协议;并派乌斯曼诺夫(桑古尔斯基)为冯玉祥的军事总顾问,帮助他指挥国民军作战。

所以当蒋、冯先后叛变革命,被解职通缉的国民党政治顾问鲍罗廷途经郑州时,曾对冯玉祥感叹道:"苏俄用了三千余万巨款,我个人费了多少心血精神,国民革命才有今日成功。"

可见苏俄对国民党和国民革命的援助之巨大。

相形之下,苏俄及共产国际对中国共产党的援助就十分有限了。中国共产党人接受这一援助与国民党比较起来,也谨慎得多了。

1920 年 4 月共产国际代表维经斯基来华之前，不管是南陈还是北李，经济来源皆只有教书、编辑的薪水及写文章的稿费。钱稍有富余，也仅够用于操办一两份刊物。对其他社会活动如开展学运、工运、兵运等，即使意义重大，也无力支持。

维经斯基等来华后，中国共产党进入筹建阶段，社会工作急剧增加，不仅党员多数渐渐不能兼职教书、编辑、写文章以获取薪金，而且仅创办各种定期刊物、工人夜校，出版各种革命理论书籍，所需费用也远远超出了人们的支付能力。因此，上海党组织最先接受了维经斯基提供的经费援助。当时这种最初的援助带有很大的临时性质。1921 年 1 月维经斯基一离开，立即经费无着，各种宣传工作，特别是用于对工人进行启蒙教育的工作不得不停止。派包惠僧南下广州向陈独秀汇报工作，连区区十几元路费都拿不出来，只有从私人手里借钱才算了事。

连路费都无着的这些最早的中国共产党人，对于接受外援仍然十分谨慎。

陈独秀就主张一面工作，一面搞革命。他对包惠僧说："革命是我们自己的事，有人帮助固然好，没有人帮助我们还是要干，靠别人拿钱来革命是要不得的。"

他不同意接受共产国际的经济支援，也不愿意向其汇报工作、受其领导。

后来陈独秀到广州任教育委员会委员长，广州有人在报上骂他崇拜卢布，是卢布主义。在这种压力下，陈更坚决主张不要别人的钱，他说，拿人家钱就要跟人家走，我们一定要独立自主地干，不能受制于人。

党人有哪一个不想独立。但若不能自主解决稳定可靠的经济来源，理论再好，独立也是一句空话。

共产国际代表马林来华不久，与当时主持上海小组工作的李汉俊、李达会晤时，表示共产国际将给予经济援助，但必须先交出工作计划和预算。李汉俊和李达当场表示：共产国际如果支援我们，我们愿意接受，但须由我们支配。否则，我们并不期望依靠共产国际的津贴来开展工作。

马林同二李的关系因此蒙上了一层不愉快的阴影。

张国焘则取另一态度。他是最先认为应该接受国际经济援助的中共早期领导人,并以很快的速度,向马林提交了一份成立劳动组合书记部的报告,及每月约需1000余元的工作计划和经费预算。

张国焘没有狮子大张口。他提出的经费预算十分小心,也十分谨慎。

但陈独秀一回上海立即批评张国焘。他说,这么做等于雇佣革命,中国革命一切要我们自己负责,所有党员都应该无报酬地为党服务,这是我们要坚持的立场。

本着这种立场,陈独秀与马林谈成僵局。包惠僧回忆:"马林按照第三国际当时的体制,认为第三国际是全世界共产主义运动的总部,各国共产党都是第三国际的支部,中共的工作方针、计划应在第三国际的统一领导之下进行。"

陈独秀不同意马林的意见,他认为中共"尚在幼年时期,一切工作尚未开展,似无必要戴上第三国际的帽子,中国的革命有中国的国情,特别提出中共目前不必要第三国际的经济支援,暂时保持中俄两党的兄弟关系,俟我们的工作发展起来后,必要时再请第三国际援助,也免得引起中国的无政府党及其他方面的流言蜚语,对我们无事生非的攻击"。

双方对此争论激烈,几次会谈都不成功。在一旁担任马林翻译的张太雷着急了,提示陈独秀说,全世界的共产主义运动都在第三国际领导之下,中国也不能例外。不料陈怒火中烧,猛一拍桌子,大声说:"各国革命有各国情况,我们中国是个生产事业落后的国家,我们要保留独立自主的权力,要有独立自主的做法,我们有多大的能力干多大的事,决不让任何人牵着鼻子走!"

说完拿起皮包就走,拉都拉不住。

要不要向共产国际汇报工作并接受其经费受其领导,这是1921年7月中国共产党成立后要解决的第一个难题。也是中共中央出现的第一次争吵。

但经费问题毕竟是极其现实的问题,很快,连火气很大的陈独秀也无法"无报酬地为党服务"了。他开始以革命为职业,便失去了固定职业和固定收入,经济上很不宽裕。起初商务印书馆听说他回到上海,聘请他担任馆外名誉编辑,月薪300元,他马上接受;但这一固定收入持续时间很短。他大部分时间已经埋头于党务,已经没有时间再为商务印书馆写稿编稿了。

窘迫的陈独秀开始经常出入亚东图书馆。

亚东图书馆的职员都是安徽人,与陈有同乡之谊。亚东图书馆出版的《独秀文存》有他一部分版费。于是他没钱了就来亚东,但又从不开口主动要钱。好在老板汪孟邹心中有数,每当他坐的时间长了,便要问一句:"拿一点钱吧?"陈独秀便点点头,拿一点钱,再坐一会儿,就走了。

即便如此,陈独秀也不肯松口同意接受共产国际的援助。

与共产国际的关系出现转机是因为他的被捕。

1921年10月4日下午,陈独秀正在家中与杨明斋、包惠僧、柯庆施等5人聚会,被法租界当局逮捕。到捕房后他化名王坦甫,想蒙混过去。但不久邵力子和褚辅成也被捕来,褚辅成一见面就拉着陈的手大声说:"仲甫,怎么回事,一到你家就把我拉到这来了!"

陈独秀的身份当即暴露。

陈独秀被捕的消息各大报纷纷登载,闹得满城风雨。李达通报各地的组织派人到上海来,设法营救,并电请孙中山先生帮忙;孙中山立即打电报给上海法租界的领事,要求通融。

起关键作用的还是共产国际代表马林,他用重金聘请法国律师巴和承办此案。

10月26日,法庭宣判陈独秀释放,罚100元了事。

陈独秀原来估计这回自己要坐上七八年牢了。出狱后才知道马林为了营救他们几人,花了很多钱,费了很多力,打通了会审公堂的各个关节,方才顺利结案。

按照李达的说法:马林和中国共产党共了一次患难。

这次遭遇对陈独秀来说印象极深。他通过切身经历才真正感悟到:不光是开展活动、发展组织需要钱,就是从监狱里和敌人枪口下营救自己同志的性命,也离不开一定数量的经费。这些现实问题,的确不是凭书生空口的豪言壮语能够解决的。陈独秀本人极重感情,一番波折,无形中增进了对马林的感情和理解。李达回忆说:"他们和谐地会谈了两次,一切问题都得到适当的解决。"

建立一个党,巩固一个党,发展一个党,需要理想,需要主义,也还需要经费。富于理想的中国共产党人,争论了很长时间才承认了这个现实。

据包惠僧回忆,当时陈独秀与马林达成的共识大体是:

一、全世界的共运总部设在莫斯科,各共产党都是共产国际的一个支部。

二、赤色职工国际与中国劳动组合书记部是有经济联系的组织。中国劳动组合书记部的工作计划和预算,每年都要赤色职工国际批准施行。

三、中共中央不受第三国际的经济援助。如确有必要时的开支,由劳动组合书记部调拨。

虽然只承认"赤色职工国际与中国劳动组合书记部是有经济联系的组织",用中共中央的下设组织中国劳动组合书记部绕了个弯,缓和了陈独秀一直坚持"中共中央不受第三国际的经济援助"的观点,但从此,中国共产党还是接受了共产国际的领导和经济的支援。

中共二大正式通过了《加入第三国际决议案》。

那么共产国际给中国共产党人提供了多少援助呢?

与国民党接受的援助比较起来,相去甚远。

据陈独秀1922年6月30日致共产国际报告,从1921年10月起至1922年6月止,共收入国际协款16655元。因党员人数不多,全党还保持人均年支出40至50元的比例;但随着1925年以后党员人数大幅度增长,国际所提供的费用远远跟不上这一增长速度了。全党人均支出由最初的平均40元下降到1927年的4元。苏联和共产国际的援助,主要都转到了国民党方面。

尽管经费援助十分有限,但对早期中国共产党人来说,依然异常重要。

据陈独秀统计,建党初期党的经费约94%来自共产国际,党又将其中的 60% 用于工人运动。显然,中国共产党成立后能够很快在工人运动中发挥重要领导作用,同共产国际提供经费帮助分不开,也同中共将其绝大多数用于工人运动分不开。

党的组织不断发展,以革命为职业者渐多,各种开销日渐加大。20 年代脱产的共产党员,组织上每月给 30 至 40 元生活费。尽管"二大"明确规定了征收党费的条款,但大多数党员实际生活水平本来就很低,党费收入便极其有限。陈独秀在"三大"上的报告称:1922 年"二大"之后,"党的经费,几乎完全是从共产国际领来的"。

到 1927 年 1 月至 7 月,党员交纳的党费仍不足 3000 元,而同期党务支出已达 18 万元;若再将这一年共产国际、赤色职工国际、少共国际、农民国际、济难国际等提供的党费、工运费、团费、农运费、兵运费、济难费、反帝费、特别费等总算起来,有近 100 万元之多。

比较起来,党的经费自筹数额实际不足千分之三。所以尽管这一数量远远少于国民党接受的数量,但必须承认,共产国际对中国共产党人提供了重要支援。

共产国际的援助对早期毫无经济来源的中国共产党人提供了巨大帮助。但又正是通过有限的援助形成对共产国际的依赖关系,给中国共产党人造成了相当的损害。

中共党史上,有三位领袖人物皆着力于让中共独立于共产国际。

首先是陈独秀。

陈独秀个性极强,说一不二,向来不愿俯首听命。他说,拿人家钱就要跟人家走,我们一定要独立自主地干,不能受制于人。其所言极是。问题是连从监狱里解救你的钱都要别人支付,还怎么独立于人?尤其是在接受援助、成为共产国际一个支部以后,还想保持与联共和共产国际的"兄弟关系",只能是书生意气的一厢情愿了。

1922 年春,马林提出中共党员加入国民党以实现国共合作的建议,陈独秀强烈反对。他给维经斯基写信说:"共产党与国民党革命之宗旨及所据之基础不同";国民党"政策和共产主义太不相容";人民视国民党"仍是一争权夺利之政党,共产党倘加入该党,则在社会上信仰全失(尤其是青年社会),永无发展之机会"。

应该说马林的建议颇富创见。在荷属殖民地的解放斗争中积累了丰富统一战线经验的马林，看到当时中共仅是几十个知识分子组成的小党，与五四以后蓬勃发展的革命形势不相适应，加上孙中山也不同意党外联合，因此提出共产党员加入国民党的建议，用国民党在全国的组织机构和政治影响，使共产党迅速走向工农大众、迅速发展成长壮大起来，可以说是革命党人战略与策略的高度融合。

也应该说，马林的建议颇含风险。虽然皆以个人身份加入，但弱小的共产党进入到庞大的国民党里去，怎样保持独立性而不被吞并？怎样维护蓬勃的锐气而不被官僚化、贵族化？怎样坚持自己的主义而不变成别人的尾巴？再好的革命策略弄得不好，也会因丧失原则而变成坏的机会主义战略。

马林的建议中还隐含着一些错误估计。他认为中国革命只有两个前途，或者共产党人加入国民党，或者共产主义运动在中国终止。把是否加入国民党看作是决定中国共产主义运动生死存亡的问题，在给共产国际执委会关于中国形势的报告中认为"中国政治生活完全为外国势力所控制，目前时期没有一个发展了的阶级能够负担政治领导"，同样是一种不正确的判断。

创见、风险、谬误就这样奇妙地组合在了一起。

马林在强调国共合作的好处，陈独秀在强调这种党内合作的坏处，一时间与早先的经费之争一样，双方再次出现僵局。

但在承认"各共产党都是共产国际的一个支部"之后，僵局不可能持久。

马林的建议遭到陈独秀拒绝后，动用了组织的力量。共产国际从1922年7月至1923年5月做出一系列命令、决议和指示，批准马林的建议，要求中国共产党执行，并令中共中央与马林"密切配合进行党的一切工作"。

就这样，在1922年8月马林亲自参加的中共中央杭州会议上，尽管多数中央委员思想不通，但组织上还是服从了、接受了共产国际的决定。

实践是检验真理的唯一标准。今天回过头去看20世纪20年代中国的大革命实践,共产国际关于国共合作的决策基本是正确的。说它正确,因为正是这一决策种下了北伐革命成功的种子。而在正确前要加"基本"二字,因为它仅仅简单提了一下"不能以取消中国共产党独特的政治面貌为代价""毫无疑问,领导权应当归于工人阶级的政党",却没有任何具体的安排和可行的措施,实际上是不相信中国共产党人的力量与能力,由此也埋下了大革命失败的种子。

目标与风险成正比。这是任何决策都无法规避的两难。

夹在两难之间的,是陈独秀。

1920年5月,李大钊认为自己和陈独秀都对于马克思主义的研究不深刻,对于俄国情况知道得也少,因此主张"此时首先应该谈致力于马克思主义的研究"。陈独秀的想法则不同。他说,"我们不必做中国的马克思和恩格斯","我们只要做边学边干的马克思主义的学生"。

陈独秀以为他的建议要容易实行一些。后来自己真的"边学边干"了,才真正体会到"做边学边干的马克思主义的学生"不知要难上多少倍。

长期以来,人们说陈独秀的领导是一言堂、家长制,包惠僧一语中的:"以后(接受经费以后)就不行了,主要是听第三国际的,他想当家长也不行了。"

曾经叱咤风云地领导新文化运动、被毛泽东称为"五四运动时期总司令"的陈独秀,在大革命时期固然有他的错误,但面对共产国际做出的一个又一个决议,有时明知不可为,也只有放弃个人主张而为之,大革命失败后他还必须承担全部责任,这就不仅仅是他个人的悲剧了。《真理报》发表社论,指责陈独秀"这个死不改悔的机会主义者,实际上是汪精卫在共产党内的代理人"。这种似曾相识的扣帽子习惯和无限上纲的语言风格,竟然20年代共产国际和联共(布)就在使用,真使人感到"文化大革命"的起源不在中国。

下台后个人反省期间,陈独秀经常念叨的一句话就是:"中国革命应由中国人自己来领导。"

陈独秀之后,第二个想独立自主大干一番的是李立三。

1930 年蒋冯阎大战，李立三认为国民党的统治正在崩溃，中国革命必将发展为全世界最后的阶级决战；于是要求"苏联必须积极准备战争"；"蒙古在中国暴动胜利时，应在政治上立即发表宣言，与中国苏维埃政权联合，承认蒙古是中国苏维埃联邦之一，紧接着大批出兵中国北方"；"西伯利亚十万中国工人迅速武装起来，加紧政治教育，准备与日本帝国主义的作战，从蒙古出来，援助中国，向敌人进攻"。在这一暴动蓝图中，中国革命是世界革命的中心，共产国际只是执行这一计划的配角。

李立三犯了大忌。

苏俄和共产国际指导中国革命，出发点和归宿点从来是以"世界革命中心"苏联的利益为核心，在中国寻找到能够与苏联结盟的力量以分散帝国主义压力，保护世界上第一个社会主义国家苏联的安全。1920 年 4 月，共产国际和联共中央政治局给派赴中国特使的指示，第一条即"我们在远东的总政策是立足于日美中三国利益发生冲突，要采取一切手段来加剧这种冲突"；其次才是支援中国革命。即使是给中国国民党和中国共产党提供巨大帮助，推动了北伐革命的有力发展，同样也是出自苏联国家利益的需求。现在突然间跳出个李立三，一口一个"暴动"，指手画脚地要求苏联"必须积极准备战争"，"从蒙古出来，援助中国，向敌人进攻"，要求苏联置自身安全于不顾，全力配合中国革命，真是令共产国际和联共惊讶得目瞪口呆了。

抛开李立三的设想完全脱离实际、给中国革命也带来了严重损失不说，单是既从共产国际支取经费，又不愿接受其批评和指示，特别是要求苏联放弃五年计划准备战争、要求蒙古加入中华苏维埃联邦等，也的确是太狂妄了。

共产国际以最快的速度和最根本的手段进行了干预：停发中共中央的活动经费。

这是中共自建党以来所受到的最严厉制裁。

被停发了经费的李立三，便只剩下台一途。

正反两方面的经验都证明：一个政党、一个社团独立与否，并不在其领导人的主观意念如何，而在是否具备客观条件。中国共产党人要想改变这种对共产国际的依存关系,不仅有赖于政治上、军事上斗争经验的日益成熟,更有赖于经济上找到立足之地。

后一条更为关键。

正是在这个意义上,我们说最终给中国革命开辟独立发展道路的,是毛泽东。

一纸《孙文越飞宣言》,孙中山表明他不相信中国能够产生红色政权。

找到五条结论,蒋介石说红色政权的根源在于"赤色帝国主义者之毒计"。

总想"挤柠檬"的斯大林,又怀疑脱离了国民党的共产党人能否独立存在。

托洛茨基则认为,大革命失败后去农村搞苏维埃运动既不可能,也为时过晚。

但中国的红色政权产生了,独立存在了,迅猛发展了,谁来解释这一切呢?

十月革命一声炮响,给我们送来了马列主义,送来了组织指导,甚至送来了部分经费。但没有送来工农武装割据,没有送来农村包围城市,没有送来枪杆子里面出政权。

布尔什维克党人最后占领冬宫之前,没有建立自己的政权。列宁在十月革命前夜,还不得不躲藏在俄国与芬兰交界的拉兹里夫湖边一个草棚里。离武装起义只剩下不到20天了,才从芬兰秘密回到彼得格勒。

后来雨后春笋般出现的东欧社会主义政权,基本都是扫荡法西斯德军的苏联红军帮助建立的。当苏联的支持——特别是以武装干涉为代表的军事支持突然消失,厚厚的柏林墙便像一块廉价的雪糕那样融化掉了。

越南,朝鲜,基本上大同小异。

古巴的卡斯特罗游击队也是在先夺取政权之后,才建立政权的。

格瓦拉在南美丛林中和玻利维亚政府军捉迷藏时,也没有首先建立政权。

不是列宁不想。不是胡志明不想。不是卡斯特罗不想。不是格瓦拉不想。是没有那种可能。

为什么偏偏在中国就有这种可能？

1931年11月，中华人民共和国建立以前18年，毛泽东就在中华工农兵苏维埃第一次全国代表大会上宣布"中华苏维埃共和国"诞生。而在"中华苏维埃共和国"诞生之前，星罗棋布的红色政权已经在白色政权周围顽强存在，并有效地履行一个政权的全部职能了。

为什么在中国能够如此？

全世界没有哪一本百科全书能够诠释这个问题。

1975年蒋介石刚刚去世，美国作家布赖恩·克罗泽就出版了一本书 *The Man Who Lost China*。书名就不大客气，翻译为"丢失了中国的人"。书中说：

"对蒋介石的一生进行总结，蒋介石有自己的勇气、精力和领袖品质，他不仅是一个有很大缺陷的人物，而且从希腊悲剧的意义上讲，他也是一个悲剧性的人物。他的悲剧是他个人造成的"，"蒋介石缺少那些将军和政治家流芳百世的先决条件——运气。他的运气糟糕透顶"。

蒋介石数十年惨淡经营，竭力奋斗，被仅仅归结为"运气"二字，克罗泽过于轻率。

蒋介石想消灭共产党人的愿望终生不改。十年内战时期有"两个星期"理论，解放战争时期发展为"三个月"理论——"三个月消灭关里关外共军"，兵败台湾后又有"一年准备、两年反攻、三年扫荡、五年完成"，一辈子生活在扑灭燎原烈火的梦境之中。

中国的红色政权为什么能够在艰难困苦中顽强存在？

中国的红色政权为什么能够在白色恐怖中迅猛发展？

中国的红色政权为什么能够在内外干扰中取得辉煌的成功？

蒋介石找过五条原因，但终生也没有弄明白。克罗泽把所有原因归结为一个最终的"运气"，也没有替蒋弄明白。

回答者只有毛泽东。

毛泽东早在1928年就做出了解答。

该年 10 月 5 日,毛泽东写了《中国的红色政权为什么能够存在?》,第二部分专门谈 "中国红色政权发生和存在的原因"。

毛泽东也列出了五条原因。第一条就是 "白色政权之间的战争",即军阀混战。

毛泽东说:"一国之内,在四围白色政权的包围中,有一小块或若干小块红色政权的区域长期地存在,这是世界各国从来没有的事。这种奇事的发生,有其独特的原因。而其存在和发展,亦必有相当的条件。" 什么条件呢? 第一条就是 "它的发生不能在任何帝国主义的国家,也不能在任何帝国主义直接统治的殖民地,必然是在帝国主义间接统治的经济落后的半殖民地的中国。因为这种奇怪现象必定伴着另外一件奇怪现象,那就是白色政权之间的战争"。

蒋介石在五条原因中,认为 "赤色帝国主义者之毒计" 是根本的一条。

毛泽东的五条原因中,"白色政权之间的战争" 即军阀混战是根本的一条。

毛泽东的认识之所以深刻,就在于他牢牢地根植于脚下的土地。

蒋介石在中国实施最严厉的白色恐怖。

毛泽东却在这最严厉的白色恐怖下,在各个实行白色恐怖的政权连年混战中,为中国共产党人找到了最广阔的发展天地。

这块天地不但摆脱了敌人,也独立于友人。

红色根据地和农村革命政权的广泛建立,在政治上开辟了中国共产党人自己独特的理论领域,军事上建立了中国共产党人自己的武装力量工农红军,经济上也摆脱了对共产国际的依赖。"打土豪、分田地" 既是红色政权政治动员的基础,也是中国共产党人经济独立的基础。

在中国共产党人最为困难的土地革命时期,"砍头不要紧,只要主义真" 人人皆知,人人敬佩;但苏区根据地派人一趟一趟给上海的党中央送黄金,不也应该人人皆知、人人敬佩吗?

所以中国革命有了这一独特现象:红色首脑最先在先进发达的上海租界建立,红色政权却最终在贫困落后的山区边区扎根。

不集中在最现代化的大城市,中国共产党就不可能获得先进的思想体系,不会获得后来众多的领导精英;不分散到最贫困落后的边区山区,红色武装便没有充足的给养和坚忍顽强的战士,中国共产党也就失去了立足的根基。

如果共产党人没有自己的军队,没有自己的政权,不创造出巩固的根据地,不开辟出自己独立的经费来源,与共产国际和苏联的依存关系便无法根本改变。

不走毛泽东开辟的武装斗争、农村包围城市之路,中国革命不但不能独立于敌人,也不能独立于友人。

1949年中华人民共和国成立,毛泽东访问苏联,与斯大林会见。周围人没有想到毛泽东第一句话竟然是:"我是长期受打击排挤的人,有话无处说。"独立自主带来的艰难曲折溢于言表。斯大林的回答是:"胜利者是不受指责的,这是一般公理。"这位以"钢铁"命名并且深刻改变了20世纪世界政治进程的历史巨人,在胜利的中国革命面前,十分坦然地承认了实践是检验真理的唯一标准。

正因如此,更可见毛泽东道路的可贵。

第二章

东方之梦

中国是日本最早的老师。日本又是中国最新的老师。中国革命者从日本译来了《共产党宣言》,日本浪人却在中国炮制出法西斯理论。"三羽乌"从蒸汽浴室腾空而起,给世界的东方带来巨大黑暗。

第一节　一言难尽的一衣带水

若说中国与哪一个国家的关系最难说清,恐怕当数日本。

历史上没有哪一个国家像中国这样,给日本人以如此巨大的影响。

从汉字到围棋,从《论语》到《法华经》,日本人几乎一成不变地从中国学去了这些文化精髓。

历史上也没有哪一个国家像日本这样,给中国人如此巨大的伤害。

自甲午战争始,哪一次针对中国的战争,都少不了日本;哪一个帝国主义杀人,都不像日本人那样在南京屠城。

中日两国,说不清的关系,说不清的恩怨,皆用这四个字带过:一衣带水。

因为一衣带水,联系方便,影响也方便;

因为一衣带水,掠夺方便,侵略也方便。

日本原本也是被侵略者。而且对被侵略、被掠夺一直比中国有着更多的担心。1837年幕府统治者德川齐昭发出预言:日本将是西方攻击的第一个目标。中国太大,朝鲜和琉球又太小,对大不列颠的炮舰来说,日本恰好不大不小。

他比中国的道光皇帝先预感到危机。

三年以后危机来了,却首先来到躺在床上抽鸦片的中国。

即便如此,鸦片战争的冲击对日本也极大。许多人以鸦片战争为题著书立说,论述西方对东方的野心,慨叹清政府的失败,警告德川幕府如果不速筹对策,必重蹈中国覆辙。

诗人山田芳谷特赋诗一首:

> 勿峙内洋多礁砂,支那倾覆是前车。
> 浙江一带唯流水,巨舰沂来欧罗巴。

日本还在不断地向中国学习。这回学到的是危机。

日本的危机也紧随中国之后,很快到来了。

1853年7月8日,美国的东印度舰队司令官佩里率萨斯克哈那号、密西西比号、普利茅斯号和萨拉托加号4艘军舰打开日本国门。

1854年,美国强迫日本签订第一个不平等条约《神奈川条约》,规定日本开放下田、函馆为对美通商口岸。

1855年,俄国强迫日本签订《下田条约》,划定两国在千岛群岛的疆界,并强迫日本开放下田、函馆、长崎三港为对俄通商口岸。

1856年,荷兰强迫日本签署《和亲条约》,片面规定荷兰的权益和领事裁判权。

1857年和1858年,美国又与日本签订两个所谓的《通商友好条约》,不仅夺得了租界和领事裁判权,而且剥夺了日本的关税自主权。

1860年以后,英国也强迫日本签订不平等条约。

1863年至1864年,美、英、法、荷四国组成联合舰队,炮击日本下关,勒索战争赔款,控制日本关税,取得在日本的驻兵权。

日本面临与中国同样的命运。

明治维新以前的日本社会,也是一个超凝固、超停滞的社会。1864年,东京大学前身"开成所"的教授杉亨二读到世界史法国大革命章节,也不禁惊呼:"人类社会之变动竟有如此之剧烈耶?余为之落胆也!"

可见社会的停滞已经给人们的思想意识带来了何等深刻的影响。

真正使日本人睁开眼睛看世界的,一个是西方的坚船利炮,另一个是中国的魏源。

林则徐交代魏源写的《海国图志》《圣武记》《瀛环志略》,在中国没有引起太大反响,鸦片战争后传到日本,却引起了强烈震动。这是日本统治者和知识界首先接触到的洋学知识。魏源在日本的知名度,远远超过中国。

合上魏源的书本睁开眼睛看世界之时,对岸正火焰熊熊——大清王朝的圆明园被英法联军付之一炬。危机四伏的日本也必须做出选择——怎样避免中国的覆辙?

于是有了1868年的明治维新。

明治维新之前的6年——1862年,中国已经开始悄悄发生一场洋务运动。

明治维新既受中国危机及魏源思想的启示,也被日本本身的危机所推动,还多多少少带有一点效仿中国洋务运动的意思。

中国的洋务运动有曾国藩、左宗棠、李鸿章三个著名人物作为代表。

日本的明治维新也有所谓"三杰":西乡隆盛、木户孝允、大久保利通。

中国的洋务运动核心是"师夷之长技以制夷",谋求最终摆脱西方列强"坚船利炮"的威胁。

日本的明治维新提出"尊王攘夷",也是为了挽救民族危机,驱逐外国侵略势力。

但中国的洋务运动最终败给了日本的明治维新。美国学者玛丽·K·赖特夫人评价当时中国与日本的改革时说:洋务运动"既不是政变,不是革命,也不是一个新的时代,只不过是依仗全体士大夫的能力与努力,使历史上难以避免的没落过程留下的一个小阳春",是企图重新建立"中国保守主义的立足点"。

1868年开始的日本明治维新却并非如此。当时明治天皇以"广兴会议,万机决于公论"和"破除旧习,求知识于全世界"为主导,自上而下开展了一场效仿西方的激进改革:以"殖产兴业"大力促进资本主义在日本的发展;以"文明开化"在日本社会全面推广现代科技和文化教育;以"富国强兵"建立新式军队的军制和警察制度。明治维新涉及日本政治、经济、军事、法律、教育、交通、文化等诸多方面的制度设计与重建。

就是这场激进的改革，使日本最终走上了战争扩张的道路。

中日从此分道扬镳。

在中日分道扬镳进程中，特别值得注意的日本人并非明治天皇，也不是西乡隆盛、木户孝允、大久保利通这些所谓的"维新三杰"，甚至不是伊藤博文这样的日本近代政治制度设计者，而是一个被誉为"日本的伏尔泰""日本国民的教师"的人，其头像至今仍印在1万日元纸币上以接受日本人最高致意的思想家，他叫福泽谕吉。

福泽谕吉1872年写《劝学篇》，提出"天生的人一律平等"，在等级森严的日本社会无异于平地惊雷，奠定其启蒙思想家的地位。1875年福泽发表《文明论概略》，提出只要以文明发展为目标，不论是什么样的政体，都应当受民众欢迎；不论用什么样的方法，都应当为社会所接受。从这里开始，福泽的思想发生了转向，这种思想最终演变为日本的"战争合理论"。

福泽的名篇是1885年发表的《脱亚论》。这篇文章指导了迄今为止一个多世纪的日本政治实践，今天在日本仍然受到极大推崇。该文的核心观点是："为今日计，我国不能再盲目等待邻国达成文明开化，共同振兴亚细亚，莫如与其脱离关系而与西洋文明共进退。"福泽在文章中特别提出："支那和朝鲜是日本的邻邦，同他们打交道用不着特别客气，完全可以模仿西洋人的方式处理。"

今天没有一个日本人认为福泽的思想与日本后来奉行的法西斯主义有什么联系。但其《文明论概略》中包含的"侵略战争正义"观点、《脱亚论》中包含的弱肉强食观点，皆成为后来日本军国主义思想的源头。

日本统治者很快从福泽的理论中尝到了甜头。

首先就是肢解琉球。

1874年，即福泽发表《文明论概略》的前一年，日本派兵入侵琉球和台湾，禁止琉球使用大清年号而使用日本明治年号，不再向清政府入贡，并强制清政府签订《北京专条》。

策划这一切的，是日本明治维新时期第一政治家、被称为"东洋俾斯麦"的大久保利通。作为日本谈判的全权代表,大久保在《北京专条》的前言中悄悄加进一句话:"兹以台湾生藩曾将日本国属民妄为加害",将琉球船民说成是日本的"属民",为日后吞并琉球埋下重要伏笔。清政府为了和平稳定,付日本人50万两白银让其退兵,同时默认琉球人是所谓"日本国属民",日本收获甚大。

其实当时日本只有陆军常备军3万余人,海军4000人,军舰15艘,且多破损不能出海,根本无力与清王朝全面抗衡。但当时清政府依靠以情理交涉的那套老路被日本摸清了懦弱本性。大久保利通的法律顾问、法国人巴桑纳讲:"1874年日清两国缔结条约,最幸运的成果之一,就是使清帝国承认了日本对琉球的权力。"英国人李欧尔卡克说得更露骨:"西方认为台湾事件是中国向全世界登出广告——这里有个愿意付款但是不愿意战争的富有的帝国。"

愿意付款但不愿意战争的富有国家,我们近代的大麻烦就此开始。

1878年4月,日本政府废琉球为郡县。

1879年,日本派出军队和警察进驻琉球,将王室强行迁移到东京。为了让当地人彻底忘记"中山国"这个称号,日本政府将地名改为Okinawa(冲绳)。琉球国就这样变成了日本的冲绳县。

肢解完琉球后,便直接向中国开刀。

1894年的甲午战争,使日本收获巨大:中国被迫割让台湾和辽东半岛,赔款2亿两白银。后虽经俄、德、法所谓"三国干涉还辽"免除了辽东半岛的割让,但中国又加赔日本3000万两白银。日本学者信夫清三郎在其《日本政治史》(第四卷)中说:"日清战争的赔款成为确立金本位制的资金,提高了日本资本主义在国际经济中的地位。日清战争与日俄战争推动日本由一个潜在着殖民地化危机的国家,转变为领有殖民地的帝国主义国家。"

信夫清三郎揭示了一个秘密:日本走向资本主义的第一桶金、第二桶金,都来自战争。

这就是明治维新后的日本。

过去大清帝国被西方列强打败,现在一个被称为"蕞尔小国"的东方国家竟然也能让其割地赔款——而且是空前的割地赔款——其中刺激之深,的确难以言表。

甲午战争后中国士大夫阶层痛定思痛,终于认识到不是"器不如人",而是"制不如人"。

明治维新导致了日本的甲午海战获胜。

甲午战败推动了中国的戊戌变法。

1898 年,康有为将其《日本变政考》呈送光绪皇帝,特别建议中国应该"以强敌为师资",向日本学习,实行变法,由弱而强。

康有为是中国封建士大夫阶层提出向日本学习的第一人。

戊戌变法很快就失败了。

但是向日本学习从此成为趋势,一发而不可收:

第一批去日本的是保皇党人:康有为、梁启超等人;

第二批是革命党人:孙中山、黄兴、宋教仁等人;

第三批则是未来的共产党人:李大钊、陈独秀、彭湃、周恩来、王若飞等人。

明治维新后的日本,成为东方先进思想学说的集散地。

毛泽东说,从洪秀全到孙中山,先进的中国人向西方寻找真理。西方毕竟离中国太远,一衣带水的日本却很近。于是向西方寻找真理的中国人,便如周恩来所说"大江歌罢掉头东,邃密群科济世穷",东渡日本学习新思想。

正因如此,十月革命一声炮响之前,马克思主义已经从日本传入中国。

时间过去了 100 多年。今天回首审视,最早将马克思学说带入中国的,应该说是外国传教士。但最早把马克思与社会主义联系起来,并且把马克思主义作为一种民众革命学说介绍到中国来的,则是清朝末年、民国初年的中国留日学生和旅日的同盟会党人。

日本成了先进中国人汲取先进革命理论的栖息之地。

1960 年 6 月 21 日,毛泽东和周恩来在上海接见以野间宏为团长的日本文学代表团。毛泽东说了这样一句话:

马克思主义的传播日本比中国早，马克思主义的著作是从日本得到手的，是从日本的书上学习马克思主义政治经济学的。

毛泽东道出了一个实情：马克思主义是从日本传入中国的。

1906 年 1 月，同盟会党人朱执信在东京出版的同盟会机关报《民报》上发表《德意志社会革命家小传》，摘要翻译了《共产党宣言》。马克思、恩格斯的著名论断"到目前为止的一切社会历史都是阶级斗争的历史"，被朱执信译为："自草昧混沌而降，至于吾今有生，所谓史者，何非阶级争夺之陈迹乎。"

这是最早介绍到中国的马克思主义。

朱执信翻译的《共产党宣言》是从日文版转译的，取自 1904 年 11 月 13 日刊登于《平民新闻》第 53 号幸德秋水和堺利彦合译的英文版《共产党宣言》。

这一转译意义重大，"共产党"一词在中国第一次出现。

"共产党"一词源于英文 Communist Party。英文 Commune 直译为公社，在法国、意大利、比利时等国家，最小行政区划的市区、村镇自治体也作此称呼；而 Community 则除了"村社，公社"外，还有"共有，共用，共同体"之意，如今"欧共体"用的就是这个词。无论是 Commune 或 Community，都没有和汉字的"共产"发生直接关系。Communist Party 若直译便是"公社分子党""公团分子党"。

但幸德秋水和堺利彦把它译作了日文的"共产党"。朱执信方便地将日文中的汉字照搬了过来。于是一个无数人为之抛头颅、洒热血的名词，通过朱执信那支不经意的笔在中国大地产生。怕它的人咒骂它"共产共妻"，爱它的人则敬它"消灭私有制"；未被完全译出来的那部分意思，便无人再去细想了。

这都是后来发生的一切。翻译它的朱执信于 1919 年去世，无从知晓了。

日本比中国早 36 年知道了马克思主义。1870 年，明治维新时代启蒙思想家加藤弘之就把这一学说介绍到日本。介绍的目的不是为了学习,而是为了批判。当时"共产主义的幽灵"已在欧洲徘徊。由于害怕这个幽灵也徘徊到日本,明治政府容许这一学说作为反面材料出现。

所以在日本最早介绍马克思主义的加藤弘之,就是这一学说的坚决反对者。他在《真政大意》一书中说:"共产主义和社会主义两种经济学说……大同小异,都主张消灭私有财产",是对社会治安"最为有害的制度"。

哲学家西周在《百学连环》中首次提到社会主义运动,也是为了向天皇献策,"主宰世界者不能不考虑此等事","唯防之于未然"。

马克思主义学说在声色俱厉的批判声中传到日本。

明治天皇不了解,马克思主义是空前强有力的批判武器,最不害怕的就是批判。

于是便一发而难收。

1882年被称为"东方卢梭"的中江兆民介绍了空想社会主义、拉萨尔主义、马克思主义;1893年草鹿丁卯次郎写的《马克思与拉萨尔》;1903年片山潜的《我的社会主义》;1903年幸德秋水的《社会主义神髓》;1904年幸德秋水和堺利彦合译的《共产党宣言》、安部矶雄翻译出版马克思的《资本论》第一卷;1907年堺利彦等的《社会主义纲要》等,马克思主义在日本获得广泛传播。

1905年8月,孙中山在日本东京成立同盟会,这些最新的理论便被同盟会会员们一批一批翻译介绍到中国。

戴季陶主要介绍马克思主义的经济学说。他将考茨基的《马克思的经济学说》日文版一书的前四章译成中文,译名为《马克思资本论解说》。全书由戴季陶和胡汉民、朱执信、李汉俊四人合译。这是中国人最早了解到马克思的《资本论》。戴季陶在自述中说:"我对于马克思的经济学说,很想用一番研究的功夫。"还说:"要想免去阶级竞争,只有废除阶级的压迫,只有废除阶级。阶级存在一天,阶级压迫继续一天,阶级斗争就要支持一天。"对于反对翻译这些文章的人,他撰文反击:"翻译马克思的著作和研究马克思批评马克思的著作,岂是可以禁止的? 又岂是能禁止的吗?"

胡汉民则将日文版《神圣家族》《哲学的贫困》《共产党宣言》《雇佣劳动与资本》《路易·波拿巴的雾月十八日》《政治经济学批判(序言)》《资本论》等著作中唯物史观部分译成中文介绍给国内读者。胡汉民说："以上所译述,最主要的为经济学批判序,是马克思唯物史观的纲领。马克思自称他多年研究的结论,后来的学问,都以这个为导线。信从科学社会主义的人,有拿他当作宗教上的经典一样贵重的。"这位后来的国民党右派断言,在人类思想史上,只是到了马克思才"努力说明人类历史的进动的原因",而唯物史观的创立,使"社会学、经济学、历史学、社会主义,同时有绝大的改革,差不多划一个新纪元"。

早期国民党人从马克思主义中吸取了丰富的营养。他们把这些新思想介绍到中国,在长期沉寂黑暗的中国思想界,确实擦着了几分光亮。

所以瞿秋白1927年2月说:"戴季陶先生、胡汉民先生及朱执信先生,都是中国第一批的马克思主义者。"

这些国民党元老当初介绍马克思主义如此不遗余力,是后来那些视马克思主义如洪水猛兽的国民党新贵能想象到的吗?

通过他们的介绍,大量马克思主义的政治、哲学术语由日本传到中国。"社会主义""社会党""共产主义""共产党""无政府主义""辩证法""形而上学""唯物主义""唯心主义"等词汇,都是从日本传过来的。大革命时期响彻中国的"劳工神圣"和"团结就是力量"等口号,也是日本革命者片山潜、高野房太郎等人在1897年从美国带回来的。

西方有学者说,文化的联系意味着一个国家的反应会迅速传递给另一个国家。鸦片战争前的中国,曾是日本文明的发源处;明治维新后的日本,却成为中国获取新思想的来源地。中国共产党的早期领导人李大钊、陈独秀、李汉俊、李达、陈望道、施存统、沈玄庐、邵力子、周佛海等都是留日学生;后来彭湃、王若飞、周恩来、杨匏安、杨闇公、董必武等也先后留日。

对中国国民党影响最大的,是大久保利通和伊藤博文这样的日本政客。

对中国共产党影响最大的,则是幸德秋水与河上肇这样的日本学者。

幸德秋水不但是《共产党宣言》的日文翻译者,而且极富激情。看看他的这一段文字:

> 革命来啦!革命第一次来啦!革命从俄国流向欧洲,从欧洲流向世界,如猛火燎原,不断蔓延,今日之世界,革命之世界,今日之时代,革命之时代,我们乃时代之子,不当革命党誓不罢休!

再看看这一段:

> 一切咄咄逼人的内阁、选举、政党、大学、文艺、宗教在工人阶级革命、世界革命的怒涛狂澜淹没宇宙的时刻,乃渺如微尘,而面色苍白的帮闲学者也只会祈求神灵,趋炎附势。唯一出路是和工人阶级一道,投身于革命的烈火之中!

1864年,杉亨二教授读法国大革命史时还在惊呼:"人类社会之变动竟有如此之剧烈耶? 余为之落胆也! "40年后,踏上日本国土的中国热血青年看见幸德秋水这些文字,也可以想见会被激发得多么血脉偾张。

幸德秋水不但极富革命激情,而且有很好的历史洞察力。他认为俄国革命不仅会波及日本,而且必然影响中国,中国也会因日本的影响而发生革命。他说:

> 支那乃东洋之俄国,如同瑞士乃俄国青年革命党的教育所一样,日本也会成为支那革命青年的教育所。而如同俄国革命党带有极猛烈的性质那样,支那革命党也同样会实行暴烈的行动。

后来的发展恰如幸德秋水所说,日本成了"支那革命青年的教育所"，而"支那革命党"也真的"实行暴烈的行动"。

毛泽东在1927年3月发表的《湖南农民运动考察报告》中说："革命是暴动，是一个阶级推翻一个阶级的暴烈的行动。"

20年前的1906年6月，幸德秋水在《世界革命运动的潮流》演说中讲：

> 让权力阶级在共产革命面前发抖吧，革命者为了实现自己的目标，从来不惜用暴力和武力。

讲完这段话4年多以后，幸德秋水死于日本政府的暴力。

1911年1月，他被日本执政当局诬为"大逆事件"首犯，判处绞刑。

闻知判决当天，幸德写下绝笔：

> 区区成败且休论，千秋唯应意气存。
> 如是而生如是死，罪人又觉布衣尊。

此人是19、20世纪之交划过日本思想界的一颗流星——"如是而生如是死"。

一颗耀眼的流星。

与激情四射的幸德秋水相对照的，是河上肇的清澈与冷静。

中国共产党人中最早宣传马列主义的李大钊，1913年至1916年在早稻田大学留学时期，就爱读河上肇的著作，通过河上肇的著作接触到了马克思主义。

周恩来在日本留学期间，看到的第一本系统介绍马克思主义原理的理论著作，就是河上肇的《贫乏物语》。当时为了师从河上先生，周恩来特地提出入学申请，想选修京都帝国大学的经济系课程，未成。又去京都在南开同学吴瀚涛处住了一段，想见河上肇教授本人，仍未成。后来周恩来归国，箱子里的重要物件就是河上肇的书。

郭沫若则在翻译河上肇的《社会组织与社会革命》一书时，给朋友成仿吾写信道："这本书的翻译，使我的一生来了一个转折。把我从半睡眠状态下唤醒的是它,把我从歧路的彷徨中拉出来的是它,把我从死亡的阴影中拯救出来的是它。"

没有去过日本的毛泽东,对河上肇也留有很深的印象。至今在韶山毛泽东纪念馆里,还陈列着毛泽东早年阅读过的河上肇的《经济学大纲》河上肇翻译的马克思的《雇佣劳动与资本》。1960年率日本文学代表团访华的野间宏回忆,毛泽东对他说过:"河上肇写的书,现在还是我们的参考书。河上肇在《政治经济学》那本书中写有怎样从旧的政治经济学发展到新的政治经济学,河上先生说新的政治经济学就是马克思主义的政治经济学,因此每年都再版发行。"

也正是这些因素,使共产国际和联共中央最初对日本革命的期望,要远远大于对中国革命的期望。1922年1月25日,《真理报》刊载季诺维也夫在远东革命组织代表大会上的演说,称"日本是远东的钥匙","没有日本革命,远东的经济革命都是小杯里的小风暴";认为在日本发生的革命,将会左右在中国乃至在整个远东发生的革命。

作为列宁忠实的学生,季诺维也夫的观点实际上反映了列宁的看法。

自辛亥革命之后,列宁的东方视野便由中国转向了日本,对日本革命抱着极大期望。

但是向先进的中国人提供了先进思想武器的日本,却没有走上如中国一样的革命道路。

1901年,片山潜、幸德秋水等人发起组织了日本第一个社会主义政党——"社会民主党";宣言中提出"彻底废除阶级制度","只有社会主义才能解决劳动问题"。

在日本政府镇压之下,该党只存在了一天。

1911年,日本政府捏造了个企图谋杀天皇的"大逆事件",数百名社会主义者被捕,幸德秋水等24人被判处死刑。

1922年7月中国共产党成立一年之后,在第三国际帮助下,日本终于成立了共产党,但发展艰难。

虽然片山潜等日本革命者与俄国革命先驱普列汉诺夫于1904年就在荷兰第二国际代表大会上建立了联系,但日本革命除了理论探讨,一直不能进入实施阶段。

因为日本已经为另外一种主义聚集了足够的能量:法西斯主义。

毛泽东1928年写了《中国的红色政权为什么能够存在?》,却没有任何日本人或共产国际的任何革命者写一篇《日本的红色政权为什么不能够存在》,进而再写一篇《为什么法西斯主义能够在日本存在并疯狂发展》。

第二节　清水加饭团,酿成法西斯

看到马克思日复一日地出入大英图书馆、李大钊本人就是图书馆主任、毛泽东也曾在图书馆工作,有人便说:革命起于图书馆。

法西斯也起于图书馆。

1904年日俄战争正酣之际,一个21岁的日本青年天天来到东京上野的帝国图书馆,殚精竭虑地苦读。两年之后,他的重要著作《国体论及纯正社会主义》写成,自费出版。

他就是日本法西斯理论之鼻祖北一辉。

法西斯主要代表大资产阶级利益的说法,是最省事的说法。它不用解释如下现实:为什么法西斯的兴起最初总源于社会下层且能将这一阶层的支持保持到最后灭亡。

特别是,为什么总以社会主义为标榜。

北一辉第一部重要著作,是《国体论及纯正社会主义》。他在书中说,日本必须通过"土地和生产机构的公有及其公共经营",来实现"共产制度"或"社会的共产制",这项任务的实现者是"下层阶级"。北一辉的本意是通过天皇的"协治"来完成"社会主义大革命",但他倾注心血之作吓坏了日本内阁。虽然自费出版,也被政府禁止发行。

当时北一辉已经与《共产党宣言》翻译者、日本早期社会主义者幸德秋水和堺利彦等人相识相熟。中国革命派人士章太炎、张继等人与幸德秋水相交,都是北一辉介绍的。

此时的北一辉崇尚民权革命,还不是法西斯主义者。面对禁锢得连书都不能出的日本,他转而为中国革命奔走:支持孙中山,结交宋教仁、张继,而且一听到辛亥革命爆发的消息,便立即前往中国,甚至写了一本《中国革命外史》;并且在中国把他的名字由辉次郎改为了北一辉。

北一辉对中国革命有自己的看法。他内心里看不起孙中山,认为孙中山无论思考或行事都是西方模式,是一个完全西化的中国人;孙中山的主张,不过是把西方民主理念通过革命手段在中国实行而已。北一辉认为中国革命的真正希望在黄兴和宋教仁身上,而并非人人仰慕的孙中山。

但宋教仁 1913 年在上海遇刺身亡。

黄兴也于 1916 年在上海因病去世。

北一辉对中国革命的兴趣倒塌了一大半。

1919 年五四运动爆发,冲垮了北一辉对中国革命的热情。

他把五四运动完全看作是排日运动:"眼前所见之排日运动前列并宣传鼓动与指挥者,皆为十年间同生共死有刎颈之交的同志",他为此绝食。抗议不成,便决心离开中国,"告别十余年间参与的中国革命的生活,返回日本。我看到,这十余年间特别加速腐败堕落的我国,若继续这样下去而不加过问,则无论是对世界政策,还是对华政策或国内政策,都显然要濒于毁灭"。

他的结论是:"让日本之魂从底层翻腾起来,来担当日本自身的革命吧。"

回国之前,北一辉在上海完成了对法西斯主义的研究。

1919 年 8 月,标榜为"国家主义"的日本右翼团体犹存社成立。第一件事,就是派大川周明专程赴中国,寻找北一辉。

中国青年志士去日本寻找救国真理,日本法西斯组织却派人来中国寻找其精神领袖。

大川周明比北一辉小三岁,是东京帝国大学的法学博士,后来与北一辉齐名,共为日本法西斯运动的两个思想领袖之一。大川对中国并不陌生,1918 年就在中国东北"满铁"任职。但是当他 8 月 23 日到达上海,在一间破房子里第一次见到北一辉时,还是吃了一惊。他没有料到后者过得如此清苦,仅靠吃米饭团喝清水,在撰写 8 卷本的巨著《国家改造案原理大纲》（后增补为《日本改造法案大纲》）。

北一辉把已经写好的前7卷交给大川，约定写完第8卷立即回国。他要在上海完成其法西斯思想的代表作。

北一辉已经从中国五四运动的苦闷中解脱出来了，决心完全效力于日本国家主义。

北一辉并不反对日本天皇。在《日本改造法案大纲》中，他认为天皇是"国民的大皇"，依托天皇之权，在全国实行戒严，三年停止宪法，解散国会，罢免枢密院及其官吏，废除华族制度、贵族院，排除军阀、吏阀、财阀、党阀，从全体国民中选拔人才改造内阁，通过普选改造国会，颁布新宪法。

他把革命与扩张合为一体，认为日本是国际上的无产阶级，俄国是世界上的大地主，英国是世界上的大富豪，向它们开战是正义的；"在国际间处于无产者地位之日本"应成为一个"打败英国，使土耳其复活，使印度独立，使中国自立，其后太阳旗将给全人类以阳光"的"革命帝国"。

在上海亭子间炮制"革命理论"的北一辉虽也主张限制私人资本，雇主和雇员之间利润均分，抑制藩阀财团，但他的"革命"依靠的不是工人，而是军人。他认为"古今一切革命依靠军队运动是历史的通则"。他生拉硬扯地将日本军人说成是"有兵卒素质之工人"，主张成立与俄国十月革命工兵代表苏维埃类似的"工兵会"，让最有组织、最有战斗力的在乡军人成为改造国家的骨干力量。

北一辉在国家主义与军国主义之间搭上了一块方便的跳板。

后来有人说北一辉的理论好像在日本的旧米酒瓶中灌进了马克思主义的新酒，其实说反了。他是在马克思主义的酒瓶中灌进了日本的旧米酒。他说："如马克思，虽生于德国，然而系无国家而只有社会之犹太人，故其主义虽首先并非筑基于国家而是筑基于社会之上，但若我日本作为社会组织而有所求时，则唯见国家。"所以"社会主义于日本即成国家主义"。

他的服务对象不是具体的哪一个阶级，而是抽象的国家。于是他的国家主义与西方未曾谋面的伙伴一样，很快变成不折不扣的军国主义、法西斯主义。

第一次世界大战结束后的 1919 年,是世界法西斯运动收获颇丰的一年。

该年 5 月,墨索里尼在意大利组织"战斗的法西斯";

该年 9 月,希特勒在德国加入"国家社会主义工人党";

同是 9 月,北一辉在上海完成《国家改造案原理大纲》。

当俄国革命刚刚成功、德国革命正在进行、中国革命行将开始之时,法西斯主义也不约而同,在西方与东方同时呱呱坠地了。

法西斯主义若要生根,必须凭借危机。

日本正因出兵西伯利亚和"米骚动"面临空前之危机。

> 贫困,日本人才伟大,他们又能忍耐;
> 物价无止境地上涨也罢,喝喝开水稀粥照样活。
> 啊! 逍遥自在呀!
> 吃南京米又挨南京虫咬,住在猪圈般的房子里;
> 尽管选举权也没有,说是日本国民也自豪。
> 啊! 逍遥自在呀!
> 膨胀,膨胀,国力膨胀,资本家的横暴膨胀;
> 俺老婆的肚子膨胀,贫困也更加膨胀。
> 啊! 逍遥自在呀!

这是 1918 年在日本流行的民谣。

南京米即中国运去的米。南京虫即臭虫。这首民谣传唱很广,是此时期日本两极分化、官僚腐败的真实写照。

第一次世界大战后期,日本政府以解救各国战俘和收回协约国战争物资为借口,出兵干涉新生的苏维埃俄国。此事大大激发了日本的野心,大正天皇和内阁已经在讨论将东西伯利亚并入日本的可能性了。

结果事与愿违。刚刚出兵西伯利亚,国内就发生了"米骚动",波及 32 县,70 万人加入,日本政府大受震动。害怕日本也出现俄国推翻罗曼诺夫王朝式的革命,天皇和历来反对政党内阁的重臣,都不得不同意政党组阁。

于是日本最早的政党内阁——政友会的原敬内阁产生。

政党内阁在日本,一开始就是个减压阀和维持会。正因如此,从该内阁起,陆军大臣、海军大臣和外务大臣三个最重要的位置,执政党都不能安排。国家安全问题更在政党管辖范围之外。

政党政治从开始在日本就是个门面。

门面也维持不住。第一届内阁首相就死于非命。

第一次世界大战结束后,中国成为世界上最后一块肥肉。连列强都担心争夺这块肥肉时,可能引发另一次世界大战。出于这种考虑,1921 年 8 月,由美国出面,邀请英、法、日、意、比、荷、葡以及中国共九国,在华盛顿开会商讨裁军和中国问题。会议达成的《九国公约》规定:各国尊重中国的主权、保全中国领土完整;中国要对各国门户开放、机会均等。该公约虽然是利益妥协的产物,同时要求中国必须实施门户开放,让各国利益均沾,但对当时政治混乱的中国来说,客观上还是限制了列强的殖民活动,对国家保持领土完整起到一定的作用。

在这次会议上,原敬内阁代表日本宣布收回《二十一条》中的部分不平等条约,交还青岛等前德国殖民地,对中国做出一些让步。这一举动立即被日本国内认为是妥协外交,引来强硬派的强烈反对,纷纷指责原敬内阁软弱、卖国。

原敬是平民出身,想结束藩阀政治,搞西方式民主。但他的国家根本不给他这样的机会。

1921 年 11 月 4 日,原敬在东京车站被中冈艮一刺杀。凶手为铁路雇员,19 岁,是大川周明、北一辉等人的犹存社机关杂志《雄叫》的热心读者。

中冈艮一刺杀原敬首相之前一个多月,受北一辉思想影响的朝日平吾刚刚刺杀了日本四大财阀之一安田财阀的首脑善次郎。朝日平吾崇拜天皇、崇拜北一辉,认为财阀、政党和政府隔离了天皇和臣民,因此"诛杀一二彼等奸富的代表人物,使其反省悔悟"。

畸形的日本政治思想,一开始就充满暴力色彩。

受朝日平吾行动的鼓舞,中冈艮一也行动了,自称为抗议日本寻欢作乐的松弛风气和日益蔓延的西方化潮流。

一把五金店的短刀,便结束了日本刚想冒头的民主政治。

自此,日本政治便有了"暗杀政治"之称。北一辉的国家主义派上了大用场:每一次暗杀都出自"爱国至诚"。热衷于"脱亚入欧"、学西方的日本人忘掉了英国文学家塞缪尔的那句名言:爱国心在不少场合,是被流氓当作隐身衣来使用的。

第三节　腾空而起的黑翅

原敬首相被刺前一周,德国莱茵河上游的黑森林贵族城堡区,一个叫巴登巴登的矿泉疗养地举行了一个秘密聚会。三个军衔皆为少佐的日本驻外武官聚集在一起,议论上司,议论国家,目的与7天后将行动的中冈艮一类似:结束国内的腐败。

这三人——永田铁山、小畑敏四郎、冈村宁次——在东京陆军小学时就是好朋友。该校许多学生来自名门望族或富裕家庭,他们自恃政治经济地位优越,时常结伙欺负别人。为不受欺侮,永田铁山、冈村宁次和小畑敏四郎也结成了自己的团伙。一次,冈村宁次在做木马练习时,与一个来自长州高级武士家庭叫作龟田的打起架来,龟田有雄厚的家庭背景,平时在学校就是呼风唤雨的一霸,身边总有一帮人跟随;冈村宁次眼看就要吃亏,幸而永田铁山、小畑敏四郎得讯飞奔而来拳脚齐上,才把冈村宁次救了下来。三人中永田铁山与冈村宁次关系最好,彼此相互亲昵称呼"铁"和"宁";小畑敏四郎则与冈村宁次在同一个学员区队。三人从那时起就玩闹在一起、打架在一起,是性格、脾气都合得来的挚友。

后来这三人又一起考进陆军士官学校、陆军大学。在以训练严酷著称的日本军校中,永田铁山的毕业成绩是士官学校第四名、陆军大学第二名;小畑敏四郎的成绩为士官学校第五名,陆军大学第一名;冈村宁次则为士官学校第六名,在陆军大学则因成绩优异接受过大正天皇颁奖。

这三人皆是陆军中的骄子，后来被称为"三羽乌"——日语"三只乌鸦"之意。第二次世界大战后任何一本研究日本军事史的著作，都要提到这三个人的名字。

这三个人成了日本昭和军阀集团的象征。

但在莱茵河上游巴登巴登矿泉疗养地聚会时，这三个同在欧洲当武官又是陆军小学、士官学校、陆军大学同学的人，还没有后来那么大的胃口。当时他们紧紧盯住的，是日本国内的腐败。

国内腐败在他们眼中首先是政治腐败。政治腐败又首先表现在陆军的人事腐败。日本历来藩阀门第气息极重。明治维新后海军由萨摩藩把持，陆军则由长州藩把持；山县有朋、桂太郎、田中义一等陆军中坚人物，无一不是出自长州；非长州籍人士休想晋升到陆军高位。

三个泡在蒸汽浴室里的武官，谈起这些事情义愤填膺、慷慨激昂。在陆军小学与长州藩后代龟田打架之事，不知是否也在三人议论范围以内？

巴登巴登正值旅游淡季，这个清静的地方正好进行他们规划未来的密谋。

三人的核心，是留着普鲁士式短发、嘴唇上胡子修剪得像一只海鸥、具有学者风度的永田铁山。他以优异的服务，1920年6月起就被授予在欧洲巡回的全权；但即使是他，也不是一个能系统提出自己思想的人。贵族出身的小畑敏四郎人最瘦最精明又最易激动，驻俄国期间正值俄国革命，拼命看了不少马克思主义的书，但除了想通过所谓"部落共产主义"实现与天皇感情沟通这种模糊混乱的概念外，提不出什么像样的政治见解。不修边幅的冈村宁次摘了眼镜就成了可怜的半盲人，戴上眼镜又似凶猛的猫头鹰，最崇尚像前线指挥官那样直接行动，也不是思想者。

三人在热腾腾的蒸汽中闷了半天，仅想出两条：

第一，从陆军——长州藩的栖身之处打开一个缺口；

第二，走法国的路线以恢复国力。

别的就记不起来还有些什么了。

作为行动纲领来说,这两条确实有点不伦不类。

第二次世界大战结束后,"三羽乌"中的幸存者冈村宁次有过这样的回忆:"有一本《昭和军阀兴亡史》的书,提到了大正十年(1921年)我和永田铁山、小畑敏四郎在德国南部城市巴登巴登点燃了革命烽火。其实,这么说太夸张了。当时我们根本没有考虑到满洲等其他国家的事,只是讨论了日本陆军的革新问题。当时,我们的想法是很认真的。所说的革新,其包括的内容是:第一,当时陆军人事有派系,长州派垄断军队人事安排的做法必须打破;第二,因为日本陆军独立实施统帅权,而使军政、军民关系疏远,这一定要扭转。当时,我们三个人下定决心要改变日本军队这些不正常的东西。因为我们到欧洲后,看到了这些国家的军事状况,认为不这样干不行。那时我们三人都是少佐,事情就是这样开始的。"

三个发誓拿长州藩开刀以开始他们革命的青年军官,照样秉承了日本军队极强的辈分意识。其实巴登巴登聚会有四个人,第四人是东条英机。尽管他后来出任日本战时首相,只因为在士官学校中比"三羽乌"低了一年级,他在巴登巴登除了替永田铁山点烟和站在蒸汽浴室门口放哨,便无别的事可做。既不能列入"三羽乌"之内,更不能参加他们的讨论。

这两条不伦不类的纲领由谁来实施呢?

除了在巴登巴登这四人之外,"三羽乌"从不属于长州藩,且才华出众的同事中又选出7人。11人的"巴登巴登集团"形成了:

巡回武官永田铁山、驻莫斯科武官小畑敏四郎、巡回武官冈村宁次、驻瑞士武官东条英机、驻柏林武官梅津美治郎、驻伯尔尼武官山下奉文、驻哥本哈根武官中村小太郎、驻巴黎武官中岛今朝吾、驻科隆武官下村定、驻北京武官松井石根及矶谷廉介。

巴登巴登聚会内容浅薄。之所以被日本近代史所视甚高,全在会议的三个参加者和他们拟就的11人名单。11人都成为后来日本军界的重要人物。

永田铁山被刺前是日本陆军军务局长,裕仁天皇直到最后决定无条件投降的时刻,还在地下室里挂着他的遗像;

小畑敏四郎为陆军大学校长；

冈村宁次为侵华日军总司令；

东条英机为日本头号战犯，战时内阁首相；

梅津美治郎后来成为日军参谋总长；

山下奉文任驻菲律宾日军司令，率军横扫东南亚，被称为"马来之虎"；

中村小太郎任过陆相；

松井石根为侵华日军华中方面军司令官，南京大屠杀要犯；

中岛今朝吾任第十六师团长，南京大屠杀中最惨无人道的刽子手；

下村定为华北方面军司令官，后接任陆相；

矶谷廉介是后来与中国军队在台儿庄血战的日军第十师团师团长。

这11人是日本赖以发动第二次世界大战的昭和军阀集团核心骨干。

巴登巴登聚会之1921年10月27日这天，被视为昭和军阀诞生的第一天。

当被称为"三羽乌"的三只乌鸦从巴登巴登腾空离去之时，他们那张开的黑色翅膀，将给东方带去巨大的灾难。

三个未入日本陆军主流的青年军官为何能量如此巨大？一伙驻外武官如何能够组成一个庞大的令全世界毛骨悚然的军阀集团？

既与日本历史相关，又与日本皇室相关。

日本自从1549年织田信长上台至1945年东条英机自杀，近400年的政治，实质就是军阀政治。完成近代日本统一的织田信长、丰臣秀吉、德川家康这三位重要人物，皆是拥兵自重的军阀。在近代日本，要成为有实权的政治家，首先必须成为军人。明治时代的长州藩山县有朋、桂太郎，萨摩藩大久保利通、西乡隆盛等人如此，昭和时代的田中义一、荒木贞夫、永田铁山、东条英机等人也如此。

进入20世纪20年代后，日本军阀政治中出现一种独特的低级军官通过暴力手段左右高层政治的所谓"下克上"现象,更与日本皇室紧紧相连。

1919 年,日本大正天皇因脑血栓不能亲政,权力落到皇太子裕仁和宫廷皇族手中。1921 年 3 月裕仁出访欧洲,不经意做的两件事对后来影响巨大。一是皇室长辈、明治天皇的女婿东久迩宫带领一大批日本驻欧武官和观察员前来晋谒,裕仁特意为这批少壮军官举行了宴会;一是在法国,裕仁第一次也是唯一一次微服出游中,亲手购买了一尊拿破仑半身像。

晋谒裕仁的驻欧武官和观察员,后来基本都上了巴登巴登 11 人名单;拿破仑半身像则一直放在裕仁书房,一遍又一遍加深着裕仁对武力征服的印象。

裕仁刚刚回国,由东久迩宫负责联系的驻欧青年军官集团首领"三羽乌"便举行了巴登巴登聚会。还未上台的裕仁已获得这伙少壮军官的鼎力支持。

这是一伙不缺乏野心和献身精神,只缺乏思想的青年军官。他们没有谁能像北一辉那样,对国家未来做出框架设计。要为他们补上这一课。裕仁选中了大川周明。

裕仁不喜欢北一辉。北一辉在上海用清水饭团炮制出来的激进思想,甚至要求把皇室拥有的财产也交给国家。但裕仁的弟弟秩父宫却对北一辉兴趣极大。他从北一辉身上看到了巴登巴登 11 人集团正在寻找的思想。

《国家改造案原理大纲》被秩父宫找人油印出版了。此书一出,影响巨大。日本青年军官们纷纷把它作为策动法西斯活动的理论依据。

能够阅读中文、梵文、阿拉伯文、希腊文、德文、法文和英文的大川周明异常聪明。他和北一辉两人一边喝米酒一边争吵了一夜,然后削去了北一辉理论中皇室不能接受的部分。两人最后分道扬镳:北一辉隐匿进智慧寺,大川周明则受命担任了宫内学监。

宫内学监即所谓"大学寮学监"。这是一个秘密去处,连二战结束后的东京审判都很少涉及。

裕仁自 1921 年 11 月代替患病的大正天皇摄政后,办的第一件紧要事,便是把以巴登巴登集团为基础的"为理想献身的年轻人",集中到皇宫东面围有城墙和壕沟的幽静的宫廷气象台,听大川周明讲课。

陈旧的气象台是裕仁小时候放学回来经常的去处。他在这里观看六分仪、星座图、测雨器和 18 世纪的荷兰望远镜。现在他给它起了一个新名字:"大学寮",大学生寄宿处之意。几乎后来昭和军阀集团的全部骨干成员,都在这里听过 37 岁的法学博士大川周明讲述大和民族主义、大亚洲主义、法西斯主义。

1922 年 1 月开张的"大学寮",实际成为日本皇室培养法西斯军官的教导中心。日本后来企图征服世界的那些庞大计划的草图,几乎都是在这里提出最初构想的。

裕仁小时候曾在这里流连忘返。大了的裕仁只需坐在屋里凝视拿破仑半身像,由未来的昭和军阀集团成员在这里流连忘返了。

皇室权贵的支持,是法西斯主义在日本获得的得天独厚的条件。

北一辉虽然没有出席,但他在上海亭子间熬成的思想却通过大川周明,病毒一般流进讲台下青年军官的头脑中。

救国与革命,是 20 世纪最激动人心、最具号召力的口号。在这个口号影响下,20 世纪 20 年代初期,一伙优秀的中国青年聚集在上海成立中国共产党,聚集在广州加入黄埔军校;另一伙不能不说优秀的日本青年却聚集在东京皇宫,完成了钦定的法西斯思想改造。

《战争呼声》杂志 1920 年 7 月发表大川周明等人的"集体信条":

> 日本人民必须成为解放人类的旋风的中心。日本民族注定要完成世界的革命化。这一理想的实现以及对日本的军事改组就是我们这一代人的精神产品。我们认为我们的任务是不仅仅以日本的革命或改革而告终的,但我们必须满意地首先进行我国的改革,因为我们对日本解放全世界的使命抱有信心。

打着"革命"与"解放"的旗号,一头法西斯怪物在世界的东方出笼了。第一个目标便是中国。

第三章

岩浆

　　蒋介石不是孙中山选定的接班人,毛泽东也不是共产国际钦定的领导者。共产国际让蒋介石作报告,却给毛泽东发讣告。蒋介石办杂志,毛泽东办报纸,皆由笔杆到枪杆。蒋介石以黄埔起家,毛泽东以井冈山起家。毛泽东通过枪杆子认识了蒋介石。蒋介石也通过枪杆子认识了毛泽东。

第一节　领袖·思想·意志

中国有句老话,叫时势造英雄。

应补充一句,英雄仍须识时势。

1911年10月10日,孙中山乘火车从美国西海岸前往中东部募捐。行前收到黄兴从香港发来的一封电报。因为密码本已经放在行李中,无法取出译电,所以直到在丹佛下车取出行李后,才知道电报内容。

黄兴告知,武昌革命党人吕志伊向香港报告:新军必动,请速汇款应急,并前往主持。

疲惫的孙中山把电报轻轻撂到一旁。他一生不知领导了多少次革命党人的武装暴动和起义,但无一成功。一遍又一遍做的,是失败后设法掩埋烈士的遗体,安抚烈士遗孤,然后满腔悲愤地写下一篇又一篇祭文。眼下他正四处筹款,无任何征兆使他意识到数十年来牺牲奋斗所追求的目标已近在眼前。

既无款可汇,更无法前往主持,这是他看完电报后的第一个念头。本想立即回电黄兴,要武昌新军少安毋躁、暂时勿动,但因夜已深,旅途又十分劳累,便决定次日晨再回电。

第二天却一觉睡到11点。他起床去餐厅用膳,在走廊上购报一份准备入餐室阅读。随走随手展开,立见一则令他浑身血液停止流动的醒目黑体大字专电:

"革命党人占领武昌"。

辛亥革命爆发。

后来有人说,孙中山看到这条消息时,手中的玻璃杯失手跌落摔碎,杯中的牛奶泼洒一地。不管是否属实,这一点却是无疑:他当时所受震动之大，绝非我们今天所能想象。

延续 2000 余年的中国封建王朝从此坍塌。

虽然正是他用坚持不懈的努力，为推翻清王朝奠定了基础，但最具决定性且唯一成功的武昌暴动，他不但事前未能参与，还几乎去电阻止。

1921 年 7 月，中国共产党第一次代表大会在上海召开。一个如今发展为 8000 多万党员的世界第一大党就此诞生。但颇让党史遗憾、颇让后人遗憾，也颇让革命博物馆内那些大幅"一大"代表照片遗憾的是，"南陈北李"这两个中共建党的中坚人物，一个也未出席。

陈独秀当时在陈炯明手下任广东政府教育委员会委员长、大学预科校长，未出席的理由是正在争取一笔款子修建校舍，人一走，款子就不好办了。

李大钊时任北京大学图书馆主任，未出席的理由是北大正值学年终结期间，"校务纷繁，难以抽身前往"。所谓"校务纷繁"，是因当时北洋军阀政府财政困难，停发了北京 8 所高校教职员工薪金，这 8 所高校成立了联合索薪委员会，李大钊为索薪委员会重要负责人，整天开会忙于处理追薪事宜，无法脱身去上海。

两人当时都忙。但他们忙的理由与中共"一大"的历史地位相较，无疑是芝麻与西瓜相较。

顶李大钊名额去上海出席中共"一大"的，是年仅 19 岁的北京小组成员刘仁静。

这位当年最年轻的中共"一大"代表，在改革开放的 80 年代初接受采访时，已是 80 多岁的老人。谈起当年的感受，他实实在在地说了这样一句："根本没有想到是这么重要的一次会。"

刘仁静这句老实话，恐怕就是当年与会者和未与会者的心态。

这伙热血青年当时哪一个能想到，他们聚焦在了中华民族命运即将发生巨变的起点。

什么是历史？这就是历史。

并非理想中那么漂亮，却是朴素真实的历史。

不是苛求前人。武昌起义并非一经发动就必定成功。其所以成功，毕竟还有其他许多因素。旧中国在剧烈的大变动时期，每天成立的组织与散伙的组织一样多，谁也无法预见到28年后的新中国。

常人也能觉出眼前的量变。但很多时候，伟人也无法立即察觉将要出现或已经出现的质变。

所以孙中山有面对辛亥革命的遗憾。陈独秀、李大钊也有面对中共"一大"的遗憾。

也有例外。

1917年6月16日（俄历6月3日），全俄工兵代表苏维埃第一次代表大会在彼得格勒召开。在1000多名代表中，770人声明了自己所属的党派：

社会革命党人，285名；

孟什维克，248名；

布尔什维克，105名。

布尔什维克在代表中连10%都不到，人数最少。孟什维克党人、临时政府邮电部部长策烈铁里在会上高声宣称，在俄国，没有哪一个政党敢于单独掌握全部政权，并对国家今后的命运负责。

代表席上一个身材不高、目光锐利的人站起来，大声回答："有这样的党！"

回答者是布尔什维克党人的领袖，弗拉基米尔·伊里奇·列宁。

俄国敢如此回答的，只有列宁一人。

中国有毛泽东。或许蒋介石觉得自己也算一个。

1924年7月30日，蒋介石对黄埔军校第一期学生演讲。他以丝毫不容置疑的口吻说："试问有谁能想出一个主义来救中国？除了本党总理的三民主义之外，还有第二个主义可以救中国吗？若是没有这个三民主义，我们中国的危险究竟怎样解除，我们的国家究竟怎样建设，我们就是拼命地去革命，究竟从哪里下手，这样想来，几乎要发神经病。像我这样的人，或者因为发了神经病早已死掉，亦未可知。"

蒋介石一直活到88岁也没有发神经病死掉。如果真是如此，中国共产党将有多少优秀的领袖人才能够从屠刀下保存下来。

1930 年 1 月 5 日，毛泽东给黄埔军校第四期毕业生、红四军第一纵队司令员林彪写信："但我所说的中国革命高潮快要到来，绝不是如有些人所谓'有到来之可能'那样完全没有行动意义的、可望而不可即的一种空的东西。它是站在海岸遥望海中已经看得见桅杆尖头了的一只航船，它是立于高山之巅远看东方已见光芒四射喷薄欲出的一轮朝日，它是躁动于母腹中的快要成熟了的一个婴儿。"

这就是预见中国革命未来的名篇：《星星之火，可以燎原》。

俄国的列宁，中国的毛泽东，皆对自己从事的事业，皆对自己担负的使命，表现出一种果敢和不可抑制的自信。

列宁的自信来源于对人类社会发展规律的把握，来源于对过去和未来的透视。

1917 年 4 月，列宁回国，在火车站欢迎会上就喊出"社会主义革命万岁"的口号。当时二月革命刚刚成功，临时政府刚刚建立，党内外对这一口号均感到不可思议，怀疑列宁犯了超越革命发展阶段的"左"倾错误。《真理报》声明说："对于列宁同志的总公式，那是我们所无法接受的，因为它的出发点是认为资产阶级民主革命业已结束，指望这一革命立即转化为社会主义革命。"

但列宁言中了。6 个月后，震动世界的十月革命爆发。

蒋介石在手中握有杀人的枪杆、膛内压满杀人的子弹之时，他对他的党和他自己是雄心十足的。1927 年"四一二"反革命事变后第 6 天，在《敬告全国国民党同志书》中，他除了表示"伟大任务在于拯救中国"外，还说出了那段广泛流传的名言：

党在，国在，我亦在；党亡，国亡，我亦亡。

毛泽东却并非穿上笔挺的哔叽军装、面对台下肃立的队列和如林的刺刀，才会自信得口若悬河。他的果敢和自信来自他对中国大地的深刻了解。就在他只是一名踯躅于橘子洲头的穷学生时，他也敢宣称：

天下者我们的天下,国家者我们的国家,社会者我们的社会。我们不说,谁说? 我们不干,谁干?

果敢自信的蒋介石和毛泽东却都没有见过列宁。

1923年9月,蒋介石率"孙逸仙博士代表团"访苏,列宁正身患重病。"闻俄国革命党首领苏维埃共和国之创造者列宁,积劳成疾,不能谒晤,深致感咨",蒋介石后来颇为惋惜地写道。没见上列宁是他一大遗憾。

毛泽东直到新中国成立后才第一次访问苏联。1950年1月11日,他在莫斯科红场向列宁墓敬献花圈时,列宁已经去世26年了。毛泽东成为马克思主义者之前,便极其钦佩"有主义(布尔失委克斯姆),有时机(俄国战败),有预备,有真正可靠的党众"的"列宁之百万党员";终生对列宁敬仰之至。

未见过列宁的蒋介石和毛泽东又与列宁一样,都曾以极大的热情办刊办报。

1900年列宁西伯利亚流放结束,立即着手实施在流放岁月中酝酿已久的想法:创办一份报纸,让它成为团结俄国地下革命者的组织中心。很快,革命的精英聚集在编辑部里了:列宁、普列汉诺夫、马尔托夫、波特列索夫、阿克雪里罗得、查苏利奇。两年以后又加入了两个后来大名鼎鼎的人物:托洛茨基和加米涅夫。该报的德国莱比锡创刊号上,用十二月党人给普希金回信中的一句诗作报头题词:"星星之火可以燃成熊熊烈焰!"

所以该报命名为《火星报》。

俄国十二月党人写给普希金那句诗,今天翻译即是"星火燎原"。

这几个办报人后来几经分化,果真在俄罗斯土地上燃起了十月革命的熊熊烈焰。

列宁30岁在德国创办《火星报》。

蒋介石26岁在日本创办《军声杂志》,自撰发刊词。当时沙皇俄国诱导外蒙自治,蒋甚愤慨,著《征蒙作战刍议》《蒙藏问题之根本解决》等文,称征藏不如征蒙,柔俄不如柔英;研究外交与军事,甚思"提一旅之众,以平蒙为立业之基"。

毛泽东在长沙创办《湘江评论》时,也是 26 岁,也自撰创刊宣言:"世界什么问题最大?吃饭问题最大。什么力量最强?民众联合的力量最强。什么不要怕?天不要怕,鬼不要怕,死人不要怕,官僚不要怕,军阀不要怕,资本家不要怕。"

都全副身心地寻找真理。又都十分自信,手中握有的就是真理。都不乏对历史的深刻领悟,不乏对未来的精心安排。就各自的政党来说,都是非凡的领袖。

自从人类被划分为阶级以后,阶级的核心就是政党。

政党的核心是领袖。

领袖的核心是什么呢?

是意志,与思想。

有的领袖提供意志,有的领袖提供思想。所以列宁说,需要一个领袖集团。

但列宁本人,既提供了意志,又提供了思想。

毛泽东也是如此。

蒋介石却仅为他的党提供了意志。提供思想的,是孙中山。

仅就此点来说,蒋也不敌。

第二节　谁人发现蒋介石

马克思、爱因斯坦和弗洛伊德,被认为是对当代世界产生决定性影响的三位思想巨人。

三人又都是犹太人。

对中国革命产生很大影响的也有来自共产国际和苏联的两位犹太人:鲍罗廷、米夫。鲍罗廷在国民党中发现了蒋介石。米夫在共产党中发现了王明。

被发现的这两人，皆因此居于各自政党的高位。

很多人原以为蒋介石是孙中山选定的接班人。

于是就说，接班人选错了。

蒋介石也常以"总理唯一的接班人"自居。原因据说是孙中山临终时口中直呼"介石"；情之深切，意之难舍，痛于言表。

可惜此说来自蒋介石自己修订的《蒋公介石年谱初稿》。

当年寸步不离孙中山病榻的床前侍卫李荣的回忆是：

（3月11日）至晚八时三十分钟止，（孙）绝终语不及私。十二日晨一时，即噤口不能言。四时三十分，仅呼"达龄"的一声，六时三十分又呼"精卫"一声，延至上午九时三十分，一代伟人，竟撒手尘寰，魂归天国。

临终的孙中山呼唤了宋庆龄，呼唤了汪精卫，却没有呼唤蒋介石。

孙中山1925年3月去世。该年7月1日，中华民国国民政府在广州成立。所谓"总理唯一的接班人"蒋介石却既不是其中的常务委员会委员，不是国民政府委员，也不是国民党中央执行委员会委员，甚至连候补委员也不是；还只是一个没有多大影响的人物。

孙中山至其临终，也没有指定自己的接班人。

蒋介石1905年在东京由陈其美介绍认识孙中山。但孙中山倚为股肱的军事人才，先是黄兴、陈其美，后是朱执信、邓铿、居正、许崇智和陈炯明。陈其美殉难，孙中山说"失我长城"；朱执信病逝，孙中山说"使我失去左右手"；对陈炯明寄予厚望："我望竞存（陈炯明）兄为民国元年之克强（黄兴），为民国二年后之英士，我即以当时信托克强、英士者信托之。"

他依靠的不是蒋介石。所以很长一段时间，他未委派蒋重要的军事职务。

蒋首次在孙中山面前显露军事才能，是上书陈述欧战情势及反袁斗争方略,这才使孙中山对他有所注意。在陈炯明部任职期间,蒋介石又连向孙中山呈《今后南北两军行动之判断》《粤军第二期作战计划》等意见,也仅使孙中山觉得他是个不错的参谋人才,仅此而已。

于是孙中山委任给蒋介石的,多为参谋长、参军一类不掌握实际权力的职务。蒋先后担任过居正的参谋长、孙中山总统府参军、陈炯明的作战科主任、许崇智的参谋长、孙中山大元帅行营参谋长。

最先欣赏蒋介石的倒是陈炯明,他发现此人的才能绝非限于参谋方面。蒋介石在陈部干了一段作战科主任,要辞职,陈炯明竭力挽留,向蒋表示"粤军可百败而不可无兄一人"。

陈炯明说对了。最后他果真败于蒋介石之手。

蒋介石与陈炯明关系不错。1922年4月,陈炯明准备叛变,向孙中山辞粤军总司令和广东省长之职。孙中山照准。蒋介石不知陈意,还想找孙中山为陈说情。不成,便也辞职。在回沪船上还给陈炯明写信:"中正与吾公共同患难,已非一日,千里咫尺,声气相通。"

但陈炯明一叛变,蒋立即抛弃与陈的友谊,站到孙中山一边。

孙中山正是因为陈炯明的叛变,才第一次对蒋介石留下了深刻印象。他后来在《孙大总统广州蒙难记》序言中写道:"介石赴难来粤入舰,日侍余侧,而筹策多中,乐与余及海军将士共生死。"

孙中山对蒋介石的性格及处事方式,却甚感头痛。

蒋介石脾气暴躁,经常与周围人关系紧张;动辄辞职不干,未获批准也拂袖而去,谁去电报也召他不回。

1922年10月,孙中山任蒋为许崇智的参谋长。仅月余,蒋便以"军事无进展"为由离职归家,孙中山派廖仲恺持其手谕都无法挽留。

1923年6月,孙中山命蒋为大元帅行营参谋长。蒋到任不满一月,又以不受"倾轧之祸"为由,辞职返回溪口。

1924年初,孙中山委派蒋为黄埔军校筹备委员长;刚一个月,蒋就以"经费无着落"为由辞筹备委员长之职。9月,再辞军校校长之职。

自1918年7月辞陈炯明部作战科主任,至1924年9月辞黄埔军校校长,6年时间中,蒋介石先后辞而复职竟达14次之多。

孙中山容忍了蒋介石历次辞职,独对辞黄埔军校之职不能忍受。

创办军校建立革命武装,是马林1921年向孙中山建议的。1923年《孙文越飞宣言》签署后,越飞又表示苏俄将提供款项、武器和教练人员,帮助建立军校。孙中山革命奋斗几十年,吃尽了无自己武装的亏,梦寐以求想建立这一武装。直至晚年刚有实现的可能,蒋介石又动辄撂挑子不干,确实大伤孙中山的心。他对蒋介石深感失望。

历来极重兵权的蒋介石又何尝不知黄埔军校的重要。他真正不满的,并非仅仅"经费无着落",而是在1924年1月国民党召开的"一大"上,孙中山没有指派他为代表,各省党部亦没有推选他,国民党党史上极其重要的这次大会,他竟然连一张入场券都未弄到。

1924年11月13日,孙中山启程北上。国民党党史记载,北上前两天,"总理令(黄埔)新军改称党军,任蒋中正为军事秘书"。这是孙中山给蒋介石的最后一个职务。孙中山北上至去世4个月时间内,再未给蒋介石任何信函和指令。

蒋介石1963年11月在台湾回忆说:"我是21岁入党的;直到27岁总理才对我单独召见。虽然以后总理即不断地对我以训诲,亦叫我担任若干重要的工作,但我并不曾向总理要求过任何职位,而总理却亦不曾特派我任何公开而高超的职位。一直到我40岁的时候,我才被推选为中央委员。我开始入党,到担任党的中央委员,这中间差不多相距了20年之久……"

言语之间,饱含当年的不遇与委屈。

孙中山不曾派蒋"任何公开而高超的职位",那么是何人派蒋"任何公开而高超的职位"呢?

蒋介石上台就其必然性来说,将是一部现代史著作;但就其偶然性来说,则该归于苏联顾问鲍罗廷。

此人第一个把蒋介石推上权力高峰。

鲍罗廷也是一个谜。被派到中国来的共产国际或苏俄革命者,没有一人能如他那样,富有创造性地执行共产国际和斯大林的指示;也没有一人能如他那样,对中国革命的进程发挥如此巨大的影响。

鲍罗廷是老资格的革命党人,出生于拉脱维亚,先后投身俄国、西班牙、墨西哥、美国、英国和中国革命运动。他的一生就是一部传奇。

1903年7月30日至8月23日，俄国社会民主工党第二次全国代表大会在布鲁塞尔、伦敦举行。参加会议的共有57名代表,有表决权的43人,一个特殊情况是其中8人享有两票的权力,所以大会的实际总票数是51票。

这些数字枯燥乏味,难于记忆,但对20世纪却有着极大意义。

第22次会议讨论党章草案第一条关于党员的规定时,分裂发生了。

列宁的草案建议"凡承认党纲、在物质上帮助党并且参加党的一个组织的"人可以成为党员;马尔托夫的草案也认为接受党纲和在物质上帮助党是党员的条件,但认为只要"在党的一个组织领导下经常亲自协助党"就行了,不必非要参加党的一个组织。

分歧由此产生。冗长的辩论之后,列宁的草案以23票对28票被否决。

是马尔托夫而不是列宁首先掌握了多数。在随后大会的每一次争论中,马尔托夫都以优势票数获胜。

一直到第27次会议,一个小组委员会把"崩得"的地位问题提交大会讨论时,变化发生了。5名"崩得"代表因他们的自治权被否决,愤然退出大会。两名"经济派"代表则认为他们的组织"俄国社会民主主义者国外联合会"在大会之后便不存在,没有理由再参加会议,也离开了会场。

7名代表突然离去,大会总共只剩下44票。更富戏剧性的是这失去的7票竟然全部是马尔托夫的!

还有一名代表临时改变态度。

列宁的票数由23票上升到24票,马尔托夫则由28票跌到20票;列宁立即获得24票对20票的坚定多数。

大会进程瞬间发生的这一逆转,是历史性的逆转。

被西方史学家称为"列宁的二十四人集团"控制了大会。

大会之后,列宁一派把自己称为"布尔什维克"(多数派)、把马尔托夫一派称为"孟什维克"(少数派)。四票之差,两个惊动全世界的政治派别就此产生。各种语言的辞典都不得不根据译音,增添上两个崭新的政治名词。

一部世界革命史便要重写。

在布尔什维克和孟什维克形成过程中起关键作用的"崩得",来自犹太语 Bund,即"联盟"之意;全称为"立陶宛、波兰和俄罗斯犹太工人总联盟"。它是俄国早期宣传马克思学说的最大的工人组织。马尔托夫就曾是"崩得"早期组织的领导成员。1900 年,一个叫米哈依尔·马科维奇·格鲁森伯格的 16 岁犹太青年加入该组织。1903 年,因"崩得"的退出而产生布尔什维克和孟什维克的那一年,19 岁的格鲁森伯格也退出了"崩得",投向列宁的布尔什维克。

格鲁森伯格就是鲍罗廷。

鲍罗廷是苏联驻华代表加拉罕介绍给孙中山的。

孙中山说他见过的共产国际人员中,印象最深、最为钦佩的人物,就是鲍罗廷。他称鲍罗廷为"无与伦比的人"。

加拉罕没有叫鲍罗廷去改造国民党。鲍罗廷也想不到,他到中国干的第一件、也是后来影响最为深远的一件事,是主持了对国民党的改造。

鲍罗廷之前,国民党在政治上、组织上和理论上都无法算作一个政党。它没有纲领,没有组织,没有章程,没有选举,也没有定期会议,连有多少党员也是一笔糊涂账。据说有 3 万,注册的却只有 3000,交纳党费又是 6000。入党要打手模向孙中山个人效忠,但连孙中山也弄不清到底有多少"党员",这些党员又都是谁。

鲍罗廷告诉孙中山一个冰冷的结论:作为有组织的力量,国民党并不存在。

孙中山大为震动。此前没有人对他说过这种话。他已经在着手准备对国民党实行改造。《中国国民党党纲》等一系列文件也起草完毕。但以前孙中山多次依靠本党力量改组党,皆收效甚微。这一回他看好了鲍罗廷。他对鲍罗廷说,老党员不行了,新党员还可以。孙中山下决心"以俄为师",依靠鲍罗廷,运用苏俄无产阶级政党的建党经验,改造国民党。

鲍罗廷像一部精细严密、不知疲倦的机器那样高速运转起来。他严格按照俄国共产党的组织模式,依靠中国共产党人和国民党左派,对国民党开始了彻底改造。国民党第一次全国代表大会那份至关重要的"一大宣言",就是布尔什维克党人鲍罗廷亲自起草、中共党人瞿秋白翻译、国民党人汪精卫润色的产物。

国民党由一个近似帮会的组织演变为一个现代意义上的政党,鲍罗廷功不可没。

鲍罗廷死去近40年后,台湾的李登辉成为国民党主席。西方资深评论家称李登辉使国民党彻底摒弃了列宁的建党模式。我们很多人听到后颇为吃惊。他们从来就不知道,几十年来天天喊"打倒共产党"的国民党,竟也用了列宁的模式建党。

见过鲍罗廷的人都对他印象深刻。他目光敏锐,思想深刻,而且极富个人吸引力。他讲话时手不离烟斗,对任何事物都极其敏感,不管面对什么样的记者,都能以自己的远见卓识将他们征服。只要他一出现,就能控制住在场的人,成为他们的中心。苏联顾问切列潘诺夫回忆说,鲍罗廷能够看到局部现象的历史意义,能够从一系列广泛的、相互交错关联的事件中综合出局势的发展趋向,而别人在这些事件面前却只能感到眼花缭乱。

这正是他最为吸引人的地方。

他又非常注重中国的传统、习惯和礼节。他的房间不挂列宁像,只挂孙中山像。凡与他接触的人,都对他的非凡气质和征服听众的能力长久不忘。他协调不同派系的能力极强。只要他在,广州的各种势力基本都能相安无事。各派的人有事情都愿意找他商量解决,他也总能提出恰如其分的办法,让人满意而去。时间一长,他的住地便自然形成一个人来人往的中心,李宗仁回忆说,当时人们都以在鲍公馆一坐为荣。

鲍罗廷给广州带来了一股清新空气。他的风格深深感染了周围听众。他的名声传遍了远东地区。革命者称他为广州的"列宁"。上海租界则说他是"红色首都"的"红色猛兽"。西方评论家则说他正在广东重复俄国革命的历史。

连宋美龄也为鲍罗廷的个人风采所倾倒。

她后来回忆说,鲍罗廷站在听众中间仿佛鹤立鸡群,他一进屋,你就能听到他那清晰的不慌不忙的男中音;他讲英语不带俄语口音,很接近美国中部方言。

后来蒋介石翻了脸,全国通缉捉拿鲍罗廷,宋美龄仍然说,鲍罗廷是一位非同凡响的人物。

周恩来也深受鲍罗廷风格影响。

新中国无人不知周恩来的风范,却很少有人知道鲍罗廷对形成这一风范的影响。

周恩来当时在广东区委工作。鲍罗廷从不轻易听任机会摆布,在国民党、共产党、苏联与共产国际四方之间纵横捭阖、不屈不挠地去实现设定目标的才智和魄力,给周恩来留下深刻印象,产生了极大影响。当时鲍罗廷给广东区委的指示常常与上海中共中央的指示不一致,广东区委也毫无保留地执行。

周恩来表现出的遇事冷静、对棘手问题不动声色的沉着、待人接物的细致周全、迅速行动能力与长期忍耐能力,有效地和背景不同、政见各异的人共同工作的能力,以及事无巨细均亲自办理的工作风格,与当年鲍罗廷的做法很像。

如此精明的一位鲍罗廷,在孙中山去世后却被蒋介石弄花了眼。

当时蒋介石要想成为强有力的人物,面前至少有三个障碍:军事部长许崇智、外交部长胡汉民、财政部长廖仲恺。从一般规律上看,他是不可能越过这些障碍的。

但不可能发生的事情在几个月内却发生了。

1925 年 8 月 20 日,廖仲恺被刺于国民党中央党部。当天,国民党中央执行委员会、国民政府委员会和军事委员会召开紧急会议,众人的目光都集中到鲍罗廷身上。

孙中山死后几个月里,鲍罗廷成了广州主要的掌权人物。表面上所有决议都由几个国民党领导人共同决定,实际是鲍罗廷说了算。他在广州的权势和影响如日中天。他的住宅楼上经常坐满广州政府的部长们,国民党中央执行委员们和中国共产党人;楼下则是翻译们忙碌的天地:将中文文件译成英文或俄文,再将英文或俄文指令译成中文。印刷机昼夜不停,各种材料、报告、指示从这里源源而出。鲍罗廷实际已成为国民党中央的大脑。

在这个至关重要的会议上,鲍罗廷提出一条至关重要的建议:以汪精卫、许崇智、蒋介石三人组成特别委员会,授以政治、军事和警察全权。

鲍罗廷设想,这是一个类似苏俄"契卡"的组织,目的是用特别手段肃清反革命。他自己则担任特别委员会的顾问。

他的建议实际就是决议。建议被迅速通过。

"授以政治、军事和警察全权"的特别委员会三人中,汪精卫本身是国民政府主席,许崇智是政府军事部长,唯有蒋介石未曾任过高于粤军参谋长和黄埔军校校长以上的职务,第一次获得如此大的权力。

魔瓶最先被鲍罗廷开启。

其实此前鲍罗廷就看好了蒋介石,为此和总军事顾问加伦将军产生了很大分歧。

加伦认为应该用许崇智,培植与黄埔并行的军事力量,不能以某个人或某一派系为中心,以防患于未然。鲍罗廷却认为许崇智的粤军为旧军队,不堪大任;蒋介石的黄埔新军有主义为基础,颇具革命性质,可当大任。7月国民政府成立,加伦再提出要防止军事独裁,主张建立军事委员会制度,以许崇智为军事首脑;鲍罗廷不同意,支持蒋介石。两人分歧日趋严重,只有由莫斯科出来裁决。

加伦将军不知道,1905 年在芬兰塔墨尔福斯的布尔什维克党代表会议上,鲍罗廷就认识了比他大 5 岁的斯大林。当时斯大林还是一个叫柯巴·伊万诺维奇·朱加施维里的格鲁吉亚青年,与来自拉脱维亚的鲍罗廷一样,头一次参加这样的会议。

裁决的结果是不言而喻的:加伦将军被调离广东。

斯大林对蒋介石的信任，很大一部分就是受鲍罗廷的影响。

军事顾问加伦将军提出了颇含政治意义的考虑，而政治顾问鲍罗廷却在关键时刻被蒋介石的军事才能蒙蔽，陷入了个人政治视野的盲区。他亲自把极大的权力交到蒋介石手里。

应了中国那句老话：智者千虑，必有一失。但这一失，失得太大、太关键了，以致以前使其成功的"千虑"最终被毁于这"一失"。

巴斯德说机遇偏爱有准备的头脑。蒋介石为这一天的到来做了充分准备。他运用这个突然降临到手中的"政治、军事和警察全权"是毫不犹豫的。军事机器立即开动，首先针对几番压制他的许崇智。

利用廖仲恺被刺案，蒋介石指挥党军包围了许崇智住宅，指其涉嫌廖案，许崇智仓皇逃往上海。

然后就是胡汉民。胡汉民族弟胡毅生与廖案有瓜葛，胡汉民先被拘留审查，后被迫出使苏联。

廖仲恺则被隆重地下葬。

廖案处理，蒋介石一石三鸟。三个夺取权力的障碍一扫而光。

半年以后鲍罗廷才明白自己打开了魔瓶。许、胡、廖三人消失之后，他已经不能照原来设想的那样遏制蒋介石了。

他帮助蒋介石迈出了夺取政权的决定性一步。

鲍罗廷重看蒋介石，与他轻看中国共产党同时发生，而且互为因果。他曾经十分轻蔑地说，中国共产党"总共只有40人"，"研究翻译成中文的共产国际提纲是他们的全部活动"；罢工之类的事件"临时把它抛到面上，否则它就会待在自己的小天地——租界里，事后从那里发指示"。他尤其藐视在上海的中共中央。他在中国工作三年，不仅把"国共合作"变成了"国苏合作"，更热衷于把这种合作推向与孙中山、汪精卫、蒋介石个人之间的合作，中国共产党反而成为他与国民党要人讨价还价的筹码。孙中山1924年8月21日召开国民党一届二中全会，讨论"容共问题"，鲍罗廷竟然向孙中山建议成立一个"国际联络委员会"来控制中国共产党。陈独秀闻讯怒不可遏，立即召开紧急会议通过决定，并毫不客气地致电鲍罗廷：一、禁止在国民党会议上进行任何有关共产党问题的辩论，并对此辩论不予承认；二、中共中央拒绝承认国民党下属的为解决两党间问题而设立的国际联络委员会；三、责成我们的同志在全会上对反革命分子采取进攻态势，从防御转入进攻的时机已经到来。

但是，这个决定传到广州为时已晚。会议上鲍罗廷和瞿秋白为共产党党团问题进行了象征性辩解之后，赞同成立国际委员会监督共产国际和共产党关系的决议。该决议要求共产党将自身活动中与国民党有关者，全部公开通报给国民党。陈独秀得知此结果后极为愤怒，接连几次上书共产国际，表示坚决拒绝国民党全会决议，强烈谴责并抵制鲍罗廷的妥协政策，特别是对其不同中共中央讨论"单独行事"，表示"非常不满"，要求共产国际警告鲍罗廷，并指示其无权领导广东地区中共党组织的工作。

但鲍罗廷在斯大林那里如日中天，共产国际也只有保持沉默。

在广州的苏联顾问也不是都同意鲍罗廷重国民党轻共产党的态度。继加伦之后担任总军事顾问的季山嘉就说："国民革命军的一切政治成就都应完全归功于共产党人。这一点哪怕以黄埔军校为例也是显而易见的，黄埔军校是共产党人最多的地方，因此也是国民革命军最稳定的一部分。"赶走了加伦的鲍罗廷又开始反对季山嘉。他说："国民革命运动实际上是一种难以想象的复杂的阴谋勾当"，为此"需要玩弄权术"；鲍罗廷认为1926年初广州的革命形势是他个人以苏联军事援助为钓饵、依靠蒋介石和汪精卫的军政力量、在国民党上层"玩弄权术"的结果；并且以为自己完全控制了广州的局势。1926年2月，鲍罗廷在北京向将赴广州的以布勃诺夫为团长的联共政治局使团得意洋洋地说："当你们去广州时，你们自己会确信，华南的思想势力范围乃是我们的影响……还有什么问题我们解决不了呢？一旦我们宣传什么，一旦我们提出什么建议，人们就会很认真地听取，并将我们的政策、我们的决定，以极大的成功希望来加以贯彻执行。"他十分有把握地说"军队领导人已完全处在我们的影响之下"，蒋介石等四个军长"完全可靠"。

在鲍罗廷的主观意识主导之下，联共中央政治局也认为，中国革命的任务是"强调作为民族解放思想最彻底最可靠的捍卫者的国民党的作用,并将其提到首要地位";中共必须向国民党右派和中派让步。

但这位权术大师很快要开始尴尬了:他严重低估了蒋介石的能量。

埋葬了廖仲恺,赶走了胡汉民、许崇智后,蒋介石还剩下最后三个障碍:前台的国民政府主席汪精卫,后台的国民政府政治顾问鲍罗廷,以及心目中的死敌中国共产党。下一个将是中山舰事件,又是一石三鸟。

蒋介石将这后一个一石三鸟推了7个月。国民党被鲍罗廷由一个松散的组织造就为一个虎虎有生气的组织,在这个组织的全部力量转到自己门下之前,他还需要鲍罗廷的力量和影响。鲍罗廷的话在汪、蒋、鲍三人之中,仍然起决定作用。西山会议派攻击他将鲍罗廷"禀为师保,凡政府一切重大计议,悉听命于鲍","甚至关于党政一切重要会议,概由鲍召集于其私寓,俨然形成一太上政府";他不但不在意,反而说作为总司令,只有法国福煦元帅的地位可同鲍罗廷相比。他反复引用孙中山曾说过的话:鲍罗廷的意见就是他的意见。因此,追随鲍罗廷就是追随孙中山。

他相当客观地把他的擢升归于鲍罗廷的政治提拔及苏联武器装备和军事顾问。

他在等待时机。

时机来临了。

第二次东征大捷使蒋介石军功威名如日中天。返归广州途中沿途男女老幼观者如堵,道为之塞;至汕头盛况达到空前:社会各团体整齐列队欢迎,民众簇拥,万头攒动;一路军乐悠扬,鞭炮毕剥,工会前导,次枪队,次步兵,次汽车,卫队为殿,连孙中山当年也没有如此之风光。

广州的汪精卫、谭延闿、伍朝枢、古应芬、宋子文联名电蒋:"我兄建此伟功,承总理未竟之志,成广东统一之局,树国民革命之声威,凡属同志,莫不钦感。东征功成,省中大计诸待商榷,凯旋有日,尚祈示知,是所祷企。"

国民政府要员站成一列,以前所未有的谦恭,向军权在握的新秀蒋介石致敬。

事情并未到此为止。

1926 年 1 月,广州举行国民党"二大",到会代表 256 人,选举中执委时,有效票总数 249 张,蒋介石得票 248 张,以最高票数当选中央执行委员。

　　这就是蒋介石后来说的,21 岁入党到 40 岁当上中央委员,相距了 20 年之久。

　　这一年蒋介石 40 岁。

　　会议代表中共产党员占 100 人左右,基本都投了蒋的票。

　　差的一票也许是他未投自己?起码给人以这样的印象。反而显得更加谦虚。

　　248 强于 249。

　　得票 245 张的宋庆龄在"二大"讲话,赞扬东征胜利之后的广东形势:"此间一切的政治军事都很有进步,而且比先生在的时候弄得更好。"

　　一句"比先生在的时候弄得更好"从宋庆龄口中说出来,便是最高的夸赞。

　　国民党"一大"连张入场券都未弄到的蒋介石,个人声名在"二大"达到顶点。

　　广州第一公园大门口出现一副对联,上联"精卫填海",下联"介石补天"。

　　人们再也不记得还对什么人有过这种夸赞。

　　声名达到顶点后,他便动手了。

　　1926 年 3 月发生"中山舰事件",蒋介石又是一石三鸟。

　　这回打击的重点变成了中国共产党、苏联顾问团和汪精卫。

　　鲍罗廷恰巧不在。苏联顾问皆被软禁,再用"整理党务案"把鲍罗廷架空。

　　共产党人也在"整理党务案"后被迫退出国民党中央和第一军。"中山舰事件"后,共产党员退出第一军和苏联总顾问季山嘉被驱逐,长期以来人们一直说是陈独秀的对蒋让步"妥协政策"的恶果,但真相是事件发生后,当时正在广州的联共政治局使团团长布勃诺夫在鲍罗廷的协助下亲自处理,妥协让步政策是他们强加给陈独秀的。布勃诺夫事后讲了6条理由,第一条就是怕"吓跑大资产阶级",否则中共"无论如何不能现在承担直接领导国民革命这种完全力所不及的任务"。事后报告处理"三二〇"中山舰事件的报告中,布勃诺夫甚至认为中共只要做"保证这场革命彻底胜利"的苦力,不要去争领导权,否则"任何过火行为都会吓跑大资产阶级","造成广州政府的危机。最终加剧国民革命失败"。

布勃诺夫的高参,当然就是鲍罗廷。

布勃诺夫回国经过上海时,把他的态度告诉了陈独秀。陈独秀对事变情况一无所知,匆忙表态,以中共中央名义发出指令,认为蒋受右派挑拨中,"行动是极其错误的,但是,事情不能用简单的惩罚蒋的办法来解决";应该"将他从陷入的深渊中拔出来"。

共产党人退出国民党中央和第一军,竟然成了帮助蒋"从深渊中拔出来"。

蒋介石的回报只是赶走吴铁城、孙科、伍朝枢等人,虽然这是蒋追求个人独裁所需要的,鲍罗廷却在1926年5月30日写给加拉罕的信中,十分得意地说这样的交换"使右派蒙受了比共产党人更大的损失……从右派手里夺走了他们用来反对我们的武器"。

鲍罗廷仍然沉浸在自我营造的梦境中。

蒋介石早就行动在自我营造的现实里。

继中国共产党和苏联顾问之后,第三个目标就是汪精卫。

在蒋介石打击的三方中,只有汪精卫对"三二〇"中山舰事件保持着明白和清醒。

汪精卫后来回忆:"三月二十日之事,事前中央执行委员会政治委员会丝毫没有知道。我那时是政治委员会主席,我的责任应该怎样?三月二十日,广州戒严,军事委员会并没有知道。我是军事委员会主席,我的责任应该怎样?"

他斥责蒋介石的行动是"造反"。

但斥责完之后,他也只有闭门谢客,悄然隐藏起来,怎样也不怎样。

仅仅7个月前,汪精卫还在与蒋介石联手,欲借廖仲恺被刺案除掉胡汉民。

廖仲恺被刺第五天晚上,汪、蒋派遣50多名黄埔军校学生军直扑胡汉民家,指示若拒捕逃跑可就地处决。胡汉民刚刚就寝,听到门外嘈杂,赶紧下床穿衣从后门逃出。外面凉风一吹稍有清醒,蓦然感觉此事肯定与汪有关,于是干脆跑到西华二巷汪精卫家。汪妻陈璧君见胡汉民狼狈跑来惊魂未定,非常诧异。听完胡汉民诉说,陈璧君怒不可遏,拿起电话打给汪精卫,厉声质问:"胡先生究竟犯了什么罪,你要派人深夜缉捕?"汪精卫正等待胡汉民不是束手就擒便是就地正法的好消息,大义凛然地回答:"反动派就要捉,捉了就要杀!这样做是大快人心!"陈璧君见状只有低声说:"胡先生现在我们家里。"汪精卫气得一下子摔了话筒。最后担心事情闹大不好收场,才在各方调解下让胡汉民出使苏联,离开这块是非之地。

时间刚刚过去7个月,事情就发展到了要让汪精卫离开这块是非之地的地步——蒋介石指汪与中共串通,想用中山舰劫他去海参崴,所以才发动"三二〇事变"。

刚刚与蒋联手除掉胡汉民的汪精卫,这回倒不用蒋介石劫他,4月初,汪精卫以就医为名,由广州而香港,由香港而马赛,自己老老实实上了远走他乡的外轮,被迫远走高飞。

自此,没有人能够阻挡蒋介石攫取国民党军政大权了。

鲍罗廷打开的潘多拉盒子。

革命斗争并不排除充分利用矛盾、施展纵横捭阖之术,但这一切必须建立在依靠和壮大自己力量的基础上,鲍罗廷恰恰丢掉了这一点。中山舰事件再次成为鲍罗廷与蒋介石的权力交易。通过这次交易,表面上看,鲍、蒋二人之间的信任达到了别人无法代替的程度。蒋在北伐前夕谈到后方留守时,提到两个人可以托付,除了张静江,就是鲍罗廷,称鲍罗廷是"自总理去世以来我们还没有这样一个伟大的政治活动家"。

但这位伟大的政治活动家已经开始预感到情况有些不妙了。

鲍罗廷自己也开始预感到情况有些不妙,对蒋正在日渐失控。他开始预作防范。

1926年8月9日,在广州与共产国际远东局委员会会晤时,鲍罗廷说出了他规划的"让蒋自然灭亡"的策略：当时除第一军军官主要是黄埔军校毕业生之外，其他各军的军官主要是保定军校毕业生，而蒋与"保定派"之间的矛盾是不可调和的；在北伐胜利推进的过程中，"保定派"必定压倒蒋介石，"加速他在政治上的灭亡"。

这时共产国际远东局已经不信任这位权谋大师了。主持远东局工作的维经斯基是列宁派到中国的第一个使者，1920年3月就来华与中国革命者发生关系。1926年9月12日，维经斯基在上海向联共驻共产国际执行委员会代表团报告：北伐虽然在客观上起到了革命的作用，但同时也使蒋介石的军事独裁倾向神圣化了；而这种危机是鲍罗廷自"三二〇"中山舰事件后推行牺牲共产党和左派、在国民党上层对蒋无条件退让和投降的机会主义策略的结果。9月22日，维经斯基再次向莫斯科报告，指出"鲍罗廷同志在如何对待我们总的对华政策为自己制定了一整套相当完整的与总的方针相背离的观点"，明确提出"撤换鲍罗廷"。11月6日，维经斯基在继续给莫斯科的报告中感叹道："中国的解放斗争是多么的与众不同，在这种斗争中保持真正的革命策略又是多么的困难，一方面要冒陷入机会主义的危险，另一方面又要冒过左和破坏必要的民族革命统一战线的危险"；"中国共产党需要在何等令人难以置信的矛盾条件下进行工作"。

维经斯基的这些报告引起斯大林的震怒。

斯大林于11月11日主持联共政治局会议做出答复："对远东局在上述问题上所犯的错误提出警告"；同时决定非但不撤换鲍罗廷，反而加强鲍罗廷的权力，"所有派往中国的同志均归鲍罗廷同志领导"，而"鲍罗廷同志直接听命于莫斯科"，并给鲍罗廷颁发红旗勋章，"责成远东局在就对华总的政策问题、国民党问题和军事政治问题做出任何决议和采取任何措施时，都必须同鲍罗廷同志协商"。

戏剧性的场面很快出现了：被撤职的不是鲍罗廷，而是维经斯基。1927年3月10日联共政治局改组远东局，任命列普谢为书记，鲍罗廷正式进入远东局。维经斯基还在以远东局书记的身份指导中共筹备第五次代表大会，在远东局内部却已经被撤职。

远东局随后也被置于鲍罗廷的领导之下。

苦难辉煌

此时斯大林还不知道:历史给鲍罗廷的时间已经进入倒计时了。

1927年4月12日,蒋介石在上海发动反革命政变。

5月5日,斯大林在联共政治局会议上提出"在广州组建新的可靠部队";为此还做出了向广州派遣200人的教官团和提供50万卢布的决定。但让谁去"组建可靠的部队"? 共产党还是国民党? 斯大林语焉不详。5月13日,斯大林讲了另一段话:"在目前用新的军队、用红军来代替现在的军队是不可能的,原因很简单,就是暂时没有什么东西可以代替它。"所以5月5日的决定很快不了了之,转而实行大力加强对"国民党将领"提供军事援助的方针,令共产党到国民党军队中去"保持领导"。

5月21日,许克祥在长沙发动"马日事变"。

斯大林得知此讯坐不住了,于5月30日给鲍罗廷等人发出"紧急指示":(一)动员2万共产党员,加上5万革命工农,编成几个新军,"组建自己可靠的军队","消除对不可靠将领的依赖性";(二)"成立以著名国民党人和非共产党人为首的革命军事法庭",惩办叛乱的反动军官。

斯大林不会不知道,4年来联共政治局推行的只武装国民党不武装共产党的政策,根本无法通过一份"紧急指示"来改变。而权谋大师鲍罗廷从一开始就根本不是执行武装工农政策的人。他鼓动陈独秀出面给莫斯科一个模棱两可的回复:"命令收到,一旦可行,立即照办。"本来这个紧急指示是发给鲍罗廷等三个俄国人的,本应由他们回复莫斯科。但是他们都十分清楚向斯大林说"不"会带来怎样的后果,于是推给了书生气十足的陈独秀,让陈一人独自承担了违抗斯大林指示的责任。

局面已经完全无法靠鲍罗廷的权谋来收拾了。7月15日,汪精卫在武汉决议"分共",大革命完全失败。

近代中国是个大舞台。这个舞台演绎了多少兴衰、美丑、胜败。原先默默无闻者,可以在这个舞台上大放异彩;大放异彩者,最终又在这个舞台上暗淡失色。发现、提携蒋介石的鲍罗廷在1926至1927一年的跌宕演变中,由蒋介石所谓"自总理去世以来我们还没有这样一个伟大的政治活动家"，变成了一个要立即捉来枪毙的"煽动赤色革命企图颠覆政权的阴谋家"。政治人物就这样以瞬息之间沧海桑田般的演变，完成让人瞠目结舌的角色转换。鲍罗廷不像蒋介石想象的那样复杂，蒋介石也不像鲍罗廷想象的那样简单。这个前日本士官生内心深处还是钦佩那些直面反对他的人，却深恶痛绝那些他以为要利用他的人。

当年反对鲍罗廷独用蒋介石的加伦将军回国后，1938 年 10 月在苏联肃反运动中被捕。蒋介石接到驻苏大使杨杰的报告，还想保加伦一命，要孙科以特使身份赴苏转告斯大林，请派加伦至中国做蒋的私人顾问。但苏联的肃反行动太快了，加伦从被捕到被枪决仅有一个月时间。斯大林告诉孙科的，已是他的死讯。

想保反对过自己的加伦将军性命的蒋介石，却一直想要提携过自己的鲍罗廷的性命。

加拉罕当年给孙中山的礼物，是鲍罗廷。

蒋介石最后给鲍罗廷的礼物，是通缉令。

第三节　笔杆子，枪杆子

说到枪杆子，人们马上想到以"枪杆子里面出政权"理论著称于世的毛泽东；以为枪杆子理论出自他的天才创造。

袁世凯最先给中国政治带进来了枪杆子。通过对枪杆子的纯熟掌握运用，满清王朝不得不接纳他，辛亥革命也不得不接纳他。

孙中山则最先给中国革命带进来了军事。同盟会的全部革命活动，基本就是对武装起义殚精竭虑的策划与发动。

任过孙中山秘书、被国民党誉为"国师"的戴季陶就说过："百万锦绣文章，终不如一枝毛瑟(枪)。"

1912 年 5 月 20 日，戴季陶在上海《民权报》发表短文《杀》："熊希龄卖国，杀！唐绍仪愚民，杀！袁世凯专横，杀！章炳麟阿权，杀！此四人者中华民国国民之公敌也。欲救中华民国之亡，非杀此四人不可。杀四人而救全国之人,仁也;遂革命之初志,勇也;慰雄鬼在天之灵,义也;弭无穷之后患,智也。"

中国的革命或者反革命,一开始便具有了与别国的革命或反革命截然不同的特色。

戴季陶虽然厉声喊杀,但当租界巡捕房以"鼓吹杀人"将其拘捕入狱,同牢犯人问其缘由时,戴季陶也只能垂头丧气地说:"仓颉造字累我,鸦片条约病我";"我住租界,我不做官,我弱,我为中国人,有此种种原因,我遂此矣"。

他自己很清楚,即便写出《杀》这般露骨狰狞的激烈文字,仍属"百万锦绣文章"一类。

把枪杆子用到炉火纯青地步的,还是蒋介石。

蒋介石登上中国政治舞台,首先利用鲍罗廷提供的机遇,其次便是手中的枪杆子。

首先也来源于其次。鲍罗廷错以为他是一支革命的枪杆子。

毛泽东对枪杆子的认识也经历了一个长期过程。

他最初并不赞成暴力革命,倾向于克鲁泡特金的无政府主义,而不是马克思的无产阶级专政。1919年受五四运动影响,毛泽东在长沙创办《湘江评论》,第一期《创刊宣言》上,即针对"打倒强权"提出了一番颇为温情的理论:

（一）我们承认强权者都是人,都是我们的同类。滥用强权,是他们不自觉的误谬与不幸,是旧社会旧思想传染他们遗害他们。（二）用强权打倒强权,结果仍然得到强权。不但自相矛盾,而且毫无效力。欧洲的"同盟""协约"战争,我国的"南""北"战争,都是这一类。所以我们的见解,在学术方面,主张彻底研究,不受一切传说和迷信的束缚,要寻着什么是真理。在对人的方面,主张群众联合,向强权者为持续的"忠告运动",实行"呼声革命"——面包的呼声,自由的呼声,平等的呼声, ——"无血革命"。不主张起大扰乱,行那没效果的"炸弹革命","有血革命"。

毛泽东当时对一切暴力——包括孙中山的南方政府反对北方北洋军阀政府的暴力——皆表现出极大的愤恨。

1920年他以极大的热心投入湖南自治运动,把各省自决自治看作是拯救中国的唯一方法。他说:"胡适之先生有二十年不谈政治的主张,我现在主张二十年不谈中央政治,各省人用全力注意到自己的省,采省门罗主义,各省关上各省的大门,大门之外,一概不理。"

7年以后,毛泽东说:"革命不是请客吃饭,不是做文章,不是绘画绣花,不能那样雅致,那样从容不迫,文质彬彬,那样温良恭俭让。革命是暴动,是一个阶级推翻一个阶级的暴烈的行动。"从主张"呼声革命""无血革命"的毛泽东到主张暴力革命的毛泽东,其间经历了怎样的由实践支撑的思想历程?

真正教会他认识枪杆子的,是蒋介石。一个1926年的"三二〇"中山舰事件,一个1927年的"四一二"反革命事变,蒋介石在共产党人面前把枪杆子的威力表现得淋漓尽致。毛泽东后来描述说,大革命失败前夕"心情苍凉,一时不知如何是好";"八七"会议"决定武装反抗,从此找到了出路"。

毛泽东通过蒋介石对枪杆子的运用,真正看清了他的真面目。而从枪杆子身上,看到了共产党人的出路。

教会的又何止毛泽东一人。

1926年7月9日,国民革命军誓师北伐。陈独秀已经看出蒋介石利用北伐实现个人军事独裁的危险,当苏联军事顾问加伦将军问是帮助蒋还是削弱蒋时,也只有回答:"是反对蒋介石,也是不反对蒋介石。"

面对刀枪如林的蒋介石,手无寸铁的陈独秀认识到其野心也毫无办法,只有采取这种消极态度。

另一人是张太雷。他是中国共产党中较早认清蒋介石面目的人。1923年随蒋访苏,他在代表团中就与蒋分歧很大,几乎天天争吵,弄得苏俄方面人人知晓。蒋对他恨之入骨,恨不得立即将其清除出代表团了事。这样一个对蒋早有认识的人,在"中山舰事件"和"整理党务案"后,还要发表一篇《关于蒋介石同志对"要不要国民党"误会之解释》的自我辩白,回答蒋的质问。他说:"如果我真是说了'国民党是

苦难辉煌

排斥共产党党员'，我自己亦要骂'这简直不知道是什么话！'非但我没有这样说，并且不会有这样的事。"并说，"介石同志是不会排斥CP的，大家都是知道的。"

今天的人已经很难领悟，张太雷在说这些话的时候，内心有多么的痛苦。没有实力又不得不仰仗实力，即使很早就认清其面孔，但直到屠刀举起之前，还要去赔着笑脸说"介石同志不会排斥CP"。

最终，张太雷牺牲在了蒋介石的屠刀之下。

共产党人曾经就这样一忍再忍。对蒋的忍让，实际是对实力的忍让，对枪杆子的忍让。"四一二"政变不久，陈独秀悲痛地说："我们一年余的忍耐迁就让步，不但只是一场幻想，并且变成了他屠杀共产党的代价！"对这一如此明显的事实，连布哈林在中共六大所作的《中国革命与中国共产党的任务》报告中也不得不被迫承认："共产国际武装中国军阀而没有帮助中国共产党武装工农；结果，我国无产阶级创造的子弹射进了中国工农的头颅。"

缺乏实力的共产党人，不掌握武装力量、没有枪杆子，即使有再深奥的理论修养，再犀利的政治判断，再庞大的民众组织，在一个只凭实力说话、谁力量大谁就嘴巴大声音大的社会里，也难于成事。批判的武器永远代替不了武器的批判。

所以有了1927年8月7日党的紧急会议，有了会上毛泽东激动的发言：

> 从前我们骂(孙)中山专做军事运动，我们则恰恰相反，不做军事运动专做民众运动。蒋唐都是拿枪杆子起(家)的，我们独不管。现在虽已注意，但仍无坚决的概念。比如秋收暴动非军事不可，此次会议应重视此问题，新政治局的常委要更加坚强起来注意此问题。湖南这次失败，可说完全由于书生主观的错误。以后要非常注意军事，须知政权是由枪杆子中取得的。

这段话后来被总结为一个石破天惊的理论："枪杆子里面出政权。"

知道了枪杆子里面出政权,不等于就知道了武装割据,知道了农村包围城市。

共产党人并非不喜欢城市。打响武装反抗国民党第一枪的八一南昌起义,原定目标是南下广东,二次北伐。

开辟工农武装割据道路的秋收起义,原定目标也是会攻长沙。

最先打出苏维埃旗帜的广州起义,则几乎一步不改地走十月革命城市武装暴动之路。

南昌起义队伍转战到广东还未立足就被打散了。秋收起义队伍则连个浏阳县城也蹲不住就被迫后退。广州起义只搞了三天,范围没有超出广州城。

毛泽东最早将失败的起义队伍转向罗霄山脉。这是在黑暗中面对失败思索的结果。它不是神的选择,是踏踏实实的中国革命者面对中国革命的特殊性,立足于现实的选择。

是人的选择。

在"八七"会议上毛泽东被选为政治局候补委员。留他在中央工作他不肯,说是要去搞"土匪工作"。结果秋收起义队伍没有攻打长沙而上了井冈山,国际代表罗明纳兹提议开除毛泽东政治局候补委员,中共中央负责人瞿秋白照办。消息传到根据地就变成了开除党籍,毛泽东很长时间连组织生活都不能参加。

这些都没有阻止他在罗霄山脉扎根立足,建立农村根据地。

毛泽东的根基在井冈山,不在白区,更不在共产国际。不能设想他在大城市租界内压低帽檐东躲西藏,更不能设想他像小学生一样端坐在共产国际会议厅里背诵冗长的决议。他属于那片实实在在的土地。只有在武装割据的中国农村中,他才如鱼得水,游刃有余。

第一个上山搞起工农武装割据、在井冈山游刃有余的毛泽东,用武器的批判,给中国共产党人提供了最有力的批判的武器,也为世界革命开创了一条"毛泽东道路"。

仅此一点,功在千秋。

毛泽东不是共产国际指定的领袖。

由于特定的历史条件，作为共产国际的一个支部，相当一个时期内中国共产党的领袖选定必须得到莫斯科批准。"一大"选陈独秀为书记，事先得到共产国际代表马林的同意。陈独秀以后的负责人瞿秋白，是鲍罗廷一手包办。"六大"总书记由向忠发出任，因为斯大林看中了他的工人身份。六届四中全会后王明掌权，则完全出于他背后的国际特派代表米夫。

唯毛泽东无任何国际背景。

共产国际很长一段时间并不了解毛泽东其人。

一直以为共产国际最早系统介绍毛泽东的文章，是在1935年《共产国际》第33、34期合刊上发表的《勤劳的中国人民领袖毛泽东》。结果新近发现不是这篇，是1930年3月20日《国际新闻通讯》一篇共产国际官方公报：

> 据中国的消息：中国共产党的奠基者，中国游击队的创立者和中国红军的缔造者之一的毛泽东同志，因长期患肺结核而在福建前线逝世。毛泽东同志是大地主和大资产阶级最害怕的仇敌。自1927年起，代表大地主、大资产阶级利益的国民党就以重金悬赏他的头颅。毛泽东同志因病情不断恶化而去世。这是中国共产党、中国红军和中国革命事业的重大损失。
>
> ……
>
> 作为国际社会的一名布尔什维克，作为中国共产党的坚强战士，毛泽东同志完成了历史使命。中国工农群众将永远铭记他的业绩，并将完成他未竟的事业。

这篇讣告，就是共产国际最早介绍毛泽东的文章。

有人说，讣告表明远在莫斯科勒克斯大厦里的共产国际总部对中国革命实情隔膜之深，否则不会闹出这样的笑话。

还不能这样简单。中国共产党也曾经为李立三开过两三次追悼会,每次都由他的战友周恩来主持。并非中共中央和周恩来不了解李立三,而是在武装的革命反对武装的反革命时期,残酷的斗争环境中随时包含着这种不可预测性。

共产国际发表的这份官方公报也是如此。

但以一篇讣告作为最早介绍一位著名领导人的文章,不能不说是国际共运史上一个极大的遗憾。

其实共产国际1927年就注意到了毛泽东。

1927年5月国际执委会第八次全会上,为反驳托洛茨基所说北伐加强了资产阶级力量、削弱了工人阶级力量,布哈林专门引用毛泽东的《湖南农民运动考察报告》作为批驳。国际机关刊物《共产国际》在同月出版的第22期转载了毛泽东这篇报告。布哈林说,"这是一篇非常好的、很有意义的报告",从中可以看出,"北伐对于革命的最重要成果是唤醒了广大的工农群众,自己组织起来,逐渐成为一支新的巨大的社会力量。北伐中群众的力量成长壮大了,从革命发展的观点看,这对于我们是最重要的。托洛茨基同志忽略了这一点"。

这位共产国际总书记实用地用毛泽东去驳托洛茨基,颇似后来中国大地上对毛泽东语录的用法:只想去驳倒对手,却并不在意毛泽东的立场、观点和方法。

但从此共产国际也便知道了中共有个毛泽东。

知道了,距离承认还有很远。毛泽东当时提出了一种与共产国际传统理论完全不同的理论,但还没有证实这一理论的实践,也还没有支持这一实践必不可少的实力。

后来有了实践了,也有了实力了,国际开始重视,也只是几次致电中共中央,要与毛泽东搞好团结,发挥他的作用和影响,仅此而已。

就如列宁在中国革命中首先看好的人物是孙中山而不是李大钊和陈独秀一样,斯大林在中国革命中首先看好的人物也是蒋介石而非毛泽东。

斯大林曾给予蒋介石长久的信任。开始说蒋介石是国民党左派。1926年"三二〇"中山舰事件后,仅把对蒋介石的认识由"左派"调整为"中派";蒋介石反苏反共面目已经十分明显了,也只承认其是"中间偏右"。最后大家都公认蒋介石是右派了,斯大林还说:"目前我们需要右派,右派中有能干的人,他们领导军队反对帝国主义。蒋介石也许并不同情革命,但是他在领导着军队,他除了反帝而外,不可能有其他作为。"直至"四一二"事变之前,还把一张有亲笔签名的相片寄给了蒋介石。

"四一二"事变让斯大林看到了他以为蒋介石不可能有的"其他作为",令斯大林伤透了心。

被蒋介石伤透心的斯大林,却对毛泽东抱有长久的怀疑。他以为以毛泽东为首的中国共产党人仅是一些"土地革命者";1944 年 6 月,斯大林对美国特使哈里曼说:"共产党人,中国共产党人吗? 他们对共产主义来说就像人造黄油对黄油一样。"

即使在中华人民共和国成立之后,还怀疑毛泽东是否会走南斯拉夫道路,成为中国的铁托。

直到朝鲜战争爆发,中国人民志愿军出兵朝鲜与美军直接作战,这种看法才开始改变。

此时离斯大林去世,只剩下不到三年。

对中国共产党的认识,对中国共产党领袖毛泽东的认识,是一张艰难的、连共产国际和斯大林也没有答好的问卷。

对毛泽东的选择不是共产国际的选择,而是历史的选择。

对蒋介石的选择也不是孙中山的选择,而且归根到底超出了鲍罗廷掌控之外,同样也是历史的选择。

毛泽东、蒋介石二人,心头皆有主义,手中皆有枪杆,历史选择他们代表各自的阶级和政党,用手中的枪杆和心中的主义,用对历史的感触和对未来的憧憬,在现代中国猛烈碰撞,用一场又一场生死拼杀演出一幕又一幕威武雄壮的活剧来。

蒋介石在相当一段历史时期内所向无敌。他通过辞职、下野、收买、驱逐、行刺、战争等手段,使如此众多的对手像多米诺骨牌一般纷纷倒地。他赶走许崇智,软禁胡汉民,孤立唐生智,枪毙邓演达,刺杀汪精卫,用大炮机关枪压垮冯玉祥、阎锡山、李宗仁、白崇禧、陈济棠,用官爵和袁大头买通石友三、韩复榘、余汉谋;中国政治舞台上从古到今那十八般武器,他样样会使,而且每一件都烂熟于心。原本不太拿这个奉化人当回事的众多风云人物,纷纷被他挑滑车一般弄翻在地。

1930年9月8日,蒋、冯、阎大战之际,阎锡山在北平第八次总理纪念周上给反蒋派打气,说蒋介石有四必败:

一曰与党为敌;

二曰与国为敌;

三曰与民为敌;

四曰与公理为敌。

被称为"十九年不倒翁"的阎锡山所言极是。很长时间之内,没有人比阎锡山对蒋介石的总结更为准确、更为精辟、更为深刻的了。

但蒋纵横捭阖,就是不败。

这对众多北洋老军阀和国民党新军阀来说,此谜也是终身不解。

从客观因素看,他们不明白蒋代表着比他们更为先进的势力;与衰亡的封建残余更少粘连,与新兴的资产阶级更多关系。

从主观因素说,他们也忽视了这个人的精神底蕴。

1906年,蒋入陆军速成学堂(保定军官学校前身),有日本军医教官讲卫生学,取一土块置于案上,说:这一块土,约一立方寸,计可容四万万微生虫。停片刻该医官又说:这一立方寸之土,好比中国一国,中国有四万万人,好比微生虫寄生在这土里一样。话音未落,课堂内一学生怒不可遏,冲到台前将土击飞,大声反问道:日本有五千万人,是否也像五千万微生虫寄生在八分之一之立方寸土中? 军医教官毫无所备,少顷缓过劲来,发现是学生中唯一不留辫子的蒋介石,便指其光头大声喝问:你是否革命党? 该事在陆军速成学堂掀起轩然大波。

1908年,蒋第一次读到邹容的《革命军》,而邹容已在5年前病死于清廷大牢;蒋对《革命军》一书"酷嗜之,晨夕览诵,寝则怀抱,梦寐间如与晤言,相将提戈逐杀鞑奴";革命与造反的情怀难以言表。

1912年,蒋在日本创办《军声》杂志社,自撰发刊词,并著《征蒙作战刍议》一文。当时沙俄引诱外蒙独立,蒋十分愤慨,"甚思提一旅之众,以平蒙为立业之基也"。

不可否认这是这个人青年时代一以贯之的极强的精神气质。

1924年6月24日,蒋给黄埔军校学生作《革命军人不能盲从官长》的讲话,说:"十三年来,中国的军人被袁世凯辈弄坏了,他们专用金钱来收买军人,军人变为他们个人的利器,专供他们做家狗";"官长权限一大,便可卖党卖国";又说:"我们革命是以主义为中心,跟着这个主义来革命,认识这个主义来革命的,绝不是跟到一个人,或是认识一个人来革命的。如其跟到一个人,或是认识一个人来革命,那就不能叫作革命,那就是叫作盲从,那就叫作私党,那就叫作他人的奴才走狗了。中国人的思想习惯到如今,仍旧是几千年前皇帝奴隶的恶劣思想。"

这篇讲话思想甚为解放,后来人们却有不同解读:据称讲话前半部分在说陈炯明,后半部分在说孙中山。因为陈炯明在广东搞军阀割据,也因为孙中山在广东搞个人崇拜。

也许当年蒋介石真如所指。但同样不可否认的是,能够这样讲的人,必定具有一些信念的底蕴和精神的力量。

不爱钱,不怕死,是他不离口的革命军人二信条。

蒋介石1923年访苏,至彼得格勒参观冬宫。五彩大理石建造的金碧辉煌的沙皇宫殿,没有给他留下太深印象;觉得"所谓金间、银间、翡翠间者,皆不过镀饰其外表,无足珍贵者";而"惟新立一历史馆,标树其革命党过去之伟迹血状,皆足怵目悚魂,殊令人兴感也";后来赴莫斯科城苏维埃参加纪念活动,"听加米涅夫、布哈林等演说,又见海军革命发难二官长及一水手,登台表述其勋劳光荣,心颇感动"。

从这些文字中,可见蒋当年胸中澎湃过怎样的激情。

所以黄埔军校门口有一副铿锵作响的对联:升官发财,请往他处;贪生怕死,勿入斯门。

蒋介石的力量,不仅仅来源于兵力和金钱。正是从这个方面说,冯玉祥、阎锡山、唐生智、李宗仁,皆不敌。

苏联军事顾问契列潘诺夫1968年在莫斯科出版回忆录《中国国民革命军的北伐:一个军事顾问的笔记》,这样描写蒋介石:"在军事工作人员中,他与我们关系最密切。懂政治,自尊心强得可怕。读日文版的拿破仑著作……能很快做出决定,但经常考虑欠周,于是又改变主意。倔强,喜欢固执己见。他在政治进步中应该会走到合乎逻辑的极点。"

这是共产党人遇到的前所未有的对手。

自1927年4月18日南京国民政府成立,至1949年4月23日南京解放,蒋介石在大陆统治22年零5天,三次上台三次下野,可谓"三上三下",回回依靠枪杆子起死回生。

第一次下野是1927年8月14日,因为国民党内各派系的争夺权位;但不到5个月便被请回来上台。

第二次下野是1931年12月15日,因为"九一八"事变东北三省被占和"剿共"不力,仅44天就重返南京中枢。

下野成为蒋介石一种聚集力量的策略。枪杆子在手,自会有人来请。结果每一次上台都比原来实力更加强大,手段更加老辣。国民党能够赶走蒋的时间越来越短,越来越离不开这个非同寻常的人物。

但毛泽东让他第三次下台。

1949年1月21日,蒋介石在南京总统官邸宣布"引退"。这一次是他统治大陆22年的结束,真是流水落花春去也。

遇上了毛泽东,蒋介石便也遇上了前所未有的共产党人。

他早就知道毛泽东。"三二〇"中山舰事件后,通过"整理党务案"被赶出国民党中央的,就有宣传部代部长毛泽东。

毛泽东不是蒋介石面对的第一位共产党领袖。毛泽东之前,蒋介石用法庭审判了陈独秀,用死亡压垮了向忠发,用子弹射穿了瞿秋白。对付这三个共产党的第一把手,他甚至不用亲自出马,部下们就把审讯陈独秀的记录、枪毙向忠发和瞿秋白的照片,规规矩矩放到了他案头。

使蒋介石真正认识毛泽东的,是他亲自发动的对中央苏区的五次"围剿"和毛泽东率领的中国工农红军进行的举世震惊的二万五千里长征。

他最终也是通过朱毛红军对枪杆子的运用认识了毛泽东。

所以不得不于1945年在重庆官邸恭敬地请毛泽东吃饭,还举杯互祝对方健康。

对手之间本不用互相尊重。

蒋介石从第一次"围剿"便以5万大洋悬赏毛泽东的人头。

毛泽东1934年7月在江西苏区写《目前时局与红军抗日先遣队》一文,也嬉笑怒骂道:"试问蒋介石这个蠢货懂什么?"

对手之间又是相互尊重的。

悬赏了毛泽东人头的蒋介石,1945年抗战胜利后发了3封电报请毛泽东到重庆商讨"举凡国际国内各种重要问题",两次留毛泽东下榻于自己的林园官邸。抵达重庆的毛泽东则得知蒋不抽烟后,虽然自己烟瘾很大,一天能吸几十支,但只要有他当年骂为"蠢货"的蒋介石在场,便一根烟不吸。会谈连续达4个小时之久,也是如此。以后他对任何政要皆无这种特殊的礼遇。

双方通过各自的方式,表达出各自对对方的尊敬。

这种尊敬与其说是对个人的尊敬,不如说是对实力的尊敬,对各自历史地位的尊敬。抛开各自信仰的主义、各自行进的道路,有一点两人是共同的:皆具有极为强烈的历史使命感,皆以为自己必定且注定要完成某种不可言喻且不言而喻的历史使命。

蒋介石最终败给了毛泽东。

毛泽东去世前说他一生办了两件事,头一件便是把蒋老先生赶到一个海岛上去了。

为何而败?是败于主义,还是败于枪杆?是败于对历史的把握,还是败于对未来的规划?蒋终生不解。

蒋之大不幸,在于他与中国共产党人的杰出代表毛泽东同时代。

蒋之大不解,在于中国共产党为何具有如此巨大之号召力,如此坚韧之战斗力,如此顽强之生命力。

从古至今,中国哪一个政治集团能够如此?

第四章

「围剿」

　　李立三把舵的船，是一艘既勇猛奋进又剧烈摇摆的船。被称为"蒋何"的蒋军与被称为"朱毛"的红军在红色根据地迎面相撞，皆是战将如云。建议碉堡政策围困"朱毛"的并非德国顾问，而是朱德云南讲武堂丙班二队的同学金汉鼎。

第一节　李立三惊醒了蒋介石

中国革命中最惊心动魄的搏击,莫过于蒋介石的"围剿"与毛泽东的反"围剿"。

1927年4月12日得手以后,蒋介石没有想到对付共产党人还需要"围剿"。

而且是一而再、再而三、三而四、四而五的"围剿"。

后三次不得不亲任总司令。连"九一八"事变、"一·二八"事变都无暇顾及。一心一意、专心致志地"先安内而后攘外""攘外必先安内"。

最后一次不得不动用其所能动用的全部力量。

直到被张学良"兵谏"于西安了,闹到如此大之不可收拾局面,还感叹最后就差两个星期。

"剿共"不成,对蒋来说确实是痛惜之情溢于言表。

与共产党的对抗最初却颇为顺利。从1926年"三二〇"中山舰事件到1927年"四一二"反革命事变,他屡屡得手,没有费很大的心思。

中山舰事件后,共产党人被迫退出第一军、退出国民党中央,接受"整理党务案",全面退让。

"四一二""清党""宁可错杀,不可错放",共产党人更是尸横遍野、血流成河;彷徨的、动摇的纷纷脱党,还有的公开在报纸上刊登反共启事,带人捉拿搜捕自己的战友。

陈延年因手下的交通员出卖而被捕。

赵世炎则被中共江苏省委秘书长带领包探上门抓获。

叛徒贺芝华出卖罗亦农,仅为弄到一笔美金和两张出国护照。她原来做过朱德的夫人,抓捕罗亦农时还在用德语与租界巡捕侃侃而谈。

共产党人的信仰在这个非常时刻,变得如此廉价。

也如此昂贵。

蒋介石几乎是不加怀疑地认为:共产党垮掉了。当初他在黄埔军校规劝学生们信仰三民主义的时候也算苦口婆心,不厌其烦;现在面对潮水一样的"投诚者",他连见都不要见。

那是蒋总司令空前成功的一年。紧接着海陆丰起义、南昌起义、秋收起义、黄麻起义、广州起义又相继被镇压,他更认为共产党作为一支有组织的力量基本被消灭,剩下钻山为"匪"的小股队伍已不足为患了。

于是他腾出手来,1927年下半年到1930年下半年,收拾张作霖、张宗昌,收拾唐生智、李宗仁,收拾冯玉祥、阎锡山。

三年时间用于军阀混战。

湖南总工会委员长、湖南省委代书记郭亮的头颅被高悬在长沙城门口示众之时,鲁迅就说过:"革命被头挂退的事是很少的";"不是正因为黑暗,正因为没有出路,所以要革命的吗?"

蒋介石不懂这些。所以他万万想不到,在其军事力量空前壮大、政治权势空前膨胀的这三年,那些被他驱赶到偏远山区的星星之火,却成为他真正的、最终的掘墓人。

最先惊醒他的,是计划"会师武汉,饮马长江"的李立三。

中国共产党早期从事的主要革命运动,一是工人运动,一是农民运动。

农民运动的领导者是毛泽东,工人运动的领导者则是李立三。

李立三原名李隆郅。1922年从法国留学返回,到中共湘区委员会报到,书记是毛泽东。

毛泽东说:你的名字"隆郅"两个字太难叫。

李立三马上同意改名,按照谐音改成"能至"。

后来安源大罢工的工友都知道,他们的领导者是"能人李能至"。

安源工运之后是上海工运,与邓中夏同去参加工会选举。邓中夏讲,"李能至"这个名字太斯文。李立三反问:那叫什么为好?正巧路边站着三个工人,邓中夏说:"就叫三立吧?"李立三说"三立"不好听,倒过来,叫立三。

大名鼎鼎的"李立三",就这样被反复改了出来,永久留存于中国革命史。

李立三革命之坚决与脾气之暴烈,尽人皆知。

1920年初赴法国勤工俭学,别人不愿干的炉前翻砂工,他干,出大力流大汗。师傅是法共党员,21岁的李立三从师傅那里接受了共产主义思想,积极参加到学生运动和争取华工权利的斗争之中,而且情绪激昂,感染力极强。提到反动势力,就喊:"推翻!打倒!杀掉!"因敢闯敢拼,留法学生送他个绰号叫"坦克"。

1922年春节,李立三回家探亲。其父李镜蓉以为他刚刚从法国回到国内,便问:"你留学回来准备做什么事?"

李立三答:"我要干共产!"

李镜蓉不知道,此时他的儿子正在安源路矿发动工人大罢工。

他听了李立三的回答暴跳如雷:"这纯属胡来!是自己找死!人家督军有那么多兵,那么多枪,你们几个小娃娃,一千年也搞不成!"

李立三答:"军阀有枪,我们有真理,有人民,我们死了不要紧,牺牲了一些人,一定有更多的人起来革命,革命一定成功!"

整个春节在父子激烈争吵中度过。

李镜蓉后来逢人便说:"这个儿子是舍出去了,只当是没生他吧!"

李镜蓉害怕督军的暴力。几天前湖南劳工会领导人黄爱和庞人铨刚刚被赵恒惕杀害于长沙浏阳门外。其实李立三也是一样,如果没有工人保护,李镜蓉的这个儿子也必被舍在了安源。

当时安源煤矿总监工王鸿卿探知路矿俱乐部主任李立三是罢工首领,出600大洋找人刺杀李立三。工人们得知,从早到晚把李立三团团围住,必须出面的时候,也总是跟随几十个工人把他围在中间,谈话超过10分钟就动手把他拥起就走,使对方无条件下手。

李立三用暴力回应暴力。罢工谈判最关键阶段,路矿当局完成"草约"十三条后又想要弄阴谋。李立三站起来说,"我们让步已到最大限度,当局接受此条件就复工,否则我就离开矿区,听凭工人们自由行动。"路矿当局一听"自由行动",想必就是暴动。矿长李寿铨在日记里说:"事急如此,设有暴动,千数百万之产业,即不能保……唯有姑订条件开工以息其风。"

安源罢工的胜利,刘少奇说"这实在是幼稚的中国劳动运动中绝无仅有的事"。

这一胜利对全国工人运动影响巨大。京汉铁路罢工失败后,各地工会组织全遭封闭,被迫转入地下,唯有组织严密的安源路矿工人俱乐部工人阶级势力强大,反动当局不敢贸然镇压。邓中夏在《中国职工运动简史》中说,安源路矿是硕果仅存的世外桃源。

李立三为中国工人运动做出重大贡献。但他并不以此飘飘然。后来在给要求他留任俱乐部主任的工人们的一封信中,他说:"群众终有力量,团结终有力量,个人决没有力量";"只要认识了社会主义,就不要认识哪个人了"。

此时的李立三,是个有闯劲、有干劲、头脑清醒的李立三。

成功的安源煤矿大罢工使党的组织得到很大发展,1924年末中国共产党只有党员900人,其中安源煤矿的党员就达300人。

李立三1926年又到武汉领导工人运动。在武汉,船工出身的向忠发只是名义领袖,实际主持工作的是李立三。当时人们说,只要向忠发、李立三一声令下,武汉三镇30万工人要进可进,要退可退。

李镜蓉少了一个叛逆的儿子,革命却多了一员不妥协的猛将。

这员猛将对中国革命的贡献绝不仅仅止于工人运动。20世纪90年代出版的《中国共产党历史大辞典》在"李立三"一条中评价说:"蒋介石、汪精卫相继叛变革命后,参加了八一南昌起义,并担任中共前敌委员会委员、革命委员会委员和政治保卫处处长。"

打响武装反抗国民党第一枪的八一南昌起义,李立三绝不仅仅只是个参加者,更是这一起义的最早提出者。

大革命失败后,他坚决主张用革命暴力回击反革命暴力。

1927年7月12日,中共中央根据共产国际指示改组,陈独秀停职,鲍罗廷指定张国焘、张太雷、李维汉、李立三、周恩来5人组成中央常委,代行政治局职权。

开始并没有南昌起义计划。临时中央的主要工作是部署党组织转入地下和中央机关经九江撤退到上海。为此李立三和中央秘书长邓中夏被先期派去九江,部署中央撤退的同时,考察利用张发奎的"回粤运动"打回广东以图再举的可能性。

李立三到九江后,三下两下把筹划撤退的任务变成了组织武装起义。

7月20日,他与谭平山、邓中夏等在九江举行会议,认为依靠张发奎的"回粤运动"很少有成功的可能;即使回粤成功,也由于我党开始实行土地革命的总方针,同张发奎的破裂同样不可避免;因此应该搞一个自己的独立的军事行动,"在军事上赶快集中南昌,运动二十军与我们一致,实行在南昌暴动,解决三、六、九军在南昌之武装。在政治上反对武汉、南京两政府,建立新的政府来号召"。

这是举行南昌起义的最早建议。

第一次九江会议举行前,中央已经确定了武装反抗国民党的总方针。但如何武装反抗,在何时、何地举行何种起义,没有进一步的计划。李立三在这次会议上果断提出南昌暴动,是一个不可抹杀的重大历史功绩。

会议一结束,李立三、邓中夏立即上庐山,向刚刚到达的鲍罗廷、瞿秋白、张太雷汇报。

鲍罗廷沉默不表态。瞿秋白、张太雷则完全赞成。

此时共产国际新任代表罗明纳兹到汉口,汉口传来要召开紧急会议的消息。李立三立即请准备去汉口开会的瞿秋白将此意见面告中央,请中央速作决定。

中央指示未到,李立三照样行动。他7月24日下山后立即搞了第二次九江会议,决定叶、贺部队于28日以前集中南昌,28日晚举行暴动。然后再次电请中央从速指示,大有箭在弦上不得不发之势。

今天回过头来看,如果没有第二次九江会议,不但起义时间很难说,起义地点也很可能不在南昌。

周恩来在武汉首先得到李立三的报告。中共中央两次召开会议讨论南昌起义问题。最后同意举行暴动,但对暴动地点提出另一种意见。认为可将地点选在南浔,而不是南昌;同时派周恩来立即自汉口赴九江。

7月25日周恩来到九江,召集第三次九江会议。在会上传达:中央常委和国际代表同意在南浔一带发动暴动,然后由江西东部进入广东会合东江农军。

李立三不同意把暴动地点选在南浔。九江地区军阀部队聚集,于我不利;同时叶、贺部队已经陆续开往南昌,南昌起义势在必行。

周恩来最终同意了李立三在南昌而不是在南浔举行暴动的意见。

至此,南昌起义被最后确定下来。周恩来、李立三等从九江出发奔赴南昌成立前敌委员会。前敌委员会决定7月30日晚上举行暴动。

一波刚平一波又起。排在第一号的中央常委张国焘于7月27日晨到达九江,带来中央最新意见,要起义推迟。30日晨,前敌委员会在南昌一所女子职业学校举行紧急会议,由张国焘传达中央精神,要求对起义重新讨论。

张话音未落,李立三蓦地第一个站起来,兴奋地说:"一切都准备好了,哈哈!为什么我们还要重新讨论?"

周恩来接着说:"国际代表和中央给我的任务是叫我来主持这个运动,你的这种意思与中央派我来的意思不符。不准起义,我辞职不干了!"周恩来事后对别人说,这是他一生中第一次拍桌子。

张国焘看出李立三是门大炮,扳倒他就好说服别人,会后便立即与他个别谈话。说来说去李立三就是一句:"一切都准备好了,时间上已来不及作任何改变!"

无奈的张国焘最后只得服从多数。起义时间定到8月1日凌晨举行。

八一南昌起义是中国革命处在生死存亡的危急关头,中国共产党人不能不毅然拿起武器,反抗国民党血腥屠杀政策的武装暴动。它是中国共产党独立领导武装斗争的开始,也是局势最为黑暗、中国共产党人最为困难的日子。毛泽东描述自己当时"心情苍凉,一时不知如何是好";李立三在此时刻,决然提出并果断坚持南昌暴动,率先实践用武装的革命反对武装的反革命,对中国革命贡献巨大。

敢于一意孤行的李立三,后来却一意孤行出一个"立三路线"来。

在马克思主义和列宁主义的经典里,工人运动更具正统性。所以长期领导工人运动的李立三,最初是看不起毛泽东领导的农民运动的,也不同意毛泽东实施的工农武装割据、建立广大农村根据地的做法。

1928年冬到1930年秋,李立三成为中共中央主要领导之一,亲自起草《中央致四军前委信》:

> 你们现在完全反映农民意识,在政治上表现出来的机会主义错误。你们的错误:(一)站在农民的观点上来作土地革命,如像你们认为农村是第一步,城市是第二步的理论……(二)你们割据的观点,这同样是一个农民观点,如像你们认为先完成三省边境割据,再打南昌……

他看不起毛泽东的农村根据地。认为"乡村是统治阶级的四肢,城市才是他们的头脑与心腹,单只斩断他的四肢,而没斩断他的头脑,炸裂他的心腹,还不能制他的最后的死命。这一斩断统治阶级的头脑,炸裂他的心腹的残酷的争斗主要是靠工人阶级的最后的激烈争斗——武装暴动"。

正是在这一点上,20世纪20年代末期就主张"斩首"理论的李立三,脱离了中国革命现实。

1930年6月以后,李立三成为中央工作的实际主持人。他把舵的船,立即成为一艘既勇猛奋进又剧烈摇摆的船。

当时正值蒋、冯、阎展开中原大战,31岁的李立三认为"空前的世界大事变与世界大革命的时机,都在逼近到我们面前了",中国革命已经到了一蹴而就的时刻。他一面部署中心城市武装暴动,一面重新编组全国红军,攻打大城市。

李立三的计划是:

以红四军、红十二军、红三军编为红一军团,由朱德、毛泽东指挥,

攻打南昌、九江,切断长江,掩护武汉的胜利;

以红五军、红八军、红十六军编为红三军团,由彭德怀、黄公略、滕代远指挥,占领大冶,切断武(汉)长(沙)铁路,进迫武汉;

以湘鄂西地区红军编成红二军团,由贺龙、周逸群指挥,帮助地方暴动,进迫武汉;

鄂豫皖地区红一军由许继慎、徐向前指挥,切断京汉铁路,进迫武汉;

广西的红七军、红八军由邓小平、张云逸指挥攻击柳州、桂林,进逼广州,然后北上合攻长沙;

各路红军的攻击箭头,最后皆指向中国的心脏,"会师武汉,饮马长江"。

李立三在上海制订这个空前庞大的军事进攻加武装暴动计划时,一定热血澎湃。

如果蒋介石看到这份《中央军委长江办事处工作计划》,定要惊出一身冷汗。因为"计划"表明,中国工农红军在蒋介石与各路军阀混战的三年之间,已经发展到了10万余人。

1930年7月27日,彭德怀率红三军团袭占长沙。杀共产党不眨眼的国民党第四路军总指挥何键,在城内贴一张"市民住户不要惊慌,本人决与长沙共存亡"布告,便只身逃向湘江西岸。

10年土地革命战争中,这是工农红军攻下省会的唯一战例。

据说李立三嘴巴很大,大到能把自己的拳头塞进嘴里。攻陷长沙更使他声若洪钟。8月6日,他在中央行动委员会上报告《目前政治形势与党在准备武装暴动中的任务》:

"同志们! 目前中国革命的形势,正在突飞猛进的向前发展,已经显然表示着到了历史上伟大事变的前夜。"

"如果不了解中国实际情形的人,他必然以为这是共产党人的夸大狂,或者布浪基主义。假使现在跑到工厂中去,问工友是否需要暴动,工人一定答复需要暴动。许多工人都说:

'暴动的时候,你们要来通知我'。"

"这回红五军攻打长沙,红军的兵力只有三四千人,何键的兵却有七团以上,但红军与何键部队接触的时候,何键部队都水一样地向红军投降。……现在红军进攻武汉的时候,又安知不会遇着这样的形势? 假使是可能的——的确不仅是可能而且是必然的,我们为什么不能领导红军进攻武汉呢? 让红军在远远的等候武汉工人暴动,恐怕只有书呆子会这样想。……"

其实敌人并没有"水一样地向红军投降"。红三军团总指挥彭德怀说,每次消灭白军,都是红军硬打死拼。红军的军事技术也还非常落后。占领长沙前在岳阳缴获了几门野炮和山炮,全军上下除了彭德怀和一名朝鲜族干部武亭,竟然无人会用。结果只好由军团总指挥彭德怀和武亭亲自操炮。

要总指挥亲自发炮的红军,也总算建立了自己的炮兵。有了炮兵的红军攻占长沙,不能不使中外震惊。

震惊的副产品便是满天飞的流言。

挨了李立三代表的中央批评的毛泽东和朱德,只有率领红一军团进攻南昌。他们在南昌周围示威而退,并未真正攻城,也误传成南昌被红军占领。

1930 年 8 月 4 日,《国闻周报》头版醒目的大字标题《共产党陷长沙南昌》:

"近来中原鏖战,各省军队多征调前方,防务俱感空虚,共党乃乘机大起,于 27 日晚占领长沙,30 日占领南昌。同时鄂北共党,更在花园方面截断平汉路,进占孝感,于是武汉亦感恐慌矣。""三数日间,陷落两大省会,设武汉再有不幸,则长江上游均属共有矣。"

同期《国内一周大事记》则记载:"7 月 30 日,星期三,共党占领南昌,各机关领馆均被焚,又向九江进攻。"

子虚乌有之事6天时间不得校正,臆想中之杀人放火也上了堂堂正正的"大事记",国民党方面也确实慌张到了风声鹤唳、草木皆兵的地步。

战场上的对手阎锡山、冯玉祥抓住时机,立刻给蒋介石扣上"放任共匪""纵共殃民"的帽子。

真真假假的消息和压力掺和在一起,极大地震动了蒋介石。

就在李立三沉湎于"会师武汉,饮马长江"之时,蒋介石从河南前线向南京发出密电,要求立即任命武汉行营主任何应钦为"鄂、湘、赣三省剿匪总指挥"。同时嫡系教导第三师首先抽调南下。

中原大战尚未结束,蒋介石开始准备"剿匪"战争了。

对苏区旷日持久的"围剿",由此拉开帷幕。

帷幕还未拉开,"立三路线"已经宣告结束。共产国际和斯大林对这位要求苏联停止五年计划准备支援中国的革命战争、要求外蒙古回归中国的李立三进行了快速而坚决的反击。

3个月的"立三路线",被批判了30年。

又何止30年。

蒋介石不知道这些,也不需要知道。

在中共中央忙于清理"立三路线"之时,蒋介石开始了他的"围剿"。

一发而不可收拾。

第一次"围剿",兴兵10万,以江西省主席鲁涤平为总指挥,长驱直入,分进合击;

第二次"围剿",以军政部长何应钦为总指挥,兴兵20万,稳扎稳打,步步为营;

第三次"围剿",用兵30万,蒋亲任总司令,分路围攻,长驱直入;

第四次"围剿",蒋自任"鄂豫皖剿匪总司令",委何应钦任"赣闽粤湘剿匪总司令",先以30万兵力围攻鄂豫皖苏区,10万兵力围攻湘鄂西苏区,得手之后再集兵50万进攻中央苏区;军政并进,逐步清剿;

第五次"围剿",则集兵百万,几乎倾全国之兵;其中用于中央苏区50万。其嫡系部队倾巢而出。蒋自任总司令,三分军事,七分政治;严密封锁,发展交通;以静制动,以守为攻。

为了剿共,兴兵不可谓不多,战略战术不可谓不周密。确实是倾注了心血。确实是有十八般武艺就用上了十八般武艺,有十八般兵器就用上了十八般兵器。

第一次"围剿",他便悬赏五万光洋,缉拿朱德、毛泽东、彭德怀、黄公略。同时宣称"期以三月,至多五月,限令一律肃清"红军。似乎仍是当年在上海滩完成一笔期货交易。

1930年12月5日,蒋介石亲乘军舰由南京赴九江,指挥"剿共"。

样子是做出来了,但内心仍然对朱、毛、彭、黄红军瞧不起。

蒋介石收买地方军阀,出手就是数十万、上百万;拉拢阎锡山这样的大军阀甚至一次以上千万元相赠。相较之下,对红军领袖,他的出价是不高的。

此时他业已制服拥兵20万的唐生智,压垮拥兵30万的李宗仁、白崇禧,收编拥兵近40万的张学良,又刚刚打败拥兵70余万的冯玉祥、阎锡山。普天之下,眼空无物,根本不把赣南的3万红军放在眼里。他只到江西草草转了一圈,带领幕僚游了一趟庐山,便将指挥大权交给鲁涤平,返回南京坐等胜利消息了。

胜利消息没有等来。等来的是顺赣江漂流而下的"围剿"主力、第十八师师长张辉瓒的首级,以及总指挥鲁涤平一封悲痛万分的电报:"龙冈一役,十八师片甲不归。"

何应钦、鲁涤平在南昌泪水涟涟、凭棺哭吊;蒋介石也在南京大叹"呜呼石侯(张辉瓒别号),魂兮归来";第一次"围剿"在葬礼中悲悲戚戚地结束。

第二次"围剿"开始,便想"以生力军寒匪之胆"。于是除原有部队外,特增调王金钰第五路军、孙连仲第二十六路军入赣参战。

"生力军"却不愿生力。

王金钰左推右挡,迟迟不动。直到蒋介石许以江西省主席,才勉强带领其北方部下开拔。一路说是有共军骚扰,走走停停,甚为迟缓。

孙连仲的部下则开始破坏南下的铁路和车辆。该部半年前还在中原战场与蒋军血战,现在调头去充当蒋军炮灰,转变实难。

待蒋介石、何应钦软硬兼施,将王、孙两部连哄带压弄到指定地点,原定作战发起时间已经过去了半个月。

以非嫡系军队剿共,本是心中暗自盘算的一箭双雕。但有时候心思算计过精了,反而搬起石头砸自己的脚。

第二次"围剿"又是惨败。

到这时蒋介石还以为是杂牌军队"围剿"不力。于是开始动用其核心主力。

从第三次围剿开始,蒋军嫡系赵观涛第六师、蒋鼎文第九师、卫立煌第十师、罗卓英第十一师、陈诚第十四师压了上去。这5个师10万人都是蒋介石黄埔起家的老本,可见决心之大。

如此之大的决心仍然不能换来成功,蒋介石才真正认识到问题的严重性。他用一个晚上就可以摧垮共产党人在城市中的组织。面对武装割据的工农红军,三次"围剿"却无损朱、毛一根毫毛。

他头一次感受到了一种莫名的无奈。

就在毛泽东告诉林彪"星星之火,可以燎原"之后,把共产党人从城市赶向乡村的蒋介石,也开始发现"星火燎原"的问题了。

他颇感沉痛地说:"瑞金成立'苏维埃临时中央政府',并且开辟了鄂豫皖区、鄂中区、鄂西区与鄂南区,包围武汉。其扰乱范围,遍及于湘、赣、浙、闽、鄂、豫、皖7省,总计面积20万平方里以上,社会骚动,人民惊惶,燎原之火,有不可收拾之势。"

取代鲁涤平为国民党江西省主席的熊式辉,也在1933年4月1日密电蒋介石:"现在匪势益张……小股逐渐蔓延,坐视其大而莫能制。资溪、黎川为赣闽浙间要地,失陷数月不能收复,近且进扰南城、金溪,赤化民众,如火燎原。"

国民党人虽然不情愿,也不得不开始直面星火燎原的中国革命局面。

所以第五次"围剿"便倾全国之兵。各地除留守部队外,凡能机动的部队都调来了,嫡系部队更是倾巢而出。堡垒封锁,公路切割。

远探密垒,薄守后援。层层巩固,节节进逼。对峙则守,得隙则攻。

眼看得手,将红军压向一块狭小地域围而歼之了,共产党人又有了长征。

一条红色铁流,蜿蜒逶迤二万五千里。任围追堵截,始终不灭。

蒋介石遇到了一个前所未有的对手。

尽管这个对手自己也没有想到前方还会有雪山草地、泸定桥、腊子口,还需要二万五千里长征。

第二节　战场与战将（一）

平心而论,"围剿"不成,并非蒋介石的部下不能打仗。

国民党方面不乏善战之人。蒋介石手下就有著名的"八大金刚":何应钦、钱大钧、顾祝同、刘峙、陈继承、陈诚、蒋鼎文、张治中。

人们皆知中国共产党领导的工农红军有"朱毛"之称,却鲜知中国国民党领导的黄埔党军也曾被称为"蒋何"。

一度与蒋介石并列的何应钦,生于贵州兴义县泥荡村。1906年贵州开办陆军小学,规定每县保送一人,何应钦时年16岁,以兴义县第一名成绩保送。陆小毕业再保送武昌陆军第三中学。1909年秋,陆军部从三个陆军中学考选20名学生赴日深造,何应考入选,入东京振武学校。

何应钦是以优异成绩开路的,却不知道振武学校有一个高他两年级叫蒋志清的同学也是如此。1906年,蒋志清报考陆军部全国陆军速成学堂(即后来的保定军校)。当时浙江省报名者千余人,仅招收60人,其中还有46名由武备学堂保送,自由招考名额仅有14人。蒋志清被招生甄试挑选出来,入千分之十四以内。

蒋志清即后来的蒋中正,字介石。

何在振武学校不认识蒋志清。蒋受"坚船利炮"的现实影响,选学炮科;何则以传统的"步战决胜"为信条,选学步科。后来辛亥革命爆发,两人返国,皆在沪军都督陈其美手下任事,蒋任沪军第五团团长,何任都督府训练科一等科员,两人仍然不识。历史的这两个交会点,蒋、何都没有相遇。

两人知遇是在黄埔军校。

黄埔军校兴办之日,却正是何应钦落魄之时。

何由日本返国后回其家乡贵州寻求发展。初被黔军总司令王文华宠信,后与贵州督军刘显示之外甥女结婚。贵州两大实力人物皆与何有缘,可谓是春风得意,大树乘凉,前途无限光明。当时黔军一共有三个混成旅,何出任第五混成旅旅长,后又任贵阳警备司令。

但好景不长。1920年,贵州政局突变。黔军总司令部特务团团长孙剑峰发动政变,何被迫辞去所兼各职,被挤出贵州,赶到云南。

在昆明又遇行刺,身中两枪。一枪在胸,一枪在腿。胸部子弹幸未贯穿,留下一条性命。黔军这两枪让何应钦在昆明的法国医院住了半年。自幼立志从军报国,但最先尝到的枪伤,竟是来自自己人的子弹,这不能不使他受到极大的震撼。

也彻底破灭了他对贵州事业的梦幻。

出院后他即去上海,闲住将近两年。所携不到一万元的旅费,不够过长期寓公生活,不得不为前途打算。想去广州,但眼见陈炯明叛变、孙中山失势,粤局前途不妙;想去北京,又苦于与北洋系实权人物无甚机缘。焦灼之间,得悉建立黄埔军官学校,蒋任校长。他与蒋虽无深交,却与王柏龄相熟。于是托王向蒋介绍。

本来黄埔党军是应该称为"蒋王"、而不是"蒋何"的。

王柏龄与蒋介石关系非同一般。两人在保定军校同时考取留日生,一同赴日,且同学炮科。1916年5月,居正在山东青岛成立中华革命党东北军,蒋任总司令部参谋长,王柏龄任参谋;后蒋出任孙中山大元帅府行营参谋长,便电邀王到广州,任大元帅府行营高参;后来成立黄埔军校筹备委员会、军校入学试验委员会,王柏龄的排名皆仅次于蒋。军校正式开办,他立即被委任为少将教授部主任。

当时蒋苦于人手不够,正在极力网罗日本士官同学协助。听了王柏龄的介绍,便以军校筹备委员会委员长身份,电召何应钦赴广州;何到后即被委以重任，先是主持考选军校干部，后出任军校总教官，兼教练部主任，成为仅次于王柏龄的人物。

历史偏爱有准备的头脑。挨过两枪的何应钦，在一番跌宕起落之后，对历史的机缘做好了充分准备。

黄埔党军之所以未能称为"蒋王"，而被称"蒋何"，问题皆在王柏龄自身。

王是蒋介石在黄埔军校倚为心腹股肱的头号人物。但他对教学兴趣不大，成天不务正业，去广州吃喝嫖赌，抽鸦片，每每有事找不着。他完全没有意识到处在怎样一个历史关口，处于一个怎样有利的地位；而在这个关口和这个地位稍微谨慎一些、敬业一些、"每每有事"找得着一些，历史将会向他提供多么丰厚的报偿。

何应钦与王柏龄的区别，恰恰集中在这里。

何应钦无不良嗜好，且以军校为家，勤勤恳恳，兢兢业业，无论上班下班，逢找必到，逢到必恭。于是蒋对何的信任日益增加，开始把托付王柏龄的事交他去办。何见蒋对自己如此信任，大为感激，带领属下刘峙、顾祝同、钱大钧、陈继承等一批军事教官越干越出色。蒋则更欣慰地认为总教官没有选错，两人关系愈加密切。1924年底，黄埔组建党军，第一期毕业生编为两个教导团，蒋任命何为第一团团长，王为第二团团长，何应钦的地位开始超过王柏龄。

蒋的视线由王转向何的关键，还是通过实战。

1925年1月，陈炯明分兵三路进攻广州，大元帅府成立东征联军，分路迎击叛军。何应钦率领教导第一团沿广九铁路开进，担任攻击淡水城之主力，王柏龄率领教导第二团作为预备队。这是黄埔学生军成立以来首次投入实战。何应钦为消除官兵紧张心理，率部一面行军，一面搞野外演习，每天只走一二十里，部队还以为是实弹演习。结果攻击淡水城第一团打得勇猛又放松。攻击拂晓发起，正午突入城内，全歼守军一个旅，缴枪千余支。

第一团城内告捷，第二团却城外败北。王柏龄率领第二团攻城没用上，却与后续增援之敌遭遇。战斗一展开，王柏龄临阵脱逃，第二团部队立即败退。何应钦得知城外战况危殆，立即命令本团第二营营长刘峙率全营出城反攻。此时已是黄昏,敌军在昏暗中以为出城部队是逃出来的自己人,及至跟前才看清是黄埔学生军端着雪亮的刺刀冲锋,措手不及,纷纷溃退。

第一团完成了攻城任务又挽回第二团的颓势,何应钦首战告捷,声名大振。

淡水一仗,蒋介石看出来,领兵打仗,靠王柏龄是不行的。于是以教导一团一营长钱大钧接替王柏龄,出任教导二团团长职务。

何应钦漂亮地完成了事业的开局。

王柏龄则拉开了退职的序幕,成为他此后日益懒散、最后潜心佛学的来由。

但真正奠定何应钦在蒋介石心目中的地位的,是棉湖之役。

此役是黄埔军生死存亡的关键。何应钦率领教导一团为决战主力,于3月12日在棉湖西北山地与陈炯明部林虎之主力相遇。战斗从拂晓直到下午4时。第二团由于行动迟缓,未能及时攻击敌人侧背,结果敌军全力对付第一团。第一团迎击十倍于己之敌,压力巨大。双方不顾一切,都将总预备队全部投入战场。至午后,何部官兵伤亡三分之一以上,整个战线开始动摇。一位营长见官兵伤亡将尽,失声痛哭。几股敌人冲到了指挥所附近。何应钦当年的司书回忆说:

> 此次战役,存亡之机,间不容发!假如何先生,不决心牺牲自己,则阵线动摇,教导第一团,势必全被敌人消灭;敌人便乘势进攻我孤立无助的第二团,第二团亦被各个击破,无法幸存。于是黄埔训练数年的成绩,殆不免同归于尽,革命的前途,也就不可得而知了。

何也认识到不是鱼死就是网破,只有拼死一战。他一面严令部队不论伤亡多大,都须坚持,不容稍退;一面亲率卫士队机枪排反击突入的敌军。双方犬牙交错,险象环生,战况至为惨烈。幸而钱大钧的第二团于下午5时绕过敌后,攻入敌司令部,直入夜幕,敌军终于渐渐不支而退。

当然,关键还是黄埔军能打,教导一团能打。作预备队的粤军许济旅中午赶到,一个团拥上去,才不到半小时就被敌人打瘫了。教导一团却连打带顶带反击,任伤亡再大也坚如磐石。

黄埔学生军的英勇善战,从此威名远播。

棉湖之役当天,蒋介石和苏联顾问加伦将军皆在何应钦的指挥所。蒋事后云:"棉湖一役,以教导第一团千余之众,御万余精干之敌,其危实甚。万一惨败,不惟总理手创之党军尽歼,革命策源地亦不可复保。此战适当总理逝世之翌日,盖在天之灵有以默相其成也。"

此战若败,党军尽歼,那么也就绝对没有了后来的蒋介石。于是蒋将3月12日作为纪念他与何应钦同生死、共患难的纪念日。

党军的"蒋何"之称,由此役后广泛传开。

蒋介石最念何应钦的是棉湖之役,何应钦自己最得意的则是龙潭之役。

1927年8月蒋介石第一次下野,孙传芳率部反攻南京。当时南京只有警备师及第二十一师守卫,顶不住孙军攻势,三天下来溃兵便到了麒麟门。何应钦深知此战一败,不但江、浙、闽、赣、皖5省重归孙传芳,北方的阎锡山也不会加入北伐行列,甚至北伐军能否回广东重整旗鼓也大成问题;于是率不满300人的特务营亲临前线。溃败官兵见何应钦来了,大呼:"总指挥到了! 怕什么? 冲回去!"居然一举夺回东阳镇,稳定住已溃败之局面。这时恰逢白崇禧从上海筹款返回,因铁路破坏受阻于无锡车站,临时用车站的民用电话指挥沪杭一带部队反击,形成对孙传芳的前后夹击之势,孙部攻势大挫。

龙潭一役为北伐成败关键。此役全歼孙军5万,缴枪4万,何应钦获"捍卫党国"奖旗一面。

何应钦用兵谨慎细致,颇有眼光和头脑,在国民党新军阀混战中也表现不凡。令蒋颇为头痛的桂系第四集团军,几乎就崩溃在他手里。

1929年3月蒋桂战争爆发,何应钦任讨逆军总参谋长,帮助蒋介石运筹方略,一举打败桂系。同年11月,张发奎与桂军联合反蒋,何应钦又主持讨伐张桂联军。12月张桂联军刚被平定,驻郑州之唐生智与驻安徽之石友三又兴兵反蒋,何应钦再度走马武汉,主持讨唐军事。1930年1月唐通电下野,何应钦获一等宝鼎勋章。

1930年5月中原大战爆发后,蒋介石率全部主力北上与冯、阎作战,何应钦在武汉行营坐镇后方,指挥一堆杂牌军对付倾巢出动骁勇善战的桂军。桂军占领长沙,直逼武汉时,形势一度非常紧张。他蹲在满铺军用地图的作战室地上用铅笔勾勾画画,冥思苦想,把个军用地图标得五颜六色,不向蒋要增援就拿出了解决办法。

他以夏斗寅部死守岳阳,将火车全数开往武汉,否则就地炸毁;又命溃败的何键部退入湘西而不退向武汉,既免武汉受溃兵之扰,又使桂军侧翼受到威胁,不敢长驱直入;最后以粤军精锐蒋光鼐、蔡廷锴两师,跟踪追击桂军后尾,以湘军李蕴珩部支援蒋、蔡两师,共同夹击桂军战略重地衡阳。

衡阳被占,李宗仁、白崇禧的桂军被迫掉头回击粤军。何键部乘势从湘西进袭长沙。东、北两路也有何应钦指挥的军队压向桂军。衡阳一役,桂军遭建军以来空前大败,只有少部分部队逃出何应钦布置的三面夹击,避免了全军覆灭。但也几乎因此丧失了老本,从此一蹶不振。

独自对付了桂军的何应钦,不但不要蒋介石增兵,还能抽出手来,调三个师到津浦线支援北线蒋军主力作战。

享有"干才"之誉的何应钦,当之无愧地坐上蒋介石"八大金刚"中的头一把交椅。

所以蒋介石调兵遣将开始"围剿"红军时,头一个想到的,便是何应钦。

就在蒋、冯、阎的中原大战尚未结束之时,蒋介石便从河南前线向南京发出密电,要求立即宣布何应钦为"鄂、湘、赣三省'剿匪'总指挥"。

北伐与新军阀混战中无役不与、无往不胜的何应钦,三次指挥对红军的"围剿"作战,却三战皆北。

何应钦在第二次"围剿"中担任总司令,亲自制定"稳扎稳打、步步为营"战略方针,集中4个军、11个师共计20万兵力,组成一条800里长的弧形战线拉网推进,席卷红军。结果却被红军横扫700里,损失 3 万人,丢枪 2 万条。

第三次"围剿"他担任前敌总指挥,用"长驱直入"方针连连扑空,始终找不到红军主力所在,陷入盲人骑瞎马的苦境;不经意之中又被红军消灭 17 个团,俘虏 2 万余人。

第四次"围剿"何应钦任赣粤闽边区总司令,实际是"围剿"中央苏区的总指挥,却弄得三个主力师被歼,两个师长被俘,连蒋军精锐十一师也未逃脱覆灭命运,败得最惨。蒋介石因此雷霆震怒,撤前敌总指挥陈诚之职杀鸡儆猴,还叹曰:"惟此次挫败,惨凄异常,实有生以来唯一之隐痛。"

何应钦找了个借口回南京,再不参加这样的"围剿"。一想起与红军作战和蒋介石怒不可遏的训斥,"惨凄异常,实有生以来唯一之隐痛"的首先便是他。

虽同是蒋介石"八大金刚",但刘峙与顾祝同最得何应钦信任,又被人称作何应钦的"哼哈二将"。

顾祝同与共产党有两笔账。

一是第五次"围剿"中任北路军总司令,直接指挥蒋军主力进攻中央苏区。先抢占黎川,切断中央苏区与闽浙赣苏区的联系;继于浒湾战斗使红三军团、红七军团严重受损;三在大雄关使红一军团、红九军团蒙受重大伤亡;四则强攻广昌、建宁、古龙冈;血战高虎脑、万年亭;最后再陷石城,迫使中央红军提前长征。红军突围长征后,在后尾紧追不舍的薛岳、吴奇伟、周浑元部共 9 个师,皆为顾祝同的北路军部队。

二是抗日战争中发动皖南事变。蒋介石原以为需两至三个月,最少也需一个月才能吃掉项英、叶挺率领的 9000 余新四军精锐部队,结果实际战斗只用了 7 天。其中与项英、叶挺的先后指挥失误有关,也与顾祝同的精心谋划和指挥相关。

如果说顾祝同与共产党最少有两笔账,那么刘峙最少就有三笔。

第一笔是 1926 年中山舰事件,刘峙任党军第二师师长,蒋介石召集卫戍部队讲话,他紧跟着宣读要逮捕的共产党人名单,随即扣押了第二师和海军中所有党代表及共产党员。当晚,包惠僧质问刘峙为何如此,刘回答说:"我也不完全了解,我是以校长的意思为意思,校长命令我干什么,我就干什么。"

第二笔是1927年"四一二"反革命事变。事变前蒋介石问上海警备司令白崇禧需要多少部队,白答:"只要调出薛岳之第一师,留下刘峙之第二师及周凤岐之二十六军便够了。"蒋、白皆认为刘峙是反共最坚决的力量。第二师旋即进入上海,原第一师驻防的闸北兵工厂、吴淞口一带,均被第二师接防。

第三笔是1932年6月,对鄂豫皖根据地的第四次"围剿",刘峙任中路军副司令官(司令官为蒋介石),指挥6个纵队和一个总预备队计16个师另2个旅,"纵深配备,并列推进,步步为营,边进边剿",攻占鄂豫皖根据地的心脏新集和金家寨。蒋介石高兴异常,以刘峙的字改新集为"经扶县",以刘峙麾下第六纵队司令卫立煌之名改金家寨为"立煌县"。

其实,攻占金家寨的原本应该是蒋介石的另一个金刚:陈继承。

陈继承长期为刘峙部下。1926年中山舰事件,他在刘峙的第二师任第四团团长,将该团官兵集中于北校场,党代表、政工人员和中共党团员一律被缴械拘禁。后来参加对鄂豫皖根据地第四次"围剿",担任刘峙的中路军第二纵队指挥官,指挥四个师担任主攻。陈继承8月13日占黄安,9月上旬占新集,14日克商城,三处皆为鄂豫皖根据地的核心地带。唯有在金家寨遭到顽强阻击无法前进,让卫立煌抄小路立了头功,否则蒋介石就不会叫金家寨为"立煌县",而要叫"继承县"了。

因陈继承作战异常卖力,甚至不惜拼光,蒋介石调他参加对中央苏区的第五次"围剿"。陈继承率领第三纵队,1933年11月在阳新、紫金山一带布置伏击阵地,使红九军团第三师陷入伏击,部队损失达三分之二。1934年4月,蒋又令陈继承任湘鄂赣"剿匪"总指挥。陈到任后指挥部队包抄龙门山区的中共湘鄂赣省委,省委几次突围未成,机关和部队1000多人大部分牺牲。

红军长征突围后,蒋介石让陈继承当上了国民党中央执行委员。

攻下鄂豫皖苏区首府新集的是刘峙,攻下中央苏区首府瑞金的是蒋鼎文。

国民党军队战史评价蒋鼎文"勇敢善战",属于能打敢拼的人。但首先发现他的不是蒋介石,而是苏联顾问加伦。一次黄埔军校学生野外演习,观操的加伦将军当场就战术上几个动作,连续向担任连指挥的学生队区队长蒋鼎文发问,一旁的蒋介石都为他捏一把冷汗。但蒋鼎文应付自如,对答如流;加伦对蒋介石说了一句"这人可以重用",从此奠定了蒋鼎文飞黄腾达的军事生涯。

苏联顾问首先发现了他,他对苏联顾问却并不客气手软。1926年中山舰事件发生,率第五团包围苏联顾问团和省港罢工委员会、强行收缴顾问团卫士和罢工委员会枪械的,就是这位加伦将军发现的蒋鼎文。

关系黄埔党军生死存亡的第一次东征棉湖之役,蒋鼎文接任教导团第一营营长,于棉湖西北山地向林虎部主力发起勇猛冲击时,胸部中弹,送进医院抢救。蒋介石当即犒赏5000元,并在撰写黄埔一期同学录时,亲笔在前言提及"蒋营长鼎文等十余人尚在危病中,死生未卜"。

何应钦不信蒋鼎文如此奋勇,怀疑是怯敌背逃时为流弹所伤。派人验明,子弹是从左肋穿入。枪伤也不争气,侧面穿入的子弹,即可说明伤者在进,也可说明伤者在退。独蒋介石宁愿相信其忠勇,因此在医院疗伤期内,蒋鼎文就被升任教导第一团中校副团长,很快又调任第二师五团团长。

如此英勇的一位蒋鼎文,却在"围剿"红军中被打怕了。

1931年6月,蒋介石对中央苏区发动第三次"围剿",蒋鼎文任第四军团总指挥,率第九、五十二两师从南城地区进犯。蒋介石原想压迫红军于赣江东岸消灭之,7月底发现红军主力转移至兴国地区,便命蒋鼎文率部向兴国疾进。红军以一部伪装主力向赣江方向佯动,主力却于8月4日晚,穿过蒋鼎文部和蔡廷锴部之间40里空隙,跳出合围。待蒋鼎文反过身来对君埠以东的红军集中地采取大包围之势,第九师二十七旅却在老营盘突遭红军奇袭。他急令二十六旅驰援,中间一道山又被红军占领,增援不及。激战数小时,二十七旅遭全歼,八十一团团长王铭被俘。第九师是蒋鼎文的基本部队,这一损失使其分外心痛。一波未平一波又起,9月15日第五十二师又在方石岭受红军袭击,全师倾覆,连师长韩德勤也被俘虏。幸亏韩德勤滑头,隐瞒了身份化装成伤兵,才侥幸逃回;蒋鼎文自己则在黄土坳陷入红军三面包围,幸逢蔡廷锴率军及时赶到,才得解围,惊魂稍定。

蒋鼎文指挥作战,在此之前一直是占便宜不少、吃亏不多。第一次参加"围剿"就差点当了俘虏,对他刺激很深。后来他虽然在进犯赣东北方志敏的红十军时频频得手,甚至还向蒋介石提出"步步为营,步步推进"的战法受蒋夸奖,但心劲已大不如前了。他对红军作战有了戒心,常常托故避居上海。在私下里对好友说:"今后打算积资百万,在上海消磨二十年岁月,就可结束此生。"

蒋鼎文想退,蒋介石却不让。第五次"围剿"中又被作为干将拉上第一线,让他干了两件自己也意想不到的事。

第一件想不到之事是平息"闽变"。1933年11月21日,陈铭枢、蔡廷锴等第十九路军将领在福州成立"人民政府",通电倒蒋;蒋介石命蒋鼎文以左路军总指挥身份,入闽镇压。

蒋鼎文与陈、蔡二人都有不错的交谊。"一·二八"淞沪抗战中,陈铭枢为京沪铁路方面的左翼军总指挥,蒋鼎文为沪淞铁路方面的右翼军总指挥,一起指挥部队对日军作战,配合得很好。蔡廷锴对蒋鼎文更有救命之恩,蒋鼎文自己也说,第三次"围剿"中在黄土坳若非蔡廷锴鼎力相救,他怕是早成了朱毛红军的阶下囚。

现在,蒋鼎文却率领15万大军入闽,对其并肩抗日的战友和救其于危难的同事作战了。

如果因私人感情对蒋介石的命令打了折扣,蒋鼎文也就不是蒋鼎文了。当年对苏联顾问就是如此,今天对陈铭枢、蔡廷锴也不会例外。受命当天,他就在总指挥部对消灭第十九路军和推翻福建人民政府作出了部署。他最害怕红军支援十九路军。后来听说红军没有与蔡廷锴合作,便如释重负,大打出手。军事进攻的同时贿买十九路军六十一师师长毛维寿在泉州倒戈;收买地方武装及地痞流氓在十九路军后方捣乱,一口气把十九路军搞垮。

第二件想不到之事是攻占瑞金。

1934年2月"闽变"结束,蒋鼎文部改为东路军,从福建方向进攻中央苏区。

但出师不利。第一路陈明仁的八十师刚进入沙县,就遭到红军的围歼,官兵伤亡近半,辎重损失殆尽;第二路李玉堂的第三师第八旅又在连城方向被红军全歼,师部直属部队亦有损失。蒋鼎文气急败坏,一面亲临前线督战,一面急电南昌行营。蒋介石接电,立即派顾祝同飞往闽西,帮助其重新部署作战计划,并将陈明仁撤职,李玉堂降为上校师长,留职"立功"。

在别处作战就很顺利、偏偏对红军作战极不顺利、直到红军出发长征前仍在吃亏的蒋鼎文,最后占领了一座空空如也的瑞金城。

还是在红军长征出发整整一个月之后。

还有三个金刚。

钱大钧善战,也善谋。领兵打仗时,曾对南昌起义部队造成过很大危害。做高级幕僚、调任军事委员长南昌行营主任了,便又出谋划策,帮助蒋介石制定第四次"围剿"的方略。

八大金刚中,七个金刚都参与了对红军作战,唯独剩下个张治中。土地革命战争期间他未和红军作战;抗日战争期间与中共十分友好;解放战争时被人说成是和平将军。虽然他不在战场上与共产党交手,但作为蒋介石的首席代表,在谈判桌上与共产党人的交锋之中,张治中也是攻势凌厉、咄咄紧逼的。1945年重庆谈判的记录便是明证。涉及共产党军队的削减,张治中就和在战场上交手一样,寸步不让。

否则,怎能算成蒋介石的金刚?

最后一个便是陈诚。

中国共产党方面,没有听说毛泽东夸赞过哪个国民党将领。中共中央军事部、中央革命军事委员会资格最深的领导人周恩来,曾夸过陈诚和胡宗南。

1936年7月,周恩来在陕北白家坪对美国作家埃德加·斯诺说,国民党将领中,陈诚算得上是个"比较高明的战术家","最有才干的指挥官之一"。

这是对中央苏区的"围剿"作战中,给红军造成最大伤害的对手。

在蒋介石由黄埔党军集团组成的八大金刚中,就资历而论,陈诚排倒数第二。

1924年黄埔军校成立时，陈诚仅是一名没有适当职业的候差军官，任上尉特别官佐。而何应钦是军校的少将总教官；钱大钧是中校兵器教官；顾祝同、陈继承是中校战术教官；刘峙是少校战术教官；张治中稍晚一些来，也被任命为第三期入伍生总队的上校副总队长。只有蒋鼎文的军衔低于陈诚，任第一期中尉区队长。

但蒋介石八大金刚的核心，是何应钦和陈诚。在大陆，称蒋何，到了台湾，便称蒋陈。其实自何应钦在南方三次"围剿"红军失败溜回南京、赴华北主持北平军分会受不了日本人压迫又溜回南京、蒋介石骂他"怕死就不要穿军服"起，国民党军队的核心便已经不再是蒋何而是蒋陈了，只不过到了台湾才正式叫出来而已。

看戏时，演戏时，好的节目，好的演员，都要放在最后，曰"压轴"。

八大金刚中，蒋介石每每用陈诚压轴。收拾不了的烂摊子，让陈诚去收拾；啃不动的硬骨头，让陈诚去啃；实在丢不起人了，蒋介石也不丢这个人，而让陈诚去丢人。

1933年年初对江西苏区的第四次"围剿"，陈诚任中路军总指挥，虽然名义上"围剿"总指挥是何应钦，但主力部队全部掌握在陈诚手里，陈事事越级直接向蒋请示，何应钦也奈何不得。

结果出师不利：2月底陈部第五十二师、五十九师在宜黄南部被红军歼灭；五十二师师长李明和五十九师师长陈时骥双双被红军俘虏。3月，陈诚指挥罗卓英、吴奇伟两纵队打算长驱直入，进攻广昌，十一师又被红军围歼。该师为蒋军嫡系中的嫡系，是陈诚的起家部队，在此以前从未败北。师长肖乾自恃战斗力强，罗卓英警告他地形不利，并通过侦察得知红军主力有可能前来包围，肖乾硬是要"拼一拼"，最后几乎全军覆灭。

罗卓英纵队在由乐安向东到黄陂集中的途中，也被红军截击，损失惨重。

仗基本都是按照蒋委员长意思打的，包括十一师师长肖乾坚持主张的战斗，陈诚事前都有请示，事后也有汇报。但仗打败了，承担责任的却不是委员长了。

1933 年 4 月 10 日,国民政府军事委员会颁布决定,以中路军总指挥陈诚"骄矜自擅,不遵意图",降一级,记大过一次;军长罗卓英"指挥失当,决心不坚",革职留任;第十一师师长肖乾"骄矜疏失",记大过一次。

　　处分了一系列人,唯军事委员会委员长蒋介石以"实有生以来唯一之隐痛"便解脱干净,只留下陈诚站在那里成为何应钦、熊式辉等人的靶子,连声"觉得非常惭愧""不能辞其咎",头埋得快缩进了胸脯。

　　能屈能伸的陈诚,从军也有一番独特经历。据台湾官方介绍,1918 年,陈诚 21 岁,自杭州体育专科学校毕业,正为前途彷徨,有同乡前辈杜志远当选北平政府国会议员,北上就职时路过杭州,陈诚经人介绍与他谈话,杜发觉此人稳重有礼,且有志气,不甘平庸,遂带其北上进京。在北京逢五四运动发生,热血青年无人不思救国,陈诚也不例外。杜志远便托人介绍陈诚去投考保定军校。当时想从军报国的青年很多,军校条件严格,初试录取 40 名,复试只取 3 人。3 人之中,便有陈诚。

　　官方修订的正统历史,自然无比优裕。

　　但当年陈诚的英文秘书陈应东却有不同说法:当年一帮浙江同乡在车站送杜志远北上时,因杜的卫队中多青田同乡,陈诚在车上与他们攀谈忘了下车,被糊里糊涂拉到北京。杜志远问明情由,才知道陈诚是青田同乡,又是同科秀才陈希文的儿子,这才将陈诚留下。后来杜志远向同属皖系的保定军校校长曲同丰保送陈诚投考八期炮科,因身材矮小,考试成绩又差,未被录取。再经杜向主考官、北洋政府陆军部军学司司长魏宗翰疏通,才以备取资格入学。

　　从陈诚的英文秘书口中透露出来的这些曲折,恰恰说明正统的历史,从来不一定就是信史。

　　陈诚倒从来对蒋介石忠心不贰。与他关系再深的人,只要与蒋不睦,他必弃之从蒋。

　　其一是邓演达。

　　邓演达与陈诚关系极深。1922 年,邓演达奉孙中山之命,到上海物色军事人才。选中的人当中,便有陈诚。陈诚随邓演达南下广州,邓担任警卫广州大元帅府的粤军第一师第三团团长,陈诚任该团三连连长。1924 年 5 月,孙中山创办黄埔军校,邓演达任黄埔军校教练部副主任,兼入伍生总队长。陈诚又被邓演达带进黄埔军校,担任上尉特别官佐。

陈诚一生的第一次关键转折由杜志远引路,第二次和第三次,引路的皆是邓演达。

其二是严重。

严重对陈诚的人格影响极大。陈诚在粤军第一师第三团任连长时,营长就是严重。后来邓演达去黄埔军校任职,严重也进入军校,先任中校战术教官,很快接任邓演达的入伍生总队长,后来担任军校训练部主任,并调陈诚为训练部炮兵科长。广东出师北伐前夕,国民革命军总司令部成立,严重由训练部主任调任第二十一师师长,陈诚便也由炮兵科长调任该师六十三团团长。

从粤军、黄埔军校到党军,严重一直是陈诚的直接上级,两人相交很深。严对陈期望殷切,督教又严。他每天写日记,某日在日记中写道:"陈诚来谒,畅谈二小时⋯⋯将来救中国,必此人也。"足见他当时对陈诚的器重。

邓演达、严重二人一旦反蒋,陈诚便与他们分道扬镳。

"四一二"反革命事变前,严重辞职,将二十一师交陈诚代管。蒋召见陈诚,问其对国内形势的基本态度。陈诚只一句话:绝对服从蒋总司令。

就这一句话,陈诚在事变前一天之 4 月 11 日,被蒋任命为二十一师师长。

陈诚与蒋介石如何相识的,也说法不同。

一说黄埔时期某日陈诚从市内玩耍归来,夜不能寐,索性起床挑灯读书。适逢蒋介石查夜,循灯光而来,见陈诚夜读,拿过一看是画有很多杠杠的《三民主义》,从此留下深刻印象。

另一说某日陈诚到广州市区玩耍,第二天清早就乘头班轮船回黄埔军校,到操场上翻单杠。恰巧这天蒋介石很早到校巡视,走到单杠旁见地上放有一本《三民主义》,拿起翻阅,书上圈圈点点写满小字,连夸阅读认真,留下深刻印象。

两种说法差别不多。都是圈圈点点的《三民主义》,都是蒋校长亲自发现,都是从广州玩耍返回。不同的是一个发生在半夜,一个发生在清晨。一个在读书,一个在翻单杠。如果只有这两种说法,那么倒可以说,前一种说法可能性小,后一种可能性大。因为蒋当时并不住在黄埔军校内。他的住地与军校有一段距离,半夜起来到军校查哨再返回去,可能性不大。蒋有早起的习惯,清晨早早到校倒是极有可能。

不过蒋、陈相识,的确发生在黄埔军校以前。

1923 年 5 月,担任大元帅府警卫事宜的上尉连长陈诚随同孙中山出征西江,在肇庆与冯葆初部队作战,陈胸部中弹受伤。住院治疗期间,新锐军人、大元帅行营参谋长蒋中正到肇庆,顺便往医院慰问伤患,两人在病床前第一次相识。从此一直到 1965 年陈诚在台湾去世,追随蒋介石的政治态度终生不改。

陈诚自身也是一个矛盾体。政治上忠蒋不贰,感情上又与邓、严藕断丝连。

蒋介石通缉邓演达,陈诚明知邓隐居上海租界也不报告,还悄悄给邓送消息。后来邓演达被蒋介石抓住枪毙,陈诚着实难受了好几天。

严重辞职后隐居庐山犁头尖,平房三间,生活拮据,陈诚便暗中接济。一遇机会就在蒋面前保举严重。"九一八"事变后,天津《大公报》发表严重隐居庐山的专题报道,指蒋介石国难当头,弃北伐名将不用。陈诚立刻抓住机会与陈布雷一起向蒋进言,起用严重,他本人还急匆匆上庐山想拉严重下山。

与忠蒋和反蒋的人都还关系不错,是陈诚独立摸索出来的一套政治模式。

这种模式被他用到指挥作战与部队训练中,变成对民情、对兵心的极端重视。

陈诚与蒋介石、何应钦不同的是,蒋、何皆以优异成绩考取军校和从军校毕业,陈诚却不然。当年若无杜志远连连保荐,他也只能返回家乡做一名体育教师。

所以他的军事素养大部分来自后来的战争实践。陈诚之善战,且不易为国民党其他将领学去,确有不少步兵操典之外的东西。功夫在战外,对他来说不为之过。

他一直对共产党的政治工作推崇备至。

二十一师是一支受共产党影响很深的部队。从广东出发北伐时,师长严重提出"官长士兵化、士兵民众化、民众革命化"口号,作为该师官兵守则。陈诚身体力行,贯彻全团。陈团连以下军官都肩背马枪行军,与士兵同吃同住。不仅官兵纪律严明,而且每到一处,即召开军民联欢大会,宣传北伐革命道理。故所到之处,声威大振,备受民众拥戴与协助,当时在苏浙一带被称为模范师。

二十一师的革命作风对陈诚产生很大影响。他第一次看到一支精神振作的军队是多么强大的军队。陈诚以后凡事以身作则。说禁止赌博、吸烟,自己先做到,其助手郭忏、周至柔都不敢在他面前吸烟。要求服装整齐,即使在酷暑盛夏,起床后他即打好绑腿,直到晚上就寝才解脱,从团长当到总指挥都是如此。夏日行军他顶着烈日不戴斗笠。在江西苏区的第五次围剿作战中,山地行军也从不骑马,和士兵们一样,穿草鞋步行。他指挥的部队机动性高,一天能行军百里,是蒋军中少数能与飘忽不定的红军做急行军追逐的部队。

国民党的军事人物当中,蒋介石是有点精神的,陈诚也是有点精神的。

1929 年 12 月,陈诚率十一师,在河南确山东南与唐生智部的刘兴第八军激战,雪深及膝,战斗持续三昼夜,陈诚亲在第一线督战,终将第八军压垮。全部缴械前,胜利者陈诚却派其军需科长携亲笔信和现款 5000 元给刘兴,说:自相残杀,实为痛心,请速逃走,来日国家当有用你之处。

这一点,确实是陈诚与蒋介石大不相同之处。

接款逃走的刘兴,抗日战争初期出任长江江防总司令。

一面卖力为蒋作战,一面也知道是"自相残杀"。陈诚颇具几分政治家的清醒。

内心深处不以自相残杀为然的陈诚,对生擒敌方主将这类历来是战场指挥官的最高荣誉之事,竟然兴趣不大。

但为什么后来又以极大的兴趣投入了对江西苏区的第三、四、五次"围剿",加入了中国现代史上最大的自相残杀？这就不仅是其性格之谜了。

特别是第四次"围剿"失败、受到降一级记大过一次的处分后,蒋介石为振作"丧失革命精神""缺乏信仰""贪生怕死"的军队,开办庐山军官训练团,陈诚全副身心都投入了为消灭红军而进行的严格训练。

第一期至第三期庐山军官训练团,全称是"中国国民党赣粤闽湘鄂北路'围剿'军官训练团",主要训练担任第五次"围剿"的主力军——北路军排以上军官。

陈诚任训练团团长。副团长二人:跟随陈诚有年的刘绍先和碉堡政策的规划者柳善。

他在庐山用了心血:把红军的战术主要归结为四种形式:诱伏、腰击、正面突破、抄后路。认为就是这些战术使国民党指挥官"无从措手"。

为了对付红军这些战术,陈诚领头搞出"一个要诀、两项要旨、三个口号、四大要素、六项原则"。

一个要诀是"服从命令";

两项要旨是"战术上的分散与集合";

三个口号是"受伤不退,被俘不屈,临难不苟";

四大要素是"确实、迅速、静肃、秘密";

六项原则是"搜索、联络、侦探、警戒、掩护、观测"。

陈诚认为深入研究、熟练运用这套方针,就能战胜红军。

实兵演练中,陈诚特别重视的两件事就是射击、爬山。

在射击上,陈诚还有一套奇妙的演算。

其一,假定用10发子弹打死一个红军,每个国民党士兵带200发子弹便可打死20人,每团以1000支枪计算,便可打死2万名红军。这样,中央苏区的红军还不够他3个团打,最高限度用10团人,也就可以全部消灭红军了。

其二,每5分钟放一枪打死一个红军,1小时放12枪,可打死12人,3000人用6小时便可打死21.6万人。因此消灭红军只要有千把个战斗兵就"可以说绝对不成问题"。

双方的作战行动被陈诚变成一场单方打靶。而且是固定目标、任随你怎么开枪的胸环靶。沙场宿将瞬间变成一个扳指头演算的劣等生。能够明白的倒是：当年放跑刘兴的陈诚所说的"自相残杀"，不包括"围剿"红军。

在爬山训练上，陈诚的理论就不那么离谱了。

汲取前四次"围剿"教训，陈诚从红军山地游击战运动战的特长中总结出应对的四点：

一、练习爬山。国民党兵尤其是北方士兵不会爬山，见山就害怕，成为围剿军的致命弱点，所以必须练就"超巅越绝""缒兵钻隙"的本领，不但不为"地形道路所支配限制"，而且要"利用一切的地形道路"。

二、娴熟地掌握"六项原则""四大要素"，练就过硬的基本的战术技术。

三、为对付红军"出没无常、飘忽不定，以寡击众、以零击整"和"独来独往"的游击战术，要能"便装远探、轻装急进；秘密敏捷、夜行晓袭"。

四、使用炮兵。许多高山人爬不上去，步枪打不到，把炮兵运用上去，就大为有利。

令陈诚翻身的，就是这个庐山军官训练团。

1933年10月，第五次"围剿"正式开始。陈诚被任命为第三路总指挥兼北路军前敌总指挥。记在蒋介石另一个金刚、北路军总指挥顾祝同名下的那些账，实则皆是陈诚所为：

抢占黎川，切断中央苏区与闽浙赣苏区的联系；于浒湾战斗使红三军团、红七军团严重受损；在大雄关使红一军团、红九军团蒙受重大伤亡；强攻广昌、建宁、古龙冈；血战高虎脑、万年亭；最后再陷石城，迫使中央红军提前长征。

第三节　战场与战将（二）

对工农红军一次又一次的反复"围剿"中，打怕了蒋介石的八大金刚。

对蒋介石屠杀政策的武装反抗中,却走出来一大批威震华夏的红军战将。

第一枪1927年8月1日在南昌城头打响。

第一枪打得如此响亮。1955年授衔的中国人民解放军10位元帅和10位大将中,8位元帅和6位大将与南昌起义紧紧相连。8位元帅是:朱德、贺龙、刘伯承、聂荣臻、林彪、陈毅、叶剑英、徐向前;6位大将是:陈赓、粟裕、许光达、张云逸、谭政、罗瑞卿。

八一南昌起义的主力,是国民革命军第二方面军的部队。中国共产党人在大革命时期所能掌握或影响的武装力量,主要集中在这支部队里。该方面军下辖第四军、第十一军、第十二军、第十三军、暂编第二十军。共产党所能掌握和影响的,是叶挺兼任师长的第十一军二十四师,以原叶挺独立团为骨干扩编成的第四军二十五师,以及贺龙任军长的暂编第二十军,共两万余人。

颇值得历史记载的是,中国人民解放军10位元帅中的5位、10位大将中的6位,1927年都集中在第二方面军内。

5位元帅是:第二方面军暂编第二十军军长贺龙;第二方面军第四军参谋长叶剑英;第二方面军总指挥部上尉参谋徐向前;第二方面军第四军二十五师七十三团三营七连中尉连长林彪;第二方面军教导团特务连准尉文书陈毅。

6位大将是:第二方面军第四军二十五师参谋长张云逸;第二方面军第四军直属炮兵营见习排长许光达;第二方面军第十一军二十四师教导队学员班长粟裕;第二方面军第四军十二师三十四团少尉排长徐海东;第二方面军总指挥部特务营文书谭政;第二方面军教导团二连副班长罗瑞卿。

以上11人,除贺龙于南昌起义南下途中入党、谭政在秋收起义中入党、罗瑞卿1928年年底在上海转为党员外,当时都已经是中共党员。除徐海东于大革命失败后脱离第四军,返回家乡搞农民自卫军外,南昌起义前都在第二方面军编制序列之内。

一支旧式军队内,竟然集中如此众多未来新型军队的高级将领,无论古今中外,都是一种罕见现象。它在一定程度上说明,虽然共产党人当时还未能直接掌握军队,但对武装斗争并非毫无准备。

8月1日起义当天,在南昌城头指挥战斗的有后来中国人民解放军的三位元帅:起义代总指挥、暂编第二十军军长贺龙;暂编第十五军军长、协助贺龙实施指挥的刘伯承;第三军军官教育团团长兼南昌市公安局局长朱德。

贺龙寻找共产党经过了长期过程。1923年,时任川军第九混成旅旅长的贺龙问他的参谋刘达五:"我走的路子对吗?"刘达五答:"你常讲要为受苦人打天下,谁能说这路子不对?不过打来打去,还没有打出天下来,你也还在摸夜路呀!"

贺龙说:"你说对了。清朝倒了,袁世凯死了,全国还是乱糟糟的。大小军阀各霸一方。我们在四川打了三年,真是神仙打仗,凡人遭殃,吃亏的还是四川老百姓。中国地方这么大,为什么这么穷、这么弱?就是给这帮军阀、官僚搞乱了。不打倒这些人,老百姓还能指望过好日子吗?可是困难哪,这么大一个烂摊子,哪个能够收拾?"

在共产党人身上,贺龙看见了能够收拾这个摊子的力量。

1927年7月是中国共产党最困难的时刻。继蒋介石发动"四一二"事变后,汪精卫又发动了"七一五"事变,共产党人到处被通缉、被屠杀、被囚禁。就在这样的时刻,贺龙做出了自己的选择。7月23日,贺龙率部到达九江。谭平山找贺龙谈话:共产党人要在南昌举行武装暴动,希望率二十军一起行动。贺龙当即表示:"感谢党中央对我的信任。我只有一句话,赞成!"

7月28日,贺龙见到前敌委员会书记周恩来。周恩来就起义基本计划询问他的意见。贺龙说:"我完全听共产党的命令,党要我怎么干就怎么干。"周恩来点点头,说:"共产党对你下达的第一个命令,就是党的前委委任你为起义军总指挥!"

在天空最为黑暗、共产党人最为困难的时候,共产党找到了贺龙,贺龙也找到了共产党。起义部队南下途中,由周逸群、谭平山介绍,贺龙在瑞金加入中国共产党。

刘伯承在南昌起义中协助贺龙实施指挥。这位老军人对共产党的寻找与认识,经历了与贺龙不同的过程。1923年秋,在吴玉章、杨阄公等人指引下,刘伯承的思想开始转向马克思主义。但他素以"深思断行"为座右铭,凡事独立思考,不随波逐流。有人劝他加入中国共产党,他回答了这样一句:当今中国向何处去?哪一种主义最合乎中国国情?还应当深思熟虑才稳妥;如果一见旗帜就拜倒,我觉得太不对了。准备极力深研,将来才能确定自己的道路。

对刘伯承这番话,杨阄公在当天的日记中赞叹道:"这是何等的直切,何等的真诚哟!比起那因情而动、随波而靡的人来,高出万万倍。"1926年5月,刘伯承完成了自己的选择。经杨阄公、吴玉章两人介绍,加入中国共产党。当时他已是有"军神"之称的川中著名战将。

南昌起义前,中国共产党人没有独立地领导过武装斗争。所以对起义的组织领导者、中共前敌委员会书记周恩来来说,迫切需要一个政治上可靠、军事上可咨的得力助手。此人既要有秘密组织大规模兵暴经验,又要有丰富的作战指挥经验。

周恩来选中了刘伯承。

刘伯承不负众望。他首先根据周恩来指示,到二十军军部协助贺龙拟制起义计划,并协助指挥二十军攻占朱培德的第五方面军总指挥部。起义成功后,他又出任参谋团参谋长,直接指挥策划起义部队随后的行军作战行动。

南昌起义后成立的参谋团,成员有周恩来、贺龙、叶挺、朱德、刘伯承等人。在确定参谋团领导的问题上,周恩来回忆说:"参谋团当时没有人任主任。后来我就指定刘伯承同志来做参谋长,他起初谦虚,不肯答应;后来我说一定要你来做,他才担任参谋长职务。"

后来在起义部队南下、连日行军作战的情况下,参谋团实际成为起义军的指挥核心和领导中枢。刘伯承在其中发挥了重要作用。

8月2日拂晓,从马回岭又赶来了后来中国人民解放军的两位元帅:前委军委书记聂荣臻、第四军二十五师七十三团三营七连连长林彪。

聂荣臻、林彪两人没有赶上8月1日南昌城的起义。因为第四军第二十五师当时未驻南昌城,而驻在南昌以北靠近九江的马回岭。为使这部分力量加入南昌起义队伍,起义发动前,周恩来派聂荣臻去马回岭,任务是向第二十五师周士第等人传达前委武装起义的决定,并领导该部起义。聂荣臻当时在中共中央军事部工作,南昌起义前经周恩来指定任前敌军委书记。他到马回岭之后,立即开展紧张的起义发动工作。8月1日中午,马回岭地区第二十五师的两个团又一个连计3000人,在聂荣臻、七十三团团长周士第、七十五团副营长孙一中率领下,脱离张发奎控制,向南昌开拔,参加起义。

这支队伍的行动坚决果断。当第二方面军总指挥张发奎、二十五师师长李汉魂率领卫队营乘火车追赶上来、想把队伍拉回去的时候,担任殿后任务的七十三团立即猛烈射击,张发奎、李汉魂跳车狼狈逃走,火车被截获,张发奎的卫队营也全部被缴械。

北伐作战中初露锋芒的林彪,当时就在担任殿后的队伍之内,任七十三团三营七连连长。

这支队伍于8月2日拂晓赶到南昌,当聂荣臻向周恩来汇报时,周恩来高兴地说:"行动很成功!我原来没想到这样顺利,把二十五师大部分都拉出来了。"

这部分力量的加入,使南昌起义部队力量得到大大加强。

陈毅加入南昌起义队伍,比聂荣臻、林彪费了更大周折。

8月1日南昌暴动当天,陈毅在武汉。他当时表面的职务是第二方面军教导团准尉文书,实际是该团内中共党团的负责人。教导团奉命"东征讨蒋",正准备开拔。陈毅虽然不知南昌起义已经发生,却感到了山雨欲来风满楼的气氛。他在汉口向好友辞行时说:"以前清朝政府骂孙中山是土匪,现在国民党又骂我们是土匪。好,我偏要去当这个'土匪'!"

乘船东进的教导团到九江后被张发奎包围缴械。全体徒手上岸,分别站队,清理共产党人。陈毅就在这天晚上决然脱离教导团,星夜追赶南昌起义军。8月10日,终于在抚州追上起义队伍。周恩来、刘伯承见到从九江追赶上来的陈毅,派他到二十五师七十三团任团指导员。周恩来说:"派你做的工作太小了。你不要嫌小!"陈毅只一句:"什么小不小!叫我当连指导员我也干。只要拿武装我就干!"

陈毅一句"只要拿武装我就干",道出了大革命失败后多少共产党人的心声。过去无武装饱受摧残之苦与用武装的革命反对武装的反革命之志,都包含于这句铿锵有力的话语之中了。

叶剑英在南昌起义中的重要作用,相当一段时间内不为人所知。他当时任张发奎第二方面军第四军参谋长。在白色恐怖气氛越来越浓重的1927年7月上旬,被中共中央特批为正式党员。为了保密和特殊的工作需要,党组织让他保持秘密身份,只与少数党员保持联系。

起义发动前,叶剑英利用与张发奎等人的关系,探知贺龙、叶挺等第二方面军将领将要被扣留,解除兵权。他立即连夜找到叶挺告知此讯,并约叶、贺、廖乾吾、高语罕四人到甘棠湖划船,共商对策。他们在甘棠湖的小划子上迅速做出三项决定:

一、贺、叶不上庐山;二、不接受张发奎调贺、叶部队到德安集中的命令,部队立即开往南昌;三、叶挺部队先行,贺龙部队随后。

这次甘棠湖聚会,在党史上称为"小划子"会议。它对保证起义领导人的安全和将起义的主力部队及时开往南昌,起了重要作用。同时这个在关键时刻通报的重要情报,也促使叶、贺定下起义的最后决心。

起义发生后,张发奎的不少亲信将领主张派兵前后夹击起义军,一举将暴动扑灭。叶剑英又以第四军参谋长身份站出来反对。他利用张发奎一直想重回广东的意图,对张发奎说:我们原来商量好的,到广东重新做起,如果尾追贺、叶,徒耗兵力,我军仍无立足之地,又怎样实现总理遗训、重新北伐呢? 他向张发奎建议:跟随叶、贺部队进入广东,以"援师讨逆"旗号夺占广东地盘。

张发奎采纳了叶剑英的建议,使南昌起义军减少了尾追,得以迅速打开南下广东的通道。

国民党方面编辑的《国民革命军战史初稿》这样描写张发奎当年的追击行动:"叶贺等遂东去抚州。张发奎率师追之。嗣忽分途,叶贺等由闽粤边境趋潮汕,张发奎部则改由南雄入粤。"

一个"嗣忽分途""改由南雄入粤",活脱脱再现了叶剑英当年的作用。

如果张发奎当时率部追击起义军,起义军必将面临前后夹击的危险,后果难以设想。

1927年3月入党的徐向前,未能赶上南昌起义。但共产党人在南昌城头打响的这第一枪,对他影响重大。他当时在第二方面军总指挥部任上尉参谋,回忆说,入党时刻"印象最深的是共产党员要为共产主义流尽最后一滴血"。1927年7月底,徐向前随方面军总指挥张发奎一起移驻九江,在新地点没能和组织接上头。但正是南昌起义爆发的消息,使他于茫茫黑夜中看到了一线希望和光明。起义爆发后,张发奎集合方面军指挥部全体军官,宣布:"CP分子三天以内保护,三天以外不负责任!"徐向前当时虽然并未暴露身份,但决意离去。他当天晚上就悄悄离开九江去寻找党组织,从此脱离旧军队,结束了在国民革命军中的生涯。

南昌起义的发生成为徐向前革命生涯中的一个重要转折。他后来参加了广州起义。

中国人民解放军与南昌起义紧紧相连的六位大将中,三位大将直接参加了南昌起义;一位大将以隐蔽的身份从旁协助起义;两位大将因南昌起义的影响从此走上革命道路。

直接参加南昌起义的三位大将是陈赓、粟裕、许光达。

陈赓1926年9月被党派往苏联远东,学习群众武装暴动,1927年2月返回上海。上海发生"四一二"事变后去武汉,武汉又发生"七一五"事变,于是他随周恩来奔赴南昌,参加组织武装起义。在起义中陈赓负责政治保卫工作,南下途中出任贺龙第二十军三师六团一营营长。

粟裕当时是第十一军二十四师教导队学员班长,南昌起义中所在中队负责警卫设在江西大旅社的革命委员会。

许光达当时是第四军直属炮兵营见习排长。他在宁都加入南昌起义部队,任起义军第二十五师七十五团十一连排长、代理连长。

以隐蔽身份协助南昌起义的大将是张云逸。他当时任第四军李汉魂二十五师的参谋长,根据组织要求,未暴露身份公开参加起义,却做了两件极为重要的工作。第一件是说服第二方面军总指挥张发奎,让共产党人卢德铭出任第二方面军警卫团团长;该团未赶上参加南昌起义,遂转入湖南,成了秋收起义的主力,卢德铭本人还担任了秋收起义部队的总指挥。第二件是8月1日当天,在马回岭二十五师师部掩护七十三团团长周士第不被师长李汉魂扣留,使二十五师两个多团部队顺利加入南昌起义队伍。

张云逸后来与邓小平一道,参加并领导了广西百色起义。

因南昌起义而走上革命道路的另外两位大将是谭政、罗瑞卿。

谭政当时在第二方面军警卫团特务营任文书。南昌起义第二天,警卫团根据党的指示,乘船离开武汉东下,准备与南昌起义大军会合。张发奎当时已经封锁了九江口。为防备张发奎在九江截击,警卫团于行驶途中在湖北阳新弃船上岸,改由陆路奔赴南昌,追赶起义部队。因起义部队已大踏步南撤,谭政所在的警卫团未能赶上,便根据党的指示留了下来,后来成为毛泽东领导的秋收起义中的主力。

谭政所在的方面军警卫团躲过了张发奎的堵截,罗瑞卿所在的方面军教导团却在九江被张发奎截获。罗瑞卿后来回忆说:"船到黄石港后,我们听到了南昌八一起义的消息","船到九江,部队一上岸即被第二次缴枪。先把枪架在马路上,等了很久,又命令大家把枪背到一个据说是总指挥部的地方。缴枪后,全部人员被关在一医院的草坪上,电灯都没有。"张发奎就在这个电灯也没有的地方,向他认为问题很大的教导团训话,要大家不要跟共产党走,跟他走。

罗瑞卿没有跟张发奎走。他断然离队,返回武汉寻找党。南昌起义的发生成为他脱离旧军队的起点。如此众多的未来高级将领会聚于南昌起义,绝不仅仅是历史的巧合。

"文化大革命"中,造反的红卫兵提出中国人民解放军建军节不应该是8月1日,而应该是秋收起义的9月9日,或三湾改编的9月30日。

这不仅仅是要把八一军徽改成九九军徽或九三〇军徽的问题。这些初出茅庐便以为历史是自己写的红卫兵,轻率在根本不清楚南昌暴动是中国共产党独立领导武装斗争的开始,不清楚中国人民解放军如此多的高级将领与这场暴动紧紧相连。

这样的历史地位,是一场运动所能够动摇的吗?

与国民党军队鏖战中打出来的红军将领,首推朱德。

1927 年 9 月初,南昌起义军在三河坝兵分两路。主力由周恩来、贺龙、叶挺、刘伯承等率领直奔潮汕;朱德率领部分兵力留守当地,阻敌抄袭起义军主力后路。

这就是著名的"三河坝分兵"。

当时朱德率十一军二十五师和九军教育团,共计 4000 余人。三天三夜的阻击伤亡很大,撤出三河坝只剩下 2000 余人。

路遇溃败下来的二十军教导团参谋长周邦采带领的 200 多人(粟裕就在这支队伍内),才得知起义军主力已经在潮汕失败。

10 月 3 日前敌委员会的流沙会议,是轰轰烈烈的南昌起义最后一次会议。

会议由周恩来主持。他当时正在发高烧,用担架抬到会场。郭沫若回忆说,周恩来"脸色显得碧青。他首先把打了败仗的原因,简单地检讨了一下。第一是我们的战术错误,我们的情报太疏忽,我们太把敌人轻视了。其次是在行军的途中,对于军队的政治工作懈怠了。再次是我们的民众工作犯了极大的错误"。

可以想见,当时周恩来是怎样一种心情。

别人的心情也是同样。周恩来报告后,被称为"叶、贺部队"的叶挺说:"到了今天,只好当流寇,还有什么好说!"党史专家们后来解释,叶的所谓"流寇",是指打游击。贺龙则表示:"我心不甘,我要干到底。就让我回到湘西,我要卷土重来。"

这样的表态也没有搞完,村外山头上发现敌人尖兵,会议匆匆散了。

分头撤退途中,队伍被敌人冲散。连给周恩来抬担架的队员也在混乱中溜走,身边只剩下叶挺和聂荣臻。三个人仅叶挺有一支小手枪,连自卫的能力都没有。若不是遇到中共汕头市委书记、周恩来的老朋友杨石魂搭救,真是生死难料。

聂荣臻回忆这段经历时说:"那条船,实在太小,真是一叶扁舟。

我们四个人——恩来、叶挺、我和杨石魂,再加上船工,把小船挤得满满的。我们把恩来安排在舱里躺下,舱里再也挤不下第二个人。我们二人和那位船工只好挤在舱面上。船太小,舱面没多少地方,风浪又大,小船摇晃得厉害,站不稳,甚至也坐不稳。我就用绳子把身体拴到桅杆上,以免被晃到海里去。这段行程相当艰难,在茫茫大海中颠簸搏斗了两天一夜,好不容易才到了香港。"

新中国成立后,周恩来在总结南昌起义经验教训时,讲过几段话:"南昌起义后的主要错误是没有采取就地革命的方针,起义后不该把军队拉走,即使要走,也不应走得太远,但共产国际却指示起义军一定要南下广东,以占领一个出海口,致使起义军长途跋涉南下,终于因优势敌兵的围攻而遭到失败";"它用国民革命左派政府名义,南下广东,想依赖外援,攻打大城市,而没有直接到农村中去发动和武装农民,实行土地革命,建立农村根据地,这是基本政策的错误。"

这就不仅是当年所说的"战术错误""情报疏忽""政治工作懈怠"和"民众工作犯了极大的错误"了,而且涉及方向和道路的选择问题。

当然,如果那个时候就要求周恩来等南昌起义领导者知道他们南下穿过的区域,即是日后"工农武装割据、农村包围城市"的核心区域,进而"采取就地革命的方针","直接到农村中去发动和武装农民,实行土地革命,建立农村根据地",并不可能。

事后可以这样总结。

事前却绝对不会这样发生。

因为只有毛泽东,才能在不尽的艰辛和曲折中,探索实践出这条中国革命制胜的独特道路。

1965年,毛泽东会见印度尼西亚共产党主席艾地,谈到南昌起义。他对周恩来说:你领导的那个南昌起义,失败以后,部队往海边撤退,想得到苏联的接济,那是"上海",不是"上山",那是错了。周恩来马上接过来说,是错了,主席上了井冈山,是正确的。

应该再补充一句:幸亏南昌起义的部分部队在朱德、王尔琢、陈毅的率领下也上了井冈山。

想得到苏联接济的起义部队主力,在"上海"过程中失败了。但

"上山"的那部分力量,则成了中国工农红军战斗力的核心。

当年四散撤退的南昌起义领导人,哪一个能想到留在三河坝担负殿后任务的朱德,最终组织起南昌起义部队的"上山"力量,成为中国人民解放军的第一号军人?

从极端之处说:恰恰是起义部队南下广东的失败,使朱德面临历史的机遇。

八一南昌起义仅仅是朱德威望和地位起始的低点。起义部队对朱德的认识,经历了一个不短的过程。

岂止起义部队,连中国革命对朱德的认识都是如此。

朱德当过滇军的准将旅长。1922年8月从四川赴上海找陈独秀,提出入党要求,被婉拒。陈独秀对身边人说,我们党可不能让军阀参加。

朱德在国内入不了党,打听到中共有个旅欧支部在法国,就与孙炳文等人从上海出发乘船去法国,想在法国加入中国共产党。到马赛登岸,听人告知中共旅欧支部的负责人张申府、周恩来去了德国。朱德又追到德国,最后在德国柏林加入中国共产党。

在德国学习期间,朱德接受了马克思主义,表示"归国后即终身为党服务,作军事运动"。

他用全部实践,真正做到了"终身为党服务";但"作军事运动",却经历了一个曲折甚至有几分尴尬的过程。

八一南昌起义中,朱德不过是个边缘的人物:总前委书记是周恩来,前委委员有张国焘、李立三、叶挺、贺龙、刘伯承、聂荣臻等,连郭沫若都是前委委员,朱德却不是。组织指挥起义的核心领导成员中没有朱德。起义当天晚上,前敌委员会分派给朱德的任务,是用宴请、打牌和闲谈的方式,拖住滇军的两个团长,以保证起义顺利进行。周恩来说,朱德是一个很好的参谋和向导。他未说朱德是一个很好的领导。陈毅说,朱德在南昌暴动的时候,地位并不重要,也没人听他的话,大家只不过尊重他是个老同志罢了。

这就是南昌起义中朱德的真实地位。

南昌起义朱德没有基本部队。起义军主力是十一军,辖8个团,由叶挺指挥;二十军辖6个团,是贺龙部队。朱德名义上是九军副军长,但九军当时就是个空架子，没有军长，全部部队只有朱德率领的军官教育团三个连和南昌公安局两个保安队，500人不到，只能算一个营。为数不多的这些人，大部分还在起义队伍南下过程中跑回家去了。

没有基本队伍的朱德走在南下的最前面，真正做起了周恩来说的"参谋和向导"。

朱德回忆说："我自南昌出发，就走在前头，做政治工作，宣传工作，找寻粮食……和我在一起的有彭湃、恽代英、郭沫若，我们只带了两连人，有一些学生，一路宣传一路走，又是政治队，又是先遣支队，又是粮秣队。"

他率领的不是战斗队。

一直到三河坝分兵、主力南下作战全军覆灭、领导人分散突围之后，临时担任指挥任务的朱德，才知道面临的全部困境与尴尬。

在三河坝完成阻击任务时，真正是他从九军带出来的人员，已经没有几个人了。基本力量是周士第的二十五师，还有周邦采带回来的部分二十四师人员。三河坝这个摊子，已经是个损兵过半、四面都是敌人、与上下左右皆失去联系的烂摊子，思想上组织上都相当混乱。

到底怎么办，只能由临时负责的朱德做出决断。

朱德就是在这个非常时刻，面对这支并非十分信服自己的队伍，表现出了坚强的领导能力。

在商量下一步行动方针的会议上，一些同志觉得主力部队都在潮汕散掉了，起义领导人也都撤离了，三河坝这点力量难以保存，提出散伙。

朱德坚决反对解散队伍。他提出隐蔽北上，穿山西进，去湘南。

这真是一个异常严峻的时刻。没有基本队伍、说话没有人听的朱德，接过了这个几乎没有人再对它抱任何希望的摊子，通过他异乎寻常的执着，为困境中和混乱中的队伍指明了出路。

茫然四顾的人们，听了他的话。

三河坝还不是谷底。谷底在天心圩。

部队虽然摆脱了追敌，但常受地主武装和土匪的袭击，不得不在山谷小道上穿行，在林中宿营。同上级党委仍无联系。时近冬天，官兵仍然穿着单衣,有的甚至穿着短裤,打着赤脚,连草鞋都没有;无处筹措粮食,官兵常常饿肚子;缺乏医疗设备和药品,伤病员得不到治疗;部队的枪支弹药无法补充,战斗力越来越弱;饥寒交迫,疾病流行,部队思想一片混乱。杨至诚上将后来回忆说:"每个人都考虑着同样的问题:现在部队失败了,到处都是敌人,我们这一支孤军,一无给养,二无援兵,应当怎样办?该走到哪里去?"

各级干部纷纷离队。一些高级领导干部,有的先辞后别,有的不辞而别。

七十五团团长张启图后来在上海写了一份《关于七十五团在南昌暴动中斗争经过报告》,向中央陈述当时情况:"师长、团长均皆逃走,各营、连长亦多离开。"

南昌起义在军、师两级设立了党代表;团、营、连三级设立政治指导员。这一体制到 1927 年 10 月底崩溃。所有师以上党的领导人均已离队。只剩一个团级政治指导员陈毅。

军事干部也是如此。在天心圩,不仅二十五师师长、党代表离队,七十三团团长黄浩声、七十五团团长张启图也离开了部队。师团级军事干部只剩一个七十四团参谋长王尔琢。

领导干部如此,下面更难控制。营长、连长们结着伙走。还有的把自己部队拉走,带一个排、一个连公开离队。

剩下来的便要求分散活动。林彪带着几个黄埔四期毕业的连长找陈毅,说:现在部队不行了,一碰就垮;与其等部队垮了当俘虏,不如现在穿便衣,到上海另外去搞。

后来人们把这段话作为林彪在关键时刻对革命动摇、想当逃兵的证据,其实言之过重了。在当时那种局面下,地位比林彪高且不打招呼就脱离队伍的人比比皆是。很多走的人都如林彪所想,不是去上海,便是去香港"另搞"的。若说都对革命前途悲观失望也许太重,起码对这支行将溃散的武装能有多大作为不抱信心。

部队面临顷刻瓦解、一哄而散之势。南昌起义留下的这点革命火种,有立即熄灭的可能。

关键时刻,站出来的还是朱德。

在天心圩军人大会上，朱德沉着镇定地说："大家知道，大革命是失败了，我们的起义军也失败了！但是我们还是要革命的。同志们，要革命的跟我走；不革命的可以回家！不勉强！"他还说："1927年的中国革命，好比1905年的俄国革命。俄国在1905年革命失败后，是黑暗的，但黑暗是暂时的。到了1917年，革命终于成功了。中国革命现在失败了，也是黑暗的。但黑暗也是暂时的。中国也会有个'1917年'的。只要保存实力，革命就有办法。你们应该相信这一点。"

队伍中没有几个人知道俄国1905年革命。

不知道也没有关系。人们已经从朱德那铿锵有力、掷地有声的话语中，感受到了他心中对革命那股不可抑制的激情与信心。

朱德胸中的信心与激情像火焰一般迅速传播给了剩下来的官兵。

陈毅后来说："朱总司令在最黑暗的日子里，在群众情绪低到零度、灰心丧气的时候，指出了光明的前途，增加群众的革命信念，这是总司令的伟大。"

什么叫力挽狂澜？这就叫力挽狂澜。

共产党人一直讲群众是真正的英雄，但不排除关键时刻领导者的意志是中流砥柱。

朱德的话语中已经包含两条政治纲领：共产主义必然胜利；革命必须自愿。这两条纲领后来成为人民军队政治宣传工作的基础。

西方领导科学认为领导力的形成依赖三大要素：一曰恐惧，二曰利益，三曰信仰。恐惧迫使人们服从，利益引导人们服从，信仰则产生发自内心的服从。1927年10月底，在中国江西省安远的天心圩，朱德这个最初"地位并不重要，也没有人听他的话"的指挥者，在关键时刻向即将崩溃的队伍树立起高山一样的信仰。通过信仰认识利益，再通过信仰和利益驱散恐惧，真正的领导力和领导威望，在严重的危机中凤凰涅槃一般诞生。

朱德讲话之后，陈毅也上去讲了话。他说："一个真正的革命者，不仅经得起胜利的考验，能做胜利时的英雄，也经得起失败的考验，能做失败时的英雄！"陈毅当时去上海、去北京、去四川都有很好的出路，但他哪都不去，坚决留在队伍里，实行自己"只要拿武装我就干"

的决心。

黄埔一期毕业的王尔琢则蓄起胡须,向大家发誓:革命不成功,坚决不剃须!

火种保留了下来,再也没有熄灭。

为了反抗国民党的屠杀政策,从1927年4月中旬的海陆丰农民起义开始,中国共产党人先后发动了80余次武装起义。历次起义——包括规模最大、影响最大的南昌起义——都失败了。但因为保留下来了革命火种,它们又没有失败。

保留火种的工作,首推朱德。在最困难、最无望因而也最容易动摇的时刻表现出磐石一般的革命坚定性,使朱德成为这支部队无可争议的领袖。仅存的两位团职干部——团级政治指导员陈毅、团参谋长王尔琢成为他的主要助手。

部队被改编为一个纵队。朱德任纵队司令员,陈毅任纵队政治指导员,王尔琢任纵队参谋长。下编一个士兵支队,辖三个步兵大队;还有一个特务大队。剩下一门82迫击炮,两挺手提机关枪,两挺重机关枪合编为一个机炮大队。多余下来的军官编成一个教导队,直属纵队部,共计800人。

这就是全部家底。

可以想象在当时条件下,天心圩留下的这800人队伍中,没有几人能想到共产党人22年后百万雄师过大江夺取全国政权。但每一个自愿留下来的人,内心深处都从朱德、陈毅、王尔琢身上感受到了共产主义一定胜利的信念。

这800人后来成为中国人民解放军建军的重要基础、战斗力的核心。蒋介石兵败大陆,其军事力量主要被歼于东北战场和华东战场。指挥东北野战军的林彪,指挥华东野战军的陈毅、粟裕,1927年10月,皆站在天心圩被朱德稳定下来的800人队伍中。

粟裕回忆说,当时队伍到达闽赣边界的石经岭附近隘口,受敌阻击。朱德亲率几个警卫员从长满灌木的悬崖陡壁攀登而上,出其不意地在敌侧后发起进攻;"当大家怀着胜利的喜悦,通过由朱德亲自杀开的这条血路时,只见他威武地站在一块断壁上,手里掂着驳壳枪,正指挥后续部队通过隘口"。

是朱德而不是别人,为这支失败的队伍杀出了一条血路。

对这支队伍的战略战术,朱德也做出了极大贡献。天心圩整顿后,他便开始向部队讲授新战术,讲授正规战如何向游击战发展。

朱德对游击战争的认识和实践都很早。辛亥革命后,率部在川、滇、黔同北洋军阀部队打仗时,他就摸索出一些游击战法。1925年7月,他从德国到苏联的东方劳动大学学习。几个月后去莫斯科郊外一个叫莫洛霍夫卡的村庄接受军事训练。受训的有40多名来自法国、德国的中国革命者,主要学习城市巷战、游击战的战术。教官大多是苏联人,也有来自罗马尼亚、奥地利等国的革命者。朱德当队长。教官问他回国后怎样打仗,他回答:"我的战法是'打得赢就打,打不赢就走,必要时拖队伍上山'。"

十六字诀游击战术的核心出现了。

南昌起义部队南下攻打会昌时,朱德奉命指挥二十军第三师进攻会昌东北高地。他首先命令三师教导团团长侯镜如,挑选几十人组成敢死队,追击正向会昌退却的钱大钧部。他向大家动员说:"你们都是不怕死的中华健儿。可是,今天我要求你们一反往常猛打猛冲的常规,只同敌人打心理战。你们要分作数股,分散活动,跟在敌人后面或插到敌人两翼,向敌人打冷枪。要搅得敌人吃不下,睡不着,这就是你们的任务。"50多年后,侯镜如回忆这一段战斗经历时说:"会昌战斗中,朱总指挥我们和钱大钧作战,就采用了游击战法。敌人退,我们跟着进;敌人驻下了,我们就从四面八方打冷枪,扰乱敌人,不让他们休息。这就是'敌退我追,敌驻我扰'。"

"在这一点上,我起了一点带头作用。"朱德自己后来只说了这么一句。

不说,也是无法否认的历史地位。

1955年人民解放军授衔,朱德名列十大元帅之首。天心圩离队的师长周士第授衔上将,他手下的七十三团三营七连连长林彪名列十大元帅之三,七十三团政治指导员陈毅名列十大元帅之六,七十四团班长粟裕名列十大将之首。《中国人民解放军战史》评价说,这支队伍在极端困难的情况下能够保存下来,朱德、陈毅"为中国革命事业做出了重大贡献"。

没有朱德,南昌起义的最后火种能够保留下来吗?

没有三河坝分兵,朱德也跟着南下潮汕,又会是什么结局?

历史中确实有很多东西难以预测。

当年四散撤退的南昌起义领导人,哪一个能够想到,起义过程中并未担负主要领导、不是担任开路就是担任殿后的朱德,最后竟然是他收拢南昌起义残部坚持斗争,从而成为中国人民解放军的第一军人——中国工农红军总司令、中国人民解放军总司令。

历史又正因为不可预测,所以才充满机会。

可以设想:如果南昌起义成功,能当总司令的比比皆是,根本轮不上朱德。

南昌起义失败了。朱德的全部权威,诞生于起义队伍面临灭顶之灾的时刻。

南昌起义残存的兵力,成为中国人民解放军建军的中流砥柱。

这就是被称为英雄的个人对历史的塑造。

历史是一条奔腾不息的长河,给予个人的机会极其有限。面对不可预测的历史,能够凭借的,只有自身的素质与信念。这种坚不可摧的素质与信念,最终汇聚成深刻、敏锐的历史自觉。

朱德从南昌起义队伍的边缘走到"朱毛红军"的核心,与毛泽东共同成为中国人民解放军的主要创建者和领导人,没有义无反顾投身革命、舍生忘死追求真理的精神世界,无法获得这样强大的历史自觉。而没有这种强大的历史自觉,无法对自身乃至对中国革命做出这样惊天动地的塑造。

一句名言说:"人的一生虽然漫长,但关键时刻只有几步。"个人如此,集团、国家同样如此。能够在关键时刻支持领导者做出关键判断、采取关键行动的那种发自内心召唤的历史自觉,不但是伟人之所以成为伟人的必备条件,更为见风使舵者、见利忘义者、投机取巧者所永远无法获得。

"文化大革命"中,朱德登上天安门。休息室内的军队领导干部见朱老总进来,纷纷起立。一位红极一时的学生造反派首领稳坐不动,说:什么总司令,给他起立?!

什么总司令?相当长一段时间内,人们有这个疑问。除了那根"朱德扁担",人们对总司令就知之不多。更何况是头上长角身上长刺的造反派。

当年的造反派,现在也白发苍苍了。那位"文革"中见总司令不起立的人,白发苍苍了也不知道,1928年4月朱、毛井冈山会师时,心情兴奋的毛泽东特地换下穿惯的长布衫,找人连夜赶做灰布军装,只为能够穿戴整整齐齐,会见大名鼎鼎的朱德。

萧克上将回忆井冈山斗争时说,朱德在部队中有很高的威信,部队对朱德带点神秘式的信仰。

这种"很高的威信"和"带点神秘式的信仰",印证了总司令的地位。它不仅来源于中央军委一纸简单的任命,也不仅来源于红军将士在军纪约束下对上级的服从。共产党人在最为困难的时刻,在被追杀、被通缉、被"围剿"环境中锻造出来的坚定性,是那些不知天有多高、地有多厚、人能吃多少碗干饭的人永远感悟不出来的。

参加井冈山早期斗争的谭震林解放后曾说过,留在三河坝的那部分力量假如不能保持下来,上了井冈山,而井冈山只有秋收暴动那一点力量,很难存在下去。谭震林1927年秋就在井冈山任中共茶陵县委书记、县苏维埃政府主席。他这番话,无疑是对南昌起义的最高评价,对保存这部分力量而不溃散的朱德、陈毅等人的最高评价。

红军初创时期的杰出将领,还应提出这三人:王尔琢、黄公略、伍中豪。

三人都牺牲太早。

与朱德、陈毅一道,王尔琢对保留八一南昌起义火种所做的重大贡献,前面已有所述。建国初期,周恩来视察筹建中的革命历史博物馆,发现没有王尔琢的照片,便对工作人员说:"要千方百计征集王尔琢的照片。"现在革命历史博物馆内那张照片,就是在周恩来关怀下找到的。

王尔琢是红四军二十八团第一任团长。二十八团正是朱德从三河坝保存下来的南昌起义部队,全团1900多人,在红军中军事素质最高,战斗力最强,最能打仗。1928年5月和6月,在五斗江、草市坳和龙源口的战斗中,王尔琢率二十八团三战皆捷,为井冈山革命根据地的巩固和发展做出了重要贡献。毛泽东派何长工去二十八团担任党代表,何长工认为该部是正规部队,北伐中就战功赫赫,人又都是黄埔一、二、三、四期毕业的,思想上还颇有顾虑;萧克也在回忆录中说道,他初入二十八团工作时,心中充满进入正规主力部队的兴奋。可见这支部队在红军中的分量。

王尔琢1928年8月死于其麾下二营营长、叛徒袁崇全的子弹。牺牲时25岁。他是黄埔一期生,在黄埔学习期间加入中国共产党。毕业后周恩来将他留下,连续担任第二期、第三期的学生分队长和党代表。北伐时,周恩来派遣他担任第三师党代表兼政治部主任、二十六团团长。部队攻入上海,蒋介石叛变革命,王尔琢被迫转入地下,后来随周恩来参加南昌起义。三河坝部队天心圩整顿后,成为朱德在军事上的主要助手。

王尔琢牺牲后,陈毅说是"红军极大损失";朱德不得不心痛地兼起了该团团长。一直到1928年年底,才把这副担子放到林彪身上。

于是红军中升起来一个林彪。

第二个是黄公略。

蒋介石一直把红军看作两股:一股为朱毛,一股为彭黄。第一次"围剿"刚刚开始,他亲自悬赏5万元,缉拿朱德、毛泽东、彭德怀、黄公略四人。蒋介石有自己一套判断共产党人价值的方法,他的直觉告诉他,谁对他的威胁最大。一年后在上海悬赏缉拿王明,价码便由5万跌到了500。

黄公略与彭德怀一样,湘军出身,毕业于湖南陆军讲武堂,但比彭德怀早一年加入共产党。与彭德怀、滕代远一起领导发动平江起义后,一直担任红军重要领导职务,战功卓著。第一次反"围剿"指挥红三军,在龙冈直捣张辉瓒的师部;第二次反"围剿"与林彪率领的红四军配合,歼灭敌二十八师和第四十七师一个旅大部;第三次反"围剿"又率领红三军独战老营盘,歼敌蒋鼎文第九师一个旅。红三军在黄公略率领下,与林彪的红四军、彭德怀的红五军并称为红军中的三大主力部队。1930年7月,毛泽东在《蝶恋花·从汀州向长沙》词中,以"赣水那边红一角,偏师借重黄公略"一句,使他成为毛泽东在诗词中赞颂的第一位红军将领。

1931年9月15日,黄公略率部转移,途中遭敌机袭击,重伤牺牲。年仅33岁。

第三个是伍中豪。

黄公略与彭德怀关系很深,伍中豪却与林彪很像。

两人同是黄埔四期生。不同的是伍中豪编在步兵科第一团八连,林彪编在步兵科第二团三连。从第四期开始,黄埔军校按成绩将学生编入军官团与预备军官团。伍中豪所在的第一团是军官团,林彪所在的第二团为预备军官团。

可见伍中豪在黄埔的成绩优于林彪。

两人都是叶挺部队出身。林彪在第四军二十五师七十三团当排长、连长,七十三团的前身是叶挺独立团。伍中豪则在第十一军二十四师的新兵营当连长,二十四师师长就是叶挺。

林彪参加南昌起义,伍中豪参加秋收起义。南昌起义部队编为红四军二十八团,林彪为该团一营营长;秋收起义部队编为三十一团,伍中豪为该团三营营长。

两人又一起当团长——林彪为二十八团团长,伍中豪为三十一团团长。

两人又一同当纵队司令——林彪为第一纵队司令,伍中豪为第三纵队司令。

两人又一同当军长——林彪任红四军军长,伍中豪任红十二军军长。

伍中豪长林彪两岁,两人都是红军中年轻优秀的指挥员。

萧克将军回忆说:伍中豪没有林彪那种架子,他是北京大学文科三年级学生,是学文学的,有较好的旧学功底,被誉为"第四军的文学家"。后来叛变的二十八团二营营长袁崇全也爱好文学诗歌,与伍中豪唱和;伍中豪回信说,作诗要意境好,还要音调铿锵。伍中豪讲话从容,温文尔雅。他的军事水平也高,能把一支部队带好,训练好。任三十一团团长之后,该团战斗力有所提高,能攻又能守,特别是在守的方面,比林彪的二十八团还要强些。二十八团能攻善战,但有时稳不住。当时,我们都认为他俩都是将才,可惜伍中豪"出师未捷身先死"。

1930年6月伍中豪任红十二军军长,因病在闽西长汀福音医院治疗。10月出院归队,途经安福县遭地主武装袭击,在战斗中牺牲。年仅25岁。

王尔琢、黄公略、伍中豪三位杰出红军战将,皆牺牲过早。

就整个土地革命战争来说,中央红军最重要的野战将领,还是彭德怀和林彪。

彭德怀是一团烈火。毛泽东一句"谁敢横刀立马,唯我彭大将军",把彭德怀烈火一般盖世无双的勇气,描写得淋漓尽致。

这是毛泽东用诗词赞颂的最后一位将领。

1928年9月,红五军取消团、连番号,编为五个大队和一个特务队。在三个多月的转战中,部队减员1000余人,张荣生、李力英等骨干牺牲,意志薄弱者或投机者也相继离队或叛变。四团团长陈鹏飞忍受不了艰苦,告辞还家。四大队长李玉华以打民团为由,拉着全队逃之夭夭。一大队长雷振辉在彭德怀集合部队讲话时,突然夺过警卫员薛洪全的手枪,瞄准彭德怀就要开枪。

在众人皆惊呆的千钧一发之际,新党员黄云桥一手扳倒雷振辉,一手拔枪,将雷击毙。

彭德怀面不改色,继续讲话。他说,我们起义是为了革命,干革命就不能怕苦,怕流血牺牲,今天谁还想走,可以走。又说,就是剩我彭德怀一个人,爬山越岭也要走到底!

一声号令出发,无人离队。

彭德怀与毛泽东第一次会见,是在宁冈县茨坪一家中农的住房里。彭德怀走进屋内,看到一个身材颀长的人向他伸出手,和自己一模一样的湘潭口音:"你也走到我们这条路上来了!今后我们要在一起战斗了!"

从这句话起,开始了他们31年共同战斗的历史。

一直到1959年。

井冈山斗争初期,毛泽东揣着两本最宝贵的书:《共产党宣言》《三国演义》。彭德怀也揣着两本最宝贵的书:《共产主义ABC》《水浒传》。

有人说大智才能产生大勇。彭德怀则是大勇产生大智。

1930年7月,彭德怀率红三军团猛攻长沙。国民党第四路军总指挥何键在城内出示布告:"市民住户不要惊慌,本人决与长沙共存亡。"并亲到城外督战。后来见红军攻势排山倒海,湘军溃兵似洪水决堤,想逃跑时两腿软得连马背都爬不上去了。最后由马弁架着扶着,才逃到湘江西岸。彭德怀率兵8000,何键率兵3万。3万败于8000,被彭德怀俘去4000多人,缴获枪3000多支,轻重机枪28挺,迫击炮20多门,山炮两门,还丢掉了省会长沙。从未如此狼狈的何键几乎精神崩溃,猫在船舱里见到岸上有胸系红兜的进香人,也以为是彭德怀部下,连连惊呼红军追来了,随从再三劝解也不能稍安。

此役彭德怀不仅创下红军史上以少胜多、以弱胜强的光辉战例,而且创造了十年土地革命战争中,红军攻下省会的唯一战例。毛泽东1936年在陕北对斯诺说,此役"对全国革命运动所产生的反响是非常大的"。

从此一提彭德怀,便令何键胆寒。

大革命中共产党人最恨的,除了蒋介石,便是何键。蒋介石反共最著名的,是"三二〇"中山舰事件和"四一二"反革命事变;何键反共最著名的,也有"五二一"马日事变和"六二九"通电"清党";两湖革命青年和工农群众死于何键之手者,不计其数。对罗霄山脉的工农武装割据,何键比蒋介石早两年多就开始"清剿"。他向浏阳县长彭源瀚说,对共产党人"宁可错杀,不可错放";向宁远清乡督察员欧冠说，"不要放走一个真正的共产党,如遇紧急情况,当杀就杀;若照法定手续办事,上面就不好批了,共产党的祸根就永远不能消灭"。

当时各省之中,唯何键在湖南设立"铲共法院"。

甚至还专门派人挖了毛泽东的祖坟。

如此一个反共的凶神恶煞,却被彭德怀弄得魂飞魄散。

对何键这个屠杀工农和共产党人的刽子手,彭德怀却未完全解恨。30多年后彭德怀自己身陷囹圄,挨完造反派拳打脚踢的批斗回到囚室,仍然用笔写下当年未了之恨:"何键这只狼狗只身逃于湘江西岸。没有活捉这贼,此恨犹存!"

即使成了囚徒,仍令对手胆寒。

大将军如此雄风,气贯长虹!

蒋介石也很快认识了彭德怀。

1931年5月,蒋介石委任黄公略的叔父黄汉湘为江西宣抚使,进驻南昌,想策反黄埔军校高级班毕业的黄公略,再通过黄公略动摇彭德怀。黄汉湘派黄公略的同父异母兄黄梅庄,携蒋介石写给黄公略的亲笔信进入根据地。彭德怀与黄公略在湘军即情同手足,对黄梅庄摆宴招待。席间套出口风,知道其为蒋招降而来,随即下令将黄梅庄处决。砍下的脑袋用石灰腌上,盛在篮子内封严,交其随从带回。随从还以为黄梅庄到苏区会见其弟去了,不知道带回了他的人头。

蒋介石从此除了提高对红军高级将领的缉拿价码外,再不搞什么"宣抚"。

对敌斗争狠、毫不留情,是彭德怀一大特点。红三军团善攻坚,善打硬仗,在恶劣条件下也具有坚强的战斗力,无一不打上彭德怀的烙印。他与何键血战,与蔡廷锴血战,与陈诚血战,与蒋鼎文血战,与每一个深入苏区的敌军将领血战。哪一个国民党将领,也没有被他放在眼里。

对自己的战友却不然。

例如对林彪。

1929年年初,彭德怀率部坚守井冈山,部队损失很大。4月与红四军会合后,根据彭德怀的要求,红四军前委会议决定,调拨部分干部和枪支补充彭德怀部。

林彪调给了彭德怀一部分坏枪。

毛泽东严厉批评了林彪。

彭德怀却并不念念不忘这类事情。对红四军中的八一南昌起义骨干、特别是前身为"铁军"的叶挺独立团部队,他充满敬佩。1928年12月11日,在红四军与红五军新城胜利会师大会上,彭德怀就提出红四军是红五军的老大哥,号召自己率领的红五军向红四军学习。

一言九鼎。即使后来比自己小9岁的林彪出任红一军团总指挥,彭德怀对以红四军发展起来的红一军团仍以大哥相称。

1933年年底第五次反"围剿"中的团村战斗,红一军团执行其他任务未能参加,使战果不能扩大。带病参战的彭德怀万般遗憾,赋诗一首:

> 猛虎扑羊群,硝烟弥漫;人海翻腾,杀声冲霄汉。地动山摇天亦惊,疟疾立消遁。狼奔豕突,尘埃冲天,大哥未到,让尔逃生。

大哥,即指红一军团。

作为一位著名战将,彭德怀还有一大特点:终生不改其本色。

师哲在其自述中有一段精彩回忆,记述解放战争时期的彭德怀:"一个炎热的下午,押解一批俘虏军官的队伍在村边树下休息,从西边走来两个人:前者为青年,身背短枪,牵着马;数十步外为中年,50岁左右,光着头,帽子抓在手里,脚上的布鞋破烂不堪,用麻绳绑在脚面上,走路却非常稳健有力。一挑水农民正在树下歇息,中年人笑呵呵走近问:'你给家里挑水啦,我想喝你几口水行吗?'农民说:'你尽量喝吧。'中年人便倾下身去,从桶里狠喝了几口水,然后谢过农民,继续赶路。路边坐的俘虏中有认出中年人者,指背影说:'那就是彭德怀,西北野战军司令员。'其他国民党将校俘虏大惊失色,起来呆视半晌,直到背影不见,感慨万分地挤出一句话:他们怎能不胜利! 我们怎能不失败!"

对彭德怀来说,爱他的、恨他的、敬他的、毁他的都应记住这句话:
本色最无敌。

彭德怀与林彪相较,说勇林不如彭,说谋彭不如林。彭德怀是一
团火,一团从里烧到外、随时准备摧枯拉朽的烈火;林彪则是一潭水,
一潭深不可测却含而不露的静水。"泰山崩于前而色不变,麋鹿兴于
左而目不瞬",前半句可形容彭,后半句可形容林。彭林配合,相得益
彰,成为毛泽东指挥中国革命战争十分得力的左膀右臂。

林彪比彭德怀资格浅。红四军与红五军新城会师大会上,朱、毛、
彭都在主席台上讲话,林彪还只能坐台下听。听着听着,讲台塌了。台
下人都说刚会师就坍台,不吉利。朱德站到台架上大喊一句:不要紧,
台坍了搭起来再干嘛! 大家一起鼓掌,才把热烈的情绪又恢复过来。

林彪也在台下鼓掌。彭德怀坐在台上看不见他。他却把这个人
未到威名先到的彭德怀看了个真切。

从此开始了红军中这两位名将不错的配合作战历程。

第五次反"围剿"中的广昌战斗,李德指挥红军与敌人正面硬拼,
红三军团伤亡2700余人,占军团总兵力的四分之一;彭德怀当面骂李
德"崽卖爷田心不痛"。翻译伍修权考虑到领导之间的关系,没有全翻,
彭德怀便把三军团政委杨尚昆拉过来一字一字重新翻译,硬是把李德
气得暴跳如雷。

林彪则有另外一种方法。广昌战斗前夕,林彪以个人署名写了
《关于作战指挥和战略战术问题给军委的信》:

> "对于敌人在五次'围剿'中所用战略战术,这是一个非
> 常值得我们研究的问题。过去有许多同志曾研究了这个问题,
> 有些文章上也曾发表过这个问题。但有些同志对这个问题
> 的观察,还有些不充分不确实的地方";林彪认为"敌人在战
> 略上虽是进攻,而在战术上则属于攻势防御,或为固守防御"。
> 他将敌人的推进方式归纳为"缓进形式""跃进形式"和"急
> 进形式";具体用何种形式,"主要是根据他当时对我军主力

行踪的了解如何而定";而坪上圩、乾昌桥、下罗泊港战斗都说明"短促突击"使我们成了"守株待兔","没有一次收效"。

他直指军委在指挥上存在四大缺点：

一、"决心迟缓致失了不少可以取得胜利的机会","这是军委最大的""最严重的缺点"；

二、"决心下后在对时间的计算是极不精确的",致各部队"动作不能协同","像这样的事实多得很"；

三、"军委对各部任务的规定及执行的手段过于琐细,使下级无机动的余地,军委凭极不可靠的地图去规定部队的位置……一直干涉到很小的战术布置,则是无论如何不适用的"；

四、"军委对于战术原则还未能根据实际情况灵活运用,未充分去分析当时当地情况上的特点,而总是一套老办法到处一样的照搬"。

在信的最后,林彪写道："有些重要的负责同志,因为他以为敌人五次'围剿'中所用的堡垒政策是完全步步为营的,我们已失去了求得运动战的机会,已失掉一个战役中消灭(敌)几个师的机会。因此遂主张我军主力分开去分路阻敌,去打堡垒战,去天天与敌人保持接触,与敌对峙,去专门求小的战术胜利,以削弱敌人,想专凭在长期无数小的胜利中(每回消灭敌人一连或一营),就地把敌人的五次'围剿'完全粉碎,这种意见我是不同意的。事实我们没有失去运动战的机会,并没有失去一回消灭敌人几师的机会。"

这是一封尖锐泼辣又不失于冷静分析的信,直指"军委最大的""最严重的缺点"。这样明确、大胆而具体地向军委提出批评意见和建议,在当时党和红军高级领导人中并不多见。

林彪以冷静剖析对李德的批判,不亚于怒火中烧的彭德怀。

林彪善思,善战。彭德怀由勇生智,林彪则由智生勇。从带兵伊始,他就与"主力"二字结下了不解之缘。

1928年2月,南昌起义部队到耒阳城下。朱德听取当地县委情况汇报后决定：大部队正面进攻桌子坳之敌,抽出一个主力连队配合农军攻城。

被抽出的,是林彪率领的连队。

耒阳被一举攻克。

朱德由此发现林彪的军事才能。这一发现此后反复被实战证明。

他当连长的连队,是全团战斗力最强的连;当营长的营,是全团最过硬的营;当团长的团,是红四军的头等主力团。如果一次、两次,还可说有那种不好排除的偶然性;几十年如一日,带出一批擅长野战的人民解放军主力部队,便不能全部归诸偶然了。

1936年12月,林彪曾讲过一次怎样当好师长。可以说这是他对自己红军时期作战指挥的一个小结:

一、要勤快。不勤快的人办不好事情,不能当好军事指挥员。应该自己干的事情一定要亲自过目,亲自动手。比如,应该上去看的山头就要爬上去,应该了解的情况就要及时了解,应该检查的问题就要严格检查。不能懒,军事指挥员切忌懒,因为懒会带来危险,带来失败。比方说,一个军事指挥员,到了宿营地就进房子,搞水洗脸洗脚,搞鸡蛋煮面吃,吃饱了就睡大觉。他对住的村子有多大,在什么位置,附近有几个山头周围有几条道路,敌情怎么样,群众条件怎么样,可能发生什么情况,部队到齐了没有,哨位在什么地方,发生紧急情况时的处置预案如何,都不过问,都不知道。这样,如果半夜三更发生了情况,敌人来个突然袭击,就没有办法了。到那种时候,即使平时很勇敢的指挥员,也会束手无策,只好三十六计,跑为上计,结果,变成一个机会主义者。机会主义和打败仗,常常是因为没有思想准备,没有组织准备,工作没有做到家,懒的结果。因此,不论大小指挥员都要勤快,要不惜走路,不怕劳累,要多用脑子,要做到心到、眼到、口到、脚到、手到。事情没有做好以前,不能贪闲。贪闲就隐伏着犯错误的根子。什么事都要心中有底,"凡事预则立,不预则废"。雷打不动的干部,牛皮糖式的干部,不管有多大本事,都不是好干部。

二、要摸清上级的意图。对上级的意图要真正理解，真正融会贯通，真正认识自己所受领的任务在战役、战斗全局中的地位和作用。这样，才能充分发挥自己的主观能动性；才能打破框框，有敢于和善于在新情况中找到新办法的创造性；才能有大勇，才能决心强、决心狠，敢于彻底胜利，有强烈的吞掉敌人的企图和雄心。指挥员的勇敢集中表现在歼敌决心的坚定顽强上面。指挥员的大勇建立在革命的最高自觉性和正确理解上级意图的基础上面。

三、要调查研究。对于敌情、地形、部队的情况和社会情况，要经常做到心中有数。要天天摸，天天琢磨，不能间断。这样做，不能看作是重复，实际上这不是重复，而是不断深化不断提高的过程，是取得正确认识的必不可少的手段。平时积累掌握的情况越多，越系统，在战时，特别是在紧张复杂的情况下，就越沉着，越有办法。急中生智的"智"，才有基础。因此，调查研究工作要贯穿在各项工作中，要贯穿在每一次战役、战斗的整个过程，反对打莽撞仗、糊涂仗，反对急性病，反对不亲自动手做调查研究的懒汉作风。特别是敌情，必须切实摸透。因为敌情是活的，敌人必然会极力隐蔽、伪装他们的真实企图和行动。要尽一切可能不间断地侦察，查清敌人的部署和动向，看它扮演什么角色？是主角还是配角？是主力还是非主力？是骄兵还是败兵？能集中多大兵力向我们进攻和阻挡我们的进攻。查明敌主官的特性，看他惯用和擅长用什么战法，根据他当前的企图判断他可能采用什么打法，等等。只要摸清了敌情、我情、地形的底，决心就快，就硬，就坚定。就不会被任何假象所迷惑，就不会被任何困难所吓住。如果情况不清，就会犹豫不决，举棋不定，坐失良机，或者勉强下了决心，一遇风吹草动，听到畏难叫苦和不正确的建议，就容易动摇，可能一念之差，前功尽弃。

四、要有个活地图。指挥员和参谋必须熟悉地图，要经常读地图。熟读地图可以产生见解，产生智慧，产生办法，产生信心。读的方法是把图挂起来，搬个凳子坐下来，对着地图看，从大的方向到活动地区，从地区全貌到每一地段的地形特点、从粗读到细读，逐块逐块地读，用红蓝铅笔把主要的山脉、河流、城镇、村庄、道路标划出来，边读，边划，等到地图差不多快划烂了，也就差不多把地图背熟了，背出来了。在熟读地图的基础上，要亲自组织有关指挥员和参谋对作战地区和战场进行实地勘察，核正地图，把战场的地形情况和敌我双方的兵力部署都装至脑子里去，做到闭上眼睛面前就有一幅鲜明的战场图影，离开地图也能指挥作战。这样，在你死我活、瞬息万变的战斗情况下，可以比敌人来得快，争取先机，先敌一着，掌握主动，稳操胜券。

五、要把各方面的问题想够想透。每一次战役、战斗的组织，要让大家提出各种可能出现的问题，要让大家来找答案，而且要从最坏的最严重的情况来找答案。把所有提出来的问题都回答了，再没有问题没有回答的了，这样，打起仗来才不会犯大错误，万一犯了错误，也比较容易纠正。没有得到答案的问题，不能因为想了很久想不出来就把它丢开，留下一个疙瘩。如果这样，是很危险的，在紧要关头，这个疙瘩很可能冒出来，就会使你们心中无数，措手不及。当然，在战争环境中，要考虑的问题很多，不可能一次都提完，也不可能一次都回答完，整个战役、战斗的过程，就是不断提出问题和不断回答问题的过程。有时脑子很疲劳，有的问题可能立即回答不了。这时，除了好好和别人商量以外，就好好地睡一觉，睡好了，睡醒了，头脑清醒了，再躺在床上好好想一想，就可能开窍，可能想通了，回答了，解决了。总之，对每一个问题不能含糊了事。问题回答完了，战役、战斗的组织才算完成。

六、要及时下达决心。在什么样的情况下可以下决心打呢？指挥员必须以最大努力组织战役、战斗的准备工作，力求确有把握才动手，不打无把握之仗。但是任何一次战斗都不可能完全具备各种条件，不可能有百分之百的把握。一般说有百分之七十左右的把握，就很不错了，就要坚决地打，放手地打。不足的条件，要通过充分发挥人的因素的作用，依靠人民群众的力量，充分发挥人民军队特有的政治上的优势，充分发挥指战员的智慧和英勇顽强的战斗作风来弥补，以主观努力来创造条件，化冒险性为创造性，取得胜利。

七、要有一个很好的很团结的班子。领导班子思想认识要一致，行动要协调、合拍，要雷厉风行，要有革命英雄主义的气概。都要勤快，都千方百计地办好事情，完成任务。不互相扯皮，不互相干扰，不抱旁观者的态度。如果领导班子不好，人多不但无用，反而有害。

八、要有一个很好的战斗作风。有好的战斗作风的部队才能打好仗，打胜仗。好的战斗作风首先是不叫苦，抢着去担负最艰巨的任务，英勇顽强，不怕牺牲，猛打猛冲猛追。特别是要勇于穷追。因为把敌人打垮以后，追击是解决战斗、扩大战果、彻底歼灭敌人最关键的一着。在追击时，要跑步追，快步追，走不动的扶着拐棍追，就是爬，滚，也要往前追，只有抓住敌人，才能吃掉敌人。好的战斗作风要靠平时养成，要靠实际锻炼，要在紧张、残酷的战斗中才能锻炼出来。不敢打硬仗、恶仗的部队，让他打几次就打出来了，因为已经见识过硬仗、恶仗的场面，有了体会，有了经验，知道怎么打了，百炼成钢就是这个道理。做工作也要有好的作风，说了就要做，说到哪里做到哪里，要做得干脆利索，要一竿子插到底，一点不含糊，不做好不撒手。好的作风的养成，关键在于干部。强将手下无弱兵，干部的作风怎么样，部队的作风就会怎么样。因此，首先要抓好干部，要干部做出样子，影响带动部队。只要干部作风好，指挥好战斗，多打胜仗，即使是新建的部队或者原来基础较弱的部队，也会很快打出好作风来，像铁锤一样，砸到哪里，哪里就碎。

九、要重视政治，亲自做政治工作。部队战斗力的提高要靠平时坚强的党的领导、坚强的政治工作。连队的支部一定要建设好,支部的工作要做活,就是要把所有党团员的革命劲头鼓得足足的,充分发挥他们的模范作用、带头作用,通过他们把全连带动起来,通过他们去做政治工作,提高全体指战员的阶级觉悟。有了坚强的党支部的领导,有了坚强的政治工作,就可以做到一呼百应,争先恐后,不怕牺牲,前赴后继。战术、技术也要练好,特别是技术,如果枪打不准,战场上就不能消灭敌人,不能解决战斗。因此,军事训练不能马虎,党政工作要领导好训练。艺高人胆大,胆大艺更高,部队有了高度的无产阶级觉悟,有了好的战斗作风,再加上过硬的作战本领,就如虎添翼,就可以无敌于天下。

研究林彪指挥作战的人,应该好好研究一下这九条。

"有强烈的吞掉敌人的企图和雄心";"指挥员的勇敢集中表现在歼敌决心的坚定顽强上面";"闭上眼睛面前就有一幅鲜明的战场图影";"化冒险性为创造性";"要勇于穷追";"要跑步追,快步追,走不动的扶着拐棍追,就是爬,滚,也要往前追";"像铁锤一样,砸到哪里,哪里就碎"。

语言简练、生动,有力度、有气势、有特色。

与其说是语言的力度与特色,不如说是思想的力度与特色。只有扎实的实践与深刻的思索,才能产生这样的结晶。

共产国际是语言大师。斯大林是语言大师。"剥夺剥夺者","两个高潮中间的低潮","武装的革命反对武装的反革命",皆是以极其精练和巧妙的语言,道出了今天动辄需要数千字才能表达清楚的概念。

林彪也有颇多颇富个性、带有个人思索特点的语言,是否也能算一个语言大师?

1995年1月5日,台湾《联合报》报道,国民党"中常委"讨论高中三民主义考试问题时,郝柏村说,考试和教学方法要好好检讨;连战说,今后要以"活学活用"为目的。

20世纪80年代邓丽君风靡大陆,台湾人称为"反攻大陆";90年代国民党副主席也高谈起"活学活用",大陆人却忘了说林彪反攻了台湾。

当然若以为以上 9 个"要"便是林彪指挥特点的全部，就大错了。数到第九个"要"的林彪偏偏漏掉了一个极其关键的"要"：要面对失败、总结失败。

他也有过"兵败如山倒"的时候。

1929 年 1 月红四军前委柏露会议，决定红五军及红四军三十二团守井冈山，内线作战；红四军主力出击赣南。林彪刚刚担任团长，初战顺利，下山后便首先歼敌一营，突破封锁线，不费一枪一弹占领大余。

很快便在小胜中露出破绽。

红四军前委在城内天主堂召开的连以上干部会，确定二十八团担任警戒，军部、三十一团、特务营和独立营在城内及近郊开展群众工作。林彪领受了任务，带领二十八团进入警戒位置后，便分片包干，各负责一段。既没有组织营、连以上干部看地形，也没有研究出现复杂情况下的协同配合，更忽略了这是一个没有党组织、没有群众斗争基础的地方，敌人来的时候，是没有人向红军报信的。

如同他在第一个"要"中所说，一个军事指挥员，"他对住的村子有多大，在什么位置，附近有几个山头周围有几条道路，敌情怎么样，群众条件怎么样，可能发生什么情况，部队到齐了没有，哨位在什么地方，发生紧急情况时的处置预案如何，都不过问，都不知道。这样，如果半夜三更发生了情况，敌人来个突然袭击，就没有办法了"。但他偏偏没有做到这第一个"要"。

赣敌李文彬旅悄悄逼近了大余城。攻势是突然发起的。因为突然，所以猛烈。二十八团在城东的警戒阵地被突破。"到那种时候，即使平时很勇敢的指挥员，也会束手无策，只好三十六计，跑为上计，结果，变成一个机会主义者"；林彪就成了这样的"机会主义者"，活脱脱在总结自己惨痛的经验。部队急速后撤，城内一片惊乱。后来曾任最高人民法院院长的江华说，他当时第一次真正体会到什么叫"兵败如山倒"。

那是一种失去控制的混乱。红四军士兵委员会秘书长陈毅正在街上向群众分发财物，城北街区已经出现了敌军；他连忙后撤，在城边才追上后退的军部。所谓军部，也只剩下毛泽东和少数机关人员。毛泽东要林彪反击,林彪犹豫不决。部队已经退下来,不好掌握了。毛泽东大声说:"撤下来也要拉回去!"陈毅也说:"主力要坚决顶住敌人!"林彪带着身边的少数人冲杀回去,把敌人的攻势挡住了一阵,才勉强收拢起分散开来的部队。

这一仗牺牲了三十一团营长周舫、独立营营长张威;二十八团党代表何挺颖负重伤,用担架抬着行军,在敌军追击、部队仓促奔走的混乱中不幸牺牲。本来就缺干部的红四军真是雪上加霜。

部队日夜行军想摆脱追兵,但祸不单行。平顶坳、崇仙圩、圳下、瑞金,红四军四地四战,结果四战四败。

在平顶坳,向导把路带错,与追兵发生接触,造成损失。

在圳下,军部险遭覆灭。

当夜军部驻圳下,前卫三十一团驻圳下以东,后卫二十八团驻圳下以西。次日拂晓,林彪未通知就带二十八团先开拔,军部失去了后卫还不知道。警卫军部的特务营也未及时发现敌情。敌人进入圳下时,陈毅、毛泽覃还没有吃完早饭,谭震林、江华也正在喝糯米酒酿,晚睡晚起的毛泽东则还未起床。

枪声一响,毛泽东醒来,敌人的先头分队已越过了他的住房。

那真是中国革命史上一个惊心动魄的时刻。后来消灭800万蒋介石军队建立新中国的共产党领袖们,差一点就被国民党的地方武装包了饺子。

毛泽东是利用拂晓昏暗随警卫员转移到村外的。

朱德差一点让敌人堵在房子里。警卫员中弹牺牲,妻子被敌人冲散后也被俘牺牲。他抓起警卫员的冲锋枪,才杀出重围。

陈毅披着大衣疾走,被突然冲上来的敌人一把抓住了大衣。他急中生智,把大衣向后一抛,正好罩住敌人的脑袋,方才脱身。

毛泽覃腿部中弹。

林彪率二十八团、伍中豪率三十一团急速返回支援,才用火力压住敌人。

因未能履行好护卫军部的任务,林彪挨了个记过处分。

1959年陈毅对江西省委党史研究室人员回忆说:"当时红军人生地

不熟,常常找不到向导……一走错路就有全军覆灭的危险。"毛泽东在1929年3月20日写给中央的报告中说:"沿途都是无党无群众的地方,追兵五团紧蹑其后,反动民团助长声威,是为我军最困苦的时候。"

就是这些最危险、最困苦,不是一个胜利接着一个胜利,而是一个失败接着一个失败的环境中,摔打出了一个林彪。

那毕竟不是一个凭借关系上升的年代。一切成就,都需来自战争实践。实践是检验真理的唯一标准虽然没有人明确讲,做却都是按照这个做的。红军中那些威名赫赫的战将,哪一个是通过听汇报看材料翻档案找谈话搞民意测验选出来的? 对他们的选择不是哪一个人的选择,是战争的选择,是战场上生与死、胜与败的选择。

林彪同样如此。正是这些挫折使他放弃了个人的一切兴趣与爱好去钻研军事。萧克将军回忆说,林彪喜欢读兵书,《曾胡治兵录》和张乃燕的《第一次世界大战史》他都读过;红军打下龙岩缴获国民党政府1928年颁布的军队操典,林彪不但自己看,还选了一部分刻蜡版印发给大家看;最后干脆把干部集合起来,自任连长,带领大家实际操演。江西、闽西的红土地和茂密的山岭,成为这位日后百万大军统帅实践运动战的最好场所。伏击、奔袭、迂回、包抄、穿插、分割、围点打援、猛打猛冲猛追……没有什么高深理论的限制,没有什么条条框框的束缚,也没有哪个德高望重元勋的阻挠,不用动辄讨论重大现实意义和深远历史意义。那是一张白纸,好画最新最美的图画。

他画出了这样的图画。

非凡的战争年代,造就了他非凡的野战才华。

林彪的野战精髓归结为两个字:运动。他指挥的部队以运动神速、善于奔袭、飘忽不定为特点。运动是其指挥艺术的核心之所在。林彪忌固守,尤忌双方重兵相向的固守。这一点使他与彭德怀区别很大。伏击,特别是出其不意的伏击,在他来说不是等待的结果,而是运动的结果;他的战机,几乎全部在运动中创造。他指挥的部队的行军速度、接敌速度、扩张战果的追击速度,在红军中首屈一指。

由此引发出许多传奇故事。例如说林彪在黄埔学校成绩优秀,深受一些军事教官青睐,被同学们称为"军校之鹰";美国记者哈里森·索尔兹伯里也在其《长征,闻所未闻的故事》一书中说:"林在著名的广州黄埔军校受训期间,也曾是蒋介石和后来成为苏联元帅的勃留赫尔(加伦将军)的宠儿。"

但却没有任何人能够为这些传说拿出可信的证据。

黄埔军校从第四期起,按考生的成绩分为军官团和预备军官团,步兵科第一团是军官团,第二团是预备军官团。林彪恰恰被分在考试成绩不太好的第二团里。蒋介石知道他的黄埔学生中出了共产党人李之龙、陈赓、蒋先云、王尔琢、黄公略、左权、刘畴西、许继慎、周士第、赵自选、宣侠父、余洒度;但直到1930年年底开始第一次围剿,他亲自明令悬赏缉拿朱德、毛泽东、彭德怀、黄公略时,还不知道红军中冉冉升起的青年将领林彪也曾是黄埔军校的学生。

历史在某些时候喜好开一些并非恶意的玩笑:黄埔军校第四期步兵科几个后来颇负盛名的人物,都集中在考试成绩并不太好的第二团里:第二连有一个面孔文静、毕业照片上甚至还戴了副眼镜、爱好历史的陕西学生——后来蒋军王牌整编第七十四师师长张灵甫;第三连也有一个面孔同样文静、同样对历史感兴趣的湖北学生——后来红军王牌第一军团军团长林彪。

林彪从来不是那种在张榜考试中名列前茅的人,也不是那种登高一呼云集者众的人。卷面作答,沙盘作业,操场演练,他的成绩并不惊人。"军校之鹰"、校长"宠儿"之类的词,比他更合适的人比比皆是。他的军事基础得益于黄埔。但日后真正的军事造诣,则几乎全部来自工农武装割据的战争实践。

研究观察那段历史时,这一点必须明确:林彪不是黄埔军校的产物,而是中国工农红军的产物。他不是军校的宠儿,而是革命战争实践的宠儿。以他黄埔四期的资历、孤僻倔强的性格,若在国民党军中,恐怕一辈子升到军长都难。在红军中,这一职务他24岁就达到了。工农武装割据给他提供了一个前所未有的广阔天地。在错综复杂、千变万化的实战场所,终于得以施展他在卷面上难以施展的野战才华。这位黄埔四期生在红土地上与他的校长蒋介石、教育长何应钦、管理部主任顾祝同、战术教官刘峙、第四期炮科大队长陈诚、学员队区队长蒋鼎文,展开了一场生死战斗。胡宗南、李默庵、杜聿明、郑洞国、陈明仁……这些黄埔一期学生,也先后在各个战场成为林彪这个黄埔四期后进的对手。

最终,他们都不是他的对手。

1948年年底,被林彪打败的杜聿明从辽沈战场跑到北京对傅作义大叹:关外共军的武器装备与战略战术,皆非关内共军所能比;从理论上说,国民党一年之内将丧失天下。这位蒋介石麾下四面应急堵漏的"救火队长"发出这样的感叹,确实属于国民党方面对林彪的由衷赞叹。

不可否认,这其中有他对战争不能不说是相当刻苦、相当独到的琢磨与钻研。当他全神贯注于军事的时候,你不得不承认,这是一个优秀的军人。

军事钻研是一方面,还有另一方面,是其当时表现出来的革命坚定性。离开了这一面,也不成其为林彪。1928年,在井冈山斗争非常困难的"八月失败"中,二十八团二营营长袁崇全拉走队伍叛变,朱德、陈毅派红四军参谋长兼二十八团团长王尔琢率林彪的一营追击。一营营长林彪先前已经感觉出二营营长袁崇全的动摇,提出追上去武力解决;团长王尔琢相信他与袁崇全的私人感情,没有采用林彪的意见。

结果王尔琢在追回袁崇全的过程中,被袁开枪打死。

当年19岁的湖南省委巡视员杜修经,83岁时回忆了令他感慨万端的那一幕:

> 王尔琢去叫袁崇全时,我在场。他和袁有较深的关系,同学,还是老乡,一个是石门人,一个是桃源人。当有人提出要去打袁崇全时,王尔琢很气愤,说:岂有此理! 他不认为袁会死心塌地反革命。他认为,他去叫,袁一定会回来。
>
> 听跟他去的人讲,进村后,他大声喊:我是王团长,是来接你们的! 战士们听出他的声音,不打枪。找到袁崇全的房子时,袁拿着枪出来。王让他回去,他不回,俩人吵起来。吵着吵着,袁崇全搂住王尔琢的脖子就开了枪……

杜修经说有人提出要去打袁崇全的"有人",便是林彪。

王尔琢牺牲后,林彪很快出任二十八团团长。此后纵队司令、军长、军团长,一发而不可收。有人说王尔琢若不牺牲,最低也能评上元帅;说不定因此就不会有"九一三"了。

可惜历史一个最遗憾之处,便是它纵然容许假设,最终却只进行选择。

选择从另一面看,便是淘汰。

于是,过分相信私人感情的王尔琢,革命生涯的早期便十分遗憾地被淘汰。

可以由此反过来看一开始就提出"追上去武力解决"的林彪。

那种环境中熬炼出来的人,性格、思想、意志,不能不是钢。

第四节　外国的月亮圆(一)

1933年10月17日,蒋介石发布《战守第二一三号训令》:

> 匪区纵横不过五百方里,如我军每日能进展二里,则不到一年,可以完全占领匪区。故今日剿匪,不在时间之缓急,亦不必忧匪之难觅;而在吾将士忍性坚心,以完成此革命最后之任务。如能效愚公移山之法,只要自强不息,则天下事无不成功之理也。

蒋介石也提出愚公移山。

毛泽东1945年6月在中国共产党第七次代表大会上致闭幕词提出愚公移山,是号召共产党人发愤努力,挖掉中国人民头上的帝国主义、封建主义两座大山。

蒋介石1933年10月提出的愚公移山,则是号召蒋军将士疆场效命,挖掉蒋家王朝面前的中国共产党和中国工农红军这两座大山。

愚公移山,每天挖山不止。蒋介石要部下学愚公,不求几口吞下苏区,只求三里一进,五里一推,构筑碉堡与军队齐头并进,进一步守一步,逐日蚕食掉苏区。

据说《战守第二一三号训令》里面,"每日进二里,一年吃掉苏区"的算盘,就出自蒋介石的德国顾问。作为这一算盘基础的碉堡政策,也是德国顾问的主意。甚至说得十分具体:主意都出自德国顾问团首领塞克特。

这使人想起在苏区红军中也有一个德国人李德。

于是有人便说:第五次"围剿"与反"围剿"是一场德国人之间的战争。

这些人喜欢用白描去图解历史,以为历史脉络尽在几根简单的线条之间。他们把中国武装的革命反对武装的反革命、武装的反革命"围剿"武装的革命看得过于简单了。

中国近代史上,自在战争中使用了洋枪洋炮以后,便多见德国顾问的身影。惊天动地的甲午战争黄海大海战,旗舰"定远"号北洋水师提督丁汝昌旁边,就立着个德国顾问汉纳根。

比这更早,明末清初就有耶稣会传教士德国人夏尔,先帮助明末朝廷制造火炮防卫满人进攻,后帮助清初朝廷制造火炮镇压汉人反抗。

德国人以其精于兵器制造、精于军事学术著称于世。

也精于顾问之道。

所以便有第一次世界大战后《凡尔赛和约》第179条规定:禁止德国国民在外国军队及其学校担任顾问与教官之职。

这条规定很快就名存实亡。

孙中山很早就请过德国顾问。1912年1月1日,孙中山就任中华民国临时大总统,同年10月特意访问当时仍属于德国租借地的胶州,在对大学生的演讲中特别称赞了青岛的建设和管理,并提出应将德国作为中国现代化建设的榜样。1917年3月第一次世界大战战火正炽,孙中山明确表示中国不会参加协约国,与德国为敌。一战结束后,1921年孙中山派代表赴德国,表示愿借重德国的技术与人才协助中国发展。德国政府当时基于现实考虑,未同意与南方的广州政府建立正式关系;但此后孙中山以私人名义秘密聘请了多位德国顾问,逐渐开始在广东提供服务。一直到1923年1月签署《孙文越飞宣言》，孙中山才彻底将其目光由德国转向苏俄。

孙中山用苏俄顾问取代德国顾问，蒋介石却反过来，用德国顾问取代了苏俄顾问。

1927年蒋介石"清党"、驱逐苏俄顾问并终止联俄政策，使德国获得对中国施加影响的最好时机。从1928年直至1938年，10年间共有135名德国军事顾问在南京蒋介石的国民政府任职。

蒋介石很早就对德国颇感兴趣。1923年他率团访问苏联时，在共产国际执行委员会主席团会议上发表演说，提出在德国和中国革命胜利之后，签署俄、德、中三国联盟："靠德国人民的科学实力，中国的革命成功，俄国同志的革命精神和俄国的农产品，我们就不难完成世界革命，我们就能消灭世界上的资本主义制度。"其实比蒋介石的"俄、德、中联盟"建议更早，1907年德国议会就提议建立"美—德—中"三角关系，以便补偿德国在欧洲大陆所处的孤立地位。正是这种地位，迫使德国政府以"和平的"经济政策取代原先的扩张政策，德国国内媒体上甚至出现了将胶州湾归还中国的言论。

就蒋介石而言，当时他不是执政者，所以是个革命者。那时的蒋介石，还主要是从世界革命的角度，看待中国与德国结盟。

后来成了执政者、扼杀革命者、江浙财团利益保护者，不再想与苏俄结盟了，对德国的兴趣却有增无减。这除了对领袖的狂热崇拜和独裁统治与德国相类似外，主要还是为德国军事化、中央化和工业化所吸引。他要依靠德国顾问的作用，扩大南京中央政府的军事和政治权威。

蒋介石聘请的第一个德国顾问是马克斯·鲍尔。

鲍尔是德国军队总参谋部的上校军官，重炮专家，军事独裁者鲁登道夫的得力助手，曾参与1920年3月鲁登道夫策划企图推翻魏玛共和国的卡帕暴动。暴动失败后流亡国外，在西欧、南美各国出任军事顾问。到中国见蒋介石以前，此人甚至在苏联红军炮兵中干过一段时间。

鲍尔也精于顾问之道。1928年来中国，正逢蒋介石下野，他便帮助张作霖设计军事计划，但其本人后来一直否认此事。蒋介石北伐成

"围剿" ·········· 177

功,东北易帜进入倒计时,他便堂堂正正地做起了蒋介石的总顾问。

蒋介石与鲍尔关系不错。鲍尔主张将军政大权集中于强有力的中央政府,以大刀阔斧手段铲除一切离心力量,进行一切加强中央权威的必要改革,深得蒋之赞许。鲍尔此人也很怪。他并不把自己限制在军事事务上,更多地把自己看成一名工业和经济顾问,而不是军事顾问。他说:"除非先建立一个国有化的工业体系,否则根本谈不上建立一支国有化的军队。"但他没有更多时间展现头脑中那些主意了。与蒋介石合作仅仅半年,他便病死于上海。

鲍尔死后形势发生了变化,作为希特勒啤酒馆暴动的共同参与者和共同入狱者的赫尔曼·柯瑞伯上校继任总顾问之职。纳粹党的活动大量渗透进顾问团。柯瑞伯青年时代参加过八国联军,以中尉军衔在德国元帅、八国联军总司令瓦德西麾下入侵北京。所以民族意志强烈的蒋介石对他没有太好的印象。柯瑞伯又是一个非常政治化的军人,连顾问团的军事性质都因他出现一些改变。他一直同自己的部下及国民党官方关系紧张。部下们说他的行为"像瓷器店里的大象"。他对蒋介石的影响远远小于鲍尔。

尽管如此,蒋介石还是先派他到武汉地区筹划布防,后又把他带上铁甲列车,上前线筹划对冯玉祥和阎锡山的大战。为此,汪精卫1929年底公开发表声明,谴责德国政府指派军事顾问助蒋作战。德国政府慌忙出来声明:

> 德国为遵守《凡尔赛和约》,一向禁止输出为战争使用之军火与毒气,且中国军队编用德国军事顾问,系违反德国政府之愿望。

表示汪精卫所指的顾问皆系中国政府私下招聘,不能代表德国政府。

从总体看,蒋介石对柯瑞伯是不满意的。1930年元旦蒋与柯瑞伯等德国顾问一同观看第一次世界大战电影,完后蒋说:

中国政府为了进行各种必要之改革，不惜以大量金钱聘用德国顾问。但在过去一年来，若干顾问，未曾给予中国政府任何具体建议，且有对于所呈之问题，无法作肯定之答复。现十八年过，十九年将开始，余谨望顾问先生不要再辜负自己所负之责任。

蒋介石这番当面指责的话颇不客气，主要还是对柯瑞伯而发。1930年5月，乔治·魏采尔接替了柯瑞伯。魏采尔中将是德国国防军总参谋部前作战处长，拟订作战计划、实施作战指挥的能力很强。在"剿共"方面，他是对蒋介石帮助最大的一个德国顾问，不但参加了中原大战，而且参与制订对苏区的第一、二、三、四、五次"围剿"计划。他感到极胜任这种任务，洋洋得意地说过："在我们德国由诺斯克领导的反共战争中，采取了残酷手段并严格执行，只有这样才能成功。而我在中国也做了同样的工作。"

尽管帮了蒋的大忙，但他与蒋的关系却很一般。魏采尔对蒋介石手下的军队批评太多，而且往往很不客气，激动起来指手画脚，为蒋所厌。当时德国方面解释说他是因为"头脑不够灵活，对经济事务缺乏兴趣"，所以同蒋的关系恶化。20世纪90年代，德方又出现新的解释。德国弗莱堡大学的马丁教授认为，当年的魏采尔等德国军事顾问，罔顾中国国情，罔顾中国军人思想深处的儒家传统思想，在与中方交往中表现出太多的普鲁士风格，企图按照普鲁士精神改造中国军队，不但树敌过多，还未获成功，影响了顾问团的效率。

德国军事顾问也并非个个都不成功。在华期间待遇最高、蒋介石最喜欢、最钦佩的德国顾问，是汉斯·冯·塞克特上将。

塞克特为德国国防军前总司令，是来华的军事顾问中地位最高之人，沉默寡言的天性和谦虚和蔼的外表为其赢得了"斯芬克斯"（狮身人面像）的绰号。英国驻德大使曾这样评价这位"德国国防军之父"："他的头脑比其拘谨的军人外表广阔，他的见识比其严谨整洁的外貌广博"。德国人则评论说，在塞克特领导期间，德国顾问对中国统治集团和蒋介石本人的影响达到了异乎寻常、令人惊奇的地步。

塞克特 1933 年 5 月访华,6 月拟一份《陆军改革意见书》送蒋介石。意见书中说:

> 任何建军之先决条件,首在国境之安定;此即谓数年外在之和平与内部政治情势之稳定。在此条件未达成前,有效之军事组织,将无从谈起,连续不断之战争,将影响最终目标之完成。

此建议与蒋介石的"攘外必先安内"不谋而合。此时恰逢第四次"围剿"失败,国民党将领意志动摇,4 月 7 日蒋在临川向各将领训话:"我们的敌人不是倭寇而是土匪","我们要以专心一志剿匪,要为国家定长治久安的大计,为革命立根深蒂固的基础,皆不能不消灭这个心腹之患";"无论外面怎样批评谤毁,我们总是以先清内匪为唯一要务";4 月 10 日蒋又在南昌纪念周上宣称,"抗日必先剿匪,征诸历代兴亡,安内始能攘外。在匪未肃清前绝对不能言抗日,违者即予最严厉处罚"。

塞克特与蒋介石不同。蒋用惯了权威,塞克特却能把他充满威吓的讲话,包上一层理论的面纱。

在给塞克特的回信中,蒋写下了"拜读之下,感佩无已,吾人于此相别之后,惜相见已晚,而又不能常住一处为怅也"等语句,求教之切,溢于言表。

蒋介石下决心用塞克特。

但塞克特目标太大。德国政府怕出现麻烦,最初不同意塞克特来华。蒋软硬兼施,威胁说塞氏不来,将聘请法国顾问。当时德、法正是死对头。德国政府出于在华权益的考虑,只有同意。塞克特来华不仅担任总顾问之职,还被委以了一个前所未有的职务:"委员长委托人"——即蒋介石的代理人。

在这方面,蒋介石身边的塞克特与博古身边的李德有惊人的相似之处。

塞克特 1934 年 4 月到上海,李德 1933 年 9 月到瑞金。塞氏晚一些,但两人"下车伊始"便获得了极大权力。

塞克特以"委员长委托人"身份出面,可以代表蒋与国民政府各机关首脑谈话,地位仅次于蒋。南京政府的军政部长、陆军训练总监等高级官员,也须亲自到蒋的官邸向塞氏请教;而且规定每星期二、五上午10时至12时,还需事前登记,过时不候。

李德所处的条件当然比塞克特差得多。但瑞金的中共中央首脑人物也须一批批鱼贯进入李德住的"独立房子"开会,决定大政方针。

瑞金有个"太上皇",南京也有个"太上皇"。皆是国共双方迎菩萨一般自己请进来、供起来的。

蒋最初不想让魏采尔走。在"剿共"方面魏氏的能力是突出的。其娴熟的规划技巧和作战经验还颇有可用之处。蒋的原意是想具体事务让魏采尔继续负责,全面的军事、政治、外交筹划交塞克特。但魏采尔一副一山不容二虎之势,塞克特刚到上海,他便立即到南昌向蒋辞行,多一天也不待,也许也是一种东方人不甚理解的普鲁士精神。蒋无法,也只好让他走掉。

魏采尔与塞克特的交接在1934年4月11日。这一日以前诸事皆归魏采尔,这一日以后,便都归塞克特了。

两人交接前一天,陈诚指挥11个师发起了广昌战斗。

所以认为碉堡政策是塞克特出的主意的人们,完全没有根据。塞克特上任时,蒋介石的第五次"围剿"已经发起了7个半月,碉堡政策早已执行,苏区周围的碉堡已经成千上万了。

塞克特对蒋介石的帮助主要不在围剿红军,而在提供军国主义建军方针和思想。

他在给蒋介石的第一封信中,就提出所谓"中国建军的三项中心思想":

一、军队为统治权之基础;
二、军队之威力,在于素质之优良;
三、军队之作战潜能,基于军官团教育之培养。

这三条皆来自典型的普鲁士军国主义：以军官团为国家核心。

这三条影响了蒋介石一生。

人们说，在普鲁士，军队拥有一个国家，而不是国家拥有一支军队。俾斯麦以"铁血政策"统一德国后，普鲁士的军阀制度和军国主义精神影响和渗透到整个德国。对德国人来说，军事力量是人类生存的最高形式。近代以来没有哪个欧洲国家像德国那样崇尚武力、崇尚"铁与血"。

当时在德国流行一种明信片，上面印着德王弗里德里希、首相俾斯麦、总统兴登堡和元首希特勒的肖像，文字说明是："国王所征服的，由亲王建成，元帅保卫、士兵拯救和统一。"再清楚不过地显露德国由普鲁士军国主义演变到希特勒法西斯主义的全过程。

塞克特专门使蒋介石认识到军事强权在国家政治中的巨大作用。他提倡"坚强的、一心一德的领导"，声称只有这种一元化的领导才能够"对涉及经济、财政，首先是民众教育与宣传等每一项国家措施加以通盘考虑"。

这些理论，使崇尚铁腕与独裁的蒋介石有茅塞顿开之感。

蒋介石很早就想留学德国。1912年，26岁的蒋介石主使人刺杀陈其美的政敌、光复会重要领导人陶成章。孙中山通缉杀人凶手，蒋介石只得避往日本。可叹陶成章在义和团运动时期曾两次潜入北京，伺机刺杀慈禧太后而未成，最后竟死在蒋介石派的刺客王竹卿手里。蒋在日避居期间专习德文，为留学德国做准备。第二年春本拟留学德国，因孙中山命其留沪听命，留德未成。

塞克特这个老师，为他补上了当年遗憾不已的一课。

除这些之外，塞克特便把很大一部分精力投入优先照顾德国的经济利益——推销德国军火，购进急需的原料，等等。他与南京政府做成的一笔大交易，用德国军火换取中国的钨矿和锰矿。1935年和1936年，中国出产的几乎全部钨矿都被拿去与德国交换武器。在塞克特任上，德国很快成为中国的第二大贸易伙伴，仅次于美国；中国则成为德国最大的军火买家，超过四分之一的德国军火输往中国。

塞克特没有就军事行动的细节为蒋提供咨询，蒋也不对他做这方面的要求。虽然他没有为蒋介石提供碉堡政策，但其提供的独裁理论和支撑这一理论的力量建设,对蒋介石来说比那些砖石结构的碉堡重要得多得多。

在庐山军官训练团演讲时,塞克特一上台便开门见山:"在一切权威荡然无存的时候,只有一个来自人民的人才能确立权威,这个人就是来自人民却又不同于一般人民的人,他必须是个独裁者。"这一理论揭示确实令蒋兴奋不已。然后是塞克特指导下的建军实践。到1937年7月抗战爆发前,国民党军队基本完成以德国体制为楷模的整军计划。其中,中央军的30个师完全或部分接受过德制装备与训练,而第三十六、八十七和八十八师为德制化师,中央军校教导总队则完全按照德国步兵标准编装。此外军火工业的规划、兵役制度的改进、军政军令权责的明确、整体国防体系的建立,等等,都出现重大改进。

抛开这些后事不谈,剩下的那个老问题还悬在这里:谁提出了碉堡政策? 不是塞克特,那么是其前任魏采尔了?

为开办庐山军官训练团,魏采尔也上了庐山,与陈诚等人一道住在海会寺,其他德国顾问住在附近的龙云寺和华严寺。在此前后,为规划第五次"围剿"的作战计划,魏采尔出了不少主意,包括赞成采纳碉堡政策,但他却不是这一政策的提出人。

碉堡作为一种无法抵御强大炮兵火力的防守工具,在火炮密集的欧洲战场已普遍弃之不用了。来自欧洲的德国顾问们,不可能对这项业务有多么精深的造诣。只有对中国战场非常了解,对基本无重武器的红军非常了解,知道自己的对手既没有如此口径的火炮,也搞不到这样口径的炮弹,不能摧毁面前仓促建筑起来的砖石结构物,才能把如此大的希望寄托在这些乌龟壳之上。

纵然外国的月亮再圆,外国人念的经再好听,就这一点来说,能够提出碉堡政策的,也非金发碧眼的日耳曼人,必定是把握透了中国式战场和中国式战斗的人。

此人就是一个典型的中国人——朱德的同学金汉鼎。

第五节　碉堡——典型的中国特色

"文化大革命"中有一段特别流行的毛主席语录：

> 真正的铜墙铁壁是什么？是群众，是千百万真心实意拥护革命的群众。这是真正的铜墙铁壁，什么力量也打不破的，完全打不破的。反革命打不破我们，我们却要打破反革命。

还编成了语录歌，唱得颇为豪迈雄壮。

那是一个根本不考虑毛泽东讲话的时间、地点的时代，翻开就念，念完就用，而且主要是对别人而念而用。只顾"拿起笔，作刀枪"了，出处在哪里，针对什么问题说的，将语录倒背如流的人并不知晓。

直到毛泽东逝去了近20个年头，才在毛选中搞明白，这段话是针对蒋介石围剿中央苏区的碉堡政策而说的。

毛泽东说："国民党现在实行他们的堡垒政策，大筑其乌龟壳，以为这是他们的铜墙铁壁。同志们，这果然是铜墙铁壁吗？一点也不是！你们看，几千年来，那些封建皇帝的城池宫殿还不坚固吗？群众一起来，一个个都倒了。俄国皇帝是世界上最凶恶的一个统治者；当无产阶级和农民的革命起来的时候，那个皇帝还有没有呢？没有了。铜墙铁壁呢？倒掉了。"

接下去，就讲出了那段著名的"真正的铜墙铁壁"。

毛泽东讲这番话的时间是1934年1月27日，蒋介石的第五次"围剿"已全面展开。据国民党编年史《中华民国史事日志》记载，该年1月1日，仅在江西完成的碉堡就达2900座。

蒋介石的碉堡政策来自这三个人：最早提出建议者——滇军将领金汉鼎；最早实践此法者——赣军十八师五十二旅旅长戴岳；最终将其全面化系统化完善化者——蒋介石南昌行营第一厅第六课课长柳维垣。

此三人可称为蒋介石的"碉堡三剑客"。

1929年冬,鲁涤平在南昌召开全省"清剿"会议,商讨消灭江西朱毛红军的办法。会上,三省会剿副总指挥、第十二师师长金汉鼎提出,当年云南少数民族曾用建碉守卡的办法,给前来镇压的清军以重大打击;后来清军也学会采用此法,最后征服了少数民族的顽强抵抗。他建议江西的进剿也可仿效此法,巩固进剿部队阵地,进而逐步压缩苏区,最后消灭朱毛红军和红色根据地。

金汉鼎可谓一言九鼎。5年后,至1934年10月红军战略转移退出中央苏区之前,密布于苏区周围的碉楼、堡垒、桥头堡、护路堡等达到14294座。但谁知晓提出这条消灭朱毛红军计策的金汉鼎,当初在云南陆军讲武堂丙班二队内,竟然与朱德是同班同队的同学,且交情颇深。

朱、金二人当年一同参加同盟会,一同参加辛亥革命后蔡锷领导的云南起义;后来两人同入滇军第二军,同任旅长:朱德任第十三旅旅长,金汉鼎任第十四旅旅长;朱德为第三混成旅旅长,金汉鼎为第四混成旅旅长。

两人在实战中多次默契配合。

1916年川滇内争,滇军主力在眉山陷入重围,朱德率部做前锋突围开路,金汉鼎在后卫掩护撤离,部队安全撤到三江镇。

1917年秋金汉鼎部与朱德部同守泸州,抵抗川军刘存厚部进攻,激战昼夜,金、朱两旅将川军困于五峰顶,迫其出示白旗投降。

同学之情,沙场之谊,使两人愈加亲近。川滇一带有民谣说:"黄柜盖,叶毛瑟,朱金支队惹不得。"由于骁勇善战,在滇军中有"金(汉鼎)、朱(德)、耿(金锡)、项(铣)"四大金刚之称。

由背靠背的战友到面对面的对手,朱、金二人走过了一段历史路程。

上海是这两位滇军名将的第一座分水岭。

1922年唐继尧率军进袭云南,金汉鼎与朱德同时出走。先入川,后赴沪,与孙中山晤谈于上海。当时正逢陈炯明叛变,孙中山答应付10万元军费,要朱、金去广西整编滇军旧部,攻打陈炯明;金汉鼎接受了这个要求。朱德则感于社会黑暗,军阀逞横,他的亲身经历,使他对孙中山借助一部分军阀的力量打击另一部分军阀的做法已不再相信。

孙中山又向他建议,如果要出国学习,不如到美国去。朱德诚恳地回答他:"我们愿意到欧洲是因为听说社会主义在欧洲最强大。"

孙中山最后同意了他的意见。

朱、金两人从此分手。

朱德出国前,金汉鼎赠款相助。

他们两人的第二座分水岭,在南昌。

1927年,两人在南昌相遇。时金汉鼎为国民革命军第九军上将军长兼赣北警备区司令,朱德则在第二十军当党代表。地位拉开了,但同是北伐军,且情谊依旧。忆及以往,两人皆不胜感慨。在金汉鼎力荐下,第三军军长朱培德任命朱德出任第三军军官教育团团长,后来还兼了南昌公安局局长。金汉鼎没有想到正是由于他的力荐,使共产党人的南昌起义更容易举行,朱德在其中也处于有利的地位。

朱德参加了八一南昌起义。

南昌成为他们第二次分手的地点。

为了争取驻赣的滇军,朱德在南昌起义中,被任命为第九军副军长。

但争取第九军的计划未能实现。蒋介石已经觉察。金汉鼎让朱德打先锋的起义部队由其驻地顺利通过,被蒋介石撤销了第九军番号,降任为第十二师师长。

后来朱德上了井冈山。降了职的金汉鼎则提出了那条围困朱毛红军的建议。这是国民党后来用碉堡政策围困江西苏区的最先声。

当金汉鼎向鲁涤平提出这条建议之时,不知是否想到了云南陆军讲武堂丙班二队内,他的同班同队同学朱德?

金汉鼎的意见在会上引起很多人的重视。但出了会场,倡议者自己反倒十分消极。身为三省"剿匪"副总指挥,只要与朱德指挥的红军对阵,金汉鼎定要避免主力决战。屡屡如此。蒋介石见他剿共不力,便降他为第三十五旅旅长;后来干脆解除其军中职务,让他去了全国禁烟委员会。

云南盛产烟草,这位滇军"金刚"最终被蒋介石弄成了禁烟将军。

鲁涤平在全省"清剿"会议结束后，便将金汉鼎的建议告诉了蒋介石。

这条建议最初并没有引起蒋的重视。蒋认为朱毛红军那点力量可以一扫而光，不需碉堡政策那样费时费力。

将这个建议立即付诸实践的，是张辉瓒手下的十八师五十二旅旅长戴岳。他也参加了鲁涤平的"清剿"会议。金汉鼎的建议一下子就打动了他。出了会场戴岳便在赣东实践开来。当时红军没有重武器，此法果然很有点效果。

敏感且大胆的戴岳却命运不佳，摊上了一个轻狂的上司张辉瓒，在第一次"围剿"中就把队伍装进红军的口袋里，令十八师全师覆灭。师长张辉瓒被割掉了脑袋，旅长戴岳也好不容易才仓皇逃回。部队没有了，他心不甘，用两天时间写了份《对于剿匪清乡的一点贡献》呈何应钦，内中特别强调了碉堡政策的重要。

戴岳建议："凡重要的地点，不能不驻兵，而又无多兵可分派，就选择一个良好的地势，用石砌成碉堡，使少数兵守之；并督率附近各村组织联村自卫，使良民或反共的民众得到相当的保障，坚决地反共"；"使红军不能击破，并能以少数的部队击溃多数的红军，同时可以阻绝红军的交通和活动，逐渐把苏区缩小"。

何应钦正在筹划第二次"围剿"，看完后大加赏识，亲写序言，将戴岳的意见书印成小册子，大量发给"围剿"部队。何应钦在序言中说："此书乃戴旅长岳本其平日'剿匪'清乡之经验汇集而成，知己知彼，洞中窍要，可作'剿匪'部队之参考。我党政军各界同志，允宜人手一册，细心研究，应时运用，于'剿匪'前途，当应有裨益。"

戴岳的意见书加上何应钦的批示，使金汉鼎的建议开始被广泛推广。

在对中央苏区久攻不下、国民党军队内不少人开始实行碉堡政策的基础上，1933年6月8日至12日，蒋介石在南昌行营召集"剿匪"会议，专门讨论第五次"围剿"的战略战术。柳维垣等人在会上提出普遍推行"堡垒政策"的建议，终于为蒋介石采纳，并由会议"决定其原则"。会后南昌行营第一厅专设第六课，由柳维垣负责，专门担任碉堡设计指导事宜。

国民党蒋介石"围剿"苏区的碉堡政策,演化到此,便基本成熟了。

由于当时红军没有采取正确的应对之策,这些乌龟壳的确变成了围困中央苏区的铜墙铁壁。

毛泽东怎么知道对手的碉堡政策的?

在何应钦主持的第二次围剿中,戴岳的小册子落到了红军手里,共产党人开始知道国民党有了碉堡政策。红军长征后,被红军高级将领逐条批驳过的那本小册子又落到戴岳手里。批驳的文字是红色的,不知出于谁的手笔。

由滇军将领金汉鼎、赣军将领戴岳、中央军将领柳维垣组成的"碉堡三剑客"中,无疑以金汉鼎为首。

风风雨雨过去,提出碉堡政策 22 年后,金汉鼎与从碉堡中冲杀出来的朱德,在中华人民共和国首都北京相会。

1949 年全国解放前夕,听到金汉鼎参加云南卢汉起义消息后,朱德立即指派入滇部队第四兵团司令员陈赓、政委宋任穷前去看望。1951 年 10 月 1 日中华人民共和国成立两周年之际,金汉鼎赴京参加观礼,与朱德相会于北京。

他们二人当年在上海、南昌两度分手,这回终于在北京紧紧握手。

当年滇军的这两位"金刚",一个是中国人民解放军总司令,一个是起义将领。两双大手握在一起的时候,不知是否还能唱出那段悠远的川滇民谣"黄柜盖,叶毛瑟,朱金支队惹不得"?

不知是否还能记得赣粤闽湘那些漫山遍野的碉堡?

还有毛泽东那发问久远的问题:真正的铜墙铁壁是什么?

第五章

崛起

中国是一块肥肉。为了吞下这块肥肉,昭和军阀的皮靴连续踏过三位首相。田中义一参加甲午战争时,河本大作还在穿开裆裤。张作霖爱国家,但更爱张家。吞下万斛泪水的石原流出鳄鱼的眼泪。即使政府首相,也只是军队的司务长。

第一节　来自海军中尉的刺杀

1932 年,日本在上海"一·二八"事变中再次获胜。5 月 5 日,国民党政府与日本签订《淞沪停战协定》:上海至苏州、昆山地区中国无驻兵权,上海为非武装区,但日军可在上述地区驻"若干"军队。

日本政府签署的这些条件,根本不能满足军部正在崛起的一伙少壮军阀的胃口。

10 天以后,5 月 15 日下午 5 点 30 分,东京。海军中尉三上卓带领黑岩勇、山岸宏等海军青年军官,闯入内阁首相犬养毅官邸。来者共有 9 人,分成两批。一批走前门,一批走后门。警卫官邸的警察在枪口下很快被制伏。

在官邸餐厅内,三上卓见到了犬养首相,他毫不犹豫地扣动了扳机。

枪没有响,枪机戏剧般地出现故障。

"如果听我说了,你们就会明白。"犬养首相被拉到满是军人的会客室时,力图镇静地解释道。他还想说服这些佩带武器的不速之客。

"我们为什么来,你清楚! 有什么话快说!"三上卓吼叫着。

"讲话没用!""开枪!"

黑岩勇和三上卓一齐朝犬养毅的头部开了枪。犬养毅满身血污倒在榻榻米上,当即毙命。

"把皮鞋脱掉吧!"是这位不赞同军部专制的首相说的最后一句话。

军官们是来刺杀他的。没有人按照习惯,进屋脱鞋。

随着犬养首相的葬礼,第一次世界大战后短暂的政党政治,在日本寿终正寝。

直至第二次世界大战日本战败,才有人出来说:犬养毅被谋杀使日本民主政治的发展受到致命打击。

日本历史学家猪木正道评论说:"'五一五刺杀'推翻了两次护宪运动中先辈们费尽心血才粗具规模的议会政治,倒退到在帝国议会中没有基础的超然内阁时期。"

军人飞扬跋扈的时期已经到来。

近代日本政界的每一起刺杀,几乎都与中国问题有关。中国是一块肥肉。为了吞下这块肥肉,日本几届首相纷纷跌落。

刺杀犬养首相,起因于"九一八"事变后日本对华政策的分歧。

犬养毅是日本政界著名民主人士,与孙中山关系很深,一生致力于确立政党政治。孙中山在《建国方略》中列出对中国革命提供有力帮助的22位日本友人,排第三位的便是犬养毅。

排第一位的日本革命者宫崎滔天曾经说过:"现今各国无一不垂涎于支那,即日本亦野心勃勃,日本政党中始终为支那者,惟犬养毅氏一人而已。余前往支那一切革命之事,皆犬养氏资助之。"

犬养毅为支持孙中山在日本开展革命活动发挥了很大作用。每当孙中山落难,他就为收容孙中山在日本奔走斡旋。辛亥革命爆发后,他很快到上海,卖力地声援孙中山上台,激烈地反对与袁世凯妥协。

犬养毅的身材十分矮小。他是在既不能控制军部一手操纵的"九一八"事变、又不能制止国联派出调查团的若槻内阁倒台后出任首相的。与国民党领袖人物的关系,是他颇为独特的政治优势。甚至蒋介石落难日本时,犬养毅对蒋也有过帮助。南京政府的很多要人都与他有私人联系。

犬养毅认为解决中国问题的基本方针应是,承认1922年华盛顿的《九国公约》。公约第一条就规定:"尊重中国的主权、独立和领土、行政权的完整。"而日本也在公约上签了字。犬养毅坚持认为,若按照军部的意思,否认中国对满蒙的主权,即使一时能够使满洲从中国分离出来,两者最终仍会合为一体。这已为历史所证明。

犬养毅这种见解是富有远见的。

"九一八"事变后,犬养毅决定走一条危险的钢丝:使日本的权益和中国的主权在满蒙都能顾及。

1931年12月20日左右,他秘密派遣萱野长知为特使前往南京。

萱野是退役军人,曾加入中国同盟会,追随孙中山达30年之久,与孙中山和国民党的关系比犬养毅更深。武昌起义前,孙中山曾对萱野以广东革命军顾问之重任相托。1925年孙中山临终时,他是唯一侍奉在侧的日本人。由他来调解日趋紧张的日中关系,再合适不过。

萱野在南京活动期间,为了询问犬养毅首相的意向,拍发了一份很长的密码电报,却没有任何回音。于是连续拍发好几份电报,都杳无音信。

犬养毅的秘密活动就是通过这些电报暴露了。扣下电报的是内阁书记官长森恪。他与军部的少壮军人关系密切,森恪先把电报内容告诉了少壮派军官,再通过犬养毅的儿子警告犬养毅本人。

森恪是一个政治背景十分复杂的人物。辛亥革命后他代表三井物产,最先向孙中山提出提供财政援助;"九一八"事变后又投靠日本军部,最先出卖其好友和同党犬养毅。森恪一人就是一部日本现代政治百科全书。为了心目中的日本利益,他可以做任何事,也从不在乎出卖任何人。

而且还是几乎完全公开的出卖。

当时,日本陆海军和外务省正在与伪满洲国政府谈判,并且在"使中国本部政权对满蒙死心,使之面对既成事实只有加以承认"这一方针上取得一致意见,事实上决定了不与南京政府就所谓"满洲问题"谈判。忽闻犬养毅首相悄悄往南京派去了特使,咄咄逼人的少壮军人无不感到难以容忍、义愤填膺。

犬养毅之子犬养健担任其父的秘书官。二战结束后,他在远东军事法庭作证时说:"森恪曾数次警告我,说总理大臣采取与军部和满洲方面的武力政策相对抗的政策,对总理自身是非常危险的。在几次谈话中,森恪都说过,如果我父亲继续采取反对军部的政策,那么父亲的生命必有危险。"

在日本,军部泛指日军统帅部,包括参谋本部、军令部、教育总监部和陆军省、海军省。

开始被军人视为眼中钉的犬养毅,其实最初与军部的关系也不错。在整垮上届首相滨口雄幸时,还做过军部的好帮手。滨口内阁是在 1929 年的世界性经济大萧条、田中内阁又因"皇姑屯事件"倒台后上台的。上台半年便赶上要了他性命的伦敦海军会议。

说到 1930 年的伦敦海军会议,必须扯出华盛顿会议。1922 年华盛顿会议曾规定:日本海军大型舰只能为英美两国的 60%。日本军界长期对这一比率不满,于是伦敦会议前定出方针,要提高 10 个百分点,将比率调整到 70%;潜艇则保持已有的 7.8 万吨水平。

1930 年 1 月,海军裁军会议在伦敦举行。美国反对日本提出的修改,坚持华盛顿会议的 60% 比率,而且要废除所有潜艇。

会议陷入僵局。

此时正值大萧条波及日本。滨口内阁面对经济不景气现象,决心紧缩财政,协调外交,达成裁军协议以缓和灾难中的国民经济。

当然也还有另一面。在皇室和军阀的夹缝中战战兢兢如履薄冰、小心翼翼沿政党政治爬到首相高位的滨口,深知必须照顾军部情绪,否则后果难料。

滨口内阁在会谈中为日本讨价还价,异常艰苦。终于在 3 月 13 日签订了日美妥协案,日本拥有舰只总吨位为美国的 69.75%。

军部要求上调 10 个百分点,滨口内阁在美国人那里拿到了 9.75 个。日本的主张可以说几乎完全被贯彻了。69.75% 与 70%,仅仅相差 0.25%。

但就是这 0.25% 之差,在日本竟掀起轩然大波。海军军令部长加藤宽治和次长末次信正首先发难,大表不满,指责内阁不顾军令部反对而签约,违反宪法。

日本军人在日本政治中之蛮横霸道,可见一斑。

倘若反对浪潮仅仅来自军方,问题还要简单一些。在野党政友会也立即随声附和,说滨口内阁"明知军令部有强烈的反对意见,却无视这一意见,轻率地决定了有关国防的重大问题",利用《伦敦条约》开展倒阁运动。其中最积极甚至把它上升到"侵犯统帅权"高度的,就是政友会总裁犬养毅。

犬养毅因为自己的政党政友会在大选中遭到失败,与民政党的273个议席相比只获得174个议席,便为倒阁不惜采取一切手段,把决定军事力量发展这一最为重要的国政也说成是内阁管辖之外的事,虽然搞垮了滨口内阁,却也最终搬起石头砸了自己的脚。

当时滨口内阁还硬顶了一回,不顾军令部的抵制和犬养毅的政友会的反对,签订了日、英、美三大海军国《关于限制和缩减海军军备的条约》,即《伦敦条约》。条约批准书交换仪式于1930年10月27日在英国外交部举行。滨口出席。18天之后,他在东京车站遭到右翼暴力主义者行刺,身负重伤。刺客佐乡屋留雄与臭名昭著的皇室成员、阴谋家东久迩宫有联系。

近代日本发生的多起刺杀事件,都与这位东久迩宫有关。

滨口首相1931年8月26日去世。

他1895年毕业于东京帝国大学法科,却死于无法无天的帝国。

1932年5月就轮到指责滨口"侵犯统帅权"的犬养毅了。当"血盟团"青年军官黑洞洞的枪口抵住犬养毅的脑袋的时候,不知他能否记起自己对滨口的指责?

犬养毅是自1890年日本第一次众议院大选开始,连续17次当选众议院议员的著名民主人士,是议会内打倒藩阀政治和拥护宪政运动的主要推动者。这位日本近代最负盛名的民主政治家,却亲手葬送掉惨淡经营起来的民主政治,不能不说是近代日本国家发展史上的巨大悲剧。

被刺杀前两个月,犬养毅已经意识到了危险。1932年3月15日,他给青年时代的朋友上原勇作元帅写了一封信,一方面对军人犯上现象表示十分忧虑,另一方面竭力表白自己的对华政策:"为了在形式上停留在政权分立,而事实上已达到我方目的,我煞费苦心";"如不尽早改善这种关系(注:指同中国的关系),一旦俄国的五年计划完成,国家的实力真正得到充实,它绝不会像现在这样保持长久沉默的。作为对俄国的防备,本人认为应尽早改善与中国本部的关系。"

战败后的日本历史学者们,称赞这段思虑为"卓越见识"。

犬养毅本人何尝不想吞并满蒙。比起那些狂躁蛮干的军人来,他忧虑的眼光不过更加精细、更加长远而已。就是当初卖力地资助孙中山,他也有独特的考虑。在写给派去照顾孙中山的陆羯南的一封信中,他说:"愿吾兄将彼等掌握住以备他日之用。但目下不一定即时可用。彼等虽是一批无价值之物,但现在愿以重金购置之。自去岁以来,弟即暗中着手作此计划矣。"

国民党那些与日本有千丝万缕联系的元老,若知道犬养毅这封密信,知道连孙中山都被称为"无价值之物"却又"现在愿以重金购置之"然后"以备他日之用",对他们心目中那些支持中国革命的日本"友人",不知该作何感想?

资助孙中山是一张牌,承认中国在满蒙的权益也是一张牌,核心都是为了日本利益。特别是为了躲避日本即将面临的现实危险。

犬养毅留给中国的所谓"权益",只是一个形式上的空壳而已。

即使如此,军部也认为他在背叛。

想走钢丝的犬养毅,是在刀尖上跳舞。

1932 年 5 月 15 日,他终于从刀尖上掉了下来,变成了日本法西斯政治的"无价值之物"。

第二节　大和民族的血祭

主持刺杀犬养毅的,是极右翼军人组织"血盟团"。在军法审判中,行动头目、霞浦海军航空兵军官古贺清志中尉对法庭说:"国家的状况到了非流血不能改善的地步。"他的助手、亲手打死犬养毅首相的三上卓海军中尉,则说这次行动是一场革命,意图是要造成统治者与被统治者的和谐一致。三上卓大声在法庭上说:"我们既非左派,也非右派。"只有开第一枪的黑岩勇略表后悔:"我感到遗憾。不过,我认为他在劫难逃,因为他必须成为国家改革祭坛上的供物。"

被审讯的军官们收到了 11 万余封表示支持的信件。有 35.7 万人在一份请愿书上签名,要求对"血盟团"人员宽大处理。新潟市竟有 9 个人把他们的小手指砍下来,泡在酒精里送给陆军大臣荒木贞夫,并附信说,虽然被告"犯了法,他们的动机是纯洁的。他们的自我牺牲精神使我们深受感动"。大阪律师协会走得更远,竟然通过一项决议,声称从最深刻的意义上讲,刺客只不过是自卫。后来公布的司法省、陆军省和海军省的联合声明这样说:

> 本犯罪案件的动机和目的,据各犯人所说,是由于我国最近的形势在政治、外交、经济、教育、思想和军事诸方面停滞不前,以至国民精神重又颓废堕落。因此,如不打破现状,帝国将有覆灭的危险。这种停滞不前的根源是因政党、财阀和特权阶级互相勾结、营私舞弊、轻视国防、无视国计民生、腐败堕落所致。必须铲除这一根源,完成国家的革新,以建设真正的日本。

联合声明几乎成了被审判者的宣言书。日本的法律当时堕落到了何等地步。

如上所述,审判期间,公众情绪对杀人者表现出极大的同情。每天都有请愿的人聚集在海军军官的交谊团体水交社外,有的甚至彻夜等候在外面,希望与罪犯的辩护律师会面,以表示支持。首犯古贺清志的父亲表示每天都收到来自全国的许多信件:"信啦、礼品啦、点心啦,另外还有一位秋田县的姑娘来信,说是想做古贺的妻子……"

辩护律师介绍,还有很多姑娘自荐到三上卓中尉那里。

日本的法西斯运动受到社会广泛支持。

历史学家猪木正道说,日本进入了疯狂的时代。埋葬了犬养毅之后,新首相是海军大将斋藤实,美其名曰"举国一致内阁",举国一致干什么?

举国一致走向战争而已。

疯狂野蛮的日本战车,被卸下了最后一道限速锁链。

如此主动、如此积极、如此自觉、如此大面积地转向法西斯主义的日本,今天却振振有词地说这一切是根源于别人。服部卓四郎的《大东亚战争全史》，就当年日本的政治转型提出了三个理由：

其一：第一次世界大战结束后列强对日本的压迫，尤其是美国的压迫。美国主张废除日英同盟、在华盛顿会议上限制日本海军主力舰的吨位、废除石井——蓝辛协定、限制日本在满蒙的特殊权益、制定排日的移民法案等，给日本的前途投下阴影。

其二：西方列强对日本的经济排挤。随着工业化的跃进，日本日益需要从海外进口物资和向海外开辟市场，但欧美国家纷纷高筑关税壁垒保护自身产业，面临人口过剩、资源贫乏、资金不足的日本，逐渐被从世界市场上排挤出去，生存从根本上受到了威胁。

其三：中国的排日运动。

中国收复国家权利的运动与第一次世界大战后的民族自决运动相结合，矛头直指日本，排日政策同时为中国提供了统一国家的手段，抵制日货运动弥漫中国，发展到了叫喊要收复旅顺、大连和南满铁路的地步，终于酿成"满洲事变"的爆发。

这就是服部卓四郎在《大东亚战争全史》中提出的日本转向法西斯的缘由。

核心其实就一句话：都是别人的错。

侵略别的国家，占领别国土地，屠杀别国人民，掠夺别国财富，不但不应由日本负责，日本自己还满肚子牢骚、满心委屈、满脑袋不服。至于日本应负什么责任？一点也没有。"九一八"事变、"七七"事变、珍珠港事件竟然都是别人的不是，没有日本的不是。

这样的书竟然被选定为日本的教科书，看来还不仅仅是用"岛国国民性狭隘"来解释那样简单。如果早些把这些堂堂正正的法西斯理由、战争理由炮制出来，当年的日本为什么还要无条件投降呢？

日本现在年年在广岛原子弹爆炸那天为日本的战争受害者搞和平祈祷，却从来不为其发动侵略战争死难的中国人、朝鲜人、菲律宾人、马来西亚人、印度尼西亚人、越南人、泰国人、缅甸人搞战争受害者的和平祈祷。只记住两颗原子弹，只记住自己受了原子弹之害，忘掉当年雪片一样支持法西斯分子的信件，忘掉主动愿意嫁给他们的姑娘，忘掉剁下来泡在酒精里的那些手指，忘掉当年张灯结彩、扶老携幼为其军队攻城夺地而欢呼、游行、庆祝，能够总结出真正应该铭记的教训吗？如果仅仅祈祷把和平和生存留给自己而不在乎别人的死亡和苦难，甚至还要删改教科书中的有关记载，甚至再编撰那些满纸谎言的所谓"教科书"，军国主义真的能够在日本根绝吗？我们也有一些"胸中有数（各种各样的统计数字）、目中无人（国民特质、思维习性）"的学者，认为日本转向法西斯的原因虽然在内部，却主要是少数军人不满现状所致；认为1921年华盛顿九国会议后，日本开始实行裁军，军费由1921年的7.3亿日元，下降为1930年的5亿日元以下，减幅达40%，引起军人的强烈不满。"对于职业军人来说，除了军事以外他们没有其他特长，裁军等于砸他们的饭碗。此外裁军以前职业军人是社会上最受尊敬的人，军队是最光荣的职业。但裁军开始后，职业军人一下变成社会上多余的人，最好的学生不再报考军事院校，一些饭店甚至拒绝穿军服者进入。裁军给职业军人们带来的失落感和焦躁感是可想而知的。"

东郭先生一样善良的学者又为对方想出一条多么绝妙的出路：军费削减竟然也成了转向法西斯的理由。前者说转向法西斯不是日本的选择而是美、英、中迫使日本做出的选择，后者说即使是日本的选择，也是日本军人的选择而不是日本民族和日本国家的选择。

法西斯禾苗为什么在日本长得如此苗壮、如此疯狂？其土壤在哪里？养分是什么？根须在何处？仅仅是少数坏分子蒙蔽了广大人民群众？

以少壮军官为主的日本昭和军阀集团的疯狂，根源于日本社会情绪的疯狂。

每一个民族都有自己的热血青年，都想用热血开辟出一条理想的前进道路。一个人会走入误区，一代人也会走入误区，甚至包括一个民族。导致整个国家转向法西斯的责任，绝不能仅仅归结为第二次世界大战结束后远东军事法庭判处绞刑的几个甲级战犯。当俄国的热血青年推翻了罗曼诺夫王朝，实现了1917年的二月革命和十月革命；中国的热血青年推翻了爱新觉罗王朝，实现了1911年辛亥革命并在1919年的五四运动之后开始了新民主主义革命；日本却走上了另外一条道路。

1926年12月25日，北伐军正在中国大地摧枯拉朽、莫斯科的斯大林与托洛茨基正就中国革命问题争辩不已的时候，日本第124代天皇裕仁即位，改元"昭和"。由此开始了一场以少壮军人为前导、以清除腐败为旗号、将整个日本拖入法西斯深渊的"昭和维新"运动。

这伙少壮军人也是日本的热血青年，他们充满了对日本现存社会的批判。但他们批判的武器不是马克思主义，而是法西斯主义。

青年军人组织樱会在宗旨书中说："我们必须首先指出作为国家核心的执政者们的重大责任"；"他们无视自己的职责，在施行国策中缺乏雄心，毫无振兴大和民族的根本精神，只是醉心于谋取政权、财物，上瞒天皇，下欺百姓，政局汹汹，腐败已极"；"社会即将沉于污秽的深渊，高级当政者的悖德行为，政党的腐败，资本家不顾大众利益，华族不考虑国家将来，宣传机关导致国民思想的颓废，农村凋敝，失业，不景气，各种思想派别组织的活动，糜烂文化的抬头，学生的缺乏爱国心，官吏的明哲保身主义，等等。"

政党行径丑恶，以夺得政权为目的相互倾轧，造成政界和社会的纷扰不安，形成了党贼；财团贪得无厌，操纵金融与市场，不顾国计民生，形成财贼；政府依靠其权势横征暴敛，贪污腐败，民不聊生，形成权贼。

"三贼"相互勾结，横行国内，必须将其打倒。

怎么打倒？用北一辉1919年在上海用清水米饭炮制出来的《日本改造法案大纲》。只有军人奋起，才能打破日本的腐败政治。

热血与献身，在日本导致的竟是最反动的法西斯主义。整个20年代，在日本以军人为主干的法西斯组织真如"雨后春笋"。

1919年，北一辉、大川周明建立第一个法西斯组织犹存社。

1923年，"三羽乌"之首永田铁山回国，建立二叶会。

1924 年，平沼浅一郎发起成立国本社；大川周明成立行地社。

1926 年，赤尾敏领导成立建国会。

1927 年，铃木贞一、石原莞尔组织木曜会；西田税成立天剑党。

1928 年，海军出现王师会。

1929 年，二叶会与木曜会合流，成立一夕会。

1930 年 9 月，参谋本部少壮派军官成立樱会。

由永田铁山的二叶会开头，整个 20 年代，日本军队中出现 100 多个法西斯团体。参加者从 70 多岁的退休元帅、日俄战争期间日本海军联合舰队司令官东乡平八郎海军大将，直到士官学校刚刚毕业的少尉官佐。

其中最重要的，是一夕会和樱会。佐级、尉级军官中所谓有志、能干的"英俊人物"多集中在这两个组织里面。这两个团体云集了昭和军阀集团的精锐。

一夕会 1929 年 5 月 19 日成立。

成员里面大佐军衔的有河本大作、山冈重厚、永田铁山、小畑敏四郎、冈村宁次、小笠原数夫、矶谷廉介、板垣征四郎、土肥原贤二、东条英机、渡边久雄、工藤义雄、饭田贞固、山下奉文、冈部直三郎、中野直晴。

中佐有桥本群、草场辰巳、七田一郎、石原莞尔、横山勇、本多政材、北野宪三、村上启作、铃木贞一、冈田资、根本博。

少佐有沼田多稼藏、土桥勇逸、下山琢磨、武藤章、田中新一。

樱会成立的时间稍晚于一夕会，于 1930 年 7 月 17 日诞生，其中年轻军官更多一些。成员里面大佐只有重藤千秋一人；中佐有坂田义郎、樋口季一郎、桥本欣五郎、根本博；大尉有马奈木敬信、长勇、田中清、樱井德太郎、田中弥。

名单不短。但对日本现代史、东亚战争史、中国抗战史感兴趣的人，应该记住这些名字。昭和军阀集团的主要成员几乎全在里面。

现在这些名字，又几乎全部供奉在"靖国神社"里面。

一夕会的核心是永田铁山。该会的宗旨以打破长州藩对陆军的人事控制为第一目标,对外主张首先以武力解决满蒙问题,为日本夺取生存空间。

樱会的成员因为更加年轻,也更加激进。其核心人物桥本欣五郎担任驻土耳其大使馆武官期间,对凯末尔自上而下的革命颇感兴趣,想在日本也实现这样的革命。

这两个少壮军人组织,前者着眼于对外使用武力,完成法西斯扩张;后者着眼于对内使用武力,完成法西斯改造。

两个集团的终极目标都是军部控制日本政治,实现军事独裁政府。

日本已经做好充分准备,要向法西斯急剧转向。

这一转向过程从 1928 年 6 月 4 日的皇姑屯爆炸事件正式开始。

昭和军阀初露锋芒。1927 年 4 月 20 日,蒋介石在上海发动"四一二"事变 8 天之后,田中义一内阁在日本上台。

田中义一是日本政界的强人,其个人历史与日本陆军紧紧相连。1892 年毕业于陆军大学。1894 年以陆军中尉军衔参加甲午战争。1904 年参加日俄战争。1918 至 1921 年任陆军大臣,主持出兵西伯利亚,武装干涉俄国革命。山县有朋死后,他便成为在日本陆军中占首要地位的长州藩首要人物。

他也成为日本反藩阀政治、以"巴登巴登三羽乌"为代表的青年军官打击的重点人物。田中内阁的首要命题是所谓"满蒙问题"。他干的第一件大事是主持召开东方会议,在会上拿出了一个分割满蒙、扩张在华权益的《对华政策纲要》;核心就是一句话:"将满洲作为中国的特殊地区和中国本土分离。"

如何实现这一目标? 田中与军部出现分歧。

军部主张靠关东军武力解决。田中却认为,要避免英美列强干涉,需要靠张作霖。

田中的如意算盘是,先将中国划分为关内和关外,蒋介石统治关内,张作霖统治关外;再以架设索伦、吉会、长哈三条铁路和联络中东、吉会二线的两条铁路共计五条借款铁路为由,迫张作霖同意;五条铁路一通,满蒙与关内分离便实质性地实现,日本对满洲的控制也就水到渠成,无须关东军再去动兵了。

若不成,再拿出武力方案也不迟。

田中这一设想的核心点是张作霖。没有张作霖做日本在满洲的代理人,或张作霖不甘做这一代理人,田中的设想都将告吹。

但他却有不告吹的把握。

田中与张作霖关系甚深。1904年日俄战争期间,马贼张作霖被日军以俄国间谍罪名捕获。要被枪毙的关口,陆军中尉参谋田中义一向司令官福岛安正少将请命,将张作霖从枪口下救出。

20多年后,马贼张作霖成了中国的东北王,中尉参谋田中义一也成了日本首相。

田中绝不白救命。从日本人枪口下逃命的张作霖,也深知他这个东北王一天也离不开日本枪口的支持。1922年第一次直奉战争,奉军的作战计划多半出自日本人之手;第二次直奉战争,日军全力支持张作霖,使奉军把直系军队赶过江南,张作霖成为北京的统治者。1925年年底,郭松龄倒戈,率军直扑沈阳。当时东北军的精锐几乎都掌握在郭松龄手里,若无日本方面调遣驻朝鲜龙山的军队直插沈阳紧急增援,恐怕张作霖早就死无葬身之地了。

所以田中说"张作霖如我弟弟",他不相信张作霖会不答应他的条件。

他估计对了。

五条借款铁路线,条件异常苛刻。连张作霖的参谋长杨宇霆也发牢骚说"日本人太那个了,到别人地方架设借款铁路,还要百分之十八的利息";杨宇霆没有说出来的是沿线权益尽为日人所得,日本势力将在东北像蛛网一样铺开。张作霖也是爱东北、爱国家之人;他也不想让日本人的势力在东北无限制扩展。

但他更爱张家。

在国事家事不可两全的那个夜晚,张作霖愁肠万端,忧心如焚,几近心力衰竭。为这5条铁路,一晚上这位也算叱咤风云的人物竟老去10岁。第二天出现在日本人面前的张大帅,是一个完全垮掉的人。

他语无伦次,目光游移,躲躲闪闪又含含糊糊,但全部同意了田中的条件。

日本人也知道"不战而屈人之兵"乃兵法的最高境界。田中以为自己达到了这个最高境界。满铁总裁山本条太郎在北京回东北的火车上边喝啤酒,边满面春风傲然地说:"这等于购得了满洲,所以不必用武力来解决了。"

他们高兴得太早了。中国还有一句老话,叫作黄雀在后。

田中身后的那只黄雀,是关东军高级参谋河本大作。

20世纪80年代,在日本发现了河本大作的口述笔记,写在粗糙的"陆军省格纸"上,颇似当年事情闹大后的"交代材料"。河本说:

> 1926年3月,我上任关东军高级参谋来到满洲时,满洲已不是从前的满洲了。当时的总领事吉田茂,到张作霖那里去谈判,如果话谈到对方不利的事,张作霖便推说牙齿痛而溜掉,因此未解决的问题填积如山。张作霖的排日气氛,实比华北的军阀更浓厚。所以我觉得,我们必须赶紧有所作为。
> ......
> 1927年武藤中将就任关东军司令官。该年8月,出席东方会议的武藤司令官主张说,满洲问题非以武力不能解决,武力解决成为国家的方针。在此以前,即1925年12月,发生郭松龄事件时,张作霖因为失去讨伐的自信,而甚至于想亡命到日本。但克服危机以后,张作霖不仅不来道谢,而且也不解决土地问题,更称大元帅,欲将其势力扩张到中国本部。

张作霖还想统一中国,日本人想的却是分裂中国。就这一点看,河本大作参谋对张作霖内心深处的认识,并不比田中义一首相来得肤浅。

河本以关东军司令官武藤信义随员的身份,参加了田中的"东方会议"。田中完全没有想到,他在规划占据满洲的计划,河本也在规划;而且这个在会议上根本没有发言权的无名小辈河本,竟然一下子就弄翻了他精心设计的那条船。河本曾任驻北京的武官助理,回国后出入大川周明在皇宫气象台组织的大学寮,是永田铁山的一夕会的重要成员。对一夕会成员来说,与其说不满意田中义一的大陆政策,不如说不满田中本人。他们改革陆军人事的首要目标便是打倒长州藩的统治。而山县有朋死后,长州藩的首领,恰是田中义一本人。

在这伙少壮军官的支持下,河本大作独立策划了皇姑屯阴谋:以炸死张作霖为契机,使东北陷入全面混乱,关东军借收拾局面之机一举夺占全东北。

这就是河本在"交代材料"里说的:

> 中国军队是头目与喽啰的关系,只要干掉头目,其喽啰便会四散。结论是,我们唯有采取埋葬张作霖的手段。我们同时得出结论:要实行这个计划,唯有满铁线和京奉线的交叉要点才安全。但满铁线在京奉线上面,因此要在不破坏满铁线的范围内行事,实在很不容易。于是我们装设了 3 个脱线器,万一失败时,要令其脱线,以便用拔刀队来解决。

田中要玩傀儡游戏,少壮军官们便要把田中手中的傀儡砸碎,让他的把戏玩儿不成。

1928 年 4 月 18 日,距"皇姑屯事件"还剩一个半月,河本大作给其挚友矶谷廉介大佐一封密信:

> 若张作霖辈死一二人又有何妨,此次定要将他干掉,即使因此获咎革职,亦在所不惜。

虽然并非仅仅河本一人,关东军的秦真次少将、土肥原贤二中佐等人也想采取类似行动,但河本根本看不上他们,觉得他们不过是在玩儿纸上游戏。

实实在在准备了 200 公斤烈性炸药的河本,其策划是精心的:

> 我们得悉张作霖要于 6 月 1 日从北京回来,所乘火车应该于 2 日晚上到达我们所预定地点,唯该班火车在北京、天

津间开得很快,在天津、锦州间降了速度,而且在锦州停了半天左右,所以比预定时间还要慢,迟至4日上午5时23分多才抵达该地点。我们躲在监视偷货物的监视塔里头,用电钮点火药。张作霖乘蔚蓝色的钢铁车。这个颜色的车辆,晚间很难认得出来,因此我们在交叉地点临时装上了电灯。但张作霖的火车怎么也不来,所以有些人甚至欲离开监视塔。

张作霖的车子终于来了,慢了1秒钟,我们点了预备的火药,随即点了其他火药,这一下炸到了张作霖的车辆。

1928年6月4日,沈阳城外皇姑屯方向一声巨响,黑烟飞扬到200米上空,张作霖乘坐的蔚蓝色钢铁列车被炸成两截。

田中听到这个消息后,流着眼泪写信给满铁总裁山本条太郎:"一切都完了。"

他不是单哭张作霖。自皇姑屯那辆列车出轨之后,日本政治便脱离了田中的控制。想处理这些打乱自己全盘计划无法无天的少壮军官,军部不要说永田铁山、冈村宁次、小畑敏四郎、山冈重厚、东条英机、矶谷廉介、板垣征四郎、山下奉文等少壮军官坚决维护河本,陆军大臣白川义则大将、参谋本部首脑荒木贞夫大将、小矶国昭大将等也坚决反对,自己的政党政友会也不支持。不处理河本,天皇裕仁又甩过话来,说首相说话前后矛盾,不愿意再同他见面了。

河本大作的一包炸药要了田中义一的老朋友张作霖的命,也使田中本人成了日本政治风箱里两头受气的老鼠。

田中义一后来大骂河本大作:"真是混蛋!简直不懂为父母者之心!"

从历史角度看,田中义一等老派人物对夺占这一概念的理解与运用,远比河本等少壮军官老辣深沉。但日本军部这台战车已经由一批更加年轻、更加野蛮的军官操纵。田中精心规划的不战屈兵之谋略,随着皇姑屯那股冲天而起的黑烟,化成齑粉。

河本大作也大骂了田中:"田中义一出卖了军部!"

日本也有冤假错案。田中当年参加甲午战争占领朝鲜侵略中国时,河本还在穿开裆裤。田中的"意欲征服中国,必先征服满蒙;意欲征服世界,必先征服中国"更是日本军部后来实行的战争步骤。此人可以被称为日军中的施里芬。说这样的人"出卖军部",确实是欲加之罪,何患无辞了。

田中义一至死不知,不愿与他见面的裕仁天皇,早已定下了用"三羽乌"替换长州藩的决心。

一生从事侵略扩张的田中突然之间变成一件过时的工具,孤家寡人,只有下台。

"皇姑屯事件"不单单炸翻了一个张作霖或垮掉了一个田中义一内阁。以一个幕僚军官策划一起国际事件并导致日本内阁下台为契机,昭和军阀集团在黑烟之中腾空而起。

此后日本政治中一再出现的"下克上"现象,自河本大作始。

日本军部左右日本政治,则自皇姑屯爆炸案始。

这一事件成为日本政治演化的里程碑。

下一个事件的发生已经是必然的了。只不过时间或迟或早。

三年后,它来了:震惊中外的"九一八"事变。

第三节　流泪更疯狂

记录在"陆军省格纸"上那份"交代材料"的最后,还有河本大作一句话:"这个事件后,我要石原中校来关东军帮我。这时,已经开始计划'九一八'事变的方策了。"

河本说到的"石原中校",就是后来在日军中大名鼎鼎的石原莞尔。

如果说1928年的"皇姑屯事件"中,河本大作的个人活动色彩依然很浓的话,1931年的"九一八"事变,则已经是昭和军阀集团在成熟地集体运作了。

谈"九一八"事变,必谈三个日军军官:板垣征四郎、石原莞尔、土肥原贤二。三个人没有一个是部队的主官,都是参谋。人们若不知道这些参谋军官具有多么巨大的能量,就很难理解日本军队为何如此凶残与如此疯狂。

板垣、石原、土肥原三人,被称为"关东军三羽乌"。

这三个人都与"皇姑屯事件"的主谋河本大作相连。

板垣担任关东军高级参谋,来自河本被解职后的力荐。当时关东军司令村冈长太郎本来心中已有人选,但因为河本一人背"皇姑屯事件"的黑锅而使村冈司令得以解脱,所以也只好让步,按照河本的推荐,让板垣接替了河本的职务。

石原莞尔则是"皇姑屯事件"后,河本把他从陆军大学挖过来的,"我要石原中校来关东军帮我"。

土肥原贤二则与河本一样,一直想消灭张作霖,只不过是让河本最后抢了先。

"皇姑屯事件"不仅为"九一八"事变提供了行动方式,也提供了行动骨干。

这就是"关东军三羽乌"。

"巴登巴登三羽乌"的头子是永田铁山,"关东军三羽乌"的头子是板垣征四郎。

板垣身材矮小,总是服装整洁,袖口露出雪白的衬衫,头剃得精光,脸刮成青白色,黑色的眉毛和小胡子特别显眼;加上有个轻轻搓手的习惯动作,给人一个温文尔雅的印象。此人4岁就在祖父的教导下学习汉学,早年的职务几乎都与中国有关:1904年以步兵小队长身份赴中国东北参加日俄战争;1916年陆军大学毕业后,被参谋本部以研究员身份派往中国云南。1919年又调任汉口派遣队参谋;1922年调回日本,任参谋本部中国课课员;1924年又回到中国,任日本驻华公使馆武官助理。板垣的足迹遍及中国东北、西南、华中和华北。此人能讲一口流利的汉语,且深谙中国民情风俗。长期对中国的研究观察,使他成为日军中著名的"中国通"。他又是一夕会的重要成员,政治上胆大妄为,一意孤行;具有少壮军阀的一切特点。虽然身份不过是一个参谋,但连内阁首相也不放在眼里。军事上则深思熟虑,尤其重视地形。1929年他以大佐官阶担任关东军高级参谋,立即拉上关东军作战参谋石原莞尔组织"参谋旅行",几乎走遍了东三省。他的理论是:"在对俄作战上,满蒙是主要战场,在对美作战上,满蒙是补给的源泉。从而,实际上,满蒙在对美、俄、中的作战上,都有最大的关系。"

在这一点上他与石原莞尔一样,都主张把中国东北变为日本领土,并对整个中国"能立于致其于死命的地位"。

板垣征四郎的特点是大刀阔斧,石原莞尔的特点是深谋远虑。日军中就有"板垣之胆、石原之智"的说法。一个是关东军的干将,另一个则是关东军的头脑。

石原是河本大作实施皇姑屯爆炸案后求助的第一人。他长着一副小孩脸,面孔常带忧郁。一旦陷入深思,周围便没有人敢上来打扰他。他还有一个"天不怕地不怕"的名声,对部下温和,对长官尖刻。他给所有上司都起了诨名,而且敢当他们的面使用。这在极讲资历和官阶的日军内部,确实十分反常。

为此他也没有少吃苦头。

1907 年,石原进入陆军士官学校第 21 期步兵科学习,1909 年毕业时成绩本来排在第三,因为与教官和区队长关系恶劣,而前 5 名都能拿到天皇御赐的银怀表,石原最终被挤到第六名的位置。

1915 年石原考入日本陆军大学第 30 期,1918 年毕业时成绩应为第一,又因学习时过于狂妄自大,与教官关系不佳,被剥夺了第一的资格,降为第二名。

一般人摊上这种事肯定难受不已、懊恼不已,严重的还可能引发精神抑郁,石原却并不很在乎,还是那样我行我素,为所欲为。此人不但聪明灵敏,其超人精力也需要四处耗散。陆军大学的功课十分繁重,学员通宵熬夜赶作业是常事,石原却总是转来转去,找人谈天说地。他口才好,想象力又丰富,很容易让其他学生听得入迷而忘记复习功课。结果听石原吹牛皮的人成绩都大大下降,唯石原自己的成绩依然出类拔萃。

这样的人信奉了法西斯主义,其能量也可想而知。

从来与上级搞不好关系的石原,在关东军碰到板垣征四郎后就像换了一个人,全力配合起来。

石原比板垣小4岁，但比板垣到关东军早半年。1928年10月，他由陆军大学教官调任关东军作战参谋，而板垣第二年5月才来。

石原一踏上中国土地，立刻被大豆和高粱像绿色海洋般一望无际的东北平原惊呆了。石原的眼睛一直贴在照相机和望远镜上，头脑中帝国扩张的梦想一下子找到了依托的地方。他似乎喃喃自语，又似乎对身边的人倾诉说："对这样的地形地势，我们也许得采用海军战术。"

谁也没有听懂他说的是什么意思。他跟谁也再不解释。同僚们都知道他是个极其刻苦、极其舍得下本的人。到了关东军总部旅顺，一连8个月，他的时间都花在了阅读书籍、研究地图以及和关东军经验丰富的老手谈话上面。一副小孩脸的石原实际是一头凶猛的猎豹。第一眼被他看中的东西，便被他紧紧咬住，决不松口。凡是梦想，他就要顽强地把它变成现实。

到中国不满一年，石原进行了三次"参谋旅行"。在哈尔滨乘汽车实地侦察，作攻占前的地形判断；研究了松花江渡江作战和占领哈尔滨后的前进阵地。齐齐哈尔、海拉尔等地的进攻与防御、兴安岭东侧地区可能发生遭遇战等问题，都在他那个不知疲倦的脑子中理出了头绪。后来令裕仁天皇赞叹不已、以"最高机密，应急计划"存入皇家秘密档案的《国家前途转折的根本国策——满蒙问题解决案》，就是石原莞尔在侦察旅行的路途中，在颠簸不已的火车上完成的。

完整的事变蓝图绘制出来了。石原提出的要点是：

一、解决满蒙问题是日本生存的唯一途径。只有对外扩张才能消除国内的不安定局面。为了正义，日本应该果断地行动。即便从历史的关系上来看，满蒙与其说是属于汉民族，莫如说是属于日本民族。

二、解决满蒙问题的关键由帝国军队掌握。只有日本占领满洲，才能完全解决满蒙问题。对中国外交也就是对美外交。就是说，要达到上述目的，就要有对美作战的决心。

他还提出了由7个总督来统治中国的方案：长春为满蒙总督，北京为黄河总督，南京为长江总督，武昌为湖广总督，这4个总督由日本军人担任；西安为西方总督，广东为南方总督，重庆为西南总督，这3个总督由中国军人担任。日本人经营大型企业和从事脑力劳动方面的事业，朝鲜人开垦水田,中国人从事小商业或体力劳动,以图共存共荣。

连关东军少壮军官集团的最高负责人板垣征四郎也像普通学生那样,热心听取石原莞尔对"解决满洲问题"的讲述。

西方人在战后评价说,石原莞尔是日本陆军少壮派中最有创见的战略家。

他更是日本陆军中最为刻苦、最为拼命、胃口最大的野心家。看看其"七总督统治中国方案""日本人经营大型企业和从事脑力劳动,朝鲜人开垦水田,中国人从事小商业或体力劳动"的设计,其战略之疯狂已经无以言表。

石原于陆军大学毕业后,1922年留学德国,研究过拿破仑军事思想和第一次世界大战情势。全部兴趣和爱好,都集中在如何完成日本的扩张上面。回国后任陆军大学教官期间,起草《日本国防的现在和将来》,说"人类的最后斗争,正如日莲(注:日本和尚日莲13世纪自创日莲宗,为日本独创佛教宗派之一)所说,是一场'空前绝后的大斗争'。从军事上来看,它也已迫在眉睫。当飞机能在全世界自由自在飞行之时,也就是这场大斗争开始之时,也是以日本为中心的世界大战"。

历史中一个值得注意的特点,就是不论从石原莞尔或是北一辉身上,你都能看到法西斯分子在追求他们理想的时候,是如何之坚忍与刻苦。这些人并不像很多人想象的那样只会狂热地呼喊万岁和砍头那么简单粗暴。

他们越是坚忍刻苦,对别的民族就越是危险。

"关东军三羽乌"的最后一头乌:土肥原贤二,后面篇章中会专门谈及。这里只提一句:1931年8月18日,事变的30天前,这个玩弄阴谋就像主持正义一样庄重的土肥原贤二大佐,由天津特务机关长调任为奉天特务机关长。"九一八"事变后第三天,他就公开出任奉天市长。

回到先前那个问题:为什么等级极为森严、上级可以抽下级耳光的日本军队中,竟然出现下级军官左右大局、最后甚至越级指挥的现象呢?

对日本统治者来说,有一种更深层次的考虑。

首先是那个直接培植、间接支持少壮军官们的裕仁天皇。从河本大作到板垣征四郎、石原莞尔,无法无天的少壮军官们不是参加过宫内的大学寮就是反长州藩的驻外武官集团成员,基本都是一夕会或樱会的成员。

天皇乐意这些与他年龄相仿的年轻军官在前面打头阵,却不用承担他们失误的责任。所以表面上一切都由参谋们越权直接指挥部队展开冒险,实际一切早已规定停当了。

这也造成日本政局出现一种奇怪的局面:所有人都知道马上要入侵中国东北,但见不到任何指示批复或成文的命令。

事变的准备,是早就开始且有条不紊的。

1930 年 11 月,永田铁山以陆军省军事课长身份到东北与板垣征四郎面商。板垣征四郎正式提出武力解决,永田表面上装作慎重不明确表态,却答应从日本拨两门 240 毫米攻打沈阳的巨炮。

1931 年 7 月,这两门充满神秘色彩的重型榴弹炮被秘密运抵沈阳。它们先由东京兵工厂用火车运到神户。再由神户通过客轮运到旅顺要塞。为不让人们知道是炮,将炮身、炮架拆开,伪装成棺材和澡盆运入沈阳,放置在独立守备队兵营内。

安装也是在夜里进行,佯称是挖井或造游泳池。当东北军派便衣侦察时,日军即加以阻止。除关东军外,这两门巨炮的使命甚至对日本领事馆也保密。大炮的安装由松本炮兵大尉为首的几位专家负责,安装时一律伪装,身穿中国服装。预定的目标从安装一开始就对准了:一门攻北大营,一门攻奉天飞机场。

在大炮运来以前,1931 年 4 月,士兵基本出生在日本北部寒冷地区的第二师团被调来东北换防,以适应东北作战需要。板垣征四郎在该师团大队长以上干部集会上,讲了一段我们中国人今天也应该牢牢记住的话:"从中国民众的心理上来说,安居乐业是其理想,至于政治和军事,只不过是统治阶级的一种职业。在政治和军事上与民众有联系的,只是租税和维持治安。……因此,它是一个同近代国家的情况大不相同的国家,归根到底,它不过是在这样一个拥有自治部落的地区上加上了国家这一名称而已。所以,从一般民众的真正的民族发展历史上来说,国家意识无疑是很淡薄的。无论是谁掌握政权,谁掌握军权,负责维持治安,这都无碍大局。"

应该承认,此人对中国研究极深,对长期以来中国一盘散沙的现状了解极深,对中国政治人物和民众的心理把握极深。这即是这些日本侵略者敢于乘虚而入的最大资本。抗日战争之初我方一败再败,也绝不仅仅败在军事力量上。

板垣上述讲话两个月后,6月中旬,日本陆军省《解决满洲问题方策大纲》传达给关东军。

但临门一脚到来时,为准备好失败和随后推卸责任,日本也是慌张混乱的。毕竟是要吞并一个数倍于自己领土的地方。而且日本本身的力量也不是很充沛,又处于各种势力的夹缝之中。

1931年6月出现一个机会。关东军中村震太郎大尉隐瞒身份冒充"农业技师",前往兴安岭、索伦山一带进行地形侦察活动,被东北军关玉衡部逮捕处决。

石原莞尔立即致信陆军省军事课长、一夕会核心人物永田铁山,称最好机会已到,应立即行动。

后来因为准备不足,日本决策层没有敢利用这个机会。

于是板垣征四郎把下一个行动日期定在9月28日。

如果不是消息走漏,"九一八"事变应该是"九二八"事变了。

关东军准备炸毁铁路采取战争行动的秘密计划传到了东京。9月15日,军部召开三长官会议,陆相、参谋总长、教育总监所谓"陆军三长官"全部出席。考虑到国内外形势尚不成熟,会议决定派作战部长建川美次少将去中国东北,"要他们再隐忍自重一年"。

此消息再次走漏。三封电报、两个特使拥向关东军总部。

第一封电报是作战部长建川美次发给关东军司令官本庄繁的正式电函:9月18日晚7点5分乘火车到达奉天。

第二封是参谋本部中国课课长发给板垣征四郎的非正式电函,通告建川行程和目的:"其任务系阻止事变。"

第三封电报至关重要。它是参谋本部俄国课课长、樱会头目桥本欣五郎发给石原莞尔助手的。电报上盖着"绝密,私电"印记,电文简明又十分切中要害:"事机已露,请在建川到达前行动。"

旅顺的关东军总部9月16日收到这三封电报。电文内容引起慌张。本庄司令官在沈阳视察，留下板垣征四郎和石原莞尔看家。这两人几乎被电文内容搞糊涂了，但还是决定立即行动。他们把电报扣下，板垣坐火车去找本庄，石原留下来草拟给军队的命令。

两个特使解开了板垣和石原的疑团。与皇室关系密切的铃木庄六老将军，在作战部长建川拍电报的时候已经乘上了飞机。当板垣征四郎气急败坏地在辽阳找到本庄司令官时，本庄第一件事就是带板垣去见铃木，并对板垣说，多担负责任，细节自行处理，"不要来打扰休息中的老将军们"。

公开的特使建川美次却把时间花在路上。他坐着慢腾腾的火车，好让关东军有充分的动手时间。

天皇已开了绿灯。从参谋本部的建川，到关东军的本庄、板垣，内心明悉之至。如果出事了，事情搞砸了，高级参谋板垣替本庄司令官、本庄司令官替建川部长、建川部长替军部、军部替天皇分头承担责任。

这是事先默认的承担责任方式。但1948年上绞架时，这种放手让下层去干、再层层分担责任的方式却消失得无影无踪。被绞死的，只是板垣征四郎一人。

1931年9月18日夜10时20分，日本守备队制造中国士兵炸毁柳条湖铁路的借口，向东北军北大营开火。当永田铁山调拨的240毫米大炮震颤着沈阳大地时，关东军司令官本庄繁正在旅顺泡热水澡。刚刚到达沈阳的作战部长建川正在和艺妓睡觉。本庄听取了关东军三宅光治参谋长、石原莞尔参谋的意见后，犹豫片刻，断然做出了"惩罚中国军队"的决定。

他的命令完全是多余。部队早已在板垣征四郎的安排下行动了。板垣在电话上一遍又一遍向各部队重复同一句话："我是板垣，立即按计划进行。"

震惊世界的"九一八"事变，就这样在板垣、石原等人的直接策动下发生了。

西方称"九一八"事变为"一夜战争"。

事变第二天,日本内阁召开会议,做出不扩大事态的决定。日本驻奉天总领事林久治郎还以为关东军少壮军官的行为是犯上。他给板垣打电话通知不要扩大事态,并通过外交途径处理善后。板垣给他一个硬邦邦的回答:"为国家和军部的威信,军部的方针是彻底干下去。"

板垣不仅指挥了关东军部队,还以关东军司令官的名义给驻朝日军司令林铣十郎拍电报,要求派遣部队增援。驻朝日军步兵第三十九旅团于9月21日下午渡过鸭绿江,进入中国东北。林铣十郎司令官连参谋本部的命令也未接到,凭板垣一个电报就采取了调动大部队的行动。

板垣征四郎加上石原莞尔,一个大佐,一个中佐,竟然完成了应是参谋总长和陆军大臣职责的指挥关东军发动战争和驻朝日军的越境出动。

当时日本内阁首相是若槻礼次郎。这位虚权首相后来写了《古风庵回忆录》,以《不听从命令的军队》为题,洗刷自己的责任。他记述说:"内阁制定出关于不扩大事态的方针,并责成陆军大臣将此方针下达给满洲军,但满洲军却仍不停止前进";"驻满洲的兵力大约只有一个师团。为此,满洲军向日本驻朝鲜军司令官林铣十郎讨援兵,林立即派往满洲两个师团。本来,不得到准许的敕令是不能向外国调动军队的。可是,日本驻朝鲜军司令官未经这道手续就调兵了。"

军部留给内阁的事情只是办理手续,批准经费。但在内阁会议上,有的成员反对支出军费,以作为对军部无视内阁的惩罚。但善于揣摩天皇本意的若槻首相是聪明的。他说:"可是,在未出兵期间,自当别论;如若出了兵还不给其军费,军队连一天也不能生存,因为军队还要吃饭。那么,如果把这些军队撤回,就有可能全军覆没,因为满洲军仅以一个师团的兵力进行冒险。所以,既已出兵却不给其经费,不仅南次郎(陆军大臣)和金谷(参谋总长)感到为难,而且连日本侨民也要倒霉。于是,我不顾内阁成员反对与否,马上去觐见天皇,上奏说,政府正在考虑对朝鲜军派兵的问题支付经费。我退出后,金谷来到天皇前面,得到了出兵的敕令。"

若槻礼次郎回忆到此,似乎很轻松就摆脱了自己的责任,似乎政府对发动侵略的责任充其量只是软弱无能。

身为首相,却忘记了连平民也深知的道理:那拨出的经费可绝不仅仅是用于吃饭的。从哪一个国家的宪法上看,政府首相也不仅仅是军队的司务长。

天皇又多了一道发动战争的掩护。若槻心甘情愿用自己做这道掩护。

得到充足经费的关东军,其势更难被内阁抑制。

若槻自己也说原先"满洲军进入铁路的西侧是为了要守护嫩江铁桥。本来认为到了嫩江总可以停止,不料敌军就在附近不得太平,于是又继续前进。既然如此,就说决不许越过中东铁路线。陆军大臣说,不会叫他们越过中东铁路线,而满洲军却已到达齐齐哈尔,进而直抵黑河。这样就发生了日本军队可以不听从日本政府命令这一令人奇怪的事情"。

如此前出的结果,还令那个精于谋划的石原莞尔参谋难受得掉下泪来。

当时迫于形势,日本当局还不敢宣布直接吞并满蒙。在关东军参谋机关9月22日只用一天时间就炮制出来的《满蒙问题解决方案》中,石原莞尔特别加上了这样一句话:

> 本意见(注:指直接吞并满蒙)为九月十九日满蒙占领意见。陆军中央部对此不予一顾,而且建川少将也根本不同意。所以,我们知道该意见是无论如何也不会得到实行的,吞下万斛泪水,退让至满蒙独立方案,以作为最后的阵地。但是,我们确信良机将再会到来,满蒙领土论总有一日会实现。

掉泪的原因就是原来设想将满蒙一口气并入日本领土。而现在不得不妥协于建立"受我国支持的中国政权"。石原莞尔以为这是关东军与军部和日本政府的妥协,而不是日本的侵略野心和现有实力的妥协。

傀儡政权只不过是个面具。但石原莞尔连面具也不想要。

某些时候,泪水比怒吼还要疯狂。

"九一八"事变乱子闹得不小,日本国内方方面面并没有准备好。国际社会也舆论沸腾。但板垣一干到底。他对身边人说:"外国的目光很讨厌,在上海搞出一些事来!""把外国的目光引开,使满洲容易独立。"为转移各国对中国东北的注意力,他给日本驻上海公使馆武官田中隆吉拍电报:"满洲事变按预计发展,但中央有人因列强反对仍持怀疑态度,请利用当前中日间紧张局面进行你策划之事变,使列强目光转向上海。"

田中隆吉不会白干,板垣特意给他送去了两万日元活动经费。当时日本陆军因"九一八"事变大出风头,总想南下的海军也不甘寂寞,想在南面弄出点什么事情来。

田中隆吉设计了几个日本和尚在上海被打的事件,1932年初挑起"一·二八"事变。

一部与中国现代史交叉的日本现代史,应当仔细阅看。否则就很难明白,为什么主持"皇姑屯事件"的是关东军高级参谋河本大佐,而不是关东军司令官村冈长太郎;左右"九一八"事变的是关东军高级参谋板垣征四郎,而不是关东军司令官本庄繁;为什么昭和军阀少壮派军官的皮靴能够踏过田中义一完成第一次膨胀,踏过滨口雄幸完成第二次膨胀,踏过犬养毅完成第三次膨胀。

前奏越是隆重,后果越不可阻挡。

此后,在日本已经没有任何势力能够阻止昭和军阀集团对军部的控制、军部对日本政府的控制了。中国成为这些军事狂人的头号目标。

当中国统治者蒋介石一心对内,一步一步从动员地区力量到动员全国力量"围剿"各个苏区根据地红军的时候,日本陆海军像一部一次又一次补充动力的军事机器,一步一步向侵略中国的目标迈进,一步一步完成了从滨口雄幸首相的文官政治到广田弘毅内阁法西斯统治的更迭。

中华民族灾难来临。

第六章

陷落

共产国际的军事顾问也要打假。由于博古的苦衷,李德扮演起现代钟馗。第五次"围剿"蒋介石三遇其险,最伤心处是打碎了毛福梅的腌菜坛。一个前共产党员攻占红都瑞金。出发长征的中国工农红军,开始了最深重的苦难,也是最耀眼的辉煌。

第一节　外国的月亮圆（二）

第五次"围剿"，是蒋介石准备最充分的一次"围剿"。

调集的兵力最多。用兵 100 万，几乎是倾全国之兵。其中用于中央苏区 50 万。各地除留守部队外，凡能机动的部队都调来了，嫡系部队更是倾巢而出。

准备的时间最足。1933 年 5 月，蒋介石就在南昌成立了全权处理赣粤闽湘鄂五省军政事宜的"军事委员会委员长南昌行营"，亲自指挥对中央苏区的第五次"围剿"。7 月开办庐山军官训练团，用两个月时间分三批，将"围剿"主力北路军排以上军官 7500 余人全部轮训一遍。9 月 18 日轮训结束，7 天以后战斗发起。

战略战术研究最细。蒋介石在庐山反复研究，顾问团的德国将校们也参与意见拟订出一套全新的军事方案，即以堡垒封锁和公路切割为核心的持久战与堡垒战。其要旨是："以守为攻，乘机进剿，主用合围之法，兼采机动之师，远探密垒，薄守厚援，层层巩固，节节进逼，对峙则守，得隙则攻"；加上陈诚在庐山搞出来"一个要诀""两项要旨""三个口号""四大要素""六项原则"。

9 月 25 日，"围剿"军事行动开始。北路军前敌总指挥陈诚指挥三个师突然向黎川发动进攻。

陈诚的动作很快。

按照中革军委的作战方针，红一方面军 1933 年 9 月 27 日发布《关于歼灭黎川之敌后在抚河会战给各兵团的行动命令》，计划"首先消灭进逼黎川之敌，进而会合我抚西力量，全力与敌在抚河会战"。

但命令发布第二天，便丢掉了苏区北大门黎川。

9 月 28 日凌晨，黎川被敌人占领。

为恢复黎川，红军进行了一系列艰苦的战斗。彭德怀率主力应急返回，进攻硝石、黎川之敌；林彪也率主力攻击和牵制南城、南丰之敌，保障彭德怀对黎川地区的进攻。

防守硝石的敌二十四师师长，即当年发动"马日事变"的许克祥。

许克祥与红军将领陈赓是老乡，两家仅隔几里路。陈家是名门，许家是寒门。陈赓回忆说，许克祥的父亲许七靠走街串巷谋生，冬夏两季还要到陈赓家打工，挣钱糊口，维持贫寒之家。

其子却让共产党人血流成河。

1927年5月21日"马日事变"，何键第三十五军三十三团团长许克祥，不到一个月时间就处决近万名"激进分子"，其中相当一部分为共产党人。此人还把屠杀说得振振有词："若不采取先发制人手段，何以尽我军人的天职。"

说"天职"的时候，他早已忘掉了走街串巷四处打工的父亲。

国民党行列由此多了一个镇压共产党人的著名刽子手、长工的儿子许克祥。

共产党的行列中，也产生了一个工农红军的著名战将、大地主的儿子陈赓。

两个人都义无反顾地背叛了自己的阶级。

湘鄂赣地区后来广为流传一首民谣"梭镖亮亮光，擒贼先擒王；打倒蒋介石，活捉许克祥！"

将许克祥与蒋介石并列，可见人们对这个长工儿子的愤恨程度。

历史就是这样，令人惊诧地完成着命运的造化。

在蒋总司令麾下参加第五次围剿，许克祥一如既往，作战坚决。彭德怀连攻硝石数日，不克；林彪的一军团也未能挡住南城之敌东援。陈诚指挥李延年第九师、黄维第十一师、霍揆章第十四师、李树森第九十四师进抵硝石增援。蒋军嫡系四个主力师的到来，迫使彭德怀于当晚撤出战斗。

黎川失守和三军团进攻许克祥坚守的硝石数日不克，使抚河会战计划告吹。林彪率一军团攻资溪桥又数日不克，与敌人在资溪桥地区决战的计划也不得不放弃。

第五次反"围剿"开始第一步，红军就丧失了主动权，陷入被动。

虽然都是过去的对手，但保存实力消极避战现象和一味突击狂躁轻进现象不再出现。敌人好像换了一批人：前进果断且联系紧密；防守坚韧且增援及时。

敌人在变。

应该敌变我变。我们怎么应变呢？

就在蒋军军事行动开始、陈诚向黎川进攻的 9 月 25 日，一个后来被称为"共产国际派来的军事顾问"到达中央苏区。

他从何处来？真是来自共产国际吗？他来干什么？他的到来，将给中国工农红军带来什么样的变化？

仅仅为了弄清他的真实身份，就用掉中国共产党人半个多世纪。

必须从更远的源头去追寻这一复杂线索。

1931 年 6 月 1 日，共产国际的信使约瑟夫在新加坡被英国警察逮捕。审问结果，发现约瑟夫向马来亚共产党人转递的经费来自上海，其携带的文件中还有一个上海的电报挂号和邮政信箱。

新加坡是英国殖民地，上海又有英租界，英国人高效率地做出了反应：立即通知上海公共租界警务处。租界警务处也迅速查实了两处可疑地点：

一处为上海四川路 235 号 4 室，房主是 Noulens Ruegg（诺伦斯·鲁格），中文名牛兰；其妻 Gertrude Ruegg（格特鲁德·鲁格），中文名汪得利昂，被称为牛兰夫人；夫妻俩持比利时和瑞士护照。

另一处为南京路 49 号 30 室，泛太平洋产业同盟驻上海办事处，负责人也是牛兰。

6 月 15 日，牛兰夫妇被上海公共租界警务处逮捕。

由于事先毫无预兆，密码和账簿都来不及转移，被租界当局如数缴获。

确实是迅雷不及掩耳。

此即著名的牛兰夫妇被捕案。

今天回顾这桩当年轰动整个东方的要案，应该叹服共产国际秘密工作者的素质和纪律。上海租界当局从多方入手，却无法查实牛兰夫妇的真实身份。最后他们企图从牛兰一家人所操的语言上打开缺口，以证实嫌疑犯确实来自苏联，结果发现即使牛兰夫妇当时年仅4岁的儿子吉米，也只会说德语。

几十年时间过去，不要说当年租界当局的审讯者和后来国民党政府的审讯者没有搞清楚，就是知道牛兰夫妇是共产国际秘密工作人员的中国共产党人，也一直不知道他们二人的真实姓名和经历。

一直到20世纪末苏联解体、苏共中央和共产国际的大量秘密档案被公布，牛兰夫妇的儿子、年近70岁的吉米老人，才第一次将其父母的真实情况披露给世人。

牛兰的真实姓名是雅可夫·马特耶维奇·鲁德尼克，1894年出生于乌克兰一个工人家庭，10岁失去父母，1914年毕业于基辅一所商业学校，第一次世界大战中因作战勇敢进入圣彼得堡军事学校学习，1917年2月在推翻沙皇统治的斗争中开始革命生涯，成为布尔什维克的一员，担任"芬兰团"政治委员，十月革命时率队攻打冬宫。1918年被选入捷尔任斯基领导的肃反委员会"契卡"，到欧洲数国执行任务，在法国被捕，被判处两年徒刑。1924年刑满返回苏联，调入共产国际联络部，担任与奥地利、意大利、德国等国共产党联络的秘密信使。1927年中国大革命失败后，被共产国际定为派往中国的最佳人选，1927年11月到上海，1929年开始全面负责中国联络站的工作。

牛兰夫人的真实姓名是达吉亚娜·尼克莱维娅·玛依仙柯，1891年出生于圣彼得堡一个显赫的贵族世家。自幼受到良好的文化熏陶，就读于当地的一所贵族学校，后来从事教师职业，专业是数理逻辑。其爱好广泛，对语言的悟性极高，精通法语、德语、英语、意大利语，还研究过格鲁吉亚语和土耳其语；1917年十月革命中加入布尔什维克，受共产国际委派，先后到土耳其、意大利、奥地利等国工作，1925年在维也纳与牛兰相识相恋，1930年初带着儿子来到上海，协助丈夫工作。

这是一对经验丰富的革命者。穷人家庭出身的鲁德尼克和富人家庭出身的玛依仙柯的结合，使他们对各种社会环境具有更大的适应性。

他们在上海要完成的任务集中归结为三项：

一是利用在租界内的各种合法身份,完成共产国际执委会以及远东局、青年共产国际、赤色职工国际与中国共产党和亚洲各国党的电报、信件、邮包的接收与中转;

二是为赴苏联学习、开会、述职的东方各国共产党人办理各种手续;

三是利用公开渠道接收共产国际从柏林银行转来的款项,分发资助中国及东亚各国的革命运动。

即使外行人也能从以上任务得知:牛兰夫妇负责的这个联络站,实际是共产国际在远东的信息流、人员流和资金流的转换枢纽。

正因关系重大,所以负责此事的人经验必须十分丰富,行为必须分外谨慎。

牛兰夫妇完全符合这一条件。他们二人都在多个国家工作过,在上海他们持有多国护照,使用数个化名,登记了8个信箱、7个电报号,租用10处住所、两个办公室和一家店铺,并频繁更换联络地点,同时尽量避免与中国共产党的地下工作者直接接触。牛兰到上海最初一年多时间,不是到中国其他城市旅行,就是往来于上海和欧洲疏通贸易渠道。后来夫妇二人搞了三家贸易公司,其中最大的"大都会贸易公司"资金雄厚,信誉也好,在上海商圈里口碑颇佳。如果不是远在天边的那个信使约瑟夫在新加坡被捕,如果不是约瑟夫违反规定在文件中存下上海的电报挂号和邮政信箱,牛兰夫妇在上海不会暴露。

牛兰夫妇的被捕和机构的被破坏,使共产国际支援东方革命的信息、人员、资金转运通道被切断。

而且祸不单行。

本来由于牛兰夫妇坚守秘密工作制度,纵然通信密码和资金账簿被缴获,但由于身份无法查实,工作性质也无法查实,租界当局几乎无可奈何。上海本身就是"冒险家的乐园",世界各地的各类情报人员和形形色色的投机者在此地使用各种合法、非法、地上、地下手段获取所需之物的人遍及租界内外,早已见怪不怪了。谁知道这对夫妇在为谁工作?是哪路人?想达到什么目的?上海公共租界警务处官员私下说:这个案子很棘手,若查无实据,也只好放人。

但是此前中国共产党方面出了大问题:牛兰夫妇被捕前不到两个月,中共中央特委一个关键人物顾顺章,1931年4月被捕叛变。

顾顺章化名黎明、化广奇,江苏宝山县人,原为上海南洋兄弟烟草公司工人,大革命时期任上海工人武装起义工人纠察队副总指挥,1927年党的"八七"会议上被选为临时中央局委员,"六大"后任中央委员。1928年11月,中共中央决定成立中央特别任务委员会——"坚固的能奋斗的秘密机关,以保障各种革命组织的存在和发展"——领导全国隐蔽战线工作。特委三名领导人,第一是中共"六大"选出的总书记向忠发,第二是当时中共中央的实际负责人周恩来,第三便是顾顺章。此人所处地位之重要与核心,可见一斑。

顾顺章对中共中央的所有秘密,几乎无所不知、无所不晓;他的叛变使中共中央面临严重危险。幸亏打入敌人内部的钱壮飞在顾叛变的第二天便获此情报,立即从南京奔赴上海向特委负责人周恩来报告。周恩来当机立断,在赵容、陈赓、李克农、聂荣臻、李强等人协助下,连夜布置中央机关和人员的转移撤离。聂荣臻后来回忆说:"这两三天里真是紧张极了,恩来和我们都没有合眼,终于抢在敌人前面,完成了任务。"当国民党军警按照顾的口供冲进那些秘密据点和居所时,都已是人去屋空。

据说国民党"中统"负责人陈立夫当时仰天长叹:活捉周恩来只差了5分钟。

周恩来此后多次对人说过:要不是钱壮飞同志,我们这些人都会死在反动派的手里。

在周恩来领导下,虽然努力将顾顺章叛变的影响减到最低,但损失还是难以避免。

首先是4月顾顺章被捕叛变的连锁反应:6月,总书记向忠发被捕叛变。10月,代理总书记王明离开上海去莫斯科。12月,中央常委周恩来离开上海赴中央苏区。六届四中全会后的中央核心被迫停止工作,分头转移。

先前被捕未暴露身份者,被叛徒顾顺章指认。

最典型的就是恽代英。恽代英1930年4月在公共租界被捕。他当时机智地抓破脸皮,化名王某,在监狱中未暴露身份。在周恩来指挥下,中央特委的营救工作颇为有效:老闸巡捕房的探长被塞上一笔厚礼"打招呼",使恽获得从轻发落转押苏州陆军监狱;江苏高等法院的法官也被疏通了关节,准备将恽提前释放。周恩来已经派人到苏州去给将出狱的恽代英送路费了,恰在此关节顾顺章叛变,直接指认即将释放的苏州陆军监狱"王某"是中共重要领导人物恽代英,导致恽代英最终遇害。

顾顺章指认的另一对人物,即牛兰夫妇。

顾顺章与牛兰夫妇打过交道。1931年年初,共产国际派遣两名军事人员到上海,准备去中央苏区做军事顾问,牛兰夫妇将此二人装扮成传教士,中国共产党方面则由顾顺章安排两人潜入瑞金。但行动未能成功,两人返回上海后牛兰夫妇迅速将二人送上外轮离境。顾顺章叛变后,立即指认了此事。但由于牛兰夫妇行事谨慎,不直接与中共地下工作者接触,也包括顾顺章本人。顾顺章倾其脑袋瓜的所有,也只能供出共产国际在上海有一个"洋人俱乐部",负责人是个绰号叫"牛轧糖"的德国人——牛兰(Noulens)的发音与德文牛轧糖(Nougat)相近。当时国民党方面正苦恼跑掉了周恩来这条大鱼,一听有共产国际的"洋人俱乐部",马上高度兴奋起来,迅速认定在上海租界被捕、操德语、国籍得不到确认的牛兰夫妇,就是顾顺章所说的"牛轧糖"——共产国际在上海的"洋人俱乐部"负责人。

1931年8月,牛兰夫妇被"引渡",在大批全副武装的宪兵押解下从上海解往南京。国民党方面力图以此为突破,一举切断中国共产党的国际联络渠道,瘫痪共产国际的远东联络体系。

在此严重情况下,共产国际和联共中央被迫做出反应,开始组织营救牛兰夫妇。

营救工作的具体组织,交给了苏联红军总参谋部远东情报局的上海工作站。

上海工作站负责人,就是当时默默无闻、后来大名鼎鼎的理查德·佐尔格。

佐尔格与牛兰有很多相似之处。

一是两人年龄相仿。牛兰生于1894年,佐尔格生于1895年。

二是两人出生地相近,牛兰出生于乌克兰,佐尔格出生在高加索。

三是两人的工作语言都是德语。牛兰是因为在欧洲活动和在比利时、瑞士等国工作的需要,夫人又是通晓多门外语的语言天才;佐尔格的条件则更优越一些:父亲是巴库油田的德国技师,母亲是俄国人,佐尔格3岁时就随父母迁往德国柏林定居。

四是两人参加革命的经历也十分相似:首先两人都参加了第一次世界大战,而且表现英勇;牛兰因此进入圣彼得堡军事学校学习,佐尔格则在战场上两度受伤,获得德国政府颁发的二级铁十字勋章;其次两人都因战争而走向革命:牛兰在推翻沙皇的二月革命中加入布尔什维克,十月革命中率队攻打冬宫;佐尔格则在此期间加入了德国共产党,并于1925年3月秘密取得苏联国籍同时加入了苏联共产党。

现在两人都在上海,都是秘密工作者。虽然从属不同:牛兰负责共产国际在上海的联络站,佐尔格负责苏军总参谋部在上海的工作站;虽然牛兰已成国民党的阶下囚,佐尔格依然是租界的座上客,但作为秘密工作者都深知工作的危险,更知救援的珍贵。佐尔格的公开身份,是德国报纸《法兰克福新闻》驻上海记者,主要研究中国农业问题。苏军总参谋部派佐尔格来中国,主要针对日本。当时日本昭和军阀集团已经崛起,其咄咄逼人的扩张野心,对苏联东部的安全构成日益严重的威胁。开展针对日本的情报工作变得迫在眉睫,具有越来越重要的战略价值。但日本又是世界上公认的最难开展情报工作的地方。精明的佐尔格把他打入日本的跳板选在了上海。他一面在上海滩为《法兰克福新闻》撰写枯燥乏味的农业评论,一面精心构筑上海工作站,做进入日本的各方面准备。该工作站后来被人们广泛称为"佐尔格小组"。很快还发展了两个日本人,这两人成为佐尔格后来去东京开展情报工作的重要帮手。收到苏军总参谋部的指示,佐尔格便全力投入对牛兰夫妇的营救工作。

中共中央也派出中央特科情报科长潘汉年,协助佐尔格开展营救工作。营救计划由佐尔格和潘汉年共同制订。当时上海的英国、法国和日本巡捕已经开始跟踪佐尔格。但他镇定自若、毫不畏惧;一面不动声色继续写他的农业问题文章，一面与潘汉年一道，从公开和秘密两个渠道展开营救工作。

公开渠道由宋庆龄、史沫特莱、斯诺、伊罗生等人出面活动，要求释放牛兰夫妇。秘密渠道则是从租界和国民党内部打开缺口。潘汉年告诉佐尔格，国民党办案人员有收受贿赂的习惯，1929 年 9 月中共江苏省委书记任弼时在上海被捕，中央特科得悉后用现洋买通公共租界探长，再高价请律师辩护，多管齐下，使任弼时安然获释；恽代英被捕也是同样，已经打通了各种关节，如果不是最后顾顺章叛变指认，恽代英已经出狱。

佐尔格得知此讯后，急电莫斯科，要求立即派专人送两万美元到上海，用于打通关节，完成营救。

苏军总参谋部马上采取行动。送款路线跨越西伯利亚后，要穿过中国东北。当时"九一八"事变已经发生，该地区全部被日本人控制。考虑到德国与日本关系不错，于是苏军总参谋部决定选派德共党员执行这项使命。为保险起见选用两人，每人各携带两万美元，分别走不同的路线。两人都不知道还有另外一人在完成与自己完全相同的使命。

最后，两位送钱的德共党员都完成了这项颇具风险的任务，先后穿越中国东北抵达上海，将钱送到了佐尔格手里。

两人都是具有 10 年以上党龄的德共党员。一个叫赫尔曼·西伯勒尔，晚年撰写文章时还激动地回忆安全到达上海后，和佐尔格拥抱的兴奋情景。

另一个叫奥托·布劳恩。晚年写文章却板起面孔，一个字也不提当年的秘密使命，也一个字不提佐尔格。只是含糊地说："1930 年，共产国际代表团工作人员诺伦斯·鲁格被捕，他办公室里的许多文件也被查出，只是当时对腐化的中国法官进行了贿赂，才使他免受死刑和处决。"不但说错了被捕时间和人数，而且对自己与此事件的关系守口如瓶。

奥托·布劳恩就是那个后来被称为"共产国际派来的军事顾问"李德。

他比佐尔格小 4 岁，却比佐尔格早一年加入德国共产党。奥托·布劳恩出生在德国慕尼黑,是工人起义中的积极分子,曾经为"巴伐利亚苏维埃共和国"英勇战斗。此期间他两次被捕,第二次被捕后越狱成功,逃往苏联。1929 年进入伏龙芝军事学院。当共产国际的信使约瑟夫在新加坡被捕、英国警方发现牛兰夫妇的地址时,奥托·布劳恩还是一名学员,在莫斯科伏龙芝军事学院内规规矩矩地听课。其后对他来说便都是闪电式的了。刚刚毕业就分配到苏军总参谋部;刚刚分配到苏军总参谋部就被派遣来华。

奥托·布劳恩与理查德·佐尔格属同一系统。区别仅为后者已是苏军总参谋部内担负重大使命的情报工作者了,前者还是个刚刚报到的送款员,担任交通一类的角色,到上海后便自然受佐尔格领导。

给佐尔格送款,是奥托·布劳恩在苏军总参谋部领受的第一个任务,也是最后一个。没有人想到这位交通员一去不归,在中国做起了"共产国际的军事顾问"。

其之来华,并非如他自己所述,"受共产国际指派"。

从 20 年代中期起,共产国际就对中国革命给予了极大的重视。先后有不少著名人物被派来中国,指导革命。

维经斯基来华,在"南陈北李"之间穿针引线,推动了中国共产主义小组的建立。

马林参加了中共一大,并在会场出现意外情况后,首先提出转移,以其丰富的地下斗争经验,避免了中共在成立初期便可能遭受的一次重大损失。马林还是国共合作的主要倡导者。与他接触过的人,都对他的学识和经验留下深刻印象。当时俄共(布)远东局、共产国际远东书记处对中国采取的是只重实力的北联吴佩孚、南联陈炯明而疏远孙中山的政策,直到马林来华,才拨正航向。

鲍罗廷在华 5 年,大革命时期在中国政坛上举足轻重、影响深远,被称为"广州的列宁"。

米夫是布尔什维克党内著名的"中国通",1926 年年底在共产国际执委会第七次扩大全会上提出"米夫提纲",认为应该立即在中国农村成立农民苏维埃;斯大林后来发表的《论中国革命的前途》演说,虽然认为成立农民苏维埃为时过早,但认为米夫关于中国民族资产阶级软弱的提法完全正确;"米夫提纲"中提出中国未来政权的性质问题,是个贡献。

罗明纳兹为中共"八七"会议起草《中共"八七"会议告全党党员书》,并作政治报告,主张武装暴动、开展土地革命和建立苏维埃政权,对中共中央转变总方针起了重要作用。

以上这些人,可以说都是国际共产主义运动中老资格的革命者。

老资格的革命者又都在中国犯了这样那样的错误。所以罗明纳兹以后,驻中国的共产国际代表只列席中共中央政治局会议,不再享有决定权。共产国际再未派遣所谓"全权代表"来中国。

为什么突然又出现这样一个未受过共产国际特别训练,甚至未对东方革命有一个粗浅了解的军事学院毕业生,在毕业当年就来中国担任所谓的"军事顾问"呢?连共产国际常驻中国的正式代表都不再具有"决定权"了,又是从哪儿冒出来这么一个能够直接、全权指挥苏区红军的顾问呢?

问题是在哪儿弄糟的?

还是糟在中国人自己身上。

帮助奥托·布劳恩完成身份转换的,不是共产国际,也不是苏军总参谋部,而是设在上海的中共中央。

当时中共中央正因顾顺章的被捕叛变面临严重的困难。牛兰夫妇被捕后不到一周,中央总书记向忠发被捕叛变;王明代理总书记仅仅三个多月,就找出种种借口去了莫斯科;周恩来则于年底奔赴江西苏区;留在上海的中央委员和政治局委员都远不足半数。根据共产国际远东局提议,在王明和周恩来离开之前,驻上海的中共中央改为临时中央,由谁来出任临时中央负责人,中共中央可以自行决定。

可以说,这是共产国际第一次将这样的权力交给中共中央。

决定临时中央负责人的会议,一说是在一家酒店开的,一说是在博古家里开的。

博古年轻气盛,热情奔放,并不把眼前的白色恐怖放在眼里。他又极富口才,善于作充满激情的演讲;六届四中全会后出任团中央书记,因组织和鼓动的才能受到少共国际的表扬。在莫斯科中山大学,他与王明不但是同学,还同属"二十八个半布尔什维克"。所以在决定中共临时中央人选的会议上,作为代理总书记的王明提议:由博古来负总责。

博古接着就是一句:"好,我来就我来!"丝毫没有一点顾虑。

这一年他24岁。

事情就这么定了下来。

当时中共中央发给国际的报告和接受国际的指示,都要通过驻上海的共产国际远东局。王明、周恩来先后离开之后,博古作为临时中央负责人,便成为远东局的常客。佐尔格小组虽然隶属苏军总参谋部,也以共产国际派出人员的身份活动,小组人员也常来远东局交换情况。结果远东局负责人尤尔特、中共临时中央负责人博古、苏军总参谋部上海工作站负责人佐尔格三人之间,来往密切。

牛兰夫妇被捕事件发生后,又从苏联远道来了一个送款员奥托·布劳恩。尤尔特、佐尔格和奥托·布劳恩三人虽然代表不同方面,但都是德国人,这真是个"老乡见老乡"的历史巧合。

布劳恩之所以没有同另一名送款员赫尔曼·西伯勒尔那样,完成任务便迅速回国,是因为他在这里一下子就遇见了两个熟人。

第一个是共产国际远东局负责人尤尔特。布劳恩与尤尔特是老相识。在德国时两人就一起做过党的工作。尤尔特当时在德国共产党内地位颇高,但与德共领导人台尔曼意见不合,被共产国际调出德共,远离其同胞,分配到中国工作。

第二个便是中共临时中央负责人博古。在苏联时布劳恩是伏龙芝军事学院学生,博古则是中山大学学生,学校都在莫斯科,当时两人就认识。

老相识在白色恐怖的上海相遇,虽身份各异,但都担负重大使命。既十分兴奋,又分外亲热。

奥托·布劳恩来华前,博古刚刚出任中共临时中央的负责职务不久,白区工作已经逐渐退居次要地位。中共的主要任务不再是组织示威游行和飞行集会了,也不再是发动城市武装暴动。全国各个苏区,正在如火如荼开展武装斗争。苏区工作已经上升为中国革命的主要工作。军事问题正在成为革命斗争中首要的、迫切的和关键的问题。组织一场真正的革命战争，是中国共产党人面临的最新考验。

结论异常简单。不懂军事，无法把舵。

面对这个简单结论最不利的人，就是临时中央负责人博古。作为一个出家门进莫斯科中山大学校门、出中山大学校门即进中共中央机关门的领导者，博古搞过学运，搞过工运，却没有搞过农运，更没有搞过兵运，没有接触过武装斗争。他自感最为欠缺的，就是军事这一课。

恰恰这时来了个伏龙芝军事学院毕业生奥托·布劳恩。

博古把他的这个熟人留了下来，权充作自己那条并不稳固的船上的水手长。

这一年奥托·布劳恩31岁，长博古7岁。

从1932年年初到1933年年初，博古与奥托·布劳恩在上海整整相处一年。一年之中，两人就中国革命问题交换了些什么看法？怎样评估苏区的武装斗争？如何使这一斗争再进一步发展？现在已经没有第三个人知道了。此后的事实说明，这段时间使博古对奥托·布劳恩建立了绝对的信任。

很快临时中央在上海也待不住了。1933年春，博古去中央苏区。动身前提出要奥托·布劳恩一同去。布劳恩并不缺乏去苏区的勇气，但他有自己的考虑。作为一个曾多次从危险中脱身的国际革命者，他并不害怕前方可能出现的艰险。况且共产国际派来的军事顾问弗雷德·施特恩（简称弗雷德）正在来上海途中，博古走后他在上海将很快无事可做。这些都是他愿意跟博古去苏区的理由。

不能去的理由只有一个：他是苏军总参谋部的人，不是共产国际的人。所以当尤尔特代表远东局征求他的意见时，他提出一个条件，请共产国际执行委员会发出一个相应的指示。

他要凭借这个指示，完成自己的身份转换。

事情并非奥托·布劳恩想象的那么简单顺利。他后来回忆说，"尤尔特和博古因此向莫斯科发出了几封电报"。到底是几封，他也说不清。

隔了一段时间，直到博古临离开上海前，才收到共产国际正式且含混的答复：

> 奥托·布劳恩作为没有指示权力的顾问，受支配于中国共产党中央委员会。

这个指示尽管含混，却极为重要。

共产国际似乎是要通过这个指示让远东局、中共临时中央和奥托·布劳恩明白两点：

其一，作为顾问，奥托·布劳恩"没有指示权力"，仅仅具有建议权；

其二，作为顾问，奥托·布劳恩并不受托于共产国际，只受托于中共中央。

显然，共产国际没有帮助李德完成身份转换。只是要求中共临时中央对自己选定的顾问负责。布劳恩后来说，"其他的命令和指示我没有得到"；共产国际从来不直接对他发出任何指示电报。他与共产国际也从来没有建立直接联系。真正由国际派来的军事顾问弗雷德从上海给李德发电报，也只是把他当作一个帮助了解情况的临时助手而已。

一直到进入苏区，布劳恩也知道他与共产国际的关系微妙。在苏区的军事会议上，起初他一再说明，他的职务只是一个顾问，没有下达指示的权力；但博古不容他这样讲下去。在介绍他的第一个欢迎会上，热情洋溢的博古便展开了他的演说才能：

> 同志们！我们在这里召开一个特别会议，热烈欢迎我们盼望已久的共产国际派驻我党中央的军事顾问，奥托·布劳恩同志。
>
> 为了保密和顾问同志的安全，会后对他的称呼一律用中文的"李德"，不得泄露他的身份和原名。
>
> 李德同志是位卓越的布尔什维克军事家，又是位具有丰富斗争经验的国际主义战士。他来到中国，体现了共产国际对我们党和红军以及中国革命的深切关怀与巨大支援，也体

现了这位老革命家和军事家国际主义精神和献身世界革命的崇高感情。

博古给予了他"共产国际派驻我党中央的军事顾问"这把尚方宝剑。还给他戴上一连串"卓越的布尔什维克军事家""丰富斗争经验的国际主义战士""老革命家和军事家"等光彩照人的帽子;还亲自给他起了个中国名:"李德"。

从此,奥托·布劳恩以"李德"这个名字,进入中国革命史册。

作为中共临时中央负总责的人,博古进一步说明,李德以共产国际军事顾问身份列席中央及军委会议,参与党和红军各项方针决策的研究和制定,特别对军事战略、战役和战术,负有指导和监督的重任。

这就完全超出了共产国际要求的"没有指示权力的顾问"。

奥托·布劳恩从军校毕业时间并不长,开始还不适应"李德"这个名字,不适应"太上皇"的地位。随着时间的推移,见每一个人似乎都认为他这个顾问具有极大的权力,他在日记中分析道:"博古也许还有意识地容忍这种误解,因为他以为,这样可以加强他自己的威望。"

他说对了。年轻的博古需要旁边有个钟馗,以建立和巩固自己的权威——尤其是对他一窍不通的军事工作的权威。李德就扮演了这样的钟馗。

"洋钟馗"。

要发挥"洋钟馗效应",还必须克服红军中普遍存在的厌恶洋人心理。

1988年当选中华人民共和国副主席的王震,回忆自己参加革命的过程时说:

> 我是铁路工人,看到路局的英国工程师赚钱很多,住的是别墅,院子里有草坪,休息日抓我给他修草坪。他们喂养洋狗,吃猪肉,我心里很不服气。认为中国这样穷,英帝国主义用鸦片侵略来灭亡中国,以后又是几个帝国主义国家来侵略中国。中国革命可以学习外国革命办法,但不能请外国人当

领袖。当时我已有民族意识,也有排外思想。认为学习外国
革命斗争经验是可以的,但是举行入团入党仪式,挂马、列相
片,请外国人当导师就不愿意。

当时像王震这样的红军高级将领,"不能请外国人当领袖"是心
中根深蒂固的观念,甚至"举行入团入党仪式,挂马、列相片,请外国
人当导师就不愿意";可以想见要在红军中真正树立起李德的权威,
谈何容易。

挽回这一局面的是安全保密要求——李德单独住宿、单独起火,
不与普通官兵接触。除了少数高级将领,多数红军将士并不知道李德
这个人,更不知道他在中共中央的实际地位。

当时的工作程序是,前方来的电报,都要先送到李德住处,查明电
报所述地点的确切方位并完成翻译后,绘成简图由李德批阅。批阅完
毕提出相应的处理意见,再译成中文送给军委副主席周恩来。周恩来
根据来电的重要程度,一般问题自己处理,重大问题则提交军委或政
治局讨论。

奥托·布劳恩逐渐熟悉了李德这个名字,也逐渐习惯了自己的地
位和角色,在中央的小圈子里真的做起太上皇来了。

他与博古商量以后,在10月中旬中革军委一次会议上说,游击主
义的黄金时代已经过去了,山沟里的马列主义该收起来了,现在一定
要摆脱过去一套过时的东西,建立一套新原则。

游击主义的黄金时代和山沟里的马列主义,明显是博古的语言,
借李德之口说出而已;新原则基本就是李德自己的东西了:用鲜血保
卫苏维埃,一切为了前线上的胜利,不让敌人蹂躏一寸土地,不被敌人
的气势汹汹吓倒,消灭敌人于阵地之前。

这都是李德从伏龙芝军事学院学到的一套老战法。

这些新的原则被通过、付诸实施了。

11月11日,寻淮洲率新成立的红七军团进攻浒湾,遭敌夹击,彭
德怀率三军团赴援。陈诚以部分兵力牵制我三军团,以主力向七军团
猛攻。七军团阵地被突破,寻淮洲率部匆忙后撤。彭德怀的三军团也

在多次向敌阵地冲击过程中,遭密集火力杀伤和低空飞机扫射,伤亡重大;两个军团伤亡1100余人。

11月15日,红一军团和红九军团一部从敌人堡垒间隙北出,配合三军团作战。17日,陈诚以10个师兵力从侧面出击,企图断我归路;另以5个师向我发动正面攻击。云盖山、大雄关一带,一军团、九军团蒙受重大伤亡,被迫放弃阵地。

如果说这些仗都是李德在那里指挥,也不完全是事实。但同样是事实的是,此时李德已经拥有了决定性发言权,红军各级指战员不得不执行他的原则方针。

中革军委11月20日致师以上首长及司令部的一封信,已带有鲜明的李德印记:"如果原则上拒绝进攻这种堡垒,那便是拒绝战斗。"

军人不能拒绝战斗,更何况革命军人。

于是革命军人不能拒绝进攻堡垒。

红军开始了一场与敌人硬碰硬的决战。

历次反"围剿"中机动灵活能征善战的红一军团,由于陷入李德的"短促突击"战术,从1933年10月到1934年4月共打了黎川、云盖山、大雄关、丁毛山、凤翔峰、三岬嶂、乾昌桥和广昌战斗,除了凤翔峰、三岬嶂战斗苦守阵地而取得小胜外,其余都打了败仗,损失严重。1933年12月丁毛山战斗,一军团一师三团9个连队,竟然阵亡了13个连级干部。

历次反"围剿"猛打猛冲能啃硬骨头的红三军团,1933年11月的浒湾战斗伤亡重大,12月的德胜关战斗伤亡重大,1934年3月的驻马寨战斗伤亡重大。

下一个,便是李德亲自出马指挥的第五次反"围剿"中规模最大、影响最大、几乎将红军主力拼光、导致中央红军不得不突围长征的广昌战役。

4月10日,国民党北路军陈诚指挥11个师进攻广昌。面对敌军的严重攻势,以博古为首的中共中央决定调集红军主力一、三、九军团共9个师坚守广昌。博古、李德赴前线组织野战司令部直接指挥。司令员在名义上是朱德,实际上是李德,博古担任政治委员。周恩来被放在远离前线的瑞金留守。

4月中旬,保卫广昌的政治命令下达。命令签署者是中国共产党中央委员会博古、中革军委主席朱德、代总政治部主任顾作霖:

> 我们的战斗任务,是在以全力保卫广昌。为完成这个光荣的任务,一切战斗员指挥员政治工作人员应有最大限度的紧张与努力,我们的坚定的坚决的顽强的英勇的战斗,非但能够保卫赤色广昌且可能消灭大量的敌人及最后的粉碎五次"围剿"。

> 我支点之守备队,是我战斗序列之支柱,他们应毫不动摇地在敌人炮火与空中轰炸下支持着以便用有纪律之火力射击及勇猛的反突击,消灭敌人的有生兵力。

> 我突击力量应该努力隐蔽的接近(爬行跑步利用死角等等),以便避免在敌火下之不必要的伤亡而进行出于敌人意外的突然的攻击,在攻击时应不顾一切火力奋勇前进坚决无情的消灭敌人。

从这些令很多指挥员费解的西化语言中,人们活脱脱看见的是李德。

陈诚以10个师构成5公里宽的攻击正面。5个师为河西纵队,5个师为河东纵队,1个师为预备队。以河东受阻则河西推进、河西受阻则河东推进战法,夹抚河两岸交替筑碉,向广昌推进。

红军9个师,敌军11个师。这是一场以主力拼主力、以堡垒对堡垒、以阵地对阵地的搏斗。中国革命的前途和命运,被压缩到了广昌一隅。

陈诚的主力在河西。其起家部队十一师、十四师都在那里;河东部队相对较弱。李德抓住这点,计划以九军团和红二十三师在西岸牵制敌主力;以主力一、三军团和五军团十三师集中在抚河以东大罗山、延福嶂地区,对河东之敌实施短促突击,给其以歼灭性打击。

结果弱敌不弱。我主力一、三军团还未突击,敌河东纵队就向大罗山、延福嶂发起猛攻。河西纵队也乘红军主力集中东岸作战之机，4月14日突破九军团阵地，占领甘竹。

河东红军主力也未顶住敌河东纵队，于19日丢掉了大罗山、延福嶂阵地。

计划好以我弱旅吸敌主力，以我主力歼敌弱旅，反被敌以弱旅胶着我主力，以主力突破我防线。

敌人似换了一个人。

我们也似换了一个人。

4月27日，陈诚指挥河西、河东两岸敌军同时向广昌发起总攻。

当晚，红军被迫撤出广昌。

广昌保卫战是李德战略战术发展的顶点，红军损失巨大。战斗持续18天，红军伤亡5500余人，占参战总兵力的五分之一。中央苏区不得不被放弃、中央红军不得不突围长征这个第五次反"围剿"的结局，在广昌已经奠定。

红军在广昌的确战败了。因为失败，出现了一些不准确的说法。例如说在战前就提出了口号："为着保卫广昌而战，这就是为着保卫中国革命而战"，"胜利或者死亡"；其实这些口号是4月28日《战斗报》发布的。发布之日，红军已经退出了广昌。

又有文章说"博古和李德害怕敌人突破所谓根据地的门户广昌，荒谬地提出要'把广昌变成马德里！''像保卫马德里那样保卫广昌！'"；这就偏离当时的事实更远了。西班牙内战发生在两年之后。没有人能够用1936年底发生的保卫马德里战斗，来形容1934年4月的广昌。

李德的作战指挥给中国革命带来的损失巨大，事实已经铁一般地摆在了那里。脱离基本事实的主观感情升华和添油加醋，只能使想真正总结出经验教训的人们，陷入另外一种思维的迷雾。

李德的翻译之一王智涛说："他是由上海那个真正军事顾问派来打前站的。"

如果来苏区的不是假顾问李德，而是真顾问弗雷德，中国革命的运气是否能够稍微好一些呢?

正式顾问弗雷德 1933 年春天来华。他在中国时间虽短,却于 6 月 13 日以中共中央名义发给中央苏区一封著名的"长电",指示红军今后作战方针。他反对集中使用兵力,主张两个拳头打人,要求红军以主力组成东方军,打通福建出海口,获取苏联可能的武器支援。

连共产国际代表尤尔特和还未出发去苏区的李德都认为他的想法不切实际。

即使如此,弗雷德对提出异议的苏区中央局还去电严厉申斥:"必须时时记着:我们不能允许以讨论或含糊的步骤来浪费我们的任何时间。"

有个正式头衔,说话口气便不知比李德强硬出多少倍。

为了弗雷德不切实际的空想,红一方面军只有按照其意由一、五军团组成中央军,留守原地,以三军团为基干组成东方军东出福建。

幸亏弗雷德来华时间不长。否则"长电"之上再加几封"长电",李德之上再多个弗雷德,中国工农红军的命运便真要雪上加霜了。

弗雷德来去匆匆,1934 年春天便离开中国。

他后来成名于西班牙战场,真正地"保卫马德里"去了。看来他在那里更有成绩,人们称他克勒贝尔将军。

欧洲更适合于他。

李德也是如此。

李德的身影中,人们总看见博古。博古的错误里,最大的又是李德。

李德的另一个翻译伍修权回忆说:"李德的权力,不是他自己争来的,而是中共中央负责人拱手交给他的,造成失败的主要责任应该是中国同志本身。"

国际只允许他有建议权,但他最后有了指示权、决定权。那不是共产国际的决定,而是中共中央的决定。

有人说,博古当时抓住李德,像抓住一根救命稻草。

话说得刻薄了一些。不懂军事向别人请教,无可非议,哪怕被请教者是个外国人。如果仅仅如此,也许中国革命史和博古、李德的个人历史,会有另外一种写法。

起初的确局限于请教。但后来则想把自己的某些东西硬塞到里面。借伏龙芝军事学院的招牌、借共产国际的身份帮助自己压台、压人。于是李德变成了钟馗,用他来"打鬼"——威吓那些在革命战争中积累了丰富经验、坚持红军独特战法的人。

首当其冲者自然是毛泽东。

当时的"左"倾中央,无一人想起要向苏区中自己的同志请教。

1929 年,李德刚刚成为伏龙芝军事学院的一名学员,彭德怀、林彪等人已经完成了他们那段最艰难困苦的战争实践;

1932 年春天,李德从军事学院毕业,江西革命根据地已经完成了第一、二、三次反"围剿",毛泽东军事路线已经完全形成。

为什么不信任自己的将领、自己的理论,偏要请来一个李德呢?

从地理气候上说,中国经常是东南暖湿气流与西北干寒气流的交汇地点。1931 年这两股气流在上海碰撞得分外猛烈:新加坡生成的热带台风卷走了牛兰夫妇,西伯利亚南下的强劲气流却把奥托·布劳恩送到了中国。

历史链条的某些关键环节,总由一些既五光十色又啼笑皆非的怪圈组成:

没有那个倒霉的共产国际信使在新加坡被抓,哪里会有牛兰夫妇在上海被捕?

没有那个不甘寂寞的顾顺章在武汉街头变魔术被叛徒指认进而自己也叛变,哪里会有狱中牛兰夫妇的身份暴露?

没有苏共和共产国际对牛兰夫妇的全力营救,苏军总参谋部哪里会派出军校刚刚毕业的奥托·布劳恩?

而没有奥托·布劳恩到中国专门送营救专款,本已艰难曲折的中国共产党历史,又何必再添上一位让人五味杂陈的李德?

要说命运的话,这是李德的命运,也是中共的命运。

第二节　彭德怀·蔡廷锴·宋美龄

第五次"围剿"中蒋介石三遇其险。

一遇于彭德怀。

二遇于蔡廷锴。

三遇于宋美龄。

当时蒋介石的侍从秘书邓文仪回忆：

在福建叛变行动才发生的时候，江西的共匪，以彭德怀为指挥，发动了一次空前的大兵团钻隙远袭，围攻蒋委员长在江西临川的前进指挥所的冒险的战争。当时剿匪的部队，都分散在赣西南及赣东北，与匪军对峙，时有或大或小的战斗，在赣中临川（抚州）委员长前进指挥所附近，几乎没有成团的军队防守，只有不到一营或二营的警卫部队。因为是南昌委员长行营的中心地带，一般认为是安全的军事区域，想不到共匪竟能实行这样一次的奇袭作战，当时的情况，危急万分，如果共匪奇袭成功，整个大局就将面目全非，而两场战争都将无法进行、同时失败了。

……彭德怀以其指挥的第一集团军，加上第三、第五集团军的大部，在很短时间内，绕道山岭昼伏夜行，衔枚疾走，一支十万人以上的匪军，竟在不知不觉中，出人意料之外，到达了江西中部的临川附近。他以一部部署在赣东北黎川方面，阻击我汤恩伯兵团救援，而以主力包围攻击临川委员长前进指挥所。指挥所设在临川第八中学，委员长这时正在那里指挥前线作战。有一天晚上，临川附近发生枪声，经过短期的侦察，便知道了共匪有很大的部队到达赣东北与赣中，抚州空虚，危急万状，南昌后方没有军队可以增援。幸赖蒋委员长指挥若定,沉着应战,一面命令赣东北的汤恩伯兵团攻击当面匪军主力,同时要他迅速派兵,到抚州附近增援解围。这时冷欣指挥的第四师、宋希濂指挥的第三十六师等约五个师兵力,都是能征惯战部队,他们接到命令,听到委员长指挥所被围的消息,都是英勇奋进,冒一切恶战苦斗的行动,以劣势的兵力和共匪作战,幸赖将士用命,他们竟把彭德怀的主力囊括住了,而且节节胜利。⋯⋯经过不到一周之恶战苦斗,彭德怀部脱离战场,逃逸无踪,来如洪水猛兽,去若流水落花,这场战争,可谓有惊无险,胜得很轻松。

邓文仪所讲的是红军的浒湾、八角亭战斗。当时一定极为惊慌的邓文仪,连着搞错了几件事。红军进攻发生的时间并不在福建事变中,而在事变之前。彭德怀的兵力也不是 10 万,而是不足 2 万。蒋军以九十八师防守临川,以第四师、三十六师、八十五师参加战斗,兵力不但不处于"劣势",且两倍于红军。

但邓文仪也说出一些真情。当年幸存下来的浒湾战斗参加者,也不知道一直被指责为李德式硬拼仗的浒湾战斗,竟然差点端掉了蒋介石的老巢。如果他们知道当年长途奔袭的红军在神不知鬼不觉之中,竟然挺进到距蒋介石设在临川第八中学的前进指挥所仅 30 公里的地段,那颗已经衰弱的心脏,也要突然间像年轻人一样怦然跳动几下的。

对红军来说,奔袭浒湾,确实是一个大胆的战役行动。但行动的目的不像邓文仪所述"围攻蒋委员长在江西临川的前进指挥所"。红军并不知道蒋介石在临川指挥作战。中革军委的设想是以红七军团深入抚州地区活动,牵动围攻苏区的南进之敌回援,然后运用主力一、三军团与回援之敌在运动中决战。

11 月 11 日,红七军团发起浒湾战斗,攻击未能奏效,敌向浒湾方向紧急增援。12 日,红三军团投入战斗,攻击也未能奏效。13 日凌晨发动总攻,攻击动作也不一致,天明以后敌机 12 架前来支援地面部队,低空猛烈轰炸扫射。

当时任红七军团参谋长兼二十师师长的粟裕回忆说:

这是一场恶战，这次作战从战役指挥到战术、技术上都有教训。战役指挥中通讯联络差，军团之间未能协同配合，当三军团迂回到敌后，向敌人猛攻时，我们不知道；而当敌人向我们这边猛攻时，三军团又不知道，所以未能配合上，打成了消耗战。从战术上看，敌人在向我发起反击时，派飞机、装甲车协同步兵作战，这是红七军团未曾经历过的。五十八团团长是一位打游击出身的干部，人称"游击健将"，打仗很勇敢，但从来没有见到过飞机轰炸的场面。敌机集中投弹，他叫喊："不得了啦，不得了啦！"其实他不是胆小怕敌，而是没有经过敌人空袭的场面。十九师是红七军团的主力，战斗力强，擅长打野战，但没有见到过装甲车，这次敌人以两辆装甲车为前导冲击他们的阵地，部队一见两个铁家伙打着机枪冲过来，就手足无措，一个师的阵地硬是被两辆装甲车冲垮。

粟裕是我军著名的常胜将军。常胜将军却爱如数家珍一般回忆曾经历过的失败，尤其是重大失败。

"一个师的阵地硬是被两辆装甲车冲垮"决不能说是光荣的记录。

但记录历史，不是只记录光荣。

正是这样，我们这些后人才更加懂得，胜利从何而来。

浒湾、八角亭战斗历时3天，毙伤敌人520多人，红军伤亡和失踪合计1095人，伤亡重大。

但蒋介石却受刺激重大。

邓文仪回忆：

当前面战争紧急的时候，委员长除了紧急指挥前线军队作战之外，内心也很焦急。因为抚州空虚，增援部队不能迅速到达，万一匪军主力急攻抚州，实在无法以空城计对付彭德怀。曾想令南昌行营派来水上飞机，迎接统帅回南昌去。某天下午，委员长带卫士二三人与我散步到抚河畔，侦察水上飞机起落场所，行进途中委员长对我说：剿匪部队师劳无

陷落

功,作战不力,危急战况,竟在抚州附近发生,证见我们的剿匪部队,已无能力战胜共匪,说罢连连慨叹。

这一几乎击中国民党军神经中枢之举,令蒋介石沮丧不已。

更令他沮丧和震惊的事情来了:"闽变"。

对第五次围剿准备极为精心、极为充分的蒋介石,几乎将一切都考虑到了,就是没有考虑到彭德怀奔袭浒湾,没有考虑到"闽变"——1933年11月20日,十九路军将领蒋光鼐、蔡廷锴发动抗日反蒋的福建事变。

十九路军本来是围剿的东路力量,负责扼守闽西及闽西北地区,阻止红军向东发展。东部防线的突然崩塌,精心策划的第五次"围剿"几乎全盘泡汤。

侍从室主任晏道刚回忆,蒋介石在抚州得知"闽变"消息,神色异常紧张,深恐红军与十九路军联合。好几次与晏道刚同坐汽车时,忽而自言自语,忽而挥拳舞掌。一个人坐在房子里时,便不时掏出自己写的《剿匪手本》,翻到后面的军歌,竟独自高声歌唱起来。

蒋介石刺耳的歌声一起,侍卫长宣铁吾就跑去找晏道刚,说老头子又发神经了。

据蒋介石身边人回忆,蒋失去控制一个人唱歌,在中原大战结束后有过一次。那是打垮冯玉祥、阎锡山后得胜而归,靠在车子里不停地哼小曲,还随手向沿途士兵、难民撒钱慰劳;欣喜之状,殊非一般。哼又哼不成调,惹得周围人欲笑不敢。

这回因蒋光鼐、蔡廷锴,他又唱起歌来,但感觉完全不一样了。

他的阵脚乱了。

其实对福建事变中新成立的"生产人民党""中华共和国人民政府"及上红下蓝中间嵌一黄色五星的"国旗",甚至新颁发的对蒋介石、汪精卫、何应钦等的通缉令,蒋介石并不多作看重。

他看重的是蔡廷锴指挥的那5万军队。

枪杆子里面出政权,蒋介石早掌握得十分深透。

如果这 5 万军队与江西 10 万红军合股,第五次"围剿"计划将破产不说,闽赣结为一体后凭借中共与共产国际联系,加上十九路军掌握控制的福建出海诸口,外来援助直接进入,后果不堪设想。

蒋介石深知出海口与外援的关系。当初若不是靠广州出海口源源不断得到苏联军火的接济,后来的黄埔建军、誓师北伐根本无从谈起。

他必须掉转过头来,首先收拾蔡廷锴。

谈"闽变",必须谈蔡廷锴。

人类最大的恐惧也许就是面对死亡。所以尽管帷幄中决胜千里与沙场上冲锋陷阵皆可谓军人之勇,但再没有比"敢死队"这个词将军人之勇表现得更加淋漓尽致的了。

所以无人不知工农红军中那个多次出任敢死队长的许世友。

国民革命军中,也有一个多次出任敢死队长的蔡廷锴。

1922 年 5 月,孙中山在韶关督师北伐,分兵三路进入江西。攻赣州城 10 日不克,北伐军伤亡很大。粤军第一师挑出身材高大、作战勇猛的四团三营十一连上尉连长蔡廷锴担任敢死队长。蔡率领敢死队员 100 余人,凌晨 4 时向守军方本仁部防守薄弱处发起冲击,7 时将敌阵冲破。

后继部队迅速跟进,古有"铁城"之称的赣州遂被北伐军占领。

1923 年 5 月,粤军第一师与友军合攻肇庆。守敌沈鸿英部坚守顽强,血战五六天,仍攻城不破。蔡廷锴再被挑出担任敢死队长。次日凌晨,地雷队将东城城墙炸开一个缺口,蔡立即身先士卒,带领敢死队向缺口猛扑,与敌展开肉搏战。后继部队在敢死队引导下涌入城池,全歼守敌,克复肇庆城。

蔡廷锴从军多年,除本人多次担任敢死队长外,所部在行军作战中,也多为先锋。官至团长、师长在战斗中还亲率预备队冲锋,是粤军中著名的猛将。

谁能想到这位猛将 13 岁学的是耕田,14 岁学的是缝衣,15 岁学的是兽医。他在家乡最早的名声不是打仗,而是医牛。凡经他医治的病牛,十有九愈。

不是那个时代,广东罗定县龙岩乡不过多了一个贫苦兽医而已。蔡廷锴耳边响彻的就是牲口的嗥叫,而不会是弹雨呼啸了。

那是一个到处都有激情像干柴一样燃烧的时代。每一次轰轰烈烈的大革命都是一次对历史的颠倒,也是一次对人们原本位置的颠倒。这种现象尤其多见:出身豪富家庭者加入了共产党,为穷人争天下;出身贫苦者却加入国民党,为富人保江山。

蔡廷锴就属于后者。

1927年8月1日,他被迫参加八一南昌起义。虽然担任了南下部队左翼总指挥,但他是不情愿的。部队至进贤县,他便乘混乱之机清理掉队伍里的共产党员,脱离了起义军。

蔡廷锴的突然叛离,使起义队伍的南下计划受到严重挫折。

出身贫苦的蔡廷锴在和贫苦人组成的工农红军作战中,极其顽强。

第三次"围剿"中,蒋介石因粤变实行总退却。转入追歼的红军选定蒋鼎文的第九师和蔡廷锴的六十师、六十一师作为打击目标。

蒋鼎文师为蒋军嫡系,红军未集中主力便歼他一个旅,俘2000人枪;朱德、毛泽东指挥红军主力彭德怀之三军团、林彪之红四军及方面军直属红三十五军打非嫡系的蔡廷锴,未料到竟打成了一场持续数日的血战。

战场在距离兴国40里的高兴圩。从白天到黑夜再到白天再到黑夜,红军反复发起冲击,双方数十次用刺刀拼刺。

放牛娃出身的红军三军团总指挥彭德怀驱策战马,挥舞战刀,身先士卒率队奋勇冲击;

医牛病出身的蒋军一军团代总指挥蔡廷锴手持双枪,声嘶力竭,亲率指挥部人员压在第一线督战。

红军乘连战连胜之威,蔡军倚从未败北之势,双方都拼了老命。

激战中蔡军几番全线动摇。其六十师师长沈光汉擅自向兴国方向逃去十余里,军团部人员和蔡的随员都有人逃跑;无线电不再发出战斗命令,而是拼命向周围部队紧急呼救。蔡廷锴几番想拔枪自杀,但一转念"横竖一死,未到红军俘我之时,先死殊不值",又纠集残兵拼杀下去。

高兴圩血战,成为红军第三次反"围剿"中持续时间最长、战况最烈的一次战斗。特别在徒涉高兴圩以西河流时,红军伤亡重大。红三军团四师师长邹平、红四军十一师师长曾始峩均不幸阵亡。

毛泽东 1958 年在八大二次会议上讲话,坦承指挥过四次败仗,第一个就在高兴圩。

国民党政府战史汇编在《关于第三次赣南围剿之经过情形》的作战总结中,更称高兴圩战役"实为剿匪以来最胜利最激烈之血战"。

朱德、毛泽东指挥红军主动退出战斗。

蔡军也因伤亡过大,未加追击。

红军低估了蔡军的战斗力,低估了蔡廷锴的作战意志与决心。

红军领导人不知道,与蒋介石不同的是,蔡廷锴在日本人面前照样很硬。

高兴圩血战后一周,"九一八"事变爆发。蔡廷锴在赣州率部誓师,要求抗日,反对内战。率十九路军驻防上海后,日本海军陆战队大量增兵。1932 年 1 月 22 日,日本领事村井提出要十九路军后撤 30 公里,蔡坚决不允。1 月 24 日,军政部长何应钦来沪与蔡面谈。

何说,现在国力未充,敌方提出要我后撤,政府本应拒绝,但为保存国力起见,只有不得已忍辱负重;十九路军可后撤,政府拟以外交途径解决。

蔡说,驻地是我国领土,撤退殊无理由;政府要撤,请不限于敌方要求,调我全军离开京沪路,我当绝对服从。

何应钦碰了钉子,张静江便出马,约蔡廷锴在杜月笙家面谈。

张静江在国民党内面子极大,不但与蔡元培、吴稚晖、李石曾并称为国民党四大元老,而且被孙中山形容为革命的"奇人"——1905 年张静江与孙中山于赴法的轮船上相遇,对孙的革命主张推崇备至,当场约定:如有需,定电告,以 A、B、C、D、E 为暗号,分别代表 1、2、3、4、5 万元,张悉力以应。因是萍水相逢,孙听后半信半疑。张遂留下一信,让孙派人持此信到纽约第五街 566 号张的运通公司领取资助经费 3 万元。孙仍不信,到美国后将信交给黄兴,叮嘱去探真假。未料想 3 万元如数领取,孙中山大叹遇到了"奇人"。后来他总结说:"自同盟会成立之后,始有向外筹资之举,当时出资最勇而名者,张静江也。"

如此地位和威望的张静江,在蔡廷锴面前也碰了钉子。

张说,十九路军素来军纪严明,革命战争有功;望体念中央意旨,避免与日军冲突。上海华洋杂处,繁华之区,战端一开,损失极大。倘能撤退,我可报告蒋总司令。

蔡廷锴听了脖子一挺说:上海是中国领土,十九路军是中国军队,有权驻兵上海,与日军毫无关系。万一日军胆敢来犯,我军守土有责。张先生也是中国人,请接纳此意,向蒋总司令报告。

有蒋介石老师之称的张静江,平素在国民党圈子内颇具权威,却在这个敢死队出身的蔡廷锴面前闹了个大红脸。

"九一八"事变留给中国人的是屈辱。《松花江上》词曲悲切,事实却更悲切:19万东北军面对19000关东军,不战而退。丢了东三省,张学良向全国老百姓交代的,仅凭手中一纸蒋介石的不抵抗电报。

"一·二八"事变却让日本人看到了抗争。日本人面前不是软弱的张学良,是敢死的蔡廷锴。

日军先以舰队司令盐泽幸一为攻击总指挥,连攻不克;一周以后撤盐泽幸一,换第三舰队司令野村,又不克,主力久留米混成师团还受到重创;再撤海军的野村,换陆军第九师团长植田谦吉接任;植田的总攻计划再被粉碎,日本政府不得不改派在田中内阁任陆军大臣的白川义则大将亲往上海接任指挥。

白川义则最后又被朝鲜人尹奉吉扬手一颗炸弹,毙命于上海。

"一·二八"事变令日本人损失惨重。张学良如果也有蔡廷锴那样令日军走马灯一般撤换指挥官的纪录,对白山黑水的东北乡亲不是更好交代一些?

遵令撤退的张学良,不得不在国人一片指责声中,出国"考察"。

违令抗战的蔡廷锴,蒋介石却不得不在他胸前挂上一枚青天白日勋章。

"一·二八"抗战后,十九路军被调防福建。

这样一支颇具战斗力的军队在第五次"围剿"中打出抗日反蒋旗帜,给红军打破"围剿"提供了一个极好的机会。

如此有利条件,是前几次反"围剿"中没有的。

第五次"围剿"中,蒋介石最紧张的,就是这次事变。对苏区的"围剿"几乎全部中断。"围剿"主力北路军不得不抽出 9 个师,加上宁沪杭地区抽调的两个师共计 11 个师,由蒋鼎文指挥分别从江西和浙江进入福建,进攻十九路军。

蒋介石真正把家底子都拿上来了。苏浙皖赣地区再无多少兵力可调。

毛泽东 1936 年 12 月写《中国革命战争的战略问题》时,说红军当时"应该突进到以浙江为中心的苏浙皖赣地区去,纵横驰骋于杭州、苏州、南京、芜湖、南昌、福州之间,将战略防御转变为战略进攻,威胁敌之根本重地,向广大无堡垒地带寻求作战",就是依据福建事变后出现蒋管区防务空虚的情况。

蒋介石不担心他压不垮蔡廷锴,而是担心红军与十九路军联合。每天晚餐后,他都要找侍从室主任晏道刚和参谋本部第二厅厅长林蔚。问题就一个:是否有红军与十九路军联系的情报。他叮嘱晏、林二人,要密切注意双方动向,每日派飞机空中侦察。

一直未发现红军与十九路军联系的征候。蒋这才慢慢放下心来,决定亲自飞往建瓯,指挥收拾十九路军。

未想到还没走便发生了第三次危机。

没有考虑到彭德怀奔袭浒湾、没有考虑到蔡廷锴发动"闽变"的蒋介石,也没有考虑到宋美龄在临川发现了他的腌菜罐。

跟普通人毫无二致,蒋介石爱吃家乡的风味小吃。每年其原配夫人毛福梅都要送些亲手制作的家乡菜到南京,如腌雪里蕻、豆腐乳、臭冬瓜、腌笋片,等等。蒋一吃到这些可口的家乡菜肴,便明白毛福梅又打发人送东西来了。

宋美龄却是位生活西化的人物,吃西点、西菜。早餐酸奶或牛奶、烤鸡、猪排、白脱面包、色拉之类,与蒋介石吃不到一块儿。有时蒋也陪吃西菜,但吃不几天,就又重新用中餐和吃家乡菜。

蒋介石不喜欢宋美龄的西餐,宋美龄虽然也不喜欢蒋那些心爱的家乡风味,但对腌菜,如精心制作一番,倒也吃些。但那些霉变菜品如臭冬瓜之类,无论如何也不行。因此每当蒋、宋同餐时,毛氏制作的臭冬瓜之类,便绝对不能摆上餐桌。

宋美龄在战事正紧之时来到了抚州前进指挥部。本想慰问蒋一番,却意外发现蒋的床下隐藏着原配老婆的宁波小菜罐坛,臭冬瓜自然绝对少不了,脾气便火山一般爆发了。

宋美龄平时修养极好,从不摔盘子砸碗,更不颐指气使。尤其公开场合,特别给其夫面子,这回是实实在在忍不住了。蒋一口一个生死之战,你死我活,"围剿"发起以前还亲写有两幅手书,其一是:"一、要对得起已死的将士;二、要对得起总理的灵魂;三、要对得起生我的父母;四、要对得起痛苦的民众。"其二是:"一、对主义尽忠了么;二、对党国负责了么;三、对统帅信仰了么;四、对上官服从了么;五、对部下信任了么;六、对本身信仰了么。"

词句之间,对自己坚定自信,令部下百折不回,颇有生死不计、百战不辞之感。

却又在指挥作战的床铺下埋伏了好几罐前妻的腌菜。真该在第一幅手书后面添上"要对得起毛福梅的腌菜";第二幅手书后面添上"腌菜罐子藏好了么"。

腌菜罐子没有藏好,被宋美龄从床下一个一个拖出来,统统砸碎。

宋美龄也开了杀戒。蒋介石的情绪跌入谷底。

红军却错过了利用福建事变的大好时机。

本来倒是做好了利用这个机会的准备。10月26日,由周恩来主持,红军全权代表潘汉年与十九路军全权代表徐名鸿在瑞金签订了《反日反蒋的初步协定》。张闻天、毛泽东、朱德也会见了徐名鸿和陪同前来的十九路军参议陈公培,博古虽未见十九路军代表,但与李德一样,都对这一合作表示支持。

10月30日,中共中央给福州市委和福建全体同志发出一封指示信,说:

党在福建的总方针之一应该是尽可能造成民族的反帝

统一战线,来共同反对日本帝国主义及其走狗国民党南京政府,而不要简单地提出与反对南京政府和蒋介石一样的口号来反对当时正采取着左的策略的福建统治阶级与其他派别。要不调和地、不容情地反对那种关门主义的、不估计客观事实与脱离当时群众的、不愿意去建立革命的反帝统一战线的"左"倾思潮。

这个颇为清醒的指示,与在中共中央负总责的博古关系不小。但11月18日又发出一封指示信:

十九路军中的若干领袖和政客正在蓄意开始一个大的武断宣传的阴谋,企图集合更多的力量来树立较坚强的障碍来阻止革命的怒潮;这些"左"的民族改良主义政党的力量的任何增加是在中国革命的进步上放了新而非常可怕的障碍物;必须彻底明了十九路军领袖们政治阴谋的特征,必须在下层革命统一战线的基础上竭力同这些政党斗争,来争取现在仍然附和他们的劳苦群众及士兵。

10月30日信的正确观点被统统推倒。

十几天时间,换成另一种观点、另一种态度,甚至是另一种不同风格的语言。

发出不同指示的却是同一个中共中央。

11月18日大转向的指示信发出两天之后,福建事变发生。

机会还未抓住,便已经错过了。

博古等人态度剧变的理由,来自共产国际。11月18日指示信,完全是根据共产国际指示电拟就的。当时苏联已同蒋介石南京政府改善了关系。苏联的态度决定着共产国际的态度,共产国际便不支持红军同十九路军联合反蒋。共产国际执委会第十三次全会文件说:"福建政府宣布的一系列激进口号……是十九路军高级将领的权宜之计和'左'倾词句","是军阀和政客为了保证自己的成功而提出的蛊惑人心的诺言";"蒋介石集团和国民党所有派系都是帝国主义奴役中国人民的代理人和工具"。

共产国际的态度又决定了一系列态度。

11月22日,宋庆龄在上海发表声明,未预闻福州之事。

11月28日,莫斯科《消息报》称福建政府与真正革命运动毫无关联。《真理报》说福建事变将引起日、英、美在中国斗争。暗示蔡廷锴背后有帝国主义支持。

国际派来的正式军事顾问弗雷德向苏区提出计划:一旦蒋蔡开战,红军就在西北一线突破敌阵地,越过赣江,从敌人背后向南昌挺进。

认为蔡廷锴等人是"一些不可靠的家伙"的,还不仅仅是上海的弗雷德。不少红军领导干部对南昌起义中叛变、在高兴圩与红军血战的蔡廷锴怀疑很大,好感不多。12月5日,中共中央发出《为福建事变告全国民众书》,称福建政府"不过是一些过去反革命的国民党领袖们与政客们企图利用新的方法来欺骗民众的把戏,他们的目的不是为了要推翻帝国主义与中国地主资产阶级的统治,而正是为了维持这一统治,为了要阻止全中国民众的革命化与他们向着苏维埃道路的迈进"!

这已经不再是模仿共产国际的语言,而完全是自己的语言了。

甚至还有所创造发展。

《告全民书》号召福建人民起来,要求刚刚成立且困难重重的抗日反蒋政府武装他们,并开展罢工、抗租抗税、没收资本家企业与财产、实行彻底的土地革命;要求福建政府立刻收回日租界与关税,逮捕卖国贼及汉奸,与蒋介石、日本帝国主义决战;《告全民书》还在最后警告,只有两条道路,中间道路是没有的。一切想在革命与反革命中间找出第三条出路的分子,"必然遭到残酷的失败,而变为反革命进攻革命的辅助工具!"

蔡廷锴等人,不反蒋是蒋介石的帮凶,反蒋仍是蒋介石的帮凶。

蒋介石却不知道蔡廷锴仍然是他"进攻革命的辅助工具",更不知福建政府是"利用新的方法来欺骗民众的把戏";他只知道这一猝不及防的突变不迅速扑灭,精心构筑的"围剿"计划便要毁于一旦。

蒋军大举进攻十九路军的时候,中革军委却将红军主力从东线调到西线永丰地区,不去配合十九路军,反去进攻敌人的堡垒阵地。

粉碎第五次"围剿"的有利时机,就这样丧失了。

蒋介石平息"闽变"之后,入闽蒋军11个师加上被改编的十九路军部队共计14个师组成东路军,以蒋鼎文为总指挥,开始从东面向苏区进攻。中央苏区真正陷入被四面合围,在军事上被完全封锁,处于更加困难和不利的地位。

苏区首府瑞金,最后就是被从福建打过来的东路军攻占的。

处理福建事变的失误,外部有苏联的国家利益因素和共产国际的立场,内部也有我们自己丰沃的极左土壤。政治上、军事上的关门主义只是表象。打破第五次"围剿"这一重要机会的丧失,有着某种主观客观上的必然性。仅仅指责一个博古,或再归罪一个李德,远不能说就总结出了教训的全部。

第三节　突围——是苦难也是辉煌

一句名言说:人的一生虽然漫长,但紧要的关头只有几步。

可以引申为形容一个党。党的历史虽然漫长,但紧要的关头,也只有几步。

中共党史上最为重要的一步,莫过于出发长征。中国共产党人和中国工农红军最深重的苦难与最耀眼的辉煌,皆出自于此。

被誉为里程碑的遵义会议,也是长征路上的里程碑,是长征的产物。四渡赤水、突破金沙江、强渡大渡河、爬雪山、过草地,这些史诗般的壮举皆是长征一步一步的过程。甚至震惊中外的西安事变,很大程度上也是红军长征的结果。

第一步是怎么迈出去的? 红军长征是一次精心筹划的战略行动,还是一场惊慌失措的退却逃跑?

已经进入了21世纪,仍然在争论不休。

原因之一,是这一行动的最初规划者据说竟然是李德。

果真如此吗?

福建事变的良机错失,广昌战役又严重失败,中央苏区的被迫放弃,已成定局。

但认识这个定局还需要时间,还需要更大的压力。因为放弃的不是一间住了一晚上的屋子,是建设6年之久、粉碎了敌人4次"围剿"的根据地。

在此以前,项英曾经最早提出过放弃中央苏区的意见。

1931年4月第二次反"围剿",项英到苏区时间不长,认为20万敌军压境,3万红军难于应付,只有离开江西苏区才是出路。退到哪里去呢?退到四川去。斯大林讲过,"四川是中国最理想的根据地"。

斯大林的指示由项英来传达是再权威不过的。1928年他到莫斯科出席中共六大,当选为政治局常委。斯大林对工人出身的项英特别青睐,亲自送给他一把小手枪。

身上别着斯大林亲赠手枪的项英,记住了四川是中国最理想的根据地,却不知道斯大林还讲过国民党人是中国革命的雅各宾党人。

虔诚使领袖人物的个别结论变成普遍真理。但共产党人的首要条件却不是虔诚。

所以中国才出了个毛泽东。毛泽东当时坚决反对项英的意见,以"诱敌深入"粉碎了敌人"围剿",将赣南闽西变成了中国最好的根据地。

最好的根据地在李德到来之后,就不是那么好了,一个挫折接着一个挫折。

第五次反"围剿"的挫折之中,彭德怀最先提出脱离苏区,外线作战。

1933年10月23日至25日,彭德怀、滕代远连续三次向军委建议,改变战略方针与作战部署,主力离开敌人堡垒区向外线出击,机动作战,迫敌回援。

彭、滕提出外线作战,是跳出封锁线向苏区东北的金溪、东乡、贵溪、景德镇挺进。不展开一幅地图标出苏区界限和进击的地点方向,你就不会知道这个建议有多么的大胆。

部队有可能被敌人切断不能返回苏区。苏区北部也可能失去主力掩护。建议被迅速否决。彭、滕仍然坚持,恳望军委"以远大眼光过细考虑"。10月27日,中革军委以代主席项英的名义电告在前方指挥的朱德、周恩来:"军委已决定了战役问题,望转告彭、滕,停止建议。"

一旦认定正确就不依不饶的彭德怀,11月7日与滕代远联名第四次提出建议,望军委速将红军主力调往无堡垒地区机动作战。否则与堡垒内之敌相峙,"如猫儿守着玻璃(缸)的鱼,可望而不可得"。

彭、滕反复建议的唯一结果,是滕代远丢掉了三军团政委的职务。

撤滕代远职堵彭德怀嘴的博古、李德,广昌战役后也不得不开始考虑同一个问题了。

广昌战役之前,中央苏区在军事上已经陷入四面合围。中革军委当时就面临三种抉择:一、主力突围;二、诱敌深入;三、短促突击。

首倡短促突击的李德从一系列失败中,已经觉出情况不好。他突然转向主张主力突围。他提出以一、三军团,或者五、九军团脱离苏区,插到敌人后方去摆脱堡垒,争取大一些的空间,获得作战行动的自由;并说:"这个思想是我一个人在1934年3月底首先提出来的。"至于这个念头在多大程度上受彭德怀、滕代远5个月前就一再提出的外线出击、机动作战的启发,以及彭、滕提出建议后受到李德本人多么大的压制和打击,李德均讳莫如深。

讨论结果,主力突围的方案没有通过。在苏区内取胜的希望似还存在。毛泽东的诱敌深入方案也被否决。领土不战而弃,并不能为阻挡敌人提供保证。

最后通过的,还是继续运用短促突击。

但损失沉重的广昌战役,已经使短促突击的战法彻底破产。

1934年4月底广昌战役彻底失利之后,中央书记处5月开会,决定突围转移。当时的书记处书记是四人:博古、张闻天、周恩来、项英。代表"山沟里的马列主义"的毛泽东不是书记,无法参加会议。决策在博、张、周、项四人中做出。对这个事关重大的会议的记录一直很少。后来有人说撤出中央苏区这个关系党和红军命运的重大决定未通过会议讨论,这种说法是不确切的。应该说没有在党的政治局会议上讨论。

5月的中央书记处会议做出了战略转移的决定。四位书记都认识到了局面的严重。但除了急于摆脱眼前的困境以外,有几人意识到这个决定对中国共产党的历史将影响深远?

所谓决策,往往是面对十字路口的选择。往往有些原以为影响应该极其深远、意义应该极其重大的决定,却似一块滑过水面的轻石,激起几片涟漪后便无踪无影。而有些或仓促中或不经意中或应急中做出的决定,以为临时姑且如此,暂时勉强这样,却从此踏上一条历史的不归之程。

5月的中央书记处会议就是如此。

远在莫斯科的共产国际并不详知当时中国共产党人面临的严重困难。6月5日,国际机关刊物《共产国际》发表米夫的文章《只有苏维埃能够救中国》,米夫说毛泽东讲过,只有苏维埃能够救中国,"现在各国无产阶级和全世界被压迫人民都热烈地希望中国苏维埃运动的胜利"。

这一运动在中国却陷入了严重困境。中共中央已经在没有毛泽东参加的情况下,决定放弃中央苏区。

拿具体方案的是李德。

李德对局面之严峻还是非常敏感的。这个原先最坚决主张不回避战斗的人,却最先提出红军主力撤出苏区。

伍修权的回忆证实了李德讲的情况。他在回忆录《往事沧桑》中说,1934年春李德就同博古谈要准备做一次战略大转移,去湘鄂西。1984年5月9日伍修权在一次谈话中说:"长征是不是仓促决定的?我看不是。在广昌失败后,中央的主要领导人已经在商量转移的问题,确定的目标是湘鄂西。""转移的意图开始只有少数几个人知道,最后才决定转移的。"

如此重大的决定,当然首先还是要报共产国际。

6月25日共产国际回电:"动员新的武装力量,这在中区并未枯竭,红军各部队的抵抗力及后方环境等,亦未促使我们惊慌失措。甚至说到对苏区主力红军退出的事情,这唯一的只是为了保存活的力量,以免遭受敌人可能的打击。在讨论国际十三次全会和五中全会的议案时,关于斗争的前途及目前国际的情形以及红军灵活的策略,首先是趋于保存活的力量及在新的条件下来巩固和扩大自己,以待机进行广大的进攻,以反对帝国主义、国民党。"

博古对李德说,国际来电同意。

其实国际的表态是含糊不清的。首要的是"保存活的力量"自然正确,但"中区并未枯竭,红军各部队的抵抗力及后方环境等,亦未促使我们惊慌失措",又认为打破"围剿"的希望还不是没有;具体怎么办,留给中国共产党自己决定。

原因的关键,还是对中国革命的详情不甚清楚。

1934年2月5日,中央苏区反"围剿"正吃紧之时,王明在联共(布)第十七次代表大会上,作了一篇《中国革命是不可战胜的》的发言:

> 现在,我来介绍一下关于最近时期中国状况的基本材料。
>
> ……在所有围剿中,最大最凶的一次,就是最近的第六次围剿。这次围剿的主要特点是,帝国主义分子除了向蒋介石提供金钱和枪炮外,还直接参加作战行动。以塞克特将军为首的法西斯德国的七十名参谋军官,不仅制订了第六次围剿的军事计划,不仅组织了专门训练军事专家和军事技术专家的讲习班和学校,不仅领导了从技术上加强城防和战线的工作,而且直接参加了军事行动。一百五十名美国和加拿大的飞行员过去和现在一直在江西、福建、河南和我国其他各省的上空飞来飞去。原柏林警察总监社会民主党人格尔热津斯基及其助手魏斯等人,像一群饿狗一样,在蒋介石军队的后方——上海、南京等城市窜来窜去,帮助整顿秩序。
>
> 这场战争的结果将会怎样呢?结果只有一个,那就是国民党和帝国主义分子的不断失败以及中国红军和苏维埃的一次又一次胜利。(鼓掌)
>
> 根据不完整的材料,红军在国民党前四次围剿中取得的成果如下:国民党军队五十多个师被击退,其中二十个师被

彻底粉碎,约二十万支步枪、五千挺轻重机枪、数百门加农炮和重炮、几十部电台、十二架飞机和不计其数的装备、粮秣,均为我英勇的红军缴获。(鼓掌)

曼努伊尔斯基已经谈到了我们的辉煌战果,对此我还可以补充一点。在这些战斗中,红军俘虏了白军许多师长、旅长和团长。1932年,仅在中央苏区一个地区,红军就俘虏了三名师长、十三名旅长、十八名团长。1933年1至4月,又抓住了二名师长、二名旅长、四名团长。约三万名士兵投奔到红军方面来。(鼓掌)

关于第六次围剿的结果,我们至今尚未掌握充分的材料,但据部分材料得知,红军在福建、四川和赣北等战线击溃了国民党十八个师。缴获步枪二万多支,机枪一百八十挺,驳壳枪五百支,钢盔二千顶,子弹四十万发,手榴弹五千枚,无线电收发报机三部,满载军用装备、粮秣和钱财的大轮十二艘。(鼓掌)为了卸载这些大轮中八艘船上的物资,动员了一万多名工人。红军在福建战线也俘虏了第十九路军的一名旅长和三名团长。

结果,塞克特和蒋介石的第六次围剿又遭到了可耻的失败! 这便立刻揭露了一个秘密:谁是我们红军武器装备的主要供应者,什么地方是红军的兵工厂和军事仓库! ……(鼓掌)

最近几年来中华苏维埃共和国成立并日益巩固的这一事实具有巨大的世界历史意义。首先,它在实践中证实了斯大林同志创造性发展的列宁天才思想的正确性,证实了在经济落后和殖民地国家建立苏维埃政权的可能性,以及斯大林同志在联共(布)第十次代表大会上关于只有苏维埃才能拯救中国免于彻底崩溃和贫困的英明指示的现实性。

其次,既然国际和中国的资产阶级在三四年间共同努力未能消灭中国年轻的苏维埃政权和红军,那么,如果荒木和希特勒真正发动战争,胆敢同坚强、伟大的苏联作战,又能有什么好结果?

我们胜利的主要源泉,首先是,我们的党在中央委员会的领导下坚定不移地、始终一贯地执行着列宁的共产国际的政治总路线,而领导共产国际的,正是我们历史时代的伟大领袖,他是马克思、恩格斯和列宁事业的最佳继承人,他的每句话都在鼓舞着所有国家的共产党人、工人和劳动群众为建立苏维埃政权和无产阶级专政而进行激烈的、坚决的斗争,并使他们牢固地树立起对自己事业的必胜信心——这就是我们所敬爱的斯大林。(鼓掌)

　　……

　　列宁的共产国际和世界十月革命领袖斯大林同志万岁!

　　全世界布尔什维主义的突击队——联共(布)及其第十七次代表大会万岁!

　　中华苏维埃共和国英勇的工农红军及其组织者和领导者中国共产党万岁!

　　斯大林同志万岁!万岁!万岁!(热烈鼓掌,全体起立向王明同志致敬)

　　必须用十二万分耐心把这篇讲话看完。不耐心看完,你就不会知道王明已经荒谬到什么程度,苏联控制的共产国际已经脱离实际到什么程度。

　　喝完牛奶吃完面包后,用自己国家革命者的鲜血杜撰谎言,去证明另一个国家领导人的英明和另一个国家的伟大,在中国历史上似乎还无此先例。

　　王明刚刚在联共(布)大会上宣称对苏区的"围剿"遭到可耻的失败,中共马上来电要求放弃苏区突围转移,共产国际完全陷入自我营造的矛盾之中。

　　所以他们也只能发出那封态度模糊、说话游移的电报。

　　对苏区实际情况王明并非一无所知,但所知情况甚为混乱。

　　第五次反"围剿"以前,共产国际派美国共产党人史蒂夫·纳尔逊来华。纳尔逊出发前,共产国际中国委员会主席彼得罗夫和中共驻国际代表王明与他谈过话。王明说,江西的形势十分困难,苏维埃已经完全被包围。盐的供给殆尽,蒋介石抓住走私盐的人就砍头。更糟糕的事情是蒋介石要使用毒气。能用什么办法抵御毒气呢?所以派纳尔逊带5万美元去中国,任务是给中国共产党人买防毒面具。

这真是一个又严肃又可笑的任务。王明最后说,这是一个重大使命,你设法到那里,根据需要该停留多久就停留多久。

纳尔逊到上海后,将5万美元交给了中共上海中央局负责人。共产国际远东局负责人尤尔特到底还算了解一些情况,他否认毒气战是苏区的主要威胁,对共产国际除了防毒面具之外便没有别的指示,他感到甚为失望。

纳尔逊已经没有了"该停留多久就停留多久"的必要,1933年10月便乘轮船返回美国。

1934年春季,共产国际又派来美国共产党人尤金·丹尼斯来华担任国际代表。这正是第五次反"围剿"的困难时刻。尤金身上带有一份在莫斯科拟订的反"围剿"作战计划,准备让江西苏区贯彻执行。

看到这个计划的人很少,所以详细内容恐怕无人能够讲出来了。留下来的一些情况是,连携带这个计划的尤金了解了一些当地的情况后,也开始对他的中国同事嘲笑"在别处制订好行动计划的顾问们"。1934年夏赶到的妻子佩吉·丹吉斯讽刺自己的丈夫:"那你不也是这样一个人吗?"尤金开口一笑,说:"是,跟别人一样。"但又说:"至少我试图了解这里所发生的一切。我们已经了解了这个国家,我们听取了这里人们的意见,我们已经学到了他们的经验。共产国际的决议是指导路线,但不是指示。"

胜利从来不是鼓掌鼓出来的,不管掌声有多么热烈。它也不是计划制订出来的,不管计划有多么翔实。真正的胜利从来不会来源于理论的推演和概念的堆砌,只能来源于充满大苦难、大牺牲、大波折的实践。王明和那些只会在金碧辉煌的莫斯科会议大厅鼓掌欢呼的人们,真应该看一下中国工农红军是在什么样的条件下战斗的。

1934年7月上旬,各路敌军向中央苏区的中心区发起全面进攻。

局面越来越紧迫了。8月5日,北路敌军9个师,在飞机、炮兵的强大火力支援下,向驿前以北地区攻击前进。我红三军团主力和红五军团一部在高虎脑、万年亭到驿前约15公里纵深内,构筑了5道防御阵地进行固守。

蒋介石特地从南京调来德国造博福斯山炮12门。博福斯山炮侵彻力强,最远射程为9000米。蒋介石、陈诚企图依靠博福斯山炮的强大侵彻力,对红军工事进行破坏性轰击,为其步兵开路。

除博福斯山炮营外,蒋还增加了税警总团迫击炮营、炮兵训练处山炮第一营、第二十三师重迫击炮连,大大增加了炮兵的攻击力量。

7个师敌人在猛烈炮火支援下发起进攻。在蜡烛形阵地,攻击者是蒋军邢震南第四师之两个团。防守者是红四师第十团第三营。邢震南及两个团长后来不知所终,红四师十团三营长是50多年后出任中国人民解放军中央军委副主席的张震。

在保护山阵地,攻击者是陈诚最为精锐之主力黄维第十一师;防守者是四师十二团,该团中有后来在中国人民解放军中以天不怕地不怕著称的战将钟伟。

但那场战斗却是陈诚的天下。

在敌人炮火猛烈轰击之下,红军阵地工事全部被炸塌,机枪被炸坏。血战至下午,蜡烛形阵地的三营损失严重,张震带着全营仍然能够战斗的人坚守在一条交通壕内,准备用刺刀同敌人作最后一拼。保护山阵地尽管放上了全军闻名的红五连,但在敌人优势兵力、火力压迫下,阵地还是失守了,红五连大部壮烈牺牲。

红军10日内伤亡2300余人,内含干部600人,不得不放弃驿前以北的全部阵地。

尽管9月1日至3日,朱德指挥林彪的红一军团、罗炳辉的红九军团取得温坊大捷,歼敌一个多旅,取得第五次反"围剿"以来的一次难得胜利,但被动局面已无法改变。到9月下旬,中央苏区仅存在于瑞金、会昌、于都、兴国、宁都、石城、宁化、长汀等狭小的区域之内。

王明以为只要解决了防毒面具,反"围剿"就能胜利。他在莫斯科起劲地吹嘘"截至联共(布)第十七次代表大会召开时,苏维埃中国的总面积已达134.8180万平方公里。仅固定的苏区面积就有

68.1255万平方公里,比法国的面积大19.1%,比德国大31.3%,比日本大54.15%,比英国大64.5%。现在,红军的正规部队已有35万多人,非正规武装支队有60多万人,这还不包括有数百万人参加的各种半军事性群众组织"。

历史的结论是:自称"百分之百布尔什维克"的王明推行的"左"倾路线,使苏区红军损失90%,根据地损失100%。

战略转移已成定局。

其实在收到共产国际的正式回电以前,中共中央书记处会议已决定:由博古、李德、周恩来组成三人团,总揽一切指挥大权,负责筹划秘密且重大的转移工作。政治、军事由博古、李德分别做主,周恩来负责具体计划的组织实行。贮备粮弹、扩大红军的工作,已经有步骤地开始。5月12日,中共中央发出《给各级党部党团和动员机关的信》,提出"为三个月超过五万新的红军而斗争"的任务。根据地的青壮年几乎都动员参加了红军,很多村庄只剩下妇幼老弱。

5月初,李德受托起草5至7月季度作战计划。计划的核心已经是主力部队准备突破封锁,深入敌后。7月底,李德再次受中共中央和中革军委之托制订8至10月作战计划时,中央红军的战略转移问题已正式提出。退出苏区的直接准备全面开始。

为分散敌军注意力,打乱其部署并牵制其兵力,共组织了三支部队突围远征。

两支走在中央红军之先。

7月6日,红七军团三个师共6000余人,在军团长寻淮洲、政委乐少华、参谋长粟裕、政治部主任刘英率领下,组成中国工农红军北上抗日先遣队,从瑞金出发北上。中共中央代表曾洪易随行。

7月23日,中共中央、中革军委发布《给六军团及湘赣军区的训令》,命令由任弼时、萧克、王震领导红六军团撤离湘赣根据地,向湖南中部转移,开始西征。

这两支部队的出发,周恩来说"一路是探路,一路是调敌"。

但探路的红六军团未探出后来中央红军战略转移走的路,调敌的红七军团也未调开包围中央苏区之敌。

红六军团10月上旬陷入危境。四十九、五十一团在石阡县被敌截断,五十团在施秉县被敌截断,军团部队被敌切为三截,陷于湘、桂、黔三省之敌包围。六军团军政委员会决定:"王震率十八师,任弼时萧克率十七师,焚烧行李,减少辎重,以灵活的游击动作,转到苏区。"10月下旬,六军团各部共转战80余天,行程5000里,才与贺龙的红三军会师。

他们探出的路,中央红军已经无法再走了。

红七军团从江西瑞金出发经福建向闽浙皖赣边挺进,企图调动敌"围剿"部队回援,以减轻中央苏区的压力。但由于兵力过小,未能牵动敌人。七军团与方志敏的红十军会合后组成红十军团,在怀玉山陷入敌军合围,仅存500余人在粟裕、刘英的率领下突出重围。

这支部队不但未调开敌人,反而在敌人的围追堵截中,几乎损失殆尽。

还有一支部队走在中央红军之后。

1934年11月10日,中央红军长征出发一个月之后,程子华、徐海东领导的红二十五军按照中央指示,对外改称"中国工农红军北上抗日第二先遣队",西越平汉路实行战略转移,开始西征。

三路力量之中,徐海东一路风一路火首先打到陕北,成为对中国革命立下大功的人。

三人团就红军突围紧张筹划且激烈争论之时,被排斥在核心圈子之外的毛泽东,却天天天不亮就在会昌城外爬山,并写《清平乐》一首:

> 东方欲晓,
> 莫道君行早。
> 踏遍青山人未老,
> 风景这边独好。
>
> 会昌城外高峰,
> 颠连直接东溟。

战士指看南粤，
更加郁郁葱葱。

1958 年，他对这首词作批注："1934 年，形势危急，准备长征，心情
又是郁闷的。"

1934 年 8 月 1 日，毛泽东出席瑞金"红场"——大埔桥举行的阅
兵典礼后，为《红星报》亲笔题词：

敌人已经向我们的基本苏区大举进攻了。我们无论如
何要战胜这个敌人。我们要用一切坚定性顽强性持久性去
战胜这个敌人。我们这样做一定能够最后的战胜这个敌人。
最后的胜利是我们的。英勇奋斗的红军万岁！

眼见危机，又眼见自己的意见无人听，甚至无人来询问自己，内心
之痛苦，旁人难察。

中革军委主席朱德与毛泽东一样，也未能进入三人团。

在讨论有多少红军部队参加脱离根据地的西征时，李德与周恩来
发生了尖锐分歧。李德主张只以中央红军一、三、五三个主力军团突
破封锁线，他设想在外线作战打开局面牵动敌人之后，主力还可以返
回。周恩来没有明说，但内心非常清楚，一旦主力出击外线，便很难返
回。所以他主张撤退整个苏区。

应该说周恩来是对的。后来留在苏区的力量，在敌人重兵"围剿"
下损失极其沉重。当时的实情是留得越多，损失越大。

李德也不是毫无道理。突围的野战部队如果伴随臃肿的后方机
构和庞大辎重进而失去机动，损失也要增加。红军长征初期受到的严
重损失，也证明了这一点。

负责组织工作的周恩来面临两难。

他似乎一生之中皆充满了两难。

后来有两种互相矛盾的议论围绕在周恩来周围。一种说他组织
的撤退工作所携东西太多太细，使红军大队行动缓慢，遭到不必要的

损失;一种说撤退工作组织得太仓促,该带的没有带,不该带的却带了很多。

对这些议论,周恩来很少说话,从不辩解。他从来不是那种品头论足的人。属于他的从来只是工作,而且是越来越干不完、越来越堆积如山的工作。从第四次反"围剿"始,毛泽东已经被排挤出了决策圈,他必须苦撑危局。

有些指责是对的。

有些指责,却仅仅因为他做得太多。

李德是中国共产党的宿命,周恩来也是中国共产党的宿命。若没有周恩来只有李德,中国革命又该怎样涉过那些激流险滩?

9月16日,王明、康生从莫斯科写信给中共中央政治局,谈三件事。一是说明国际"七大"延期召开的原因。二是要中共中央暂时不要给满洲省委发指示,同时川、陕苏区应联系起来,"打通川陕苏区与新疆的联系",这是"中国革命有伟大意义的工作"。最后是国际在莫斯科出版了毛泽东文集——《经济建设与查田运动》:"毛泽东同志的报告,中文的已经出版,绸制封面金字标题道林纸,非常美观,任何中国的书局,没有这样的美观的书。"

这是中共中央与共产国际的最后联系。

美国人哈里森·索尔兹伯里在其《长征——前所未闻的故事》中说:

> 1934年春,李德在上海的上级弗里德·斯特恩德被召回莫斯科,很快就要派往西班牙,但是没有人来接替了。无线电转送电报是由中共上海中央局负责的,事实上就是掌握在两个中国人手中,他们在莫斯科工作过。一位名叫李竹声,他在莫斯科的斯拉夫名字是克里奇卡;另一个中国人是盛忠亮,或者叫盛越,他的秘密名字叫米茨科维奇。六月,蒋介石的秘密警察逮捕了李竹声,在死亡的威胁下,他供出了电台的位置和盛忠亮的身份,盛也被捕,电台被破获,从此结束了上海局的活动,中断了莫斯科与中国的联系。

索尔兹伯里描述的是中国革命最困难的阶段。1934年6月27日，中央政治局委员、中共上海中央局书记李竹声，在上海公共租界马立斯新村中央机关开会时被捕，很快叛变，供出上海中央局电台的位置、中央红军的兵力和作战计划及上海中央局组织部长盛忠亮的住址。盛忠亮刚刚代理李竹声留下的上海中央局书记，10月也在法租界被捕，也很快叛变。李竹声、盛忠亮的先后叛变，使上海局机关遭到严重破坏，共产国际和中共中央的电讯联系从此中断。李、盛二叛徒从此摇身一变，由莫斯科中山大学毕业、响当当的"二十八个半布尔什维克"，变成为国民党中统特务。

新中国成立后李竹声被抓获，1973年病死狱中。

盛忠亮在新中国成立后跑到台湾，后去美国定居，著有《莫斯科中山大学和中国革命》。20世纪80年代以后，其夫人、儿子先后到大陆访问，盛本人直到2007年在美国去世，始终不敢返回家乡——他内心深处明白给中国共产党人带来的损害。

1934年对中国共产党来说，是自1927年大革命失败之后最大的灾难之年：苏区反围剿失败，上海中央局瓦解，中国共产党雪上加霜。

但中共中央还是一直保持着与上海局沟通联络的能力。当时中央红军共有电台17部，留3部给坚持中央苏区斗争的项英、陈毅、刘伯坚，14部分别配属军委总部和一、三、五、八、九军团。后来在湘江战役中损失严重，部队大量减员，军委下令把笨重的发电机、蓄电池埋掉，对上海方面无回音的呼叫才完全中断。

所以在莫斯科发号施令的王明说，他听到上海日文《新闻联合》通讯社1934年11月14日所发布的消息，才知道红军撤出了中央苏区。该消息说："向四川省进发的中国红军主力，在11月10日放弃了过去中央区的首都瑞金。"

战略转移是后来的说法，当时讲的是"突围"。对这一决定的保密很严。李德回忆，突围的传达范围只限于政治局和中革军委委员；其他人包括军团一级军政领导干部，也只知道他们职权范围内需要执行的任务。所以政治动员、思想教育都忽略了；也没有在干部战士中进行解释工作。为什么退出苏区、当前任务怎样、到何处去等基本任务与方向问题,始终秘而不宣。

也必须看到那是一个非常时期。在四面合围的敌军已经将中央苏区压缩到一个很小范围之时,保守行动的秘密和突然性,就是保护党和红军的生命。保密决定并非一无是处。所以蒋介石即使抓到了上海中央局负责人李竹声和盛忠亮,也仍然没有弄清楚红军下一步的意图。

中央红军的最后决定,连上海局也不清楚。

10月10日,党中央和中革军委从瑞金出发,率领主力红军五个军团和中央、军委机关直属部队编成的两个纵队,开始了向湘西的"突围"——即后来所说的战略转移。

10月25日,通过国民党设置的第一道封锁线。中共中央和中央红军离开了中央革命根据地。毛泽东感慨万千地说:从现在起,我们就走出中央苏区啦!

忙碌的周恩来一言不发,更加忙碌。他组织了庞大的撤退计划,携带了过多过细的东西,个人行李则简单到了不能再简单:两条毯子,一条被单,做枕头用的包袱里有几件替换的衣服和一件灰色绒衣。

李德也留下一段评论:"就当时来说,其实没有一个人哪怕只是在梦中想到过,要北上抗日。虽然抗日是主要的政治口号,但绝不是党和军队领导者的军事计划";"突围的目的,只限于冲破敌人对中央苏区越来越紧的包围,以获得广阔的作战区域;如果可能的话,还要配合已由第六军团加强了的第二军团,在华南的湘黔两省交界地区创建一大片新的苏维埃根据地。"

谁也不知道一旦迈出第一步,就要走上两万五千里。最初称为西征,军队也叫西征军或西方野战军。

开始的无疑是漫漫苦难。

也是耀眼的辉煌。

第四节　嬗变（一）

历史应该记下颇具中国特色的这一笔:攻占中央苏区红色首都瑞金的国民党东路军第十师、第三十六师,指挥官都是前共产党员。

第十师师长李默庵,黄埔一期毕业。毕业后秘密参加中国共产党。

第三十六师师长宋希濂,黄埔一期毕业。也是毕业后加入了中国共产党。

两人的入党时间都在 1925 年。都与黄埔一期中大名鼎鼎的共产党人陈赓关系极深。

李默庵 19 岁被陈赓带到广州陆军讲武学校。后来陈赓从该校转入了黄埔,李默庵也跟着转入黄埔。

宋希濂与陈赓是湖南湘乡同乡,17 岁入黄埔军校,18 岁由陈赓介绍加入中国共产党。

李默庵是湖南长沙县人,出身穷苦,从小帮助父母卖柴、养猪;眼见穷人逃荒避难,颠沛流离,国家内战外患,水深火热;青年时就深受共产党理论的吸引。进入黄埔军校后,便与很多共产党人发生密切联系。共产党员李之龙、蒋先云都给他很大影响,使他很快成为“青年军人联合会”积极分子。军校毕业后秘密参加中国共产党后,与校政治部主任、中共一大代表包惠僧也相当熟。留军校政治部工作期间,几乎每天晚 10 点都要到包惠僧宿舍参加碰头会。第二次东征时,作为第一军第六十团党代表,他又与团长叶剑英相处甚好。

宋希濂与李默庵比较起来,家境就较为宽裕,不似李默庵自幼为柴米奔忙。宋希濂中学期间恰逢五四运动,他与同学曾三合作创办《雷声》墙报,撰写声讨帝国主义侵略和军阀祸国殃民的文章。湖南军阀赵恒惕杀害工人运动领袖黄爱、庞人铨,宋希濂立即在《雷声》撰文,猛烈抨击当局。

这两个人又都在“三二〇”中山舰事件后,退出了共产党。

李默庵退党最初起因于谈恋爱。他与女生队一学生相好,经常借故不参加党组织的会议,支部书记、黄埔一期生许继慎狠批了他一顿,从此不通知他开会。李默庵也心存芥蒂,你不通知,我就不来,无形中脱离了组织。

其实这是李默庵找的借口。即使许继慎通知他参加,他对共产党组织的活动也兴趣不大了。共产党动辄强调流血牺牲,李默庵更感兴趣的还是光宗耀祖。黄埔一期中有"文有贺衷寒,武有胡宗南"之说,他自己则添上一句"能文能武是李默庵"。作为第一期的高才生,他对在校长蒋中正麾下干一番事业表现出更大的兴趣。

1926年爆发"三二〇"中山舰事件。蒋介石要求第一军中的共产党员要么退出国民党和第一军,要么退出共产党。当时已经公开身份的共产党员250余人退出了国民党和第一军,只有39人退出共产党。

39人中,第一个发表退党声明的,就是李默庵。

初入黄埔时,见到广州一些腐败现象,他还气愤地发誓:不当官,要革命。现在正式加入国民党行列,他已经不想革命而要当官了。

宋希濂参加共产党时,在党内的活动还不像李默庵那么活跃;退出共产党时,也不像李默庵那样绝情。他在中山舰事件后说,"在当今中国,国民党和共产党都是革命政党,目标是一致的。由于军队方面要求军官不要跨党,为避免发生不必要的麻烦,我打算不再跨党";又说:"我可以保证,决不会做有损于国共合作的事!"

办过《雷声》墙报的宋希濂,真正行动起来便雷声大、雨点小了。命令他做的事情,他一件也没有少做。

李默庵不做这样的空头保证。他开始与早年那些兄长一样待他的共产党员为敌。出于对共产党人的了解,在和红军的作战中,他基本上没有吃过大亏。

还是老同学陈赓给了他一个深刻教训。

1932年6月对鄂豫皖苏区"围剿"期间,李默庵的第十师作为中路军第六纵队的前锋,向红军根据地核心黄安进击。8月13日在红秀驿附近,突然遭到陈赓、王宏坤、倪志亮三个师夹击,其前卫三十旅陷入红军包围,战斗异常激烈。为使三十旅免遭被歼,第六纵队司令卫立煌亲临前线督战,到李默庵师部指挥,李默庵则移至最前沿。战斗最激烈时刻红军冲到离师部仅 500 米,卫立煌的特务连都投入战斗,才保住了师部。李默庵师死伤 1500 人以上,而且与卫立煌险些当了红军的俘虏。

从此李默庵与红军作战更加谨慎。

第五次"围剿"中,李默庵率部进至泰宁县建宁间的梅口附近时,被红军主力重重包围。他将全师两个旅四个团近 1 万人龟缩一处,再集中数百挺轻重机枪死守一狭小阵地。战斗于黄昏发起,激战通宵,尽管红军四面围攻,李默庵阵地也无一被突破。次日天明,红军撤围而去,李部虽有损失,但总算避免了被歼厄运。

就在李默庵龟缩阵地避免被歼的前后,宋希濂却因为过分自得,连续向红军发起进攻,被红军射手一枪击中,身负重伤。

这位发誓不做有损国共合作的事的宋希濂,拖到 1933 年 8 月,才参加对苏区的第五次"围剿"。一旦参加,就作战凶猛。他率部驻扎抚州,兼该城警备司令。三个月后,与奔袭敌后的彭德怀红三军团和寻淮洲红七军团在浒湾相遇。当时蒋介石正在抚州。宋希濂率三十六师与其他几个师的蒋军拼死作战,给红三军团和红七军团造成很大伤害。

之后宋希濂参加平定"闽变"。第一次战斗便一举攻克天险九峰山,使驻守延平的十九路军部队不得不开城投降。蒋介石亲自写一封信空投给他:"三十六师已攻占九峰山,使余喜出望外。"原来蒋介石只让三十六师担任牵制对方兵力的助攻,连火炮支援也没有分配给他们。没有想到助攻部队竟然打下了天险主峰。当晚蒋介石通电全国军队,表扬宋希濂的三十六师"于讨伐叛乱战斗中首建奇功"。

两个前共产党员摇身一变,皆成为国民党悍将。

宋希濂在红军出发长征前十几天身负重伤。这时距苏区首府瑞金最近的,是东路军李延年的第四纵队。李延年也是黄埔一期生,与李玉堂、李仙洲并称为黄埔一期中的"山东三李"。第一次和第二次东征,李延年冲锋在前,敢打敢拼。北伐途中与孙传芳部作战,他以身先士卒著名,受到何应钦、李宗仁的多次赞扬。黄埔军校毕业刚刚三年,军衔就晋升到少将。黄埔一期生中,除了胡宗南,无人有他这样快的晋升速度。

但蒋介石不把占领瑞金的任务交给他，却交给了他的副手李默庵。

11月6日，李延年收到东路军总司令部发来的电报："着该纵队副指挥官李默庵率第十、第三十六师进取瑞金，于八日集结长汀，即一举占领瑞金之目的，于九日晨开始攻击前进，限当日占领古城，十日占领瑞金。仰遵办具报。"

蒋介石特地把占领红都瑞金的任务指定给一个前共产党员，是否出于更深一层考虑？只有他自己内心清楚了。

8日，李默庵指挥部队集中于长汀附近。部队行动得非常小心谨慎。9日向瑞金进展。第十师在先头，第三十六师跟进。至午后4时，十师占领隘岭、古城一带地区，三十六师到达花桥、青山铺一带。

这位1925年入党的前中共党员，率国民党嫡系部队一步一步向瑞金逼近。1934年11月10日，李默庵的第十师占领中央苏区首府瑞金。

瑞金失陷三个半月后，前中国共产党主要负责人瞿秋白落到了宋希濂手里。

1935年6月16日，宋希濂收到东路军总指挥蒋鼎文转发的蒋介石密电："着将瞿秋白就地处决具报。"6月17日，他派参谋长去向瞿秋白转达。

当晚瞿秋白服安眠药后，睡得很深。

第二天清晨，瞿秋白起身，提笔书写："1935年6月17日晚，梦行小径中，夕阳明灭，寒流幽咽，如置仙境。翌日读唐人诗，忽见'夕阳明灭乱山中'句，因集句得偶成一首：夕阳明灭乱山中，（韦应物）/落叶寒泉听不穷；（郎士元）/已忍伶俜十年事，（杜甫）/心持半偈万缘空。（郎士元）"；未写完，外间步履急促，喝声已到。瞿秋白遂疾笔草书："方欲提笔录出，而毕命之令已下，甚可念也。秋白有半句：'眼底烟云过尽时，正我逍遥处。'此非词诚，乃狱中言志耳。秋白绝笔。"

罗汉岭下一块草坪上，他盘膝而坐，微笑点头："此地正好，开枪吧！"

一位前共产党员攻占了红色首都瑞金。

一位前共产党员枪杀了前中共中央主要负责人瞿秋白。

历史作为洪钟，默默接纳着，又默默展示着这千千万万令人惊心动魄的嬗变。

14年5个月零13天后，1949年4月23日，"钟山风雨起苍黄，百万雄师过大江"，中国人民解放军华东野战军第三十五军占领南京。

第三十五军军长吴化文，是济南战役中起义的国民党将领。

前共产党人李默庵率领国民党队伍占领了瑞金，前国民党人吴化文也率共产党队伍解放了南京。

安排这一切的，是一只看不见的手。

要说报复，这是历史的报复。

李默庵1949年8月13日在香港与44名国民党高级军政人员通电起义，斥责蒋介石背叛三民主义，拥护中国共产党领导的新民主主义革命。这个1925年加入中国共产党的人，1949年以败将身份向共产党投诚。

不久，北京电邀起义人员北上进京。李默庵没有去。他感觉到了眼前宽阔奔腾的历史洪流，却藏下胸中千曲百折的难言之隐。他亲率国民党军队占领红都瑞金，如今以朝拜者身份去北京庆祝中华人民共和国的诞生，个中滋味，实在难平。

台湾他也去不成。在香港就遭到蒋介石的通缉。

1950年11月，他举家移居南美的阿根廷。1964年秋，又移居美国。

李默庵成了一片无根的树叶。

1990年，李默庵从美国返回新中国定居，三个目的：

第一，叶落归根，将来入土故乡；

第二，联系两岸黄埔同学，推动第三次国共合作，为祖国统一大业效力；

第三，记叙自己投身民主革命的经历和对新旧中国的体会，以教后人。

2001年，李默庵在北京去世。

1949年11月，身边只剩一些残部的宋希濂，在四川腹地对其部下演讲：我们在军事上是被共军彻底打垮了，但我们不愿做共军的俘虏。我们是三民主义的忠实信徒。现在，我们计划越过大雪山，走到遥远的地方去，找个根据地。

兵败如山倒之时，这位前共产党员竟突然想用共产党的办法。他也想爬雪山，过草地，建立根据地。

但却是倒行逆施。宋希濂甚至连走的方向都是倒的。红军当年由南向北翻越雪山，他却是由北向南。

刚刚渡过大渡河，宋希濂就被解放军包围生俘。

他被关进重庆磁器口的白公馆。这个地方与渣滓洞齐名。一本《红岩》，使它们在中国几乎无人不知。

当年介绍他加入共产党的陈赓已是云南军区司令员兼云南省人民政府主席，听到消息特从云南赶到重庆，请这位囚徒吃了一顿饭。

宋希濂1959年12月获得特赦，在全国政协文史资料委员会担任文史专员。1980年宋希濂赴美国探亲，在纽约任"中国和平统一促进会"首席顾问，并发起成立黄埔同学及其家属联谊会，发表《宣言》："回家第一，民族第一，统一至上，建设至上，切盼我全体军校同学及其家属奋发参加促进中国统一运动。"

1993年2月，宋希濂在纽约去世。

指挥李默庵、宋希濂直插中央苏区核心的李延年，晚年在台湾连请他吃饭的人都没有了。从大陆撤退时，他被冠以"擅自撤退平潭岛，有亏职守"罪名，判处12年有期徒刑。释放后闲居台北郊区新店，一无职业，二无专长，生活艰难。当年威名赫赫的黄埔一期"山东三李"之一，只能每日三餐以辣椒盐水蘸馒头，抽烟的钱都要向昔日旧部借讨。

他1974年在极度贫穷中病故，台湾无一张报纸发表只言片语的报道。

第七章

突破

白崇禧、陈济棠皆对红军行动了若指掌。对李汉魂微妙不言的指责,尽在"保境安民"四个字。杨永泰提出的方向别说蒋介石,连红军自己也未意识到。掩盖了 48 年的隐秘,仍在《难忘的岁月》中维持岁月的尘封。

第一节　国民党不缺智商

1984年，一位叫陈树柏的美籍华人回大陆讲学和筹备办学。9月，邓小平在北京接见了他，说："令尊治粤8年，确有建树。广东老一辈的人至今还在怀念他。"

陈树柏之父，即当年广东新军阀陈济棠。邓小平这一评价在海外引起震动。

陈济棠当年独揽广东军政大权，进行封建割据，保持广东半独立局面达8年之久，被人称作"南天王"。而且红军长征路上，第一道封锁线和第二道封锁线的"围堵"主角，都是陈济棠。台湾和海外一些人长期把他当作坚决的"反共英雄"推崇，为什么共产党对他作出如此高的评价？

近代中国，八旗绿营水勇团练不用说，新式练兵后产生的现代军官，从袁世凯到吴佩孚到蒋介石，几乎没有哪一个最初不表现出相当的革命性。

陈济棠1908年经广东革命先驱、陆军小学教官邓铿介绍加入同盟会。1920年11月，粤军参谋长邓铿组建粤军第一师，陈在该师第四团任营长。邓铿被刺，陈炯明发动反对孙中山的政变，其干将叶举路过肇庆，逼邓铿的基本部队粤军第一师将领饮鸡血之盟，对陈炯明效忠。第一师中有三位将领起兵反抗：邓演达、张发奎、陈济棠。

粤军第一师后来扩编为国民革命军第四军，即北伐中著名的"铁军"。后来中国共产党领导的南昌起义主力部队，即在"铁军"中产生。

但在反共问题上，陈济棠是不含糊的。

1927年他在苏联考察，听说蒋介石发动"四一二"事变，立即回国。到南京先向蒋介石呈报反苏反共的意见,后在"总理纪念周"上作反共报告,称"共产党是本党的反对党,是危害本党的唯一敌人"。1927年9月,八一南昌起义的部队进入广东,陈济棠与薛岳、徐景唐等率师驰赴潮汕阻击。陈部属东路军,由河源东进,寻求起义军主力决战。28日,陈济棠率部与叶挺、贺龙部主力在汤坑东南的白石遭遇,激战三昼夜,使起义军伤亡2000余人,无力再战被迫退出战斗。

陈济棠善战。

桂系军队之强悍闻名中外,又有人称"小诸葛"白崇禧指挥,连蒋军都惧其三分。北伐中第四军因累累战功被人称为"铁军",桂军组成的第七军听到后,便自称"钢军"。其眼中之无物,可见一斑。

但这支"钢军"却在后来的冲突中,三败于陈济棠之手。

第一次是蒋桂战争之后,退回广西的李宗仁、白崇禧、黄绍雄倾全广西之兵,进攻广东;粤军徐景唐率第五军在广东起兵响应,直逼广州。陈济棠面临生死存亡关头,以保境安民为号召,动员全部粤军同桂军决战。他采取各个击破的战略,以一部兵力牵制徐景唐,集中主力于花县向桂军全力进击。李、白战败,被陈济棠一直追入广西。

第二次是同年12月李宗仁、张发奎联合进攻广东。陈济棠在蒋军朱绍良第六路军的援助下,予张部以重创,使其部队损失三分之二,被迫后撤。李宗仁的第八路军见张军溃败,便全线后撤,想固守梧州;陈济棠驱军直追,以海军抢先占领梧州;又在梧州设立总指挥部,亲自坐镇,指挥所部向广西腹地进攻,占领浔江下游和玉林五属一带。黄绍雄部也被陈济棠予以重创。

第三次是中原大战中,李宗仁、白崇禧、黄绍雄、张发奎为策应北方的阎锡山、冯玉祥,率全军北上作战。陈济棠在张桂联军占领长沙、前锋进抵平江和岳阳之后,指挥粤军突然出动,攻占桂军战略后方之重地衡阳。衡阳被占,桂军首尾不能兼顾,怕被拦腰斩断,遂回师反攻衡阳。衡阳之战,双方皆倾其精锐,战况空前惨烈,桂军遗尸遍野。陈济棠在何键部的支援下,采取正面攻击、侧翼迂回的战术,将张桂联军全线击溃,毙伤和俘虏其12000余人。

此战之后,李宗仁万分痛心地说:"衡阳久攻不下,而敌人援军云集。……不得已,再向广西撤退,情形狼狈不堪。官兵对战事都十分消极,情况的艰窘,实我军作战以来所未曾遇过的。"

于是陈济棠作战的实力,连蒋介石也刮目相看。

但他再反共、再善战,蒋也总拿他当一颗棋子。

陈济棠之前是李济深主粤。李济深是广西梧州人,政治上属于粤系,但私人感情中却偏向桂系。广东财力充裕,但士兵的战斗力较差;广西较穷,但士兵勇敢。李济深利用乡土关系,长期与桂系结为一体;广东支援广西经费,广西支援粤系兵力。两广密切配合,使蒋无法插手。蒋介石当时一个很大的愿望,就是从派系甚多的广东内部找出一颗棋子打入其间,拆散粤桂联盟。

这颗棋子就是陈济棠。

1929年蒋桂战争中,蒋介石用他取代了李济深;再用他三败桂系;一时间粤桂联盟真是土崩瓦解。

以陈济棠为棋子的蒋介石崇尚曾国藩。27岁那年,蒋在上海阅《曾文正公全集》,竟至两目成疾;从此对曾国藩书爱不释手。为蒋撰写年谱的毛思诚说,蒋"军事学即以巴尔克战术书为基础,而政治学则以王阳明与曾文正二集为根底也"。

蒋介石学曾国藩,陈济棠却敬洪秀全。他从小笃信阴阳命相,曾用高价购买花县芙蓉嶂洪秀全的祖坟,以安葬其母亲的骸骨,说是出天子的圣地。他后来还专门派其兄陈维周到南京见蒋介石,名为述职,实则看蒋的相格气运;甚至去了奉化察看蒋介石祖坟的风水。陈维周回来后,兴高采烈地对陈济棠说,蒋的祖坟不如芙蓉嶂的龙势远甚。

蒋不知道他这颗棋子竟派人相过他的祖坟,而且还想当天王。

想当天王的陈济棠从广东陆军小学毕业时,成绩却是最后一名。操正步更是他一大难关,老操不好。每逢校阅,都被留在室内搞卫生。毕业庆典时,同学们都向成绩名列榜首的梁安邦祝酒,认为他前途远大。梁也十分得意,说:"大家都有办法,除了伯南以外。"伯南是陈济棠的字。旁边有人说:"不要小看陈济棠,他可能比别人走得更远。"喝得醉醺醺的梁安邦说:"伯南如能出人头地,我给他捧靴!"陈只有在一旁面红耳赤,默不作声。

陆军小学最后一名的陈济棠,后来却掌握了广东军政大权。第一名梁安邦真的给他捧了8年靴——直到陈济棠下台,一直在他手下做交通团长。

陈济棠就是以这种极具韧性而且捉摸不定的特性,出现在30年代中国政坛的。

他知道自己不是蒋介石的嫡系。所以能够取代李济深,是因为他拥蒋反桂,比李亲蒋。他靠蒋取得了"南天王"的地位,作为对蒋的回报,也在蒋历次反桂系战争中出力不小,便使粤桂从此分家。

但靠蒋介石搞掉了别人的人,最怕蒋用别人再来搞掉自己。粤桂联盟拆散了,但宁粤关系并未多一分亲近。从陈济棠上台第一天起,他与蒋之间那种深层次的不信任和提防,便出现了。

红军和蒋军,一直是陈济棠长期畏惧的力量。

他主粤8年,与北面的江西中央苏区就对峙了6年。对红军应该采取什么对策,他考虑得最多,也最细。从第一次"围剿"始,他就看出蒋利用"围剿"红军之机,借刀杀人,兼并异己。如果不参加"围剿",又会失去蒋的军饷军械,也会给蒋以借口,兴问罪之师。陈济棠最后确定的原则是:可以派兵入赣,但不能被战事纠缠,弄得难于摆脱;尤其不能在与红军作战之际,让蒋军乘虚袭取广东。

1932年2月,彭德怀的红三军团围攻赣州,守城之滇军马昆旅一再告急求救。在蒋介石连电督促下,陈济棠不情愿地派粤军范德星旅驰援。范旅到达新城,即遭红军打援部队林彪的红四军伏击,损失两个营。而乘红四军主力集中城南防范粤敌之机,陈诚命其主力第十一师长途奔袭,从北面突破拦截,进入赣州。

赣州解围,陈诚名声大振。陈济棠损失的两个营,却成了吸引红军主力鱼钩上的诱饵。

此后陈济棠便对部属谆谆交代,与红军作战要特别慎重,各部均以固守为主,不要轻易出击。

1933年9月,蒋介石调集大军搞第五次"围剿",以陈济棠为南路军总司令,指挥11个师又1个旅,具体任务是阻止红军向南发展,相机向筠门岭、会昌推进。

对陈济棠来说，要阻止其"向南发展"的，不光是红军，还有蒋军。

他采用了两面做法。

首先给蒋介石做出个样子。1934 年 4 月中旬，粤军进占筠门岭。虽然筠门岭只是一座空城，红军已经事先撤离，但陈济棠大肆宣扬，向蒋报功。蒋"传令嘉奖"，并赏洋 5 万元劳军，然后命陈部为配合北线蒋军攻打广昌，直捣会昌。

心事重重的陈济棠没有"直捣会昌"，而是请来了过去的对头、有"小诸葛"之称的桂军主将白崇禧。

两广之间多次血战。但在防共防蒋问题上，两广又同病相怜。白崇禧应邀马不停蹄地走赣州、南康、大庾、信丰、安远等县，最后到达筠门岭。从赣南回来后，陈济棠召集军参谋长以上军事首长会议，听取白崇禧对形势的分析。

白略微沉默，不紧不慢地说道："蒋介石采纳了德国军事顾问的意见，对共产党采取了公路碉堡政策，使对红军包围圈逐步缩小。这种战略，已收到显著的效果。如果共产党继续留在江西，将会遭到防地日渐缩小以致失败的危险。如果要求谋生路，就必然作战略性的转移。共产党转移的出路将在何处，这是个关键问题。"

桂军主将一席开场白，便立即攫住了在场粤军将领们的神经中枢。

白崇禧平日话语并不见多，但长于分析。一旦进入某种他潜心琢磨与思考的角色，便会设身反谋，易地而思，其思绪也会变成一条江河，从口中滔滔不绝地汹涌而出。

他继续说下去：

从地形判断，以走湖南和广东的可能性比较大。由南康、新城一带可入湘南，由古陂、重石一带可入粤北。根据当地防军情报，近日在古陂一带，每隔 10 日左右，就发现共党军官乘骑，少者五六人，多者七八人，用望远镜侦察地形，很可能是共产党准备突围的象征。至于共产党突围的时机，估计当在秋冬之间，因为那是农民收获季节，可以就地取粮。否则千里携粮,为兵家所忌。

在此之前,红军将实行战略转移的迹象,陈济棠也觉察到了。否则他不会请白崇禧来。但白这一席精到的分析,无疑在这些高级将领面前,较为清晰地展现出了红军可能转移的方向和时间。

尤其对红军转移时间的判断,今天查遍史料,在当时的国民党将领之中,也确实没有一人像这位"小诸葛"算计得这样精确。

国民党之失败,决非败于智商。

却有一个高于智商的因素:平衡。

蒋介石想压红军入粤,陈济棠早有思想准备。第五次"围剿"的部署本身就是北重南轻。北面蒋介石先后集中了40多个师(东路军14个师又1个旅,北路军34个师又2个旅2个支队5个团,西路军9个师又3个旅,南路军11个师又1个旅),明显要把红军压入粤境陈济棠的地盘。现在红军转移的迹象日益明显,被迫入粤的可能性越来越大,这对陈济棠来说,重大危机即将来临。

7年前与南昌起义部队在汤坑一战,一直令陈济棠印象深刻。当时双方为争夺一块高地互相投掷手榴弹,你扔过来,我甩过去,谁也不退。第三天黄昏,双方同时撤退,都付出了伤亡数千人的代价。

现在红军的战斗力大大强于当时。10万红军倾巢入粤,决非粤军所能力敌。数十万蒋军再跟随入粤,广东数年之经营成果必然灰飞烟灭,毁于一旦。

陈济棠采取了其后数十年秘而不宣的行动。进占筠门岭后,他立即停止交战行动,开始寻觅建立与红军的直接联系。

1934年7月,中央红军同陈济棠部谈判达成停战协议,并建立了秘密通讯联系。

9月,国民党北路军、东路军向中央苏区核心地带逼近。白崇禧估算红军行动的"秋冬之间"已在眼前。陈济棠派出一个被称为"李君"的代表,直赴苏区面见朱德,要求举行秘密谈判。

红军正在寻找战略转移的突破口。朱德立即给陈济棠复信。周恩来委派潘汉年、何长工为代表,与陈济棠的代表杨幼敏、第三军第八师师长黄质文、第三军独立第一师师长黄任寰举行谈判。第三军是粤军中陈济棠的基础。之所以做出这种安排而没有让常年防堵红军的余汉谋第一军参加谈判，自然是因为陈深知这种谈判或成或败皆非同小可，不能不小心提防。

谈判在寻乌附近一片寂静的山林里举行。

持续三天三夜，达成五项协议：

一、就地停战，取消敌对局面；

二、互通情报，用有线电通报；

三、解除封锁；

四、互相通商，必要时红军可在陈的防区设后方，建立医院；

五、必要时可以互相借道，我们有行动事先告诉陈，陈部撤离20里。

为了保密，协议没有形成文本，双方代表将协议各自记在了自己的笔记本上。

大多数冠冕堂皇的正式协议，都是为破裂翻脸后谁承担多少责任而准备的。那些精美的烫金的签字的公证的鉴证的文本，在非常时刻，甚至不如一个会意的眼神。

真正起作用的，是默契。

默契的基础，则是利益相符。

陈济棠的核心，是让中央红军不要入粤。达成协议后，他明白了红军之意也不在进入粤境，便将协议传达到了旅以上粤军军官，告知红军只是借路西行，保证不侵入广东境内；又考虑到协议不便下达给团，怕下面掌握不好，于是增加一道命令，要求下面做到"敌不向我射击，不许开枪；敌不向我袭来，不准出击"。

实际就是在湘粤边境划定通路，让红军通过。

蒋介石将陈济棠当棋子用的时候，一定没有想到，这颗棋子具有如此多捉摸不定的特性。

长征之始中央红军要通过的第一道封锁线，就是赣南安远、信丰间的粤军防线。当时奉蒋之命，粤军余汉谋的第一军和李扬敬的第三军均在封锁粤赣边境。而第一军第一师恰好卡在红军经过道路的要冲。

毕竟是你死我活的战场。虽然签订了协议，红军与粤军间仍有疑惑。我怀疑你是否真正让路，你怀疑我是否真不入粤境。既要小心翼翼，又是时不我待。协议第五条要求红军有行动时要事先告诉粤军，在军情如火、兵机贵密的时刻，就不太可能。

10月中旬，红军突然开始行动，粤军余汉谋急令第一师向大庾、南雄方向西撤，给红军让路。

但动作稍迟。第一师又出了个狂妄自大的第三团团长彭霖生。彭本来奉命指挥本团和教导团取捷径从速撤退，但认为红军大部队不会那么快来到，可以先打一仗捞一把再走。他低估了林彪的前进速度。10月22日，彭霖生团和教导团被快速挺进的红一军团前锋分路合击，陷于无法脱离的困境，极其狼狈，损失很大。特别是教导团，最后逃出来时伤亡惨重，行李辎重丢失一空。

彭霖生挨了余汉谋一顿暴跳如雷的痛骂，教导团团长陈克华以作战不力被免职。

残余粤军立即退向安西。

但总的来说，粤军第一师确是主动后撤。该师为南线防堵中枢，位置一移，西南门户洞开。红军从安远、信丰间大步穿过。至10月25日左右，全部渡过信丰河。

第一道封锁线与其说是突破，不如说是通过。

第二道封锁线是湘南汝城、粤北仁化之间的湘军、粤军防线。

当时蒋介石判断中央红军将步萧克红六军团后尘，从赣南经赣粤湘边与贺龙部会合。随即命令薛岳部从赣南兴国并行追击；另电陈济棠、何键火速在汝城、仁化间阻截。

因为红军通过余汉谋防线速度过快，何键颇感措手不及。湘军主力已经来不及向粤边靠拢，只能次第集结于衡阳、郴州之间，汝城仅有湘军一个旅担任守备。

于是第二道封锁线的主角，还是粤军的陈济棠。

陈济棠接蒋电后，先以李扬敬第三军外加归余汉谋指挥的独三师防守粤东北门户，既防红军也防蒋军进入；然后才以余汉谋之余部尾追红军,以张达第二军加几个独立师旅集结于曲江(韶关)以北地区防堵。余汉谋在尾追过程中又以其第一师向乐昌西进,阻止红军进入粤境。

三分两划,11个师又1个独立旅的粤军,真正尾追红军的只有叶肇的第二师和陈章的独二旅。

11月初,红一军团先头部队轻取第二道封锁线的中心、湘粤交界处的城口。城口守军多系保安队,根本无法与主力红军抗衡;北面汝城的湘军仅一个旅,只有看着干瞪眼,除了困守孤城之外毫无作为;南面陈济棠倒是兵员甚众,但都集结在纵深处的南雄、仁化、乐昌一线,力图自保,根本不愿使防线向北延伸与湘军防线衔接。

于是第二道封锁线在汝城与仁化之间,出现一大大的缺口。

11月8日,中央红军通过汝城以南、城口以北地域。在一线横列于仁化、乐昌之粤军检阅般的注视下,徐徐通过了第二道封锁线。

陈济棠再次为红军让出了前进通道。

粤军本来有可能对红军造成大的损害。

10月27日夜,陈济棠警卫旅第一团发现当面红军乘夜徒涉锦江,队伍庞大,且含有乘骑和辎重,估计是高级指挥机关的队伍。团长莫福如立即电话报告,要求半渡出击。

他得到的回答是不受袭击,不准出击。

莫福如团得到如此回答,只得隔着夜幕观察在其前方川流不息的红军大队。

是夜,红军队伍在锦江方面安全无阻,不断西行。

两道粤军构成的封锁线内,随处可见修筑在公路两旁、山坡岭头等要害位置上大大小小的碉堡。这些碉堡或砖石或钢骨水泥结构,根据地形、射界,或成四方或成六角,分为排堡、连堡、营堡,堡内只有一条小门出入,全身像裹着铠甲,可以避弹。堡垒之间形成交叉火力,卡断公路,封锁要隘。若真打起来,对红军肯定会造成很大阻碍。但这些碉堡均被后撤的粤军放弃了。红军和部分当地老百姓拆的拆,烧的烧,烟尘蔽天,老远望去像古战场上的烽火台。

所以在陈的防区内,红军前锋部队能够以每天百余里的急行军速度开辟通路。红军后队能做搬家式、甬道式的前进,把坛坛罐罐一直保留到了湘江边。

陈不让路,便不可能。

所以50年过去,邓小平在北京还夸赞陈济棠。

第二节   "朱毛确在军中"

台湾"中央研究院近代史研究所"编著的《中华民国史事日志》中,有这样的记载:

> 1934年11月12日,南路军李汉魂师破红军第一军团于粤北乐昌九峰延寿间,获枪6000,收复城口。

这就是蒋介石当时颇为重视、认为是弄清红军情况的最有意义的"延寿之役"。蒋介石确信红军"确实倾巢西窜";"一、三军团在前,五军团在后,朱、毛确在军中。歼灭此股,关系国家成败,应特加注意,倍加奋勇"。

这也是陈济棠即将完成其让路使命时,出现的闪失。

起因是他的侄子、粤军第二师五团团长陈树英。

本来担任尾追的粤军第二师和独二旅,一直距红军一天或半天的行程。11月6日中途得报:延寿附近一带山地森林发现有大股红军在掩蔽休息,似零散人员及后卫部队,状极疲劳。陈树英闻讯,立即率五团急进,在汝城境内的延寿金樽坳与这支红军接上了火。

陈树英平日仗其叔父权势,好大喜功,飞扬跋扈,却不知道陈济棠为了保密,与红军之间的安排连他这个侄儿都不告诉。在追击路上陈树英曾经大骂其他部队不阻击,让共产党从眼皮底下经过,全是饭桶。此番便认为是他大显身手的时候,未加犹豫,便猛扑了上去。

战斗的规模不大,时间也不过一昼夜,但红军战斗顽强,陈树英团

突破 ·········· 283

损失不小。该团第一营官兵伤亡尤其严重。营长负伤,副营长也被红军俘虏,隐瞒了身份才逃了回来。全团上下,极其狼狈。粤军独二旅也受到相当的损失。陈树英惹出了乱子,又无法独力收拾。红军乘夜撤离阵地,他不敢跟踪尾追,连红军的去向也弄不清楚。

占便宜的是率独立第三师赶上来加入战斗的李汉魂。

李汉魂部在战斗中以压倒优势兵力袭击红军后尾,抓到了几十名俘虏。据称其中发现了红军一、三、五、九军团的番号。

原来中央红军通过第二道封锁线后,因为无地图可循,再加上侦察情报的不准确,林彪的一军团及随后的九军团在乐昌东北的延寿、九峰之间的深山峡谷中和羊肠小道上走了弯路,几乎损失了一周时间。绕过这些自然障碍后,中央和军委纵队及其他兄弟部队都走在了前面,一、九军团由前锋变成了后卫,散失落伍者不在少数,尾追之敌也十分迫近了。

李德回忆说,因为这次军委指挥的失误,毛泽东、张闻天、王稼祥向三人团发动了激烈攻击,特别是针对李德。李德说,"我们承认,在确定第一军团行军方向时,我们犯了错误";"使得第五、九军团好几天都陷入损失巨大的后卫战斗之中"。

其实李汉魂并未和林彪的主力碰面。他所称抓到的红一军团俘虏,多是伤病失散人员。一军团之后的九军团损失大一些。

直到1949年,林彪率领第四野战军百万之众南下横扫蒋军时,李汉魂还在和别人谈论此役。他认为当年唯他曾给林彪的红军一军团造成很大损害。

他可知林彪曾经是他的部下,延寿、九峰之役是他与林彪的第三次邂逅?

第一次在北伐战争中的临颍战场。那是李汉魂名声大振的地方。

1927年4月底,武汉政府举行第二次北伐,李汉魂时为第四军十二师三十六团团长。十二师作为先遣队首占河南驻马店。这时张学良率领奉军精锐第三、第四军团5万余人来攻。张部强渡漯河,北伐军第三纵队魏益三部望风披靡,不战而退。十二师势孤力单,随军行动的苏联顾问鲍罗廷也主张暂时退却,并在会议上形成定论。

唯独一个李汉魂力排众议,坚持不退。他联合各团军官向师部请愿,再三陈说利弊,建议固守待援。最后连固执的鲍罗廷也被他说服。

奉军面对这支孤军而立的北伐部队,颇感震慑。因为不明底细,竟未来攻。

李汉魂就此在军中出名。

5月27日,北伐军在河南临颍、鄢陵地区与奉军展开决战。李汉魂率团星夜投入战斗。夜战中双方伤亡均大,战况惨烈,北伐军战线几乎动摇。天亮后总指挥张发奎亲临前线,见李汉魂救火队一般奔波于左、中、右三面抢堵突破口,力挽危殆的战局,大为感动,乃命令前线附近所有各部,不论番号何属,一律归李汉魂指挥。在猛烈的炮火之下,奉军渐感不支。李汉魂见状立即向指挥部建议实施反击。未等指挥部研究批准,他竟一声令下,迫不及待地率三十六团跃出战壕,勇猛出击。左右翼友邻见三十六团发起冲锋,便一齐鼓噪。顿时地动山摇,北伐军形成无命令的全线总攻。奉军土崩瓦解,狼奔豕突。李汉魂戴着手下一名通信兵扣在他头上的钢盔,率队一直冲进临颍城南门。下午3时,北伐军的革命红旗由李汉魂高高插在了临颍城头。

临颍之战后,奉军望风披靡,许昌不战而下,北伐军一路占新郑、下郑州,与冯玉祥同时攻入开封,南北大军胜利会师。

林彪也在这个战场,战场作风与李汉魂也颇为近似。他所在的第二十五师七十三团一营三连奉命追击潮水般溃退的奉军至渭河边,连长突然命令停止追击,理由是上级有令不可穷追,需等待友邻,以免孤军深入云云。林彪坚决要求继续追击,并且不待连长下令,便振臂一声"冲啊!"率领他指挥的那个排杀向北岸。其他各排竟然也甩下连长,皆随林排之后跟进,迫使北岸奉军既来不及炸桥,也来不及布防,纷纷缴械投降。一仗下来,三连竟然俘虏奉军800余人。

李汉魂、林彪两人,皆敢于主动出击、敢于抗命而战,李汉魂由第四军十二师三十六团团长,提升为第四军二十五师师长。

林彪由第四军二十五师七十三团一营三连排长,提升为二十五师七十三团三营七连连长。

李汉魂成为林彪直接上级的上级的上级。

因为当时林彪的地位低，后来相当一段时间内，李汉魂并不知道威名赫赫的红一军团军团长林彪，竟然出自他的部下。

两人交往的第二次，是八一南昌起义。

南昌起义的主要力量，来自张发奎的第二方面军。而第二方面军总指挥张发奎与二十四师师长叶挺、二十五师师长李汉魂皆是黄埔陆军小学第六期的同学。李汉魂毕业时是全校第二名，在三人中学习成绩最好。

三位同学在南昌，却兵戎相见。

共产党员叶挺参加了南昌起义，还是起义的骨干和主力。国民党员张发奎和李汉魂则想阻止这个起义，且商量好借在庐山开会之机，扣留叶挺。

叶挺不上庐山而率部队去南昌，李汉魂就成了热锅上的蚂蚁。他手下的三个团，除七十四团外，七十三、七十五团的基础，皆是原先叶挺的独立团，李汉魂根本无法控制。8月1日早晨，他找来七十三团团长周士第，做最后的争取。他悄声对周说："张总指挥很称赞你，要重用你，希望你跟他走，不要跟共产党走。"

谈话无效，二十五师的七十三团、七十五团及七十四团重机枪连于8月1日下午拉出驻地，直趋南昌。李汉魂得讯，与总指挥张发奎带着卫队营跳上火车直追，还想把部队拉回来。追到德安车站以北他们向起义部队喊话，遭到猛烈的火力回击。张发奎与李汉魂狼狈万分，跳车而逃，卫队营则在德安车站被包围缴械。

当时担任殿后任务、在德安车站以北向张发奎、李汉魂乘坐的列车开火的，就是林彪所在的第七十三团。

这是李汉魂与林彪的第二次交往。

只有在同一战壕中，才有上下级之分。道路不同，便是对手。

林彪与李汉魂的这两次交往，李汉魂竟然长期不知。

第三次即此番的延寿之役。此时李师长手下的林连长已经是红军主力第一军团的军团长，而李汉魂则在多年军阀混战、派系倾轧中漂浮不定，虽然还是师长，但独立第三师与当年铁军之第二十五师相比,作战能力根本不可同日而语。

出任红军主力军团长的林彪,再也不是当初只指挥一个排、一个连的林彪。

独立第三师师长李汉魂,也不再是当初那个单纯得只知道一往无前的李汉魂。

延寿之役第二天,从延寿向九峰挺进途中,因浓雾细雨,加上双方联络不畅,独三师与叶肇的第二师发生误会,冲突持续两个小时,双方伤亡不小。李汉魂正在搞延寿之役的战报,便顺手把这次误会中的伤亡数字也加上,将延寿之役弄成了一个规模相当的战斗。

延寿之役既可使陈济棠从连失两道防线的责任中脱身,也可使他和红军的协议以及对粤局的安排泡汤。陈济棠立刻拟定两封电报。一封致蒋委员长呈报粤军战绩:"获枪六千,收复城口。"

另一封则是敲打李汉魂等人:

伯豪兄:

关于金樽坳战报,备悉。我军以"保境安民"为主。

陈伯南　穗总参××

收到电报的李汉魂绝对不是傻瓜。

陈济棠对李汉魂微妙不言的指责,尽在"保境安民"四字之中。

延寿之役发现了红军一、三、五、九军团的番号,蒋介石认为是弄清红军情况最有意义的一仗。在此役之前,蒋军空军负责侦察红军动向,却总是摸不到真实具体的情况。延寿之役使蒋最终判断红军的突围不是战术行动,而是战略转移。

蒋介石对粤军的延寿之役后来一再嘉勉。李汉魂也因此见重于蒋。

但自此之后,李汉魂师虽然奉命沿着红军西进的道路尾随追击,却再没有和红军发生过战斗。

后来非陈济棠嫡系的余汉谋、李汉魂等人先后拥蒋反陈,但在蒋面前什么当说、什么不当说还是知道的,他们都没有向蒋泄露陈济棠给红军让路的秘密。不是因为忠于诺言，而是因为自身也参与其间。

至于直接参与陈济棠与红军协议的人，从神秘的"李君"，到杨幼敏、黄质文、黄任寰等人，更是多少年来一直守口如瓶，至死也没有一人将此事见诸文字。

谜底直到1982年才解开。该年10月，中央顾问委员会常委何长工发表回忆录《难忘的岁月》，其"粤赣风云"一章中，这位当年的粤赣军区司令员兼政治委员披露出来长征前夕他亲自参与其中的这段鲜为人知的内幕。

这一重大情节首次完整披露，竟然没有得到读者的足够重视。

毕竟时过境迁。那些把何长工老人的回忆当作重复陈年故事的人，也许在看到这一章以前就合上了书本。隐藏了48年的秘密仍旧躺在《难忘的岁月》之中，维持着岁月的尘封。

又过了将近4年，1986年9月13日，香港《大公报》根据何长工的回忆录，发表滕文著《陈济棠让路记》，才使陈济棠与共产党人半个世纪前的秘密真相大白。海外人士方才领悟，邓小平夸赞陈济棠的建树，除了珠海桥、西村水泥厂、中山纪念堂、市政府大楼、中山图书馆、中山大学这些有形物之外，还有这个异常重要的贡献。

第三节　狭路相逢

中国现代史上，屠杀共产党人最为凶狠的，一是蒋介石，另一便是何键。

大革命时期，两湖的工农运动在何键部下许克祥、夏斗寅的屠刀之下，备受摧残。

工农苏维埃割据兴起后，对苏区的"进剿""会剿""围剿"，回回少不了何键。他颁布"十大杀令"，对苏区人民实行血腥屠杀，反复扫荡。

都把他当作罪大恶极的刽子手去恨了，没想到这个新军阀竟也是打游击出身。

1916 年,29 岁的何键毕业于保定军官学校第三期步科,分配到湖南陆军第一师。师长赵恒惕嫌他岁数过大,不想接收。后见其体格魁梧,才勉强被任命为少尉排长。

何键与蒋介石同岁,皆生于 1887 年。这年 29 岁的蒋已做到中华革命军东北军参谋长了,29 岁的何键才刚刚出任排长。

如果没有军阀混战,其军旅之途绝非光明。

1918 年 3 月,北洋军阀张敬尧进攻湖南,湘桂联军战败。何键在战斗中连枪都丢了,逃到长沙后,赵恒惕给他一纸手令,叫他去湘东收集溃兵散枪。

他创造性地发挥了赵恒惕的本意。他回到家乡醴陵之后,打起"保境安民"旗号,联络同乡、保定军校同学刘建绪等人,组织起游击队来了。

机会永远存在,抓住机会的永远是少数。何键就这样成了两个"永远"之中的少数。

他看准了时机。对张敬尧在湖南的暴行,当地人民恨之入骨。当时上海《民国日报》报道说:"醴陵全城万家,烧毁殆尽,延及四乡,经旬始熄;株洲一镇,商户数百家,同遭浩劫;攸县黄土岭一役,被奸而死者,至女尸满山,杀人之多,动以数万";"人民流离转徙,死不能葬,生不能归。"

他抓住了时机。当时本地一些青壮年已经纷纷聚集,用梭镖、鸟铳、锄头、竹竿为武器开展自卫。一见何键组织游击队"保卫家乡",便纷纷投效。何键这支山地游击队发展很快。依托醴陵西南险要山地,还多次挫败了张敬尧的进剿。

队伍的迅速扩大,引起退驻衡阳的湘军总部重视。1918 年 5 月 31 日,湘军总司令程潜任命何键为"浏醴游击队司令部"司令兼第一支队队长。

何键做起了 20 世纪湖南游击武装的开山鼻祖。

这位游击司令游击了不到两年便被收编,从此在唐生智部下飞黄腾达。

醴陵以东,即著名的罗霄山脉。后来离当年何键游击区不远的罗霄山脉中段,另一支游击武装迅猛发展起来,震动了整个中国。它的领导人是毛泽东。

当年何键被张敬尧围剿。后来何键则加入了对毛泽东的"围剿"。

对何键来说,也许终生最为艰难的任务,就是对红军的"围剿"。

现在他带领湘军布防于湘南良田、宜章间的第三道防线,阻止朱毛红军西进。

湖南有过长沙失守的例子。这在全国各个省会之中,是唯一的一例。得知中央红军向西南方向突围,湖南统治阶层上上下下极为紧张。皆认为数十万蒋军都不能将红军"剿灭",现在让湘军完成正面防堵,风险太大。此时不光是何键,连蒋介石也最担心中央红军在湖南重建根据地,与贺龙、萧克部会合。正因考虑到这一招,结果湘军主力集结得过于靠北,在粤汉线南段兵力配置较弱,反而违背了蒋介石的初衷。

由于前述原因,红军通过前两道封锁线很快,致使何键部因时间局促,散于衡阳以南的粤汉铁路、湘桂公路线上各要点的兵力,来不及向湘粤边境靠拢。

何键转而期望陈济棠予以积极配合,设法弥补。

在这种问题上,国民党内部从来是一个靠一个、一个推一个的。

虽然粤军云集粤北边境,但陈济棠不向北面的何键伸出接力棒。周恩来亲自布置红一军团一师抢占郴州以南、坪石以北湘粤两军的接合部白石渡。距白石渡仅数十里的坪石即有粤军重兵驻守,但陈济棠不为所动,不向北面延伸入湘协防。随后红军攻占郴州以南的良田及粤汉线西侧的宜章;尤其是宜章县城,仅有些地方保安队在驻守,这确是湘军防线上的严重漏洞。

何键叫苦不迭。

11月15日左右,红军全部越过良田至宜章间的第三道封锁线。

第四道封锁线是桂北全州、兴安间的湘江防线。

这是蒋介石真正清醒过来、腾出手来布置的第一道防线。

蒋介石对第五次"围剿"的结局想过很多,就是没有想到红军会置经营7年之久的苏区于不顾,贸然突围。在江西全部解决红军的计划落空了,他只有对身边幕僚说:"不论共军是南下或西行、北进,只要他离开江西,就除去我心腹之患。"

从内心深处,他最希望的还是红军留在被围成铁桶一般的江西,等待覆灭。

1934年9月,是蒋介石"剿共"以来最为轻松的一个月。他认定江西围攻的大势业已完成。

国民党的《中华民国史事日志》记载:

7月25日,前红军湘鄂赣军区总指挥第十六军军长孔荷宠向驻泰和之剿匪军第七纵队周浑元投诚。

孔荷宠早年干过湘军,又参加过平江农民运动,军事素质过硬,组织能力也强,作为湘鄂赣根据地主要领导者和创建人,还当选了中华苏维埃共和国中央执行委员、中央革命军事委员会委员,是土地革命战争年代红军叛徒中级别最高的军事人物。此人叛变前,还偷偷勾画了瑞金沙洲坝中央机关党政军各部门的分布图,作为送给蒋介石的见面礼。

沙洲坝随即遭受连续轰炸。中央机关不得不搬迁到瑞金城西的云石山。

孔荷宠7月底叛变,8月7日,红六军团9700余人,在任弼时、萧克、王震等率领下,从江西遂川之横石、新江口地区出发,开始突围西征。

蒋介石迅速把这两件事联系在了一起。他得意扬扬地对部属说:"湘赣边红六军团是在西路军围攻下站不住脚才不得已西移的。孔荷宠投降是红军瓦解的先声。"

他认定江西中央苏区的红军已是穷途末路了。

他在南昌接见孔荷宠,还拉孔荷宠上了委员长的专车,共同乘车绕南昌城一周,兴奋地让市民瞻仰其重大成就。

从车上下来,蒋介石即通知前方指挥"围剿"的陈诚:毛泽东已不再指挥红军,可以放胆实施进攻。

这是孔荷宠刚刚告诉蒋介石的秘密消息。

9月2日,蒋介石踌躇满志地严令各路将领,于12月中旬召开国民党四届五中全会前,肃清江西红军。

9月4日,蒋介石电西路军总司令何键:从速绵密构成碉堡线,坚密守备,以防红军向西突围。

这一时期,蒋介石周围可谓捷报频传。

9月11日,北路军薛岳部之第九十、第九十二、第九十三、第五十九师,以堡垒推进之法,向兴国和古龙岗地区发动进攻。

9月中旬,北路军樊崧甫部,从广昌驿前南下攻占小松后,向石城发动进攻。

9月下旬,国民党东路军李延年部第三、九、三十六、八十三师,汤恩伯部第十师和刘和鼎部第八十五师,在猛烈炮火掩护下会攻松毛岭。红九军团和红二十四师激战数天后撤退至汀州、瑞金。

中央革命根据地仅存瑞金、会昌、于都、兴国、宁都、石城、宁化、长汀等县的狭小地区,形势更加险恶。

面对定局,蒋介石把"围剿"之事委托部下,偕宋美龄下庐山去华北视察。

他在察哈尔向宋哲元表示信任。在北平与莫德惠、马占山握手。在归绥接见傅作义及蒙旗德王、云王、沙王。在太原与阎锡山会谈时双方都屏退左右。在西安拍杨虎城、马鸿逵的肩膀。

得意潇洒之中却突然接到南昌行营发来的急电:红军主力有突围模样。前锋已突过信丰江。

蒋介石急忙赶回南昌。此时红军已经突破了第一道封锁线。

红军向南突进的举动,是战术行动还是战略行动?需要做出迅速判断。

难为了刚从华北归来的蒋介石。空中侦察红军动向,也未提供满意的情况。

10月23日,蒋介石给各路总指挥发电,"该匪此次南犯,是否主力或先以一部渡河？"问总指挥们，也是问他自己。叫大家跟他一起思考。

10月25日，蒋以南昌行营名义再发电："查匪此次南犯系全力他窜？抑仍折回老巢或在赣南另图挣扎？刻下尚难断定。"

他成了热锅上的蚂蚁。红军南窜是否主力？是否动用了全力？这是蒋估算红军动向的两大疑点。红军声东击西的战术给他印象太深了，他不敢再次上当。

蒋介石把身边的智囊们召集起来，共商对策。

蒋介石的智囊人物中，南昌行营秘书长杨永泰、行营第一厅厅长贺国光、参谋部第二厅厅长林蔚值得一提。

1934年3月蒋介石创设侍从室，就是杨永泰的主意。这是他对蒋家王朝的重大贡献。杨永泰政治经历非常复杂，与各派政治人物如黄兴、段祺瑞、陈独秀、邹鲁等都有不薄的交往。年轻时考中秀才，即逢科举报废；先参加了国民党，后又与人组织民宪党；拥护孙中山出任非常大总统，并当了南方政府的财政厅长，又接受北方政府委任，就任雷州安抚使伪职；先因提倡共和，被袁世凯明令停止议员职务，后因为北洋军阀张目，被孙中山通令缉拿……多年来杨永泰像一条不知疲倦的鱼，穿梭沉浮于政波宦海，硬是在其中熬炼出一副敏感的火眼金睛。蒋介石专门把他请来，出任军事委员会的秘书长。

林蔚，参谋部第二厅厅长，具有扎实的军事学及参谋理论功底。早年是孙传芳的部下。平日深藏不露，工于谋人，善于度势。统治集团内部皆认为"京官、幕僚、副职"都是无权、无财、无势的苦差事，林蔚长期处于这种地位，毫无怨言。中原大战后蒋介石编遣战败的西北军，他提出"高官少兵"原则，即对归降的西北军将领官可以给得很大，兵却编得很少，蒋介石采纳后，顺利平安地解决了西北军部队，深得蒋赞许，是蒋解决棘手问题的重要帮手。

贺国光，行营第一厅厅长。北伐前就职于吴佩孚鄂军系列。投靠蒋介石后便交出军权，宣布不再带兵，以做蒋幕僚高参为职业。1928年北伐中，向蒋介石提出"切忌顿兵坚城"的建议，云"我军每城必攻，则将耗费时间，徒增伤亡"；"凡非战略要地，切忌顿兵坚城，不如留置一部监视，大军仍然绕道前进"；蒋按其建议使北伐军绕过敌军坚守的临沂、泰安等城，直取济南获得成功。"围剿"江西红军中所谓"稳扎稳打，步步为营"的方针，也是出于贺国光的心计。

现在必须为蒋最头痛的红军动向和去向问题做出判断了，杨永泰、林蔚、贺国光三个脑袋凑在一起，提出了以下几种可能：

一、由赣南信丰入广东；

二、从赣南经粤湘边境入湘南，重建苏区；

三、先入湖南，后出鄂皖苏区再北进；

四、经湘西入黔、川再北进。

蒋介石认为第一种可能对自己最为有利。红军进入粤境，逼得粤军拼命抵抗，将很难立足；红军、粤军两两相拼杀，蒋将坐收两利。

第二种可能令蒋最为担心。湘南地区即使对当地的湘军来说，也是政治和军事的真空地带。红军入湘后一旦与贺龙部会合，便如漏网之鱼，将不得不重新开始一轮耗时费力的"围剿"。

第三种可能蒋介石认为是当年太平天国北进的路线。政治上威胁较大，但消耗大，红军担负不起。

第四种可能是老谋深算的杨永泰提出来的。他不但提出红军有可能经湘西入黔、川再北进，且进一步提出要考虑红军而后渡长江上游金沙江入川西的可能性。

杨永泰这番估算，对蒋家王朝的重要性绝不亚于当初建议组建侍从室。但平素对他言听计从的蒋介石，偏偏这回不屑一顾："这是石达开走的死路。他们走死路干什么？ 如走此路，消灭他们就更容易了。"

杨永泰提出的可能便被放在一边，不予考虑了。

蒋介石的追剿部署，则按照争取将红军压入粤桂、严防红军入湘与贺龙会合的战略意图实施。

而红军最初的战略意图，也是入湘与贺龙会合。

真是国共所见略同。

世间许多事情就是如此奇异。红军认准的方向因为也被蒋介石认准，全力防堵，便无法成为最终走向。

杨永泰提出的方向，别说是蒋介石，当时红军自己也没有意识到。

又正因为双方都没有意识到，反而最终成为红军真正的走向。

十多年后，当"钟山风雨起苍黄，百万雄师过大江"时，在凄风苦雨的溪口总结大陆失败教训的蒋介石，飞往台湾之前不知能否回想起当初杨永泰那番老谋深算的预见。

从蒋介石方面反证，红军长征前的保密工作，是做得相当成功的。尽管蒋介石手中有了叛逃的中革军委委员孔荷宠，有了为保住性命愿意讲出一切的上海中央局负责人李竹声、盛忠亮，也仍旧对红军即将采取的战略行动一无所知。

不利的一面是也阻碍了广大红军干部战士对这一战略方针的理解。

直到红军突破第二道封锁线后，靠李汉魂师在延寿之役发现红军一、三、五、九军团番号和几乎与此同时，李默庵师占领瑞金虏获的部分红军资料，蒋介石才最终得出两个结论：

第一，红军的突围不是战术行动，而是战略转移；

第二，红军的突围方向不是南下，而是西进。

为时尚不算晚。委员长南昌行营像一台突然获得动力的机器，笨拙而迟缓地转动起来。

蒋介石每隔十几分钟就向行营打电话，催问围堵计划搞出来没有。每次挂电话的声音皆很重。行营上上下下极为紧张。

摔电话声音重，因为他认为出现了一个绝好机会。他怕稍纵即逝，要不遗余力抓住它。

此时红军已突破第二道封锁线，正在向第三道封锁线逼近，进入湘粤桂边境地带。这正是利用粤军、桂军、湘军与中央军联合作战，利用湘桂边境的潇水、湘江之有利地障，围歼红军的大好时机。

他一边反复踱步，一边对部下反复说："红军不论走哪一条路，久困之师经不起长途消耗，只要我们追堵及时，将士用命，政治配合得好，消灭共军的时机已到，大家要好好策划。"

对南昌行营制订的中央军与湘、粤、桂军联合作战的湘江追堵计划,从出任的指挥官到动用的部队,蒋介石无不费尽心血。

首先是中央军方面参加追剿的统帅。

蒋介石点将北路军前敌总指挥陈诚。

对蒋来说,陈诚在第五次"围剿"中可谓首功。

陈诚却向蒋推荐薛岳。

其实薛、陈之间,并无多少交往。且薛岳资格老,与陈诚的恩师严重同辈。1927年北伐军向上海挺进之时,薛岳为第一师师长,严重为第二十一师师长,陈诚不过是二十一师下面一个团长。

使陈、薛接近的,是第四次"围剿"中陈诚的空前失败。

第四次"围剿"中陈诚任中路军总指挥,统帅中央军嫡系12个师,担任主攻。但中路军出师不利。先有五十二、五十九两个师被歼,五十二师师长李明负伤被俘自杀;五十九师师长陈时骥被生俘。后又有陈诚的发家部队第十一师在草台岗陷入红军一、三、五军团包围,遭歼灭性打击。师长肖乾负伤,残部撤至黄陂。3个主力师连遭灭顶之灾,蒋介石急得跺脚,说是"有生以来最大之隐痛";陈诚也几乎被政敌没顶。国民政府军事委员会指责其"骄矜自擅,不遵意图",给予降一级、记大过一次处分;陈诚系统的第五军军长罗卓英"指挥失当,决心不坚",革职留任;十一师师长肖乾"骄矜疏失",记大过一次。

就在陈诚损兵折将、急需帮手的时候,罗卓英、吴奇伟向他推荐了薛岳。

陈诚转而在蒋面前保举薛岳出任第六路军副总指挥兼参谋长。陈诚升任北路军前敌总指挥兼第三路军总指挥后,即让出第六路军总指挥职,保薛岳继任。

第三、第六路军是第五次"围剿"作战中担负战役决战任务的最大的主力兵团。陈诚在宣布薛岳就任第六路军总指挥的军官集会上,还说了一句后来在蒋军官兵中广为流传的话:"剿共有了薛伯陵,等于增加十万兵。"

薛岳绰号"老虎仔",广东乐昌人,作战欲望强烈,战斗作风也颇为顽强。

1927年9月,八一南昌起义的部队退到潮汕,新编第二师师长薛岳奉命协同粤军第十一师师长陈济棠等部阻击,在汤坑与起义军展开激战。薛部4个团都被击败,师部也被包围,全师覆灭在即。关键时刻,起义军叶挺部营长欧震叛变革命,阵前倒戈。薛岳立即抓住机会,与赶来增援的粤军邓龙光部,向其当年好友、共同掩护孙夫人突围的叶挺展开猛烈反攻。

汤坑之战,在南昌起义部队的战史上占有重要一笔。起义领导人南下广东建立根据地、重新北伐的设想,在这里被薛岳和陈济棠击碎。起义军主力第二十四师保存下来的力量很少。最后随朱德、陈毅上井冈山的,是留守在三河坝、未西进汤坑的第二十五师。

这年12月,薛岳又率部参加了扑灭张太雷、叶挺、叶剑英等领导的广州起义。其部第四团连续5次向广州起义总指挥部发动攻击,最终占领了起义军总指挥部。使白色恐怖笼罩全城。

但薛岳素与蒋介石不睦。1927年北伐军进入上海时,蒋介石亲自撤销了薛岳第一军第一师师长的职务。

蒋介石对待与其不睦者,一用金钱,一用大棒。

陈诚则不同。1929年12月,在河南确山前线放走被打败的唐生智第八军军长刘兴就是一例。作为胜利者的陈诚,似乎对生擒敌方主官以获更大声名兴趣不大。

结果他反而获得了更大的声名。

当然,放走刘兴的陈诚博得了一个美名,却没有工夫去顾及那些永远被埋在战场上的士兵的白骨。

但无论如何,在用人方面,陈诚确有过蒋之处。

充当打手为主子消灭异己,属于低等忠诚。

高等忠诚是能为其主化敌为友。

蒋介石从来不乏打手,却缺乏陈诚这样尽心竭力笼络对手,为蒋拉拢反对派不遗余力的人。

张发奎、严重、黄琪翔等人皆反蒋,却皆与陈诚有很深交往。他与他们知心,为他们的一般言行保密,不但不做包打听和告密者,有些时候反而向他们通风报信。

金钱和大棒是蒋介石惯用的武器。陈诚却发现了另一种武器:友情。他通过友情拉拢调解疏导，力促他们拥蒋，实在不行也要中立，尽量不让他们出现反蒋的倾向。

很多时候，友情起到的作用是金钱和大棒都起不到的。

最典型的是薛岳。

对陈诚的一再保举，薛岳自然分外感激，在作战中便特别卖力。尤其是陈诚对信任之人放开使用，为不使其心存芥蒂，还为其担当责任的做法，更使薛岳念念不忘。一个传统的粤籍将领，如此短时间内竟然习惯以中央军嫡系自居，从此对地方军政势力横眉竖眼，在那个拥兵自重、到处割据的年代，实不多见。这也足见陈诚用人方法之老辣。

作为陈诚军事系统的一员大将，薛岳得知红军突过赣南信丰、安远间粤军封锁线后，即以火急电报致北路军总指挥顾祝同和前敌总指挥陈诚，要求率领第六路军负责追剿。这与蒋鼎文的东路军在红军主力撤离后，依然亦步亦趋、向前小心翼翼地一线平推的架势形成鲜明对照；更与张辉瓒死后国民党将领普遍害怕与红军主力对阵的心态对比鲜明。

蒋介石早知道薛岳。当年陈炯明在广州叛变、孙大总统蒙难永丰舰时，身边的两个人，一个是蒋介石，另一个即是薛岳。蒋介石也知道当时自己是从灯红酒绿的上海款款而来，而薛岳则是带领少数警卫，从战火硝烟的广州冲杀出来。

孙中山说那是他一生中最为困难的日子。

眼下既要与日本人周旋，又要"围剿"各地红军，还要对付风起云涌的群众运动，蒋介石也认为这是他一生中最为困难的日子。他也希望就像他当年站在孙中山身边一样，身边也能站上两个人。

已经有了一个：陈诚。

他等待着下一个。

几番思虑，蒋介石同意了陈诚的推荐：以薛岳率领中央军9个师负责"追剿"。

红军从宁都开始了突围西征。后来叫长征。

薛岳也从兴国开始了跟踪"追剿"。后来叫长追。

应该承认蒋介石有一个非常敏锐的特点:极其善于捕捉和利用机会。

机会从来稍纵即逝。

在给薛岳的密信中,他说:"过去赤匪盘踞赣南、闽西,纯靠根据地以生存。今远离赤化区域,长途跋涉,加以粤、湘、桂边民性强悍,民防颇严,赤匪想立足斯土,在大军追堵下,殊非容易。自古以来,未有流寇能成事者,由于军心离散,士卒归故土;明末李自成最后败亡九宫山,可为明证。"

何止九宫山。他没有对薛岳说出来的是:红军正在进入湘军、粤军、桂军和中央军四股力量可以相向合力的区域以内。

而且前面还横亘着两条大河——潇水、湘江。

蒋介石看到了他围歼红军的理想地点:在潇水与湘江之间。

11月12日,在红军向第三道封锁线挺进之际,蒋介石发布命令:以何键为"追剿"军总司令,薛岳为前敌总指挥,指挥湘军与中央军16个师77个团"追剿"中央红军,务须歼灭红军于湘江漓水以东地区。

第二天,何键、薛岳根据蒋的命令,制订了消灭中央红军的五路"追剿"计划:

以湘军刘建绪部四个师为第一纵队,开往湘桂边境,依湘江布防,正面堵截红军;

以中央军吴奇伟部两个师为第二纵队,在全州东北方向机动,防止红军北进;

以中央军周浑元部三个师为第三纵队,抢占道县,压迫红军西进;

以湘军李云杰部两个师为第四纵队,在红军行进路线北侧进行追击;

以湘军李韫珩部一个师为第五纵队,在红军行进路线南侧进行追击;

另以中央军,三个师另加一个惠济支队机动纵队,由前敌总指挥薛岳兼指挥官,协同吴奇伟部在湘桂公路线上机动,阻止红军北进。

此外白崇禧桂军的两个军,列阵于桂北红军前方,进行正面堵截;陈济棠粤军两个军,列阵于湘粤边境的红军侧后,防止红军回头;湘、桂、粤军与中央军近40万兵力参加这个庞大的"追剿"行动。

这个蒋介石用摔电话听筒摔出来的"追剿"计划,用兵方面不无粗糙,用人方面却较为细致。

总司令一职给了何键,薛岳颇为不服。认为率中央军9师之众入湘,还要听从游击司令出身的人指挥,十分难忍。他直接发报给陈诚,表示不满。

这一点蒋的考虑比薛岳要远。用何键的有利之处就在于,其一,广东的陈济棠、广西的白崇禧皆处于半独立状态,指挥不甚灵便,何键却一直比较听蒋的招呼;其二,作战地域正在转入何键统辖的领域,用人用兵之际,须最大限度发挥湘军力量;其三,何键与李宗仁、白崇禧私交不错,一旦需要湘军入桂,彼此不至于猜忌。这一点尤其关键。蒋以为用何键出任"追剿"军总司令,对湘桂合力封锁湘江、堵住红军最为有利。

他无须知道薛岳的不满,反而告诉薛岳,中央军9个师入湘后皆归何键指挥。

这是蒋介石首次给予地方实力派指挥中央军的权力。

在选定第四纵队李云杰、第五纵队李韫珩担任对红军后尾的追击时,蒋介石也用了一番心思。他知道二李皆是湘南人,所部多系湘南嘉禾、宁远子弟,跟踪追击地形熟悉,可收地利人和之便。

其实总司令何键也好,前敌总指挥薛岳也好,都是空职。何键这个总司令既指挥不了薛岳的中央军,薛岳这个前敌总指挥也指挥不了湘系部队。一切都是蒋介石、陈诚在南昌居中调度、亲自指挥的。

蒋介石一生中不知制订过多少个消灭共产党武装力量的计划,湘江追堵计划也许是其中最为完备的一个。他以薛岳、吴奇伟在红军北侧并行追击,阻遏红军北上;又以李韫珩、李云杰加周浑元在后追赶,逼使红军强渡湘江,然后让红军与关闭湘江的湘军、桂军主力正面冲撞;如果红军果真被封闭,则只有掉头转入桂北或粤北,此时陈济棠的几万兵力正集中在这一带;即使红军能够破门而出,必伤亡十分重大,以薛岳再行尾追可收全功。

总的态势是大军前堵后追、左右侧击,粤、桂、湘军与中央军联合于湘江东岸与红军决战。

在蒋来说，的确是一个相当完备的消灭红军计划。

能否闯过湘、桂军主力布防的湘江门户，成为红军成败的一大关键。

蒋介石要何键做他封锁湘江的半扇大门。

何键以衡阳为门轴，主力向湘桂边境的黄沙河一线展开。11月19日，何键命令：

"第一路追剿司令刘建绪，指挥第十六、第六十二、第六十三各师，第十九师一部，及补充四团、保安团等部，着集结主力于黄沙河附近，与桂军联系，堵剿西窜之匪；并沿湘江碉堡线，下至衡州之东阳渡止，严密布防。"

11月21日，湘军部署完毕。湖南段湘江被封闭。

另半扇大门是广西的白崇禧。

广西境内的湘江，以全州、灌阳、兴安为门户。三重镇构成一个等腰三角形：岭南咽喉全州似三角形的顶点，灌阳、兴安一线拉成三角形底边。桂军廖磊第七军二十四师、夏威第十五军四十四师以三角地带中心石塘圩为核心构筑南北阵地，布成所谓"全、灌、兴铁三角"，作为堵截红军渡湘江的主阵地；另三个师桂军集结于龙虎关以南的恭城地区，随时准备策应铁三角内的战斗。

白崇禧也摆足阵势，在全、灌、兴地区关闭了广西境内的湘江门户。

以何键、白崇禧的合力，能够完全封闭湘江。

这一点也的确做到了。湘江大门在黄沙河、全州一线关闭。蒋介石用湘、桂军联合封闭湘江门户的作战预案，基本实现。

在全州，完成各自布阵的两军主将白崇禧与刘建绪握手言欢。双方交换了各自兵力部署情况，相约共同配合，夹击红军，并具体协调了通讯联络等事项。

从战场实景看，红军陷入了明显不利态势，局面极其严峻。

如果不能撞开湘江大门，红军只有掉头转入桂北或粤北。这一带民防组织多，地方军阀统治极严；且白崇禧、陈济棠几万大军虎视眈眈，进入他们老家，必然都要拼老命的；红军将很难立足。

如果红军果真能够破门而出,也必将实力大损。以逸待劳的薛岳再率中央军雷霆万钧地从湘南压下来,突过湘江的红军立即成为背水之势。

能否打开以及如何打开湘江门户,成为红军西征成败的关键。

也是全部中央红军命运的关键。

红军正向湘江疾进。

蒋介石赋予中央军的主要任务并不是参加此番决战,主要是执行驱赶。以薛岳、吴奇伟部在红军行进路线北侧,将红军压向南面;以周浑元部插到红军后尾,将红军向西赶。

但恰恰又是关键之处出了毛病。白崇禧、刘建绪组成的湘江大门,其实是虚掩的。

自认为善于用人的蒋介石,失败的主因也在用人。

第一个失误来自"追剿"总司令何键。其失误于对决战方向的判断。

为湘江之战,何键准备了三套方案:

一、突破第三道封锁线的红军,如果在江华、道县间稍事徘徊,则湘军加中央军主力便从平田、道县一线向南截击,将红军迎头或拦腰斩断,在湘江潇水以东解决战斗;

二、如果红军主力经寿佛圩、新桥、黄沙河一线向西突进,则在黄沙河一带与红军决战;

三、如果红军主力进出永安关、龙虎关,向全县、兴安、灵川之线突进,便由桂军力堵,而湘军以主力包围红军右侧背,与桂军协力歼灭之。

三套方案中,何键以为第二方案的可能性最大。他与红军作战多年,深知红军善于从两省两军的衔接处钻缝乘隙。黄沙河是湘、桂两省交界处,又是湘、桂两军防务衔接点,所以判断红军选中该点突破的可能性极大。何键指示部下:"预期可于黄沙河附近与匪遭遇,即以主力迫匪决战。"

刘建绪按照何键黄沙河决战的设想,展开部署:

令十九师师长李觉率补充第一、二、三、四团及沿江保安第九、第二十一、第二十二等三团共计7个团的兵力,固守黄沙河、零陵之线,主力置于零陵；

令章亮基第十六师由祁阳经零陵向黄沙河前进,限 11 月 16 日以前在黄沙河附近集结完毕,与桂军联系衔接；

令陶广第六十二师由文明司经郴县、新田向黄沙河前进,限 20 日前全部到达；

令陈光中第六十三师由大汾、资兴向黄沙河前进,限 21 日以前集结完毕。

这样在 11 月 21 日,刘建绪指挥第十六、第六十二、第六十三师和第十九师一部,及补充四团、保安团等部,在黄沙河附近集结完毕。

何键估算的决战地点,比后来的实际地点偏北了 100 多里。

眼前的失误源于过去的失误。

李宗仁 20 世纪 50 年代在美国撰写回忆录,把国民党丢失大陆的原因简单归结为二：

一、蒋介石"剿共"不力,却专门消灭异己；

二、何键部下出了个彭德怀。

说蒋介石"剿共"不力查无实据。为"剿共"蒋介石连日本侵略皆置之不顾了,"攘外必先安内",还不力吗?

对何键的指责却事出有因。

问题出在何键最为风光的高峰。

1927 年北伐,称"铁军"的第四军和称"钢军"的第七军久攻武昌不克;唐生智的第八军调上来,何键师利用西门守军久围厌战的情绪,攀城赚开西门首先冲入,然后迎接大部队进城。四军、八军三个小时巷战即将守敌全部缴械,还活捉了湖北督军陈嘉谟和鄂军战将刘玉春。蒋介石连发两电嘉奖："该江左先遣纵队指挥何键,默运间谋,建树伟绩","所有江左部队,并特犒赏洋两万元。"

战后何键出任三十五军军长,从此跻身北伐名将行列。

最为风光之时,克星出现在了三十五军第一师第一团第一营。

第一师是由湖南独立第一师改编过来的。第一团第一营又是该师战斗力最强、军纪最严明的一个营。

营长就是彭德怀。

如果说李汉魂当师长很长时间都不知道林彪是他手下的连长，那么何键当军长时间不长，便知道了他手下的这位彭营长。

两件事。

一件是三十五军成立后，何键怕有军官不听他的话，便请来一个和尚，令准尉以上全体军官受戒。彭德怀偏不听这一套。整个第一师，唯彭营军官皆不受戒。

另一件是何键嫡系戴斗垣旅有人打死农会干部，当地农民聚集于该旅司令部前举行哀祭，彭德怀竟然率全营官兵参加，还在大会上讲话，迫使旅长戴斗垣不得不亲自出来，向农民道歉。

两件事都传到了何键耳朵里。他找到一团团长，说，彭德怀怕是过激党吧？把他调开，给个厘金局局长当，让他多搞些钱，就没有危险了。

彭德怀没有当何键厘金局局长。他当了共产党红三军团的军团长。

这就是国民党兵败大陆后，李宗仁在美国对何键的指责。

这指责也对何键不公。他对彭德怀非但无丝毫纵容包庇，且二人多次在战场上面对面厮杀，可谓血海深仇。

土地革命战争中国民党军第一个攻下井冈山的，就是何键。而当时防守井冈山的，正是彭德怀。

土地革命战争中红军里唯一攻下省会的，便是彭德怀。而当时防守省会的，恰又是何键。

1929 年元旦，何键出任湘赣两省"剿共"代总指挥，用六旅十八团兵力，分五路向井冈山发动进攻。规定拿获朱德、毛泽东各给赏洋5000 元，拿获李维汉赏 3000 元，以下不等。

此仗代总指挥何键打得很顺。红五军军长彭德怀打得很苦。

1 月 29 日，何键部王捷俊旅收买游民带路从小路偷袭，使井冈山最重要的哨口黄洋界失守，红五军面临全军覆灭之险。彭德怀率部攀悬崖峭壁，沿猎人和野兽出没的小道用马刀砍树开路。时值严冬，天降大雪，彭德怀干粮袋也丢失了，整整两天粒米未进。

冲破包围的彭德怀最后饥饿疲乏到寸步难行之时，酒足饭饱的何键正在领受蒋介石嘉奖："迭克宁冈、五井诸要塞，具见该代总指挥等调度有方,深堪嘉慰。"

从此二人冤家路窄。

1930年7月,彭德怀率红三军团猛扑长沙。何键特从湘南返回守城,指挥优势兵力向红军反击。

红军部队后退了,彭德怀亲自守在浏阳河边,下令拆掉浮桥,后退者军法从事!

硬是用气势将湘军压垮。

湘军部队后退了,何键亲自到城外雨花亭督战,宣布后退者格杀勿论!

他虽然在长沙城内出示布告:"市民住户不要惊慌,本人决与长沙共存亡。"但见红军攻势如排山倒海,湘军溃兵似洪水决堤,自己也两腿发软,连马背都爬不上去,由马弁搀扶逃到湘江对岸。

何键从此最怕曾是他部下的彭德怀。

此番红军突围西进,侦察情报与南昌行营的通报都表明,彭德怀的红三军团仍是突击前锋。

军事行动无不包含有双方指挥者的个性特点。黄沙河决战的部署,有何键对敌手的估算,也有他对自身的斟酌。蒋以他为总司令,主要想让湘军出省作战。但何键却不想出省。长沙丢过一次,让他在国民党军政界失尽脸面,这次无论如何不能再有丝毫闪失。几年来红军剿而不灭,这次能否堵住红军,何键信心不足。对他来说只要红军不侵入湖南腹地,就是万幸。

所以他要刘建绪集结主力于黄沙河附近,严密布防;完成与桂军的接防便即行停止。

蒋介石精心构筑的湘江追堵计划之实施关键,在湘、桂两军的协同配合。但何键使湘军主力刘建绪部的位置稍稍偏北。

于是真正将与红军迎面的,是刚刚在全、灌、兴地区部署完毕的桂军白崇禧。

白崇禧能全力完成蒋介石的重托吗?

第八章

湘江，湘江

认为"有匪有我，无匪无我"的白崇禧，突然开放全、灌、兴铁三角，红二师却痛失宝贵战机。向来披坚执锐的红一军团，对自己战斗能力还能支撑多久产生动摇。湘军悍将李觉却至死不承认抄了林彪的军团部。

第一节　"老蒋恨我们比恨朱毛还更甚"

港澳台一带流行一种说法:中国有三个半军事家,两个半在大陆,一个在台湾。

在台湾的一个,即指白崇禧。1928年,国民党行政院长谭延闿特写有一对联赠白:"指挥能事回天地,学语小儿知姓名。"

从他在陈济棠面前对红军突围时间和方向的料算,人们就可知道,不只共产党的杰出军事家们才可以称作用兵如神。

何键与蒋介石同一年出生,白崇禧则与毛泽东同一年出生。他14岁报考广西陆军小学校,全省报名应试千余人,只取120名,白以第6名录取。16岁投考广西省立初级师范,又列榜第2名。入学后,屡次考试名列第一,被选为领班生。

这个家境并不富裕的桂林县南乡山尾村人,并不因学习优异就一帆风顺。

班上有个叫何树信的同学,是桂林城里人,嫉妒白的学习成绩,便常以"乡下人"取笑白崇禧和其弟。一日乘白不在,何某又在室内恶言詈骂,白突然归来,问其何事。何在关口上收口不得,便硬起头皮顶下去,对白一声:"呸!乡下人!"白崇禧晚年在台湾回忆起这一幕时说道:"我不禁大怒,以为大丈夫不能受辱,狠狠地将何打倒地上,再踢他两脚以示惩罚。此为我做学生以来第一次打架。"

首先动手打人,事情闹大了,被告到校长那里。许多同学劝他千万不要向校长承认打倒何某,至少不要承认先动了手。白一意孤行,不听劝阻。他不向校方解释求饶,而是收拾行李准备回家,并告其弟留下好好学习,不要牵挂,大有一副檐下不低头的气概。后来同学推举代表向校长陈情,校方也查出事出有因,未开除白崇禧学籍,给了一个记大过处分了事。

白崇禧的这种禀性,以后每每表现出来。1919年白崇禧任桂军模范营连长,赴左江流域剿匪。广西因为连年沿用招安政策,结果匪势日张,形成"卖牛买枪","无处无山,无山无洞,无洞无匪"的局面。模范营招到土匪200名,白崇禧力主将其中的80名惯匪就地枪毙,以绝后患。时广西军阀陆荣廷自己就是被招安的土匪出身,闻讯大怒,坚决不许。白主意已定,独断独行。他让这80名匪首回家过节三天,严令按时归营。待归来后便说他们在外行为非法,辜负优待,用伏兵将80人一一逮捕,立即正法。同时向上速报夜间匪徒抢枪谋叛,事起仓促,不及请示,用紧急处分将其全部处决云云。陆荣廷面对既成事实,也万般无奈。

从此广西对土匪的招安政策,改为进剿政策。

白崇禧这种禀性,在后来和蒋介石的关系中多次表露出来。

他与蒋之间曾有过很好的配合。因白崇禧在统一广西中表现出来的军事才能,北伐伊始,蒋介石点名要他出任总司令部参谋长。白以负责重大不敢接受,李宗仁也认为广西部队要人指挥不愿放人;蒋坚持力争,甚至说借用数月,待攻下武汉必定归还,方才谈妥。

攻下武汉后,蒋之嫡系第一军第一师王柏龄、第二师刘峙在浙江作战失败,何应钦又被困于福建战局,蒋又以白崇禧为东路军前敌总指挥,白又毅然前往,克杭州,逼上海,连战连捷。

1927年的"四一二"反革命事变,则是蒋、白配合的高峰。蒋在上海下定"清党"决心,白则出任上海戒严司令;蒋发表《清党布告》《清党通电》,白则在上海用机关枪向工人队伍扫射;当时莫斯科百万人大游行抗议上海的白色恐怖,在"白"字下面,特地注明是白崇禧。

高峰之后,便是下坡了。而且因为成峰太陡,所以下坡也很陡。"四一二"事变后仅4个月,白崇禧就与何应钦、李宗仁联合,迫蒋第一次下野。后来蒋桂战争、蒋冯战争、蒋冯阎大战、宁粤之争,只要是反蒋,就少不了白崇禧的身影。

白反蒋,蒋同样反白。1929年3月唐生智东山再起,白崇禧在北方无法立足,在一片打倒声中化装由塘沽搭乘日轮南逃。蒋介石获悉,急电上海警备司令熊式辉"着即派一快轮到吴淞口外截留,务将该逆搜出,解京究办"。

必欲除之而后快之心情,溢于言表。

后来亏得熊式辉的秘书通风报信,白崇禧方得以逃一命。

白、蒋关系是民国史上的一只万花筒。战场上同生共死的关系瞬间就变成兵戎相见的关系,政坛上相依为命的关系眨眼就转为你死我活的关系。

但蒋介石那个庞大的湘江追堵计划,还是必须用白。桂军战斗力极强,又有白崇禧的头脑,很可能要唱主角。

用人先给钱,这是蒋的惯例。随即有飞机给白崇禧急送两个军三个月的经费,及作战计划、密电本等,并附电报一封:"贵部如能尽全力在湘桂边境全力堵截,配合中央大军歼灭之于灌阳、全县之间,则功在党国。所需饷弹,中正不敢吝与。"

白崇禧亦回复:"遵命办理。"

双方好言好语,彬彬有礼。

白崇禧倾桂军全部两个军于桂北边境,以第十五军控制灌阳、全县一带,以第七军控制兴安、恭城;自己也带前进指挥所进至桂林;弹指之间,在湘江一带撒开的大网形成。桂军完全一副在全、灌、兴之间与红军决战的架势。

但白崇禧还多了一个心眼儿。他在调动大军的同时出动空军,名曰侦察红军行踪,实则侦察蒋军的行动。与蒋打交道多年,他太了解此人了,所以一直怀疑中央军想借追踪红军之机南下深入桂境。

桂系的主要原则,依然是防蒋重于防共。

果然空中侦察报告:蒋军以大包围形势与红军保持两日行程,其主力在新宁、东安之间停止不前,已有 7 日以上。

既然说是消灭红军的大好时机,中央军薛岳、周浑元为何不积极"追剿"?

桂军的飞机飞回来了,从空中给白崇禧的头脑里画出一个大大的问号。

白崇禧与薛岳是老熟人,也是老对头。1927 年发动"四一二"事变前,就是白崇禧向蒋介石提议,撤销思想左倾的薛岳第一师师长职务。当时白崇禧作为东路军前敌总指挥,自认为了解薛岳那个葫芦里卖的什么药。

如今薛岳是"追剿"军前敌总指挥。其麾下中央军 9 个师行行止止,葫芦里又在卖什么药呢?

正焦急之中,桂系设在上海的秘密电台又发来电报称:蒋介石决定采用杨永泰一举除三害之毒计,一路压迫红军由龙虎关两侧进入广西平乐、昭平、苍梧,一路压迫红军进入广东新会、阳春;预计两广兵力不足应付,自不能抗拒蒋军的大举进入。如此则一举而三害俱除,消灭了蒋的心腹大患。

发电人是王建平,广西平乐人,白崇禧保定军官学校同学,与白私交甚厚。其已混入蒋军中央参与机要,不断为白搜集情报,经常住在上海。

白崇禧看过王建平这封电报,连呼:"好毒辣的计划,我们几乎上了大当!"联系薛岳将主力置于新宁、东安,只与红军后尾保持接触,意在驱赶而不在决战,趋势恰好与王建平电报吻合,便决定立即变更部署,下决心采纳幕僚刘斐的建议:对红军"不拦头,不斩腰,只击尾";让开正面,占领侧翼,促其早日离开桂境。

台湾《中华民国史事日志》记载,1934 年 11 月 17 日,"白崇禧赴湘桂边布置防务"。

他不是去布置战斗的,而是去布置撤退的。

当时桂北龙虎关一带,桂军动用了无数民夫抢修公路桥梁,彻夜不停,妇女小孩也都加入。白崇禧在平乐开会布置坚壁清野既防红军又防蒋军的当晚,下达了转移大军于龙虎关的命令。

首先除固守龙虎关阵地外,命令永安关、清水关、雷口关的警戒部队撤退,并将工事星夜挖去,让红军从龙虎关以北各关通过桂北。

第二是命令防堵红军的中坚、部署于全、灌、兴铁三角核心阵地石塘圩周围的四十四师、四十二师撤至灌阳、兴安一线,变正面阵地为侧面阵地,改堵截为侧击。

第七军集结恭城。灌阳至永安关只留少数兵力。全县完全开放,只留民团驻守。

在这一系列动作之后,桂军的布阵出现了关键性变化。

全州为桂北重镇,中原入岭南之咽喉,历来兵家必争,白崇禧对此地十分熟悉。辛亥革命那年他 18 岁,报名参加广西北伐学生敢死队。家人知道后到桂林城门口把守,要拉他回家。他换上便衣从西门溜出,绕了两座山才追上队伍。敢死队行军至全州,白崇禧与多数同学的脚皆被草鞋磨破,脚底也被路石硌伤。但这伙青年人咬紧牙关,一直走到汉阳,加入南军阵营。

这回白崇禧又来到全州。再不似当年投奔敢死队磨破了脚板,他这回是来脚底板抹油——要溜的。

白崇禧原来沿湘江部署的南北阵形,恰似一扇在红军正面关闭的大门。现在突然间被改为以湘江为立轴的东西阵形,似大门突然打开。尤其是全、灌、兴三角地带之核心石塘圩的放弃,更是令千军万马、千山万壑中出现了一道又宽又深的裂隙。

据湘军记载,桂军放弃全、灌、兴核心阵地的日子是 11 月 22 日。

此时红军前锋距桂北已经很近。

桂军中有人提出,如此部署,红军主力一旦由灌阳、全县突入,夏威的十五军支持不住,湘江防线必然有失。白愤然回答:“老蒋恨我们比恨朱毛还更甚,这计划是他最理想的计划。管他呢,有匪有我,无匪无我,我为什么顶着湿锅盖为他造机会? 不如留着朱毛,我们还有发展的机会。如果夏煦苍(夏威别号)挡不住,就开放兴安、灌阳、全县,让他们过去,反正我不能叫任何人进入平乐、梧州,牺牲我全省精华。”

这就是白崇禧的基本观点。对他来说无所谓大门的开关。总共18 个团的兵力,不论面对 5 个军团的红军还是面对 9 个师的中央军,他只能钉成一块门板。对红军关上湘江大门,就对蒋军敞开了广西大门。对蒋军关上广西大门,便又对红军敞开了湘江大门。

本是个二难选择。但王建平那封发自上海的电报,使白崇禧一瞬之间明白了一条辩证法:关就是开,开就是关。

于是他毫不犹豫地把关闭湘江的那扇门板拉过来,屏护恭城、桂林。

完成这些布置后,白崇禧才带着刘斐去全州会刘建绪。

刘建绪与白崇禧握手时,以为湘江防线业已被湘、桂两军衔接封闭。未料想恰是此时,桂军那扇大门却悄悄敞开了。

第二节　就蒙一个蒋介石

陈济棠的让路和白崇禧的让路,长期处于历史迷雾之中。

陈济棠与红军的秘密谅解,为双方高级领导人物所知。有过谈判,有过记在笔记本上的协议,有过比协议更加重要的双方默契。

白崇禧迹近让路的行动却是个真正的谜。直到何长工回忆录发表、陈济棠让路大白于天下之时,研究中共党史的人们还在猜测判断白崇禧当年的动机。

甚至怀疑他与红军也有秘密的谅解。

美国人索尔兹伯里写了一本《长征——前所未闻的故事》。他说"有证据表明,同桂系军阀白崇禧和李宗仁之间存在一项谅解";并举出两人为证。一位是红军第一个历史学家徐梦秋在 1938 年谈道,广西首领"答应开放一个区域",即湘江的界首到全州之间数十里宽的一段走廊;另一位是著名党史专家胡华。胡华 1984 年对索尔兹伯里说,"关于走廊的说法是有根据的",否则红军不可能在湘江坚持一星期之久。

到底有没有什么"秘密安排"使红军得以顺利渡过湘江,索尔兹伯里说:"对这个问题,我一直在探索。"

却一直没有探索出个所以然来。徐梦秋、胡华、索尔兹伯里先后去世,白崇禧当年一连串不寻常的突然调动在全(州)、灌(阳)、兴(安)"铁三角"地区留下的防务空白,一直成为中国革命史上一段情况空白。

没有谜的历史,是索然无味的历史。

历史的解谜过程,又往往容易弄成将谜底复杂化的过程。

布置湘江防务的时候，白崇禧和刘斐曾到兴安对十五军军长夏威和参谋长蓝香山半开玩笑半认真地说："谁给红军送个信，说我们让一条路任其通过。"衷心话隐藏在了笑话之中。

没有人去送这样的信。白崇禧与红军之间没有任何协议与默契。有的只是对自己利益的精心布置和安排。剩下的，就靠彼此心照不宣了。

白崇禧有意收缩，刘建绪却无力补漏。

为精心策划的黄沙河决战，何键连后方医院都做好了准备。除各作战单位原有卫生机关外，他特在黄沙河的后方零陵增设一个兵站医院，而在郴州的另一所医院，"预定至黄沙河决战时期，令其向零陵转移开设"。

大战地点却不在黄沙河。

何键11月22日接到白崇禧那封关键性电报：因红军攻击贺县、富川，全州、兴安间主力南移恭城。所遗防务，请湘军填接。

何键叫苦不迭。刘建绪部21日刚刚在黄沙河一线集结部署完毕。白崇禧一抽屁股，闪出近200里湘江防线，如何填接？桂军向腹地收缩，要湘军深入桂境协防，湘境出现漏洞，谁来填接？

桂北永安关、清水关、雷口关桂军的撤退，使红军先头部队快速通过灌阳以北各关，朝空虚的石塘圩一带猛进，前锋直趋桂境湘江。

何键精心构筑的黄沙河决战设想瞬间泡汤。

此时湘军在最接近全州的黄沙河一线，为章亮基的第十六师及李觉率领的4个补充团；陈光中第六十三师刚刚到达东安；陶广第六十二师25日才能到达黄沙河；薛岳所部24日方集中零陵，且疲惫至极。

11月23日，何键电令刘建绪："着第一路沿湘水上游延伸至全州之线与桂军切取联络，堵匪西窜。"

11月25日，再电刘建绪、薛岳："着第一路追剿司令刘建绪指挥所部，担任黄沙河（不含）至全州之线，置重点于全州东北地区"；"着第二路追剿司令薛岳指挥所部，担任零陵至黄沙河（含）之线，集结主力于东安附近,并策应第一路";"第一、第二路,均限明晨开始行动。"

自从电波作为人类通讯工具以来,一种崭新的电报语言便脱颖而出。当最复杂的感情也须用最精练的语言表达之时,只言片语的细微差别,便包含了只有当事人才能清楚的可能要拥抱或可能要拔枪的含义。

何键让刘建绪与薛岳梯次衔接、逐步推进的方法,意思很明显:湘军可以入桂境接防;但接防地点是全州,不是兴安。湘军的江防可从黄沙河向全州延伸 70 里,但决不再向兴安方向前进,去"填接"桂军留下的那 100 多里空隙。湘江防堵计划南昌行营早有安排,一旦有漏,责任不在他何键。

白崇禧耍了滑头,红军根本没有"攻击贺、富"。林彪红一军团仅以一部佯向龙虎关运动,摆出进击恭城、平乐的架势,白崇禧立即抓住作为退兵的理由。

何键在这里也耍了一个滑头。他 11 月 22 日就接到白崇禧撤防的电报,23 日电令刘建绪准备南移接防,却让部队 26 日才开始南移,且反复叮嘱刘建绪不要伸过全州。事后却对蒋介石说,红军"佯攻黄沙河一线",刘建绪部集结时间过于紧张,虽然"星昼南移",也来不及在湘江的全州至兴安段全线布防。

欺骗老蒋的,绝不止一个白崇禧。

白崇禧撤防,何键不补,就把一个蒋介石蒙在了鼓里。

蒋介石精心构筑的湘江线突然出现一个硕大的漏洞。

湘江渡口门户洞开。

走在中央红军全军最前列的红一军团便衣侦察队,连续发回前方无大敌的报告。红一军团林彪立即决定采取"两翼分割,中间突破"的态势向湘江兼程猛进,从白崇禧的"全、灌、兴铁三角"地带无阻拦地大踏步穿过,突破封锁线。

此时还出现了一个极好机会。

红一军团侦察科长刘忠率领军团便衣侦察队从界首悄悄渡过湘江、抵达全州城附近实施侦察时,发现全州尚是一座空城。城内仅有桂军一个民团,惊慌失措,战斗力很弱。湘军接防部队尚未到达。

谁占领全州,谁就在湘江作战中占据有利地位。刘忠立即建议在对岸附近的一军团二师五团从速过江,占领全州。

刘忠曾在五团当过政委。这是一支能打的部队。反围剿作战中曾荣获中革军委授予的"模范红五团"称号。

但现任团长陈正湘做不了主。率领五团的是二师参谋长李棠萼。李棠萼觉得应该听候军团指挥部命令。先要报告军团指挥部,待命令再行动作。

有兵贵神速之说。也有三大纪律八项注意第一条"一切行动听指挥"。到底怎么掌握,皆在指挥员自身。再说哪一个指挥员不想把握军机?

但军机却稍纵即逝。

让我们看看这段令刘忠遗憾不已的回忆:

> 二十一日上午,派参谋化装进全州探实,城内只有民团,而没有国民党的正规部队。这时,二师李棠萼参谋长率五团已进到界首村停下未渡湘江。我向他面告,全州城无国民党正规军,建议五团速渡湘江,进占全州城。李棠萼犹豫不决,说须电报军团批准才过湘江,占全州。我再次建议机不可失,进全州城后电报军团首长,他不同意,于是立即电告军团。军团首长二十一日下午二时回电,令"渡过湘江,进占全州"。我率的侦察部队已过湘江,李棠萼参谋长命我进全州城,他率五团渡湘江跟进。我率侦察队迅速前进,下午四时到全州城郊,结果失去时机了,国民党中央军前卫已进全州城,并在城外占领了阵地,布置了警戒。

刘忠的回忆中有两点不准确。一是桂系11月22日才放弃全州,何键控制全州的时间是27日下午。所以他说的"城内只有民团"不可能是11月21日,而应该是11月27日。二是抢占全州的不是"国民党中央军",而是何键的湘军刘建绪部。

刘忠回忆中最值得我们注意也最令人扼腕的,是这一天的时间点:

上午:发现全州是空城,两次建议红五团立即进占,李棠萼不同意,遂向军团首长发电请示。

下午2时:军团首长回电:渡过湘江,进占全州。

下午4时:侦察队抵全州城郊,敌方前卫刚刚进城。

何键部追剿军第一纵队司令刘建绪向其部属发报"予在全县"、进而下达一系列战斗命令的时间,是下午5时。

就差了那么一点。真是差之毫厘。

但失之千里。

李棠萼只好指挥五团抢占觉山铺,紧急构筑面向全州的防御阵地。

敌方出现的矛盾与失误给我们造成极其有利的机会。我方发生的失误,又使一些极好的机会重新失去。红军在湘江之战中之所以损失巨大,中央纵队过于笨重缓慢、未能有效利用湘江缺口是其一,红一军团二师五团未能坚决抢占全州,也是其一。

刘建绪后来向红一军团阵地发起一次又一次猛烈的冲击,就是利用全州这个前进基地。如果当时一军团二师五团果断占领全州,一军团对湘军的防御态势无疑将大为改观。林彪还用在11月30日晚向中央发出那封"防线动摇万分危急"的电报吗?

李棠萼经过正规军事教育,是黄埔六期生,参加过广州起义、湘南起义,跟随朱德上井冈山,任过红一军团作战科长,参加了中央苏区历次反"围剿"斗争,长征穿越毛儿盖草地时,牺牲于敌人的冷枪。

黄埔一期毕业的红一军团参谋长左权后来对刘忠说:"若占领全州城,通过敌封锁线可能会顺利些,但因蒋介石的大兵已到全州地区,广西军从桂林北进,加以我军的长途行军作战,疲倦不堪。这是主要原因,不能归罪李棠萼同志个人。"

左权讲的当然也有道理。但是在那个非同寻常的年代,还是从李棠萼身上,让人遗憾地从另一个侧面看出"审时度势、机断专行"这8个字,对一个优秀指挥员来说是多么难能、多么可贵。

只有少数杰出的军人,才能够真正佩戴上这顶桂冠。

刘忠晚年离休后,写了本回忆录《从闽西到京西》。提及50多年前红二师参谋长李棠萼贻误战机、失去控制全州的机会,仍然感叹不已。令他动情的不仅仅是个人失误,更是在这一失误背后付出了多少战友鲜血和生命的代价。

薄薄的回忆录印刷粗糙,错别字不少。这位开国中将自己一个字一个字地改、一本一本地改。改完后用纸把书包好,送到国防大学图书馆,布满老年斑的手一遍遍抚摸着封面,用难懂的福建口音反复叮嘱要好好收藏。

图书馆人员礼貌、客气。也好奇这位穿深蓝色便服的老人对一本小薄册子如此执着与认真。

"九一三"事件之后,刘忠受到林彪问题牵连。

当年林彪的红一军团是长征先锋。刘忠的便衣侦察队是先锋的先锋。

望着这位衰弱蹒跚老人离去的背影,谁能想象出,他曾是走在红色狂飙最前面的人?

就在湘军、桂军与中央军互相将最严重的作战任务推来推去的时候,中央红军却在疾进途中表现出一种顽强的整体性。

一军团一师掩护中央纵队渡过潇水后,按林彪命令应该迅速向湘江前进,与军团部会合。但后卫五军团还未赶上,潇水一线形成缺口。彭德怀立即命令一师停止前进。他对一师师长李聚奎说,不能给敌人留下空隙,一师不但现在不能走,而且三军团六师还要暂时归你一师指挥,其他问题我同你们军团司令部联系说明。

一师按照彭德怀命令继续防守潇水西岸两天,打沉追敌一批又一批渡船,有效地阻敌前进,保障了红军后尾。

11 月 27 日夜,一军团二师渡过湘江,占领界首。三军团四师也随即到达。二师向纵深发展,四师奉命接防。原想按一军团原先的阵势在湘江北岸布防,林彪说不可,四师不要摆在二师原来阵地上,要过江回去,在南岸构筑防御阵地,防止桂敌侧击。

四师师长张宗逊、政委黄克诚按照林彪意见在南岸布防,很快就与赶上来的桂敌接火,一打就是两天两夜,使界首渡口牢牢控制在我军之手。

彭德怀指挥了一军团的部队,林彪指挥了三军团的部队,皆指挥得十分关键。

一军团一师若不按照彭德怀命令坚守潇水,中央纵队在湘江一带便要被追敌迫近两天时间,湘江之战中红军的损失不知还要增加多少。

三军团四师若不按照林彪命令在南岸背水布防,界首渡口必在桂军突袭下很快丢失,红军大队就将在湘江被追敌切断。

虽然面对的并非自己属下部队,但他们的命令在未假思索之中便果断做出了。

未假思索,是对指挥关系、人事关系的未假思索。

它来源于对敌情和形势更准确和更深刻的思索。

从界首至屏山渡,蒋介石精心构筑的湘江防线被撕开一个宽 60 里的缺口。

11 月 27 日,就在林彪占领界首的同一天,刘建绪进占全州。

红军突击先锋与湘军堵截主将,各自使自己的军事机器高速运转起来。

一军团过河部队连夜向纵深前进,与三军团部队一道,迅速控制了界首到觉山铺一线 30 公里渡河点。林彪爬到山头上看地形,决定以觉山铺一带 4 公里长的山冈线作为阻击主阵地,并立即部署二师部队进入阵地构筑工事。

刘建绪下午 5 时便在全州下达一系列命令:章亮基师出全县沿飞鸾桥、桥头之线占领阵地,待机出击;陶广师即集结五里牌待命;陈光中师主力即集结太平铺待命;李觉部迅即集结全城西北端待命;炮兵营归章亮基指挥,即在大石塘附近选定阵地,测定射击距离。

后续湘军源源到来。

恶战在即。

第三节 枪林弹雨中的一军团

最先动手的不是迎面扑将上来的刘建绪,却是抽身闪出通道的桂军白崇禧。

11月28日,蒋介石怒发冲冠地给白崇禧发了一封电报:

> 共匪势蹙力竭,行将就歼,贵部违令开放通黔川要道,无异纵虎归山,数年努力,功败垂成。设竟因此而死灰复燃,永为党国祸害,甚至遗毒子孙,千秋万世,公论之谓何? 中正之外,其谁信兄等与匪无私交耶?

话说到了如此严重的地步:"其谁信兄等与匪无私交耶?"

读电报的白崇禧一身热汗,然后一身冷汗。

1927年白崇禧奉蒋命去东路军任前敌总指挥,恰逢夫人马佩璋按约定前来。夫人未到,白已出发。蒋立即致电云:

> 兄出发之次日,嫂夫人即前来。夫妇不能相见,此中正之过也。

曾几何时之难兄难弟,现在却当千刀万剐了。

接蒋电同日,桂军对红军发起攻击。

于是人们便认为这封电报是白崇禧攻击红军的缘由。

其实有无这封电报,桂军的攻击日期也早定好了的。

一个白崇禧带出一小批白崇禧。放开"铁三角"之初,在灌阳的桂军十五军根据对当面红军行军速度的观察计算,从11月23日夜红军入清水关算起,算上红军为避空中侦察昼伏夜行的习惯,估计要五夜才能通过完毕。

"不拦头,不斩腰,只击尾"的战略已定,但还存在击大尾还是击小尾的问题。

桂军同时制订了两个方案。

第一案:于红军通过第四日夜出击,十五军三个师全部展开,截击红军后尾;

第二案:于第五日夜出击,只在新圩展开一个师,截击红军最后一小部。

十五军军长夏威主张击大尾,采用第一案;第七军军长廖磊则主张击小尾,采用第二案;在电话上两人争论起来。

白崇禧做决断。他一句话"在新圩用一个师就行了",便决定了第二案。

28日,桂军日历上红军通过的第五天,十五军王瓒斌师在新圩投入战斗。

白崇禧的对手,是红三军团彭德怀。

11月28日,桂军十五军王瓒斌师向新圩的三军团五师发动进攻。激战两个昼夜。五师损失重大,师参谋长胡浚、十四团团长黄冕昌先后牺牲。

29日,桂军复与背水为阵的三军团四师在界首南光华铺发生激战。30日,十团团长沈述清阵亡。彭德怀命杜中美接任团长。当日杜中美又牺牲。一日之内一个团牺牲两位团长,三军团部队此前还未经历过,战斗激烈程度可以想见。

三军团六师的十八团则被桂军围于湘江东岸,全团覆没。

三军团四师政委黄克诚后来回忆说:"自开始长征以来,中央红军沿途受到敌人的围追堵截,迭遭损失,其中以通过广西境内时的损失为最大,伤亡不下两万人。而界首一战,则是在广西境内作战中损失最重大的一次。"

虽然采取的是"击小尾",桂军也给红军造成了很大伤害。

白崇禧晚年在台湾回忆这一幕,则另有一种说法。他说:

检讨这次战役如刘建绪之部队能努力合作，战果更大。当刘部甫入全州，我们为尽地主之谊，特备酒肉款待，望其饱食之后，协助共同作战。我们派飞机侦察刘部是否行动，驾驶员回来，很怨愤地说："他们不在剿共，而在'抗日'。"原来刘部架着枪在睡觉，驾驶员说的日不是指日本，而是指太阳。

白崇禧在这里就属于有意抹黑对方了。且不说刘建绪进攻红军之卖力，就是说刘建绪没有完成协防而在睡大觉，在台湾可以死无对证。但大陆还有当年白崇禧的高参刘斐。刘斐的回忆证明，白崇禧有意说错了与刘建绪在全州相会的情景。当时他曾对刘斐反复叮嘱："见到刘恢先(建绪)时，千万不能把我们这一套完全告诉他。"他怕刘建绪知道桂系放弃全、灌、兴核心阵地的意图后，会向蒋告密讨好。见面后白崇禧亲口对刘建绪说，广西方面遵照中央意旨，准备在全、灌、兴地区由南向北配合中央军歼灭红军，希望湖南方面由正面合围。

对这些，白崇禧在台湾缄口不言。

可以想见，在台湾的白崇禧也只有这样写。

"贵部违令开放通黔川要道，无异纵虎归山"；当年老蒋那封声色俱厉的指责电报，白崇禧不会忘记。他必须想尽一切方法洗刷与解脱，证明自己从未如此。

当然如果晚年住在了大陆，回忆录肯定就是另外一种写法了。

白崇禧回忆录中并非没有实话。例如"共军所经过约60公里正面，找不到颗粒粮食"的说法就是实话。

但为什么找不到颗粒粮食的"全、灌、兴铁三角"60公里正面也找不到桂军士兵，白崇禧却对谁也没有说。

至死守口如瓶。

公平地说，被白崇禧指为作战不力的刘建绪，在湘江之战中异常勇猛。

他的对手，是红一军团林彪。

11月29日，刘建绪连接何键两封电报：

十一月艳戌电令:刘总司令建绪:

　　奉委座俭亥电:责令务于湘漓以东,四关以西间地区,将匪军歼灭。我军奉命追剿,责无旁贷。无论如何,应使匪军主力,不致由全、兴间窜逸。甚望激励将士,努力从咸水席卷匪之右翼,压迫于湘水以南地区而聚歼之,为要。何键。艳戌总参机。

十一月艳戌电令:刘总司令建绪:

　　据空军本日报告:莲花塘、大福桥、石塘圩、铁路头、大岭背一带各村落中,发现多数匪军。……判断匪循肖匪故道西窜,已甚明显。仰饬五五旅固守梅溪口,遏匪北窜,截匪西窜,并督率主力,务于全州、咸水间沿河乘匪半渡而击灭之,为要。

　　刘建绪像一台加足马力的战车,猛然启动了。

　　刘建绪是湘军著名悍将。刚刚进入全州,就给其麾下各部队指挥官斩钉截铁地通报:"予在全县。"大有一副"一切由本长官负责"的架势。

　　他在军界中资历不浅。陈诚是保定军校八期生,叶挺是六期生,刘建绪则是三期生,1914年即进入保定军官学校。近代战争中火炮猛烈,中国又一直吃亏于列强的坚船利炮,蒋介石入军校报名学炮兵,陈诚也学的是炮兵,刘建绪学的同样是炮兵。他与何键关系颇深。两人既是醴陵老乡,又是保定三期同学,回到家乡又一起搞游击队。何任游击支队长,刘任营长;何为旅长,刘任团长;何出任军长,刘任师长;成为何键的左膀右臂。北伐军攻克武昌何键师率先打开武昌西门时,第一个冲进城的部队,就是刘建绪旅。何、刘关系,一目了然。

　　收到何键两封电报后,刘建绪命令湖南代保安司令李觉指挥十六师全部、补充总队4个团,陈子贤旅(欠一团)及山炮1门,步兵炮2门,除以一团固守寨墟外,其余沿全兴公路攻击前进。以第六十三师一部接补十六师阵地,第六十二师为预备队,置于全县西北地区。

　　红一军团面临的压力巨大。午刻,湘敌攻抵带子铺附近。鲁板桥、锄头田、带子铺、勾牌山、马鞍山一带红军前沿阵地纷纷被攻占。红二师前沿部队在敌军优势炮火下,一步步退向觉山铺核心阵地。

只有沙子包、田心铺之线仍在我手,与敌相持。

30日,红一师完成潇水阻击任务后赶到。林彪令其不顾疲劳,立即进入觉山铺阵地,在米花山、怀中抱子岭一线设防。

觉山铺是个有20来户烟火的小村庄。桂黄公路与湘江南北平行,两侧夹峙着许多小山岭,觉山铺就处在山与路的交会处。只有控制住它,才能保障界首渡口掌握于我手。

当天战斗在全线打响。

后来很多记述这场战斗的文章说全州之敌倾巢出动。红军以5个团对付刘建绪和薛岳4个师16个团的猛扑。

其实薛岳部没有上来。刘建绪也没有倾巢出动。30日担任攻击的,还是29日那些湘军部队:湘军第十六师和李觉率领的那4个补充团。

据湘军战斗详报记载,11月30日拂晓,十六师以第四十八旅附第九十三团共4个团,向邓家桥、田心铺一带进攻。师长章亮基指挥第四十六旅3个团附山炮1门,步兵炮2门,沿全兴公路向沙子包、觉山铺一带进攻。李觉率4个补充团沿公路跟进策应。

共11个团兵力。就攻防来说,其优势并不是很大。这里需要特别提一下湘军前线总指挥、湖南代保安司令兼十九师师长李觉。

李觉比林彪大7岁,湖南长沙人。军校毕业后投入湘军第一师任排长。他所在的部队是土匪收编过来的部队,生活作风非常腐败,士兵毫无纪律可言,根本不把李觉这个嘴上没毛的学生官放在眼里。团长唐生智便给李觉出主意说,把老姜烧热了烫嘴唇,便可以烫出胡子来。李觉信以为真,如法炮制,非但没有烫出胡子,反而在部队中闹出了笑话。却又因此被周围人认为老实憨厚,赢得了士兵们的好感。

从此李觉以唐生智为榜样,不摆架子,不怕吃苦,和士兵们一同做劳役,一同玩游戏,建立起良好的感情。

这就是唐生智湘军战斗力的基础。

1921年夏,吴佩孚由水路进袭岳州,唐生智的第二旅被四面包围。李觉生平第一次历经这样艰险而激烈的战斗,未免有些惊慌失措。他看到唐生智总是进攻在前,退却在后,始终不离开战斗前沿,不禁深受感动,于是自动请求和唐旅长一同断后。唐生智问他:"你不怕了?"李觉答:"旅长不怕,我怕什么?"

自此,唐生智对李觉十分器重,亲自选派他赴保定军官学校深造。毕业后又由唐本人亲自撮合,与唐部骑兵团团长何键的大女儿何玫在长沙结婚。从此李觉作为何键长门女婿,唐生智亲手带出来的军官,在湘军中具有了双料优势。蒋介石搞全国军队整编,湘军军改师,师改旅,所有军官皆降一级使用,偏偏李觉却由团长晋升为旅长。1930年冬,出任十九师师长。是湘军中最受何键信任的人物。

向全州方向派去了左膀右臂刘建绪,又以长门女婿李觉做攻击先锋,可见何键对湘江之战下注之重。

李觉跟唐生智学到的一套带兵办法,较得士兵信任;且又有何键女婿的身份,使同是师长的章亮基也不得不唯命是听。加上李觉本人头脑机敏,作战顽强,这一切立刻在红一军团防守的阵地当面表现了出来。

30日刚刚上来参加防守的红一军团一师米花山阵地,当天就被突破。紧接着二师的美女梳头岭也失守。一师向西南方向后退。李觉指挥湘军三面夹击二师五团防守的尖峰岭。轮番冲锋;倒下一批,又冲上来一批;入夜攻势仍然不停。五团政委易荡平身负重伤,为不当俘虏,用警卫员的枪对着自己头颅扣动了扳机。五团尖峰岭阵地失守。二师主力只得退守黄帝岭,与强攻不舍的湘军拼杀得惊天动地,阵地前后,到处是红军指战员的遗体。四团政委杨成武也身负重伤。湘军采取迂回,派部队向二师侧后运动,二师只得后撤。

这是红一军团从未经历过的最残酷的战斗。

林彪对眼前的战局深感震惊。

一军团过去应付过无数困难的局面和包围,但总能先敌自主决定自己的意志,取得支配战局的主动地位。现在眼见军团部队处于敌人迂回包抄之中,还需要像钉子一样坚守阵地,自己的野战机动性全部失去。如此窘境,林彪头一次遇到。

长征路上林彪有两次最为紧张。第一次就是掩护中央纵队强渡湘江。

几天来,前后方的来往电报都标明"火急""十万火急";但后方对催促前进的回答却总是"中央纵队向湘江前进""中央纵队接近湘江";仍然携带着几十个人才抬得动的山炮、制造枪弹的机床、出版刊物的印刷机、成包成捆的图书文件、整挑整挑的苏区钞票……还在以每天40里的慢速度前进。

11月30日深夜,在觉山铺的军团长林彪、军团政委聂荣臻、军团参谋长左权彻夜未眠。对着摇曳的马灯反复思虑几个小时,给中革军委拍发了一封火急电报:

> 朱主席:
>
> 　我军如向城步前进,则必须经大埠头,此去大埠头,须经白沙铺或经咸水圩。由觉山铺到白沙铺只二十里,沿途为宽广起伏之树林,敌能展开大的兵力,颇易接近我们,我火力难发扬,正面又太宽。如敌人明日以优势猛进,我军在目前训练装备状况下,难有占领固守的绝对把握。军委须将湘水以东各军,星夜兼程过河。一、二师明天继续抗敌。

这就是那封著名的"星夜兼程过河"电报。之所以著名,是因为局面已到千钧一发之际。向来披坚执锐的红一军团,对自己的战斗能力还能支撑多久已经发生动摇。

这封电报给中革军委带来极大震惊。行军过程中前后左右不间断的枪炮声,使中央纵队和军委纵队的人们已经明白局面的险恶。但未料想险恶到如此程度。

接到一军团火急电报,12月1日凌晨1时30分,朱德给全方面军下达紧急作战令,其中命令"一军团全部在原地域有消灭全州之敌由朱塘铺沿公路向西南前进部队的任务。无论如何,要将汽车路以西之前进诸道路,保持在我们手中"。

两小时后3时30分,为保证中革军委主席朱德的命令不折不扣地执行,中革军委副主席、三人团中的组织者周恩来以中央局、中革军委、总政治部名义起草电报:

一日战斗，关系我野战军全部。西进胜利，可开辟今后的发展前途，迟则我野战军将被层层切断。我一、三军团首长及其政治部，应连夜派遣政工人员，分入到各连队去进行战斗鼓动。要动员全体指战员认识今日作战的意义。我们不为胜利者，即为战败者。胜负关全局，人人要奋起作战的最高勇气，不顾一切牺牲，克服疲惫现象，以坚决的突击，执行进攻与消灭敌人的任务，保证军委一号一时半作战命令全部实现，打退敌人占领的地方，消灭敌人进攻部队，开辟西进的道路，保证我野战军全部突过封锁线应是今日作战的基本口号。望高举着胜利的旗帜，向着火线上去。

中央局

军委

总政

局面极其严峻。以最高权力机关联合名义发报，且电报语气之沉重，措辞之严厉，为历来所罕见。

不能仅仅将宣告胜利的电报载入史册。林彪"星夜兼程过河"电报和周恩来"向着火线上去"电报，更层叠现出我军那部既光辉灿烂又千曲百折的战史。

艰难奋战不再是一个抽象概念。在这里，它融化在了字里行间。

面对红一军团历史上空前的严峻情况，林彪在天亮之前给各部队下达命令，按照军委要求，12时前决不准敌人突过白沙铺！聂荣臻组织政工人员全部到连队，提出战斗口号：生死存亡在此一战！

危险却在另一个方面悄然出现。

林、聂光想着白沙铺了，未想到差点让李觉麾下的湘军端了一军团的军团部。

12月1日凌晨，敌军再次对觉山铺一线发起猛烈进攻。国民党《陆军第十六师于全县觉山沙子包一带剿匪各役战斗详报》记载：

本日拂晓,我李代司令率补充各团附炮兵,沿公路向朱兰铺、白沙铺攻剿。本师(十六师)第四十八旅附第九十三团,向刘家、严家之匪攻剿。师长率第四十六旅沿公路跟进策应。自辰至午,战斗极烈。我军在飞机炮火掩护之下,勇猛冲击,前仆后继……

不仅林彪会打穿插迂回,李觉的穿插迂回更加凶猛。湘军一部从一军团一师与二师的接合部切入,以浓密的树林作掩护,向右翼迂回到一师三团背后,包围该团两个营。左翼敌人也向红军侧后迂回。一、二团被分割截击,情势危急。

战至中午,敌人竟然迂回到了觉山铺南面隐蔽山坡上的军团指挥所。参谋长左权正在吃饭,警卫员邱文熙突然报告:"敌人爬上来了!"聂荣臻不信,以为是自己部队在调动,到前面一看,黑压压一片敌人端着刺刀,已经快到跟前了。

林彪拔出手枪。聂荣臻拔出手枪。左权丢下饭碗操起枪去指挥警卫部队。军团指挥所瞬间成了战斗最前沿。军团指挥员眨眼变成了普通战斗员。

红一军团部曾几次遇险。

第四次反"围剿"在草台岗围歼陈诚的十一师,一颗炸弹落到指挥所的位置,强大的气浪把正在写作战命令的林彪一下子抛到山坡下。林彪爬起来一看没有受伤,拍掉身上的土,继续书写战斗命令。

第五次反"围剿"一军团从大雄关向西南转移,在军峰山堡垒地带遭毛炳文第八师袭击,敌人冲到军团部前。林、聂带领身边的警卫员、炊事员和机关直属队人员投入战斗,一直顶到增援部队上来。

但最险的还是湘江这一次。

1942年5月,左权牺牲在抗日前线。林彪写了一篇声情并茂的《悼左权同志》:

多少次险恶的战斗,只差一点我们就要同归于尽。好多次我们的司令部投入了混战的旋涡,不但在我们的前方是敌人,在我们的左右后方也发现了敌人，我们曾各亲自拔出手枪向敌人连放，拦阻溃乱的队伍向敌人反扑。子弹、炮弹、炸弹，在我们前后左右纵横乱落，杀声震彻着山谷和原野，炮弹、炸弹的尘土时常在你我的身上，我们屡次从尘土中浓烟里滚了出来。

文章落笔时，他眼前一定出现了湘江畔那场血战。

活生生的、摒弃一切夸张、形容、粉饰的战争。

林彪一生没有留下什么像样的军事专著。他更不会似哈姆雷特那般在空寂幽暗的舞台上就自己的经历感受大段独白。从始至终他沉默寡言。在家乡林家大湾上学时，他曾给小学女同学林春芳写过一副对联：读书处处有个我在，行事桩桩少对人言。这两句话成为贯穿他一生的格言。只有在很少的场合、很少的文字之中，他才略微表露出自己的真情与心迹。

《悼左权同志》是其中之一。

从浑身硝烟的军团长身上，我们看到了一个拼杀之子、冲锋之子、牺牲之子。

从衣冠整洁挥动语录的接班人林副主席那里，则看到了一个权谋之子。这个少年时期带领小伙伴砸烂庙中菩萨的造反者，晚年却成了现代造神运动的发起者。

怕风、怕光、怕吵、怕闹，甚至怕流水声的林彪，与亲自拔出手枪向敌人连放、拦阻溃乱的队伍向敌人反扑，子弹、炮弹、炸弹在前后左右纵横乱落、屡次从尘土中浓烟里滚了出来的林彪，并不是两个人。

历史本身不是谜。自图腾诞生以来，神化与鬼化也降生于人类。本不成其为谜的历史，也变成了使人衣带渐宽、鬓毛渐衰的"千古之谜"。

第四节　蒋介石仰天长叹："这真是外国的军队了！"

中央纵队在12月1日中午以前渡过湘江并越过桂黄公路。

一、三军团在两侧硬顶,五军团在后卫硬堵,红军主力部队硬是用热血浇出一条愈见狭窄的通道。湘江江面,殷红的鲜血伴随着撕碎的文件、丢弃的书籍、散落的钞票,汩汩流淌。

彭德怀晚年回忆这一段时说:"一、三军团像两个轿夫,抬起中央纵队这顶轿子,总算是在12月抬到了贵州之遵义城。"

当时彭德怀已在"文化大革命"中身陷囹圄。回顾这一幕,仍如释重负。

湘军刘建绪对红一军团予以拦截;桂军白崇禧对红三军团、红八军团、红九军团予以侧击;中央军周浑元予红五军团以尾击,造成红军的重大伤亡。

五军团三十四师、三军团六师十八团被隔断在河东。

八军团二十一师完全垮掉。二十三师严重减员。军团政治部主任罗荣桓冒着弹雨蹚过湘江时,身边只剩一个扛油印机的油印员。整个军团损失三分之二,剩下不到2000人。

十几天后,八军团建制撤销。

江西苏区著名的少共国际师也基本失去了战斗力。

中央红军从江西出发时86000余人,至此损失过半。

在通过湘南郴州、宜章间第三道封锁线时,彭德怀曾建议三军团迅速北上,向湘潭、宁乡、益阳挺进,威胁长沙,迫敌改变部署;同时中央红军其他部队进占湘西,在溆浦、辰溪、沅陵一带建立根据地,创造新战场;"否则,将被迫经过湘桂边之西延山脉,同桂军作战,其后果是不利的"。

红军到底还是进入了西延山脉。30多年后,彭德怀还在感叹未采纳他的方案。

并非所有失误都可归入"左"倾机会主义路线。薛岳率领的中央军9个师就在北面并行追击;曾经失守长沙的何键更是将主力云集衡阳,严防红军北上进入湖南腹地。历史如果能够再走一遍,那么从湘南北上,前途只会更加凶险。

黄克诚回忆说:"桂系军队不仅战斗力强,而且战术灵活。他们不是从正面,也不是从背后攻击我军,而是从侧面拦腰打。广西道路狭窄,山高沟深林密,桂军利用其熟悉地形的优越条件,隐蔽地进入红军侧翼以后,突然发起攻击,往往很容易得手。而我军既不熟悉地形,又缺乏群众基础,所以吃了大亏。"

本来还要吃更大的亏。

中央红军冲过湘江后,进入西延山脉。桂军依仗道路熟悉,当红军还在龙胜以东时,桂军第七军二十四师已抄到前头,先期赶到龙胜。该师参谋覃琦建议:迅速攻占入黔通道马堤北坳,截断红军去路,将其包围于马堤凹地歼灭之。

马堤地区是由南向北的狭长隘路,东西两侧重峦叠嶂,无路可攀。北路若被先期赶到的第七军二十四师截断,南路又有夏威十五军追击,红军既无攻坚兵器,又难寻到粮食,困于狭长谷地,局面可想而知。

但二十四师师长覃联芳不用此案。他说:"总部(白崇禧)的作战计划是放开入黔去路,使红军迅速离开桂境,堵塞中央军入桂剿共借口。本军进出义宁、龙胜,主要任务是防止红军向三江方面侵入。依你的意见,纵能将红军围困于一时,他这样大的兵力,岂能立即歼灭?倘逼老虎跳墙回头同我硬碰,造成鹬蚌相持,给中央军入桂之机,获渔人之利,这与总部的作战计划相违背的,断不能行。"

覃联芳师没有采取积极行动。其以防守态势监视红军大队通过后,才攻占马堤北坳,截击红军后尾400余人。

桂军确实给红军造成很大的损害。但从实质上看,中央红军通过桂境时,桂军的攻击仅属于尾击和侧击。小少部分想推动红军早日离境,大多部分则是为了应付蒋介石。其让开防堵正面,放开红军西进通道才是关键和实质。

作为对11月28日蒋介石指责桂军让路电报的回答,白崇禧12月1日给蒋介石拍发了一封颇不客气的电报:

> 钧座手握百万之众,保持重点于新宁、东安,不趁其疲敝未及喘息之际,一举而围歼于宁远、道县之间,反迟迟不前,

抑又何意？得毋以桂为壑耶？

同一天，桂军第七军覃联芳师与从清水关进入广西的中央军周浑元部万耀煌师发生冲突。这次覃联芳的攻击精神极强。部下通过衣服颜色已经辨明是中央军，覃联芳仍说："即使是中央军，也不能放过。"派出一营兵力攻击前进。万耀煌师不意之间遭覃师两面突袭，急向关外撤退，但先头部队一个连还是被桂军包围，就地缴械。

虽然最后双方皆以误会互相致歉，桂军发还所缴枪械了事。但周浑元从此不敢再入桂境，只有率队绕个大弯，从湘境的东安追击红军。

桂军一俟红军主力通过后，立即以主力由龙虎关突至灌阳的新圩，俘获红军的一些掉队人员、伤病号及挑夫，还雇用一些平民化装成"俘虏"，拍成"七千俘虏"的影片，既送南京给蒋介石看，又送各地放映，宣传桂军之战绩。

蒋介石毫无办法。后来只得严饬桂军向贵州尾追，不得稍纵。白崇禧令第七军廖磊依中央军之前例，与红军保持两日行程。于是廖磊便在红军后卫董振堂红五军团之后徐徐跟进；而且到独山、都匀后，便全军停止，不再前进。蒋介石坐镇贵阳，急电廖磊星夜兼程，廖复电曰："容请示白副总司令允许，才能前进。"

蒋仰天长叹："这真是外国的军队了。"

他忘记了亲自对薛岳交代的话："此次中央军西进，一面敉平匪患，一面结束军阀割据。"这就是王建平告诉白崇禧的"一举除三害"之计。

允许自己的两面，不允许别人的两面？

国民党战史专家们，至今还在感叹当年四道封锁线被红军连续突破。

他们的目光主要集中在陈济棠、白崇禧和何键三人身上。粤、桂、湘军阀为维护割据地位，在红军不深入其腹地的前提下，故意为红军让开西进通道，以免中央军渗透其势力范围。

陈济棠一心想尽快送红军出粤，事前就与红军有秘密协议。

白崇禧一心想尽快送红军出桂,在红军主力逼近时突然闪身让出通道。

何键之湘系虽与中央军通力合作,"追剿"奔走最力、部队行动最积极,但军事部署也一直是前轻后重。愈入桂境兵力愈薄,愈入湘境兵力愈厚,随时准备将锋头缩回来,防止红军进入湘境。他防范的重点一直是湖南段湘江,而非广西段湘江。他大军云集湘境,只是垒金字塔一般向桂北全州探出一个塔尖。

何键也是一心想尽快送红军出湘。

陈、白、何三人同床异梦,却又异曲同工。

即使担任追击中央军的薛岳部,也在用一种不远不近、不紧不慢的方式和红军保持两天路程,耐心等待红军尽可能多地与粤军、桂军、湘军相拼,以收渔翁之效。

蒋介石的高级幕僚们把这称作"送客式的追击,敲梆式的防堵",即追堵部队中谁也不愿意猛追强堵。

这就不是一般意义上军人所能够理解的战争运作了。

很少有作战计划像蒋介石精心炮制的湘江追堵计划这样周密完备。但也很少有作战计划像这个计划那样,从一开始便注定要失败。

真正的败因却正在蒋介石。他那种图以湘、粤、桂地方势力消耗歼灭红军主力,而中央军作壁上观的一箭双雕、两败俱伤的精心算计,最终害及其身。就是派去长追的中央军薛岳部也并非蒋介石真正的嫡系,不过是嫡系中的杂牌而已。真正起家的本钱,他觉得已经没有必要动用了。1934 年 10 月被追出了中央苏区的红军,如同 1927 年 4 月 12 日被逐出城市的共产党人一样,他认为不再是他的主要对手。

所以很少有作战计划像蒋介石精心炮制的"追剿"计划那样周密完备。但也很少有作战计划像这个计划那样,从一开始便注定要失败。

他又一次犯了一个与 1927 年一模一样的错误:轻视了他的掘墓人。

1938 年 10 月,抗日战争中的武汉保卫战失败,白崇禧由鄂西去长沙。途中所乘汽车故障,下车在路边等待。恰逢周恩来也过此地,两人不期而遇。

周恩来与白崇禧早就相识。1927年他们两人一个是上海第三次工人武装起义总指挥，一个是"四一二"政变中缴工人纠察队枪支、向示威人群开枪的上海戒严司令；1934年他们两人一个是指挥强渡湘江的中革军委副主席兼中央红军总政委，一个是指挥防堵湘江的桂军总指挥。早就是不打不相识。

周恩来邀请白崇禧上他的车。日军先头部队离此已经不远。

白犹豫再三，方才上车。

两人一路上谈了很多，包括湘江之战。

白说："你们未到广西，我很感激！"

周答："你们广西的做法，像民众组织，苦干穷干精神，都是我们同意的，所以我们用不着进去。"

湘江，不管是为它浴血奋战也好，还是以它谈笑风生也好，即使浴血奋战的人和谈笑风生的人都不在了，它也仍然在汩汩流淌。

第五节　军人与政治

与白崇禧对待中央军的蛮横态度相比，何键带领刘建绪、李觉等湘军悍将便配合得多了。即使如此，湘军在蒋介石那里也没有留下什么好印象。南昌行营的智囊亲信们对湘军战报不屑一顾。认为何键、刘建绪作战一贯要滑头，现在不过是逃避湘江失守之责。

对何、刘来说，不冤也冤，冤也不冤。

何键先对红军主攻方向判断失误，把主力集中在黄沙河；后又不愿前出全州过远，填补桂军空隙，也起到了给红军保留通道的作用。李觉后来回忆说，"我们对堵截红军是谁也没有信心的。湖南方面的想法，只是如何能使红军迅速通过，不要在湖南省境内停留下来，就是万幸"；也有一定道理。

何键在抗战期间被解除兵权,闲住重庆。有人看他寂寞,推荐一本《延安一月》。他看过后沉默良久。最后说:"共产党组织民众,唤起民众是扎实的,毛泽东真有一套理论和办法。"

他忘记了当年在宁远清乡时说过的话:"不要放走一个真正的共产党,如遇紧急情况,当杀就杀;若照法定手续办事,上面就不好批了,共产党的祸根就永远不能消灭。"

也忘记了当年派人挖毛泽东的祖坟。

从1929年出任"湘赣两省剿共代总指挥"起,到1930年组织"平浏绥靖处"、公布"十大杀令"进攻苏区;1932年纠集三省部队组织"湘粤赣会剿";1933年第五次"围剿"中任西路军总司令;1934年红军开始长征后任"追剿军"总司令;1935年初出任湘鄂川黔边区"剿总"军第一路军总司令。何键一生不知出任了多少个"剿共"职务,可谓双手沾满共产党人的鲜血。

红军长征,他任"追剿"军总司令内,还分电各军"除南昌行营原定拿获朱德、毛泽东、周恩来、彭德怀各赏十万元外,如在湘境长追拿获者,另增赏五万元"。

他把未能付出去的赏钱,买了马克思、列宁、毛泽东的书。

在重庆闲居无事,何键居然穿着上将军装坐小轿车去了一趟七里岗新华书店,买回20多本马克思、列宁的书和毛泽东的书,想仔细研读一番。

戴笠得知,一个电话打来。何键心慌意乱,急忙把书塞进了火炉。

何键当年在湖北陆军第三中学学习期间,一次考几何,他勉强做完试题后,在试卷空白处大加发挥,写上"春秋几何?人寿几何?几何而求贫贱耶?几何而大富贵耶?"阅卷的几何老师当着众学员的面问:"何键在几何学考卷上写了几多'几何'?"从此成为学员中常常谈起的笑料。

他终身信命。晚年终于想问自己一句:反共到几何?

自从烧了书之后,他便不再关心世事,一心钻研佛学,修行坐道。

双手沾满鲜血的何键放下屠刀之后,也颇有点想"立地成佛"了。

1956年4月25日,何键因脑溢血死在台北。

何键想成佛,刘建绪则想投共。

1949年8月13日,在中国人民解放军摧枯拉朽向全国进军的时候,从福建省主席位上退下来的刘建绪与黄绍雄、贺耀祖、龙云、刘斐等44位在香港的国民党立法委员和中央委员发表《我们对于现阶段中国革命的认识与主张》的声明,宣布脱离蒋介石政权,拥护中国共产党领导。声明中说:"中山先生的遗产竟给蒋介石及其反动集团所劫持。由于他们谬误的领导,致使中国国民党晚近的措施,与第一次代表大会宣言及其政策愈趋愈远。他们投靠于帝国主义的怀抱,而高唱民族独立;他们走向法西斯的暴力独裁,而高唱民主自由;他们集中全力于发展官僚资本,而高唱民生改善。这是何等的讽刺,何等的荒谬!"

刘建绪还不想被时代抛弃。所以他不得不在其上签字。但这份别人起草的声明每个字飘过他眼前时,也将他与共产党作战的历史清晰地带到了眼前:

1929年1月,他兼湘赣两省"剿匪"总司令部第五路司令,曾以优势兵力对脱离井冈山的朱毛红军进行长程追击;那正是朱毛红军最为困难的时期;

1930年10月,任"平浏绥靖处"处长,率十五、十六、三十一师进攻苏区,并颁布"十大杀令",对苏区人民实行血腥屠杀;

1933年7月,兼赣粤闽湘鄂"剿匪"军西路第一纵队司令,参加第五次"围剿";

1934年冬,兼任"追剿"军第一路司令,在湘江给中央红军造成重大损失;

1935年春,改任"剿匪"第一路第五纵队司令官⋯⋯

声明中的这句话最叫刘建绪心痛:"无疑地,中国共产党已经取得中国革命的领导地位,新民主主义已经变成人民大众所接受的建国指针。"作为一个跟随蒋介石"围剿"红军多年的战将,他自身又何尝不感到"何等的讽刺,何等的荒谬"!

声明发表后,中共方面电邀诸委员北上参加人民政协工作。签了字的刘建绪却未去。用同样未去的李默庵的话说就是:与共军作战多年,国内主要战斗均皆参加,如今投向人民,并无微功实绩可以自赎,仅凭一两次声明,迹近投诚,混迹其间,有何意味。

那份声明说:"我们应当彻底觉悟,我们应该立刻与反动的党权政权决绝,重新团结起来,凝成一个新的革命动力,坚决地明显地向人民靠拢,遵照中山先生的遗教,与中国共产党彻底合作,为革命的三民主义之发展而继续奋斗,为建设新民主主义的新中国而共同努力。"

但刘建绪留在了香港,没有回内地。

不久,哪怕过着闭门不出的隐居生活,香港也留不住了。他们被李宗仁的广州政府开除了党籍,又遭台湾的蒋介石通缉。9月19日,担任国民党陆军大学校长多年的杨杰在香港寓所被国民党特务枪杀。刘建绪等大受震动。一月数惊,惶惶不安。港方通知难以保证他们的安全,最好离港,免遭不测。

香港待不下去了,但仍然不去内地。

黄埔一期、最先占领红都瑞金的李默庵去了阿根廷。

保定三期、在湘江几陷红军于绝境的刘建绪则去了巴西。

离港之前,他向台湾国民党政府申请出国护照,台湾方面要他更正列名通电之事,他照办了,声明:"将信奉三民主义终生,反共到底!"

拿到护照的刘建绪,内心那种无序与失衡,恐怕是局外人永远难以会意的。

他在巴西自办了一个小农庄。除读书看报纸外,也干些力所能及的体力劳动。晚年常抒发思乡之情,托人打听家乡的音讯。

1978年3月,当新中国开始一个新的历史时期时,这位不得归的湘军宿将病逝于外域。

刘建绪最后留有遗嘱,望其子女有一日能将其遗骨移葬醴陵。

那是当初他跟着何键游击起家的故乡。

相较之下,唐生智的得意门生、何键的女婿、刘建绪的得力干将李觉最为幸运。他参加了湖南起义,解放后在湖南省人民政府任职,后调全国政协工作。粉碎"四人帮"后,当选为全国政协常委,晚年与其夫人何玫过着安静舒适的生活。

但他也有埋藏在内心的苦衷,而且所埋甚深。

为文史资料写回忆文章，李觉从来不提及湘江战斗。实在回避不过了，便说当时部队"士气不高，行动缓慢。当我率领第十九师到达永州时，中央红军已通过广西全州向湘黔边境前进"。

永州距全州200余里。李觉说他是在200多里外眼看红军突过湘江防线的。后来薛岳率中央军过河猛追，"湖南方面可说是松了一口气"。

写到这里，他本人肯定也松了一口气。

李觉利用了他的十九师留在何键身边、未赶到全州前线这一空当。十九师未上前线、师长李觉却上了前线这一事实，他始终不愿坦白出来。

因为李觉这样写，一些政协委员便都采用了他的说法。当年薛岳司令部的上校参谋李以劻也说："李觉的第十九师和陶广的第六十二师尚在零陵至全州黄沙河途中，未及赶到。"于是李觉任师长的十九师未及赶到就成了李觉本人未及赶到，指挥全州觉山战斗的便成了十六师师长章亮基，李觉悄悄地从那场打得天昏地暗的血战中脱身出来，未参加湘江战斗的说法几成定论。

不是不可以理解。有些实话，特别是对红军主力一军团造成那样大的伤害，以他一个起义将领的身份要全都讲出来，也委实太难。

让李觉露出马脚的，还是国民党。

据国民党《陆军第十六师于全县觉山沙子包一带剿匪各役战斗详报》记载，全州堵截战的具体部署是：

> 本路（追剿军第一路）军，以李代保安司令觉指挥第十六师全部、补充总队四团，陈子贤旅（欠一团）及山炮一门，步兵炮两门，除以一团固守寨墟相机出剿外，余由全县附近及飞鸾桥、小水洞一带，沿全兴公路西进，向匪攻剿。

11月29日记载：

> 本师奉李代保安司令命令：除以一团仍固守寨墟相机出

击外,其余附山炮一门、步兵炮两门,于二十九日晨,分由飞鸾桥、小水洞出发,向全兴公路攻剿前进。李代保安司令率补充各团及陈旅(欠一团),在本师后跟进策应。

11月30日记载:

> 师长(章亮基)指挥第四十六旅附山炮一门,步兵炮两门,沿全兴公路向沙子包、觉山一带攻剿。我李代司令仍率补充团沿公路跟进策应,并令陈子贤旅(欠一团)向漓水公路间地区搜剿前进,掩护我左侧安全。……我各部与匪相互冲锋肉搏,战斗至为惨烈。正激战间,李代司令率补充团赶到,遂派兵一部向匪右侧急袭,我空军同时向匪轰炸。迨至酉刻,我各部官兵虽伤亡甚众,而战益奋勇。

12月1日记载:

> 本日拂晓,我李代司令率补充各团附炮兵,沿公路向朱兰铺、白沙铺攻剿。
> ……

还有什么可说的?李觉不仅全过程参加,而且全过程指挥了湘江战斗。不是"士气不高,行动缓慢",而是士气颇高,行动颇速。

被国民党资料披露的这些事实,其实仍然鲜有人知道。这些资料夹在当年若干个战斗报告之中,翻出来也像大海捞针。而且语言枯燥又公式化,还多是国民党方面的军事术语,描述的更是今人完全陌生的事情。所以出版社把这些国民党的资料凑在一起也不为赚钱,用很差的纸张印刷、很小的印数出版就完成任务了;不指望个人购买,只拿去做图书馆的收藏。

正因如此,今天在这里讲的,其实仍然是李觉的秘密。

我们今天在小范围内揭开这个秘密,不是想让在另一个世界的李觉不得安宁,而是想说明矛盾的两个方面。从这两个方面入手,相信李觉对真情的隐瞒可以获得后人的理解。

单纯从军事上讲,李觉率领的湘军十六师、补充总队一、二、三、四团等部11个团向红一军团5个团进攻,兵力优势不是很大;其中4个补充团皆是湘军的地方团队,装备、训练也并非很好。指挥这样一支部队,对红军主力一军团的正面攻击如此凶猛顽强、两翼穿插如此大胆果断,造成一军团这支红军头等主力部队前所未有的窘境,今天来看,我们不得不承认这个当年想用烧热的老姜烫出胡须的学生官,表现出了很高的军事造诣。而对擅长野战、擅长在运动中变化中灭敌的林彪来说,搞要点固守,恰恰正为其短。

但从政治上看,如此穷凶极恶地阻挡代表中国未来的红色铁流前进,就属于开历史倒车的反动透顶的反动派了。

在中国,政治高于一切。

所以李觉即使参加湖南起义当上了政协委员,即使粉碎了"四人帮"落实了政策,即使到1987年临终去世,也不敢承认他年轻气盛时在湘江那次趾高气扬的作战。

他参加湖南起义,是在中国人民解放军第四野战军雷霆万钧般南下的压力下的明智抉择。当年粤军师长李汉魂不知道林彪曾经是他手下的连长;率领四野摧枯拉朽的林彪,也不知道在他面前起义的湖南将领中,有个在湘江几乎抄了他军团部的李觉。

冲过湘江,红军脱离了迫在眉睫的危险。

前面是新的漫漫征途。

毛泽东在长征途中作《十六字令》三首。因行军作战匆忙,只标明1934年至1935年,无具体日期了。从心情看,从实情看,词中的"山",描写的很可能就是红军突破湘江封锁线后,进入西延山脉的心情:

　　　山,快马加鞭未下鞍。惊回首,离天三尺三。
　　　山,倒海翻江卷巨澜。奔腾急,万马战犹酣。
　　　山,刺破青天锷未残。天欲堕,赖以拄其间。

第九章

烈火真金

　　造就大英雄的时代，即是产生大叛徒的时代。有多少至死不渝的忠诚，就有多少寡廉鲜耻的叛卖。将领与将领的思想交锋中，王耀武不是胜者。陈毅向真理低头，却从不向困难低头。孔荷宠没有龚楚幸运，却幸运地早早结束了吞噬灵魂的痛苦。

第一节　嬗变（二）

今天中国共产党已经拥有 8000 多万党员。

每发展一名新党员，都要经过严格的手续和复杂的程序。本人申请，组织核准为发展对象；然后检验申请人平时表现，入党动机，申请人对党的性质、指导思想、纲领、路线的认识，对党员的基本条件、权利和义务的理解；然后是上级组织发公函对家庭情况外调；支部大会审议，介绍人谈被介绍人基本情况和培养过程，支部大会讨论，举手表决，形成决议报上级党委审批，预备期从支部大会通过之日算起……为了让各级党组织严格履行组织手续，把好关，组织部门编写了一本又一本发展新党员的说明。

国防大学副教育长谭恩晋谈起来感慨万千："我 1947 年在北平入党的时候，就是一个晚上被叫到城墙根底下，只问了我一句：'怕不怕死？' 我说：'不怕！' 负责发展党员的那位同志说：'好，从现在开始，你就是中国共产党党员！'"

那个年代。令听者、说者，都很感慨。

当时的回答没有今天这么复杂。只需：怕；或是：不怕。

虽很简单，却很严酷。确实是一句顶一万句。

这是面临十字路口的抉择。把生命和热血留给自己还是交给党的抉择。

生命只有一次。生活多么美好。还有什么比生死考验更大的考验呢？

共产党人的队伍曾经出现过两次大的动摇与叛变。

一次是 1927 年"四一二"反革命事变。

一次就是 1934 年 10 月红军万里长征。

"四一二""清党""宁可错杀,不可错放",共产党人横尸遍野、血流成河。李大钊、罗亦农、赵世炎、陈延年、李启汉、萧楚女、邓培、向警予、熊雄、夏明翰、陈乔年、张太雷等多名领导人相继遇害。严酷的白色恐怖中,组织被打散,党员同党组织失去联系;彷徨动摇者纷纷脱党,有的公开在报纸上刊登反共启事,并带人捉拿搜捕自己的同志。

1934 年中央红军长征后,共产党再次面临着这样的局面。

红十军团军政委员会主席方志敏、红十军团长刘畴西、中华苏维埃教育人民委员瞿秋白、赣南军区政治部主任刘伯坚等人,被敌人捕获枪杀。中华苏维埃工农检察人民委员何叔衡、中央军区政治部主任贺昌等人,在战场上牺牲。

新中国同龄人都记得这三部作品:方志敏的《可爱的中国》、瞿秋白的《多余的话》、刘伯坚的《带镣行》,都是他们在铁窗中对中国命运的思索。

是文学,也是历史,更是一腔热血。

国民党南昌行营 1935 年 3 月有如下记载:

> 截止本月底,江西清剿军先后在于都、会昌俘红军六千余人,步枪手枪两千余支,机关枪五十余挺。在瑞金俘红军三千余人,掘出埋藏步枪身八千支,机关枪二百余挺,炮身十余门,迫击炮三十余门,图书三十余箱,铜锡两百余担。

比牺牲更加严重的是叛变。

最先是被蒋介石称为"红军瓦解先声"的孔荷宠叛变。

孔荷宠是湖南平江人,参加过湘军,1926 年入党,先是搞农民运动,后组织农民武装,任游击队大队长、湘赣边游击纵队司令。参加平江起义后任红五军第一纵队队长,红军独立第一师师长、红十六军军长,被选为中华苏维埃共和国中央执行委员,中革军委委员,出任湘鄂赣边区总指挥兼红十六军军长。1932 年因犯盲动主义错误受到朱德批评,被撤销职务,入红军大学学习。1933 年调中央动员部工作。1934 年 7 月利用去外地巡视工作之机叛逃。

叛逃后他供出了湘鄂赣边区中共、红军和苏维埃政权组织情况,帮助国民党军制订"围剿"红军和革命根据地的计划,特别是他提供的中央机关在瑞金驻地,为国民党空军轰炸提供了准确情报。后来他被委为"特别招抚专员"。1935 年至 1937 年间,组织便衣别动队,专门袭击红军游击队。

孔荷宠的叛变没有成为红军瓦解的先声,但的确成了一连串投敌叛变的先声。

中央红军长征后,苏区先后出现闽北分区司令员李德胜叛变,瑞金红军游击司令部政委杨世珠叛变,闽赣分区司令员宋清泉叛变,湘赣省委书记兼湘赣分区政委陈洪时叛变,闽浙赣省委书记兼闽浙赣分区司令员曾洪易叛变,赣粤分区参谋长向湘林叛变,闽赣分区政治部主任彭祐叛变,红十军副军长倪宝树叛变。这些叛徒在叛变前,虽各有各的方式和嘴脸,但往往都很"左"。

孔荷宠对让他去红大学习非常不满,他说谁还不会打仗,用几挺机关枪就能坚持到底,什么正规训练和战略战术,都是一派胡言。

向湘林则常对周围人说:"中央苏区失败了,我们在这山里打埋伏可耻,不如出去拼个痛快,拼掉他几个算几个。"他在游击区还搞正规化。恢复分区司令部和各科室。搞沙盘作业。每天早上吹号集合出操,晚上吹号集合点名。这一套马上引起敌人注意,派来重兵"清剿",弄得部队天天转移。陈毅找他谈话,他还振振有词:"红军主力说不定明天就会打回来,我们应该集中兵力与国民党决一死战。"

敌人真的来了,他没有决一死战。

很"左"的人一瞬间突然变得很右,中国革命中至今不乏此例。

所有叛变中,最为严重的还是中央军区参谋长龚楚的叛变。

龚楚是广东乐昌人,1924 年在广州加入中国社会主义青年团,1925 年转为中国共产党党员。比孔荷宠资格更老。

龚楚还可以与澎湃、毛泽东相比,是中国共产党内最早从事农民运动的领导者之一,1925 年 6 月他就受中共广东区委派遣,赴省农民协会从事农运工作,后来又回到自己的家乡乐昌,1926年5月任共青团乐昌特支书记。因龚楚进过滇军讲武堂韶关分校、任过粤军连长,有军事工作经验,又成为乐昌县农民自卫军的指挥者。1927年2月中共乐昌支部成立,龚楚理所当然地担任了书记,成为在该地区有重要影响的共产党人。1927年年底到1928年年初,朱德、陈毅率南昌起义军余部辗转于粤北地区,遇见的第一个共产党员,就是龚楚。

龚楚后来回忆说,见到朱德"有着说不出的兴奋和喜悦"。

对南昌起义余部下一步发展方向,龚楚提出了关键性建议:

> (朱德)召集我与王尔琢、陈毅三人商议今后的行动时,我提出意见:部队先入仁化,然后绕道乐昌经长埧村渡过武江,沿乐昌乳源边境大山区入湖南活动。各人都同意我的建议。

历史方向选择往往就是这样,在不经意的讨论中达成的。虽然龚楚的建议没有指明井冈山,但是"入湖南活动"的建议,使朱、毛井冈山会师由此前的不可能,变为了此后的可能。

朱德回忆说:"我们脱离范部,从韶关北上,计划去湘南找一块根据地。这时龚楚已来到我们部队,便由他引路带我们到了宜章县的杨家寨子。"

历史在无穷的变化中一点一点修正着它的方向。

南昌起义部队在一点一点接近上井冈山的路径。

龚楚的贡献不言自明。

1954年,龚楚在香港出版回忆录《我与红军》,回忆26年前的1928年4月,在湖南酃县水口镇与毛泽东初次相见:

> 四个工农革命军的卫士,簇拥着一个身材略高,肩阔手长,头发散乱,很久没有刮胡须,穿着褪了色的浅灰布中山装的汉子走近来。我与他互通了姓名,才知道他便是毛泽东。虽然他不修边幅,但是他那温和的态度,一见便对他发生好感。
>
> 他紧紧地握着我的手,手心热灼灼的,开头便问我:"你是

龚楚同志吗？朱德同志呢？他的情形你知道吗？"

朱、毛会师，成为中国革命中最为重大的事件。

井冈山斗争时期，既有军民运动经验又有军事工作经验的龚楚，成为红四军前委委员、二十九团党代表，其威望和地位在红军中也算屈指可数。1928年6月，湖南省委致信红四军军委："前敌委员会，省委指定下列同志组织之：泽东、朱德、陈毅、龚楚、乔生及士兵同志一人、湘南农民同志一人组织之。前委书记由泽东担任，常务委员会由三人组织：泽东、朱德、龚楚。"

这就是龚楚当时的地位。有一段时期，中央和湖南省委给红四军前委的信都是称"朱毛龚"的。

龚楚在井冈山时期与毛泽东、朱德建立了很深的关系，百色起义时又与邓小平建立了很深的关系。

1929年5月龚楚被任命为中共广西前委委员，1929年12月参加广西百色起义。起义后即宣布成立红七军，军长张云逸，政治委员邓斌——即邓小平，参谋长龚鹤村——即龚楚。红七军辖十九、二十、二十一三个师，十九师战斗力最强，龚楚兼任师长，邓小平兼任政委。由于龚楚是井冈山过来的，熟知红军的建军经验及政治工作制度，给红七军的建设的确带来不小帮助。龚楚后来担任的职务也闪闪放光：继李明瑞之后任红七军军长，然后是粤赣军区司令员、红军总部代总参谋长、赣南军区司令员。红军主力长征后，陈毅最初连个明确的职务都没有，龚楚却出任了中央军区参谋长。

当年龚楚在酃县水口镇第一次与毛泽东谈话，毛泽东的一句话给他留下深刻印象："革命者是不怕失败的。"

但龚楚怕失败。

第五次反"围剿"的失败，最终使龚楚成为革命的叛徒。

他的叛变出现得很突然。1935年2月，他奉命率一部分红军去湘南开展游击战争。5月2日，龚楚带一个连宿湖南郴县黄茅村，当晚借口身体不适，很早就寝。半夜趁警卫酣睡之际，龚楚悄然逃走，叛变投敌。

这样一个人物的叛变,对红军长征后中央苏区留守力量的严重影响也可想而知。陈济棠给他一个少将"剿共游击司令",调一支40多人的卫队归他指挥,要他到赣粤边去诱捕项英、陈毅。

龚楚将自己的叛变隐蔽得很巧。10月中旬,他把卫队扮成红军游击队,在北山龙西石地区和粤军余汉谋一支部队假打一阵,"击溃"了"敌人",在龙西石出了名。贺子珍的哥哥、北山游击大队大队长贺敏学原来是中央军区司令部的科长,听说老首长龚楚参谋长拉起了游击队伍,便赶紧派人去联系。

龚楚说,他需要马上见到项英、陈毅,接他们去湘南加强领导。中共赣粤边特委机关后方主任何长林等人热情帮忙,建议龚楚写一封信给项、陈。信写好后,何长林也在上面签了名。特委秘密交通员很快把信送到了项英、陈毅手里。

项英看过信后非常高兴。他不太了解龚楚,但这是第一次和其他游击区取得联系,有足够的理由感到振奋。陈毅却没有那么乐观。他对龚楚是非常了解的。龚楚自恃资格老,井冈山斗争时期骄傲自大,除了毛泽东、彭德怀,便目中无人。毛泽东在苏区的威望无人可比。彭德怀则在第三次反"围剿"中,因龚楚不执行命令曾经撤了他的职。今天,他怎么变得谦虚起来,要项英、陈毅去"加强领导"呢?

陈毅告诉项英,斗争残酷,人心难测,还是过一段时间再去见龚楚。

就是这"过一段时间",使龚楚现了原形。只见信走不见人来,他害怕夜长梦多,决意先下手为强,把北山地区游击队一网打尽。

又是那位特委机关后方主任何长林帮忙,召集游击队员和干部在龙西石开会,贺敏学等重要干部都参加。待他们发觉情况不妙时,龚楚的伏兵已经将会场包围,这位中央军区参谋长开始撕下脸面,赤裸裸地劝他原先的部属们投降了。

贺敏学第一个跳起来,举枪边打边往外冲。他身中三弹,硬是翻滚下山,冲出包围。其余的只有八九个人带伤冲出会场。50多名游击队员和干部当场牺牲。特委机关后方主任何长林也是个软骨头,一看大势不好,未及走脱被捕,马上叛变。

这就是长征留下来的部队突围到赣粤边后,损失最大、性质最严重的"北山事件"。

龚楚没有抓到项英、陈毅不甘心。他熟悉红军活动的规律,布置军队日夜搜查,通往各地的大小道路都被严密封锁,甚至在一些大山和羊肠小道上也设置了暗哨、密探。何长林则把与游击队发生过关系的群众统统指出来,很多人被敌人杀害。

1935年10月,龚楚引导国民党三个师向湘南游击区发动进攻,使湘粤赣游击支队受到严重损失,方维夏壮烈牺牲,蔡会文重伤被俘,壮烈牺牲。中共湘粤赣特委书记陈山负伤被俘。

就是这个"朱毛龚"的"龚",虽然在红军队伍中做出过一些贡献;一旦叛变这支队伍,竟然对敌人做出了更大贡献。所以人们能够理解,为什么共产党人最恨叛徒。从"四一二"反革命屠杀中过来的人们,深知在危难时刻叛变现象的不可避免和巨大危害。预见到这一刻的来临,他们便自觉不自觉地运用起最后往往伤及自身的铁腕:肃反。

1934年5月17日,苏区《斗争》杂志第61期发表董必武的文章:《把检举运动更广大的开展起来》:"检举运动的火焰已到处燃烧起来了……这一运动尤其要与肃反工作密切联系着,经由政治保卫局的系统可以暴露埋伏在地方机关中的反革命分子和那些对反革命容忍的人";对这些人统统"把铁扫帚去扫除"。

5天后的5月22日,张闻天为《红色中华》193期撰写社论:《对于我们的阶级敌人,只有仇恨,没有宽恕!》:"敌人愈是向我们基本苏区逼进,前线上的革命战争愈是紧张,在苏区内部的反革命分子的活动也愈是积极";"赤色恐怖应该是我们对于这些反革命分子的回答!特别在战区边区,我们对于任何反革命的活动必须立刻采取最迅速的处置。凡属进行反革命活动的豪绅地主、富农、商人、资本家、老板、流氓,必须立即捉起,除个别最重要的分子须严究同党外,其余无须评审,无须解县,一概就地枪决";"一切对于反革命的宽容与放任,一切'讲究手续'与'法律观念',一切犹豫不决与迟缓,在目前同阶级敌人决死战的时候,客观上都是反革命的助手和帮凶。"

在中国共产党内部,董必武以宽厚著称,张闻天以冷静闻名。这些个性在斗争的非常时期,也被外界巨大的压力压迫得无踪无影。

1934年9月主力红军出发前夕,中华苏维埃共和国人民委员会发出《关于边区战区工作给省县苏维埃的指示信》:"在直接战争的环境下,我们要特别注意工作的迅速与决断,每一临时的问题,必须最迅速的实际的解决,不能丝毫的等待";捉到反革命便应立即"在当地解决"。

中华苏维埃共和国人民委员会主席,便是张闻天。

根据这个指示,宁都起义领导人季振同、黄仲岳等人,长征前夕被秘密处决。

这方面最矛盾最典型的人物是项英。

项英是最先在苏区反对肃反扩大化的人。1931年年初他刚到苏区任中央局代理书记,就不同意对富田事变的处理。

对富田事变,毛泽东在《总前委答辩的一封信》中很肯定地说:"此次红军中破获AB团四千四百以上,AB团已在红军中设置了AB团的总指挥、总司令、军师团长,五次定期暴动,制好了暴动旗,设不严厉捕灭,恐红军早已不存在了。"

项英却持不同看法。1931年1月16日中央局成立的第二天,他以中央局第二号通告下发《对富田事变的决议》,虽然不得不讲"打AB团取消派是十二分的正确",但不认为富田事变是AB团领导的反革命暴动;而只"在客观上"是反党的反革命行动。它批评了反AB团之错误所在:"第一,是非群众的路线";"第二,赤色恐怖不是群众造成的去恐怖反动派,而是机关造成的反恐怖了群众"。

今天的党史工作者说,这是第一个对富田事变说了公道话的文件。

在当时的环境中这样讲,的确需要有面对复杂形势的清醒冷静的头脑和相当的勇气。当时不论毛泽东写的总前委的报告、答辩信,还是苏区中央局的决议、中国工农革命委员会的布告,或朱德、彭德怀、黄公略、曾山的宣言,以及陈正人等的信,都一致认定富田事变是"AB团取消派合作的叛变",是"罪恶滔天""破坏阶级决战"的"反革命活动"。对持不同意见者,当时是一律视为"AB团""取消派""改组派"的。

就因为项英对总前委抓 AB 团、处理富田事变的批评和抵制,从 1931 年 1 月中央局成立到 4 月中央代表团到江西苏区这 3 个多月里,赣西南的肃反扩大化得到抑制。这是项英一个重要的历史功绩。他为此受到中央代表团严厉批评,宣布"项英因解决富田事变完全错误",被解除苏区中央局书记职务。

就是这样一位对肃反保持清醒头脑、坚定反对肃反扩大化的人,红军长征以后在严峻局面中也失去了清醒,大刀阔斧地搞起肃反扩大化来。项英说,地主、富农、反革命,我们不杀他,他就会杀我们。宁都起义的一部分五军团干部,红军长征后留在中央分局机关和各单位工作。项英觉得这些人在国民党军队干过,不保险。他对登贤县委书记陈梦松和县苏维埃主席钟家瑶说:"这些人靠不住,要解决他们。"

怎么解决呢? 钟家瑶后来回忆说:

"项英紧接着就以开会为名,派通讯员将五军团的十几人,一个一个地通知他们前来开会。他们来了以后,随同前来的通讯员则被留在楼下。五军团的人上楼后,项英就说他们犯了错误,随后不由分说便将他们一个个捆起来,当晚就把他们杀掉了。"

第二天,部分被杀害人的家属来询问亲人下落,回答是调其他地方工作了。

面对非常时期,的确需要非常手段。

但越是非常时期,不是越需要分清敌友么?

毛泽东说过,革命不是请客吃饭,不是做文章,不是绘画绣花,不能那样雅致,那样从容不迫,文质彬彬,那样温良恭俭让。革命是暴动,是一个阶级推翻一个阶级的暴烈的行动。

毛泽东还说过,谁是我们的敌人? 谁是我们的朋友? 这个问题是革命的首要问题。中国过去一切革命斗争成效甚少,其基本原因就是因为不能团结真正的朋友,以攻击真正的敌人。

两段话都非常深刻。都在不同的时期、为不同的目的、被不同的人们反复引用。造反时,多引用前者。平反时,又多强调后者。一个个历史轮回中,反复发现冤屈了那么多本不该冤屈的好人。

毫不留情地解决"靠不住"分子的项英,其革命坚定性是无可置疑的。所以能在极其艰难条件下坚持三年游击斗争,直到抗日战争爆发。

但要总结出这些血的经验教训、真正准确判断出谁"靠得住"谁"靠不住",项英已经没有足够的时间了。1941年1月皖南事变中他本已突围脱险,却在睡梦中死于叛徒的子弹。

打死他的贴身警卫刘厚总,恰恰是他认为最靠得住的人。

这是项英的悲剧。也是那个时代肃反手段与方式的悲剧。

第二节　残兵·火种

红军主力突围西征后,中央苏区周围最大的部队,便是红十军团。

1934年10月,作为北上抗日先遣队的寻淮洲红七军团到达赣东北根据地,与方志敏的红十军会合。11月上旬,中革军委发来命令,红七军团与红十军合编为红十军团,方志敏任军政委员会主席,刘畴西任军团长。辖3个师,原七军团部队编为十九师,原红十军部队编为二十、二十一师;全军团共1万余人。

这支相当可观的力量,从1934年11月中旬编成到1935年1月底覆灭,仅仅存在了两个多月。朱德后来心痛地概括成8个字:不编不散,一编就散。

军团编成后,首战谭家桥。

当时的考虑是,其他敌军距离尚远,唯尾随之敌补充第一旅显得孤立突出。敌人共3个团,装备比较好。红十军团是3个师,兵力和敌人差不多,但地形却十分有利。乌泥关至谭家桥两侧皆是山地及森林,地形险要,利于隐蔽埋伏。当时红军的弹药等物资极其缺乏,消灭补充第一旅,不但能获得人员和物资的补充,且能打掉追敌的气焰。

军团长刘畴西决定在这里打一仗,大家都无异议。

应该说这是一场立意积极的战斗,地形选择也不错,但作战对象的选择却不是太好。补充第一旅1933年冬由保定编练处的三个补充团改编,旅长王耀武,山东泰安人,黄埔军校第三期毕业,是蒋军中一员悍将。该旅装备好,干部多是军校毕业生,训练有素;士兵以北方人为多,战斗力相当强。

这是一支蒋介石的嫡系部队,完全不似"补充"二字给人以二流部队的感觉。

但刘畴西没有把王耀武放在眼里。他 1924 年入黄埔军校第一期学习时,王耀武还是上海马玉山糖果公司站柜台卖饼干的小伙计。刘畴西 1922 年加入中国共产党,经历颇富传奇色彩:参加过五四运动,担任过孙中山的警卫,第一次东征在棉湖战斗中失去左臂,照样参加了南昌起义,随后去苏联,进了莫斯科伏龙芝军事学院。

黄埔一期的资格,加上伏龙芝军事学院的学历,在红军指挥员中除了左权,无人可与刘畴西相比。这一切使他充满了一种不可抑制的自信。担任红十军团长兼二十师师长后,想立刻打一仗扭转局面,是他的迫切要求。

但他小看了当年在上海卖饼干的那个对手。

刘畴西不知道,当年他随南昌起义部队南下时,参加堵截的,就有第一军补充团的少校营长王耀武。刘畴西担任红二十一军军长参加第四次反围剿时,率部坚守战略要地宜黄 24 天未被红军攻破、被蒋介石称为"奇迹"的,也是王耀武。带兵与作战,是王耀武两大长项。国民党五大主力之一的七十四军,即后来整编第七十四师,就是王耀武一手带出来的部队。

刘畴西对王耀武的补充旅基本情况掌握不清楚,王耀武对刘畴西的红十军团却一点不糊涂。他对手下的 3 个团长说:"共军第十军团政治委员会的主席是方志敏,军团长是刘畴西,副军团长是寻淮洲。该军团辖 3 个师:十九师师长由寻淮洲兼,二十师师长王如痴,二十一师师长胡天桃。军团长和师长的意志很坚强,作战经验丰富,尤以寻淮洲的作战指挥能力为最强。"王耀武只讲错了两处:方志敏任主席的是红十军团军政委员会,不是"政治委员会";二十师师长由刘畴西兼,不是王如痴。对他的黄埔前辈学长刘畴西,王耀武评价不是太高,相反却对没有进过军校、红军中土生土长的将领寻淮洲做出很高评价。

谭家桥伏击战是红十军团第一仗,关系到军团能否在皖南立足之胜败存亡。刘畴西以二十、二十一师在伏击地域右侧担任正面攻击;

置十九师于左侧,待正面打响后,截敌归路。

十九师未放在主攻位置上。原红七军团军团长、现十九师师长寻淮洲和十军团参谋长粟裕均持异议。认为十九师野战经验丰富,战斗作风顽强;而二十、二十一师组建才一年多,缺乏野战经验,担任主攻存在问题。

刘畴西却很自信。二十师、二十一师都是他的老部队,他认为战斗力强于十九师。他坚持原来部署。

12月14日,补充旅出发,以第二团为前卫,其余按直属部队、第三团、第一团的秩序,经乌泥关、谭家桥向太平追击前进。

红十军团隐蔽得非常好。王耀武的前卫第二团经过乌泥关、谭家桥时,路旁百姓有的在砍柴,有的种地,有的在公路上行走,如平常一样。前卫团长周志道以为没有可疑情况,也未派部队严密搜索,部队浩浩荡荡继续前进。

机会很好,但开火却提前了。敌人团指挥部还未进入伏击地域,二十师、二十一师部分干部战士过分紧张,提前开火。敌人立即警觉,马上开始抢占路边高地,整个伏击战斗被迫提前。否则待敌团指挥部进入伏击范围后,首先打掉指挥机关,那么整个战局就会大不一样了。

王耀武、周志道等人,事后想起来惊出一身汗的,就是基于此种设想。

野战经验不足,特别是打硬仗经验和思想准备皆不足的二十师、二十一师连续向敌前卫团发起猛冲,企图一举将敌人压垮。攻势很猛,几次开展肉搏,敌前卫团团长周志道都被打伤。但两个师动作不一致,连冲四次也攻不下来。未放在主攻位置的十九师在山峡里一时又出不来,局势很快由伏击的主动变成被敌反击的被动。王耀武一面命令部队不许后退,一面调加强营和第三团的三营增加到第二团的正面作战;同时令第三团团长李天霞率该团主力向红十军团的左侧背猛烈反击。令第一团团长刘保定立派一部占领乌泥关,并坚决守住。

补充旅本来曾经是寻淮洲指挥的十九师的手下败将,此番红军三个师伏击它,最初它被打得措手不及,最后红十军团反被它打得措手不及。

乌泥关制高点的争夺战成为胜败的关键。十九师终于被抽出来发动为时已晚的攻击。寻淮洲亲自领头奋勇冲锋。王耀武后来回忆这场战斗说："红军三次冲锋虽都受到挫折，但斗志仍盛，其打败补充第一旅的决心并未动摇，又发起了一次规模较大的冲锋。这次红军出动了七八百人，分三路冲过来，一路针对加强营，两路对着第二团中伤亡较重的第一、第二两个营。大有一鼓作气击溃补充第一旅之势，情况紧张、危急。"

王耀武亲到第一线督战，令各部集中迫击炮、机关枪的火力，向冲过来的红军猛烈射击，战斗极为激烈。他回忆说："据第二团团长周志道报称，在敌人第四次冲锋中，发现红军有十几个人冒着炮火的危险去抢救一个人，抬着向后方走去，看样子，被抬走的这个人可能是敌人的高级军官。"

被抢救下来的，是在猛烈的冲击中身负重伤的寻淮洲。

人们都以为25岁当军团长的林彪是红军中最年轻的军团长。其实寻淮洲1933年出任红七军团军团长时，才21岁。寻淮洲是湖南浏阳的青年学生，参加秋收起义上井冈山后，与陈伯钧、王良同为红四军三十一团三个有名的青年知识分子连长。三人当中陈伯钧、王良都是黄埔军校武汉分校学生，算黄埔六期，唯有寻淮洲没有进过军校。但他一直是红四军著名战将、黄埔四期生伍中豪的下级。从这位与林彪齐名的红军将领身上，寻淮洲学到很多东西，进步极快。他19岁当师长，20岁当军长，1933年2月在第四次反"围剿"的黄陂战斗中，率红二十一军直插敌后截断蒋军第五十二师归路，为全歼该敌创造了条件，获二等红星奖章，受到中革军委的特别嘉奖。

粟裕回忆说：寻淮洲是在革命战争中锻炼成长起来的一位优秀青年军事指挥员；他艰苦朴素，联系群众，作战勇敢，机智灵活。

粟裕后来成为人民解放军中极有造诣的一员青年战将，当时尚年长寻淮洲5岁。

寻淮洲曾经五次负伤。谭家桥成为最后一次。因伤过重，在转移途中牺牲。

方志敏后来在囚室中写《我从事革命斗争的略述》，这样评价寻淮洲:"十九师师长寻淮洲同志,因伤重牺牲了!他是红军中一个很好的指挥员,他指挥七军团,在两年时间,打了许多有名的胜仗,缴获敌枪 6000 余支,并缴到大炮几十门。他还只有 24 岁。"

一位优秀红军将领,就这样陨落在谭家桥战场。

险遭歼灭的王耀武在谭家桥战斗中反败为胜,所获甚丰。他派出一个步兵连寻找寻淮洲的遗体,捉到一个参加埋葬的人,便由此人带路到茂林,把寻淮洲遗体挖出来照相,以作为寻淮洲确实被打死的证据。他们发现遗体尚完好,但上身无衣,由此认识到红军处境已极度困难。王耀武判断说:"共军官兵所穿的衣服破烂不堪,难以护体,因被服奇缺,在掩埋其阵亡的官兵时,顺手将死者的衣服脱下,以供活人穿用。"

他明白了:对手已经处于极度困难之中。

王耀武领到了 5000 块大洋的特别犒赏。

谭家桥战斗的失利,很大程度上是由于选敌不当、指挥不当所致。后来红十军团在怀玉山的失败,基因已经潜伏在了这里。

谭家桥战斗失利,皖南便无法立足。红十军团由方志敏、刘畴西率领,南下返回闽浙赣边。谭家桥战斗前那样自信的刘畴西,又变得如此优柔寡断。到达闽浙赣苏区边缘时,敌情已十分紧急。粟裕坚决要求部队不能停留,连夜行动突破敌人封锁线,但刘畴西觉得部队刚刚到齐,人员十分疲劳,当晚不能再走。方志敏担心刘畴西犹豫迟疑,叫粟裕率先头部队先走,他留下来督促刘畴西一起行动。

这一留,便成永诀。

粟裕率少数先头部队行动坚决,当晚就冲过了敌人的封锁线。刘畴西率领的军团主力却行动拖沓犹豫,前面一打枪便改换前进方向。转来转去,耽误了几天时间,在怀玉山陷入赶上来的国民党军 14 个团的包围。方志敏本可跟着粟裕突围,就为了等刘畴西,最后二人双双被俘,并肩走向了刑场。

浙赣边界的怀玉山成为红十军团最后的战场。天寒地冻,缺衣少食,红军战士拿枪向敌人射击,但冻僵的手扣不动扳机;挣扎着向围上来的敌人投弹,又投不了多远;王耀武发现他所俘虏的红军人员,都面黄肌瘦,手脚冻裂,因喝不到水,嘴上起泡的很多,很多人数日不得饮食,冻饿交加,躺在地上动弹不了。

红十军团终遭失败。1935年1月底,军团主要指挥者方志敏、刘畴西在程家湾被俘。

国民党随即将他们解往南昌,沿途召开"庆祝大会"。到达南昌后,又在市内豫章公园召开"庆祝生擒方志敏大会",美联社一名记者报道了当时的情景:

> 豫章公园周围都排列着警察队伍,街上架着机枪……戴着脚镣手铐而站立在铁甲车上的方志敏,其态度之激昂,使观众表示无限敬仰,周围是大队兵马戒备着。观众看见方志敏后,谁也不发一言,大家默默无声,即蒋介石参谋部的官兵对此气魄昂然之囚犯,也表示无限敬佩及同情……

方志敏、刘畴西被俘后,蒋介石密令国民党驻赣绥靖公署主任顾祝同,尽力劝说方、刘"归诚",特别是针对黄埔一期毕业、第一次东征在棉湖之役任教导一团第三连党代表的刘畴西。那是奠定国民党党军生死存亡的关键一仗。刘畴西作为"奋勇队"(敢死队)队员第一个爬上城头,身负重伤。蒋介石一直记得当时奋不顾身、因伤被锯掉左臂的刘畴西。无当年棉湖的胜利,便无后来的蒋介石。

他命令顾祝同对刘畴西给予特别关照,一定要设法把他争取过来。

顾祝同是军校战术教官,管理部代主任,在黄埔既是刘畴西的教官,又是他的上司。但顾祝同怕自己一个人说不动,又借蒋介石任黄埔同学会会长时,刘畴西担任过总务科长,以此为由头联络来更多的黄埔同学做工作。于是从怀玉山到上饶,从上饶到南昌,押解方志敏、刘畴西二人的路上,来劝降之人络绎不绝。仅顾祝同本人就亲来了三次。

今天我们回头仔细品味那段历史时,人们可以指责刘畴西在谭家桥战斗前听不进寻淮洲和粟裕的意见刚愎自用,可以叹息刘畴西在怀玉山突围中犹豫不决优柔寡断,但在敌人以友情、以官爵、以监禁、以死亡的利诱和威胁面前,我们只有衷心叹服刘畴西信仰之坚定与意志之不拔。

对蒋介石、顾祝同的劝说和纷纷前来的黄埔同学,他丝毫不为之所动。

刘畴西 1922 年加入中国共产党,与方志敏一样刚强。方志敏在《可爱的中国》中,用"田寿"这个名字,记述了刘畴西在狱中的不屈斗争。他对难友们说:"死是不可避免的。至于什么时候死,我不知道,因为生命已经握在最凶恶的敌人的掌心。"

1935 年 8 月 6 日凌晨,方志敏、刘畴西被秘密杀害于南昌。

蒋介石把消灭红十军团归功于俞济时、王耀武。尤其是在第一线大打出手的王耀武。王耀武参加追击红十军团的作战时,赣东北"剿匪"总指挥赵观涛曾对他说过一席话:共军装备虽差,但作战很机动、很顽强;闽北的部队及俞济时的保安团都受到了很大损失,俞济时本人还因此受了处分;你一定不能大意,大意必定遭受挫败。

赵观涛也是蒋介石的嫡系悍将,多次参加对江西苏区的"围剿"。王耀武牢牢记住了赵观涛的叮嘱,同时生出一个挥之不去的念头:一定要面对面见识一下这些装备又差、供应几乎没有的红军将领,凭什么本事令一个又一个国民党骄将如此头痛。

他在谭家桥战斗中打死了红军十九师师长寻淮洲,失去了与这个暗中叹服的红军将领见面的机会,但在怀玉山却捕获了二十一师师长胡天桃。

王耀武立刻利用了这个机会,但第一次见面就让他呆住了。他回忆说:"这位师长的上身穿着三件补了许多补丁的单衣,下身穿两条破烂不堪的裤子,脚上穿着两只不同色的草鞋,背着一个很旧的干粮袋,袋里装着一个破洋瓷碗,除此以外,别无他物,与战士没有什么区别。"

时值严冬,天寒地冻。若不是被别的被俘战士指认出来,王耀武绝对不相信面前这个人就是红军师长胡天桃。

他压下震惊,与胡天桃展开如下对话:

王：蒋委员长对你们实行宽大及感化教育，只要你们觉悟，一样得到重用。

胡：我认为只有革命，坚决打倒帝国主义、封建主义及军阀，中国才有办法。

王：我们也希望国家好，也反对帝国主义的侵略。你说国民党勾结帝国主义，有什么根据？

胡：国民党掌握着军队不抗日，却来打内战，还请帝国主义的军官当顾问，这不是勾结帝国主义是什么？

王：共产主义不适合国情，你们硬要在中国实行，这样必然会失败的。

胡：没有剥削压迫的社会，才是最好的社会，我愿为共产主义牺牲。

王：你知道方志敏现在什么地点？

胡：不知道。

王：方志敏对未突入封锁线的部队有什么指示？

胡：不知道。

王：你家在哪里，家里还有什么人？告诉我们，可以保护你的眷属。

胡：我没有家，没有人，不要保护。

胡天桃后来被押解到王耀武的上司俞济时那里，也无多余的话。俞济时说：你是红军的高级人员，不会不知道红十军团的情况。胡答：我不知道，你把我枪毙了吧。

1959年中华人民共和国成立10周年前夕，王耀武被作为首批特赦战犯释放出来，仍然清清楚楚记得25年前与胡天桃那次谈话。

王耀武当年一身戎装，与寒冬中衣衫褴褛、脚穿两只各异的草鞋、干粮袋内只有一个破洋瓷碗的红军师长胡天桃谈论国家命运和个人生死。

思想交锋中，王耀武不是胜者。

胡天桃被枪杀了。那场谈话中表现出来的共产党人的意志与决心,却令王耀武想了几十年。

红十军团 3 个师、1 万余人,最后冲出包围圈到达闽浙赣苏区的,只有粟裕率领的一个无炮弹的迫击炮连、一个无枪弹的机关枪连和二十一师第五连,以及一些轻伤病员及军团机关工作人员,共 400 余人。

对丧魄落魂者来说,这是一支残兵。

对前仆后继者来说,这是一堆火种。

以这支突围部队为基础,迅速组成挺进师,粟裕为师长。

新中国著名的音乐家劫夫有一首歌的歌词唱道:"像那大江的流水一浪一浪向前进,像那高空的长风一阵一阵吹不断。"

中国工农红军就是这样的队伍。伍中豪牺牲了,带出了寻淮洲;寻淮洲牺牲了,又带出了粟裕。革命的理想、战斗的意志像一支不熄的火炬,从一个人的手中,传到另一个人手中。

1948 年 9 月 16 日,华东野战军发起济南战役,重兵合围济南城。以济南战役为转折点,人民解放军与国民党军展开了惊天动地的战略决战。

指挥 15 个纵队共 32 万大军发起济南战役的,是华东野战军代司令兼代政委、当年从怀玉山冲出去的红十军团参谋长粟裕。

率 14 个旅共 10 万守军防守济南城的,是国民党山东省主席兼第二绥靖区司令官、当年追击红十军团的补充第一旅旅长王耀武。

14 年前的生死对手再度交锋。济南战役发起时,粟裕一定想到了掩埋在茂林的寻淮洲,被枪杀于南昌的方志敏、刘畴西和慷慨饮弹的胡天桃。

他亲自拟定攻城部队的战斗口号:"打到济南府,活捉王耀武。"

9 月 24 日,济南全城解放。王耀武化装出逃,在寿光县被民兵查获。

"捷报飞来做纸钱"。

那些在天英灵,可能有知?

第三节　风火来去—陈毅

坚持南方三年游击斗争最杰出的代表，是陈毅。

中央红军出发前一个半月，陈毅在三军团六师的兴国老营盘前沿阵地被弹片击中，身负重伤。开始采取保守治疗，待发现粉碎性骨折的右胯骨必须动手术时，医疗器械和药品都装箱准备出发长征了。

后来还是三人团中的组织者周恩来干预，取出电台的汽油发电机做电源，重新开箱为陈毅做了手术。他不能参加长征了。周恩来告诉他，中央让他留下来与项英一道坚持根据地斗争，负责军事。

1934 年 10 月 22 日，转移中的中革军委来电，指示中央军区从 22 日起正式成立，项英任司令员兼政委，龚楚任参谋长，贺昌任政治部主任。

陈毅没有职务。

叫他负责军事却又不给军事职务，他被晾在了一边。

陈毅这才明白周恩来也不能做主。

遵义会议后，毛泽东做了这个主。

1935 年 2 月 5 日，新中央发来了一封万万火急的电报：

项转中央局：

　　政治局及军委讨论了中区的问题，认为：

　　（甲）分局应在中央苏区及其邻近苏区坚持游击战争，而目前的困难是能够克服的，斗争的前途是有利的。对这一基本原则不许可任何动摇。

　　（乙）要立即改变你们的组织方式与斗争方式，使与游击战争的环境相适合，而目前许多庞大的后方机关部队组织及许多老的斗争方式是不适合的。

　　（丙）成立革命军事委员会中区分会，以项英、陈毅、贺昌及其他二人组织之，项为主席。一切重要的军事问题可经过

军委讨论,分局则讨论战略战术的基本方针。先此电达,决
议详情续告。

中共中央书记处

就是这封电报和后来收到的"决议详情续告"电报,陈毅觉出毛
泽东很可能回到领导岗位了。这种电文是博古等人写不出来的。

陈毅对毛泽东有太深的了解。

陈毅为人独特,了解人的方式也独特。他是通过分歧完成对毛泽
东的认识的。

他历史上两次被推举代替毛泽东为前委书记。

第一次是1928年7月中旬,毛泽东不同意红四军主力按湖南省
委的布置去湘南,于是在有湖南省委巡视员杜修经出席的沔渡会议
上,陈毅被推选担任前委书记,指挥二十八、二十九团去湘南,毛泽东
只能以党代表的名义指挥余下的部队。

去湘南一路连连碰壁。先一鼓作气打下郴州,理发洗澡逛街道,
天擦黑敌人一个反击打来,二十九团士兵枪上挑着郴州发的"洋财",
成连成排朝家乡跑,挡都挡不住。一个团最后只剩下团长胡少海、党
代表龚楚、团部零星人员和萧克的一个连。若不是副营长萧克在混乱
中严令率领的那个连坐下不准动,这连人也将跑散。

碰了壁也不想马上回井冈山。陈毅起草《告湘南人民书》,提出
开展土地革命,发展武装力量,仍然把目标定在湘南。还派出二十八
团二营和团直机炮连去沙田以及湘粤赣边区先期探路。

结果又是一次打击:探路的二营营长袁崇全率队叛变。

湘南之行先跑散了二十九团,后又反叛了袁崇全,在二十八团党
代表何长工主持召开的党员代表大会上,陈毅与朱德一起受到尖锐批
评。前委委员、特务营营长宋乔生更直接要求将朱德、陈毅撤职查办。
会议最后决定分别给予朱德、陈毅以留党察看三个月的处分。

失败使得陈毅第一次认识到毛泽东的正确。8月24日召开前委
扩大会,决定一起回井冈山,取消前委,成立以毛泽东为书记的行动委

员会。

第二次是 1929 年 6 月 22 日的红四军七大。这次代表大会上,陈毅被大会选为前委书记,再次取代毛泽东。

大会前,红四军内部因个人领导和党的领导、前委职权和军委职权等问题发生激烈争论。在 6 月 8 日召开的白砂会议上,毛泽东表示"我不能担负这种不生不死的责任,请求马上调换书记,让我离开前委"。

毛泽东提出辞职,前委委员们便决定由陈毅代理书记,且决定召开红四军党的七大,把各方的争论意见原文印发各支部,提出了红军早期幼稚口号之一:"同志们努力来争论吧。"

只有林彪一人得知毛泽东提出辞职后,连夜写信给毛泽东,要他留下来继续斗争。

林彪的信令毛泽东激动不已,通宵未眠。

今天再看当时那些异常激烈的争论,应该说在总的路线上大家是一致的。争论的焦点集中在党怎样更好地领导军队,军队怎样更好地建设根据地。

代理书记陈毅日夜工作。在龙岩召开的红四军七大上,他对争论的双方都做了批评和回答,主观上为了维护党内团结,客观便成了折中平衡,即所谓的"调和"。

毛泽东最反对的就是调和。调和之中单纯军事观点、极端民主化没有受到批评。党对军队的绝对领导也未被大会大多数代表接受。毛泽东还被给予了党内严重警告处分。

这即是毛泽东后来说的"陈毅主义"。

不知道自己发明了"陈毅主义"的陈毅,在七大上当选前委书记。第二次取代毛泽东在红四军内的地位。

七大后毛泽东、贺子珍去闽西特委所在地蛟洋,休养兼指导工作。在离开龙岩城时,闽西特委发给每人 30 元钞票。随行的江华回忆说:"那时我们一行人真有些灰溜溜的样子。"

灰溜溜的毛泽东却并不放弃自己的意见。陈毅去上海向中央报告工作之前,到蛟洋同毛泽东交换意见,两人在交谈中又争论起来,各执己见,未能统一。

争论都是面对面的。一旦背靠背,陈毅绝对不打小报告。

他到上海最先见到的中共中央领导是政治局常委李立三,便向李立三如实报告了红四军七大情况。

陈毅是一团火,李立三更是一团火。两人同样不打不成交。当年他们一同在法国勤工俭学,又一同被法国当局押送回国。归国的船上大家开玩笑,四川人说湖南人棋术臭,湖南人说四川人的棋也不香。于是四川人举出陈毅,湖南人推出李立三,摆开棋盘大战起来。结果李立三连连失招,棋局愈来愈不妙,在大家哄笑声中他气得脸色发紫,抓起棋盘棋子一把都甩进了海里。

几年不见,两个棋手一个是工农武装割据的领袖之一,另一个已是中共中央的主要领导之一了。按照中央要求,陈毅写了《关于朱德、毛泽东军的历史及其状况的报告》《关于朱、毛红军的党务概况报告》等五个书面材料,公正无私地如实反映了红四军各方面的详情。正是陈毅的这些报告,使周恩来、李立三等中央领导者认识到朱、毛的很多经验都是在中国别开生面的,值得向全国推广。周恩来、李立三、陈毅三人反复讨论,最后在周恩来主持下,由陈毅执笔起草中央"九月来信",决定"毛同志应仍为前委书记",从路线高度肯定了毛泽东的领导。

这是一封在中国革命史上占有重要地位的中共中央指示信。陈毅帮助周恩来、李立三等中央领导人认识了红四军。周恩来、李立三也帮助陈毅认识了毛泽东。

这是陈毅一生中认识上的一个重大飞跃。

回到苏区的第一个消息却令他凉了半截。

红四军八大上,一些同志提议毛泽东回来主持工作,彭祜、郭化若还给毛泽东写了信。毛泽东回信说他反对敷衍调和、模棱两可的"陈毅主义",不打倒"陈毅主义",他不回来。

这消息对陈毅震动很大。他未料到毛泽东对他的怨恨,超过了最先挑起争论、以"反对家长制"排挤毛泽东的刘安恭。

在上海时,中央认为他与毛泽东的矛盾已很深,有派他去鄂豫皖或广西左右江工作的意向。陈毅考虑之后回答说：还有一件事没有办好，没有把毛泽东请回来，等办好这件事再考虑工作问题。

现在毛泽东不原谅他，他真是进退两难。

进退两难也是个人进退两难。面对真理，只能有进无退。

陈毅就是从这个时候起，练就了后来照耀其一生的大度与豁达。他表示，毛泽东说的"陈毅主义"是非无产阶级的东西，自己也要和大家一起打倒这个"陈毅主义"。他先向前委传达"九月来信"，再和好几位前委委员谈话，一个一个做工作，最后派专人把中央"九月来信"送去蛟洋给毛泽东看，并附自己一信，请毛泽东尽快回前委工作。

陈毅从来不愿意向困难低头，却从来愿意向真理低头。

毛泽东心情舒畅地回来了。陈毅诚恳地向毛泽东当面检讨，并转达了李立三代表中共中央对毛泽东的问候。毛泽东说"八大"时因为身体不好，情绪不佳，写了一些伤感情的话。他给中共中央和李立三写信，表示在中央正确指导下，四军党内的团结完全不成问题。信中有这样的话："陈毅同志已到，中央的意思已完全达到。"

毛泽东真切地感受到了陈毅那颗坦荡的心。后来谈起陈毅今后的工作安排，毛泽东同样真诚地对陈毅说：你哪里也不用去，就在这里。

后来真的成了"哪里也不用去"，86000主力红军长征出发了，陈毅却留下来坚持最困难最危险的根据地斗争。

遵义会议后，陈毅才成为中央苏区军分会委员之一。这一次是毛泽东使他重新上台。

重新上台也是受命于危难。

龚楚的叛变使北山游击队损失严重，陈毅冒着生命危险去处理。他带着两个警卫员昼伏夜行十几天，下瓢泼大雨也行进不停。劳累加淋雨，伤口复发。身边无医无药，就打来一盆山泉水，自己挤伤口的脓血，还叫警卫员帮忙。警卫员看见挤一下他的全身就触电一般颤抖，脸色蜡黄，大汗淋漓，实在不忍心再用劲挤。陈毅就叫拿带子把自己的伤腿绑在树干上，自己背靠另一棵树，硬是把开刀没有取干净的一块碎骨从伤口挤了出来。

就这样及时赶到了北山游击区。

游击区正在发生极大的动摇。为了防止逃跑，夜间派两个人放双岗，一个监视一个也不能制止。后来又放三岗，以为三个人中总有一个靠得住的，还是照样跑。两人一起跑变三人一起跑。十几天时间200多人的游击队跑得只剩下100多人。

陈毅集合起游击队讲话。他说，游击战争非常艰苦，打死、病死、饿死随时都可能发生。身体弱的，跑不动的，不能坚持，可以自愿回家，发给路费。不过出去了要站稳立场，不要叛变，不要去当反革命，不要翻脸为仇。不要不辞而别，要握手告别，后会有期。出去了，待不住，愿意回来的可以再回来。说到这里，他站起来，摸着自己的脸说："你们别看我面黄肌瘦，长着满脸胡子，我是要在这个地方坚持斗争的，就是剩下我一个人还是要干，这是党给我的任务。"

听了陈毅讲话，一个人泪流满面地站起来说："你能坚持，我们为什么不能！"

这是陈毅的警卫员宋生发。他情绪激动地向大家讲述了三天前陈毅在林子中把自己绑在树上挤脓血的情景。

众人深受感动。几个人同时站起来说："我们也要坚持到底，决不动摇！"

给人以火星者，必怀火炬。陈毅是一团火。即使面黄肌瘦、满脸胡须、只有一盒万金油治腿伤，也仍然是一团不熄的火。红军时期不少人对政工人员持保留态度。认为这些人满嘴空话，"卖狗皮膏药"。陈毅是我军最早的政治工作者，从来不卖狗皮膏药。他的政治工作不用语言技巧，也不靠权力威逼。他用自己的生命贴近别人的生命，用自己的热血激发别人的热血。

对北山这些剩下来的游击骨干，他高兴地说："真正革命的同志要坚定信心。留下一点星火，定能燃遍万里江山！"

说这些话时，他一定想到了1927年10月的天心圩。

那是南昌起义部队最困难的时候。起义军师以上党代表走得一人不剩，只留下一名团级政治指导员陈毅。部队面临马上溃散的危险。

按照当时大多数人的去向，可以去香港避追捕，可以去上海找中央,还可以转去苏联学习深造,以待东山再起。更何况陈毅在北京还有同学,在上海还有哥哥,在四川还有朋友,路子宽得很。

陈毅搞武装的决心极其坚定。八一起义那天他还在汉口,不知道南昌要发生暴动。他对好友陈梦云等人说:"清朝政府骂孙中山是土匪,现在国民党又骂我们是土匪。好,我偏要去当这个'土匪'!"

他是星夜疾行、跑步追赶上起义队伍的。

分配他去七十三团当政治指导员,周恩来怕他嫌工作太小。陈毅一句话:"什么小不小!叫我当连指导员我也干,只要拿武装我就干!"

一个决心干到底的朱德,一个除了搞武装哪儿也不去的陈毅,再加上一个革命不胜利就不剃胡须的王尔琢,南昌起义余部的坚强核心在天心圩建立起来了。

这个"余部"若真溃散了,还有今天的人民解放军吗?

群众是真正的英雄,并不排除在关键时刻,领导者的决心与意志是力挽狂澜的中流砥柱。

朱德在天心圩军人大会上说:"大家知道,大革命是失败了,我们的起义军也失败了!但是我们还是要革命的。同志们,要革命的跟我走;不革命的可以回家!不勉强!"

陈毅后来说朱德在天心圩讲了两条纲领:共产主义必定胜利;革命必须自愿。

1935年年底他在北山对游击队员们讲的,就是1927年10月朱德在天心圩讲的那两条。

毛泽东说"革命者是不怕失败的",这句话在陈毅身上得到了完全的、彻底的体现。

凄风苦雨中这些零落星火如此顽强的生命力,才最终实现"星星之火,可以燎原"。

在波澜壮阔的中国革命史中,陈毅无疑是一位传奇人物。

古往今来的传奇人物中,有些人靠经历曲折艰险,有些人靠性格磊落坦荡。陈毅主要属于后者。

陈毅说,人的一生要经过三个会议:一是庆功会,欢庆胜利,大家都高兴,应该多开,却不能冲昏头脑;二是支部会,开展批评与自我批评,必须经常参加保持清醒,但不能开成批判会、斗争会;最后是追悼会,功过如何,盖棺论定,却只能别人开,自己不能参加了。

他用生命的全程参加了这三个会。

用忘我的奋斗,迎来了中华人民共和国的诞生。不知道世界上还有没有更大的会场,超过1949年10月1日的天安门广场。

用迷惘与激愤,面对1966年“无产阶级文化大革命”的爆发。960万平方公里的会场,成为世界上最大的批判会场。

最后是1972年1月的八宝山。就中华人民共和国元帅的地位来说,那也许是一个最小的追悼会场。如果没有毛泽东亲自前往参加,大多数中国人甚至不知道陈毅的去世。

中国革命最困难的1927年,没有人怀疑陈毅革命的坚定性。同样的阿拉伯数字倒换到1972年,很多人连毛泽东为什么一定要参加陈毅的追悼会也弄不清楚了。

决定是突然做出的,事先完全没有安排。毛泽东一觉醒来穿着睡衣就要去,谁劝也劝不住。周围一片忙乱。主席身体也不好。陈毅曾经是元帅,但军衔已经取消了;曾经是副总理兼外交部长,又早已靠边站了;只是个“九大”的普通中央委员,而且还是“右派代表”。“九大”前到京西宾馆参加八届十二中全会,这个当年在天心圩维持八一南昌起义余部不溃散的唯一一个党代表,竟然被一些年轻服务员讽刺为“老右”,看稀罕物一样驻足观看了。

当时很多人不明白,主席为什么要亲自去参加这样一个人的追悼会。

周围人不明白,毛泽东内心却明白。在轿车向八宝山疾驶的路上,他眼前可飘过当年陈毅带着中央“九月来信”请他回前委工作的情景?

跑了林彪,死了陈毅,从井冈山一路走到天安门的毛泽东内心之悲哀,恐怕是簇拥在他身边只会呼“毛主席万岁万岁万万岁”的人们,永远无法理解的。

第四节　万劫也复

佛家称世界从生成到毁灭的过程为一劫。万劫,言谓时间之漫长。万劫不复,意为永远不能复原。《景德传灯录·韶州云门山文偃禅师》云:"莫将等闲空过时光,一失人身,万劫不复,不是小事。"

1990 年 9 月 13 日,广东乐昌县长来镇悄悄来了一位年过九旬、双目失明的老先生,从海外返回定居。他离开大陆前,曾是国民党中将。

老先生姗姗来迟。别说中将,就是国民党代总统李宗仁不也照样回来了吗? 中国大陆改革开放二十几年,国民党内地位比他高的人来来去去多少个,谁也不像他这么谨慎多虑。

他必须谨慎多虑,如果人们知道他的真实身份的话。

他就是当年的大叛徒龚楚。

龚楚在红军内担任的最后一个职务是中央军区参谋长。

他在国民党那里担任的最后一个职务是韶关行署专员兼保安司令。

1949 年韶关地区被人民解放军解放,龚楚被迫率部投诚。

1935 年,他也是这样在重兵压迫之下,向国民党"投诚"的。

不过这回实在令他心碎。他投诚的对象是林彪——当年龚楚担任红四军前委委员、二十九团党代表、被并列称为"朱毛龚"时,二十八团那个年纪轻轻、沉默寡言的营长。

当年林彪是龚楚的下级的下级的下级。现在林彪是共产党第四野战军百万大军的统帅,他龚楚不过是国民党一个小小的行署专员兼保安司令,见林彪一面连想都不要想。林彪的下级的下级的下级就会非常得心应手像掸掉一个跳蚤一样处理掉他这个反动派,更别奢谈"朱、毛"了。

投诚的龚楚又逃往香港。

降将可纳,叛徒难容。古往今来,任何政治集团皆是如此。这一点龚楚倒是十分清楚。

在香港当寓公期间他写了一本书:《我与红军》。与后来张国焘写《我的回忆》颇为相似的是,谈起曾在中共党内和红军内任过的高级职务便眉飞色舞、津津乐道,对时隔久远的人和事也记忆清晰,那种颇有几分资本的心情详见笔端;对脱离红军以后的经历则缄口不言,避而不谈;其余的,便多是大江东去的感慨了。

香港似乎也有几分不保险。他被子女接往美国的亚特兰大。对共产党领导的那片土地,他要离得越远越好。

位置越远,感情越近。身体越远,灵魂越近。龚楚是片落叶,身居海外,却一直紧紧盯着那片布满他喜怒哀乐的土地。

一直盯到双目失明。

他一直在等待。等待得既无言,又长久。他眷恋自己的故乡,又深知自己给共产党带来的伤害。看着别人先后返回,他心潮难平。一直到中华人民共和国最高人民法院宣布不再追究新中国成立前原国民党军政人员刑事责任之后,他才下了回乡的决心。

1990年9月13日,年过九旬的龚楚回到故乡广东乐昌。63年前的1927年,他在这里组织农民运动,担任中共乐昌支部书记;41年前的1949年,他却在这里担任国民党的保安司令,率残部向共产党投诚。

63年过去了,41年过去了,现在乐昌县人民政府在长来镇为他修建了一幢两层楼房。他住进去后写了三封信,一封给邓小平,一封给杨尚昆,一封给王震。海外归来的龚楚,在信中向当年红军中的这些同事、今天中华人民共和国的重要领导人表示敬意和问候。

他还给邓小平单独发了一封电报,报告他已从香港返回故乡。他从百色起义开始就与邓小平一起共事。邓小平任红七军政委时,龚楚先任红七军参谋长,后任红七军军长。

《羊城晚报》海外版报道,邓小平从北京亲自给他挂了电话。

龚楚当年曾在自己的家乡给朱德、陈毅带路寻找根据地。那是一个共产党员给自己的队伍带路。他后来又给陈济棠、余汉谋带路诱捕项英、陈毅,那是一个共产党的叛徒给敌人带路。"朱、毛、龚"中的朱、毛都不在了,项英、陈毅也不在了,陈济棠、余汉谋同样不在了,却还剩下他龚楚。入党与脱党,忠贞与叛卖,打白军与打红军,投降与再投降,出走与回归,人生90年对他来说,变成了一剂难于言表难以下咽的至苦之药。

失明的龚楚什么也看不见了,却能颤抖地紧握着话筒,听着话筒那一边当年红七军政委、现在中国改革开放总设计师邓小平的声音,涕泪纵横。

孔荷宠与龚楚一样,在国民党内最后的军衔也是中将。他1943年因为贪污薪饷,被国民党军法部门判处三年徒刑。出狱后失去了官场地位,在汉口、南京等地经商做小买卖。虽然他早已在国民党内无职无权,但鉴于自己的叛变行为,这位当年中华苏维埃共和国中央执行委员、中革军委委员,在中华人民共和国成立后,不得不像躲避阳光的蝙蝠一样,在重庆、昆明、云南建宁等偏远之地隐名匿居。

1955年2月,孔荷宠被公安机关查实后逮捕归案。

这样的人还需审判么?历史已经对他完成了审判。

1956年8月,他病死在北京公安医院。

1995年7月,95岁的龚楚在故乡乐昌县长来镇家中去世。

家乡是他生命的起点、革命的起点。

他选择此,作为生命的终点。

一个人的生死,不过一劫。万劫不过是形容而已。"一失人身,万劫不复,不是小事。"有些禅语听来竟像警钟。孔荷宠万劫不复。龚楚竟然万劫有复。

孔荷宠没有龚楚那样幸运。他死得太早。

却也幸运。早早结束了活得太长的龚楚那种吞噬灵魂的痛苦。

第十章

瞩目大西南

蒋介石首次进军大西南。川军刘湘、黔军王家烈、滇军龙云,皆是收拾对象。

遵义会议人事变动在黄平橘林商定。张闻天心中的"钦公塘"。毛泽东不是先知先觉,却以最大的历史自觉来到转折点。红军作战讲究出敌不意,入川行动却落入刘湘意料之中。

第一节　一石数鸟

人类的精神产品极其浩瀚。但个人的一生又极其短暂。于是古往今来,简单一句话影响一个人一生的例子,就并不罕见了。

于是很多人有了座右铭。

蒋介石的座右铭是其恩师陈其美的一纸手书:

"有万夫不当之概,无一事自足于怀。"

他长期珍藏。

"万夫不当之概"他做到了。1925年两次东征打败陈炯明,其间又回师打败滇军杨希闵和桂军刘震寰,势如破竹。

1926年猛攻吴佩孚,1927年横扫孙传芳,势如破竹。

1928年打张作霖、张宗昌;

1929年打李宗仁、白崇禧;

1930年打冯玉祥、阎锡山;

中国内战中,手握重兵的蒋介石无役不与,无往不胜,皆势如破竹。

唯独对付红军不能表现出这种"万夫不当之概"。紧迫之时他两次想腾空而去。两次害怕不能腾空而去。

1933年11月第五次"围剿"中,彭德怀奔袭浒湾,距临川仅一天路程。蒋得讯便带上随从和卫士,亲自到抚河边侦察水上飞机能否降落,以及起落的保险地点。

1934年4月红军逼近贵阳,蒋最担心飞机场安全,彻夜不宁而着凉,遗屎床上。第二天一早便大骂侍从副官蒋孝镇,说是让他住了透风的房子。蒋孝镇心有不服,知道是因为红军逼近心中害怕,暗中发牢骚说蒋"受惊了怪房子"。

在红军面前,蒋介石从未感到"有万夫不当之概",却时刻在咀嚼

"无一事自足于怀"。

红军突围出江西苏区开始长征,初使他吃惊,继令他兴奋。他认为红军脱离赖以生存的根据地转入长途跋涉,军心必离散,士卒必思归;自古以来,中国从未有流寇能成事者;李自成九宫山的败亡,石达开大渡河的覆灭,都是鲜明事例。

他觉得机会来了。

这个机会又绝不仅仅是吃掉红军的机会。

攘外必先安内。"安内"不光包括"围剿"红军,也包括收拾地方实力派。

从 1928 年 12 月 29 日凌晨张学良、张作相、万福麟等宣布东北易帜以后,蒋介石名义上统一了中国,但实际上一天也未统一。几年浴血奋战,打垮了两湖的唐生智和中原的冯玉祥、阎锡山,损耗了两广的陈济棠、李宗仁、白崇禧,但对西南军阀之实力,却丝毫未触及。

这是他的心腹大患。

西南军阀集中起来,主要即四川的刘湘、云南的龙云、贵州的王家烈三人。

这三人中,刘湘不满 17 岁进武备学堂,可算一个职业军人。

王家烈却出身于富有人家的家庭教师。

龙云则曾是川西滇北金沙江两岸的流浪汉。

在中国,带兵统将而出身寒微者比比皆是。因为军人必须流血牺牲。无出路而寻出路的热血青年,最多的就是热血。多少出身贫寒、社会地位低下的人,揣着救国、救民、救己的梦想,涌进奉军、直军、皖军、鲁军、晋军、陕军、甘军、粤军、桂军、川军、滇军、黔军、湘军、鄂军……绝大多数不能实现自己的梦想。他们来不及走完那条枪林弹雨军阀混战的道路。少部分满身疤痕走过来的幸存者,聚集的那种能量,就绝非是一条生命所能够发出的了。

不论是富家子弟出身的刘湘,还是给富家子弟当家庭教师的王家烈,抑或流浪于金沙江两岸拜江湖术士为师的龙云,哪一个不是从硝烟血火中拼杀出来的? 哪一个是只会花天酒地的酒囊饭袋?

还应该补充一句:面对蒋介石的中央军,哪一个没有自己的精打细算？

三人中，蒋介石与王家烈关系最深。

王家烈是国民党中很早的"剿共"老手。1927年9月他就率部进抵湖南沅陵，进攻毛泽东领导的秋收起义农军。可惜未同起义军接触，就与湘系军阀熊震、陈汉章等因争夺地盘打起来。王家烈客籍他乡，孤军深入，被人用武力扫地出门，只有返回贵州铜仁。

1929年冬，张发奎、李宗仁联合反蒋，蒋特委任王家烈为国民军讨逆指挥官，并将军政部第四电台拨给他使用，与蒋直接联系。王家烈受宠若惊，百般效力，出兵黔桂边境，牵制李宗仁、白崇禧后方。接着又逼走四川军阀赖心辉，占据黔东南一带。

1930年7月，王家烈奉蒋命出兵湘西，配合中央"围剿"湘鄂西革命根据地。因"出兵积极，会剿有功"，被蒋任命为湘黔边区"剿总"司令。

1931年7月，王家烈又伙同湘军章亮基部堵截北上与中央红军会师的李明瑞、张云逸的红七军。蒋介石当面夸奖他"剿共很有成绩"，特赏迫击炮16门，子弹20万发。后来又赠德国新式步枪1000支。

在蒋介石的支持和资助下，三年多时间里，王家烈新增加了几个团，部队装备也为之一新。1932年春在蒋介石怂恿下，王家烈率其精锐特务团和一、二、四团由洪江直趋贵阳，迫使贵州军阀毛光翔将大权交了出来。国民党中央立即任命王为二十五军军长兼贵州省主席。

当了省主席的王家烈，就渐渐忘记手中的权力是谁给的了。

为求自保，他一面将贵州土产鸦片烟运出，通过两广换回武器补充实力，一面同陈济棠、李宗仁订立三省同盟，暗中反蒋。这一密约被陈济棠部属余汉谋出卖给蒋了，从此蒋视王为眼中钉，开始制造机会，摄取贵州。

1934年10月，王家烈接到蒋介石由牯岭发来的电报，说红军主力已离开瑞金西进，其先头已到大庾县附近，有沿萧克部队路线进入贵州模样，命王率部择要地堵截。王家烈当时只掌握何知重、柏辉章2个师计15个团的兵力，听说红军有四五万之众，自觉力量单薄，难以与红军抗衡。同时他也知道，密约之事蒋已获知；此番很可能要乘机派兵入黔,吃掉自己。

他开始做两手准备。一面执行蒋令,一面暗与两广李宗仁、陈济棠联系,求其援助。他还对部队做了相应部署,一旦形势不利,便向广西李宗仁部靠拢。

当时王家烈的作战兼自保计划是:乌江以北防务交由侯之担负责;乌江以南的防务由王本人和犹国才负责;王本人担任贵州东南路的指挥作战,以便万不得已时,向广西靠拢。与两广的联系也有了回音:广西李宗仁、白崇禧答应派第七军军长廖磊率两个师开进贵州都匀、榕江,以为策应;广东陈济棠答应派其第二军军长张达率军推进至广西桂平,必要时进至柳州策应。再远,两广就难办到了。

这些交易,蒋介石不知。

但蒋图黔的决心之大,王家烈也不知。

蒋与刘湘的关系也不浅。

刘湘在关键时刻帮过蒋介石的大忙。

他与蒋并无历史渊源。1927 年 3 月 23 日,一个叫戴弁的黄埔学生带来两封电报。一是武汉中央党政联席会议的决议,免去蒋介石国民革命军总司令职务;一是蒋介石等人以南昌国民党中央常务会名义的通电,解散武汉党政联席会议。

事先连个招呼也不打,就这么面对面叫人选择何去何从。

刘湘看过两封电报,当众高举起南昌那封通电,大声说"军人以服从为天职,我服从总司令的命令"。

蒋总司令立即给他国民革命军第五路军总指挥。并特让黄郛托日本军舰"比良"号运去一部短波无线电台。当时这种无线电台全国只有三部:一部在南京蒋介石总司令部;一部在上海龙华白崇禧司令部;一部在重庆刘湘司令部。

蒋对刘湘的重视也可见一斑。

蒋介石也在关键时刻帮过刘湘的大忙。

1932 年刘湘与刘文辉争夺四川,其时刘文辉为四川省主席。要打倒他,非有蒋介石支持不可。

蒋介石无保留地支持刘湘。

西南军阀中与蒋介石关系最浅的,便是龙云。蒋介石认为最不好
琢磨的,也是龙云。蒋介石帮助王家烈掌握了贵州,帮助刘湘统一了
四川,唯对龙云没有帮上什么忙。

因而龙云也最难控制。

龙云的经历,颇富当今的影视传奇色彩。他是彝族人,彝名纳吉
乌梯,本出身奴隶主贵族,父病逝后家境沦落,他流浪于川西滇北金沙
江两岸,拜江湖术士为师,学了一手好拳法。辛亥革命后入云南讲武
堂第四期骑兵科学习。1914年秋,昆明来了一个法国大力士,自称打
遍天下无敌手,在云南陆军讲武堂摆擂台三天。头两天的确无人打得
过他,第三天龙云穿一双草鞋上台,硬是用"和尚撞钟"之法用双拳和
头部将大力士撞翻,随即一扑将其压住。

法国拳师认输离开昆明,龙云也由此引起云南军阀唐继尧的注
意,被任命为唐都督的中尉侍从副官,从此开始发迹生涯。

从1915年底任唐部副官,到1927年以昆明镇守使身份发动推翻
唐继尧的"二六政变",龙云惨淡经营了12年时间。靠唐继尧发迹再
到扳倒唐继尧,他走的也是军阀前辈走过的老道路。不同的是龙云的
路似乎分外艰难。刚刚掌握云南大权就挨了一颗炸弹,一只眼睛被碎
玻璃扎伤,鲜血淋漓,成为终身残疾。

1928年1月,蒋介石任命龙云为云南省政府主席兼第十三路军
总指挥。龙云仔细审看委任状时,眼前一定是带着模糊的血色的。

无论如何,西南军阀的三个关键人物,都受了蒋介石任命。他们
都对蒋介石有所依赖,有所畏惧,也有所防范。

从部队战斗力看,刘湘的川军拥兵百团以上,兵力、战斗力最强,
内部派系也最复杂;龙云的滇军兵力最少,没有军师编制,全部兵力仅
6个旅加1个警卫团共13个团,比黔军还少一半,但兵员却最精,内
部最统一,掌握控制也最严。黔军成军最晚,在西南诸军中,黔军虽然
兵员尚足,兵力居中,但战斗力最弱,在历次军阀战争中很少得胜。不

是败于滇军，就是败于川军。

毛泽东选择歼灭对象时，是拣弱的打。

蒋介石对付地方军阀也是如此。

收拾大西南，他首先选中了与他关系最深但实力最弱的王家烈。

他把石头准备好了。

这块石头，就是紧紧跟在红军后面的薛岳。

第二节　量变，质变

1935年1月，当长征队伍一步步深入西南腹地、逼近遵义的时候，中国共产党的领袖们，知道他们正在接近最终使他们从失败走向胜利的转折点么？

第五次反"围剿"的失败使中央红军不得不放弃根据地突围西征，湘江一战又折损过半，已经积聚起了足够的量变，质变已势在必然。但社会规律与自然规律的区别就在于，前者不能自然而然地实现，必须经过人们不懈的努力、忘我的奋斗去争取。

在这方面，毛泽东的确不屈不挠。

美国作家索尔兹伯里把长征中毛泽东与张闻天、王稼祥的接近形容为"担架上的'阴谋'"。其实毛泽东的这一工作，在长征之前已经开始。

孔荷宠的叛变使敌人知道了中央各机关驻瑞金的准确位置。1934年8月瑞金连续遭到敌机轰炸，中共中央被迫迁往云石山。云石山上有一座小庙，叫"云山古寺"，毛泽东和张闻天的住处都在里面。开始是生活上互相关心。后来在小庙里那棵黄槲树下一次深谈，毛泽东才知道张闻天也对博古、李德等人的领导深为不满。

毛泽东当时脱离中央核心已久，连广昌战役后的"博洛分裂"都不知道。

洛甫，即张闻天。

张闻天与博古早就相识。两人都是1925年入党。当时张闻天在苏州乐益女中任教,到苏州高等工业专门学校演讲,台下听众中就有一名叫秦邦宪的青年。秦邦宪1926年入莫斯科中山大学,起俄文名 БОГУНОВ,中文译作"博古诺夫",名字起得也很合他的性格:БОГ 是"上帝"之意。回国后他的化名就是博古。

张闻天先一步到中山大学学习。两人气质、性格完全不同。张闻天学识渊博,思维缜密;博古大刀阔斧,口若悬河。在中大内部斗争期间两人都站在支部局一边,属于少数派,即后来响当当的"二十八个半布尔什维克"。

在苏联团结一致英勇战斗的布尔什维克,到了中国却指责对方为普列汉诺夫。

博古1930年5月回国,比张闻天早7个月。这7个月可不能小看,它成为博古日后在张闻天面前总有一种优越感的重要发源。

当时恰逢比博古更加大刀阔斧的李立三推行"立三路线"。博古从王明那里知道了共产国际对"立三路线"的态度,便和王明一起激烈地反对这一路线。李立三给王明6个月留党察看处分,给博古、王稼祥、何子述3人党内严重警告处分,4人都被调离中央机关。

待米夫来中国收拾这个局面时,挨的处分就成了王明、博古等人的重要资本。米夫在中国最大的成果,就是给中国革命带来巨大损失的六届四中全会。这届全会后王明成为中共中央的主要领导,博古也反败为胜,先当团中央宣传部长,后成为团中央书记。

张闻天1932年2月回国时,惊心动魄的斗争都已过去了。他和杨尚昆一同回来,博古代表党中央最先迎接他们。凭理论功底,张闻天不久就担任中共中央宣传部长的职务,但在博古等人看来,总有一些下山摘桃子的味道。1931年9月,鉴于王明要去苏联,周恩来要去中央苏区,共产国际远东局提议成立中共临时中央政治局,博古排第一,负总责,张闻天排第二,负责中央宣传工作。博、张二人连候补中央委员都不是,皆一蹴而就为政治局常委。

但一、二把手很快就出现不和。

1932年10月下旬,团中央机关遭到大破坏,几位负责人被捕后相继叛变。住在团中央机关的张闻天觉得无法再从事地下斗争,便提出到中央苏区去工作。博古不同意。此前博古已经在临时中央常委会议上表示,为加强对中央苏区的领导,他要亲自前往。他想把张闻天安排到北方局去开辟工作。

意见不统一,便请示共产国际。

国际回电:整个中央首脑机关迁入江西中央苏区。

1933年1月中旬至下旬,张闻天、博古、陈云先后到达江西中央苏区。在苏区工作中,怎样认识统一战线策略的变化,如何看待苏区的资本主义经济等,博古与张闻天分歧不断。1934年1月底中华苏维埃第二次全国代表大会上,"因毛泽东不管日常事",博古让张闻天出任苏维埃人民委员会主席。张闻天觉出博古既要让他排挤毛泽东,又要把他挤出中央决策圈。两人积聚已久的矛盾终于爆发了。

广昌战役的失败成为冲突爆发点。

1934年5月上旬中革军委的会议上,张闻天批评博古、李德指挥不当,同敌人死打硬拼,使红军主力遭受了不应有的重大损失。博古情绪激动,站起来大声说,1905年俄国工人武装起义失败后,普列汉诺夫就是这样站出来指责党,说什么"本来是不需要动用武器的"。

通晓联共(布)党史的人都知道,这句话分量很重。布尔什维克党人在党内斗争中创造了一个对各国共产党都产生很大影响的方法:动辄以机会主义路线头面人物比喻形容对方。考茨基、伯恩斯坦以及后来的托洛茨基、布哈林等人物的名字,都由名词变为了形容词,成为一发发可在任何时期对准任何目标发射的沉重炮弹。

在苏联学习多年的张闻天当然深知被形容为"普列汉诺夫"的分量。他平素温和沉静,这回却再也坐不住了。

两人争得面红耳赤。如果说博古与张闻天以前的分歧还偏重于理论或不涉及根本,那么广昌一战使争论上升到谁是普列汉诺夫的地步,便自然不自然地要涉及路线了。张闻天已经在发言中说中国的事情不能完全依靠李德,自己要有点主意了。

会议不欢而散。到会的其他同志,无一人表示意见。

沉默,变成一道裂缝,开裂着六届四中全会的坚冰。

最直接的结果,导致了张闻天与毛泽东的大幅度接近。在云石山"云山古寺"前黄槲树下的石凳上,张闻天把被形容为"普列汉诺夫"前后的苦闷,都对毛泽东谈了出来。

　　在此以前,毛泽东已经争取到了王稼祥。

　　当时中央已做出张闻天、毛泽东、王稼祥三人分散到各军团的决定。毛泽东知道张闻天这个态度后,立即向中央建议,把他和张闻天、王稼祥安排在一起。

　　这一建议极其重要而且十分关键。如果张闻天、毛泽东、王稼祥真的被分散到各军团,就很难设想遵义会议能否召开以及开成个什么样子了。

　　这就是伟人之所以能够成为伟人的历史主动性。

　　由于毛泽东的坚持,红军出发长征时,三个人都留在了中央纵队,成为以后新三人团的基础。如果说这就是索尔兹伯里所谓的"担架上的'阴谋'",那么却是"谋"在了上担架之前。

　　长征出发了。在中央纵队里,三人团博、李、周忙于指挥战事。毛泽东便利用此特定环境,在与张闻天、王稼祥反复交换意见之中,形成一个毛、张、王"新三人团"。

　　毛泽东后来说:"在长征以前,在政治局里我只一票。后来我实在不行了,我就先做了王稼祥的工作。王稼祥同意了我的观点。又通过王稼祥,做了张闻天的工作。"

　　遵义会议的核心,在长征出发前已在产生。

　　对老三人团打击最大的是湘江之战。此战红军损失过半,博古深感责任重大,痛心疾首,情绪一落千丈。聂荣臻回忆,过了湘江的行军路上,博古拿一支手枪不断朝自己比画,被聂荣臻看见,上前劝阻说,这不是瞎闹着玩的! 越在困难时候,作为领导人越要冷静,要敢于负责。

　　还有另一种回忆:过湘江过程中,博古拿枪挥舞,并不是想自杀,是宣称要枪毙过江太慢的人。

　　不管哪一种回忆,都在证明一点:湘江之战使博古情绪一落千丈。

　　博古情绪一落千丈,李德却变得暴跳如雷,不但毫不认错,反说湘江失败是意见分歧,因此贻误了战机。

只有周恩来一人在默默坚持工作。

从1934年12月1日全军渡过湘江,至1935年1月15日遵义会议召开,一个半月之间,中共中央连续召开了三个重要会议:

12月12日的通道会议。

12月18日的黎平会议。

1935年1月1日,猴场会议。

都是遵义会议的铺垫和准备。

虽说十月怀胎,但一朝分娩也何其艰难。

虽说积聚了足够的量变,但完成质变也何其艰难。

毛泽东在推动这一质变发生的过程中,又何其坚忍。

突破第一道封锁线进入湖南后,毛泽东就开始对张闻天、王稼祥谈论博古、李德军事指挥的错误。此时只是三个人小范围内讨论阶段。

突破第四道封锁线过湘江之后,毛、张、王开始在会议上公开批评中央的军事路线。从翻越广西北部越城岭的老山界起,中共中央领导内部的争论公开化了。

通道会议是第一个重要场所。在这个讨论红军行动方向的中共中央领导人紧急会议上,李德提出让平行追击的薛岳部超过去,红军在其背后向北转,与贺龙、萧克会合。毛泽东坚决反对,力主西进,向敌兵力薄弱的贵州进军。这个建议除张闻天、王稼祥外,又得到了周恩来的支持。

毛泽东第一次获得了多数。

因为是第一次,所以成果不巩固。会后虽然中革军委以“万万火急”电各军团首长继续西进,但同时又令红二、六军团策应中央红军,“在继续西进中寻求机动,以便转入北上”。毛泽东的建议成了权宜之策。

黎平会议是第二个重要场所。周恩来以会议主持者的身份采纳毛、张、王的意见,西进渡乌江北上。会议通过的《中央政治局关于战略方针之决定》说:“过去在湘西创立新的苏维埃根据地的决定,在目前已经是不可能的,并且是不适宜的”;“新的根据地区应该是川黔边地区,在最初应以遵义为中心之地区”。

方向被根本扭转了。

黎平会议还做出了一个并不引人注目的决定:根据中央领导内部从湘南开始、在通道激化了的有关第五次反"围剿"以来军事指挥的争论,决定渡过乌江到遵义地区后,再召开政治局扩大会议讨论。

黎平会议决定了遵义会议的地点和会议内容。但遵义会议的实际内容却大大超出了黎平会议决定的范围。这就必须提到黎平与遵义之间的黄平。

1934年12月20日,军委纵队到达黄平。

耿飚在1990年回忆说:

> 那时正是南方橘子收获的季节,黄平那个地方的橘子又大又好,非常甜。那时张闻天身体不太好,长征路上坐着担架,同时王稼祥同志因为有伤,也坐着担架,两副担架走在一起。在树上挂满了橙黄色橘子的一个橘子园里,他们叫担架停了下来,两个人头靠头地躺着说话。这时王稼祥就问张闻天,我们这次转移的最后目标中央究竟定在什么地方?张闻天忧心忡忡地回答说:咳,也没有个目标。这个仗看起来这样打下去不行。接着就说,毛泽东同志打仗有办法,比我们有办法,我们是领导不了啦,还是要毛泽东同志出来。对张闻天同志这两句话,王稼祥同志在那天晚上首先打电话给彭德怀同志,然后又告诉毛泽东同志。几个人一传,那几位将领也都知道了,大家都赞成开个会,让毛泽东同志出来指挥。

会议还未召开,不但新三人团认识完全一致,而且各军团的主要指挥者也都普遍知晓、心里有数了。

这次橘林谈话,是强渡乌江前一军团参谋长左权告诉耿飚的。刘伯承后来也对耿飚讲过同样内容的话。当年25岁的一军团二师四团团长耿飚,1990年8月29日在纪念张闻天90诞辰座谈会上讲这番话时,已是81岁高龄。左权已经牺牲了48年,王稼祥去世16年,张闻天去世14年,刘伯承也去世了4年。幸亏有耿飚的回忆。谁能知道我们有多少珍贵的资料甚至未来得及留下只言片纸,就散失消隐在奔腾不息的历史长河之中了?

橘林谈话,使黎平会议决定的、准备在遵义地区召开的会议增加了一项重要内容:请毛泽东出来指挥,即要求人事的变动。

"阴谋"也好,"阳谋"也好,遵义地区的那个会议的核心内容就这样定下来了。这对老三人团的确是完全无备的。而对新三人团来说,则已经有所准备。

毛泽东不是先知先觉。但他的确又是领导层中包括新三人团中带有最大的历史自觉性来到这一转折点的。

1935年1月1日的中央政治局猴场会议,通过规定"关于作战方针以及作战时间与地点的选择,军委必须在政治局会议上做报告",实际取消李德的军事指挥权,为遵义会议做出最后准备,结局已经是顺理成章的事情了。

坚冰已经打破,航道已经开通。

中国共产党终于迎来了遵义会议。

形容这个会议的词汇太多了。以致有人说,一个会议居然能戴上这么多桂冠,加上这么多光环。的确如此。因为它决定了一支军队的命运,进而是一个党的命运,最终是一个国家的命运。

1935年1月15日,遵义会议召开。出席会议的有中央政治局委员博古、张闻天、周恩来、毛泽东、朱德、陈云;政治局候补委员王稼祥、邓发、刘少奇、凯丰;红军总部负责人刘伯承、李富春;各军团负责人林彪、聂荣臻、彭德怀、杨尚昆、李卓然;还有军事顾问李德、翻译伍修权和中央队秘书长邓小平。

因为联系中断,遵义会议的酝酿准备工作无法请示共产国际。

1933年初临时中央从上海迁入苏区时,特设立上海中央局,负责与共产国际之间的电讯联络。但后来随着上海中央局负责人李竹声、盛忠亮先后被捕叛变,上海地下电台被敌破获。长征前夕,中共中央与共产国际之间的联系已经中断了。

而恰恰是这种中断,使中国共产党人终于获得自主选择自己领导人的机会。

会议由博古主持。

当年那幢黔军师长柏辉章公馆、如今的遵义会议纪念馆内,最难解决的问题恐怕就是会场内人们座次的排定。会议开了三天。除主持会议的博古固定坐在长条桌中间的位置上外,会议参加者基本按先后顺序随便入座,不像今天的排位那么严格烦琐。王稼祥腹部伤口未愈,躺在一张藤榻上与会;聂荣臻脚上带伤,每天坐担架到会;彭德怀未等会议结束,就匆匆返回前方执行新的命令去了。

但这一切并不妨碍遵义会议成为中国革命史上最重大的事件。

生死攸关的军事问题是切入点。会议的第一项议程,就是研究战略转移的目的地。黎平会议确定的以遵义为中心建立川黔边根据地的设想被否定了。刘伯承、聂荣臻建议打过长江去,到川西北建立根据地。

会议采纳了刘、聂的建议。

新的前进方向确定完毕,便开始清算第五次反"围剿"以来的军事路线。

博古做主报告。

周恩来做副报告。

张闻天做反报告。

历史在某些重要关头会表现出一种独特的韵味。就如1978年为十一届三中全会做准备的中央工作会议上,发言分量最重的不是邓小平而是陈云一样,1935年遵义会议上发言分量最重的也不是毛泽东,而是张闻天。

首先因为他当时在党内的地位。

耿飚回忆说:

> 张闻天同志那时是中央政治局委员、书记处书记,相当于现在政治局常委。他在当时中央的这个职务,是长征路上最先起来反对错误军事路线的三个人(毛泽东、张闻天、王稼祥)中最高的。所以认真想起来,遵义会议如果没有张闻天首先

在中央提出这个问题来,会议就不可能开。事实上,如果他不提出来,也没有别人敢提呀。过去苏区多少同志因为提不同意见就挨整呀。如果谁也不提,毛主席也出不来,我们红军就不可能胜利到达陕北,也就不可能有后来的发展。

当时中央常委或称书记处书记只有四人:博古、张闻天、周恩来、项英。项英留在了中央苏区,遵义会议的参加者只有前三人。前三人中,张闻天的地位仅次于博古。他在政治局扩大会议上首先站出来,旗帜鲜明地批评错误的军事领导,分量自然最重。

其次因为他发言的系统性。

杨尚昆回忆说:"我清楚记得,遵义会议上反对'左'倾军事路线的报告是闻天同志做的,他做报告时手中有一个提纲,基本是照着提纲讲的。"

张闻天文思敏捷,文笔流畅,他在遵义会议上带提纲发言,与博古的主报告正好针锋相对。从双方阵容上看,博、张二人正好是新老三人团主将。博古讲话是会上的主报告,洛甫的发言提纲就成了针锋相对的"反报告"。那个纲虽然反映的是新三人团的意见,体现了毛泽东的思想,但同时也是张闻天本人的思想认识。他通过自己的笔和口将一些观点条理化了、系统化了。

毛泽东、王稼祥、朱德在张闻天发言完后先后发言。毛泽东讲了一个多小时,分析错误军事路线的症结所在。但为遵义会议彻底否定博、李军事路线定下基调的,仍是张闻天的反报告。正因如此,会议决定委托张闻天起草遵义会议决议。他那份反报告的内容基本包含在《中共中央关于反对敌人五次"围剿"的总结决议》中了。

历史惊人相似。

1935 年的遵义会议原定议程是研究军事问题。

1978 年的十一届三中全会原定议程是研究经济问题。

两个会议都脱离了预定轨道。

遵义会议最终成为从军事上清算王明"左倾"错误路线的一场战斗。

十一届三中全会通过完成全党工作重心的转移,向"文化大革命"

方针路线发起了一场总攻。

在遵义会议上首先发言批判博古、李德"左"倾军事路线错误,以及在三中全会前中央工作会议上首先发言否定"文化大革命",皆需要一种面对历史的勇气。

1935年的张闻天,1978年的陈云,皆具有这样的勇气。

张闻天是上海南汇县人。家乡张家宅,坐落在长江口和杭州湾中间一块冲积平原上。村子紧贴着一道海堤,名叫"钦公塘",由一个叫钦琏的南汇知县于1733年修筑。"钦公塘"由北而南绵延近百里,世世代代护卫着堤西大片良田。1905年遇大潮,大堤东面的良田顿成汪洋。巨潮排山倒海,潮头高达5米多,大有将堤坝摧垮之势。但"钦公塘"岿然不动,堤西人民的生命财产毫无损失。大潮退后,人们纷纷到"钦公庙"焚香祝祷,怀念这位造福人民的好官。这道坚固的塘岸护卫着南汇、川沙两县人民生命财产170余年。老百姓称"钦公塘"为"命塘"。

这事在幼年张闻天心灵里留下了非常深刻的印象。

张闻天后来留学日本、美国、苏联,他的第一课永远是"钦公塘"。那道塘岸使张闻天萌发了一个终生不改的志愿:做老百姓的"命塘"。

历史给张闻天提供了两次做"钦公塘"的机会。

遵义会议上他做了一次"命塘"。他成功了。他以自己党内第二号的地位和影响、以思维缜密和语言尖锐的反报告,为党做出了重大贡献。毛泽东从此开始成为工农红军的领导核心,继而成为中共中央的领导核心。

24年后,他决心再做一次"命塘"。

那是1959年的庐山会议。

那一次,他失败了。

第三节　中国出了毛泽东

陈云那份珍贵的《遵义政治局扩大会议传达提纲》说:"扩大会议

指出军事上领导错误的是 A、博、周三同志,而 A、博二同志是要负主要责任的";"扩大会中恩来同志及其他同志完全同意洛甫及毛、王的提纲和意见,博古同志没有完全彻底地承认自己的错误,凯丰同志不同意毛、张、王的意见,A 同志完全坚决地不同意对于他的批评。"

这位"A 同志",便是李德。

一个"完全坚决地不同意",把完全处于被批判地位、一个劲儿在会场门口抽烟的李德描绘得淋漓尽致。

不管成功与失败,他在中国的使命基本结束了。

遵义会议决定"取消三人团"就是正式撤销李德的指挥权。这在中国共产党同共产国际的关系史上是破天荒的第一次。

不管李德是否是共产国际派来的,他已经被当作了一个国际的信物。遵义会议在事先没有得到共产国际批准的情况下,改组中国共产党和红军的领导,取消了博古和李德的军事指挥权,确立了毛泽东在中共中央和红军中的领导地位,这是中国共产党人第一次在没有共产国际干预下,独立自主地解决自己的路线、方针和政策。

遵义会议是中共党史上一个生死攸关的转折点,同时也是中国革命与共产国际关系史上的一个意义重大的转折点。

共产国际并非对毛泽东的巨大威望和影响一无所知。1933 年 3月,国际执委会关于军事问题致中共中央电,特别指出:"对毛泽东应取尽可能忍耐的态度和对他施行同志式的影响,让他有百分之百的可能性在党的中央委员会或中央委员会政治局的领导下担任极为重要的工作。"

当时毛泽东已经离开了苏区中央局和红军的领导岗位。共产国际的态度是明显的:既要让毛泽东"担任极为重要的工作"以发挥作用,又不能让他出任主要领导。

国际的指示,从来都是尚方宝剑。遵义会议以前,中国共产党领导人基本上都根据国际的指示及其驻中国代表的意见,处理中国革命的各种问题。

连领导人也必须经过共产国际的圈定。

或者干脆由国际包办。

1921年7月中共一大选陈独秀为书记,事前得到过国际代表马林的同意。

陈独秀1927年不行了,鲍罗廷便出来包办接班。

蔡和森1927年9月22日在中共顺直省委做的报告《党的机会主义史》中说:"不知道是7月初几,老鲍提议独秀、平山去莫斯科与国际讨论中国革命问题,秋白、和森赴海参崴办党校,新指定国焘、太雷、维汉、立三、恩来五人组织政治局兼常委。自此独秀即不视事。"

陈独秀之后的政治局常委,就这样被鲍罗廷一一指定。

李立三在1930年2月1日做《党史报告》时回忆鲍罗廷:"他宣布改造中央也是用手段,找我们五人去,说形势非常紧迫,要主要负责人走开,陈独秀、谭平山到莫斯科,和森、秋白到海参崴办党报(校),另组织五人的中央,五次大会的中央是这样不光荣的结束。"

鲍罗廷指定了五个常委,却不说以谁为首。他开完会便带瞿秋白乘船去了庐山。9天以后从庐山返回,当天就宣布:增加瞿秋白为中共政治局常委,主持中共中央工作。虽然仍未指出谁排第一,但新常委瞿秋白成为实际上的领袖。

老鲍一句话,接替陈独秀的人便产生了。

后来瞿秋白又不行了,斯大林、布哈林便看中了工人出身的向忠发。1928年6月,共产国际冒极大风险、花大量金钱,将100余名中共代表接到莫斯科召开六大,彻底改组中共中央。斯大林看中的人,由米夫出来做工作。向忠发被指定为大会开幕式和闭幕式的主持人。大会闭幕前一天,米夫又以国际代表身份提出中委候选人名单,排向忠发为第一名。

这种连续举动使大家都明白了共产国际的意图。六届一中全会上,中委们不再需要国际代表提示,都推举向忠发担任会议主席。向忠发顺利地当选政治局委员,政治局兼中央常委会主席,成为中共历史上第一位工人出身的总书记。

向忠发又不行之时,1930年年底到1931年年初中共六届四中全会前后,共产国际包办中国革命的现象达到登峰造极的地步。

《中共四中全会决议案》是国际代表米夫起草的。出席会议的代表是米夫圈定的。政治局委员和候补委员名单是米夫与国际远东局共同拟定的。会前为避免党内出现分裂,周恩来和瞿秋白提出退出政治局,提名何孟雄进入;米夫不屑一顾,完全拒绝。他采取"留周拒瞿"的方针,瞿秋白在中共中央的地位瞬间便失去了。

米夫起草的四中全会决议案中,称中国共产党最迫切的任务是执行国际一切指示,"对共产国际路线百分之百的忠实"。加上王明写的小册子,中国共产党被强加了两个百分之百:百分之百的布尔什维克;百分之百地忠实于国际路线。

两个百分之百,给惨淡经营的苏区和红军几乎皆带来百分之百的损失。

不知道这些,很难说知道了遵义会议的伟大,知道了毛泽东的伟大。

中国革命是一幅立体巨画,凝视哪一个局部去赞美整体都是冒昧的。

应该后退一步,从宏观上去把握它的整体。这个时候你才能真正发现,高光点为什么辉煌。

中国共产党经过14年艰苦努力、曲折斗争,付出了无数鲜血与生命的代价,终于能够自己决定自己的路线,自己安排自己的领导人。

这一改组刚刚开始。1935年1月17日遵义会议结束时,毛泽东还只是政治局五常委之一;按张闻天、周恩来、毛泽东、博古、陈云的顺序排名第三。1月18日政治局会议常委分工时,才决定"以泽东同志为恩来同志的军事指挥上的帮助者";至此才回到军队领导岗位。最高军事首长仍然是朱、周,而"恩来同志是党内委托的对于指挥军事上下最后决心的负责者"。

不论是对党还是对军队,毛泽东都还不能一夜之间成为它们的第一号领导人。

还会有曲折,有考验,但一切只是时间问题。只要不是别人安排,毛泽东的方向就不可逆转。

1949年中华人民共和国成立之时,他说,中国人民站起来了!

1935 年在遵义他虽然沉默,但历史在说:中国共产党站起来了!

也不要忘了另一个人:博古。

他是错误路线的主要代表。一般人眼中便成为遵义会议的主要打击对象。

博古此人好就好在只要认识到了,就不避讳自己的错误。他都是"阳谋",不搞阴谋。2 月 5 日,在云南威信地区一个叫"鸡鸣三省"的地方,中央常委讨论分工问题,决定由张闻天代替博古担任党中央书记,在党内负总责。凯丰在背后劝他不要交权,他不听,把几副装中央重要文件、记录、印章的挑子痛快地交给了张闻天。

博古比毛泽东小 14 岁。除了在莫斯科多读了一些马列主义的书,对中国复杂的阶级关系和社会矛盾、中国革命的客观规律以及工农武装割据特点的认识,与毛泽东比,皆相去甚远。

小 14 岁、经验相去甚远,博古也毕竟做过一个党的领袖。不管是用什么方式产生的,他也毕竟代表了一个党。博古的不成熟,印证的只能是一个党的不成熟。

正是从这个意义上说,长征是中国共产党由不成熟走向成熟的里程碑。

当时的中国共产党,唯有毛泽东是真正成熟的领袖。而唯有长征那种艰难困苦的环境,才能使从 1921 年建党之日就开始的对领袖的漫长选择,最终得到终结。

选择毛泽东作为领袖,本身不是同样在印证中国共产党已日益成熟了吗?

需要避免的一个误区就是,中国革命的胜利,不是会议的胜利。正确路线不是被一系列会议选择的。三座大山也不是被一系列会议推倒的。不能因为一次又一次地书写会议、歌颂会议,我们就忘记比会议不知要坚实多少倍、也强大多少倍的两个字:实践。

实践在导致会议。实践也在证实会议。会议对实践总结,对实践展望,却无法代替实践。再伟大的会议,再正确的路线,提供的也只是胜利的可能性和基础,却不是胜利本身。否则还闯什么金沙江、过什么大渡河、穿什么雪山草地? 大道直通天安门,阔步就进中南海了。

第四节　薛岳苦了王家烈

毛泽东对长征有段名言。

1935 年 12 月,工农红军第一方面军长征结束,毛泽东说:长征是宣言书,长征是宣传队,长征是播种机。

蒋介石对"长追"也有段名言。

1935 年 7 月,蒋介石在成都对薛岳所部说:"国军长途追剿,从中枢到边陲,军行所至,中央德威远播,诚为我国历史空前壮举。"

举世公认,长征是中国共产党人的壮举。

但蒋介石讲起他的长追来也言之凿凿,认为有宣言书、宣传队和播种机的意味。

帮助蒋介石完成从东南到西南、从西南到西北,迢迢万里追击、截击、堵击的,就是在红军中从总司令到伙夫无人不知的薛岳。长征伊始,薛岳就成为一个穷凶极恶的代表,紧紧跟压在红军队伍侧面或紧跟在后面。

薛岳此人在蒋军中颇有些狂气,绰号"老虎仔"。第五次"围剿"中,陈诚在薛岳就任北路军第六路军总指挥的军官大会上说"剿共有了薛伯陵,等于增加十万兵";话虽然说得太大,徒增薛岳之轻狂,但也可见此人确非等闲之辈。

薛岳从第五次"围剿"起,便和红军结下难解之仇。1933 年 10 月他到达南昌,先任北路军第三路军副总指挥兼第七纵队司令,后任第一路军代总指挥兼第七纵队司令。1934 年 1 月,出任北路军第六路军总指挥。他指挥第六路军先后夺占赣南重镇兴国及古龙岗,进迫宁都,企图围困瑞金。10 月中下旬,红军主力通过赣南信丰、安远间的粤军封锁线,突围西去。薛岳立即以火急电报分电北路军前敌总指挥陈诚、总指挥顾祝同及蒋介石,主动请战,要求率第六路军追击。蒋、顾、陈分别复电,同意由其率军追击,对其战斗精神大加褒奖。

蒋介石给薛岳的命令是:"第六路军以机动穷追为主,匪行即行,匪止即止,堵截另有布置。如侦察匪军有久盘之计,务即合围,毋容其再度生根。对朱、毛与贺龙合股之企图,务必随时洞察其奸,在战略上要经常注意,加以防范。"

于是薛岳便开始了所谓的"机动穷追"。

红军以瑞金、宁都为起点出发长征。薛岳率吴奇伟第四军(韩汉英五十九师、欧震九十师)、周浑元第三十六军(万耀煌十三师、萧致平九十六师、谢溥福第五师)及直属的梁华盛九十二师、唐云山九十三师、郭思演九十九师,共计8个师,由兴国为起点开始长追。

红军干部战士一面行军一面骂后面那个总也甩不掉的薛岳,哪一个能想到就是这个穷凶极恶的薛岳,1927年"四一二"反革命事变前夜,曾亲自跑到中共中央驻地向共产党人建议:把蒋介石作为反革命抓起来。

那真是一个大革命、大动荡、大分化、大裂变的时代。

薛岳早年与叶挺、张发奎三人,分任孙中山总统府警卫团的第一、第二和第三营营长。1922年6月,广东军阀陈炯明公开叛变,围攻越秀楼和总统府。叶挺指挥警卫团一营坚守总统府前门,薛岳指挥三营固守后门,多次击退叛军的进攻。战斗持续十多个小时。叛军断水断电,企图困死叶、薛两营。两人齐心合力,保护孙夫人宋庆龄突围。叶挺营在前面开路,薛岳营在后面殿后,冒着枪林弹雨,终将宋庆龄安全护送到岭南大学校长钟荣光寓所石屋。

当年的薛岳,的确是孙中山的忠诚卫士。他后来又带领少数卫士冲破封锁,上了孙中山蒙难的中山舰。

虽然在中山舰上薛岳与蒋介石各立于孙中山一侧,但薛岳与蒋介石的关系却貌合神离,实在是一般。

1927年3月底,蒋介石、李宗仁、白崇禧等在上海密谋清党。第一师师长薛岳和第二十一师师长严重二人,均被蒋视为"具有左倾迹象",归入"不可靠"一列。

直接原因是薛岳擅自调动部队进入上海。3月21日,上海工人在周恩来等人领导下发动第三次武装起义，要求北伐军立即进上海支援。前敌总指挥白崇禧对工人的要求不屑一顾。薛岳却不顾白崇禧的坚决反对，应上海总工会代表的要求，将第一师开进了上海。

这是不信任薛岳的直接原因。

间接原因则是薛岳通过师政治部与共产党人建立了联系。

所以蒋介石与白崇禧联合对共产党人开刀之前，先要拿薛岳开刀了。

4月2日，蒋介石发动"四一二"政变10天前，第一师、第二十一师的政治部被蒋下令解散。恰逢此时，武汉政府总政治部秘书长李一泯携带邓演达给同乡好友薛岳的一封亲笔信，率总政治部先遣队赴上海开展工作。薛岳见到共产党人李一泯，把对蒋的不满都倒了出来。他同时告诉李"情况不好"，要"谨慎"。没过多久，薛岳就得知第一师将要调离上海的消息。他亲自赶到在上海的中共中央委员会，建议"把蒋介石作为反革命抓起来"。

当时虽然国民党反共的气氛已经很浓了，但陈独秀领导的中共中央依然在遵从共产国际指示，小心翼翼地避免同蒋介石发生冲突。对送上门来的薛岳的意见，决定不采纳。同时建议薛岳装病，以拖延撤离时间。

装病这种把戏在蒋介石面前是无法拖延的。4月5日，汪精卫与陈独秀联合宣言发表的同一天，第一师被调离上海，蒋介石与白崇禧随便就弄出了一个比装病更大的理由："赴京沪线护路。"

一个星期后，蒋介石大开杀戒，发动了"四一二"政变，薛岳也被解除第一师师长职务。

薛岳生在了一个大动荡的年代。大动荡的年代造就了大动荡的性格。

建议共产党抓蒋介石的薛岳后来投靠了李济深。他在担任广东新编第二师师长后，仿佛换了一个人。南昌起义部队退到广东潮梅一带地区时，薛岳协同陈济棠等部阻击，在汤坑与起义军展开激战。对面的对手，就是当年在总统府共同掩护孙夫人宋庆龄突围的叶挺。战斗中薛岳四个团都被击败，师部也被包围，全师覆灭在即。关键时刻叶挺部营长欧震叛变革命，阵前倒戈。薛岳立即抓住机会，与赶来增援的邓龙光部向其当年好友、共同掩护孙夫人突围的叶挺展开猛烈反攻。

汤坑之战,在南昌起义部队的战史上占有重要一笔。起义领导人的南下广东建立根据地、重新北伐的设想在这里被击碎。幸亏有朱德率第九军教导团和第二十五师留守三河坝,未西进汤坑,后来和陈毅一道,率部突破敌人包围,上了井冈山。

这年12月,薛岳又率部参加了扑灭张太雷、叶挺、叶剑英等领导的广州起义。其部第四团连续5次向广州起义总指挥部发动攻击,最终占领了起义军总指挥部,使白色恐怖笼罩全城。

从孙先生、孙夫人的忠实护卫,到上海总工会的朋友、建议先下手捉蒋的左倾师长,到打击南昌起义部队、镇压广州起义,薛岳只用了5年时间。5年之内,薛岳完成了他人生中最重要的转折。

那的确是一个沧海桑田、大浪淘沙的时代。红军长征开始后第一个主动请战、向蒋报名要求率部追击红军的薛岳,仿佛与共产党人天生势不两立。追击是一个苦差事。红军走了二万五千里,薛岳也走了两万里。从江西至大西南至川北至甘肃,转战数省一面对红军进行追击作战,一面使中央军势力打入了过去针插不进水泼不进的大西南。

1935年1月上旬,红军进占遵义,薛岳率10万中央军直入贵阳。

此番入黔的薛岳,不单肩负追击红军的使命,还有更加妙算的任务待他去完成。

蒋介石对其"文胆"陈布雷讲过:"共军入黔我们就可以跟进去,比我们专为图黔用兵还好。"

蒋介石把追击红军作为进入地方实力派势力范围的敲门砖,薛岳对此心领神会。当时他的先头部队已到湘西洪江,便电约贵州军阀王家烈在平越县马场坪会见,"共商追剿事宜"。

1935年1月初,王家烈抵达马场坪见薛岳。当时王家烈满脑子红军,还总结出两点:一、红军自江西出发,一路长驱直入,势不可挡;二、红军之意不在图黔,入黔境后未兵指贵阳,似是要由余庆向北,渡过乌江。所以王家烈暗中打定主意以自保为主,不与红军拼消耗,让红军过境。

他以为薛岳肯定要催促他与红军作战,他想好了对付办法。

王家烈完全想不到薛岳对他说的第一句话是:"你的政治上的敌人是何敬之,以后要对他取远距离,应该走陈辞修的路线。"

何敬之即何应钦。陈辞修即陈诚。蒋介石嫡系中央军内部也是派系林立。何、陈矛盾尖锐,不仅在中央搞,竟也带到了地方;不仅平时闹,竟然深入了战时。王家烈顿时目瞪口呆。

陈诚与何应钦矛盾之深,在国民党内也是出了名的。

1927 年 8 月龙潭战役,陈诚坐轿指挥作战。何应钦知晓后,立即撤其师长职务。当时陈诚胃病严重,在盛夏中几次几乎晕倒,何应钦未察,从此两人结怨。后来在江西苏区的历次作战中,陈诚遇事便越级直接请示蒋,根本不把顶头上司何应钦放在眼里。蒋也乐意利用手下这些金刚之间的矛盾,完成控制与平衡,同时抑制一下权力过大的何应钦。

但何应钦绝不干瞪眼。有机会就要搞一下。1933 年 2 月至 3 月第四次"围剿"中,陈诚的五十二师、五十九师、十一师在黄陂、草台岗几乎被红军歼灭殆尽,国民政府军事委员会以陈诚"骄矜自擅,不遵意图"为由,降其一级,并记大过一次;当时攻陈诚最猛的,一个是熊式辉,一个便是何应钦。

两人仇怨更深。

蒋介石让薛岳入黔首先是为中央军扩展地盘。陈诚系统大将的薛岳代表中央军入黔,头号目标是完成陈诚系统扩展,同时防止本是贵州人的何应钦势力入黔。

中央军内部矛盾重重,也算积重难返了。

王家烈起初对薛岳的提醒颇不以为然。没想到情况很快证实:南京方面派来贵州出任省民政厅长的,竟然是何应钦之弟何辑五。

王家烈方才醒悟薛岳所言极是。

表面上追击红军是头等重要之任务,实际对国民党各个派系和集团来说,最主要的目标和对手,皆是自己权力道路上的障碍。蒋介石如此,何应钦如此,陈诚如此,薛岳、王家烈也是如此。他们中有人把红军当作敲门砖,有人把红军当作挡箭牌,无一人认为正在长征且损失严重的红军是主要对手。

比较起来,错误最大的还是王家烈。红军并不像他想象的那样不图黔,而恰恰要图黔,建立川黔边根据地。所以当红军的这一行动在以遵义为中心的黔北全面铺开时,王家烈便成了一只感觉锅底最热的蚂蚁。

他是黔北桐梓人,丢贵阳都可以,就是不愿丢遵义。遵义地区资源比较富裕,若被红军久占,将地方土豪浮财打光、民团枪支搜尽,以后想恢复就十分不易;且黔北为自己桑梓之地,不首先掌握黔北,就失去了根基。

所以最不愿意与红军打仗的王家烈突然变得最愿意打仗了。他在薛岳面前把胸脯拍得嘭嘭响,一定要收复遵义:"我愿亲率所部打过江去,成败在所不计。"

但最愿意与红军打仗的薛岳,又变得最不愿意打仗了。他对王家烈的软磨硬泡不动声色,慢吞吞地说:"目前部队太少,不会成功。等四川方面的中央军郝梦龄、上官云相等部出动,南北夹击,才易奏功。"

王家烈吃了一个软钉子。真是黄雀在后。虽然他开始提防何应钦了,却未想会落入薛岳的圈套。

此刻他若知道薛岳的打算,定要惊出一身冷汗来。

薛岳没有地盘。在军阀林立的社会中,没有地盘便是没有根基,总须仰人鼻息。但国家已基本被瓜分殆尽。北方林立着张学良、阎锡山、宋哲元、杨虎城、韩复榘;长江中下游和江浙尽属蒋介石;广东有陈济棠;广西有李宗仁、白崇禧;湖南有何键;四川有刘湘、刘文辉;云南有龙云;连冯玉祥、李济深、唐生智这样的人都属无家可归了,他薛岳还能在哪儿找到新的立足点呢?

这回找到了。他一眼就看中了贵州。这也许是最后一块可易手的土地和最后一个可利用的机会了。

黔军太弱。薛岳带来了中央 10 万大军。黔军腐败。薛岳带来了中央的恩德。而且此时图黔,正合蒋介石、陈诚之意。掌握黔省,以东面忠蒋的湖南王何键为依托,北可入川,西可入滇,南可入桂;同时对三股强大的地方实力派、也是蒋介石的三个心腹大患形成威慑。居此一省以镇三省,何愁在中央无牌打,何愁在地方无根基? 所以薛岳绝对不愿意调中央军去黔北作战。他要以贵州为中心,一步一步对黔省完成消化吸收。

就苦一个王家烈。他原以为红军是路过,中央军也是路过。哪里知道不但红军要图黔,中央军的薛岳也要图黔! 蒋介石则更要图黔了!!

借助中央军力量收复遵义不成,王家烈只有让手下两个师长何知重、柏辉章去独立作战,进攻遵义的红军。两人服从了这一命令,柏辉章还有更深一层原因:遵义是其老家,中国共产党召开遵义会议的"柏公馆",房主就是他柏辉章。为了修建这幢公馆,不知找了多少人设计,撕掉了多少张图纸。他万万想不到的是,辛辛苦苦想光宗耀祖的柏公馆,几十年后真的在纪念章上、宣传画上和文艺舞台背景上,被绘成了一幢光芒四射的圣殿。不过所有权永远不会属于柏辉章本人,而属于伟大的、光荣的、正确的中国共产党了。

何、柏两部到达靶水时,红军已经主动撤离遵义,开始了一渡赤水。

王家烈在遵义未遇见红军,身后却被抄了后路:薛岳以亲信郭思演为贵阳警备司令,用中央军取代了黔军为贵阳城防军。坐稳了贵州的薛岳同时开始组织人调查王家烈反蒋和贪污两方面的材料,同时拉拢收买其他黔军将领。

风雨交加的王家烈祸不单行。2月27日拂晓,红军以迅雷不及掩耳之势二渡赤水掩杀过来,王家烈所属各部纷纷败退,遵义复为红军所得。王本人逃到前来增援的吴奇伟处,28日又受到红一军团林彪的奇袭,一溃千里。王家烈率残部先逃至金沙,后转到黔西。在黔西遇见滇军将领孙渡,这下找到了知音。他放开嗓门破口大骂:

"中央军对贵州人,比帝国主义对待殖民地还不如。帝国主义虽然凶恶,但非在不得已时,不会板起面孔,露出凶恶面貌;而中央军随时耷拉着脸皮对人,好像不如此就不足以表示他的威严一样。真是欺人太甚! 我们贵州人今天实在有亡省的沉痛感觉! 如果不得已时,我只有向云南跑的一条路。到那时,恳请云南暂划几个县给我做安身之所。"

黔滇历来不和。1928年冬,龙云曾派大军入黔与黔军作战。混战到年底,王家烈被打成重伤。这些宿怨在大敌当前之时也顾不得了。只要对付得了中央军,一切便都好说。

王家烈叫孙渡一定把他的话告诉龙云。

王家烈的下场,使龙云受到极大震撼。后来当薛岳率中央军入滇时,他做的第一件事就是把中央军挡在昆明城外。

此时,薛岳正在收拾王家烈留下来的摊子。他以第二路军前敌总司令名义直接指挥调动黔军,吞并王家烈部的侯之担师,拉拢收买王家烈嫡系部队何知重、柏辉章师归附中央军。

但蒋介石没有把贵州省主席的职务给薛岳。这位权谋家怕过于直露,引起桂系反感。王家烈一直与桂系有互保关系,特别是贵州的鸦片过境税,历来是贫瘠的广西一大收入来源,所以蒋介石宁愿将过渡搞得圆滑一些。他找到了一个薛岳之外取代王家烈的人:吴忠信。

这是一个在各方面都有不错口碑的人。

1912年元旦,孙中山在南京就任中华民国临时大总统,28岁的吴忠信出任警察总监。某日,孙中山的车夫驾车在市中心撞了人,被警察扣留。总统府总务局长打电话给吴忠信要求放人,吴忠信回答:秉公执法,不可通融。总务局长只好亲自去警局,办理赔偿手续。铁面无私的吴忠信立刻声名大振,连孙中山都对他大加赞赏。这样一个秉公的人,又与李宗仁、白崇禧有不错的交情,蒋介石认为这就是取代王家烈的最佳人选,起码表面上可以缓和与桂系可能产生的矛盾。

但桂系并不买蒋介石这个账。李宗仁、白崇禧得悉王家烈交出省主席职务,马上派人送信,说:"你已交出省政权,蒋介石可能以军饷卡你,我们决定每月接济你三十万元以及所需枪弹等,你即将部队集中在黔南一线,与廖磊部取得联系,蒋如进逼,就与他打响。"

支持不但来得太迟,而且多出于桂系利益的考虑。让王家烈拿桂系的钱,做桂系的屏障。王家烈看过后把信往旁边一摞,说:"算了,抽猴子上得了树,抽狗是上不了树的,我不能干。"

他还以为丢掉了省主席可以安心做军长,哪知道在蒋介石面前退了一步,便要一步接一步退下去的。

被薛岳收买的何知重、柏辉章两师长,开始怂恿部属向王家烈闹饷。王家烈去看望一个团,该团士兵当他的面满街叫骂:"王家烈吞扣我们的欠饷!""他不发饷,抠他的屁股!"王家烈一看部属成了这样,赶紧抽身就走,回去让秘书连发四封电报向蒋介石请辞军长,出去考察。蒋介石把他召到身边假作挽留:"辜负了你啊! 在国内各地看看就行了。"第二天便给他一个军事参议院中将参议的头衔。几天之后,蒋恐王家烈变卦,便又说:"明天张汉卿副总司令飞汉口,你可不可以同他一起去? 他的飞机大,你去还可带着眷属。"

1935年5月3日,王家烈带着蒋介石送的5000元旅费和爱妾,离开贵州飞往汉口。此时前后,红军离黔入滇,贵州成为蒋介石的一统天下。

蒋介石的势力终于深入大西南。

西南战事结束后,薛岳也受到嘉奖。蒋介石不会让他白忙乎一场。

1937年5月,薛岳的长梦才真的成真,做起了贵州省政府主席。

第五节　刘文彩，刘文辉，刘湘

红军来到遵义地区后,发现这里人烟稀少,少数民族众多,党和红军无工作基础,大家都感到不是建立根据地的理想地域。所以在遵义会议上,黎平会议确定的以遵义为中心建立川黔边根据地的设想被否定了。

熟悉四川情况的刘伯承、聂荣臻建议,去川西北搞根据地。根据有三:

一、有红四方面军川陕根据地的接应;

二、四川为西南首富,人烟稠密,站稳脚跟后有发展前途;

三、四川对外交通不便,川军排外,蒋介石要调中央军入川不很容易。

三条合成一句话,即四川条件要比贵州好得多。

这几条理由很有说服力。于是遵义会议在讨论战略发展方向时，采纳了刘、聂建议，提出鉴于"四川在政治上、军事上、经济上都比黔北好"，决定改变黎平会议的决定，北渡长江，会合四方面军，在川西北创建根据地。

1月20日，红军野战军司令部下达《渡江作战计划》，规定作战方针是："在由黔北地域经过川南，渡江后转入新的地域，协同四方面军由四川西北方面实行总的反攻"，"并争取四川赤化"。

最后却没有赤化成。为什么？

主要吃亏在轻敌。

黔军多是一手步枪、一手烟枪的"双枪兵"，红军击之若秋风卷叶，黔敌如此之弱，多数同志便觉得川敌也不会太强。

结果最初选定的入川地点，是宜宾与泸州之间的蓝天坝、大渡口、江安一线各渡河点，恰恰是敌人兵力厚结处。

遵义会议后野战军司令部下达的《渡江作战计划》不是一个粗糙的计划，它还是考虑到了能渡与不能渡这两种可能性。但它却是一个仓促的计划。没有细心考察川敌，又把方向限制得过死。对刘湘抗拒红军入川的决心和因此爆发出来的战斗力，估计过低。

陈云后来在《遵义政治局扩大会议传达提纲》中，认为渡江入川、争取四川赤化的决定"只在一些比较抽象的条件上来决定根据地，没有具体的了解与估计敌情与可能，没有讲求达到这个目的的具体步骤。而且个别同志对于四川敌人的兵力是过低的估计的，后来由威信回兵黔北而没有达到渡江入川的目的，亦正在此"。

一句话，未认识到川军之强。

打破了蒋介石的围剿，穿过了陈济棠、何键、白崇禧堵截，夺占了王家烈地盘的红军，将要面对的川军，是一支什么样的军队呢？

因为泥塑收租院，一代新中国人几乎都知道四川大邑县的大地主刘文彩。

却不知道大邑县还出了两个更著名人物：刘文彩的亲弟弟刘文辉，刘文彩的嫡堂侄刘湘。

四川是中国人口最多的省份,也是近代以来出军阀最多的省份。杨森、刘存厚、罗泽洲、邓锡侯、田颂尧、唐式遵、王陵基……

最著名的,还是刘文辉、刘湘叔侄二人。

自古便有"天下未乱蜀先乱,天下已治蜀未治"之说。四川以其经济富庶和地势险要,一直是南北军阀争夺的焦点。连年战火中拼杀出来的川军悍将,与迷恋烟灯鸦片的黔军首领大大不同。

共产党有一个"刘瞎子",国民党也有一个"刘瞎子"。共产党的"刘瞎子"说的是刘伯承。1916年3月,刘伯承指挥护国军第四支队攻打丰都,头部连中两弹。一弹擦伤颅顶,一弹从右边太阳穴射入,透右眼而出,从此失去一只眼睛。国民党说"刘瞎子",则指川军总司令刘湘。辛亥革命前,同盟会在四川陆军速成学堂开展活动,不少同学议论时事,慷慨激昂;刘湘却只埋头出操上课,不过问政治。加上眼皮染病,久治不愈,被同学呼为"刘瞎子"。

刘湘不是真瞎。通过瞎与不瞎灵活的转换,他不动声色地奠定了在四川的事业。

1913年8月,川军第五师师长熊克武响应孙中山的"二次革命",率兵攻打泸州。刘湘则在拥袁的第一师任营长。同学傅常前来策动,他不置可否。待战斗打响,刘湘一句"军人以服从为天职",带领部队打退了讨袁军部队。

他被提升为团长。

袁世凯称帝后,蔡锷以护国军第一军总司令的名义,取道四川讨袁。在北洋军张敬尧部炮火掩护下,刘湘率团突过长江,截断护国军归路,使蔡锷大败。"洪宪皇帝"袁世凯特发布命令:"刘湘奋勇督战,连克要邑,肃清江岸,勤勇可嘉,着授陆军少将,并授以勋五位。"

这一年,刘湘刚刚26岁。

护国军泸州战败后,蔡锷让刘湘的同学传话,给他川军第二混成旅旅长职务。在此紧要关头,刘湘政治上不"瞎"了。他看出来袁世凯气数将尽,也不坚持"军人以服从为天职",暗中接受了蔡锷的条件。

刚接受条件袁世凯就病死。蔡锷攻克成都,成为四川督军兼省长,刘湘则当上了第一师第一旅旅长。不久,黎元洪大总统又授予他陆军中将衔。

拥袁者和反袁者都寻找刘湘,又都拥有了刘湘。袁世凯给他陆军少将,黎元洪便给他陆军中将,蒋介石又给他陆军上将,最后还是一级上将。

这个当初被同学讥为"刘瞎子"的人,纵横穿梭周旋于各种势力的夹缝之中,在新旧军阀混战中硬是熬出了一副火眼金睛。

与蒋介石的关系即是一例。他与蒋并无历史渊源,却在1927年蒋背叛革命前的关键时期,毫不含糊地支持了根本没有见过面的蒋介石。

一报还一报。刘湘统一四川之时,蒋介石也支持了根本没有见过面的刘湘。

统一四川是刘湘长久的梦想。刘湘比刘文辉大4岁,辈分上却是刘文辉的侄子。他与刘文辉联手,打倒四川最强悍的杨森、罗泽洲,四川遂成为叔侄俩的天下。

但中国的天下最难均分,哪怕是叔侄。

叔侄俩各自拥兵十余万。虽然都不想打,却又都不想让。谈了几个月,还是只有一战。

刘湘知道要战胜其叔、四川省主席刘文辉,非得有蒋的支持。他搞了一个《安川计划》,把反刘文辉与"剿共"硬扯在一起:"江西剿共军事虽暂有不利,但只要能确保四川不遭侵袭,使工农红军围处江西一隅,就不到蔓延成为全国之患,且终有被剿灭的一天。唯要达到这一要求,就得先求四川军民的财政的统一。这一要求之所以不能实现,完全由于刘文辉从中作梗。"

二刘在四川争霸,转瞬间被刘湘变成了大义灭亲。而且是从反共的大局着眼。

他摸准了蒋介石的痛处。刘文辉对蒋介石一向态度暧昧。1929年蒋桂战争中,刘文辉有过与唐生智联名通电讨蒋的记录。1930年又支持冯玉祥、阎锡山反蒋。

所以蒋介石无保留地支持了刘湘。

这场叔侄大战,是四川军阀的最后一场混战。刘文辉大败。

从此四川军阀中,刘湘首屈一指。

但又是黄雀在后。

统一了四川的刘湘后面,站着统一了中国的蒋介石。

刘湘以帮助"剿共"为名,使蒋介石支持自己挤垮刘文辉统一了四川,现在蒋介石真要以"剿共"为名来削弱刘湘了:他必须帮助蒋介石去"围剿"红军。

起初刘湘不当回事。他正与刘文辉打得不可开交之时,张国焘、徐向前率红四方面军从陕南进入川北。

直到这支红军击败田颂尧、杨森、刘存厚三个军的"围剿",发展到5个军8万余人,建立了23个县革命政权后,刘湘才开始觉得情况不妙。

他召集亲信幕僚商议,说了一大堆前后矛盾的话:

"'剿匪'乃目前当务之急,但与过去一般战争'能战则战,不能战则不战,不因一时胜负而决定个人一生命运'的情况大有不同。因为'剿匪'之战一旦发动,就是生死存亡所系,有我就无'匪',有'匪'就无我,是决不能随便得了的事情。因此,只有拒'匪'于川外,才是上策。"

他的话因果混乱,局外人很难得其要领。

听其话的却都是局内人。知道要点只在"拒'匪'于川外"一句。他的中心意思是"驱"而不是"灭"。其余皆为搪塞蒋而说。

但对红四方面军久战不胜。六路围攻失败后,刘湘想金蝉脱壳,便通电辞职。蒋立即来电:"兄为乡为国,均应允负责到底,虽至一枪一弹,亦必完成任务。"

非要刘湘干到最后一枪一弹为止。

损失越大,督之越严。刘湘终于再清楚不过地看清了身后那只黄雀。

红军突围西征后,刘湘接到蒋介石邀其到南京面商机宜的电报。此前他与蒋介石从未谋面。刘湘并不急迫,到南京见蒋之前,先停在汉口,与邓汉祥密商。

蒋介石为了随时知道地方实力派动向,曾给白崇禧、刘湘一人一部电台。后来白崇禧、刘湘为了把握蒋的动向,都在上海派有固定提供消息的眼线。白崇禧放在上海的是王建平,刘湘放在上海的,就是邓汉祥。

邓汉祥在汉口告诉刘湘,蒋介石主要想利用川军阻止红军西进,以期达到他所希望的两败俱伤的目的。然后借口防堵红军,派重兵入川,实际掌握川局。

邓汉祥告诉刘湘的话,与湘江防堵前王建平告诉白崇禧的如出一辙。

白崇禧就是听了王建平一席话,下决心敞开了湘江大门。

邓汉祥一席话,也使刘湘不再三心二意。

他对邓汉祥说:"我的主意已经打定。红军西来的目的,究竟是拿下四川还是过路,现在尚难判断。假如他们的目的在拿四川,当然我们吃不消;但是以官兵保卫桑梓的关系,又是以逸待劳,也未尝不可一拼;幸而站得住,四川依然是我们的。如果红军只是假道,那就是不成问题。但蒋介石如果借这个机会派军队入川,则我们同红军作战的结果,幸而胜,也是替蒋造机会;若失败,那就更不必说了。所以无论如何,要阻止蒋介石派兵入川。"

刘湘也是防蒋胜于防共。

蒋也同样。借机剿灭西南军阀胜于剿灭红军。

毛泽东《中国的红色政权为什么能够存在?》一文,早已预见到这种中国的特殊现象。

1934 年 10 月 20 日,刘湘抵达南京。初次见蒋,他一副笨拙迟钝的样子,连话都说不清楚。次日再谒蒋,依然如故。蒋见状不愿直接与他再谈,叫杨永泰、张群、吴鼎昌去具体交涉。这正合不愿在蒋面前讨价还价的刘湘心意。连蒋介石的高参杨永泰这样精明的人都被蒙骗过去,以为素有雄才大略之称的刘湘,不过是一个窝囊废刘表而已。

但杨永泰眼中的这个刘表,很快就表现出决不会大意失荆州。不管怎么磋商他也坚决不让步,最后只好取消了蒋介石提出的中央军9 个师入川的提议。

刘、蒋达成如下协议:

第一,仍由刘湘担任四川"剿匪"总司令负全责,中央尽量补助饷款弹药;

第二,改组四川省政府,以刘湘为主席;

第三,组成南昌行营驻川参谋团,任命贺国光、杨吉辉为该团正副主任。

从先被称为"刘瞎子"、后被看作刘表的刘湘手里,蒋介石挖空心思也只派进去一个参谋团。

刘湘回川后,将新政府迁往重庆。他的方针是北守南拒。

在川北,由唐式遵率5万部队与邓锡侯、田颂尧合作,堵住红四方面军;

在南面,调集川军主力布防于宜宾至江津间的长江南岸,以潘文华为南岸"剿匪"总指挥,阻止红军过江。

刘湘告诉潘文华:"问题的严重不在于红军。中央军跟随红军之后进入川南,我们提不出任何理由拒绝。我们同红军固然水火不相容,但还有一个共同点,都是蒋介石要消灭的对象。最好是朱、毛把蒋介石的大军带走,不要带进四川。"

这一点上,刘湘比王家烈精明百倍不止。不管路过还是不路过,他的根本方针是既不让红军入川,也不让中央军入川。

"请客容易送客难"。刘湘牢牢记住了中国这句老话。在西征的红军面前,他有软的一面,也有硬的一面。红军假道则软,红军入川则硬。

他最担心的是,红军总司令朱德、参谋长刘伯承都是四川人,多年在川滇一带作战,足智多谋,地形又熟悉,很可能要率领红军取道泸州、宜宾渡过长江。他对潘文华反复叮嘱:一旦发现红军入川企图,就抱必死决心,奋勇阻截。

刘湘猜中了。遵义会议上,正是刘伯承和聂荣臻提出北上入川,建立川西北根据地,进而赤化四川。会议同意了这个新的发展方向。

惯于利用敌人矛盾的毛泽东,虽然在遵义会议后取得了军事指挥权,却并不知道刘湘的这些情况。毛泽东指挥作战每每讲究出敌不意,这回的行动,却落入刘湘的意料之中。

1935年1月中旬同时召开着两个会议。红军召开遵义政治局扩大会议,确定北上入川;川军也召开重庆团以上军官会议,防堵红军入川。刘湘在会上提出判断,红军很可能"沿赤水河出合江,渡长江北上;或经古蔺、永宁(叙永)出泸州北上"。

这一判断是准确的。与红军野战军司令部下达的《渡江作战计划》基本一样。红军还未渡江,却已经丧失了出敌不意的主动权。

倘若当时知道刘湘这些底数,红军野战军司令部的《渡江作战计划》会重新改写吗?

第十一章

苦难辉煌

　　毛泽东一生四次败仗,两次发生在四渡赤水;遵义会议后又差点丢掉前敌总指挥职务。吴奇伟穷追红军一路,1949 年 10 月 1 日却立于开国大典的观礼台。红军战略决策的变化令人眼花缭乱。没有句句是真理,只有步步实事求是。

第一节　从来就没有救世主

1956 年 9 月 10 日,毛泽东在八大预备会议第二次全体会议上讲话:"我是犯过错误的。比如打仗。高兴圩打了败仗,那是我指挥的;南雄打了败仗,是我指挥的;长征时候的土城战役是我指挥的,茅台那次打仗也是我指挥的。"

所举的四次败仗,两次发生在四渡赤水之间:一渡赤水之前的土城战役,三渡赤水之前的"茅台那次打仗"。

又有红军《长征组歌》中豪迈地唱道:"四渡赤水出奇兵,毛主席用兵真如神。"

两次败仗与用兵如神之间,是什么关系呢?

遵义会议确定红军新的方向是渡江入川。

1 月 16 日 24 时,野战军司令部为"向赤水地域转移进行新的布置"发出电报,指挥各军团向遵义西北方向移动。以后每日发一类似电报,连发三次。

1 月 19 日,野战军司令部离开遵义。

1 月 20 日,野战军司令部下达《渡江作战计划》:经川南渡江后转入川西北,协同四方面军实行总的反攻,争取赤化四川。

"实行总的反攻","争取赤化四川",字里行间无不渗透着前景的乐观和对川军的轻视。

也正因为对川军轻视,所以对前景乐观。

遵义会议中,政治局召集各军团首长研究下一步行动方向,刘伯承、聂荣臻提出向四川发展,一是可与四方面军遥相呼应,相互策应;二是四川为天府之国,物产丰富,环境封闭,易有作为;三是当地军阀派系林立,长期排外,战斗力不强。

政治局采纳了刘、聂的建议。尤其是第三点对川军"派系林立、战斗力不强"的估计,成为1月20日野战军司令部下达作战计划"协同四方面军实行总的反攻,争取赤化四川"的支撑基础。当时不仅刘、聂这样认识,中革军委主席朱德也持相同观点:川军那个部队我还不知道,好打!

遵义会议清算了过去的军事路线,新领导层对未来发展一片乐观。

这一乐观氛围,很快被川军的战斗力驱散。

1月22日,中央政治局及军委致电四方面军,告以中央红军渡江北上计划,指示其"向嘉陵江西进攻",配合一方面军北上。

1月23日,潘文华令郭勋祺率领两个旅向土城前进,于赤水河东岸地区拉住红军,不让入川。

黔北一带顿成一个巨大的棋盘。双方指挥员调兵遣将,步步逼近,剑拔弩张。

1月25日,红一军团进占土城,并向赤水城推进。

赤水城却被川军先期占领。

土城地处贵州西北,是赤水东岸重要渡口,黔北大道要冲;其东、南、北三面为险峻山岭,为西渡赤水的良好地域。

赤水城地处川黔交界,东南部山大坡陡,西北部河谷开阔,公路毗连附近的川黔各县,更是中央红军北上入川必须通过的要点。

这两个要点,一南一北,是中革军委《渡江作战计划》规定必须夺占之地。两点中间,为中央红军西渡赤水的广大地域。攻占并保有两地,是实现北渡长江进而赤化四川的关键。

红军先于川军占领了土城,取得西渡的有利地位;川军却先于红军占领了赤水城,阻碍了红军的北上;双方虽各有得失,但红军渡江北上的作战计划,一开始就被打上了折扣。

有必要审视一下红军的对手——川军将领郭勋祺。此人与四川籍共产党人杨闇公、刘伯承、陈毅等人的关系非同一般,有很深的交往。

郭勋祺是四川华阳人。自幼家庭生活十分困难,在药店当过学徒。

当兵后因作战勇敢,得到潘文华的器重,由文书上士一路晋升到团长,陈毅的大哥陈孟熙就在郭团当过文书。1922年陈毅从法国勤工俭学回来,至万县找其兄,也认识了团长郭勋祺。不久陈毅去重庆,郭亦调重庆任六十五旅旅长,两人经常来往。

1925年8月吴玉章到重庆,在莲花池建立了由共产党员参加领导的国民党临时省党部。郭勋祺参加活动中结识了中共重庆地委书记杨闇公和李筱亭等人,思想逐渐倾向进步。在杨闇公主持的以国民党省党部名义召开的军事会议上,又和素有旧谊的刘伯承等人频频交往。

郭勋祺的这些活动潘文华也都知晓,但认为这些友情关系无大碍,对郭也尽量迁就。

但郭勋祺与这些共产党人的关系,比友情关系可进了一步。1927年3月30日中午,郭勋祺得知川军要破坏预定第二天举行的重庆声援"南京惨案"群众大会,立即亲去告诉杨闇公、李筱亭等人。杨闇公决定会议不变,照常举行。郭不放心,第二天带着几个弁兵赶到会场。临开会前,潘文华派传令兵向郭报告:"师部召开紧急会议,请旅长快回去!"同时递过一张"事急速归"的纸条,郭马上将纸条给杨闇公等人看,并对两名弁兵说:"你们留在这里,一定要保护好杨委员。"即返回师部。

这时大家才意识到问题严重,正要撤离会场,枪声响了。川军对到场群众开始血腥大屠杀,制造了震惊全国的"三三一惨案"。

在全城搜捕共产党人的白色恐怖中,郭勋祺将萧华清、周钦岳等共产党人安置在自己的公馆,然后把他们装扮成弁兵,亲自护送上船去武汉。陈毅不知道重庆如此吃紧,4月2日从合川来找杨闇公汇报工作,只见到处岗哨林立,盘查甚严,行动甚难,便找到郭勋祺。郭留陈毅住一夜,次日将陈毅化装成买办,买好船票,坐上郭的轿子,派亲信副官护送上船赴武汉。郭又得知杨闇公也急着要去武汉,便让其六妹杨丽君转告千万不可外出活动。但杨去武汉心切,化装上船后,不幸被捕遇难。

郭勋祺的这一系列活动被人向刘湘告密,刘湘便撤其旅长之职升为副师长,不让他掌实权。

刘湘之所以没有把郭勋祺一撸到底,一个原因是照顾潘文华的情绪,另一个原因就是考虑到郭与共产党有关系,日后也许有要用之处。

可以说刘湘的城府的确不浅。

机会真的来了。

1935年1月,蒋介石命令刘湘派三个师入黔阻击红军。刘湘先派廖泽旅入黔,但蒋不满意,要刘增派两个师。刘湘决定再派两个旅入黔,但这两个旅要既能在表面上积极行动以应付蒋介石,又能暗中保存自己,不主动攻击红军;如果红军果真要渡江入川,则又要能打硬仗以阻止之。

刘湘选定了郭勋祺。他认为郭对自己忠实,同时又同情共产党;让他去执行"剿共"又"存共"的任务,能够相机行事,可以放心。

在重庆李子坝刘湘的私邸,刘湘与郭勋祺密谈交底。

刘湘把郭勋祺看准了。曾经如此进步的一个郭勋祺,在抵抗红军入川上面却不遗余力。

1月20日,郭勋祺率两个旅到达贵州温水,尾随红军主力向良村前进。在习水,郭接到刘湘密电,告知红军主力指向赤水,要他迅速行动,牵制红军入川。

1月26日,毛泽东到达土城。郭勋祺也尾追红军进至土城以东地区。毛泽东同朱德、周恩来、刘伯承研究后,决心在土城以东青杠坡地区围歼郭部。6天前,中革军委在《渡江作战计划》中已指出:"必要时在赤水以东地域,与追击和截击的敌人一路进行决战。"

现在,毛泽东认为时机成熟。

1月27日,林彪之一军团在赤水城南陷入与川军的激战。李聚奎的一师在黄皮洞被川军三面包围,伤亡较大;陈光的二师在复兴场战斗也不顺利。郭勋祺尾追董振堂的五军团,至下午抢占了土城北面青杠坡和石垎咀东南端,截断了五军团与三军团四师的联络。

与郭部决战尚未展开,总的形势已呈现不妙。

1月28日,红军三军团、五军团按预定计划,在土城东青杠坡地区与川军郭勋祺展开决战,从南北两面向郭部发动猛烈进攻。

三军团担任主攻。彭德怀亲临前沿阵地指挥,与川军反复争夺阵地,双方伤亡很大,战局极其艰苦、剧烈。指挥川军作战的郭勋祺不知道对面红军三军团政委杨尚昆就是杨闇公的弟弟;杨尚昆也不知道对面的川敌首领曾经冒着危险掩护过他的哥哥。

对这一仗,对川军的战斗力,红军各级指挥员思想准备都是不足的。长征之前,当川军田颂尧部对红四方面军的三路围攻失败后,苏区中央局机关报《斗争》就称川军"全部瓦解""战斗力全无";甚至一支妇女赤卫队也"缴了一团白军的枪";川军各部"兵无斗志,纵令开到前线难保不以送枪送弹而终";对川军极其轻视。长征到贵州后,又认为川军与不堪一击的黔军差不多,内部四分五裂,矛盾重重,普遍吸食鸦片,纪律涣散,只会打家劫舍,奸淫妇女。对川军装备优良、注重训练、各级均设军官教导团或教导队的情况,以及四川从1912年到1933年470余次混战,刘湘部几乎无役不与,作战经验相当丰富的情况,中共中央与中革军委的主要领导者却不了解。要北上入川,"争取四川赤化",不但对川军素质估计过低,也对川军参战实力侦察不确;还以为红四方面军在川北牵制了四川军阀的全部军队,川军"不可能及时地以优势兵力在沿岸各处封锁长江"。

对川军战斗力估计过低,对川军实力估计过低,对川军素质也估计过低。轻易地提出"决战"概念,本身就是轻敌的产物。

事实证明青杠坡的川军郭勋祺部,不是红军原先估计的4个团六七千人,而是6个团1万余人;不是"战斗力全无",而是战斗力甚强。原想围歼郭部,但郭勋祺不但没有被消灭、被打退,反而在优势火力的掩护下,步步进逼土城,局势危急。

土城之战是遵义会议后的第一仗,成败关系全军士气。在此紧急时刻,朱德提出亲自上前线指挥作战。毛泽东连吸几口烟,没有答应。朱德把帽子一脱,大声说:"只要红军胜利,区区一个朱德又何惜! 敌人的枪是打不中朱德的!"

朱德、刘伯承上了前线。毛泽东急令奔袭赤水城的红一军团火速回援,同时命令陈赓、宋任穷率军委干部团急赴前线,发起冲锋。

红军与川军在土城以东展开一场恶战。冲锋与反冲锋犬牙交错,险情环生。川军一直攻到白马山中革军委指挥部前沿。连董必武、林伯渠、邓颖超、贺子珍等老弱及女同志组成的军委干部休养连也未及撤离,陷入险境。幸得陈赓率红军最后的老底子军委干部团冲上来奋力救援,才使休养连脱离敌人的火力拦截,撤出险境。中革军委主席朱德也是在一个排掩护下,仓促撤出来的。

总的不利趋势难以遏制。红军的总攻变成了川军的反攻。进攻作战变成背水作战。时任三军团四师政委的黄克诚回忆说:"当时张宗逊师长已住进了卫生所,我又赶上害病,躺在担架上指挥部队。适逢朱总司令前来督战,看到部队疲惫不堪的样子,朱总司令非常恼火,对我大发了一通脾气。"

朱德这位从来以宽厚著称的总司令,对躺在担架上带病指挥部队的指挥员发火,可见当时局面之紧张危急。

增援之川军还在陆续到来。鉴于局面已十分不利,毛泽东与政治局几个主要成员 28 日傍晚开会,决定改变由赤水北上、从泸州至宜宾之间北渡长江的计划,迅速撤出土城战斗,渡赤水河西进。

1 月 29 日拂晓前,红军停止战斗,迅速渡过赤水河。

紧急情况下临时决定的一渡赤水,成为红军著名的四渡赤水作战的开始。

一渡赤水是在敌情严重、战斗失利的情况下进行的。为迅速摆脱追敌,部队再次轻装。一些笨重的物资、机器被抛进河中。当时三军团还有全军最后一门山炮,是 1930 年打长沙前缴获的。缴获时只有彭德怀和一个朝鲜同志武亭会用炮,他们两人变作炮手,自己瞄准,自己调整,自己发炮射击,几炮命中江中帝国主义的军舰,引起红军战士们连声的欢呼,红军自此有了自己的炮兵。

这门连湘江封锁线都闯过来的山炮,也被迫投入赤水河。

这是从中央苏区出发长征以来,中央红军被迫第二次大轻装。

1 月 30 日,郭勋祺率部进入土城。得知红军主力进入云南,并未北上入川后,便借口休整部队,停止了前进。

此后郭勋祺根据刘湘、潘文华的命令,保持一天行程尾随红军,由东向西,再由西向东,由川入黔,又由黔入川,跟随红军四渡赤水,但没有再与红军作战。

遵义会议设想了赤化四川,却没有设想要四渡赤水。

如果一渡赤水前在土城把川军打垮,红军从宜宾、泸州间渡过长江,就不会有后来的渡过金沙江、大渡河,红军也不用过雪山草地了。

也不会有四渡赤水了。

但那不是历史。

历史从来在挫折中轰隆前进。

遵义会议确定的战略方向,一开始便被修正了。

修正也不是一蹴而就。只能逐步完成。土城一战失利,修正的只是过江地点。原定从泸州至宜宾之间渡过长江的计划不行了,便西渡赤水,向古蔺、叙永地区寻求机动作战,准备从宜宾上游渡过长江。

渡江地点由宜宾、泸州之间移到宜宾上游。渡江入川、建立川西北根据地的遵义会议设想仍然维持不变。

却也无法维持太久。因为红军的战略方向正好与川军的作战原则迎头相撞。

刘湘当初与潘文华商定的作战原则是:红军只要不图入川或入川只是借道,便虚与周旋,保住实力,绝不对消;如果真要深入四川腹地建立根据地,那就只有不惜忍受蒋介石的控制,与之硬拼到底,在同归于尽中去求幸存。所以当他看到红军反复寻找渡江地点,大有入川与四方面军会合的趋向,便开始硬拼了。西起横江、东至古蔺一线,刘湘、潘文华先后调集数十个团切断通往长江南岸的要道、隘口,严密封锁红军前进方向。

准备入川的红军方才知道,川军的战斗力绝不弱于蒋系中央军。土城战役后川军气焰尤其嚣张,一个团也敢上来向红军挑战。

2月6日上午,一军团二师一部行至天堂坝,竟被尾追的川军一个团三面包围。三军团五师听到枪声迅速赶来支援,从两翼对敌军实施反包围。三军团后续部队1000余人下午也赶来增援。激战一天,向敌阵地反复冲击十多次,不能解决战斗。入夜,该团敌人乘机转移阵地。红军发现川军另一个团已在增援途中,也只有撤出战斗。

面对川军的顽强阻击,从宜宾上游渡江入川已明显不可能。

一直到1993年,土城战役已经过去半个多世纪,人们才在钱江

《长征回忆》中看到一个重要事实披露:1935年一渡赤水之前的1月28日,毛泽东已经开始将视野从四川转向云南。

钱江当时在军委二局干侦听敌台的工作,回忆说:

> 28日下午正是我在值班,收到曾希圣局长转来的毛主席的一个手令,这是一张长方纸的字条,内容是令二局指定专门电台,限三天内把龙云及其下属各电台找到,并加以控制。我们立即执行毛主席指示,注意了解滇军情况。

这个写在长方纸上字迹潦草的手令,属于"阅后即毁"之列,不会纳入文件归入档案后世留存。这正是后世人们仅凭文件、档案研究历史的最大难处。难以填补不断出现的太多的空白。

1955年授衔少将的钱江,1996年去世。去世前三年,在回忆文章中披露了这个手令。就这张纸条证明,一渡赤水之前的1月28日,毛泽东已经看出"赤化四川"不可能,在领导层中率先开始考虑云南方向了。

这是毛泽东的真正过人之处。

态势也逐渐朝向此方向演化。

2月6日凌晨,朱德电令一、三军团向扎西靠近。电报中说:"根据目前敌情及渡金沙江、大渡河的困难,军委正在考虑渡江可能问题,如不可能,我野战军应即决心留川、滇边境进行战斗与创造新苏区。"

电报要求一、三军团领导人速将意见电告军委。

领导层已经感觉到原定战略方向实现的严重困难。这封电报实际上是询问一、三军团领导人,渡江入川还能否?如不可能,新的战略方向应在川滇边境何处?

2月7日,三军团彭德怀、杨尚昆回电,向军委建议在川黔滇边建立根据地。

这个建议十分及时,也非常重要。它坚定了毛泽东等人转变遵义会议原定战略方向的决心。中革军委立即接受彭、杨建议,当日决定暂缓渡江,改取以川滇黔边境为发展地区,以战斗的胜利来开展局面,并争取由黔西向东的有利发展。

中革军委命令各军团,迅速脱离四川追敌,向川滇边的扎西地区集中,开始准备与滇军作战。

至此川滇黔取代了川西北。遵义会议确定的战略方向基本改变。

很多描述四渡赤水的论著,对一渡赤水前后遵义会议确定的战略方向被迫改变一事略而不提。提了,似乎便会影响遵义会议的伟大,影响领袖的光辉,影响用兵如神。恰恰是这种"好心好意"的回避,共产党人的最富生机的灵魂被抽掉了。

其实没有神。中国工农红军从领袖到战士,都是一个个鲜灵活现的个人。人最不能免的就是失误。人最可贵的也就是改正失误。

应该说一渡赤水给了红军领导人以很大的教训。遵义会议一结束就提反攻,就提决战,是不明智的。敌人内线作战,力量雄厚;红军外线作战,人员装备严重不足;川军以逸待劳、人地两熟;红军则长途转战,人地生疏。在这种情况下动辄"反攻""决战",完全不现实。以为解决了错误的军事领导、把定了正确的军事路线就无往而不胜的思想,被土城战斗警醒。长征本身就是战略退却。为保存实力以图发展,红军本该千方百计避免同敌人决战。更何况与川军决战,恰是蒋介石求之不得之事。

陈毅在抗日战争时期曾对黄克诚说,毛泽东的伟大之处,在于他不贰过。

伟人从来不是不犯错误的人。而是犯了错误能够迅速及时纠正的人。从土城战役失利后迅即放弃北上渡江计划改为西渡赤水,到古蔺、叙永一带受阻马上采纳彭、杨建议改取川滇黔边境,皆可见工农红军"打得赢就打,打不赢就走"的机动灵活战略战术又回来了。说毛泽东又回来了,意义正在这里。红军请回来的不是一尊万无一失的神,而是一位随时准备坚持真理、随时准备修正错误的实事求是的人。毛泽东说过:"革命者是不怕失败的。"真正的胜利,就是在一次又一次的失败中孕育。中国共产党人的伟大与非凡,毛泽东作为这个党的领袖的伟大与非凡,并不在于那种充满佛光神意的神化计划或预言,而在于它的实践——不屈不挠、百折不回的实践。

那是共产党人最富生机和最为鲜活的灵魂。

第二节　火中凤凰

这是一段红军紧张地、反复地选择立足根据地的日子。

2月7日,中共中央和中革军委确定新的发展方向是川、滇、黔边境地区。虽然黔军基本垮了,但新锐的川军、滇军正向此处逼近。在三省之交能否站住,并没有把握。

对手十分嚣张。龙云在电报中称:"匪势残破,又入死地",又说红军"昼夜兼行,未克喘息,纵为铁铸之身,至今亦难久持……唯一目的,只在逃生";"消灭之功,指日可待"。

滇军在压过来。

川军在压过来。

中央军在压过来。

红军领导层中有人从遵义会议后的乐观,跌入扎西会议前的悲观,担心能否冲得出去。形势又发展到了刻不容缓的时段。

2月9日,政治局扎西会议。此时军委二局对敌密码的破译再次发挥重大作用。毛泽东根据掌握的敌军最新动态,在会上提出:乘敌人注意力和主力都集中在川南之机,回师东进,再渡赤水,向较空虚的黔北进击。为此提出轻装精简。

2月10日,中央红军进行扎西整编。全军除干部团,共编为16个团。除一军团还保留师的建制外,其他各军团一律取消师的编制。新的编成是一军团2个师6个团;三军团4个团;五、九军团各3个团。

这一精简缩编,为下一步大进大退做好了准备。红军像一个不倒的力士,裹紧绑腿,勒好鞋带,准备疾步流星向敌人挑战了。

同日,滇军孙渡纵队和川军潘文华部从南北两个方向压向扎西。中革军委决定迅速脱离川军与滇军侧击先敌东渡赤水,将作战目标转换为黔军及中央军薛岳部。

尽管没有着意说明，但在川、滇、黔边区建立根据地提出仅三天，根据敌我态势，行动指针已偏向了黔北。

2月15日，红军野战军司令部下达《二渡赤水河的行动计划》。

16日，中共中央和中革军委发布《告全体红色指战员书》，指出："红军必须经常地转移作战地区，有时向东，有时向西，有时走大路，有时走小路，有时走老路，有时走新路，而唯一的目的是为了在有利条件下求得作战的胜利。"

2月18日至21日，中央红军二渡赤水河。

四渡赤水的每一渡都是寻机，不是目的。

毛泽东说，红军东返贵州，走活了一盘棋。

因为实行了灵活机动的战略战术，所以很快捕捉到了眼前出现的战机。

二渡赤水的战机之中，潜伏着红军长征以来最大的一次胜利。

2月24日，林彪率一军团攻占桐梓。第二天三军团向桐梓开进中，前卫红十三团抓获几名黔军俘虏，得知娄山关仅有黔军柏辉章部三个团和杜肇华部一个旅在娄山关以南近3公里处的黑神庙。团长彭雪枫立即向彭德怀报告。

25日14时，彭德怀、杨尚昆向中革军委报告上述情况，提出以迅速动作歼灭此敌。20时，一军团林彪、聂荣臻也致电朱德，建议以主力在娄山关南消灭黔敌。

两大主力军团领导人意见一致，使中革军委决心即定。

25日23时，即在收到彭、杨电报9个小时，林、聂电报3个小时后，朱德电复彭、杨、林、聂：一、三军团及干部团统归彭、杨指挥，应于26日迂回攻击娄山关、黑神庙之敌，坚决消灭之，并乘胜夺取遵义，以开赤化黔北的关键。

24时，朱德再补一电给彭、杨、林、聂：同意彭、杨25日14时来电部署，全军统归彭、杨指挥。

彭德怀的基本部署是：三军团担任正面主攻，一军团向黑神庙之敌侧后迂回，五军团迟滞由桐梓方向来援之川敌。

红十三团向娄山关急进。前卫侦察连连长韦杰和手枪排战士换上国民党军装，一鼓作气冲到娄山关口。十三团刚刚占领关口，黔军就发起反击。彭德怀命令红十二团从正面冲击，硬把敌人压了下去。

十二团政委钟赤兵腿被打断，没有麻醉药品，硬是咬紧牙关锯掉了一条腿。部队认为他不能随军行动了，拿出一部分钱要他留在本地。只剩一条腿的钟赤兵坚决不肯，有人劝就拔出手枪要拼命，只好用担架抬走。很快，他就奇迹般地可以用一条腿在马背上翻上翻下了。

十二团参谋长孔权（一说孔宪权）也在战斗中负了重伤。后来用担架抬进遵义城罗马天主教堂里，与臀部负伤的十三团俱乐部主任胡耀邦住一处。半个世纪后胡耀邦还清楚记得，疼痛难忍的孔权喊了一夜"杀！杀！杀！"弄得大家一夜未眠。

孔权被留在了当地，解放后担任遵义纪念馆馆长。胡耀邦后来担任了中共中央总书记。钟赤兵1955年授衔中将。前卫侦察连连长韦杰1955年也授衔中将。

2月26日，一、三军团占领娄山关。

兵败如山倒。残敌纷纷向遵义溃逃。遵义守敌极度慌乱。

红军乘胜向遵义进击，于28日晨再占遵义。

三军团为此又牺牲了参谋长邓萍。当时十一团政委张爱萍正站在一个土堆上观察遵义老城地形，军团参谋长邓萍来了。土堆只有一个，张爱萍就下来，让邓萍站上去。邓萍站上去后正向张爱萍布置任务，突然头一歪靠在张爱萍身上，张爱萍沾一身血还不知怎么回事。后来发现邓萍牺牲了，赶紧给彭德怀打电话。彭德怀还没有听清就在电话上骂起来："你们都给我往最前线上吧，你们都去牺牲！"

他就怕邓萍牺牲，没有想到邓萍真的牺牲了。

张爱萍后来出任中华人民共和国国防部长。杨尚昆说，是邓萍替张爱萍牺牲了。

1966年7月，被贬到三线建委任第三副主任的彭德怀，在参加完贵州省"六盘水煤炭规划会议"后，坐车专门来到当年的遵义战场。当时天空飘着毛毛细雨，彭德怀衣服淋湿了也不觉得，指着一块地方，告诉周围的人：31年前邓萍就牺牲在那里。想起牺牲的战友，念及光阴流逝及事业坎坷，彭德怀动情地说："堂堂七尺男儿，洒尽一腔热血，真乃人间快事!"

历史会永远记住彭德怀的功绩。

原定的遵义战斗,还是只指向较弱的黔敌。这场预期不大的战斗,由于红军前线指挥员彭德怀、林彪对战机把握及时,特别是统一指挥一、三军团的彭德怀扩展战果主动,使战斗迅速从围歼黔军两个旅发展为追歼国民党中央军两个师的大规模战斗;由此揭开了红军长征中一次最大的战役:遵义战役。

红军突然东向夺占娄山关,蒋介石受到极大震动。他判断这极可能是红军的战略行动,欲图继续东驱,向红二、六军团靠拢;于是急令相距最近的第一纵队吴奇伟之九十三、五十九两师火速驰援遵义。

但晚了一步。吴奇伟部进抵遵义城南部地区时,红军已重占遵义。

红军坚决迅速攻克娄山关和遵义的行动,使前来增援的国民党中央军吴奇伟部陷于被动。

吴奇伟率领的第四军从江西就开始尾追红军。但一直是送客式追击,沿途不仅没有和红军发生战斗,连红军掉队士兵的影子都没有见着。这回他耍了一个心眼儿。

离遵义不远的忠庄铺,他碰到逃出遵义的王家烈。王家烈身边只剩下一个手枪排。吴奇伟一听进攻遵义的是红军主力,便不愿前进。王家烈是来寻救兵的,巴不得别人的兵帮他收复遵义,对吴奇伟一催再催。吴心中烦躁,又左右为难,便命一个贴身参谋去侦察,临行前特别加以暗示。

于是侦察报告说:遵义已被红军占领。

王家烈怏怏而去,吴奇伟这才展开部队,防御红军。

吴的部下却跃跃欲试。在师、团长会议上,众人认为国军装备远优于红军,红军主力到遵义是过路,只要发动攻击,红军就会撤离;因而一致主张打。

这些人对共产党人的了解与吴奇伟相比,简直一个天上一个地下。

吴是保定六期毕业生,在北伐中曾与著名共产党员蒋先云并肩作战,可谓鲜血流在一起。

1927年5月,北伐军在河南临颍向奉军主力发起进攻。吴奇伟的三十四团担任正面攻击,蒋先云团任右翼,战况空前激烈。奉军依托坚固工事拼命抵抗。奋勇冲锋的吴、蒋二团伤亡重大。蒋先云重伤牺牲,吴奇伟腿部也被弹片击中。幸得蔡廷锴第十师增援,奉军才狼狈溃退。

与共产党人一起流过血的吴奇伟,后来也参加过反蒋。

1929年春,蒋桂战争爆发,蒋调第四师对桂军作战,时吴奇伟任第四师十二旅旅长。桂军解体后,蒋连续急电第四师移防陇海路,不但规定起程时间,而且指定行军路线,并特令曹万顺之新编第一师前去接防。缪培南、吴奇伟等第四师将领认为蒋已设下圈套,要缴第四师的械,决心反抗。9月,部队集中枝江后,便通电反蒋。

反蒋的第四军从湘西南下,企图夺回广东,结果一败于陈济棠,二败于蒋光鼐,三败于蔡廷锴。真可谓一败再败,部队只剩下十之二三。

新军阀混战中,以兵权之争反蒋的吴奇伟,也算被打得满脸开花。

走投无路了,便通过同乡罗卓英联系上了陈诚。

通过陈诚,还是投靠了蒋介石。

蒋介石命他去江西前线对红军作战。他不得不服从这个曾经通电反对过的人的命令,然后把枪口瞄向曾与他并肩作战的共产党人。

他参加了对中央苏区的第四次、第五次"围剿",两次均担任纵队指挥官,列入陈诚指挥的"围剿"主力序列。红军离开江西后,又奉命率部参与"追剿"。

历史对吴奇伟这样的人,不管他怎么挣扎,给予的选择余地也总是这样小。

就在吴奇伟有意耽搁、应付王家烈之时,红军真的占领了遵义城。

吴奇伟躲避与红军主力交锋,但红军主力已经认准了他。中革军委决心乘其孤军冒进之机,集中全力求歼其于遵义以南。

战斗开始,吴部第五十九师师长韩汉英看到右翼地形对自己不利,向吴建议占领前面不远的老鸦山和红花岗。

一场激烈的战斗围绕红花岗右侧主峰老鸦山展开。双方皆拼尽全力争夺。因为蒋介石下了死令，为打好这一仗吴奇伟也拼了命。

后来成为中国人民解放军总参谋部副总参谋长、总后勤部部长的张宗逊上将，当时是防守老鸦山主峰的三军团十团团长。十团是三军团的主力部队，在敌优势兵力、火力、不计伤亡的轮番冲击下，该团损失严重。张宗逊负伤，参谋长钟伟剑牺牲，韩汉英部于15时许攻占主峰。

老鸦山主峰丢失，不仅居高临下威胁十一团红花岗阵地，而且直接威胁遵义城的安全。三军团在连续作战、损失较大情况下，当时已经无法调集反击力量。

遵义城出现丢失危险。战局千钧一发。

但占领老鸦山主峰之敌在莫名其妙之间突然转入防御。

原来林彪的一军团已经从水师坝地区向敌人侧后出击，尖刀一般直插忠庄铺敌军指挥部。

这是遵义战役的关键一刀。一刀就是敌人心脏。

吴奇伟把全部力量都投上去了，纵队指挥部周围没有剩下多少部队。林彪这一招儿整得他实在是苦，只有丢下部队，带着身边少数人员狼狈逃窜。

占据主峰之敌居高临下看得十分清楚，发现其指挥官突然溜走，料想不妙，于是不敢大动，只得坚守。

说是坚守，心劲早已不坚。黄昏便被三军团一部和干部团的反攻打得翻滚下去。

失去了指挥官的部队几近羊群，沿着来路向乌江狂奔。

吴奇伟最先逃到江边，立即与南岸联系，要欧震率九十师速来支援。九十师本属吴奇伟第四军建制，此番被薛岳留在贵阳，得到前线吃紧的消息，才刚刚上来。

吴奇伟要欧震带部队过江。欧震认为北岸兵败如山倒，过江增援背水为阵太危险，一口回绝。他认为九十师只能在南岸占领阵地，掩护收容败兵。

吴奇伟见北岸局面无法收拾，缩在南岸的老部下又不听话，万念俱灰，倒地大哭说，我不过江了，就在此死了算。

参谋长吴德泽赶忙招呼来几个卫士,连拖带拉地把吴奇伟扶过江南岸。

项羽当年见八千子弟无一回返,无颜见江东父老,便自刎乌江。

吴奇伟带过乌江两个师,带回来一个团,在江边也大哭了一场。

但吴奇伟不是项羽。他也不做项羽。这条乌江也不是项羽当年自刎的那条乌江。哭着被人扶过江之后,他变得非常冷静,又非常清醒。见红军追兵甚急,直逼江岸,不待其余部队过江,他便下令斩断了浮桥保险索,连欧震原准备收容的败兵也不收容了。

1000 多名官兵被甩在北岸,做了红军的俘虏。

后来吴奇伟向蒋介石报告,说是因为士兵拥挤抢渡,将浮桥压断。

与内部自己人的交谈,则说砍断浮桥是战略行动。否则红军南渡乌江,贵阳兵单,大局要受影响。

即便一面跑着一面哭着,吴奇伟也是个顾全大局之人。

二渡赤水的遵义战役完全超过了原来设想的规模。红军 5 天之内取桐梓、夺娄山关、占遵义城,尤其是消灭中央军吴奇伟部九十三师大部、五十九师一部,击溃黔军 8 个团,毙伤敌 2400 多人,俘敌约 3000人,缴枪 2000 支以上,的确是中央红军长征以来的最大一次胜利。

《彭德怀自述》中说:"打吴奇伟军的反攻,一、三军团就完全是自动配合把敌打败的。"

两个主力军团之所以能够"自动配合",首先是中革军委的放权。

一渡赤水前土城战役打败后,毛泽东等中革军委领导人对前线指挥员的意见极为重视。包括确定红军转移方向等战略问题,也多次征求林、聂、彭、杨等前线指挥员意见。为适应形势,改变指挥方式,二渡赤水后做出"全军统归彭、杨指挥"决定,使部队迅速捕捉战机,终于打了一场红军脱离根据地被围追堵截 1 万余里以来最大的胜仗,也是第五次反"围剿"以来一年半时间内,红军唯一一次扬眉吐气的胜仗。

两个主力军团能够"自动配合",还出自彭德怀的敢于战斗。

彭、林两人皆先后向中革军委提出了攻击娄山关黔敌的建议。彭德怀意在以迅速动作歼灭娄山关守军柏辉章部三个团和娄山关以南的杜肇华旅;林彪意只在攻歼娄山关南的杜旅,对娄山关之敌则要求晚一天行动。说是使部队有喘息之机,核心还是没有把握。他不愿打无把握之仗。比较起来,面对严重的敌情,彭德怀勇克咽喉要地娄山关,直取黔北重镇遵义,其敢打必胜之精神,的确有力能拔山之概。

这一仗是在敌情极其严重的情况下打的。二渡赤水后,红军后尾有川军潘文华部、滇军孙渡部的紧逼压迫,前方有黔军王家烈部和中央军薛岳部的迎头堵击,机动回旋的余地已经不是很大。再加上红军有土城新败,对手骄狂,川滇边境又无法立足,今天看起来,颇有几分"走投无路"的感觉。如此形势下,敢于积极向军委请战求歼黔敌,而且面对国民党中央军的增援敢于坚决顶住不退,为一军团侧翼迂回包抄赢得了战机和时间,彭德怀横刀立马之大勇,林彪也要自叹弗如了。

两个主力军团的"自动配合",同样也包括林彪的善于战斗。

林彪作战,极善于捕捉时机。时机不到,他会谨慎得让人觉得胆小。时机一到,也会大胆得叫人咋舌。

彭德怀的三军团与敌反复争夺老鸦山、打得不可开交时,林彪在遵义城东山包上一言不发地用望远镜观战。一军团隐蔽集结在这一带丘陵地区待命出击,敌人全然不知晓。

待吴奇伟全部力量重心都压向老鸦山前三军团阵地,山谷突然响起一片号声,一军团之一师、二师像两只猛虎,迎着公路排山倒海般冲杀下去。

战局转折十分突然。已经得手的吴奇伟部竟然突然失手。公路上运动的敌人最先掉头往后跑。敌军整个阵线发生动摇。

林彪眼看面前形势,从参谋的包里拿出一个本子,撕下一张纸,又把这张纸对折撕成两半,分别在上面用红蓝铅笔标出追击方向,并在上端写了一个很大的"追"字,分头传达两个师的指挥员。

红军排山倒海的追击开始了。

林彪命令:二师向南追,以乌江为界;一师向西,沿鸭溪、白腊坎方向猛打猛扫。部队回问:追多深? 答:可以追出100里。

就像川剧中的绝活儿"变脸",小心谨慎的林彪,一抹脸就变成了颇有几分狂气的林彪。

黄克诚当时是防守老鸦山主峰的三军团十团政委。半个世纪后回忆说：

> 在山底下我见到红一军团军团长林彪。我对林彪说："好险啊！"林彪不以为然地说："你们当初守卫在山头上就是了，不应该去追击。"我说："敌人已逼近遵义城，不将敌人赶跑怎么得了！"林彪若无其事地说："当敌军正在向你们进攻的时候，红一军团的部队已向敌军侧后包抄过去，我军已化险为夷；陈赓到了你那里时，敌军的败局已定。"说话之间，果然敌军已全线崩溃。林彪当即派一支部队去追击溃退之敌。我基于前次追击吃亏的教训，建议林彪多派些部队追击。林彪说，全线溃败之敌，已无斗志，我有少量精干部队追歼即可解决问题，无需动用大部队。

这种时刻，林彪对战局的掌握是异常精确的。一个自信的林彪跃然纸上。

说彭德怀敢于战斗，不是说他就不善于战斗。数十年摧枯拉朽的沙场宿将，岂能仅靠意气之勇。同样说林彪善于战斗，不是说他就不敢于战斗。数十年披坚执锐的沙场宿将，也不能简单到一个投机商。

人都有自己的特点。但红军将领中，唯彭德怀、林彪置于一起时，特点反差最大。二人原有的特点，皆被对方的特点衬托得更为鲜明。

二人皆率领红军的主力军团。把握特点，便相得益彰。

这便是毛泽东的拿手好戏了。

被打垮的吴奇伟部，并非一触即溃的乌合之众。自信的林彪也许并不知道，在这支被他"猛打猛扫"的部队里，他还任过见习排长。

吴奇伟的第四军，就是当年颇负盛名的北伐劲旅"铁军"残留下来的部队。吴奇伟与林彪当年同为铁军第十二师的人。吴奇伟久经沙场，为十二师三十四团团长；林彪从黄埔新近毕业，刚分来任十二师独立团见习排长。一个粤军前辈，一个黄埔后进，皆在河南临颍战场对张作霖的奉军奋勇作战。

虽是铁军,到底也有共产党、国民党之分。共产党人叶挺率铁军一部举行南昌起义,国民党人吴奇伟、李汉魂率铁军另一部镇压南昌起义。铁军四分五裂。随之而来的新军阀混战中,更是九死一生。打剩下的最后一点老底由吴奇伟统辖,编成五十九、九十两个师,参加"围剿"与追击红军。

增援王家烈时薛岳留了一个心眼儿。他将欧震的九十师留在贵阳,让完全是黄埔系组成的直辖九十三师唐云山部随吴奇伟北上。

林彪送给他老部队的礼物是侧面迂回、正面猛追。五十九、九十三这两个师,据说参加第五次"围剿"以来从未败过。这回被红一军团追得全军溃乱,建制崩溃,丧魂落魄。即便逃过江的部队,重武器和伙夫担子行军锅灶也一律丢光。

二渡赤水的遵义城一战,吴奇伟的部队起码一半是被林彪追垮的。

可惜欧震没有渡江北上,失去一个与历史邂逅的机会。欧震也是铁军中人。当年随叶挺参加南昌起义,起义部队南下在广东汤坑与粤军陈济棠和薛岳激战时,薛岳部已被击败,师部也被包围,关键时刻起义军营长欧震阵前倒戈,使薛岳得喘息之机,遂与赶来增援的邓龙光部向叶挺展开猛烈反攻。

南昌起义主力在汤坑战败,欧震也从叶挺部下投到薛岳门下。

当欧震拒绝服从吴奇伟的命令率九十师过江时,他也许在冥冥中感觉到了,从遵义方向漫山遍野追杀过来的红军部队,就是自己当初背叛了的起义军火种。

林彪已经不记得国军九十师师长是当年南昌起义二十四师的营长了,欧震还记得红军第一军团长是当年二十五师的连长吗?

与薛岳一起长追红军的吴奇伟,自在乌江边上大哭一场后,便再未与共产党的军队打过大仗。抗日战争爆发,他率第四军到嘉定、罗店一带参加抗战。解放战争中他任过徐州绥靖公署副主任,但很快借口到南京汤山养病,辞掉了这个职务。

蒋介石却一直记得他。尤其在蒋年龄越来越大、心腹将领一个接一个连遭败绩的时候,他越来越回想起对红军围追堵截的那些年代,以及参加围堵的那些将领。1948年1月,国民党政府授予吴奇伟二等云麾勋章。8月,国共即将开展战略决战之机,蒋介石委任吴奇伟为华北"剿总"副总司令。华北"剿总"附近的解放军领导人,多是吴奇伟当年的老对手。蒋介石希望他与傅作义一道,在这个战略区稳住华北的聂荣臻,堵住东北的林彪,为摇摇欲坠的蒋家王朝再做一次顶梁柱。

吴奇伟却心力交瘁了。当年跟在红军后面走了一两万里尚无可奈何,现在阻止共军南下更无可能。他北上很短时间之后,就南返广州,不想再去卖命了。

人民解放军突破长江天险后不到一个月,他便与几个粤籍将领在粤东发表《我们的宣言》,宣布脱离国民党,投向人民。

吴奇伟到北京参加了中国人民政治协商会议第一届全体会议,还受到毛泽东主席和朱德总司令设宴欢迎。历史的发展就是这样扑朔迷离:这位当年率部对红军穷追不舍的国民党将领,1949年10月1日站在北京的观礼台上,庆祝中华人民共和国诞生。

第三节 鲁班场,周浑元

毛泽东1956年在八大预备会议上讲自己打过的四次败仗,第四次"茅台那次打仗",即指三渡赤水前的鲁班场战斗。

这场战斗的影响远比今人想象的为大。战前毛泽东差一点丢掉前敌总指挥职务,遵义会议成果几乎成为泡影。四渡赤水后又有林彪写信要求改换指挥。

鲁班场是毛泽东的街亭。

说鲁班场战斗,必须谈林彪的打鼓新场战斗。

谈林彪的打鼓新场战斗,必须谈中革军委于遵义大捷后确定的战略方针。

谈中革军委新确立的战略方针,必须看蒋介石的实际部署和设想。

真是一个连环套。

的确如此。如果你想解开历史之谜,必须解开这些连环。

解开它们,你便得到了历史。

红军遵义大捷以前,先有蒋军的"土城大捷"。

2月2日,蒋介石以国民政府委员长身份,"悬赏购缉共军首领朱德、毛泽东、徐向前、彭德怀、林彪、董振堂、周恩来、张国焘"。蒋介石自己也记不清他是多少次悬赏捉拿这些人了。他对这些人的头颅兴趣极大,但对这些人头颅中所思所想,却几乎一无所知。

也不是一点不知道。红军二渡赤水的当天2月18日,薛岳就从滇军得报:红军放弃入滇计划折向黔北。两天之后,投降的红一军团二师供给部出纳员何彬说,红一军团正在向东急进,其余各军团也在后跟进;作战要求是打倒王家烈,消灭周浑元。

薛岳连忙调动军队,重新部署,却为时已晚。

但薛岳还是及时地搞到了毛泽东上台的消息。

一渡赤水前,三军团向土城前进途中宿营时,担任掩护的五师突遭黔敌袭击,部队颇有损失,五师十四团政委田丰被俘。敌人从他那里得到了遵义会议情况:"红军内部的井冈山派与苏俄派在遵义斗争非常厉害,井冈山派主张硬干,坚决反击国民党军,苏俄派则空谈理论避重就轻,斗争结果毛泽东的井冈山派胜利。"

薛岳得此重要情报,大受震动。他立即把田丰召到贵阳面谈,一面将毛泽东上台的消息上报蒋介石,一面通令各部队。

对薛岳2月初报上来毛泽东重新上台的消息,蒋介石半信半疑。1934年7月红军将领孔荷宠叛变,蒋介石就是从孔荷宠那里听到毛泽东不再指挥红军,高兴地通知陈诚"放胆进攻,再不必担心毛泽东的游击战术"等。他内心十二万分不愿意相信薛岳的情报为真。

一直到嫡系中央军在遵义大败所展示的红军用兵风格中,他才觉出毛泽东的确上台了。

对手之间是最知根底的。

1934年12月10日开幕的国民党四届五中全会上,因为对中央苏区的全面占领和湘江一带的堵截,蒋介石好不风光。国民党中执委、中监委115人出席会议,希望国军在蒋介石率领下"再接再厉",将红军"根本歼灭"。

3个多月过去了,不但没有"根本歼灭",反而让红军一口气吃掉了五六千人,垮掉了十几个团。他拍电报骂薛岳,说这是"国军追击以来的奇耻大辱"。

蒋介石明白,这一失败恰恰证明了薛岳给他的情报的正确。

3月2日,蒋介石带着陈诚亲自飞往重庆。到重庆后第二天,便发出一道公开命令和一封私人信函。

公开命令给各部队首领:"凡我驻川、黔各军,概由本委员长统一指挥,如无本委员长命令,不得擅自进退,务期共同一致完成使命。"

私人信函则写给薛岳:"毛既已当权,今后对共军作战,务加谨慎从事,处处立于不败之地;勤修碉堡,稳扎稳打,以对付飘忽无定的流寇,至为重要。"

同时还把这封红军作战已改为"飘忽无定"、要分外慎重的信空投给了吴奇伟。

从抵贵阳之日起,蒋介石便如同战场指挥官,实际代替了薛岳的指挥。

接函的薛岳倒也多了几分安慰:对毛泽东用兵有所畏忌的,绝非他薛岳一人。

失败使蒋介石再一次清醒了。

清醒归清醒,对红军的战略方向,却依然判断不清。

红军下一步到底往哪里走,对国民党来说,一直是个谜。

对红军走向的猜测与判断,成了国民党高级将领的一道智力竞技。

刘湘最担心红军入川,便认为红军必然入川。朱德、刘伯承都是四川人,与川军有关系,尤以刘伯承对泸州一带了若指掌,所以红军在这一带徐图渡江与张国焘、徐向前会师的可能性极大;而回湘图与贺龙会合的可能性极小。

薛岳与刘湘相反。他最害怕红军久留贵州,便认为红军在贵州久据的可能性最小。他率10万大军入黔后,已经把贵州看作自己的地盘。红军二渡赤水时,他刚刚就任掌握全省军权的贵州绥靖主任,觉得红军入滇入川均有可能,唯独贵州不比江西,山穷水恶,久据不易;若再东驱回湘,则更是不得已的下策。

龙云与薛岳一样,怕红军入云南,便认为红军在云南生根很难。他觉得红军多是江西客籍,除朱德、罗炳辉在滇军做过事外,其余将领基本不熟悉滇北滇西地方民情。云南民风强悍,组织严密,红军过路是上策,久据是下策。

陈诚则完全代表蒋介石,分析问题的心理与刘湘颇为类似。蒋介石最怕红军向东威胁其中枢,陈诚便估计红军有极大的可能向东。他认为朱毛入川与张国焘、徐向前会合,或回湘与贺龙、萧克会合,是战略上必然的两个腹案;川滇地处边陲,红军久据可能性不大,不足为虑;最应注意者是红军东返与贺、萧会合。如此追剿较难,影响也较大。

众说纷纭。红军到底会去向哪里,谁也说不出个所以然。

陈诚、薛岳、刘湘、龙云,把红军入川、入滇、回湘的可能性都估计到了,皆认为红军图黔的可能性极小。

红军却偏偏要图黔。

黎平会议就看中了以遵义为中心的黔北:"政治局认为,新的根据地区应该是川黔边区地区,在最初应以遵义为中心之地区,在不利的条件下,应该移至遵义西北地区";一渡赤水后又提出"以川滇黔边境为发展地区,以战斗的胜利开展局面,并争取由黔西向东的有利发展"。

除了遵义会议后到一渡赤水前短暂地把注意力放到了四川,红军领导人一直没有放松对黔省的注视。

二渡赤水取得遵义大捷后,图黔决心更加坚定。为彻底实现以遵义为中心的川、滇、黔边区根据地设想,中共中央决定与追击军主力周浑元纵队决战。

于是继土城之战后,再次出现"决战"这一字眼。

3月4日,中革军委主席朱德和副主席周恩来、王稼祥签发命令:"为加强和统一作战起见,兹于此次战役特设前敌司令部,委托朱德同志为前敌司令员,毛泽东同志为前敌政治委员。"

命令中所提的"此次战役",即指预定的歼灭周浑元。前敌司令部也专为歼灭周敌而设。毛泽东以政治委员的身份,担任实际的总指挥。

同一天《红星报》提出口号:"为赤化贵州而战!"

3月8日更发表《党中央为粉碎敌人新的围攻赤化全贵州告全党同志书》:

亲爱的同志们:

最近我们在遵义附近的战役中,消灭并击溃了王家烈、吴奇伟十一团之众,这是反五次围剿以来第一个伟大的胜利。这一胜利彻底粉碎了敌人的追剿计划。这一胜利给了我们在贵州首先在黔北站住脚跟、开始赤化群众、建立苏维埃根据地的可能。这一胜利给了我们进行部队的休息、训练、整理、扩大的可能。这一胜利配合了红四方面军与二、六军团的胜利,更加开展了中国苏维埃运动的局面。

同志们!粉碎敌人新的围攻的决战就要开始了,我们当前的中心口号是,打大胜仗来赤化全贵州!全党同志一致动员起来,团结在党中央与军委的周围,反对任何机会主义的动摇,用你们的模范作用,经过你们党的支部,去领导全体红色指战员,继续遵义战役的胜利,争取当前战役更伟大的胜利。中央主力红军的胜利将不仅赤化全贵州,且将配合红四方面军与二、六军团的胜利,赤化整个云贵川三省以至湖南地域的广大地区!

中国工农红军胜利万岁!

苏维埃革命胜利万岁!

中国共产党万岁!

"打大胜仗","赤化全贵州","赤化整个云贵川三省"并"以至湖南地域的广大地区",二渡赤水的空前胜利,使中革军委再一次急于求成。

一渡赤水前打败了黔敌就轻视川敌;三渡赤水前打败了吴奇伟就

轻视了周浑元;事情就是这样一遍一遍演示:失败孕育着胜利的种子,胜利也包含着失败的基因。

3月5日,前敌总指挥毛泽东决定各军团集中于鸭溪,"突击周敌"。具体部署以红九军团在桐梓、遵义地区吸引川敌向东,集中主力一、三、五军团及军委干部团由遵义地区西进遵、仁路,寻歼周浑元,未果。

3月6日,毛泽东又准备在白腊坎以西迎击周浑元。决定以林彪的一军团由北向南打抄后路,彭德怀的三军团由南向北打堵迎头,五军团在白腊坎为预备队,九军团警戒大渡口;先以猛烈动作解决周浑元部萧致平九十六师、谢溥福第五师,7日再解决周部万耀煌第十三师。

毛泽东对这一仗踌躇满志,率前敌司令部亲至白腊坎。除要求各军团用无线电随时报告战况外,还特别规定了烧烟火传递消息的办法:大胜利烧三堆火,小胜利烧两堆火,相持或不利烧一堆火。

结果一堆火也烧不起来。

周浑元根本就没有进入我预伏地域。

这是一个我们以前很少了解的对手。

周浑元是老资格军事人物,与他的上级长官陈诚一样,毕业于保定军官学校第八期。陈诚是炮兵科,周浑元是步兵科。1926年北伐已任师参谋长,年岁不大,资格不浅。此人长期与红军作战,与我红一军团、红三军团、红五军团、红七军团、红十军团都交过手,是一个吃过红军的亏,也让红军吃过亏的老手。国民党方面记录如下:

民国十七年(1928年)十一月,红军毛泽东、朱德败第五师周浑元旅一团于江西宁冈龙源口。

民国二十年(1931年)八月,江西红军第三军团攻龙岗剿赤军,第五军团第五师周浑元力战败之。第一军团林彪大破第五十四师郝梦龄于良村,副师长魏我威死之。

民国二十一年(1932年)十月,江西剿匪军第五师周浑元攻占赣东葛源(红军方志敏之根据地)。

民国二十二年(1933年)四月,江西剿匪军第五师周浑元克金溪,红军方志敏等退贵溪。

民国二十二年(1933 年)九月,江西剿匪军第八纵队周浑元攻占黎城,红军第七军团萧劲光败走。

民国二十二年(1933 年)十月,江西红军第三军团彭德怀、董振堂猛攻南城、黎川间之资溪桥,剿匪军第八纵队周浑元拒之。

民国二十三年(1934 年)四月,江西剿匪军第八纵队周浑元攻占广昌云际寨。

民国二十三年(1934 年)七月,前红军湘鄂赣军区总指挥第十六军长孔荷宠向剿匪军第七纵队周浑元投诚。

……

这是一个在与红军交手过程中从旅长干到师长,再干到纵队司令的人。如此老枪,对红军"诱敌深入""围点打援""运动中歼敌"等战法再熟悉不过,简单布个口袋阵让他钻进来,然后集中优势兵力加以歼灭,确实难以奏效。特别是在其同僚吴奇伟刚刚大败之际,作为中央军追击红军的另一位纵队司令,周浑元不得不分外小心、分外谨慎。

两次诱周决战未果,林彪按捺不住了。

3 月 10 日,林彪、聂荣臻联名向中革军委主席朱德发出一封"万急"电报,建议以主力向打鼓新场、三重堰前进,消灭西安寨、新场、三重堰之敌。具体部署是:

以三军团两个团切断三重堰至西安寨地域之敌退黔西之路;

以三军团另两个团及一军团两个团消灭西安寨之敌;

一军团主力四个团攻击打鼓新场,干部团佯攻敌周浑元部;

五军团为总预备队。

电报是凌晨 1 时发的,林彪思考一夜的结果。电文很长,对各部队行程时间,途经地域,到达位置,均有缜密算计,一如林彪以往的指挥风格。

看得出来,这一建议不是草率思索的结果。

西安寨、打鼓新场之敌为黔敌犹国才旅。林彪长思后提出该作战计划,核心是不想打周敌,想打黔敌;所以仅以"干部团佯攻敌周浑元部"。

但成立前敌司令部就是为了打周浑元。林彪突然站出来说不打周敌而转攻黔敌,给毛泽东带来了遵义会议以来最大的危机。

当天中央政治局在鸭溪召开扩大会议,讨论林彪提出的打鼓新场战斗。会议由张闻天主持。毛泽东认为红军两天以后才能赶到打鼓新场,届时滇军将与那里的黔军会合,旁边还有川军和中央军周浑元部的侧击,一打,又会碰硬。

但大多数人支持林彪的意见,主张打。

24年后的1959年4月,毛泽东在中共八届七中全会上回顾了当年那一幕。他说:

> 比如苟坝会议,我先还有三票,后头只有一票。我反对打打鼓新场,要到四川绕一个圈,全场都反对我。那个时候我不动摇,我说,要么就听我的,我要求你们听我的,接受我的这个建议。如果你们不听,我服从,没有办法。

当时还没有人说毛泽东的话一句顶一万句。他只能苦口婆心地一再阐述不能打的理由,却未能说服众人。最后毛泽东也着急了,不是"我服从,没有办法",而是提出如果要打,他就辞去前敌总指挥的职务。未料想坚持打的人也针锋相对:"少数服从多数,不干就不干。"

现场一表决,毛泽东成了绝对少数,即后来回顾说"后头只有一票"。于是会议通过了攻打打鼓新场的决定。毛泽东刚刚担任了6天的前敌总指挥职务被撤销,所遗空缺由彭德怀暂代。

这实在是个连张闻天也觉得尴尬的局面。作为中共中央负总责之人,6天前他刚刚提议毛泽东任前敌总指挥,6天后又不得不在自己主持的会议上认可了毛泽东的去职。

遵义会议成果眼看将毁于一旦。

挽救局面的是周恩来,更是毛泽东自己。

天黑了,失去总指挥职务的毛泽东才理出一个办法:找周恩来。遵义会议决议,周恩来仍然是"党内军事上下最后决心者"。而这个"最后决心"还没有下。

毛泽东是提着一盏马灯,走了三里多山路,找到周恩来住地的。毛、周二人在屋内单独讨论。周恩来后来回忆说,毛泽东要求攻打打鼓新场的命令晚一点发,再想一想。周恩来采纳了毛泽东的意见,当晚9时即以军委名义发电要部队集中,以便寻求新的机动。11日凌晨1时30分,再以中革军委主席朱德名义致电林、聂、彭、杨:

> 我主力进攻新场已失时机。因为我军十二日才能到新场,不但将为黔滇两敌所吸引,且周川两敌亦将出我侧背,如此转移更难。

这封电报实际上推翻了10日政治局扩大会议关于打打鼓新场的决议。

从10日凌晨1时林彪那封建议打打鼓新场的"万急"电报,到11日凌晨1时30分朱德这封取消打打鼓新场的紧急电报,24个半小时之内,决策变化令人眼花缭乱,毛泽东的指挥权失而复得——取消了打鼓新场战斗,毛泽东的前敌总指挥地位便自然恢复。

毛泽东后来常常说,真理往往在少数人手里。这句话他有深刻的体会。井冈山"八月失败"前,就是少数服从多数,举手通过返回湘南,损失了二十九团。红四军"七大"上,也是少数服从多数,举手表决选掉了毛泽东的前委书记。遵义会议以后,又是举手表决,刚刚担任的前敌总指挥职务又被撤销。

这回争论后,为使军事指挥真正机动灵活,不再出现会议讨论行动方针、争论不休以致举手表决的局面,毛泽东向张闻天提议成立"三人军事领导小组",全权指挥军事,成员为周恩来、毛泽东、王稼祥。

张闻天也觉得军事指挥通过会议实施明显不行,自己对打仗又不熟悉,便完全赞同。在3月12日的政治局会议上,"三人军事领导小组"的提议被通过。

这便是与博古、李德、周恩来老三人团相对应的周恩来、毛泽东、王稼祥新三人团。团长是周恩来。

毛泽东从遵义会议后"周恩来军事指挥上的帮助者",到二渡赤水后前敌司令部总指挥、3月12日新三人团的实际负责者,用了将近两个月时间,终于进入最高军事决策机构并掌握了决策权。中共中央变换军事领导的进程最终完成。

3月13日20时新三人团发布第一个战略方针《关于我野战军战略方针的指示》。基本设想是在消灭黔军的战斗中调动周浑元、吴奇伟纵队,相机歼灭。

掌握了决策权的毛泽东,还是要打周浑元。

3月14日,新三人团发布"我野战军决心以全部力量,于明15号绝不动摇地消灭鲁班场之敌"。

鲁班场之敌即周浑元。

3月11日至14日,周浑元率第二纵队三个师先后进至鲁班场,驱赶老百姓伐木砍树,在周围山上修工事、挖战壕、筑碉堡,布成一道道障碍,以阻击红军进攻。

现在回过头来看,毛泽东决定对周敌发动进攻以转变整个局势,考虑是不周的。

首先,毛泽东历来主张运动中歼敌,反对打鼓新场战斗就是出于敌在固守。而鲁班场的周敌在红军攻势发起以前,已获得4整天修整工事时间,很从容地从运动转为了固守。

其次,是新的战略方针要求在消灭黔军的同时调动周、吴纵队加以歼灭,而实际上周敌并没有被调动。

第三,鲁班场东有凉风垭,其上的摩天岭海拔1400多米,西接马鞍山,南通三元洞。途中有五六公里的槽形田坝;东北面是起伏的丘陵地带。下场口两山对峙,形成钳形口,地形险要,易守难攻。

面对这些不利条件,红军指挥员中也提出了不同意见。

彭德怀、杨尚昆3月13日19时向前敌司令部提出:时间局促,地形对我不利,敌人阵地工事坚固,我们考虑无攻破周敌的可能;建议迅速脱离当面之敌,控制仁怀、茅台西渡,以吸引滇、川两敌向西,来寻求机动。

建议中所提"时间局促,地形对我不利,敌人阵地工事坚固",正是后来红军攻击失败的原因;而"控制仁怀、茅台西渡,以吸引滇、川两敌向西,来寻求机动",也恰是后来采取的方针。

但这个建议当时未被采纳。

攻击周浑元的具体部署是:以一、三军团及干部团为右翼队,统由林彪、聂荣臻指挥,由北向南突击鲁班场之敌左侧背及左正面;以五军团和三军团之第十、第十三团为左翼队,由董振堂、李卓然指挥,协同一军团突击鲁班场之敌。

15日拂晓,战斗打响。红军向周纵队第五师阵地正面进攻,遭到猛烈反击。10时许,向敌三个师的阵地全面进攻,均被敌重机枪的猛烈火力所压制,屡攻不克。双方鏖战至13时,敌机在士兵白色标志引导下,向红军阵地狂轰滥炸,压得红军抬不起头,伤亡不断增加。黄昏,红军以密集队形实施连续冲击,仍不能得手。战至天黑,因敌占据有利地势,只得停止攻击,与敌对峙。19时许,周敌开始向红军右侧迂回。黔军两个团也尾追红军至鲁班场东南永安寺附近。为避免受敌夹击,红军遂撤出战斗,于15日夜转移到茅台、仁怀地域。

鲁班场战斗失利。

对中国革命来说,每一次失败,都蕴含着成功;每一次成功,又都潜伏着失败。遵义会议后刚刚进入领导核心,毛泽东就碰到了土城战役的失败;二渡赤水后刚刚成立新三人团确立毛泽东的实际领导地位,又来到了一个鲁班场。

"文化大革命"中人们总念这段毛主席语录:"错误和挫折教育了我们,使我们变得比较地聪明了起来。"犯错误的、没犯错误的,都爱念这一段。念给别人,念给自己,却没有人敢设想念给毛主席。觉得能够说出这种话的毛主席,是从来不犯错误的。

毛主席的话,首先正是自己在中国革命中的切身体验。

土城战役的失败,不得不放弃赤化四川的战略方针。

鲁班场战斗的失败,又不得不放弃赤化贵州的战略方针。

正是这些失败,这些"不得不",使作为中国革命领导人的毛泽东越来越踩实脚下的土地,越来越趋近只有脚踏实地者才可能企望的胜利。

这个给毛泽东造成很大麻烦的周浑元,以一名非嫡系人员获得蒋介石特殊信任。1937年抗战爆发,出任陪都重庆的警备司令部司令。可惜好景不长,1938年1月,周浑元突发脑溢血去世,终年43岁。蒋介石给他高规格葬礼:追赠陆军上将军衔,还亲自撰写挽联:"风雨忆龙骧,楼船未下收吴地;壮怀空马革,金剑长枕惜楚材。"

周浑元的遗体被运回故乡江西金溪,距离红军长征的出发地于都,并不很远。

他永远不会知道被他穷追的这些人,未来会成就多么大的事业。

第四节　赤水不是逍遥津

3月16日晚,红军放弃在黔北建立根据地的计划,于茅台县开始三渡赤水,向古蔺、叙永方向前进,一副北渡长江的姿态。

很多描写这段历史的书籍都认为,三渡赤水使蒋介石十分恐慌,以为红军又要北渡长江,所以急令川军防堵于西,黔军沿赤水河防堵于东与南;滇军向赤水河靠近;中央军周浑元、吴奇伟实行尾追。

其实蒋介石没有那么惊慌。

他当时的确摸不清红军的战略动向,但鲁班场战斗红军啃不动周浑元部,他感到红军已经没有很强的战斗力了。从国民党的资料看,蒋介石起初担心红军继续向东与贺龙、萧克会合,于是严令封锁乌江,以图歼灭红军于乌江以西的巴黔大道地区;红军突然间三渡赤水,他已开始判断红军可能要分散游击,化整为零了。

这个时候,他已经基本不相信红军还有北渡长江的实力了。

他在重庆电示薛岳："共军已成强弩之末,势将化整为零,在乌江北岸,长江南岸,横江东岸打游击,冒险渡长江公算不大;应令各纵队实施江西围剿时之碉堡战术和先求稳定、次求变化的方针,分路自得截堵,逐次缩小,加以包围。"

在蒋介石一系列命令下,湘军李韫珩部东开,在遵义城周围修筑碉堡;上官云相第九军在桐梓、遵义间修碉筑路;刘湘进至长江以南叙永、赤水城、土城、古蔺一带修碉封锁;龙云以孙渡部进至毕节以东地区修筑碉堡。蒋介石声称:"如许大兵,包围该匪于狭小地区,此乃聚歼匪之良机",若再不消灭红军,"何颜再立于斯世!"

红军再次面临千钧一发的时刻。

三渡赤水预定进至的古蔺、叙永地区已三面受敌,回旋余地十分狭小;若敌人碉堡封锁线形成,又将出现第五次反"围剿"局面,红军再去打破将十分困难。紧急关头,以毛泽东为首的红军前敌司令部于20日17时当机立断,决定四渡赤水,在赤水河东岸寻求机动。

3月16日晚三渡赤水,到20日晚决定四渡,仅仅间隔4天。若是今天,4天时间连战略方针的草案都拿不出来,更远远谈不上完成由此方针向彼方针的转变了。

3月20日17时,党中央、总政治部致电各军团首长:

林聂彭杨刘董李曾罗蔡黄陈宋:

现因□□□□□可能防堵,我再西进不利,决东渡,这是野战军此后行动发展的严重紧急关头,各军团首长要坚决与迅速组织渡河,必须做到限时渡毕。

1. 派高级首长亲自鼓动与指挥架桥,打破任何困难,使桥迅速完成。

2. 组织渡河,使部队免除紊乱、拥挤与落伍,有秩序限时迅速渡毕。渡河迟缓或阻碍渡河的困难不能克服,都会给野战军最大危险。这次东渡,事前不得下达,以保秘密。

党中央　总政治部　20日17时

"野战军此后行动发展的严重紧急关头","派高级首长亲自鼓动与指挥架桥,打破任何困难","渡河迟缓或阻碍渡河的困难不能克服,都会给野战军最大危险";四渡赤水前的语气如此严重急迫,与二渡赤水后取得遵义大捷发布的《告全党同志书》宣称"彻底粉碎了敌人的追剿计划","给了我们进行部队的休息、训练、整理、扩大的可能","我们当前的中心口号是:打大胜仗来赤化全贵州!"形成鲜明对照。这是自突破湘江封锁线后,红军最高指挥机关下达命令时从未用过的严重用语。令人想起湘江战役战局危重的关头,林彪发出的那封"军委须星夜兼程过河"的电报。

虽然有了二渡赤水的遵义大捷,但三渡赤水前后出现的严重局面,不是我们今天只凭《中央红军四渡赤水战役经过要图》便感叹毛泽东神机妙算英明伟大、我军声东击西出其不意招招制敌,敌军处处防不胜防疲于奔命那样简单的;几十年后纪念馆内的沙盘推演,绝对不能推演出当时当地红军的真实处境。

周恩来后来说:"从那个时候一直到渡金沙江,从一月、二月出发,到了五月,这是相当艰难困苦的一个时期。走'之'字路,四渡赤水河。"

就连以宽容憨厚见长的总司令朱德,在四渡赤水期间也两次大发其火。

一次是一渡赤水前的土城战役,朱德亲上前线督战,见部队疲惫不堪的样子,对三军团四师政委黄克诚发了火。

另一次是四渡赤水后南渡乌江,干部团奉命拆掉浮桥时,九军团还未过江,朱德知道后对干部团的陈赓、宋任穷发了很大的火。

宋任穷回忆说:"我从来没有见过总司令发脾气,这次发怒是我见到的唯一的一次。"

黄克诚见到的,大约也是唯一的一次。

那的确是一段非常时期。川、黔、滇边区回旋余地如此狭小,蒋介石又调集川军、黔军、滇军、桂军、湘军加上中央军重兵云集,围追堵截;敌我之间常常是你来我往,互相穿插;部队与部队间空隙相当有限;生死之交,胜败之别,常常决定于一瞬之间。红军一着不慎,确实有满盘皆输的可能。

而且红军来到川、滇、黔以后,在江西苏区与蒋军相比明显占优的山地机动能力也不明显了。川军、黔军和滇军长期征战于云贵高原,皆具很强的山地行军能力。红军这方面与他们相比,并不占有很大优势。就是相对最弱的黔军也并非不堪一击。黔军极强的山地行军能力,使其也具有行动飘忽的特点。一渡赤水前部队向土城行进时,三军团五师就突遭黔军袭击,部队颇有损失,五师师长李天佑因此被撤职。黄克诚率四师实施反击,虽然将敌击溃,但黔军爬山本领极高,跑得飞快,红军追击了好一阵子也没有追上。

二渡赤水的遵义大捷也使红军付出了很大代价。打了王家烈的老根,黔军也拼了命。这种时候黔军的战斗力并不弱于蒋介石的中央军。红三军团伤亡严重。军团参谋长邓萍阵亡,张宗逊、钟赤兵等多名师团领导受伤。遵义战役后彭德怀给军委的报告中说:红三军团现在只有一个团能维持原编制,每连也只有五六十人。其余三个团,每连只能编四五个班;可见部队损失之大。

所以从来不发火的朱总司令几次发火,从来不叫困难的周恩来说"相当艰难困苦",也没有什么奇怪了。

中国工农红军的胜利,绝不是历史用托盘端上来的一份幸运礼物。把四渡赤水看成一场出神入化的妙算和从容不迫的行军,糟蹋的是我们自己那部艰难曲折英勇顽强的奋斗史。

3月21日,中央红军分别经二郎滩、九溪口、太平渡四渡赤水河。

3月22日下午截听到敌方通信:蒋介石已发现红军"渡过赤水河,向东回窜",开始新一轮追击围堵部署。

3月24日,蒋介石自重庆飞抵贵阳。

他最初满以为红军将在川、黔、滇一带分散游击,所以要"先求稳定",用碉堡将红军封死。毛泽东偏不求"稳定"。碉堡封锁来不及形成,红军21日又东渡赤水,以古蔺地区为核心用碉堡围死红军的设想遂不能实现。

但蒋见红军并未化整为零,便认为聚而歼之的大好时机仍在。贵州西北地瘠民贫,大军行动不仅米粮困难,柴草也不易,蒋介石认为红军反复徘徊于此绝地,乃系大方针未定的表现。遂立即改碉堡封锁战法为碉堡封锁与重点进攻相结合。他严令各路军队向遵义地区开进,实行南北夹击,不顾一切迫红军于遵义地区决战,围歼红军于遵义、鸭溪地区。在给薛岳部连以上军官的训令中,他说:"残匪西窜是我军围歼唯一良机,如再不能剿灭,则再无革命军人之资格。"

不光有敌变我变,也有我变敌变。双方皆挖空心思,寻求消灭对方、保存己方的最佳战法。

蒋介石并非一再上当的草包。

但关键时刻,薛岳找不着红军主力了。

红军也在进行紧张的调整变化。

25日,毛泽东、周恩来、王稼祥三人团以中革军委主席朱德名义致电各军团负责人,提出首先钳制周浑元、吴奇伟部,消灭王家烈部,由此扩大机动区域转向西南,然后在运动战中消灭追击或截击之敌一部或大部,以扭转战局。

此方针还是胃口太大。红军当时连续奔波,已相当疲惫,粮食等给养又十分困难。一渡赤水在扎西、二渡赤水在遵义一带扩大的兵员逃亡严重。要先吃掉王家烈再吃掉其余敌人一部或大部,已无可能。

接到这封电报后,晚上22时三军团彭德怀、杨尚昆回电,认为目前向西南机动很困难,因为首先要突破敌之包围;建议转向东南之乌江流域比较有利。同时根据调查所得情况,彭、杨提出,只要有充分准备,用4至6个小时即可在三军团原来渡乌江处架起浮桥。

关键时刻,彭、杨再次提出重要建议。

虽然没有明确提出南渡乌江,但意思已很明显。

26日,毛泽东迅速接受彭、杨建议。朱德发布命令,决定中央红军集结主力改经长干山与枫香坝中间地段南下。

27日敌情又发生变化。长干山之敌已进占平家寨、李村,薛岳直接指挥的九十二师已在坛厂与九军团激战,原定从长干山、枫香坝之间突围南下已不可能。蒋介石、薛岳正调集人马在这一带修碉堡筑封锁线,阻止红军南下。

毛泽东决定,以红九军团伪装主力向长干山、枫香坝佯攻,引敌北上;一、三、五军团及军委纵队乘机改由枫香坝以东穿过敌人封锁线,向南急进,抢渡乌江。

做此决定时,他一定想到了两天前彭、杨的建议。

抢渡乌江,要点在"抢渡"二字。实现抢渡,关键不能让敌人察觉企图。

但前线敌军发现了红军的企图。

28 日,土城守敌侯汉佑电薛岳:红军停止西进,一部有回转模样。

薛岳未加重视,认为遵义以西封锁线已完成,红军向何处回转,不足为虑。

30 日周浑元急电薛岳:长干山、枫香坝、鲁班场附近防线遭红军袭击,红军已经南移,有偷渡乌江模样。

薛岳这才大惊,急忙请示蒋介石。

这回轮到蒋介石不以为然了。认为是红军的战术行动,不要上当。

28 日侯汉佑致电薛岳时,红军主力已由鸭溪、白腊坎之间突破敌军封锁;

30 日周浑元急电薛岳时,红军主力到达乌江边。

同是主帅,毛泽东对红军将领的意见极其重视。哪怕意见不合自己的主观设想,只要符合客观实际,也坚决采纳实行。蒋介石、薛岳等则不愿重视不合己意的消息。被证明是真实的了,还千方百计做出解释,完成自我开脱。

例如后来把不知道红军南渡乌江归结于连日阴雨连绵,乌云密布,飞机无法临空侦察,所以不知红军去向。部下先前一封又一封报告被丢进废纸篓里,却无人出来承认了。其中还有一个重要插曲。3 月 30 日,中革军委二局破译敌方电文从而掌握重要情报:周浑元、吴奇伟两个纵队准备向泮水、新场前进。但如果对方发现我动向,很可能改为向狗场、安底、沙土方向猛追,重演如湘江战役一样的血战局面。为避免严峻局面的出现,军委二局局长曾希圣向中央建议:利用我掌握的敌军密码和电文格式,冒充在贵阳的蒋介石越级指挥,给周浑元、吴奇伟发电报,命令两纵队继续向泮水、新场前进,将敌两个主力调开。敌军果然中计,使红军避免了一场不利的血战,赢得了南渡乌江的时间。

3月31日,中央红军除九军团继续伪装主力在乌江北岸迷惑敌人外,其余红军全部南渡乌江,跳出敌人的包围圈,蒋介石几十万追兵和一大群碉堡封锁线都被甩在了身后。

追兵依然在乌江以北大筑碉堡。蒋介石依然在那里做他那"浩浩长江俨如天堑,环山碉堡星罗棋布,末弩红军走投无路"的美梦。

4月1日,蒋介石才知道红军渡过乌江的消息。

红军完成了四渡赤水。

从1月20日中革军委下达《关于渡江的作战计划》,到3月31日红军主力南渡乌江,70天时间红军在黔北川南徘徊不去。一渡赤水前土城失利,被迫放弃赤化四川。三渡赤水前鲁班场失利,又被迫放弃赤化贵州。一次次寻找,又一次次失去,就因为失去根据地的红军,迫切需要找到新的落脚点。

皆未能实现。

原因不仅在敌我力量悬殊,也在蒋介石对西南早就志在必得。

蒋介石一直视半独立的西南为巨大隐患,常思拔除。在南昌行营部署对红军的追剿时,他就在部署统一西南的全盘计划:"川、滇、黔三省各自为政,共军入黔我们就可以跟进去,比我们专为图黔用兵还好。川滇为自救也不能不欢迎我们去,更无借口阻止我们去,此政治上最好的机会。今后只要我们军事、政治、人事、经济调配适宜,必可造成统一局面。"

对蒋来说,入黔追剿红军无疑是"一石二鸟"。不仅如此,还可进一步形成既可扼桂,又可图滇的态势。所以不惜使用重兵,大筑碉堡,长期据守,与红军反复较量,绝不允许红军在贵州立足。

中央红军不论是老三人团还是新三人团,对这些情况基本不清楚。长征前中共上海局被破坏,红军失去了与共产国际的联系,在一定程度上影响了红军领导人的战略视野。主要领导人对蒋介石的整

体战略意图和西南军阀各自的算盘均不甚了解,于是便连续出现决策
与实际不符的情况。

　　后来红二、六军团长征,仍然想在黔西、大定、毕节建立川滇黔边
根据地,最后不能保住,原因也正在此。

　　虽然战略目标未能实现,但四渡赤水作战的光辉地位永存。

　　毛泽东灵活机动的战略战术又回到了红军。

　　毛泽东说,四渡赤水作战是他一生中得意之笔。

　　得意在哪里?不在神机妙算。也没有神机妙算。只有根据实际
情况迅速对决策做出修订,方能一次又一次化险为夷。

　　四渡赤水期间,红军战略决策的变化是令人眼花缭乱的。脚踏实
地实事求是,决策变化的灵活与快速,令我们今天叹为观止。所有变
化目的都是一个,为了打破敌人的围追堵截。

　　毛泽东在红军中领导地位的恢复,由四渡赤水完成。

　　每一次都是一路硝烟一路战火一路鲜血一路牺牲走过来的。红
军正是在一次又一次转危为安,转败为胜,转坎坷为通途的努力奋斗
中,熔炼出了最顽强不息与最光彩夺目的生命力。

　　纵观四渡赤水之战,最令人惊叹的并非领袖人物的领导艺术和指
挥技巧,而是中国工农红军空前顽强战胜死亡的决心和寻求胜利之意
志。毛、周、朱统帅下林、聂、彭、杨、董、李、罗、何、邓、蔡率领的这支军
队,任何力量也难以将其消灭。

　　它是不死鸟。

　　它是火中凤凰。

第五节　入滇,危局中的大智大勇

南渡乌江的红军将指向哪里?

4月1日至10日,是蒋介石最难受的10天。

他在贵阳同陈诚、薛岳、何成浚等人商谈,判断红军有两个走向:

南进袭击贵阳;或东进与湘西红军会师。两者之中,后者可能性为大。但两者都威胁贵阳的安全,应以确保贵阳为当务之急。

此时红军一部兵力佯攻息烽,并在沿途张贴"拿下贵阳,活捉蒋介石"的标语,前锋直逼贵阳。贵阳附近只有郭思演第九十九师的四个团兵力,大部担任外围守备,城防兵力包括宪兵在内不足两个团。蒋介石令各部队对红军衔尾疾追,另特急调驻防大定的滇军孙渡纵队火速增援贵阳。

薛岳用电报和电话传达蒋介石的命令,声嘶力竭。

4月4日,湘军李韫珩电告,该部在息烽县黑神庙与红军遭遇,红军先头已过息烽;红军前锋距贵阳仅百余里。

贵阳城陷入极度紧张之中。

幕僚们判断,红军在重兵尾追下顿兵攻坚可能性不大。且即使强攻贵阳,只要坚守一天,援军即可赶到。但这些判断安不了蒋介石的心。他现在想力保的不是贵阳城,而是飞机场了。

4月5日夜,郊外响起枪声,谣传飞机场被红军占领,贵阳全城人心惶惶。滇军孙渡纵队赶上来后,蒋介石亲自打电话给孙纵第七旅旅长龚顺璧,要他抽兵保卫飞机场。龚顺璧听不懂蒋的浙江话,老是反问,蒋介石大光其火,几乎摔掉话筒。

性命攸关之时,蒋介石从来非常认真。他早做好了多种准备。仅"走"的工具就备有飞机、轿子和马匹。同时劝说各国教士及外国人,退出贵阳到安顺暂避。

滇军孙渡纵队在救援蒋介石中,表现出了很强的行军能力。大定距贵阳400多里,普通行程需7天,孙渡硬是以三天三夜急行军赶到。蒋特电龙云:"滇军忠勇诚朴,足为军人模范。"

就因为蒋介石的嘉奖和犒赏,孙渡又见疑于龙云,以为他被蒋介石挖过去,几乎为此丢掉指挥职务。

矛盾错综复杂,情况也一片混乱。

正当贵阳城内张皇失措之际,红军主力于4月3日出其不意地改为东进。

4月4日,蒋介石以飞机侦察发现红军在清水江上架设的浮桥。

4月5日，红军以少数兵力东渡清水江。

蒋介石又判断红军要向东与贺龙、萧克会合，急令湘军三个师及桂军一个师立即堵截；令吴奇伟纵队和刚刚赶到贵阳的孙渡纵队与五十三师分三路向东追击，防止红军北渡乌江返回黔北，围歼红军于黔东。

红军的意图却既不是东进，也不是北返。

4月7日，军委二局电讯侦知蒋介石的重兵已集聚于瓮安一带，滇军孙渡纵队正从贵阳向贵定东进，调敌的目的已经实现，通往云南的大路洞开。当日18时，中革军委致电林、聂、彭、杨、董、李："我野战军决以遭遇敌人，佯攻贵阳、龙里姿势，从贵阳、龙里中间向南急进，以便迅速占领定番。"

红军要南下。

8日起，乘敌全副精力用于防止红军东进之机，红军主力以日行60公里的速度迅速南进。一时间战场上出现了双方背道而驰的局面：蒋介石指挥国民党军向东奔走，毛泽东指挥中央红军向南疾进。4月9日，红军主力穿过贵阳、龙里间20公里地段的湘黔公路，在蒋介石的眼皮之下飘逸而去。

红军以为蒋介石仍在贵阳。其实他在7日下午已秘密飞往昆明躲避。而该日下午，红军已经在朝云南方向前进了。

蒋介石又晚了一步。待10日贵阳解除戒严后，他才飞回来督战，向手下的高级将领训话："我们的官兵固然很辛苦，要晓得共匪比我们不知道更要苦多少倍"；"两三天没有饭吃是常事，有时甚至饿到四五天"；"姑且不说一个可以打他十个，至少一个也可以打他两三个"；"根本就是在被我们大包围和小包围之中，加之贵州四境山川险阻，他想逃窜也逃窜不了，事实上已经成为处于兵法上所谓围地和死地的穷寇！"

虽然蒋介石不愿承认自己没有想到毛泽东绕道云南，也只有下令吴奇伟纵队和孙渡纵队立即转入尾追，实现他头脑中"一个也可以打他两三个"的梦想。

他剩下的自信，就是飘忽不定的红军所面临的严重困难。

这是红军又开始选择落脚点的紧张阶段。

从江西出发就开始的对西征目标的选择,至今还未完成。

博古、李德选定的湘西,被湘江之战的沉重损失否定了。

黎平会议指出的是以遵义为中心的川黔边区。

遵义会议又提出了川西北,赤化四川,土城战役失利后放弃。

一渡赤水扎西会议后提出云贵川边,因川军、滇军夹击也放弃。

二渡赤水后提出赤化贵州,首先是黔北。鲁班场战斗失利后放弃。

四渡赤水后,眼光放在了黔西南。又因滇军先到而不可得。

仍在不断地选择,又因现实不断地放弃。

但仍要选择,必须选择。红军自建立始,生存、战斗与发展,全赖根据地。

当时领导人急切的心情,紧迫的思绪,非我们今日所能想象。中央红军在贵州转战数月,长时间未得休整和补充,官兵全靠两条腿在荆棘丛生的山路上奔走,体力几乎达到生命的极限。佯攻贵阳后,每日几乎都是以百余里的速度急行军,非战斗减员大大增加。从这个角度看,蒋介石对红军状态的一些判断也确实没有错。

三军团政委杨尚昆晚年回忆说:

> 那时候迂回曲折走得很苦,两条腿都走痛了,有的人连爬都爬不动了。这段时间,红军的情绪是不高的,四渡赤水,今天过去,明天过来,部队里骂娘骂得很厉害。

中央红军的生机,就是这样获得的。

此期间,一、三军团领导人发挥了重大作用。

黔西南无法获得后,三军团领导人彭德怀、杨尚昆最先提出入滇作战。

4月13日,彭德怀、杨尚昆就中央红军的行动向朱德并中革军委提出建议:迅速西渡北盘江,袭取平彝、盘县,在滇黔边与敌第三纵队作战。电文说:

平彝、盘县为黔滇咽喉,四向均可出击,使敌封锁困难。蒋介石迫我南走桂境,利用追剿机会解决西南,我军渡过北盘江后,其企图即告失败。目前,只有争取到时间,才能有空间。我军往西,甚至入滇,只要给滇敌一个较大的打击,使我机动区域更大,则更能多得时间和空间,争取群众,巩固和扩大红军,在黔边打开局面。

此电的关键,在"甚至入滇"四字。

彭、杨用十分谨慎的话语,提出了一个十分重要的建议。

入滇,对中共中央领导人来说,心情是沉重的。从江西出发那天起,红军一直在极力避免被敌人压向经济落后、消息闭塞、少数民族聚居的边陲。预定去湘西不可实现,便提出川西北。川西北不可行,又是川、滇、黔。虽然此时开始提到云南,但心中一直还是黔北。从1月20日中革军委下达《关于渡江的作战计划》之后,到3月31日南渡乌江之前的四渡赤水作战期间,在敌人重兵夹击之中,中央红军徘徊于黔北川南70天不去,一直争取创建川、滇、黔新根据地,就是避免被压向更偏更远的区域。

两个月来,种种计划都未实现。即使是黔北,离中国的心脏地带也已经远了。若再入滇,下一步目标是哪里?在横断山脉的阻隔下如何东返?

所以中共中央内部一直存在不愿入滇的情绪,是毫不奇怪的。红军提过"川、滇、黔",却无人提出入滇作战。这次彭、杨首次提出入滇,也只有用"甚至入滇""在黔边打开局面"等这些十分谨慎的字眼。

但问题毕竟提出了。只要提出,就需要些勇气。

真理在大多数时候,并不是一轮光芒四射的红日。更多的时候,它可能只是黑夜中一道电闪,甚至是遥远的前方一缕若明若暗的微光。

发现真理,需要智慧。跟随真理,则需要勇气。

事实很明白,只有入滇,才能获取更大的机动。

但承认事实也是需要勇气的。

三军团彭、杨的建议,对于红军摆脱敌人重兵包围、迅速西渡北盘江入滇作战以争取更大机动,特别是对后来实现北渡金沙江的战略意图,有着重要意义。

但所有意义,都是执行后才能显现的。执行之前,一切仍然扑朔迷离。

毛泽东再次迅速接受彭、杨建议。16日,中革军委命令中央红军在17日完成北盘江架设浮桥任务,并开始分左、右两路纵队渡江。

4月18日,中央红军主力全部渡过北盘江,连克县城数座,打开入滇通路。

4月24日,红军一、三、五军团进入云南。

即使此时,中共中央领导人仍然没有放弃争取在贵州立足的最后努力。

4月25日,进入云南第二天,中革军委下达在白水、曲靖地区作战的命令:"这一地区是战略机动的枢纽,背靠西北天险,便利于我们向东及向南(包括黔边及南盘江上游)作战。"

同日,中共中央向前线指挥员发出指示:

最近时期将是我野战军同敌人决战争取胜利以转变战局的紧急关头,首先要在沾益、曲靖、白水地区内消灭滇敌安旅,以我们全部的精力与体力去消灭万恶的敌人,一切牺牲为了目前决战的胜利,是我野战军全体指战员的唯一的铁的意志。在这一意志之下,中央相信你们对于中央与军委所提出的意见,决不会妨害我们内部的团结一致与保障军委命令的坚决执行,这种上下的团结一致与军委命令的坚决执行是我们争取决战胜利的先决条件,中央坚信在目前的紧急关头,你们必须充分发扬你们的果敢机动与布尔什维克的坚定性,领导全体红色指战员奋勇杀敌,并纠正部队中一切不正确的倾向来完成中央与军委所给予你们的神圣的任务。

指示中三次提到"决战",两次提到"坚决执行",两次提到"紧急关头"。

从这份已经不为我们今天特别重视的指示中,可以看出当时围绕立足点问题,红军领导层内部出现的分歧和争论。可以感觉出来上上下下对长期找不到立足点、无根据地作战的焦灼。

这份指示无法落实。当时条件下,追击重兵陆续而来,立足未稳的红军要在滇东与敌人决战以扭转战局,实际是不可能的。

在滇东创建新根据地既不可能,回黔西之路又被堵住,哪里是红军的落脚点呢?

4月25日晚,林彪、聂荣臻致电中革军委:

> 目前战略上已起重大变化。川、滇、黔、湘各敌及中央军正分路向昆明东北前进,阻我折回黔西,企图歼灭我军于昆明东北之窄狭地域内。在目前形势下,我军已失去回黔北可能,且无法在滇东开展局面。野战军应立即变更原定战略,而应迅速脱离此不利形势,先敌占领东川,应经东川渡过金沙江入川,向川西北前进,准备与四方面军汇合。

这是一封既非常重要又相当大胆的电报。中央刚刚发出指示要前线指挥员不要争论,坚决执行军委命令,林、聂就来电讲"已失去回黔北可能,且无法在滇东开展局面",与中央的两种设想唱对台戏;"应立即变更原定战略","应迅速脱离此不利形势","应经东川渡过金沙江入川";一句话内三个"应",又颇有不敬之感。

电报没有立即发生作用。

但林、聂在电报中首先提出了"渡过金沙江入川,向川西北前进,准备与四方面军汇合"这条红军后来实际采取的路线。

电报用语虽然尖锐,但提出了极其重要的战略方向,实具慧眼。

晚一天,4月26日红三军团彭、杨呈军委电报也到:"争取滇黔边各个击破敌人可能极少,因我军行动错失争取平彝、盘县的良机,使战略已陷于不利地区。"因而建议："明日应继续向西北前进渡过东洪江，争取几天休息，解决一切刻不容缓的事件。"彭德怀、杨尚昆也感到了在滇东作战的问题。

中革军委还在考虑。

新三人团还在考虑。

毛泽东还在考虑。

4月26日，红军一军团、五军团进至白水以西地区，担任后卫的三军团在白水以东遭敌机轰炸，伤亡300多人；27日，追敌与三军团十一团在白水激战；当日15时，红军放弃白水。

红军在滇东与追敌决战以扭转局面的设想就此搁浅。

别说决战，连足也未能立稳。

4月28日晚，中共中央、中革军委在鲁口哨、水平子一带宿营地开会。研究的问题不再是滇东决战或返回黔西，而是北渡金沙江的行动部署了。

毛泽东在会上说，云南境内的地形条件，不像湖南、贵州有良好的山区可以利用，我军不宜在昆明东北平川地带同敌人进行大的战斗。应趁沿江敌军空虚，尾追敌人距我尚有三四天的行程，迅速抢渡金沙江，以争取生机。

毛泽东通过实践，采纳了林彪、聂荣臻的建议。

4月29日，中革军委发出万万火急电报：

林聂彭杨董李罗何邓蔡：

（甲）由于两月来的机动，我野战军已取得西向的有利条件，一般追敌已在我侧后，但敌已集中七十团以上兵力向我追击，在现在地区我已不便进行较大的作战机动；另方面金沙江两岸空虚，中央过去决定野战军转入川西创立苏维埃根据地的根本方针，现在已有实现的可能了。

（乙）因此政治局决定，我野战军应利用目前有利时机，争取迅速渡过金沙江，转入川西，消灭敌人，建立起苏区根据地。

……

红军的战略方针再次出现重大转变。

自江西出发就不断在寻找北上途径。一直走到西南边陲,终于找到北上之途。

虽然中革军委 4 月 29 日电报中强调这是"中央过去决定……的根本方针",即遵义会议后提出的建立川西北根据地、争取赤化四川的方针,似乎不认为是采纳林、聂建议的结果,但此时的北上入川,与彼时的北上入川,已有了重大区别。

首先是渡江地点不一样。其次对敌情的掌握判断也不同。

遵义会议原定方针是先至川南地区,相机从宜宾上游渡过金沙江,在成都之西南或西北建立苏区根据地;这一方针因土城战斗失利被迫放弃。林、聂的建议却是从更偏远的云南直入川西。前者由于轻敌,选定的渡江地点恰是川敌兵力雄厚处;后者则在基本掌握各路敌军情况基础上,选定了川敌兵力最薄弱处。所以前者没有达到入川目的,后者却能够达到这一目的。

所以林彪、聂荣臻这个建议的重要性,并不能因为中央过去有过入川方针便被盖过。

过去的方针,是时机不成熟时提出的不成熟方针;林、聂的建议,则是在时机成熟时提出的成熟的建议。

林彪提出自己观点是大胆的。虽然 3 月 10 日攻击打鼓新场的建议给毛泽东带来很大麻烦,几乎丢掉前敌总指挥职务,但 4 月 25 日的建议却成为中央及军委战略决策的重要基础。

林、聂、彭、杨的先后建议,对促使中共中央及中革军委战略目标之转移发挥了重大作用。

领袖的真正英明之处,并不在善于提出建议,在善于采纳建议。

邓小平同志后来说,毛泽东思想是全党集体智慧的结晶。这并不是一句空话。从来不是。最好的凭据,就是在这些危难关头,中国共产党的领导集体选择了毛泽东。而毛泽东也每每在危急关头,采纳了领导集体中最成熟和最深思熟虑的建议。

在这一段极其艰难的时期,毛泽东表现出来的勇和智,是果断地面对困难、挫折和失误的勇和智，是迅速地修正主观设想使之符合客观实际的勇和智。

还是那句话，中国共产党及其领导人的真正伟大之处，不在他们的预见，而在他们的实践。

第十二章

大渡桥横铁索寒

　　红军长征期间,林彪急过两次,蒋介石兴奋过三次。各军团都在创造急行军速度的纪录,连李德都走着走着睡着了。刘伯承的6只小船,让全军渡过金沙江。会理会议的裂痕,一直延续到1959年庐山会议。背挎马刀、腰缠手榴弹、攀援铁索的勇士,成为一尊永恒的青铜雕像。

第一节　滔滔金沙江，军神刘伯承

4月29日，按照中革军委的万万火急电报《关于我军速渡金沙江，在川西建立苏区的指示》，中央红军以一军团为左纵队，以三军团为右纵队，军委纵队和五军团为中央纵队，三路大军向金沙江南岸疾进。

此前两天4月27日，红军先头部队在曲靖西北的公路上截获一辆薛岳副官押运的汽车，车上装有西南地区五万分之一的套色军用地图和许多云南白药，这两样东西对千里跋涉的红军来说，都是无价之宝，尤其是大比例的军用地图。后来渡金沙江的三个渡口——龙街渡、洪门渡和皎平渡——都是在这份军用地图上选定的。

蒋介石迅速发现了红军意图。

在贵阳得知红军刚刚抵近昆明又转向西北，蒋介石就估计红军"向金沙江上游宁南、永仁一段窜渡公算为多"，判定红军的真正意图在北渡金沙江。他即令薛岳率各纵队跟踪北追，又电刘文辉派兵扼守金沙江各渡口，将船只悉送北岸，严加控制；同时命令空军每天派飞机在金沙江各渡口侦察，力图消灭红军于金沙江以南地区。

金沙江是长江的上游，上接通天河，从昆仑山、横断山奔腾而下，穿行在深山峡谷中。江面宽阔，水流湍急，地势极为险要。川军刘文辉为阻止红军渡江，把船只都掳往北岸，并控制了北岸渡口。

意图已经被蒋发现。若不能掌握渡口，则前无去路，后有追兵，又入险境。

金沙江成为中央红军北上的一大险关。

5月2日，中革军委主席朱德命令：左纵队第一军团从龙街渡方向渡江；右纵队第三军团从洪门渡方向渡江；中央纵队和第五军团从皎平渡方向渡江。

大军奔驰,风驰电掣。各军团都在创造自己急行军的速度。

一军团先向昆明虚张声势,完成佯攻任务后,掉头北上,5月4日赶到龙街渡。

三军团分两路,以每昼夜80公里的速度向金沙江疾进,5月4日抵达洪门渡。

中央纵队由总参谋长刘伯承率领干部团三营作为先遣队,一昼夜行军100多公里,5月4日占领皎平渡。

5月4日的三处行动却只有一处成功。

一军团首先受挫。一师一团以急行军抢占龙街渡口,渡船已被敌人拉到对岸烧掉了。直接架桥又没有器材。弄来一些门板,用绳拴住从上游一块挨一块往水里放,由于水流太急,架到江面的三分之一便无法进行。又用骡子拉着铁丝过河,也因江水急,骡子游到一半,转个圈又回来了。

整整两天,毫无进展。

一军团最先向军委建议过江,结果自己却过不了江。林彪火急火燎地打来电话。一师师长李聚奎开口刚想汇报,被他一下打断,说:"你不要讲情况了,干脆回答我,队伍什么时候能过江?"

一师在渡口折腾了两天没有结果,李聚奎正着急;见上级根本不听他讲情况,顿时也火冒三丈,也不管什么军团长不军团长了,大声说:"要是干脆回答的话,那桥架不起来,什么时候也过不了江!"

师政委急得在旁边直拉李聚奎衣角也拉不住。

林彪大怒,在电话中妈的娘的骂起来。

颇有儒将之风的林彪在长征中急过两次。一次是抢渡湘江,半夜向中革军委发出必须"星夜兼程过河"的紧急电报;一次是抢渡金沙江,大骂一师师长李聚奎。

彭德怀发起脾气来爱骂人。1959年庐山会议后批彭德怀,有人揭发说,三军团干部几乎都挨过彭德怀的骂。黄克诚、杨勇、张爱萍、彭少辉、李天佑……都不例外,很难找出没有挨过他骂的干部。

战争年代,军情如火,军令如山。胜败瞬间,性命关天。所以人们能够容忍指挥员的发火骂人。

某次军情紧急，彭德怀和军团参谋长邓萍一路小跑亲往前线指挥。警卫员挥三角小红旗在前面开路，一名战士太疲乏，坐在路上不让。彭德怀急了，大骂一声："狗娘养的，起来！"

战士跳起来，看也没看，照彭德怀当胸就是两拳。

战士打了军团长，这还了得！传令排长把人捆到彭德怀面前，要从严发落。

彭德怀一挥手："谁叫你捆来的？小事情，快放回去！"

吓得发抖的战士眼含热泪给军团长深深施一礼，转身去追赶部队。

事情发生的时间，有人回忆是第三次反"围剿"的高兴圩战斗后，三军团尾追蒋鼎文、韩德勤部时；有人回忆是第二次反"围剿"中，中村战斗的前一天。

不外就这两次战斗中的一次。

高兴圩战斗后，红军在方石岭激战中全歼韩德勤师。

中村战斗中，红军歼敌一个旅。

有没有那名战士的战功？抑或他已经在战斗中血洒疆场。

因为没有人知道那个战士的姓名。

1971年"九一三"事件后，都揭发林彪阴谋诡计，很少有人揭发林彪骂人。

遥远的记忆中，人们只记得林彪1929年骂过政工人员是"政治小鬼"。

金沙江骂李聚奎是第二次。

第三次是在东北骂李作鹏。1946年四平大撤退，指挥部撤到舒兰后电台未能首先架设起来，身材瘦弱的林彪竟一把掀翻了参谋处长李作鹏的酒饭桌。

骂爹骂娘，掀翻酒桌，都是大动作。但隔了11年。

说世界几百年、中国几千年出一个天才；他自己则是十几年动一次不再控制的肝火。

强渡金沙江与四平大撤退，都是千钧一发的关键时刻。平日深藏不露的林彪,对其深藏不露的感情也失去了控制。

一军团龙街渡受阻的时候,三军团于洪门渡渡过彭雪枫团后,浮桥被激流冲垮,也无法再渡。

中央红军主力一、三军团全部受阻于金沙江畔。

全军的眼光都转到中央纵队的皎平渡。

刘伯承立了大功。他带领干部团三营化装成国民党军,在守敌毫无防备中占领渡口,控制了两只船。首批部队过江后,又找到4只船。刘伯承喜出望外,一面在江边设置渡河司令部,制定《渡河守则》,一面向朱总司令发电:

> 皎平渡有船六只,每日夜能渡一万人。军委纵队五日可
> 渡完。

中国工农红军的战史中,作战电文浩如烟海。但有几封关键性电报,战史专家们会逐字逐句地背诵下来。例如彭德怀、杨尚昆4月13日建议入滇作战的电报;例如林彪、聂荣臻4月25日建议北渡金沙江入川与四方面军会合的电报。刘伯承这封看似平无波澜的电报,也是其中之一。

"每日夜能渡一万人"。对追兵逼近、主力于龙街渡、洪门渡连续受挫的红军部队来说,是天大的喜讯和天大的生路!

朱德立即下令全军都从皎平渡过江。三军团"必须6号拂晓前赶到河边开始渡河,限6号夜渡完";"7、8两日为第一、第五军团赶来渡河时间"。

刘伯承没有想到全军都要从他这里过江。唯恐渡口有失,他立即命令宋任穷率干部团三营翻山20公里抢占通安镇,以保渡口安全。

三营连夜出发,在通安北面与增援之敌遭遇。

来敌是刘文辉的胞侄、川康边防第一旅旅长刘元塘。闻江防有失,亲率两个营赶来增援。

干部团是红军精锐，第三营又是政治营，军、政皆强。宋任穷命令吹冲锋号，三营以锐不可当之势，一气儿将敌人冲垮。

几步之差。

如果敌人先一步占领通安，居高临下压下来，红军将不知要多付出多少代价。

胜败往往一瞬之间，兵机从来稍纵即逝。刘伯承连续抓住了兵机。5月5日，朱德电令林、聂：

> 军委纵队在末日已渡江完毕，三军团7号上午可渡毕，五军团在皎西以南任掩护，定于8号下午渡江，敌人8号晚有到皎西的可能。我一军团务必不顾疲劳，于7号兼程赶到皎平渡，8号黄昏前渡江完毕，否则有被隔断的危险。

敌人已经围追上来。动作稍慢会被隔断。一军团立即放弃龙街渡，向皎平渡方向挺进。5日黄昏至6日清晨，一夜之间翻山越岭，48次越过急流，急行军120里，终于赶到皎平渡。

毛泽东、朱德、周恩来一直站在江北一个崖洞里，等待有被隔断危险的一军团。如果这支力量过不了江，后面斗争难以设想。

5月4日至5月9日，除三军团彭雪枫团从洪门渡、一军团一个野战医院从鲁车渡过江外，全军靠刘伯承掌握的那6只小船，皆从皎平渡渡过了金沙江。毛泽东感慨万千地说了一句话：将来也让后人写段故事吧！

李德也跟在这支惊险选出的队伍里。

从突破乌江以来，刘伯承一系列令人惊叹的作战表演，使从来目中无人的李德也不得不表示佩服。他后来写的那本多处攻击中共领导人的回忆录《中国纪事》，说到这一段历史时也对刘伯承赞不绝口：

> "刘伯承是四川人，辛亥革命后在四川服役多年，因此对

当地的情况十分了解";

"刘伯承让先遣营的红军战士戴上清楚明显的蓝白两色国民党帽徽,他自己穿着一套国民党高级军官的军服";

"刘乘船渡江,与敌军指挥官交涉,使敌人又派了几条船过来。这样骗过了对岸敌军,我军几乎一枪未放就解决战斗";

"我们采取了巧妙的军事策略,终于成功地渡过了构成滇川省界的金沙江";

"刘成功地从国民党的监狱中释放了几个彝族首领,在他们的帮助下双方签订了一项红军和平通过和购买粮食的协定";"这是一个很大的胜利,使得红军有可能把全部注意力放到四川驻军上"。

一口一个刘伯承或"刘"。

李德一遍又一遍夸赞刘伯承时,忘记了第五次反"围剿"时,他在红军总参谋部训斥刘伯承:"你还不如一个普通的参谋,白在苏联学习了几年!"忘记了一次去红军总参谋部,几个机要员在路边做饭挡住了他的路,他飞起一脚把饭锅踢翻。刘伯承与他大吵,指他是帝国主义行为,因此刘伯承被撤销了总参谋长的职务。

指挥红军作战时情况不明就下决心的李德,现在走过刘伯承开辟的通路,感叹是由衷的。

刘文辉刚刚接到蒋介石要其派重兵扼守金沙江各渡口、阻截红军的急电,其侄刘元塘就丢失了渡口。

溃兵满山遍野。刘元塘急得放声大哭。

台湾"国防部"编纂的战史这样写道:

共军人枪虽少,但行动极为灵活,一路向西窜进,国军既拦截不到,亦尾追不及,迄5月9日,于武定以北地区渡过金沙江,其先头部队已到达西康之会理,追剿军正分途向金沙

江南岸推进。黔滇地区之追剿作战,于焉结束。

薛岳的"追剿"大军于 5 月 16 日才赶到金沙江边,"于焉结束",望江兴叹。

红军摆脱了几十万敌军的围追堵截,赢得了战略转移中的主动权。

哀叹的更应该是蒋介石:工农红军为何每每绝处逢生。

第二节　会理裂痕：无法回避

过了金沙江的红军,进至一个好走之处,却来到一个难写之处。

因为那个会理会议。

写红军长征,人人多写遵义会议,人人少写会理会议。

前者是一泓宽阔的江面,可任笔端纵横驰骋,怎么升华也不会过分;后者却是一段激流险滩,一词一句皆须反复斟酌,稍不留神便会立即翻船。

于是就倾向于采取一种最统一最俭省的解释:会理会议起因于林彪的一封信。这封信纯属林彪的个人情绪和个人行为。

如果凡遇棘手之处,就让个人去背负历史,前人给我们留下的东西还能够连续吗?

红军渡过金沙江,进至会理城附近后,为了保证主力短期休整,中革军委决定,由彭德怀、杨尚昆指挥红三军团和干部团围攻会理城。

会理扼金沙江北岸,为滇、川交通要邑,有重要战略地位。该地守敌,就是失守皎平渡的刘元塘。

会理城墙坚固。抹干了眼泪的刘元塘率其一个旅,守志坚强。为了不让红军接近城垣,不惜烧光东、西城关的房屋。蒋介石又派飞机到会理上空巡视,投下手令晋升刘元塘为陆军中将,犒赏钞票 1 万元,把他的气打得足足的。

9 日,红三军团和干部团强攻不克;

10 日晚强攻,仍然不克;

12 日坑道爆破,未成功;

14 日晚,红三军团发起总攻,城西北角炸开一个缺口,刘元塘组织人拼命堵击,红军未能突入,遂在城东北角爆破,又被察觉,刘元塘命人事前在墙上灌了不少水,使爆破未能成功。

就在刘元塘与红三军团打得最激烈之时,5 月 12 日,中共中央政治局在会理县城附近的铁厂举行扩大会议,史称会理会议。

一直到今天,这个会议还有很多东西需要反复斟酌、需要转圜回避、需要挖空心思找出对大家都合适都恰当的词句。

遵义会议孕育了中国革命的胜利。会理会议孕育的,却不能都说是胜利。

会议是毛泽东提议的,为统一从遵义会议以来实行新的战略方针的认识和研究下一步军事行动。

之所以要统一认识,是因为出现了分歧。

直接起因是林彪。

焦点集中在对四渡赤水作战的理解。

毛泽东说,四渡赤水是他一生中的得意之笔。

得意之笔也是后来得意。《长征组歌》唱"四渡赤水出奇兵","毛主席用兵真如神",都是革命大功告成、毛泽东的威望如日中天之后的事。

当时却差一点因四渡赤水丧失了领导权。而且发难者竟是毛泽东最为信任的林彪。

四渡赤水在后人看是伟大的,但伟大从来以苦难为代价。中央红军几个月时东、时西,忽南、忽北,大踏步进退,无定向转移;从建立黔北根据地开始,到川西北根据地、川滇黔边区根据地,几次预言的根据地都未建成。赤化四川、赤化贵州也未实现。每日不是渡河,就是爬山,走新路,也走老路、冤枉路、回头路;长时间行军,一路上不得休整,均感到极度疲劳。

李德对那一段行军也留下深刻印象。他回忆说:"如果我们白天在一个村子或场院里睡觉,附近落下炸弹,我也根本不会醒来,即使炮弹在旁边爆炸，我也只是翻身再睡。有一天夜里，当我们穿过一片平原时，我走着走着真的睡着了，路已经转弯，我却一直走到旁边的小溪里去了，当冰冷的水拍打着我，我才醒了过来。"

保持特殊待遇的李德尚且如此，一般红军干部战士的疲劳程度便可想而知了。

蒋介石形容红军行动"飘忽不定"，却不知道红军为此付出了多大代价。

极度疲劳带来大量减员。病号和累垮的人数远远多于战斗中的死伤者。

湘江之战使红军由江西出发时的 8.6 万人锐减为 4 万余人，损伤过半。

四渡赤水期间虽然在扎西地区和遵义地区招募到几千新兵，但到过金沙江时，红军总人数已减到 2 万余人，又减了一半。

中央的战略意图又不甚明确，长期以来不能找到战略立足点，部队中普遍出现牢骚和埋怨情绪，相当一部分人感到照这样下去，部队没有被打垮也要被拖垮。

部队的情绪在影响指挥员的情绪。指挥员的情绪在影响决策圈的情绪。

从林、聂 4 月 25 日发给军委的电报中一句话三个"应"："应立即变更原定战略""应迅速脱离此不利形势""应经东川渡过金沙江入川"；到彭、杨 4 月 26 日电报"因我军行动错失争取平彝、盘县的良机，使战略已陷于不利地区"、要求"解决一切刻不容缓的事件"，前线指挥员的焦急情绪已明显可见。

林彪过金沙江前已经牢骚满腹。他说红军尽走弓背路，应该走弓弦，走捷径，否则部队要被拖垮。过金沙江后进至会理地区，一到宿营地他就给彭德怀打电话。

聂荣臻回忆，林彪在电话上说："现在的领导不成了，你出来指挥吧。再这样下去，就要失败。我们服从你的领导，你下命令，我们跟你走。"

彭德怀的回忆略有不同。他说林彪在电话上说:"蒋介石和龙云的追兵虽然暂时摆脱了,但他们的追击不会停止。如果蒋介石增援川军,合力堵住大渡河,后面再有追兵,我军只能在这块狭长地区转来转去,十分不利。我看该由你来指挥,赶紧北进吧!"

聂荣臻说林彪的要求被彭德怀拒绝了。

彭德怀说他当时回答"我怎能指挥北进,这是中央的事"。

林彪放下电话就给中革军委写信。写完信要聂荣臻签名,聂不签,林彪便签上自己的名字将信送了上去.

林彪善于思考的特点很多人都知道。他还有另一个不太引人注目的特点:爱写信。自己思考的东西,喜欢把它写下来。他平日话少,作战命令也历来简洁,但写成信件便不惜笔墨,简短的不多。

林彪的信涉及的问题一般都较重大,意见也往往颇为尖锐。正确的,看后觉得他目光犀利;错误的,则感到他为人刻薄了。

其一生中有这样几封信件嵌进了历史。

1929 年 6 月 8 日白砂会议当天,林彪得知毛泽东要求辞去前委书记,立即写一急信给毛泽东:

> 现在四军里实有少数同志的领袖欲望非常高涨,虚荣心极端发展。这些同志又比较在群众中是有地位的。因此,他们利用各种封建形式成一无形结合(派),专门吹牛皮的攻击别的同志。这种现象是破坏党的团结一致的,是不利于革命的,但是许多党员还不能看出这种错误现象起而纠正,并且被这些少数有领袖欲望的同志所蒙蔽阴谋,附和这些少数有领袖欲望的同志的意见,这是一个可叹息的现象。
>
> ……

这是林彪对毛泽东第一个也是相当关键的一个支持。他不赞成毛泽东离开前委,希望他有决心留下来斗争。但信中对朱德用了十分过分也十分伤人的语言。

林彪把信交给了红四军政治部秘书长江华。江华在井冈山时期担任前委秘书，一直在毛泽东身边工作；他立即将信送给毛泽东。

据江华回忆，毛泽东那天晚上一夜未睡。

红四军的主力是二十八团。掌握红四军，就必须掌握二十八团。但该部是南昌起义的队伍，不是秋收起义队伍，毛泽东对这支部队还不能完全掌握。谭震林同志就回忆说，当时朱德到秋收起义的三十一团讲话不大受欢迎，毛泽东也轻易不到南昌起义的二十八团去讲话。两支部队刚刚会合一年，尚未实现真正的融合。这时候接到二十八团团长、第一纵队司令林彪的来信，对困难中的毛泽东的鼓舞，肯定是"巨大"二字了。

一夜未睡的毛泽东，后来给林彪回了一封情真意切的长信：

林彪同志：

一、你的信给我很大的感动，因为你的勇敢的前进，我的勇气也起来了，我一定同你及一切谋有利于党的团结和革命的前进的同志们，向一切有害的思想、习惯、制度奋斗。……

……

党的思想上的分化和斗争既已经起来了，决不因我去而不达到胜利的目的，所以你的信上的后面一段是过虑的。自然我的工作我只能提出意见，决定要在党部，我没有离开一天仍旧可以随大家作思想奋斗一天！

C 的敬礼！

毛泽东
六月十四日于新泉

信很长。毛泽东一口气写了8000字，将红四军成立以来的喜怒哀乐尽诉笔端，对林彪一吐衷肠。

毛泽东对林彪的认识经历了一个不算短的过程。两军会师后，南昌起义部队引人注意的是朱德、王尔琢、陈毅，不是林彪。井冈山会师不久，在茨坪开会，21岁的林彪发言："敌人来进攻，红军集中打敌人；

敌人打走了,消灭了,红军就分散做群众工作,打土豪分田地,组织赤卫队,建立苏维埃","红军就是要同群众一起红!"路过的毛泽东一下站住了,这正是他热烈赞成的政治观点、群众观点,尤其是"红军就是要同群众一起红"这种生动说法,更让人眼前一亮。毛泽东问:"这是哪个?"陈毅告之:二十八团一营营长林彪,"树林子里三只虎"。

林彪第一次给毛泽东留下的印象,就是这种深刻难忘的印象。

毛泽东与林彪的关系非同一般。1936年毛泽东在陕北对斯诺谈"三大纪律、八项注意"在红军建设中的重要作用。三大纪律是:行动听指挥;不拿工农一点东西;打土豪归公。八项注意开始是六项:一、上门板;二、捆铺草;三、说话和气;四、买卖公平;五、借东西要还;六、损坏东西要赔。后来又添了两项:不搜俘虏腰包;洗澡避女人。

毛泽东讲到这里,特地停顿下来补充说:"最后两条是林彪加的。"

能在毛泽东制定的基本条文中加进两条的,绝非一般之人。毛、林关系之融洽,可见一斑。

林彪本来还能加上第三条。

1929年2月红四军东固整编时,林彪嫌女同志累赘、麻烦,不愿意她们留在部队,便通知所有女同志都要清除出红军;如果谁不退出,即抓来枪毙。当时林彪是二十八团团长,新编第一纵队司令员,颇有些权威,而且很有一些人赞同林彪的意见。女同志听到这个话,都很害怕,不少人不敢同部队一起行军了,只有绕路远远地跟在部队后面。

但对贺子珍、曾志等在四军政治部前身工农革命委员会妇女科工作的女同志,林彪不敢动。不敢动就没有权威,所谓"枪毙",说说而已。部队中也有不少人支持女同志,帮她们说话,给她们壮胆。最终,林彪这个精简的意见也不了了之。

毛泽东在新泉给林彪写完回信后,红四军军委在小池开会研究三打龙岩的作战计划,通知了谭震林,未通知身为四军党代表的毛泽东。谭震林建议毛泽东也去,毛泽东说,没有通知,怎么好参加。

毛泽东不但不能参加军委会议,几天后在红四军"七大"上又丢了前委书记。与贺子珍、江华等四五人拿着闽西特委发的每人30元钞票,离开部队去闽西蛟洋。人还未走,江华的马就被收走了,江华说:"那时我们一行人真有些灰溜溜的样子。"

那是毛泽东失去领导权的最困难时刻。

林彪就是在那个时刻,坚定地维护与支持了毛泽东。

1966年八届十一中全会,毛泽东确定林彪为接班人。林彪1929年6月8日的那封信,一定还深深印在毛泽东脑海之中。

1980年,最高人民法院院长江华兼审理林彪四人帮反革命集团的特别法庭庭长。当他在法庭上声若洪钟地宣读林彪反革命集团的罪行时,可还记得半个多世纪前,他给毛泽东送去林彪那封信、毛泽东辗转难眠的那个夜晚?

第二次是毛泽东给他写信。林彪在井冈山讲,"天天吃南瓜,能打得天下吗?""红旗到底打得多久?"毛泽东专门写一封信给他,谈星火燎原。

这封信让林彪后悔了一辈子。解放战争时在东北战场指挥作战,一听说延安要出版《毛泽东选集》,马上去电要求收入该信时,不要写他的名字。"文化大革命"被确定为接班人后,一定要找人写上一段"志壮坚信马列,岂疑星火燎原"。

然后就是会理这封信。聂荣臻不签名,自己一个人签,签完立即送上去。

毛泽东失去领导权之时,他坚定地维护和拥护过毛泽东。为什么遵义会议后,千辛万苦的毛泽东刚刚取得领导权,他又突然站出来反对,而推荐彭德怀呢?

林彪念念不忘毛泽东在此期间指挥的两个败仗:一渡赤水前土城之败,损失很大,赤化四川顿成泡影;三渡赤水前鲁班场失利,红军只有离黔,赤化贵州又无可能。

特别令林彪耿耿于怀的,是毛泽东否定了他的打鼓新场战斗。

林彪的个人自尊心与自我尊严感极强。聂荣臻回忆,他有一个小本子随身不离,上面密密麻麻写满指挥过的历次战役,及战役中歼敌、俘虏、缴获数字。这是林彪的命根。谈起这些数字,他立刻容光焕发,可以顺着小本子神采飞扬地一页一页念下去;平时无话可说、不苟言笑的架势顿消。部下们就说:"军团长又活了。"

但四渡赤水期间,他的小本子上基本是空白。彭德怀统一指挥一、三军团取得遵义大捷。林彪也想统一指挥一、三军团搞一次大捷。但打鼓新场战斗被毛泽东否定了。毛泽东让他统一指挥一、三军团的鲁班场战斗,又是一场失利的作战。

其余的便剩下无休止的撤退、转移、回头路、弓背路、马鞍路。

林彪是不会把这些写到小本子上去的。

这些失利却深深印在了他脑海里。

遵义会议后一渡赤水想赤化四川,轻视了四川军阀对四川志在必守;二渡赤水遵义大捷后又想赤化全贵州,轻视了蒋介石对贵州志在必得;这些在林彪眼中,无疑都是毛泽东之失。彭德怀则指挥一、三军团,一仗打出了第五次反"围剿"以来最大的胜利;而且彭德怀任指挥时,强攻、坚守这类硬骨头基本上都自己啃,迂回、包抄这类避开正面而且有速度就有便宜的好肉,总让他林彪吃。林彪倒也佩服彭德怀这一点。加上鲁班场战斗前两天彭德怀提出无攻破周浑元的可能,建议脱离战场;4月13日又向军委建议入滇,意见都提得十分关键。

所以林彪再未多想,便提出应由彭德怀出来指挥。

有这种情绪的绝非林彪一人。他又打电话又写信,五军团政委李卓然、一军团参谋长左权、政治部主任朱瑞、保卫局长罗瑞卿都在场,无一人劝阻。

就如井冈山时期林彪怀疑红旗打得多久代表了一种普遍情绪一样,四渡赤水后怀疑毛泽东的指挥也是一种普遍情绪。

大约4月中旬,刘少奇担任三军团政治部主任后不久,彭德怀与他做了一次长谈。刘少奇将谈话情况和了解到的部队对无根据地作战的不满情绪,加上自己意见综合为一封电报发给中革军委。电报中还写有三军团领导不同意鲁班场和习水战斗的意见。杨尚昆也在上面签了字。

4月26日红三军团彭、杨给中革军委拍报:"因我军行动错失争取平彝、盘县的良机,使战略已陷于不利地区";建议"明日应继续向西北前进渡过东洪江,争取几天休息,解决一切刻不容缓的事件"。其中"解决一切刻不容缓的事件"用语,似也有检讨领导之嫌。

三人军事指挥小组中的王稼祥对毛泽东的指挥也表示不理解。觉得老打圈圈不打仗,长此下去不是个办法。他向张闻天反映,认为应及早解决。

还有人向毛泽东反映,博古、张闻天等人频繁出入三军团。

有些情况是确实的,有些情况却过虑了。张闻天与三军团政委杨尚昆是中山大学同学,1932年2月两人又同时从莫斯科回国,关系好,感情也深,来往多一些,交流多一些,无可厚非。但恰逢非常时期,便被人不由自主地认为是帮派活动了。

林彪那封信的原文至今未见任何材料披露。当事人的回忆便不免带有某些主观色彩。如:要求撤换军事领导人;要朱、毛下台,主要是毛泽东下台;毛泽东指挥军队作战不行,应当解除指挥权;等等。

脑子转得飞快的林彪,似不会如此直露。

《彭德怀自述》中的引述较为可信。彭德怀回忆,林彪信的大意如下:

毛(泽东)、朱(德)、周(恩来)随军主持大计,让彭德怀任前敌指挥,迅速北进与红四方面军会合。

说可信,因为符合林彪的性格。不管底下牢骚多大,但涉及指挥权问题,话还都是绕着弯说的。猛一看,也不是对着毛泽东一人。两个月前关于打鼓新场战斗的争论中,毛泽东提出辞职,也有过让彭德怀暂代前敌总指挥的安排。所以林彪的提议不是完全无据,也并非十分唐突。

有据也无据。不唐突也唐突。随军主持大计,即只管方针,不管行动。具体军事行动由前敌指挥完成。尽管并非要撤换军事领导人,也并非仅仅要毛泽东一人放弃前敌指挥,毛泽东还是立即感觉到了这种严重的架空行动。

这种普遍存在的不满情绪,早已引起毛泽东警觉。

但解决的时机还不成熟。

不成熟,毛泽东就不行动。

所以有 4 月 25 日对前线指挥员的指示:"中央相信你们对于中央与军委所提出的意见,决不会妨害我们内部的团结一致与保障军委命令的坚决执行";"你们必须充分发扬你们的果敢机动与布尔什维克的坚定性,领导全体红色指战员奋勇杀敌,并纠正部队中一切不正确的倾向来完成中央与军委所给予你们的神圣的任务。"

点到为止,不做强行解决。

1929 年年初,脱离根据地的红四军在赣南、闽西一带打圈,3000多人吃饭都难。不少干部要求分兵活动,要前委开会决定。毛泽东看到一旦开会分兵可能成为多数意见,就压下不予讨论,对因此而增加的不满情绪也置之不理。实践证明毛泽东是对的。分兵了,便不会有后来大柏地的胜利。

四渡赤水之后,毛泽东又面临这种局面。

成功地抢渡金沙江,使追敌被远远甩在后面,相距一个星期路程。遵义会议以来苦苦追求的渡江北上的战略方针已经实现。毛泽东觉得解决问题的时机成熟了。

恰在这时林彪来信。毛泽东见其一贯信任、本身又擅长运动中歼敌的林彪也出来非议指挥,说明问题已相当严重,到了非解决不可的地步。

林彪的信成为一剂催化剂。毛泽东立即向张闻天提议召开政治局扩大会议。

张闻天赞成毛泽东的建议。

虽是政治局扩大会议,但扩大到哪一级,限制却很严。参加者不多:三人军事领导小组的周恩来、毛泽东、王稼祥,中革军委主席朱德,一军团的林彪、聂荣臻,三军团的彭德怀、杨尚昆,共 8 个人。

要求很严,通知的人必须到会。彭德怀正在指挥攻打会理城,从前线撤下来;杨尚昆生病发高烧也不能请假,用担架抬到会场。

会场却很简陋。怕敌人飞机来袭,在会理城外一个称为铁厂的山坡洼地上,临时搭起一个草棚充作会场。军团负责人在草棚里打了地铺。

有两个传看材料:一是一军团林彪来信,二是三军团刘少奇、杨尚昆的电报。

会议气氛紧张。

张闻天主持会议并做报告。报告的大纲会前已经同毛泽东、王稼祥商定。他在报告中严厉批评林彪对毛泽东军事指挥的怀疑、动摇是右倾表现。

毛泽东接过来发言。张闻天矛头对着林彪,毛泽东矛头却对着彭德怀。起初与会者没有觉察到。

毛泽东说,我们几渡赤水,调动敌人,跑路虽苦,但终于胜利渡过金沙江,跳出了敌人的围追堵截,离最近的滇军也有两三天路程,一过江我们同四方面军会合的日子便指日可待了。可是现在却有人对穿插、迂回的作战方针,多跑一些路,有意见,发牢骚,甚至给中央写信,要求改换领导,这是动摇的表现,是右倾机会主义行为。

大家都以为他在说林彪。

临近中午还没有吃饭,彭德怀发言。会理城几攻不克,心中正在着急,便说起军事行动问题。刚说到渡过金沙江进入会理地区是个很大的胜利,发言就被毛泽东打断。

毛泽东大声说,彭德怀同志你对失去中央苏区不满,在困难中动摇,这是右倾;林彪写的信,是你鼓动起来的;你向中央隐瞒三军团指战员对作战方针的不满情绪,少奇向中央反映,你不签字;杨尚昆是彭德怀的尾巴,是什么政治委员。

话说得很重,而且突如其来,与会者无不震惊。

彭德怀也毫无思想准备。他进入会场才看到用复写纸复写的林彪的信。看完信后并未介意,以为前敌指挥就是战场指挥。一、三军团在战斗中早就形成了这种关系:有时红一军团指挥红三军团,有时反过来,红三军团指挥红一军团,有时自动配合;完全未想到这里面有多少奥妙。

至于林彪,见到自己的信被作为了会议材料,便觉得情况不妙。

现在毛泽东发这样大的火,他赶紧申辩几句,说给中央写信是因为老跑路,心里烦闷;还没说完,毛泽东一句"你是个娃娃,懂得什么?"就把他打断了。

也把他解脱了。

毛泽东还有一些话在会上没有讲出来。他之所以把林彪的信看得很重,因为怀疑林彪的背后有彭德怀,彭德怀的背后有张闻天。

其实彭德怀对林彪写信之事毫不知晓。1959年庐山会议,毛泽东旧事重提,被紧急召上庐山批彭的林彪出来说明:会理会议写信给中央,要毛、朱、周离开军事领导岗位,由彭德怀指挥作战,事前并没有同彭德怀商量过,与彭德怀无关。

至于刘、杨那封电报,刘少奇写好后,彭德怀觉得与自己的看法不尽相同,便没有签字,以刘、杨的名义发了。毫不知晓的信说是出于他的鼓动,知晓的电报觉得不合适没有签字,又成为有意向中央隐瞒情况,彭德怀后来说:"当时听了也有些难过,但大敌当前,追敌又迫在金沙江了,心想人的误会总是有的,以为林彪的信,是出于好意,想把事情办好吧;我既没有同林彪谈过话,而同刘少奇的谈话内容也是完全正当的,我就没有申明,等他们将来自己去申明。我采取了事久自然明的态度。"

作为会议主持者,张闻天在会上代表中央批评下面,本身没有受到明显的批评。但当时毛泽东已经听信了个别人的汇报,认为张闻天煽动林、彭反对三人团,要林、彭代替三人团指挥,张闻天到三军团去是与彭德怀勾结,等等。会理会议上从毛泽东话语里也听得出来,他怀疑张闻天参与其事,是与彭德怀结合在一起的。

彭德怀觉得难过,张闻天感到委屈。大敌当前,团结要紧,两人在会上会下都没有争辩。

不但未申辩,彭德怀在发言中批评了林彪,更批评了自己。

他说,由于在平桥、鲁班场战斗没有打好,给部队增加了许多困难,觉得这样下去不行,因而也引起对新领导的某些怀疑,这是不对的。今后应当团结一致,坚决地拥护新领导,在新领导指挥下继续北上,争取早日与四方面军靠近。

一口一个"新领导",对粗犷的彭德怀来说,也实在不易。别人对毛泽东早改称"主席"了,他还一口一个"老毛""老毛"的,用很大劲儿才改正过来;对以毛泽东为首的新三人团称"新领导",他真是费劲不小了。

对林彪给中央写信,他只说了一句:事先我不知道,更不是我鼓动他写的。便不再过多解释了。

长征路上,大敌当前,团结对敌压倒一切,维护中央权威十分重要。虽然毛泽东的一些批评与实际情况不完全相符,但被批评者都没有过多申辩。

周恩来、朱德发言,也称赞毛泽东的指挥,支持毛泽东的意见。

会议开了两三天。最后由会议主持者张闻天代表中央做结论,批评反对机动作战、怀疑军事领导的思想,肯定毛泽东的军事指挥,维护遵义会议确立的政治领导和军事领导的团结,克服右倾思想。

会议决定红军立即北上,同四方面军会合。

对会理会议怎么看,争论并不多。在统一红军作战思想、克服存在的消极情绪、确定新的前进方向这些积极意义说完之后,人们都小心翼翼回避党内高级领导人因会理会议产生的裂痕。

但裂痕是无法回避的。

彭德怀说,此事 24 年内毛泽东提了 4 次。1959 年庐山会议毛泽东第四次提此事时,林彪站出来申明,信是他自己决定写的,与彭无关,一桩公案才终于了清。这件事成为彭德怀在自己被彻底打倒的庐山会议上,唯一可聊以自慰的事。

彭德怀后来总结道:"从现在的经验教训来看,还是应当谈清楚的好,以免积累算总账,同时也可避免挑拨者利用。"

对张闻天的误解,毛泽东到延安整风才完全挑明。1941 年 6、7 月小型谈话会上说一次,1943 年 9 月的政治局会议上又说一次。张闻天只有认真对待了。他利用许多同志在延安的机会搞了一些调查,最后在《1943 年延安整风笔记》中做澄清说:"现在大致可以判明,说我曾经煽动林、彭反对三人团的话,是 ××× 同志的造谣!(林、彭同志关于此事有正式声明。)"

这份《1943年延安整风笔记》是张闻天的检讨。在长达5万多字的自我剖析中,辩诬文字只有屈指可数的几处。会理会议便是其中之一。可见其裂痕影响之深。

简单看中共党史,很多人都不理解为什么在四渡赤水毛泽东这神来之笔后,他最信任的林彪会跳出来写这样一封信。为什么要开这么一个会理会议。

关键是不了解、不领悟红军当时的严重困境。这段时期内,从来不发火的朱德也两次发火;从来不叫困难的周恩来也说"相当艰难困苦的一个时期";从来不骂人的林彪也破口骂人;这种情况下,上上下下从指挥员到战斗员有想法,有情绪,丝毫没有什么奇怪。不反映出来,反倒是不正常的了。

而且谁也没有搞什么地下活动,都是摆到桌面上谈意见。林彪当着别人的面给彭德怀打电话。写信也是写给中央反映自己的看法。刘少奇、杨尚昆的电报也是向中央反映部队的情况。找不出哪一点违背了有关规定,也不能说袒露自己的意见有些什么不好。

至于意见正确与否,是否带有情绪,那是具体分析批评的过程,不能因此成了提意见不对因而不能提意见的理由。

林彪继续用写信这种方式表达自己的意见。

中央红军长征到达陕北后,在对战略方向的认识上他同毛泽东发生了分歧。1935年12月中旬,政治局召开瓦窑堡会议前,征求各军团领导干部对战略问题的意见。林彪借机又写了一信。信中称开辟陕南比巩固和扩大陕北更重要,更有意义。他还开列了一个长长的名单,要求将红一方面军的主要干部尽数调出,由他率领南下。

这封信当即受到毛泽东的批评。

此后林彪基本不再写信了。至少不用写信这种方式向别人反映自己的内心想法了。

早年林彪还是个学生的时候,曾给小学女同学林春芳写过一副对联:"读书处处有个我在,行事桩桩少对人言。"

这两句话中耐人寻味的哲理,恐怕是当时一下子就打动林彪的地方,让他不但把它记下来,还写给认为能够理解自己的同学。革命战争,烈火硝烟,就如他后来写的那篇《悼左权同志》所说:"多少次险恶的战斗,只差一点我们就要同归于尽";"我们曾各亲自拔出手枪向敌人连放,拦阻溃乱的队伍向敌人反扑";"子弹、炮弹、炸弹,在我们前后左右纵横乱落,杀声震彻着山谷和原野,炮弹、炸弹的尘土时常在你我的身上,我们屡次从尘土中浓烟里滚了出来";在这种情况下,早年那些深奥自保的人生哲理,也被炸弹的气浪掀到九霄云外了。年轻的指挥员林彪锐气十足,动辄就发言,就写信,就大胆表露自己同意、不同意、坚决赞成或坚决反对的意见。林彪写信以大胆著称。很多时候因火药味太浓,政治委员不敢签名而且劝林彪不要这样写,他照样不管不顾,大笔一挥签上自己名字,以个人名义送上去。这种时候人们会发现,"行事桩桩少对人言"对林彪来说,连个影子都看不到。

看不到不等于不存在,而是被艰苦激烈的斗争抑制了。在毛泽东最困难的时候,他写过支持毛泽东领导的信。在毛泽东渡过难关顺利掌权的时候,他又写过反对毛泽东领导的信。各种各样的信加在一起,总体看带来的好处不多,惹出的麻烦却不少。善于思索的林彪,对一次又一次惹出麻烦的那些信件,必定没有少想,没有少在内心总结。随着革命战争初期那种生死就在眼前的局面日益过去,过去被抑制的一些东西也就从内心重新泛起了。

在井冈山第一次见林彪时,毛泽东问朱德:这个娃娃是谁? 在会理会议斥责林彪时,毛泽东说:你是个娃娃,懂得什么?

林彪已经不是娃娃了。

"读书处处有个我在,行事桩桩少对人言",后来真的成了他的人生格言。

张闻天在《1943年延安整风笔记》中,对会理会议评价说:

> 会理会议基本上是正确的,同当时干部中离心倾向及一些动摇情绪做斗争是必要的。但我以为斗争方式还是过火的。因为这些同志的错误,实质上不过是个别的错误,只要

加以适当的批评与解释,错误就会改正的,不必用机会主义
大帽子去压他们。

这个会议的裂痕延续久远。1959 年庐山会议上,善于旁征博引
的毛泽东对彭德怀那封信的定性,对"彭黄张周反党集团"的定性,绝
不仅仅局限于不同意 1958 年的大跃进。

后来再有意见就成"反党反社会主义"了。再怎么去避免"当面
说好话,背后下毒手"呢?

我们总结自己的历史,辉煌是财富,教训也是财富。甚至是更值
得珍惜的财富。

如果我们怕教训影响辉煌,我们便失掉了很多珍贵的财富。

第三节　永恒的青铜像

红军长征期间,蒋介石兴奋过三次。

第一次是从红军突围西征、他腾出手来精心布置的"湘江追堵"。
当此战役最紧张时刻,蒋介石在南昌行营摩拳擦掌,捏着一封封电报,
对照钉在四壁的地图,核实各路大军到达位置,一分分削减红军实力。
最后认为红军牺牲很大,但地方实力派追堵不完全尽力,意犹未尽。

第二次是在红军鲁班场战斗失利,三渡赤水到四渡赤水之间。他
判断红军此时举棋不定,是因大政方针未定,已无处立足;于是调集
川、滇、黔、湘军及中央军,在川南黔北一带大修碉堡,试图用江西的老
办法,在川黔边一举围歼红军。

第三次便是红军抢渡金沙江、大渡河期间。

当时红一军团前锋直指昆明。当时滇军主力全部调入川黔,昆明
城只有一些团防及警卫部队,龙云十分恐慌。蒋通过空军侦察发现红
军在昆明附近又掉头北上,与幕僚研究后,判定红军是声东击西,真正
企图是强渡金沙江无疑;便令增援昆明的薛岳掉头向北,在电令中有
"同仇敌忾,火此朝食"之语。

5月中旬红军攻打会理城期间,蒋介石飞到昆明,在五华山龙云布置的房子里一住就是20多天,布置大渡河会战。此时薛岳一部已渡过金沙江,蒋又电令刘湘以川军二十军全部及二十一军一部归杨森指挥,火速进至大渡河北岸防堵;令刘文辉部6个旅堵截红军,掩护薛岳部北进;令刘文辉二十四军主力布防大渡河北岸严密封锁,并让杨森、刘文辉到汉源指挥。

蒋在电令中特别强调:大渡河是太平天国石达开大军覆灭之地,今共军入此汉彝杂处、一线中通、江河阻隔、地形险峻、给养困难的绝地,必步石达开覆辙,希各军师鼓励所部建立殊勋。

红军再一次陷入危险局面。

红军过金沙江后曾将追敌甩掉一周之遥,取得战略转移中具有决定意义的胜利。

但从来没有不包含时间因素的胜利。在时间的消耗中,胜利也会变为不利。

3月31日红军南渡乌江跳出敌人的包围圈,曾把蒋介石几十万追兵甩在身后。但在滇东,敌人又围了上来。

5月9日渡过金沙江又远远甩下了敌人,但在会理地区耽搁太久。从9日到14日夜,以整整6天时间强攻会理城,其间会理会议也开了两三天。待15日决定放弃对会理的围攻挥师北进时,时间优势基本耗光。再不抓紧时间抢渡大渡河,就真的要成为石达开第二了。

说不清是第几次,红军又陷入了危机。

一次次脱离险区,又一次次面临险境。

大渡河是岷江的一大支流,上源名大金川,出青海南部,流入西康省(今四川省西部)后同小金川汇合,经过泸定桥至安顺场,折而向东流至乐山入岷江。河面宽200米,流速每秒4米,河水沿着十分险要的石壁向下奔泻,数十里路也不易找到一个渡口,大部队通过极为困难。蒋介石就想凭借大渡河天险,布置重兵南攻北堵,一举消灭红军,让红军成为“石达开第二”。

红军把希望放在了安顺场。

21日,红军到达冕宁县泸沽地域后,即兵分两路。主力部队向安顺场进发,红一军团二师五团向大树堡方向进击,以钳制和吸引富林(今汉源)一带敌人。

先遣司令刘伯承率红一师走在最前面。

在向安顺场进发的路上,刘伯承骑着马,喃喃自语了一路:"有船我就有办法! 有船我就有办法!"

警卫员说昨夜梦里他翻来覆去也是这句话。

在金沙江就是凭手中掌握的6条船,硬是化险为夷,把中央红军全部渡了过去。

如果安顺场没有船怎么办?

不光刘伯承,很多人想都不敢想。

5月24日夜,红一师一团一营占领安顺场渡口。还好,搞到一条小船。

根据渡金沙江的经验,刘伯承寄希望于对岸。

因为船小,只能坐十几人,一营营长孙继先亲自挑选16名勇士强渡,后来又加上一个通讯员,共17人。这就是工农红军战史上著名的大渡河"十七勇士"。

对岸敌人的防御情况不清楚,红一团团长杨得志决定十七勇士分成两批强渡。第一批9名勇士,由二连连长熊尚林带领;第二批8名勇士,由营长孙继先亲自带领。

十七勇士的名单中又加上了挑选者自己——营长孙继先。

5月25日上午9时,红一军团一师一团一营组织的强渡开始了。以二连长熊尚林为首的9名勇士登上第一船。船在猛烈火力掩护下向对岸进发时,刘伯承、聂荣臻禁不住都走出了工事,紧紧盯住那条关系千军万马命运的小船。军团政治部组织部长肖华亲自吹起了冲锋号。

首批强渡成功,第二批8名勇士也在孙继先率领下乘第二船冲上对岸。两船共过去18名红军,所以后来也称为大渡河"十八勇士"。

在对岸又找到两条小船。

渡金沙江总共搞到6条船:皎平渡先控制了2条,首批部队过江后又找到4条。刘伯承曾兴奋地向军委报告"每日夜能渡一万人"。

大渡河却只有3条小船。一船最多坐16人。往返一次一个多小时。每日夜顶多也只能渡过五六百人。

靠这三条小船一船一船摆渡，全军渡河要一个多月。

杨得志的红一团26日上午10点渡河完毕时，追敌薛岳纵队已经进抵西昌以北的礼州，杨森的第二十军先头部队已达金口河，离安顺场只有几天的路程了。

焦虑万分的刘伯承发出了两个"千方百计"命令：工兵连要千方百计地架桥；各部队要千方百计地找船。

两个"千方百计"，一个也没有实现。

工兵连用8根二号铁丝缉缆，只系上三个竹排，放入水中即被激流冲断。

沿河两岸也再没有发现一条船。

消息报来，刘伯承只对自己说了一句："看来架桥不可能了……"便再也无语。

这位首先突破乌江、首先突破金沙江的军中之神，在大渡河陷入深深的困境。

夺取安顺场前，聂荣臻曾问担任主攻的一营营长："孙继先，你知道石达开吗？"

孙继先回答："管他十达开九达开，我们一定能过河！"

刘伯承接着说："我们会不会成为石达开，这就看你们的了。"

孙继先营以坚决的行动完成了任务。

但成为石达开的可能性依然还在。

渡金沙江时，红军本是分三路过江。刘伯承在船到手之后，方知道全军都要集中到皎平渡过江。这回却大不一样。行动之初，全军就预定要从安顺场渡过。先遣司令刘伯承深知责任重大。渡河成败关系全军命运。红军会不会成为石达开第二，现在军委就盯着他刘伯承了。

军情十万火急。蒋军的飞机在空中撒传单：前有大渡河，后有金沙江，朱毛红军插翅难逃。

5月26日中午，毛泽东、朱德、周恩来来到安顺场。

刘伯承急着向军委领导汇报,毛泽东却一边喝着缴获来的米酒,一边若无其事地谈笑风生。

他问刘伯承:"诸葛亮七擒七纵才使孟获心服,你怎么一下子就说服了小叶丹呢?"刘伯承心里正为大渡河着急,回答说,主要是严格执行了党的民族政策。

毛泽东又问:"你跟小叶丹结拜真的跪在地上起誓吗?"刘伯承答,确是如此,彝人最重义气,看诚心诚意,才信任我们。

毛泽东不容刘伯承插进别的话,再问:"那彝人下跪是先跪左腿呢,还是先跪右腿呢?"这下刘伯承被问住了。

越是危险境地越要扯轻松事,是毛泽东一贯的风格。

1929年4月,脱离了井冈山的红四军在赣南立足未稳,前途未卜,毛泽东一次在河边突然问陈毅、谭震林、江华:鱼在水中睡不睡觉啊?一下把众人问住了。

解放战争在陈南庄遭空袭,敌机都到头顶上了,江青钻了防空洞,其他领导同志也进去了,警卫员把毛泽东从床上拉起来,他先想到的不是进洞,是抽一支烟。

毛泽东就是毛泽东。即使面临生死存亡,也颇有一股拿得起来、抛得开去的气概。一股偏不信邪、偏不从命的气概。共产党人赞此为领袖气概,国民党人骂此为帝王气概。赞也好,骂也好,毛泽东就是如此。不如此,便也不是毛泽东了。

泰山崩于前而色不变,不是不知道泰山会崩于前。与刘伯承说笑归说笑,最坏的准备却在谈笑风生中做好了。

全军集中安顺场渡江已不可能,决定将一军团分为两半:一师和干部团在安顺场渡河,编为右纵队,由刘伯承、聂荣臻指挥,沿大渡河左岸前进;二师和五军团编为左纵队,由林彪指挥,循大渡河右岸前进;两路纵队沿大渡河夹岸突进,火速抢占泸定桥。大队红军随左纵队前进,从泸定桥过河。

谈话之间,红军的过河地点迅速做出了改变。

若泸定桥也不能过河呢?

毛泽东用并非轻松的口吻说道:"假如两路不能会合,被分割了,刘、聂就率部队单独走,到四川去搞个局面。"

在此严峻时刻,众人皆无异议。

刘伯承、聂荣臻二人,正是遵义会议建议渡江入川、建立川西北根据地的人。当时3万红军想从川南渡江尚不可得,现在以红一师单独"到四川去搞个局面",谈何容易!大家又都明白这是完全无法之时的办法!

毛泽东后来写道:大渡桥横铁索寒。

5月底的铁索寒到什么程度?恐怕今日即使你到已经列入国家重点文物保护单位的泸定铁桥上去亲手摸一摸,也体会不出来。

这就是为什么我们后来那么多文学作品、美术作品、戏剧、舞蹈、诗歌,都不厌其烦地再现那13根冰凉铁索上发生的故事。为什么攀援那13根铁索前进的英勇战斗,成为波澜壮阔的中国革命史中最为惊心动魄的战斗。

13这个数字在西方,是个要回避的不吉利数字。中国工农红军却无从回避,只有迎头而上。

13根铁索上,寄托着红军将士多少希望!

刘伯承、聂荣臻率右纵队于5月27日出发,向320里外的泸定城疾进。连打带冲,一路摧枯拉朽,所向披靡。平均每天行军100余里,还要加上打掉了瓦坝驻防的刘文辉一个团和龙八布驻防的刘文辉的另一个团加旅部。这三天是怎么一路江风一路战火一路艰险一路曲折冲杀过来的,承受了多么巨大的精神压力与肉体消耗,刘伯承已经完全没有合适的语言表达了。

30日凌晨2点,刘、聂的右纵队赶到泸定城。

但左纵队已经在9个小时前夺占了泸定桥。

《星火燎原》用一句令人震惊的语言描述左纵队的行军速度:昼夜兼程二百四。

28日清晨,一军团二师四团接到军团通讯员飞马送达的命令:

王(开湘)、杨(成武)：

　　军委来电限左路军于明天夺取泸定桥。你们要用最高速度的行军力和坚决机动的手段,去完成这一光荣伟大的任务。你们要在此次战斗中突破过去夺取道州和五团夺鸭溪一天跑一百六十里的记录。你们是火线上的英雄,红军中的模范,相信你们一定能够完成此一任务的。我们准备祝贺你们的胜利!

林(彪)、聂(荣臻)

　　红一军团向来以运动神速著名。但是在大渡河面前,以过去一天160里的速度已经不能完成任务了。现在需要"昼夜兼程二百四"。而且赶到后要立即发起战斗,夺取天险泸定桥。

　　世间除了中国工农红军,谁人能靠两只脚板使这种不可能成为可能?!

　　每每在关键时刻,林彪不但是一个像样的军事指挥员,也是一个像样的政治鼓动者。限期夺占泸定桥的电报,平型关战斗前连以上干部战斗动员大会上的演说,都是在交代艰巨任务的同时,给部队以坚强有力的鼓舞。

　　一军团二师四团,前身是北伐革命中的叶挺独立团,南昌暴动之二十五师七十三团,井冈山时期的红四军二十八团。在各个时期都是作战中的头等主力。林彪就是在这个部队中成长起来的。他从叶挺独立团的见习排长,到南昌暴动中七十三团三营七连连长,到红四军二十八团一营二连连长、一营长、团长;靠这支部队打出了威名。1933年在江西永丰滕田整编中,该部编为一军团二师四团。第一任团长萧桃明,第五次反"围剿"在大雄关战斗中牺牲。第二任团长耿飚。遵义会议后王开湘继任第三任团长。

　　强行军开始了。口号是:"和红一团比赛,坚决拿下泸定桥!""红四团有光荣的战斗历史,坚决完成这一光荣任务,保持光荣传统!"

　　一个口号内三个"光荣",胸中燃烧着怎样的激情。

　　团政委杨成武回忆道:"在行军纵队中,忽然一簇人凑拢在一起。

这群人刚散开,接着出现更多的人群,他们一面跑,一面在激动地说着什么。这是连队的党支部委员会和党小组在一边行军,一边开会啊!时间逼得我们不可能停下来开会,必须在急行军中来讨论怎样完成党的任务了。""天黑了,下起倾盆大雨,部队一天未吃饭,号召每人准备一个拐杖,杵拐杖,嚼生米,喝凉水前进。羊肠小道被雨水冲洗得像浇上一层油,三步一滑,五步一跌,队伍简直是在滚进。"

红军为什么没有成为石达开?!

应该反问为:石达开为什么不能和红军一样?!

5月29日清晨6时,红四团赶到泸定桥。

刚刚接近大渡河,那轰轰隆隆的河水咆哮声便鼓荡人们的耳膜。到河边一看,桥下褐红色的流水像瀑布一样从上游山峡间倾泻下来,冲击着河底参差耸立的恶石,溅起一丈多高的白色浪花。"泸定桥真是个险要所在。就连我们这些逢山开路、遇水搭桥、见关夺关的人,都不禁要倒吸一口凉气。"杨成武回忆道。

王开湘向干部们交代了任务,指定二连任突击队,连长廖大珠任突击队长。参加突击队的共22名共产党员和积极分子。

战争中的巧合。

安顺场担任首船突击的,是红一师一团一营二连。连长熊尚林任队长。

泸定桥担任敢死突击的,是红二师四团一营二连。连长廖大珠任队长。

廖大珠这个连队,湘南起义时的连长是林彪,朱毛会师后连长为龚楷,第三任连长是萧克。这是红军中著名的英雄连队,主力中的主力,尖刀上的刀尖。

英雄连队在泸定桥头更加英雄。下午4点总攻开始。在全团司号员集合吹响的冲锋号声中,廖大珠带领22名勇士背挎马刀,腰缠手榴弹,攀桥栏、踏铁索向对岸冲去。

历史在这里浓缩了,凝结了,令他们成为中国革命史中一尊尊永恒的青铜雕像。

一师一团出了"安顺场十七勇士"。

二师四团出了"泸定桥二十二勇士"。

他们之中绝大多数人没有活到胜利,更无一人成为党、国家和军队的领导人。

我们更应该世世代代记住他们,这些有名的和无名的中国革命的开路先锋和沙场英雄。

安顺场十七勇士是:红一军团一师一团一营二连连长熊尚林,二排长罗会明,三班长刘长发,副班长张表克,战士张桂成、肖汉尧、王华亮、廖洪山、赖秋发、曾先吉,四班长郭世苍,副班长张成球,战士肖桂兰、朱祥云、谢良明、丁流民、陈万清。

泸定桥二十二勇士,有8人姓名可以确认:红一军团二师四团一营二连连长廖大珠,三连支部书记刘金山,副班长刘梓华,特等机枪手赵长发,还有战士杨田铭、王海云、李友林,和一个贵州入伍、不到17岁、攀崖涉水很在行、被战友们起名"云贵川"的苗族战士。

"文化大革命"中流传过一则传说:毛泽东给十八勇士发了免死牌。不管今后犯多大错误,可免于一死。

这十八勇士,一说指安顺场十七勇士加营长孙继先,共计18人。另一说指泸定桥二十二勇士,冲过去后活下来的18个人。

这是一个美好的传说。运动太多了。前前后后被打倒的人太多了。善良的人们开始想象:大渡河十八勇士那样在关键时刻拼了死力的人,总该免死。

后来才明白,免死牌的说法既古老又久远。

对安顺场十七勇士的奖励,是《红星报》和《战士报》报道了他们的姓名。所以我们今天能够一个一个记下这些名字。

对泸定桥幸存的十八勇士的奖励,是每人一套列宁装、一个笔记本、一支钢笔、一个搪瓷碗、一个搪瓷盘和一双筷子。

虽然没有免死牌,却是红军战士能得到的最高奖赏。

刘伯承率领的右纵队午夜赶到泸定桥。这场他未见的夺桥战斗令他激动万分,虽然已经凌晨 2 点,也不愿休息,非要去看桥。

二师四团政委杨成武提盏马灯,陪着刘伯承、聂荣臻踏上桥面。

刘伯承从桥东走到桥西,又从桥西折向桥东。自 1912 年进重庆将校学堂起,他从军已经 23 年。其间经无数胜败,见无数兴衰,还从未有一回像大渡河这样令他感情澎湃。1916 年参加护国军讨袁,丰都一战,他头部连中两弹。其中一弹从右太阳穴射入,透右眼穿出。德国医生实施手术,70 余刀,3 个多小时时间,他端坐不动,被医生叹为"军神"。右眼已经是假眼了,视力不好,他还是对泸定桥上每根铁索、每个铁环看了又看。如果泸定桥不能夺占,必然出现毛泽东说的那种局面:"假如两路不能会合,被分割了,刘、聂就率部队单独走,到四川去搞个局面。"中国革命由此将徒增多少牺牲,徒增多少艰难!

现在两路终于会合了!

刘伯承最后在桥中央停下了脚步。他扶着冰凉的铁索护栏,看脚下奔腾汹涌的河水,使劲在桥板上跺了三脚,感慨万千地说:"泸定桥! 泸定桥! 我们为你花了多少精力,费了多少心血! 现在,我们胜利了! 我们胜利了!"

此时此刻,军神的左眼一定渗出了泪水。

刘伯承经历无数战阵。新中国成立后,他倾大量心血于战争经验的总结和思考,吸取用鲜血和生命铸成的经验教训。他的一生,就是战争与准备战争。他先后担任西南军政委员会主席、解放军军事学院院长、国防委员会副主席、训练总监部部长、军委战略小组组长、中央军委副主席,1986 年 10 月,因病在北京逝世。

一师一团一营二连连长熊尚林,在抗日战争开始后参加了平型关战役、冀东抗战、平西敌后斗争,战斗英勇,工作有成效,发展了一个独立团。因组织安排不公,未进入分区领导名单,带参谋长和两个警卫员离开队伍"单独干革命"。由于局面无法打开,与参谋长发生激烈争执,1942 年 6 月在崇礼县范家西沟村草场沟一个姜姓农民家中,这位强渡大渡河的第一勇士,被参谋长开枪杀害,年仅 29 岁。

二师四团一营二连连长廖大珠,后来的经历不详。这位飞夺泸定桥的第一勇士,有说牺牲于长征途中,有说牺牲于抗日战场。

一师一团一营营长孙继先,1955 年授中将军衔,成为新中国建设最早、规模最大的卫星发射中心——中国人民解放军第二十基地首任司令,1990 年去世,遗体安葬于基地所处的大西北腹地。那是巴丹吉林沙漠深处的一方绿洲,今天已是享誉世界的"东风航天城"。这位祖籍山东、1931 年 11 月参加宁都暴动、1935 年 5 月亲自挑选并带领十七勇士强渡大渡河的勇士,当年肯定想不到,自己最后竟然为新中国的导弹和卫星发射事业做出重大贡献,并且把自己的全部都安放在了那里。

第十三章

阴间多云

蒋介石想打苏联牌,苏联也想打蒋介石的牌。蔡元培一边说抗日一边老泪纵横,眼泪滴到汤盘里。红军穿插于赤水河之际,"东方劳伦斯"走遍大半个中国。"三羽乌"是弃物,刺客就不是了吗?被蒋介石也被个人野心涮惨了的张学良,灼热的灵魂已成滚烫的岩浆。

第一节　暗流

1937年年初西安事变和平解决后,陈赓奉周恩来之命,看望西安国民党警备司令宋希濂。

对这个湖南湘乡同乡、黄埔一期同学,陈赓说:你是国军师长,我是红军师长,十年内战,干戈相见。现在又走到一块儿来了,这该给日本鬼子记上一功!

第一次国共合作的动力是北伐,是消灭北洋军阀。

第二次国共合作的动力是抗日,是抵抗日寇侵略。

1935年,虽然离第二次国共合作尚远,蒋介石还在忙于追击红军,兼并西南,但某些不以人的意志为转移的客观趋向已经显现。

像天边轰隆隆传过来的雷声,山雨未来,风已满楼了。

雷声来得比1935年更早。

1934年3月1日,蒋介石在江西指挥围剿大军向红都瑞金进逼之时,国民党北平军分会参谋长杨杰率军官考察团抵达红都莫斯科。

3月7日结束访问。苏联副外交人民委员索柯里尼柯夫告诉杨杰,苏对日作战有把握,击败日本后必将东北归还中国;中国对日态度应坚决,中苏应合作。红军总司令伏罗希洛夫也说,希望中国迅速组织自己的军队,排除侵略。盼中苏合作。

杨杰回国后,迅速将苏联的态度向蒋介石报告。

4月23日,日本外相广田弘毅在东京发表谈话,阐明日本在东亚之特殊地位、责任及利益。同一天,蒋介石在江西临川扩大纪念周上讲:10年后将日人逐出东北,收复朝鲜和台湾。

他的态度突然有些硬了。杨杰向他报告的情况起了多大作用?

国民党内部,情况也在发生变化。

1934年间,汪精卫宴请国民党元老蔡元培。席间蔡元培说:"关于中日的事情,我们应该坚定,应该以无畏的精神抵抗。只要我们抵抗,中国一定有出路。"他一面说着,一面老泪纵横,泪水滴在汤盘里,和汤一道咽了下去。举座无不为之动容。

但宴请蔡元培的汪精卫并不这样看。他认为"须知数十年来,中国军事经济,在物质上着着落后,固不待言;即组织上亦幼稚不完善"。后来又说:"和呢?是会吃亏的,就老实承认吃亏,并且求于吃亏之后,有所抵偿。"

1938年12月,"老实承认吃亏"的汪精卫降日,成为中国头号大汉奸。此人1944年在名古屋病死前,看着窗外夕阳西下的日本太阳旗,不知能否记起被历史印证的蔡元培肺腑之言?

汪精卫只看对方强大,蒋介石还在"攘外必先安内"。当他在南方既"围剿"红军又收拾地方军阀的时候,北方已经乱了套。

尤其是华北。

1935年2月,长征中的红军开始在赤水河畔穿插作战之时,一个被西方报界称为"东方的劳伦斯"的神秘人物,用一个月时间,走遍大半个中国。

此人就是1948年被远东国际军事法庭判处死刑、上绞刑架前高呼"天皇万岁""大本营万岁"的土肥原贤二。

土肥原1904年毕业于日本陆军士官学校。学习期间与冈村宁次、板垣征四郎和阎锡山为同学,交往甚密。从1913年以后,他在中国整整活动了30年,能说一口流利的北京话,还会说几种中国方言,是日本军部中最受器重的中国通。他先在关东军服役,担任坂西利八郎司令官的副官。坂西中将曾给许多中国北方军阀当过顾问,土肥原利用了这种职务之便,不仅学会了中国语言,熟悉了中国政治,更同中国北方军阀和政要建立了微妙的个人关系。

但张作霖觉得土肥原做事跋扈,用本庄繁做顾问,不用土肥原。

不用他,他照样帮张作霖的忙。

第二次直奉战争爆发,土肥原积极活动,全力支持奉军把直系赶过江南,使张作霖成为掌握北京政府的统治者。

1925年11月,郭松龄倒戈反对张作霖,挥兵直指奉系军阀老巢沈阳。当时张作霖控制的军队主力在关内,沈阳形势危急。又是通过土肥原的积极活动,使日军驻朝鲜龙山的军队直插沈阳增援张氏。郭松龄兵败被杀,一场倾向革命的兵变被镇压下去。

这是一个非常有心、也非常用心的人。尤其对扩张具有职业预见。

土肥原还是一名士官生的时候,就长于测图。因为与阎锡山有同学关系,20年代他几次去山西,阎锡山均待若上宾。他的要求阎锡山无不从命。利用这个关系,他在山西各地旅行,有计划地把山西的兵要地理做了一番详细侦测,尤其将雁门关一带作为侦测重点,对桑干河一线也非常注意,详记了重武器可通过的险要地点。

"七七事变"后,土肥原的用心立刻显示出来。国民党高级军官都认为雁门关是天险,尤其茹越口附近的铁甲岭更是险地,很难使用重武器,绝非日军攻击之目标;所以在这一带事先既未构筑工事,兵力配备也不足。至日军从空隙中突然钻进来,他们才大吃一惊,感到对山西的地形还不如日本人熟悉。

侵略者,不都是那些只会挥动屠刀的恶汉。有心计的,特别是有长远心计的侵略者,那种巨大的破坏力,远远超过一个齐装满员的师团。

土肥原还是在阎锡山的热情款待中完成山西的地形侦察的。阎锡山后来与日本人在平型关打,在雁门关打,在忻口打,一次比一次败得惨。"对山西的地形还不如日本人熟悉"把我们讽刺得更惨。要抗日又抗不住,只是个勇气问题或装备问题或训练问题?为什么不到大难临头便不知道用血肉筑起新的长城?

1935年用一个月时间走遍大半个中国的土肥原,目的是策动华北自治。冀东的殷汝耕和山西的阎锡山不必说,连察哈尔的宋哲元、济南的韩复榘、河北的商震,都是土肥原的争取对象。

重点攻宋哲元。

1935年4月26日,蒋介石刚刚兼并完贵州、处理好王家烈,就收到其密友、北平政务委员会委员长黄郛从北平发来的电报。电报是发给重庆行营秘书长杨永泰的,称张学良、于学忠正在靠拢日本。日方正谋利用张、于造成华北独立政权。于与宋哲元亦相结,宋已聘日顾问。

黄郛之言,除宋哲元确实聘请了日本顾问之事,多系捕风捉影。

但他却第一个做了较准确的天气预报:山雨要从华北开始了。

黄郛发电不到一个月,1935 年 5 月,天津日租界发生两名亲日新闻记者被杀事件。日方立即抓住这个机会。5 月 29 日,日本华北驻屯军司令梅津美治郎派参谋长酒井隆、武官高桥坦向国民党北平军分会代理委员长何应钦提出“驱逐东北系及中央势力出华北”的要求。

梅津美治郎是“三羽乌”在德国巴登巴登圈定的 11 个骨干分子之一。当时他任驻柏林武官,是 11 人中资历较深者。资深之人看不惯资浅之人,资深部队看不惯资浅部队,在日军中也一样。虽然同是“一夕会”成员,但梅津就看不惯关东军的石原。1931 年 8 月梅津美治郎任参谋本部总务部长,一个半月后关东军突然策动“九一八”事变,梅津对关东军参谋石原莞尔发动事变的谋略不满,认为违背了军部《满蒙问题解决方策大纲》中“约以一年时间做好准备,于明春以后实行”的侵略方针。

不满归不满,眼看新锐的关东军借“九一八”事变迅速膨胀起来,老资格的华北驻屯军也看得眼热。1934 年 3 月梅津美治郎被任命为华北驻屯军司令官后,也想如法炮制,像他不大看得上的后进石原莞尔一样,弄出点事情来,扩大华北驻屯军的地位和影响。

借天津事件,驻屯军参谋长酒井隆代表梅津向何应钦提出的要求是:

一、撤换河北省府主席于学忠,省政府移保定;二、撤换天津市长张廷谔,公安局长李俊襄,宪兵第三团长蒋孝先;三、撤退驻北平之宪兵第三团,军分会政治训练处长,蓝衣社及驻扎河北之中央军及于(学忠)部,河北各级党部。

否则日方将采取“自卫行动”。

华北危机由此开始。

何应钦奉蒋之命按日方要求,步步后退。7 月 6 日,何应钦被迫以打字函形式承认日方的要求，即后来所谓的《何梅协定》。

但急于生事的日方已经失去耐心了。不待何应钦同意，6月2日，天津日军参谋长酒井隆宣称，蒋中正必须离职。

此时红军刚刚渡过大渡河。

蒋介石坐不住了。

其实他早感觉到了局面不妙。"九一八"事变后，国联除了派出个李顿调查团，对日本的侵略行动就再无动作。想通过国联干涉解决东北危机，"以夷制夷"，但英、美大国是君子动口不动手，发表完几篇表示遗憾的声明，照样和日本做生意；没有哪一国愿帮中国出一分力流一滴血。

就像孙中山当初碰尽了钉子最后转向列宁的苏维埃俄国一样，蒋介石见日本人执意要他下台，也不得不开始认真考虑如何靠拢斯大林的苏联。

但他早把与苏联的关系弄僵了。一是1927年4月屠杀共产党人的"四一二"政变，一是1929年7月的中东路事件。

1929年7月，南京政府决定强行收回中东路，中东路事件爆发。7月18日，加拉罕大使代表苏联政府宣布召回全部在华人员，与南京政府绝交。10月，在蒋介石同意下，张学良的东北军8万多人向满洲里、绥芬河地区的苏军发动进攻。苏军猛烈反击，东北军伤亡惨重。

交恶至此，还怎么利用苏联帮助抵抗日本侵略呢？

中国共产党人不知道，就在他们与共产国际失去联系、工农红军从江西出发开始长征的时候，1934年10月16日，蒋介石的私人代表蒋廷黻到达莫斯科，开始寻求恢复与苏联中断的关系。

蒋廷黻与苏联外交人民委员部委员斯托莫尼亚科夫举行会晤。他带去了蒋介石提出的两个问题：

一、中苏之间有一系列共同利益，如果苏联的利益和地位受到打击，也就是对中国利益和地位的打击，不知苏联政府是否抱有同感？

二、1927年至1929年间，中苏关系破裂时，蒋介石是中国领导，这个事实，是否会影响中苏关系的发展？

斯托莫尼亚科夫的回答是令蒋宽慰的。他说，苏联对发展同中国的关系,没有任何怀疑。苏联在同中国起领导作用的蒋介石的关系方面,"不是从回忆过去和感情出发,而是从我们两国的共同利益和真诚地希望发展和巩固两国关系出发",苏联"也像尊敬其他对我们友好的领导人一样尊敬他,任何个人的因素、任何成见都不能影响我们这个立场"。

得此讯,蒋颇受鼓舞。他第一个反应就是加紧对江西突围红军的追堵,同时加紧做苏联的工作。

1935年春,彭德怀奔袭浒湾时陪蒋介石找水上飞机着陆点的秘书邓文仪,被蒋任命为驻苏武官,到达莫斯科。很快,南京政府大使颜惠卿带着梅兰芳的京剧团一同到达莫斯科。

自中东路事件与苏联绝交以来,蒋介石首先伸出了橄榄枝。

他真是一个策略专家。派去恢复正常外交关系的大使竟然由一个京剧团陪同。他先让张学良开枪叫苏联人品尝中国子弹,然后又请梅兰芳唱戏叫苏联人领略中国艺术。

国民党上海市长吴铁城在送行前宴会上主要谈现实政治:"颜惠卿大使到苏联将会进一步加强中苏两国间的友好联系。"

苏联驻华代办斯比利瓦涅克则主要谈文化艺术:"梅兰芳访问苏联必能促进两个伟大民族间文化联系的巩固和发展。"

苏联仍在观察这个反复无常的蒋介石。苏联希望蒋介石能够抵抗日本。

在日本法西斯的压力下,"九一八"事变以来坚持不抗战的蒋介石开始改变了?

北方一位"九一八"事变以来坚持抗战的人,却真的在改变。

他是二十九军军长宋哲元。

宋哲元本来是力主抗战最早的国民党将领之一。"九一八"事变后第二天,他率领二十九军全体将士通电全国:"宁为战死鬼,不作亡国奴。"1933年他任第三军团总指挥,指挥喜峰口抗战,更赢得过抗日英雄的美名。

但任何事物都没有不可逾越的界限。包括抗战与不抗战。

宋哲元不是蒋介石的嫡系。以前他是冯玉祥部下的五虎将之一，在国民党新军阀混战中是著名的反蒋人物。蒋介石早想借机收拾一下他。

1935年5月，日军挑起第二次"张北事件"，借4名日本军人在察哈尔省由多伦经张北县沿途偷绘地图、到达张北时被中国军队扣留之事，向国民党当局施加压力。此时蒋介石正在布置大渡河会战，准备于金沙江、大渡河一线歼灭长征中的红军，于是全力推行对日妥协政策，使察哈尔省民政厅厅长秦德纯与土肥原签订了所谓《秦土协定》：1. 向日军道歉，撤换与该事件有关的中国军官；2. 停止国民党在察哈尔的一切活动；3. 成立察东非武装区，第二十九军从该地区全部撤退；4. 取缔察哈尔省的排日机关及排日活动；5. 撤换宋哲元的察哈尔省主席职务。北平军分会代理委员长何应钦借此机会向行政院长汪精卫提出撤换宋哲元，调二十九军去江西"剿共"。

6月29日，宋哲元被免去了察哈尔省政府主席的职务。

靠国民党的支持与保护不再可能，宋哲元感到要保住自己在华北的地盘，只有取得日军的谅解。他被免职后，一气之下跑去天津"养病"。

养的自然是心病。天津是日军华北驻屯军的大本营。宋哲元在这里，通过其亲信萧振瀛、陈觉生与日军联络。他们把宋的处境和苦衷转告了日本华北驻屯军参谋长酒井，向他表示了合作的愿望并取得了酒井的信任。

就是这个酒井宣称蒋中正必须离职。他现在又出来保证宋哲元必须在位、日军华北驻屯军也不再提将宋部压到黄河以南了。

这真是中国许多旧军人的深刻悲剧。他们的信仰和他们的主义，皆不敌他们个人的切身利益。

与日军的默契不仅保住了宋哲元自己在华北的地盘，而且"丰台事件"后，他乘机把二十九军第三十七师调到北平，使自己的势力从察哈尔扩展到了平津。

宋哲元联络日军和扩张势力的活动，使蒋介石非常担心。为了防止宋哲元进一步倒向日本，蒋介石采取了一系列拉拢活动。

1935 年 7 月,蒋在庐山召见二十九军副军长秦德纯,表示"中央拟将主持华北责任交由宋明轩军长负责";以示对宋的信任。7 月 27 日,国民政府向宋哲元、秦德纯及三位师长颁发最高国家荣誉勋章,表彰其抗战功绩;8 月 28 日,宋哲元又被正式任命为平津卫戍司令,北平政务委员会被撤销。

由此宋哲元实际开始操纵冀、察的军政大权。

宋哲元联络日军,动机原非降日,只是想借以保全自己的地盘,提高自己的地位。他说:"对日本是不说硬话,不做软事,表面亲善,绝不投降;对中央不说反对中央的话,不做蒋介石个人工具的事,随机应变,效忠国家。"

以保个人利益的"随机应变"来效忠民族和国家,本身就十分荒唐可笑。后来的"曲线救国"论与"随机应变"论之所以异曲同工,就是它们都产生于同样的利益心理。国难当头之日,宋哲元想在民族大义与集团私利矛盾冲突的刀尖上,踮着脚尖走钢丝。

苍蝇不叮无缝的蛋。土肥原出场了。

土肥原是日军中"华北自治"的鼻祖。1933 年在关东军沈阳特务机关长任上,土肥原就开始策划"华北自治运动"。当时华北山海关、唐山、通州等地的特务机关,全部划归土肥原领导。关东军也就是通过此,把手伸向了华北。在土肥原策划下,沈阳特务机关先后对阎锡山、韩复榘、宋哲元等人开展拉拢工作,企图使他们脱离国民政府另立自治政权,未收到成效。

现在机会又来了。

1935 年 9 月,土肥原到北平,要求宋哲元出面组织"自治政府",日本提供军援和经援。宋还未糊涂到此等地步,所以拒绝。对中国军阀政客心理摸得十分深透的土肥原立刻变换花样,改联络华北五省地方实力派一起宣布自治,称为"首先建立察哈尔、河北两省自治政权,然后使山东、山西、绥远三省加入"的方针。谁也弄不清土肥原口袋里有多少条妙计。

在怎样才能有效割裂中国版图这一点上,土肥原的思虑比其他日军将领更为深远。

"九一八"事变后对在东北建立什么样的政权,关东军内部有不同争论。板垣征四郎和石原莞尔主张直接并入日本版图;土肥原则建议放弃直接吞并的主张,搞一个表面由中国人统治的"满蒙五族共和国",以较小代价取得实质性效果。板垣、石原等人迫于形势,最终也只有同意土肥原。在拟定傀儡之事上,土肥原更加老辣。他要拉吴佩孚,有人告诉他吴虽反蒋,但素以爱国军人自居,恐怕难以利用。土肥原回答说:"只要他的行动对日本有利,就是打抗日的招牌也是可以的。"

他太懂得中国军阀的面子、中国政客的名实了。

当年吴佩孚没有拉过去,他现在又紧紧盯住了宋哲元。他要以宋哲元为突破口,实现其华北扩张的梦想。

在军事、政治的压力和一己私利的诱迫下,宣称"宁为战死鬼,不作亡国奴"的宋哲元开始动摇。

1935年10月,土肥原亲自与国民党冀东行政督察专员殷汝耕密商,要求殷汝耕"起事"。在土肥原的鼓动下,11月25日,殷汝耕在通县宣布脱离南京国民政府,成立所谓"冀东防共自治政府",并发表亲日宣言。冀东伪政权成立后,土肥原再接再厉,鼓动冀察实力派宋哲元与殷汝耕合作,成立"华北五省联盟自治政府"。宋哲元打了点折扣,在征得蒋介石同意之后,成立"冀察政务委员会",由土肥原担任委员会顾问,委员中也充斥着亲日分子。

眼看土肥原的"华北五省地方自治"为期不远了。中国就这样变成了案板上一块好切的肥肉,谁都想上来切上一刀。

日本人在华北进展顺利、几乎就要得手的时候,另一股暗流也在潜行:日本未来的德国盟友似乎在做一件相反的事情。

20世纪30年代中期,日、德两国的对华政策发生了冲撞。日本人威胁要蒋介石妥协,德国人却鼓动要蒋介石抵抗。

鼓动蒋介石抵抗的德国人不是塞克特。塞克特告诉了蒋介石很多,但他从来没有告诉蒋介石,怎样对付日本帝国主义这样的外敌和强势之敌。

似乎老天爷不让德国顾问留下空缺,塞克特的接替者法肯豪森把这个缺口补上了。

1935 年夏季是一个乱哄哄的夏季。北面日本人在有效地张罗"华北自治",西南蒋介石在徒劳地围堵长征中的红军,南京的德国总顾问塞克特又将灯枯油尽、生病离华,由法肯豪森接手总顾问一职。

法肯豪森是一个标准的德国职业军官,曾任德国驻日本大使馆武官,对日本军队有过较多研究。他 1934 年 7 月就抵达中国,最初作为塞克特的副手,但他不像塞克特那样,绝对优先照顾德国的经济利益而拒绝参与长江流域针对日本的防御计划。法肯豪森主要关心军事事务——重新编组和训练蒋介石统辖的军队,同时起草防止日本入侵的计划。

此人一上任,很快就以其精到的职业军人眼光,得出了一个后来不曾改变的结论:中日必有一战。

1935 年 7 月 31 日,他以南京政府德国总顾问的身份,向蒋介石"面陈大略"。

法肯豪森总共讲了五点:

一、目前威胁中国最严重而最切近者,当然是日本。日本对中国之情知之极悉,其利害适与中国相反,故必用尽各种方法,破坏中国内部之团结与图强,至少设法迟延其实现。

二、目前战略情况,一旦军事上发生冲突,华北即直受威胁,若不战而放弃河北,则陇海路及其重大城市,即陷于最前战区,对黄河防线,不难由山东方面,取席卷之势。对海正面有重大意义者,首推长江。敌苟能控制中国最重要之中心点,直至武汉一带,则中国之防力已失一最重要之根据,于是至内地,中国截分为二。

三、国际政局目前异常紧张,列强一时无联合或单独干涉之可能。华盛顿之九国公约,实际早成废纸。中国苟不自卫,无人能出而拔刀相助。中国应竭其所能保全国土,必倾全力以自卫,或有遇外援之可能。若不倾全力奋斗以图生存,则华北全部包括山东在内,必脱离中国。

四、目前国军所有主力,俱集中于南部、西部,宜速抽调可以节省之兵力,分驻各区,使能应付作战之用。凡作战所用部队,宜集中于徐州—郑州—武汉—南昌—南京区间。东部有两事极为重要:一个封锁长江,一为警卫首都,二者有密切之连带关系。次之为南昌、武昌,可做支撑点,宜用全力固守,以维持通广州之联络。终之四川,为最后防地。

五、综结言之,万不可不战而弃寸土。中国苟不起于首时,表示为生存而全力奋斗之决心,则列强断不起而干涉。

法肯豪森这些观点在抗日战争全面爆发的两年之前提出来,不得不承认,这个德国军人对两年后爆发的抗日战争及大致战局走向,做出了比较准确的判断,使人不得不佩服其独到的军人眼光。

他这一席话,对专心于川西北"围剿"红军的蒋介石来说,振聋发聩。

法肯豪森说"目前国军所有主力,俱集中于南部、西部",这是十分客气的弯弯绕说法。他当然知道这些军队都在用于"追剿"长征中的红军,不说出而已。包括对蒋介石悄悄开始改善同苏联关系的做法,这位德国顾问也闭口不谈。

他告诉蒋介石:一旦日本对华发动军事攻击,华北地区首当其冲,同时长江流域各海口也将受到侵犯,因此,中国军队必须在战略上确立一个"集结兵力区域",以"沧县—保定为绝对防御线";长江陆防须推进至上海附近,南京作为首都"宜固守",华中则以南昌、武昌作为战略支撑点,全国以四川"为最后防地"。法肯豪森最后写道:"综结言之,就民族、政治、经济、心理、军事上各种情况,具有前方应战之必要,万不可不战而放弃寸土。"

法肯豪森在报告中提出建立以四川为抗战根据地的构想,事后证明确实颇具战略眼光。他认为四川是个"富庶而因地理关系别具安全之省份","实为造兵工业最良地方。由重庆经贵阳建筑通昆明之铁路,使能经滇越路向外国联络,有重要意义"。"川省若未设法工业化能自造必要用品,处此种情况,必无战胜希望,而不啻陷中国于灭亡。"法肯豪森这时不仅指出四川工业化为抗战提供军需的前景,而且指出了开辟西南外运交通线以获得抗日外援的必要性及重要意义。

法肯豪森的战略建议后来逐项被蒋介石所采纳。于是他以这份建议书为蓝图,逐步开展部署。他根据德国重建国防军的经验,助蒋以全副德式装备训练与装备8万中国军队,另成立若干炮兵团与装甲旅,准备战事一旦发生,迅速驰援前线。其中第八十六、八十八师重点驻扎在宁沪国防要地,在后来的"八一三"淞沪抗战中发挥了重要作用。

以法肯豪森为首的德国军事顾问团在中国这一系列频繁活动,引起了日本方面的极大不安,他们深恐中国抗日实力因此而加强,因此通过外交途径,坚决向欲与日本结盟的德国政府施加压力,要德国人不要支持南京政府的对日备战活动。当时希特勒上台不久,羽毛未丰,主观上虽然想与日方呼应,但由于在华顾问团属于德国国防军控制,尚未被纳粹集团完全掌握,所以对日方的要求暂时心有余而力不足,未能予以满足。

这里出现了一个问题:像法肯豪森这样的德国顾问为何要做出此等表现?

表面看,这是抗日战争爆发前大国博弈在中国的土地上日趋激烈、日德两国对华政策发生利益冲撞的表现,实际情况却还要更复杂一些。法肯豪森实际上并不代表德国政府。甚至在德国国防军内,他也属于另外一个团体。这个团体中的德军总参谋长贝克、国防部长布隆贝格等人,都具有反希特勒的倾向。该团体认为德国在中国的战略利益,应该是通过加强中国的防御能力来阻止日本入侵,从而最终迫使日本在远东转向与苏联抗衡。他们认为中国资源丰富,难以被征服,因此德国最好能够长期与中国成为可依赖的反苏盟友。同时他们也担心,一旦德国参与和介入中国事务的能力减弱,中国与苏联的关系就会马上改善,变得更加密切,于德国不利。而目前日本对中国所施加的所有压力,都在压迫中国倒向苏联,这是德国无论如何也不愿看到的。

所以法肯豪森的肺腑之言中,也掺杂了众多的大国利害。对什么是德国的利益,他的理解与德国国内执政的纳粹集团的理解并不完全一致。

所以1937年11月当他接到柏林方面的电报,要他运用对蒋介石的影响力,说服蒋放弃武力抗日的计划,与日本做"符合德国利益"的妥协,法肯豪森却没有照办。虽然他不得不奉命参加了德国政府的"陶德曼调停",企图迫使中国接受日本的"和平条件",但作为个人,在应付完德国政府交办的工作后,法肯豪森仍然像以往一样迅速调换姿态,参与到策划怎样组织对日有效的军事抵抗中去了。他毫不隐讳地说:"如在当全中国人民对日充满愤恨之际,余所提之谈和建议,将被彼视为背叛友人之不忠行为。"

他还有进一步的设想。

1937年12月5日,法肯豪森在其备忘录《简论形势》中写道:"大体上可以说,我们完全可以成功地、长时间地加以抵抗。目前,到处都出现了可以给敌人以重创的机会。但这要有一个前提,即所有军官、士兵以及全国人民都必须奋起,全力抵抗……"他在中国一而再、再而三地向当时德国国防部长布隆贝格说明,日本军队的军事效率并不高,他不相信日本会取得最终胜利。法肯豪森当时之所以提出这种过于乐观的估计,其用意也很明显,就是企图防止或拖延德国做出与日本结盟、召回在华德国顾问的最后决定。他认定他的做法,最符合德意志民族的利益。

这是毫无问题的:法肯豪森的思维中,首要的考虑也不会是中华民族的利益。

问题是他的这些想法除了国防部长布隆贝格等少数人,在德国国内找不到几个呼应者。希特勒的宣传部长戈培尔在1937年8月3日的日记中写道:"希特勒并不认为(中国)局势严重。中国在军事上不充足,日本打败她,这非常好,因为这可以使日本更灵活地对付莫斯科。(我们)不会再进一步支持中国了。"

1938年4月28日,德国元帅戈林禁止向中国运送战争物资,5月,原外长牛赖特被撤换,德国新任外长里宾特洛甫上台伊始,第一个指令就是全部召回驻华的德国顾问。

里宾特洛甫的指令是在1938年4月下旬下达的。德国外交部告知中国驻德大使:德国政府对中日战争采取完全中立的态度,认为德国军事顾问此时在华服务有偏袒一方的嫌疑,因此打算将他们全部撤离中国。

此时的法肯豪森已经深度卷入中国战场。

美国女作家巴巴拉·塔奇曼在其《史迪威与美国在华经验》一书中回忆道,台儿庄战役结束后,各国驻华武官纷纷前往战地参观,当时美国驻华武官史迪威见到法肯豪森,与他讨论了台儿庄作战:"德国首席军事顾问法肯豪森将军因中国军队没有按照他的计划行动,气得狠命地揪自己的头发。他说:'我告诉委员长要向前推进,要发动进攻,要乘胜前进,可是,他们什么行动也没有采取,日军很快就会把8到10个师的部队调到徐州前线,到那时就来不及了。'"巴巴拉·塔奇曼怀着颇为钦佩的口吻写道:"这位了解日军个性颇深的德国顾问对史迪威预料,日军将会卷土重来进攻徐州。果然不出所料,徐州不久即陷于敌手,日军转而进攻河南。"

就是在这种时刻,里宾特洛甫的撤离命令到了。法肯豪森及顾问团全体成员获知德国政府这一决定后,起初都不愿离华。4月30日,法肯豪森向德政府呈送一份报告,指出他们都是以个人资格受聘于中国政府,聘用合同要到1939年及1940年才满期,现在离华在法律上、经济上都有困难。

德国驻华大使陶德曼也支持法肯豪森代表顾问团提出的意见。

但德国方面联日弃华的决心已定。外交部长里宾特洛甫以希特勒的名义命令陶德曼大使:立即就此问题与中方交涉。

一直交涉到6月中旬,蒋介石看见拖不下去了,只得同意大部分德国顾问离华,但要求核心人物法肯豪森作为德国驻华使馆武官留下,并留5至6人处理善后。

德国方面已经没有了丝毫的回旋余地,连蒋介石的这个退步要求也完全不同意。

6月20日,里宾特洛甫再次强行电令陶德曼,以中断中德外交作威胁,要求立即撤退包括法肯豪森在内的全体顾问:"本部长亟待留华全体德国顾问凡职务未停者一律立即停止,并尽速离华,必要时虽违反中国政府意旨,亦在所勿恤",如法肯豪森等人再不愿离华,"即认为公然叛国,国内当即予以取消国籍及没收财产处分。该顾问等勿再犹豫为要"。

这已经是勒令回国了。

1938年6月24日,德方下令召回驻华大使陶德曼。

法肯豪森的使命彻底结束了:不管这个使命中有多少是德国政府

赋予他的,有多少是他自己添上去的。他在中国工作了4年多时间,从构筑国防工事到完成军事部署、协助蒋介石在淞沪一带构筑"兴登堡防线",确实出了不少力帮助中国抗战。直到中国抗日战争全面爆发,他还参加了正面战场的对日作战,最后才被"勒令率团返国"。

回到德国后,法肯豪森也不赞同希特勒的亲日政策,而同情中国的抗日行动。第二次世界大战期间,虽然由于他的威望声名而被希特勒委以军事要职,却一直同贝克将军的反希特勒组织联系。1944年因有参与"七二〇事件"刺杀希特勒的嫌疑,被盖世太保拘捕,关进拉文斯布吕克集中营。

法肯豪森帮助过蒋介石"围剿"红军,帮助过中国军队抵抗日本,也帮助过德国反抗势力反对希特勒统治。第二次世界大战结束后,又由于战争期间出任过德国占领区的军事指挥官,被比利时军事法庭宣判有罪,定为战犯。

刚刚走出德国集中营的法肯豪森,又走进了盟军的集中营。

这也是个集种种矛盾于一身的人。

陶德曼比法肯豪森要聪明多了。他在德国驻华大使任上对法肯豪森有过不少支持,而且也没有完成德国政府指令他"调停中日争端"的任务。但在解释自己为什么调停失败时,陶德曼巧妙地把责任都推给了别人。回国前在给德国外交部的一份密电中,陶德曼说:"遵照训令,我于今日将日本和谈条件通知了蒋介石,在座的仅有财政部长孔祥熙。蒋介石要我向德国政府表达他对德国政府在这件事上所做的努力的衷心感谢。他又机密地告诉我说,只让德国政府知道:假如他同意那些要求,中国政府是会被舆论的浪潮冲倒的,中国会发生革命。……假如同意日本采取的策略,中国政府倾倒了,那么唯一的结果就是中国共产党将会在中国占优势。但是这就是意味着日本不可能与中国议和,因为共产党是从来不投降的。"

蒋介石不仅仅是在用后果吓唬德国人。他告诉德国人"共产党是从来不投降的"这一句,也算他没有白与共产党打十几年交道。

第二节　残阳如血

就在德国总军事顾问法肯豪森为蒋介石精心准备那份《应付时局对策》之时,日本正在发生一个重大事件。

1935年7月16日,驻守广岛和福山的日本陆军第四十一联队的相泽三郎中佐,到陆军省访问军务局长永田铁山少将。谈话内容十分奇怪:劝永田局长辞职。

相泽中佐以吼叫的方式完成对永田少将的劝说。

陆军中央部门中最重要的实权人物、"巴登巴登三羽乌"中的头号人物永田铁山,竟然被驻地偏远的一个中佐指手画脚?

这是在代别人表达意志。永田立即就知道了。相泽是裕仁天皇的长辈东久迩宫中将的老部下。东久迩宫在一个中队当大尉时,相泽是该中队的一名少尉。

永田还知道相泽在士官学校教过剑道,精于剑术。

真是常言说的,善者不来,来者不善了。

相泽中佐在永田少将的办公室内大发雷霆,指责永田使皇道派将领真崎大将失去教育总监职务而下台。皇道派与统制派的矛盾就以这种独特的方式爆发了。

1932年以后,日本昭和军阀集团的核心组织一夕会发生分裂,分化为皇道派和统制派。

皇道派以"三羽乌"的二号人物小畑敏四郎少将为首,包括"三羽乌"的三号人物冈村宁次少将,拥戴陆相荒木贞夫大将。所谓"皇道",荒木贞夫解释为是维护、宣扬皇德,所以日本军队就是"皇军"。是荒木贞夫使"皇军"这个名称流行起来。最初这个词很难被记住,荒木问一个士兵:"皇道的使命是什么?"士兵以立正不动的姿势大声回答:"是、是行军累不垮!"

在日文中,皇道和行动、皇军和行军发音相同。所以荒木为首的皇道派,被很多士兵理解为"行动派"了。这一派也确实以行动见长。

它聚集了大量青年军官,主张采取激烈行动改变国内政治,实现军人专政。

如果说皇道派更多注重法西斯军人的理想,那么统制派则更多注重法西斯军人必须面对的现实。

统制派则以"三羽乌"的头号人物永田铁山少将为首,包括巴登巴登聚会时在外看门的东条英机。所谓"统制",即主张军队在国家现有制度下行事,不主张对内采取过激行为。永田铁山觉得,日本还没有做好同西方国家对抗的准备。在工业化改革于1936年年底完成以前,日本进攻苏联的话连讲都不应该讲。相反,要首先争取同苏联签订互不侵犯条约,争取充分消化满洲。

两派的冲突不可避免。以荒木贞夫为首的皇道派主张北进,永田铁山等人对此却毫无兴趣。

1934年1月,荒木贞夫大将失去了陆相职务。

1935年7月,陆军省又决定皇道派的另一首脑真崎甚三郎大将退役。

矛盾由此爆发了。

就在相泽中佐闯进永田办公室前一天,1935年7月15日下午1点,日本陆军三长官会议,参谋总长、陆相、教育总监出席。不愿下台的教育总监真崎甚三郎大将拿出了撒手锏:"在这次会议后面,我看见不纯的动机。"

他把一份文件放在桌上。

这是永田铁山参与1931年"三月事件"的铁证。永田遗失已久、寻找已久的文件。

1931年3月,陆军省次官杉山元、军务局长小矶国昭、军事课长永田铁山、参谋本部第二部长建川美次,加上作战科长山胁、俄罗斯班长桥本、中国课长重藤等人,制订了一个包围议会、要求内阁总辞职而由陆相组阁的政变计划。最后时刻,陆相宇垣一成得知天皇有意让他组阁,才蓄意将政变计划向外透露,使其流产。

这就是所谓的"三月事件"。

永田铁山当时起草了一份代号"小说"的政变宣言。他把这份宣言放在他的正式文件内。事件流产后,却怎么也找不着那份文件了。他不知道是调查人员悄悄拿走了它,呈报在当时的陆相荒木贞夫大将的办公桌前。

永田的"小说"在荒木陆相的手中微微发抖。这个东西牵涉到天皇裕仁。荒木早就知道裕仁与永田10年前在欧洲建立起来的那种亲密关系。

所以他再未往上呈报,也未将它归入陆军档案,而是悄悄将它放进了自己的保险柜。荒木从20年代初就开始搜集与天皇有关的各种秘密资料。直到他1967年去世,这些档案都妥善地保存在他身边。他曾透露说,档案中的每一页都已经影印,影印件都已加封,由另一位可靠的朋友保存。如他遭遇不测之死,这些文件将被启封,其内容将予散布。所以直至最终他平安地死去,珍藏这些档案的保险柜仍保存在荒木家中,天皇也奈何不得。

现在他把这发炮弹给了真崎甚三郎大将。永田的宣言证明天皇本人与"三月事件"有牵连。真崎深知这份撒手锏的分量。他在会议上大叫:"现在的阴谋也是由'三月事件'的人制造的。统制派已经破坏了纪律和在陆军中引起混乱。我们向天神保证清除陆军中不良分子的誓言必须实现。会议的第一个议题就是清除统制派!"永田铁山四年前写的"小说"变成了一发炮弹,由真崎甚三郎装进炮膛了。它将证明出卖天皇的,恰恰是那个自以为天皇亲信的永田铁山。

这真是一发重磅炮弹。"三羽乌"中的一号人物、被称为日本陆军中最具头脑的人物永田铁山被轰得粉碎。

三长官会议结束第二天,相泽中佐就出现在了永田铁山的办公室。

即使这时,他还不知道天皇已经没有任何一件事情再委托他去办了。

永田忍耐着,不动声色。他本身就是"下克上"的好手,非常明白这些"下"的心劲和能量。他们的力量,都来源于他们背后那些人。

永田对相泽说,他感谢相泽关心国家利益,但对罢免真崎之事不清楚。总之是为了维护陆军的纪律。最后他以那种不拘礼节的伙伴式态度亲自送相泽中佐出门。

反身回来的永田铁山立即调来相泽的档案。迅速看过之后,以陆军省军务局长的身份下令,调相泽三郎中佐赴驻台湾的日军服役。

相泽三郎很快就接到了调令。但他没有返回部队,而是立刻启程前往400多公里外的大阪,去见他的老上司东久迩宫中将。

没有任何一个外人知道这次谈话的内容。

相泽与东久迩宫谈话后,便直趋东京。

这个方向与调令命令他前往的方向完全相反。

他先见真崎甚三郎大将。自称办事比天皇还公平的真崎手法十分隐晦。他对相泽说:"如果你想杀人,就对宇垣将军插上一刀。就是他在1931年搞了三月阴谋,才开始把局面弄得这样糟。"

相泽又见了东久迩宫的兄弟、另一个皇室贵族近卫师团长朝香宫中将。这位日后指挥南京大屠杀的朝香宫与相泽又进行了一番无人知晓的秘密谈话。完后朝香宫去皇宫,称有急事,要私下谒见天皇。而且要求不能有外人在场,和天皇"绝对秘密地在一起待几分钟"。

连天皇的表弟北白川宫也不能在旁边。

永田铁山连自己也不知道以前搞过多少阴谋。现在阴谋却搞到他的头上来了。

8月5日,陆相林铣十郎奇怪地派人劝说永田铁山离职,出国旅行。

事情很明显,天平上这块砝码已失去作用,要被抛出去了。

永田断然拒绝离职出国。14年来在陆军内部他充当天皇裕仁的重要耳目,出谋划策搞垮长州藩,集合了一群忠于天皇的少壮军人,参与夺取满洲和镇压国内反叛者,他不相信自己会出事。

8月12日早上,相泽三郎到达陆军省。在接待处,他提出要见山冈重厚陆军少将。山冈是永田组织一夕会的得力伙伴。但现在不再得力了。山冈现在是陆军省军备局局长,皇道派的重要分子,与军务局长永田的统制派势不两立。山冈本人还有一个嗜好,崇拜附在古代武士刀剑上的鬼魂。他本人收集了100多把古代刀剑,并且负责制订条令,规定日本军官都要备一把指挥刀,并在出席一切公开仪式时佩带。他先让神情紧张的相泽坐下,然后派一人去探听永田铁山是否在办公室。

听差回来报告,永田在他的办公室里。山冈立即送相泽出门,并告诉他该走的方向。

军务局是陆军省最大的一个局。相泽竟然顺利地穿过若干个办公室,没有通报姓名就突然出现在永田铁山面前。

永田正在和东京的秘密警察头子新见大佐谈话,他只来得及大喝一声:"干什么?"相泽已经"嗖"的一声抽出了指挥刀。

永田铁山只来得及跳起身来,躲过第一刀。没有等他冲到门口,相泽的第二刀已经砍在他的背上,鲜血涌流。乘新见大佐想阻止相泽的同时,他用力去开门,还想夺路而逃,无奈已经双膝瘫软,身不由己。相泽的第三刀从跪在地上的永田后背穿过,直透前胸;他胸口的鲜血就像那面旭日旗上的旭日,不同的是一把闪着寒光的钢刀从中穿过。曾是天皇亲信中亲信的永田铁山,像一个用旧了而被抛掉的弃物,几分钟内一命呜呼。

当侍从长本庄繁向天皇报告永田遇刺时,裕仁眼睛看着别处,首先表示非常遗憾;接着说:"我今天照常游泳,你说行吗?"

作为天皇,裕仁从来不在意他的工具。

1933年下半年,曾任关东军司令的本庄繁侍从长向裕仁诉说,宫中没有建立一块纪念碑,以表彰在满洲的阵亡者;士兵们觉得陛下午后不理国事,乘船到相模湾采集海洋生物标本,是一种冷漠行为。裕仁心平气和地把本庄带到一艘旧游艇上解释:从爱国角度讲,没有钱建造毫无意义的纪念碑。倘若没有天皇本人日积月累的观测,海军水文局就不可能修正海图,将来某一天,日本的战舰就会弄错相模湾的深度。

1934年11月,裕仁去视察长野县两所学校。为皇家车队带路的保安警察不小心走错了路,将天皇带到了另一所学校。结果文部大臣没有在场。学校的教职员也没有做好准备。场面尴尬。几分钟后,那个带路的警察自杀了。明显不高兴的天皇说,他并不在意,不过倒是打扰了学校。

"多么宽宏大量呀!"天皇的侍从武官长本庄在日记中写道。

那个倒霉的警察,不过是一只蚂蚁。

相泽三郎不知道这些。知道了,也许就不做刺客了。

他的刺杀行为受到天皇两个长辈的鼓动。朝香宫曾私下觐见天皇,弄清楚了行动完将会平安无事。所以胸有成竹的相泽杀完人以后,并不急于逃跑,而是首先到医务室包扎流血的手指。完后他说必须立刻返回驻福山的部队,以执行被他杀死的永田铁山的命令,收拾行装前往台湾。

使他大感意外的是,秘密警察迅速将他扣押。

"三羽乌"是弃物,刺客就不是了么?

无怪天皇那个最善于玩弄阴谋的叔辈东久迩宫对相泽的评价是:这是一个思想简单的人。

所谓昭和维新,不过是让复杂的人做复杂的工具,简单的人做简单的工具而已。

永田铁山被刺杀的表面原因是天皇及其小集团同"三月事件"有牵连的证据被泄露。更深一层原因,则是永田铁山已经显露一些迹象,在对华战争问题上同天皇分道扬镳。他到底主张什么政策,却来不及说出了。

永田铁山先是天皇的敲门砖,后来便成了绊脚石。

敲门砖敲开了门后,就是绊脚石。

在永田铁山的葬礼仪式中,皇族、陆军参谋总长闲院宫元帅送来悼文,称颂永田是一个具有超凡天才的人,堪称表率。

优质工具的表率。

14 年前在巴登巴登浴室给永田点烟的东条英机,从驻扎南方九州岛的第二十四旅团司令部特地请假前来东京吊唁。从此以后直到 1948 年他被绞死为止,他每月给永田的遗孀小额津贴。

陆相林铣十郎被迫辞职。天皇裕仁训诫新陆相的第一句话就是:"陆军必须是天皇的陆军。"然后是:"天皇本人意欲亲自监督一切外交事务及军事工作,因此,在做一切决定之前先要向他禀奏。"

只有人为日本战车加速,再也无人敢为它减速了。

第三节　开裂的坚冰

1935 年 8 月是一个多事之月。华北危机爆发。法肯豪森为蒋介石草拟《应付时局对策》。永田铁山被刺身亡。王明代表中共中央在共产国际七大上发表《为抗日救国告全体同胞书》,即《八一宣言》。

日本法西斯、德国法西斯在迫使世界发生改变。

共产国际和苏联在变。

蒋介石的国民党在变。

力量在重新趋向联合,利益在重新开始交换。

外界发生的这一切,唯独仍然苦行于雪山草地的中央红军和红四方面军毫不知晓。准备开始长征的红二、六军团也不知晓。

蒋介石要红军做"石达开第二"、红军十七勇士抢渡安顺场、二十二勇士夺占泸定桥的时候,王明正在苏联基斯洛沃德斯克疗养。

除了看到少量的外电报道,知道那些红色火种依然在顽强燃烧之外,他根本不知道红军的准确位置在哪里。在即将召开的国际七大上,中共代表团的"苏区代表"是一直待在莫斯科的周和生(即高自立)。周和生的发言由王明、康生领导炮制,说"今天苏区占有土地有 200 多万平方里,人口有 5600 万","现时的红军有 50 万人,此外还有 100 多万人加入了游击队。红军击退了帝国主义者、军阀和国民党的 6 次围剿,挫败了法西斯将军冯·塞克特领导下精心制定的计划,进军 3000 公里,英勇地完成了捍卫苏维埃的任务"。除夸大其词外,根本谈不上实事求是。

这种不实事求是似乎已经成为王明一种理念,他费力地要用这种虚假的东西去粉饰什么,去掩盖什么,去获取什么。

有些时候变本加厉到令人作呕的地步。

1937 年年底王明回国前,与王稼祥等人一起去见斯大林。王稼祥回忆说:"当我进入斯大林办公室时,我被介绍说,这是不久前才从陕北来到莫斯科的。斯大林就问红军有多少人,我说,在陕北约 3 万

人。王明就插上来说是 30 万。因为俄文中没有'万'字,而是说 30
千或 300 千。斯大林就说,重要的是红军每个战士都是真正的战斗员,
而不是吃粮的。"

斯大林晚年犯有严重错误。人们说他被捧得太高了。是否也被
骗得太深了呢?周围有多少个王明,在拼命夸大每一分成绩,拼命掩
盖每一个缺陷?

也不能说王明一件好事没办。

他办的最出名的好事,就是疗养回来后写的这份《八一宣言》。

受两个因素促动:一是国际政策的转变,一是中国的华北危机。

1934 年 2 月 27 日,以"国会纵火案"在莱比锡审判中获得巨大
国际声誉的季米特洛夫,获释后抵苏联。季米特洛夫对希特勒法西斯
的残暴有切身体会。他从斗争实践中得出结论:迫切的任务是联合所
有力量,结成广泛的反法西斯统一战线。

他成为共产国际新的主要领导人后,便立即把这一想法付诸实施。

新的领导很快带来了新的变化。共产国际的主要工作由反对社
会民主党转变为结成反法西斯统一战线。这些当然对王明产生了很
大影响。

再加上华北危机。吴玉章回忆:"1935 年 6 月在莫京(莫斯科)听
到何梅协定及平津日寇屠杀我爱国人民及上海新生事件等等难忍的消
息,我们急电王明同志共商对策,出了展开革命新局面的八一宣言。"

从疗养地回来的王明写了三天。其妻孟庆树说,每天都工作到深
夜 3 点。

驻共产国际的中共代表团成员又进行了认真讨论和集体修改。

宣言的核心是停止内战,一致抗日;组织全中国统一的国防政府
和全中国统一的抗日联军。"苏维埃政府和共产党愿意做成立这种国
防政府的发起人","红军绝对首先加入联军,以尽抗日救国的天职"。

8 月 1 日,中共代表团制定的《八一宣言》经共产国际审阅通过,
以中国苏维埃中央政府和中国共产党中央委员会的名义发表。这一
宣言,是对季米特洛夫提出反法西斯统一战线的一个具体配合。

9 月中旬,中共代表团写信给在美国的中共党组织,寄去《八一宣

言》。指示他们铅印3万到5万份，设法巧妙地寄给中国包括南京政府在内的各个政府、军队、机关、党派、报馆及社会团体等；还要他们寄给包括蒋介石在内的军政要人。

不久，《八一宣言》通过法国、美国和香港等多种途径传到中国国内。

两个关键人物都看到了这个宣言：蒋介石、张学良。

蒋介石是10月份看到宣言的。他立即要宋子文、陈立夫、曾养甫等人设法"打通共产党关系"。

把蒋介石这些举动都归于一纸《八一宣言》，便太轻看了这个人物。《八一宣言》掌握了一个恰好的时机。蒋介石正在感受华北面临的重大危机。耳边正在回响日军华北驻军参谋长酒井隆叫他下台的吼叫，也在回响德国总顾问法肯豪森劝他坚决抵抗的言辞。追击长征中的红军整整一年，也未能将红军消灭。这时候看到"全中国统一的国防政府和全中国统一的抗日联军"，"红军绝对首先加入联军，以尽抗日救国的天职"，他不能不发生极大兴趣。他开始考虑是否可借此达到从政治上解决共产党的目的。

10月18日，蒋介石在孔祥熙官邸会见苏联驻华大使鲍格莫洛夫，提出希望同苏联签订"真正能促成中苏间的真诚关系和能够保障远东和平"的协定。鲍格莫洛夫得出结论，蒋介石"指的是秘密军事协定而言"。

鲍格莫洛夫大使写信向莫斯科报告说："他们一再暗示，最好订立一项互助条约。"

11月，行政院副院长兼财政部长孔祥熙，据蒋介石的意旨向鲍格莫洛夫大使询问：如果中国政府被迫武装抗日，通过海路无法获得军需物资，能否经新疆从苏联方面得到军需品？

恰在此前后毛泽东也提出组织远征军占领新疆。国共双方都将注意力移向了新疆，这个最可能从苏联获得援助的方向。

苏联副外交人民委员斯托莫尼亚科夫于11月19日通知鲍格莫洛夫："苏联政府同意卖给中国军用品。"请他就此通知中国政府。

12月2日，国民党五届一中全会在南京召开。议决对日国策时蒋介石提出："和平未到绝望时期,决不放弃和平;牺牲未到最后关头,决不轻言牺牲。"对日本的侵略"以不侵犯主权为限度,谋求各友邦的政治协调,以互惠平等的原则,谋求各友邦之经济协作,否则国民党下最后之决心"。

蒋日矛盾尖锐了。

这股潜在的暗流中,又加入了一个张学良。

张学良11月从杜重远那里了解到《八一宣言》。他当即表示同意与红军联合抗日,要杜重远帮助他寻找与共产党联系的线索。

一年之后西安事变的基础,已在悄悄建立。

此前张学良与蒋介石合作、对个人野心妥协,吃了大亏。

1930年,蒋、冯、阎大战。两派都争着拉张学良入伙。双方都把全部力量投上去了,东北军成为全国仅存的最大一支军事力量。这块砝码放到哪一边,天平都会向哪一边倾斜。

沈阳城说客如云。张学良见了哪一派人物、谈了多长时间,立即会产生种种猜测。4月间,沈阳举行追悼东北边防军阵亡将士大会,蒋、冯、阎代表都参加致祭。6月3日张学良30岁生日,蒋介石派50岁的李石曾前往沈阳祝寿。6月21日,蒋介石又派张群带着委任张学良为陆海空军副总司令的命令到沈阳。张学良到葫芦岛,说客们跟到葫芦岛。张学良到北戴河,说客们追到北戴河。个个锲而不舍,不达目的决不罢休。

那真是张学良一生中最为风光的时候。他静观风向达半年之久。最后,从东北军事集团的利益出发,他站到了蒋介石一边。

1930年9月18日,张学良发表出兵华北通电。

观了半年,就观出这么一个结果。一个将他自己、将整个东北拖入灾难深渊的结果。后人多只知道张学良1931年那个悲伤的"九一八",却不知道在此一年前,他还有一个更加悲伤、更加令他追悔的"九一八"。

在某种程度上说,恰恰是前者导致了后者。

张学良发表出兵通电之后,从9月21日晨起,东北军每隔3小时即发一列车运兵南下。9月21日占领天津。22日进驻北平。仅用十多天时间就完成了对华北、平津的占领。

东北军占领华北的速度,与一年后关东军占领东北的速度一样。

可惜这是内战。

张学良在内战中踌躇满志。出兵通电中他言辞恳切:"良委身党国,素以爱护民众维持统一为怀,不忍见各地同胞再罹惨劫。"实际从张作霖开始,奉系就一直觊觎华北。后来干脆把华北视为自己的势力范围。把奉系赶出华北的就是蒋介石。现在,他从上海给张学良汇来500万元,作为东北军的开拔经费;又拨1000万元公债款资助东北军。不但把东北军又请了回来,还把河北、平津、青岛的行政管辖权都交给张学良。

这些实惠确确实实打动了野心勃勃的少帅。

10月9日,张学良就任中华民国陆海空军副总司令,北京成立副总司令行营。虚岁30的少帅将东北、华北尽握在手,地位仅次于蒋,好不风光。

应了中国那句老话:露多大脸,现多大眼。

他犯了一个无可挽回的错误。带东北军主力入主华北,久居北平,还不断抽调部队入关,使东北防务日益空虚,造成危险局面而不自觉。

1931年"九一八"事变发生当晚,张学良正携妻带妾在广和剧场看梅兰芳的《宇宙锋》。戏未唱完,得讯事变爆发,沈阳危急;他急忙回协和医院召集东北军将领会议。虽然8月16日有过蒋介石的密电:"无论日本军队此后在东北如何挑衅,我方应予不抵抗,力避冲突。吾兄万勿逞一时之愤,置国家民族于不顾。"但此电毕竟发在事变之前。事变进行中张学良在协和医院召开的会议决定是:赞成抗战,但要依靠全国,东北军不能单独行动。为避免冲突扩大,不予抵抗,一切等待速报南京请示办法。

如此决议,能说不抵抗的仅仅是蒋介石一人么?蒋介石在事变前提出的不抵抗政策有罪。张学良在事变进行中做出的不抵抗决议就无罪么?军人在战争爆发关头连自己的防区都弃之不顾,突然间想起"依靠全国""不能单独行动",全国老百姓勒紧裤带养如此多之兵又何苦来呢?

后来说蒋介石不准他抗日。少帅忘记了自己不准自己抗日的时候了？

1991 年 5 月,91 岁的张学良在美国纽约实事求是地回忆了当年那一幕:"是我们东北军自己选择不抵抗的。我当时判断日本人不会占领全中国,我没认清他们的侵略意图,所以尽量避免刺激日本人,不给他们扩大战事的借口。打不还手,骂不还口。是我下的指令。"

这件事啃噬张学良内心一辈子。哪怕后来笃信了基督教、深钻了明史,也无法获得解脱。

前一个"九一八"占尽的所有便宜,后一个"九一八"不但丧失殆尽,还把老本都赔了进去:仅东北兵工厂即损失步枪 9.5 万支,各种机枪 2500 挺,大炮 650 门,迫击炮 2300 门,飞机 260 架,沟帮子的铁甲车队全部被毁。东三省的银号、中国交通银行均遭洗劫,资金流失不计其数;其他物资的损失更加无从计算。

"不能单独行动",就可"避免冲突扩大"、保平安了吗?

将祖坟家业丧失殆尽后张学良方才明白:覆巢之下,安得完卵!

蒋介石把他涮惨了。个人野心也把他涮惨了。所以他后来要和中国共产党合作。

可以想象,当这位少帅发动西安事变时,内心那灼热的灵魂,怎不能一瞬间变成冲破地壳的岩浆?!

1935 年 11 月,共产国际为了传达第七次代表大会的精神,让久已失去联系的中国共产党了解和执行建立反法西斯统一战线这个新方针,同时恢复和中共中央的联系,决定由中共代表团派人回国。

这种任务首先就是风险。首先需要的就是勇气。国际七大上,中共代表团发言宣称:苏区占有土地 200 多万平方里,5600 万人口,50万红军,100 万游击队。事到临头要派人去找这 200 多万平方里苏区和 50 万红军了,代表团中竟然没有一个人能说清楚红军和苏区到底在哪里。

王明、康生绝不会承担这个任务。这不是在灯火辉煌的会议大厅大吹大擂那些激起一阵又一阵热烈掌声和纵情欢呼的随意炮制的数字,而是要回到阴冷的、黑暗的、白色恐怖的、到处悬挂着共产党人头的世界中去,寻找自己写在纸面上那些辉煌的数字和代表这些数字的仍在舍身奋斗者,派谁去为好呢?

"经过慎重考虑",他们选定了张浩。

张浩又名林育英,林彪的堂兄,1922年2月加入共产党,长期从事工人运动。来莫斯科担任中华全国总工会驻赤色职工国际代表之前,在东北坐了一年多日本人的监狱。狱中受尽严刑拷打,始终不屈,在党内有"钢人"之称。相较之下,王明在上海一次被捕,为赶紧找人营救自己,不惜暴露党内同志的地址,一出狱就挨了党内警告处分。与"钢人"相比,泥人而已。

如此任务,非钢人莫属。

张浩领受任务后,装扮成从蒙古回来的商人,跨越沙漠经由内蒙古,于11月到达陕甘边区的边缘地区——定边。这时长征的红军已经到达陕北。从定边开始,边区赤卫队一直把张浩送到了瓦窑堡。

在瓦窑堡见到张闻天、邓发、李维汉,张浩才知道出了两个党中央:

一个是瓦窑堡的中共中央。

一个是张国焘在卓木碉成立的伪中央。

工农红军分裂了。

第十四章

福兮祸所伏

　　工农红军战史中最兴奋的会师，却演化为最严重的分裂。毛泽东一生中，三个9月9日深深嵌入生命。阎锡山的讲话成了陕北有块根据地的通知。陕北根据地也搞起了肃反。历史最无情，历史也最有情。徐海东、刘志丹都对中国革命立下大功。

第一节 "张国焘是个实力派"

1935 年 6 月 2 日,中革军委给夺占泸定桥的廖大珠等人授奖的同一天,张国焘、陈昌浩、徐向前来电:已派李先念率红四方面军一部进占懋功,与中央联系。

从江西苏区出发以来,中央红军 8 个月时间英勇奋战,先期望与二、六军团会合而不可得,遵义会议后将与四方面军会合作为战略目标,用了近 5 个月时间,终使这一目标得以实现。中央红军上上下下心情之振奋是可以想见的。

6 月 8 日,中革军委发出《关于一、四方面军会师以开展新局面的战略任务的指示》。提出今后的基本任务,是用一切努力,不顾一切困难,取得与四方面军的直接会合,开展新局面。

两个"一切",将迫切之情溢于言表。6 月 12 日,博古在《前进报》第一期发表《前进! 与红四方面军会合去!》,连标题都能感觉到那颗兴奋搏动的心。

中央红军与红四方面军长期在各自根据地的战场作战,互相之间有电报联系,但主要指挥人员之间基本没有见过面。就是在四方面军干部战士中名字也如雷贯耳的朱德总司令,见过他的四方面军干部也不多。像中央红军干部团团长陈赓这样在红四方面军和中央红军中都任过高级职务的指挥员,实在是寥寥无几。

没见过面,不曾相识,并不妨碍红军阶级兄弟之间火热的感情。他们都用自己独特的方式,向来自远方的阶级兄弟表达他们千言万语的亲情。两位开路先锋——中央红军一军团二师四团团长王开湘和红四方面军三十军八十八师师长熊厚发,用枪声和号声开始了他们的联络;两位总指挥——中央红军三军团总指挥彭德怀和四方面军总指挥徐向前,用石块和箩筐完成了他们的相识。

6月12日,中央红军先头部队一军团二师四团翻越夹金山。快下到山脚,突然响起枪声。团长王开湘从望远镜中发现前面村庄周围有部队。试着用号音联络,对方回答了,但仍然听不出敌我,王开湘命令部队以战斗姿态向前推进。

四团政委杨成武回忆当时情景说:"忽然,山风送来了一阵很微弱的呼声,我们屏息细听,还是听不清楚字句,于是我们加快速度前进。渐渐地,这声音越来越大了,仿佛听见是'我们是红军!'红军?真的是红军?我正在半信半疑,一个侦察员飞奔回来,他边跑边喊:'是红四方面军的同志呀!''红四方面军的同志来了呀!'"

8个月征战,万余里行程,中央红军前面不是险峻的高山大河,就是重重堵击的敌人。这回终于在前面出现了自己人!两支部队发出山谷共鸣的欢呼,加上这些钢铁汉子夺眶而出的热泪,其中所含意之切,情之深,非我们今天所能想象。

那位当年飞奔报信的侦察员早已不在了,发自肺腑的真诚呼喊却被岁月像年轮一样铭刻下来。当你翻到1961年版的《星火燎原》第三集第165页之时,那声音仍是山谷间永不消逝的共鸣,一波一波在你心头震荡。

一军团是中央红军的主力部队;二师四团则是主力中的主力。三十军也是四方面军的主力部队;八十八师也是主力中的主力。工农红军的两支头等主力部队热情相聚!四团团长王开湘与八十八师师长熊厚发的手紧紧握在一起!

王开湘34岁,是中央红军中一员猛将。遵义会议前后接替耿飚为四团团长,一路先锋一路烈火,以行动快速和决心果断为特点,使红四团威上加威。

熊厚发刚刚21岁,也是四方面军中的一员猛将。他17岁任营长,19岁当团长,20岁就是主力师的师长了。四方面军中的历次主要战斗无役不与,年纪轻轻就成为四方面军中的著名将领。

晚上会师部队联欢,篝火映红了天空。战士们互相拉着对方的手就不想松开,四川民歌与兴国山歌响在一起。

这一夜环境的舒适对中央红军来说是长征以来未有过的。躺在四方面军战友准备的床铺上,王开湘失眠了。他与政委杨成武谈了一夜,谈走过来的千难万险,谈将来的美好远景……

王开湘没能看到将来。4个月后1935年10月,中央红军长征到达吴起镇,他突患伤寒。11月上旬在罗汉川红军医院,因不堪忍受病痛,这位长征先锋用手枪结束了自己的生命。

熊厚发也没能看到。1937年3月在西路军最后的战斗中,他负伤被俘,被马步芳用大炮轰死在青海西宁。

王开湘与熊厚发是两支红军部队的一线战将,彭德怀与徐向前则是这两支红军部队的主要指挥。7月6日,徐向前率十余个团沿黑水河岸蜿蜒前进。途中接到彭德怀一份电报,说三军团已进抵黑水迎接四方面军。徐向前异常高兴,立即发报约彭德怀到维古河渡口会面。

维古河宽约二三十米,是岷江的支流之一,水深流急,水寒刺骨,虽7月也难以徒涉。平素人来人往,就靠铁索桥。

徐向前走到渡口才知道,铁索桥已被破坏。要渡河比登天还难。

1991年11月出版的《徐向前传》,详细描写了两位红军指挥员难忘的会见:

> 这时河对岸出现了一支蜿蜒而来的小队伍。走在最前面的一个人体魄健壮,中等身材,穿一身灰布军装,戴一顶斗笠,走到岸边后直向徐向前等人挥手呼喊;徐向前也挥动八角帽答话,但因水声太大,谁也听不清对方说什么。彭德怀的名字,徐向前早就听说过。徐向前的名字,彭德怀也不陌生,但两人从未见过面,所以谁也不敢断定对方就是自己要会见的人。过了一会儿,徐向前见对岸戴斗笠的人朝他打了打手势,接着扔过一块小石头来。石头上用小绳拴着一张纸条,上面写着:"我带三军团之一部,在此迎接你们! ——彭德怀。"徐向前高兴极了,马上从记事本上撕下一页纸,正正规规地写上:"我是徐向前,很想见到您!"也拴在石头上甩过

河去。彭德怀得知是徐向前在对岸,高兴地挥动大斗笠,频频向他亲切致意。

当天,通讯部队在河面拉起一条电话线,徐向前和彭德怀第一次通了话,互相问候,约定次日在维古河上游一个叫亦念的地点相见。次日,徐向前带人翻过两座大山,到达亦念时已近正午;彭德怀也同时到达,但令人失望的是,这里的铁索桥也遭破坏,双方仍然是隔河相望。徐向前的随从人员在一段河面上找到了另一种渡河工具——溜索。一条绳索横贯河岸,上面悬着个用竹条编的筐子,里面坐着一个老乡,正向对岸滑来。徐向前因急于同彭德怀会面,等那老乡过河来,自己也像老乡那样坐进筐子,用脚向岩石上猛力一蹬,借劲向对岸滑去。等他到达终点跳出筐子,彭德怀快步迎上,两双手紧握在一起。彭德怀风趣地说:"徐总指挥,还不知道你有这种本领呢!"徐向前说:"我这是大姑娘上轿——头一回呀!"逗得周围的人哈哈大笑。

这两位威震敌胆的红军将领,用石块和箩筐完成了情真意切的首次会见。

中央红军与红四方面军这两支主力红军的会师,最主要也是最重要的会见,还是毛泽东与张国焘的会见。

为两军会合,毛泽东亲自为一军团定了三条标语:

第一条:一、四方面军是一家人!

第二条:会师的胜利证明我们的红军是不可战胜的!

第三条:欢迎张主席!

毛主席欢迎张主席,张主席也给毛主席发来热情洋溢的电报:

懋功会合的捷电传来,全军欢跃。你们胜利的转战千余里,横扫西南,为反帝的苏维埃运动与神圣的民族革命战争历尽艰苦卓绝的长期奋斗，造成了今日主力红军的会合，定下了赤化西北的最有利的基础的条件。我们与你们今后在中国共产党统一指挥下，共同去争取西北革命的胜利，直到苏维埃新中国胜利。

毛泽东、张国焘，都是著名的红军领导人。都在蒋介石通缉的共产党要人名单里名列前茅。毛泽东在红一方面军中享有无可置疑的权威。张国焘在红四方面军中也享有无可置疑的权威。对来自共产国际的指示，两人都敢于表现出自己的独立性。他们都是中国共产党内具有领袖才能的人物。

1935 年 6 月 25 日，张国焘从茂县经汶川、理番到达两河口。毛泽东、张闻天、周恩来、朱德等几十人赶到 3 里路外的欢迎会场远迎。张国焘回忆说："在离抚边约 3 里路的地方，毛泽东率领着中共中央政治局委员们和一些高级军政干部四五十人，立在路旁迎接我们。"

有回忆说那天还下着雨。那么毛泽东和政治局诸委员就都是立在雨中等候了。

迎候在四方面军中享有最高权威的张主席。

这是毛泽东成为中国共产党的实际领袖后，第一次也是最后一次走出如此之远，去欢迎党内另一位领导人物。

张国焘好不风光。与中央红军领导人坐担架的习惯不同，他骑着一匹白色高头大马，在十余名骑兵卫士簇拥下，由远而近疾驰而来。

见政治局全体站在路边肃立迎候，他立即下马，跑上前去拥抱握手。"久经患难，至此重逢，情绪之欢欣是难以形容的。毛泽东站到预先布置好的一张桌子上，向我致欢迎词，接着我致答词，向中共致敬，并对一方面军的艰苦奋斗，表示深切的慰问。"他回忆说。

他还说："我以兴奋的心情由茂县赶往懋功，与久别的毛泽东等同志会晤。"

他与毛泽东早就相识。

1918 年 8 月，毛泽东首次到北京。经杨昌济介绍给李大钊，安排在北大图书馆当助理员,基本是个临时工的角色。1936年毛泽东对斯诺说:"我在北大图书馆工作时,还遇见了现任苏维埃副主席的张国焘。"

这种相遇并不是平等的。毛泽东当时正在争取旁听生的地位,而张国焘不但是北大理工预科三年级学生,而且是学生中的风云人物,正在发起组织"国民杂志社"。每天晚上,他的房间都是激进同学的聚集中心。

这种时候,毛泽东却在下班的图书馆内打扫房间,整理书架,归拢报纸期刊。

毛泽东对每一位在登记本上签名的读者都仔细辨认过。那些来去匆匆的读者,却几乎无一人在脑海中留下这个管期刊的临时工的姓名和面容。

他后来对斯诺说:"由于我的职位低下,人们都不愿同我来往。我的职责中有一项是登记来图书馆的读报的人的姓名,可是他们大多数都不把我当人看待。在那些来看报的人当中,我认出了一些新文化运动的著名领导者的名字,如傅斯年、罗家伦等等,我对他们抱有强烈的兴趣。我曾经试图同他们交谈政治和文化问题,可是他们都是些大忙人,没有时间听一个图书馆助理员讲南方土话。"

张国焘也是无时间与这个期刊管理员交谈的人之一。他对毛泽东最早的记忆不是来自身边的北大图书馆,而是来自后来长沙那份全国出名的《湘江评论》。

这份刊物是毛泽东从北京回去后主编的,在南方影响很大。政治上极其敏锐的张国焘虽然可以立即感觉到几千里外一个叫毛泽东的人所显示的能量,却错过了在北大与毛泽东的会面与交谈。

毛泽东与张国焘的第二次相遇是1921年7月在上海召开的中共一大。

张国焘同样具有很大优势。"南陈北李"都没有来,张国焘成了第一次代表大会的主持人——大会执行主席。他回忆说"我被推为会议主席,首先宣布中国共产党的正式成立";"我向大会说明关于草拟党纲政纲草案的经过情形";"我建议大会,由各代表先行报告各地区工作状况";"经过几天的讨论,后来由我归纳到会者的意见,提出几点结论";等等。四个"我"字,把他在中共一大上的风头写得神气十足。

毛泽东在中共一大上担任会议记录。他原来就在北大图书馆一个一个记下读者姓名,现在又一个一个记下每人的发言。

张国焘在那里指手画脚。

后来成立中国劳动组合书记部,主任张国焘。下设北方、湖南、武汉、广东、山东共5个分部。毛泽东在湖南分部当主任。

从中国共产党成立之日起,张国焘长期居于中共中央的核心领导地位。

1921年7月中共一大,他是中共中央局三成员之一。

1922年7月中共二大,他是中央执行委员会五名委员之一。

1923年6月中共三大,他因为反对共产党人加入国民党,失去中执委资格。

1925年1月中共四大,再次当选为中执委,并成为中央局五人成员之一。

1927年5月中共五大,当选为政治局七委员、政治局常委三委员之一。

1928年7月中共六大,当选为政治局七委员之一。

1931年1月六届四中全会后,是政治局三位常委之一。

1934年1月六届五中全会,张国焘是政治局十二位委员之一。

如此比较,毛泽东就差多了。他仅仅在张国焘失去中执委资格的中共三大上,当选为中执委。这段时间也很短。一年半以后召开中共四大,张国焘复又当选中央执行委员。毛泽东则落选,失去中执委资格。

1927年5月中共五大后,张国焘与陈独秀、蔡和森成为政治局三名常委,毛泽东仅被选为候补中央委员。

毛泽东1956年9月10日在八大预备会议第二次全体会议上回顾说:

> 我在第五次代表大会上只有发言权,没有选举权。我这

个人也是犯错误不少,但是当时他们又不讲我的错误在哪个地方,只让当个候补代表。第一次代表大会我到了。第二次代表大会没有到。第三次代表大会(是在广州开的)又到了,被选为中央委员。第四次代表大会又没有到,丢了中央委员。大概我这个人逢双不吉利。第五次代表大会到了,当候补代表,也很好,被选为候补中央委员。

只有在1927年8月"八七"紧急会议上,毛泽东与张国焘的地位才算拉平了一些。张国焘因八一南昌起义牵连,被降为政治局候补委员;毛泽东则因筹划秋收起义,被升为政治局候补委员。

平衡维持的时间极短。秋收起义队伍没有攻打长沙而上了井冈山,共产国际驻中国代表罗明纳兹提议:开除毛泽东的政治局候补委员资格。中共中央实际负责人、毛泽东的好友和支持者瞿秋白只有同意。消息传到井冈山,传成毛泽东被开除了党籍。

毛泽东后来说:"井冈山时期一个误传消息来了,说中央开除了我的党籍,这就不能过党的生活了,只能当师长,开支部会我也不能去。后头又说这是谣传,是开除出政治局,不是开除党籍。啊呀,我这才松了一口气!"说的就是这一次事。

短暂的平衡又迅速失去了。毛泽东被开除了政治局候补委员资格,张国焘则在中共六大上,又当选为政治局七委员之一。

这是一个在中共党内资格极老的人物。项英因斯大林赠送一支小手枪自豪不已,把手枪别在腰上随身不离;张国焘则面对面地与列宁谈过话,亲耳聆听过列宁教诲。其资格在1927年以前只有陈独秀能与之相比;在1927年以后则只有周恩来能与之相比。

资格如此之老却又比毛泽东年轻4岁,内心的优越感即使不说出来,也是巨大的。

其实在两河口握手拥抱以前,张国焘与毛泽东等人的分歧已经出现。

6月16日毛泽东致电张国焘,提出会合后的战略方针:占领川、陕、甘三省,建立三省苏维埃政权,并于适当时期以一部组织远征军占领新疆。目前则在岷江以东,向着岷、嘉两江之间发展。

第二天张国焘回电,同意向川陕甘发展,但不同意"目前计划"。认为中央来电提的岷、嘉两江之间地形给养均不利于大部队行动,眼前暂时利于向南进攻。

毛泽东要向北,张国焘要向南。还未会面,分歧就显露出来了。

有分歧是正常的。一方长途跋涉,一方长期据守,各自对形势的判断、对本身的估量都不一样,出现分歧可以理解。通过进一步讨论和反复比较也不难解决。问题是不能加入其他因素。后来有人说张国焘不愿北上,提出组织远征军占领青海、新疆,并不合事实。首先提出远征新疆的不是张国焘,而是毛泽东。但张国焘第一个把实力因素加入到争论中来,问题便不能不被大大复杂化、严重化和激烈化了。

最初大家面对争论,还是按照党内通常的方法去寻求解决。

张国焘与毛泽东等人会面第二天,政治局在两河口一个喇嘛庙里召开扩大会议。以三天时间,专门讨论两军会合后的战略方针。

周恩来做目前战略方针的报告。

选择周恩来代表中共中央做报告,此时最合适不过。1927 年 7 月 12 日陈独秀下台后,周恩来进入中共中央核心。1928 年六大以后相当一段时间内,周恩来实际是中共中央主要领导人。除他外,没有任何人的资格能够压住张国焘。

周恩来抓住了一个很好的切入点。中央红军与四方面军都脱离了原有根据地。在这种情况下,方向问题,便成为在什么地方创造新苏区的问题。

他提出未来苏区应具备的三个条件:一、地域宽大,便于机动;二、人口较多,便于扩红;三、经济条件。

周恩来的结论是,四方面军控制的懋、松、理地区地域虽大,却没有后两个条件;陷于此地区就没有前途。回头向南更不可能。东过岷江,敌人在东岸有 130 个团。向西北,是一片广漠的草原。可走的路只有一条,就是北向甘肃,去川陕甘。那里道路多,人口多,山少。必定会遇到敌人,但可用运动战消灭敌人。

周恩来报告后,毛泽东、张国焘、朱德、博古、张闻天等13人相继发言。

张国焘在会议上也同意了周恩来的意见。

周恩来做结论。提出口号:赤化川甘陕。

会议记录在最后写道:"全体通过恩来的战略方针。"

会后,周恩来根据两河口会议决定,立即制订《松潘战役计划》,准备一举击败胡宗南,控制松潘地区作为北上通道。

同意北进的张国焘却很快改变了。

6月25日会师大会后,张国焘似乎并不特别经意地问周恩来,一方面军有多少人。周恩来坦率地告诉他,遵义会议时有3万多人,现在可能不到了。

1972年6月周恩来回忆这一幕时,依然印象深刻。他说,张国焘一听,脸色就变了。张国焘太懂得数字里面的含义了。这就意味着两个方面军会合后总兵力10万人内,80%以上都是四方面军的人。

实力开始潜移默化地进入刚刚开始的关于前进方向的争论。张国焘开始思考如何把这个比例带进中革军委,然后再带入政治局。

他的个人野心就这样膨胀了起来。

中央红军的实力在一、三军团。林彪、彭德怀成了张国焘工作的重点对象。

他派秘书黄超去看彭德怀。送去几斤牛肉和几升大米,还有二三百块银洋。坐下就问会理会议情况。还对彭德怀说:张主席很知道你。

对林彪,估计也送去了同样的东西,说了同样的话。聂荣臻回忆,一次在右路军总指挥部吃完饭,陈昌浩说林彪同志可以先走,聂荣臻留下来谈一谈。一谈就是对遵义会议的态度,对会理会议的态度。

毛泽东在遵义会议上增选为政治局常委。张国焘不同意这个会议,实质是不承认毛泽东有比他高的党内地位。

会理会议批评了林彪和彭德怀。张国焘不同意这个会议,实质是拉拢林、彭,对毛泽东釜底抽薪。

表面一致下,张国焘的工作暗中开始了。

毛泽东是照顾到会合后四方面军的强大实力的。6月29日,政治局召开常委会议,决定张国焘为中革军委副主席,徐向前、陈昌浩为中革军委委员。同日,根据两河口会议决定,中革军委下达北进的《松潘战役计划》。

6月30日,中共中央派李富春、刘伯承、林伯渠、李维汉等组成中央慰问团,到红四方面军驻地杂谷脑慰问。慰问团7月3日到达杂谷脑。

张国焘在杂谷脑向李富春表示对中央的不满,要求"充实红军总司令部"。李富春鉴于事情重大,于7月6日致电中央报告张国焘的要求,请中央考虑。

7月8日,张国焘在杂谷脑召开红四方面军高级干部会议,抓住《前进报》批评"西北联邦政府"这件事,攻击中共中央。

此前的5月30日两军会合之前,张国焘在茂县宣布成立"西北联邦政府";认为从此"树立了西北革命的中心,统一了西北各民族解放斗争的领导,从此南取成都、重庆,北定陕、甘,西通青、新,进一步与中央红军西征大军打成一片"。

两军会合后,凯丰在《前进报》上发表《列宁论联邦》,批评张国焘成立"西北联邦政府"。凯丰与张国焘同是江西萍乡同乡,不同的是他资格甚浅。大革命失败后去莫斯科中山大学学习。1930年年底回国才转为中共党员。这是一个脾气性格都很冲的人。遵义会议上坚决不承认错误。遵义会议后鼓动博古不要交权。但又很年轻,当时刚刚29岁。斗争起来热情极高,缺乏策略。《前进报》上发表的那篇文章,从时机看不好,从效果看更不好。张国焘以此为口实,一下子就挑起了四方面军干部与中央的对立情绪。

张国焘讲话很注意时机,很注意效果,很注意他的听众。在这方面他有基础,更有经验。

他在北大上学时就担任讲演部部长。五四运动中一次街头演讲,听众100多人,张国焘和同学喊得声嘶力竭、满头大汗。有位老牧师站在一旁一直耐心听到最后,约他们去其住处传授演讲技术。他单刀直入地告诉这些疲惫不堪的学生,他们的讲词不够通俗,没有从大众的切身问题说起,也没有将人民受痛苦的根源和爱国运动联系在一起;因此卖力不小,听众却不一定完全领悟。

老牧师的话不顺耳,却耐听,令人长久回想。此前张国焘耳边一直是鼓掌声和欢呼声,就是这位老牧师使张国焘第一次明白,演讲不仅要靠激情,还要靠技巧。他深深记住了老牧师讲过的话,受益匪浅。

他就是用这种方法来对付所谓的"留苏帮"。

凯丰以《列宁论联邦》来反驳张国焘,大段引用革命导师难懂的话语。张国焘一句"他们是洋鬼子,修洋头,穿西装,戴眼镜,提着菜盒子,看不起我们四方面军这些'老土',不想要我们",就在土生土长的四方面军中把他们孤立了。这方面,张国焘确实是老手。用莫斯科学到的理论与张国焘斗争,从张闻天、博古到凯丰,便都显得太幼嫩。

敢于把自己归于"老土"一类,张国焘是颇有几分手腕与自信的。他讲这些话的时候,眼前是否晃动过那个老牧师的身影?

能压住他这一套的,只有毛泽东。

党内任职资格无法与张国焘相比的毛泽东,在工农武装割据、开辟红色根据地方面,党内也无可匹敌。张国焘1931年进入鄂豫皖苏区的时候,毛泽东军事思想已经在中央苏区四年多的辗转斗争中成熟了。

但毛泽东此时正在后退。

自7月6日李富春转报张国焘"充实红军总司令部"的要求后,7月9日,张国焘控制的川陕省委又向中央提出改组中革军委和红军总司令部的人员名单,要陈昌浩出任总政委,敦促政治局"速决速行"。

7月10日,毛、周、朱致电张国焘,切盼红四方面军各部速调速进,分路迅速北上,"勿再延迟,坐令敌占先机"。并望他速到芦花集中指挥。同日张国焘电中共中央,亲自提出"宜速决统一指挥的组织问题"。

一方急着北进,一方毫不着急,"顾左右而言他"。

情况越来越紧。

7月16日,中央红军攻下毛儿盖。张国焘不仅不执行计划,按兵不动,还提议由四方面军政委陈昌浩担任红军总政委。

7月18日,陈昌浩致电中共中央,提出由张国焘任中革军委主席,朱德任前敌总指挥,周恩来兼参谋长,"中政局决大方针后,给军委独断专行"。不这样"集中军事领导",便"无法顺利灭敌"。

这段时间毛泽东很少说话,很少表态,分外谨慎。当时在中央队担任秘书长的刘英,1986年这样回忆那段非常时期:

> 毛主席说:"张国焘是个实力派,他有野心,我看不给他一个相当的职位,一、四方面军很难合成一股绳。"毛主席分析,张国焘想当军委主席,这个职务现在由朱总司令担任,他没法取代。但只当副主席,周恩来、稼祥平起平坐,他不甘心。闻天跟毛主席说:"我这个总书记的位子让给他好了。"毛主席说:"不行。他要抓军权,你给他做总书记,他说不定还不满意,但真让他坐上这个宝座,可又麻烦了。"考虑来考虑去,毛主席说:"让他当总政委吧。"毛主席的意思是尽量考虑他的要求,但军权又不能让他全抓去。同担任总政委的恩来商量,恩来一点也不计较个人地位,觉得这么安排好,表示赞同。

周恩来再一次负重。既然四方面军人多枪多,既然张国焘说不做人事调整便无法顺利灭敌,无法北进,为顾全大局,首先提出北上陕甘战略方针的周恩来让出红军总政委。

7月18日,中共中央在芦花召开政治局常委会议,解决组织问题。张闻天主持会议,代表中央提出人事安排意见:

"军委设总司令,国焘同志担任总政治委员,军委的总负责者。军委下设小军委(军委常委),过去是四人,现增为五人,陈昌浩同志参加进来,主要负责还是国焘同志。恩来同志调到中央常委工作,但国焘同志尚未熟悉前,恩来暂帮助之。这是军委的分工。"

让步是很大的。遵义会议后、鲁班场战斗前成立的"三人军事领导小组"即毛、周、王三人团至此终结。

张国焘在会上表情严肃。"国焘同志担任总政治委员,军委的总负责者";他清清楚楚地知道:实力正在发挥作用。他在会上提出要提拔新干部,中央委员会还要增加新人;毛泽东说提拔干部是需要的,但不需要这么多人集中在中央,下面也需要人;他便不再坚持自己的要求。

他不用坚持。他相信实力继续会发生作用。

对实力的依赖,会把他带向哪里呢?

第二节　毛泽东的三个九月九

两大主力红军刚刚会师的时候,红军总兵力达 10 余万,士气高昂。四方面军主力正位于岷江两岸,可随时向东向北出动。而敌人主力,薛岳部尚在川西,北面的胡宗南也尚未完成全部集结。川军屡遭损失,士气低落。

面对这种局面,《红星报》以《伟大的会合》发表社论,称这次会合"是历史上空前伟大的事件,是决定中国苏维埃运动今后发展的事件","是五次战役以来最大的胜利","是中国苏维埃运动新的大开展的基点";毛泽东、周恩来、朱德、张闻天联名致电张国焘、徐向前、陈昌浩:"中国苏维埃运动二大主力的会合,创造了中国革命历史上的新纪录,展开了中国革命新的阶段,使我们的敌人帝国主义国民党惊惶战栗。"

谁能想到前面等待他们的,是一个前所未有的分裂局面呢?

外界正在发生巨大变化。王明在莫斯科为中共代表团草拟一致抗日的《八一宣言》。法肯豪森在南京为蒋介石草拟抵抗日本的《应付时局对策》。和外界失去一切联系的工农红军,仍然在以相当一部分精力清算过去。

7 月 21 日至 22 日,中央政治局在芦花开会,讨论对红四方面军放弃鄂豫皖、通南巴根据地问题的看法。

毛泽东说,在鄂豫皖几次没有打退敌人,因为没有准备,那时退出是正确的。但通南巴是打退了刘湘,在胜利后进攻中放弃的,是不对的。

周恩来则认为撤出鄂豫皖不对;撤出通南巴是为了迎接中央红军,是正确的。

张闻天说第四次反"围剿"鄂豫皖开始有"左"的倾向,后来又保守;通南巴打了胜仗还是放弃,反映对根据地的重要了解不够;撤出通南巴后又缺乏明确的战略方针;对西北联邦也未弄清怎样才算"联邦"。

最后博古做结论说:同意总的估计,国焘执行了四次"围剿"后党的路线。

从会议记录中可以看出,当时党内民主讨论的气氛是浓的,不同意见在会议上可自由发表;会议总目的是团结张国焘。毛泽东说:从鄂豫皖到现在,国焘领导是没有问题的,路线是正确的,其他个别问题不正确。充分肯定了四方面军的功绩。

但会议的视野过于偏向了过去。说中央红军放弃中央苏区正确、四方面军放弃鄂豫皖苏区或放弃通南巴就不正确,澄清这些复杂的问题还需要时日。从今天来看,当时中共中央很多领导人对这些问题的认识也并不是很清楚。毛泽东在遵义会议的成功之处,就在于先解决燃眉之急的军事问题,不急于对历史做总的清算。芦花政治局会议过于拘泥于这些问题,过于单方面用一些理论和原则去比照对方,容易伤害四方面军同志的感情。

两支主力红军都失去了自己原来的根据地,被蒋介石压向川西北一隅,也都失去了与外界的联系。当大家都不知晓外界变化、集中于评判过去谁是谁非的时候,某些原本不必要的纷争就变得非常必要起来。

张国焘钻了这个空子。否则仅仅一个张国焘,纵有再大野心而无人响应,能给中共中央造成后来那样大的危机么?

暴风雨到来之前是平静的。表面看起来,北上的问题好像解决了。

7月21日,中革军委决定四方面军总指挥部兼红军前敌总指挥部,徐向前兼任总指挥,陈昌浩兼任政治委员,叶剑英任参谋长;中央红军第一、三、五、九军团番号依次改为第一、第三、第五、第三十二军。四方面军番号不变,仍是第四、第九、第三十、第三十一军。

同日，中革军委下达《松潘战役第二步计划》，将红军混编为 5 个纵队北上。第一纵队司令员林彪，政委聂荣臻，率第一军两个师及第三十军两个师共 12 个团；第二纵队司令员兼政委王树声，率第三十一军一部、第四军一部、第九军一部共 8 个团；第三纵队司令员彭德怀，政委杨尚昆，率第三军和第三十军一部、第四军一部共 9 个团；第四纵队司令员倪志亮，政委周纯全，率第五军、第三十二军、第九军一部共 9 个团；第五纵队司令员兼政委詹才芳，率第三十三军及第三十一军一部，共 6 个团。另以第四军 4 个团编为右支队，许世友为司令员，王建安为政委。

大军刚到毛儿盖，张国焘就拿出了他对政治局芦花会议的不满。

他召集紧急干部会议，宣布中央执行的是机会主义路线。要求将四方面军的十几个干部分别批准为中央委员、政治局委员及书记处书记；同时指责遵义会议是调和主义，要求博古退出书记处与政治局，周恩来退出军委工作，不达目的不进兵。

矛盾空前尖锐化，张国焘想摊牌了。

为应付这一局面，8 月 4 日至 6 日，中央政治局在毛儿盖以南 40 里的沙窝召开会议。毛泽东再次决定退让。通过了徐向前、陈昌浩、周纯全为中央委员；其中陈昌浩、周纯全二人为政治局委员；何畏、李先念、傅钟为候补中央委员；陈昌浩为红军总政治部主任，周纯全为总政治部副主任。

张国焘还是不满意，说："在坚决提拔工农干部上还可以多提几个人嘛！"毛泽东说："四方面军中有很多好的干部，我们现在提出这六位同志，是很慎重的。照党章规定，本来政治局不能决定中委，现在是在特殊情况下才这样做的。"

周恩来在会上发言：现在我们最高的原则是作战胜利，只有这样才能得到一致，所以我们要将问题尽量提到最高原则上来解决。

周恩来讲这番话的时候，清楚地知道因为芦花政治局会议上他讲四方面军退出鄂豫皖苏区不对，张国焘的主要矛头便对准了他。一定要他退出军委工作。

精神压力是巨大的。沙窝会议后中央决定恢复一方面军番号，周恩来任一方面军司令员兼政治委员,中央红军改称为红一方面军。

但周恩来刚刚执掌一方面军大印,就病倒了。

由于时间的耽搁,胡宗南部主力已集结松潘,堡垒封锁基本完成。中共中央被迫放弃松潘战役计划,决定改经草地北上。据此,红军总部制订了《夏洮战役计划》:以集中在卓克基地区的红四方面军第九、第三十一、第三十三军,和红一方面军第五、第三十二军编为左路军,由朱德、张国焘率领,北出阿坝,争取先机进占夏河、洮河流域;以集中在毛儿盖地区的红一方面军第一、第三军和红四方面军第四、第三十军编为右路军,由徐向前、陈昌浩率领,北出班佑、阿西。中共中央随右路军行动。

8月10日,红军前敌总指挥部下达《右路军行动计划》,规定右路军分三个梯队蝉联北进,掩护左路军主力北上。13日,前敌总指挥徐向前将这一计划电告张国焘。但张国焘按兵不动。

这时国民党军薛岳部由雅安进至文县、平武,同胡宗南部靠拢;川军已进占懋功、绥靖等地及岷江东岸地区。各路敌人正在逐步合围过来,企图把红军歼灭于岷江以西、懋功以北地区。

此时张国焘又想北出阿坝占领青海、甘肃,又想南击抚边、理番,举棋不定。

8月15日,中共中央致电张国焘:"不论从地形、气候、敌情、粮食任何方面计算,均须即以主力从班佑向夏河急进","目前应专力向北,万不宜抽兵回击抚边、理番之敌",否则军粮"难乎为继"。

张国焘接电后终于从卓克基出发。20日,先头部队占领阿坝。

8月20日,中共中央在毛儿盖召开政治局会议,讨论战略方针。会议通过了由毛泽东起草的《关于目前战略方针之补充决定》,严厉指出:"政治局认为在目前将我们的主力西渡黄河,深入青、宁、新僻地,是不适当的,是极不利的";"目前采取这种方针是错误的,是一个危险的退却方针。"号召全体党员、指战员团结在中央的路线之下,为实现赤化川陕甘,为苏维埃中国而战。

8月21日,右路军开始过草地。

周恩来的身体基本上垮了。开始以为患的是疟疾,后来才发现是肝脓肿。当时的条件根本不能开刀或穿刺,只能用治痢疾的易米丁和警卫战士从 60 里外的高山上取冰块在肝区上方冷敷。但过草地怎么办呢?

彭德怀咬牙一句"抬!"决定从迫击炮连抽人组成担架队,宁可装备丢掉一些,也要把重病的周恩来、王稼祥等人担出草地! 这是真正空前艰巨的任务。高山大川,磨烂鞋底,磨破脚掌,因为地面的坚硬。草地却是湿软的地表、弥漫的水雾、无底的沼泽。无向导带路,便很容易陷入泥沼而不能自拔,更何况还要抬人!

陈赓站出来担任担架队队长。兵站部部长兼政委杨立三也站出来给周恩来抬担架,别人怎么劝也劝不住,人人都经过了长途跋涉。人人都缺吃少穿,冻饿交加。抬担架的人,比睡担架的人已经强不了太多。杨立三和战士们一起抬着担架,迈过脚下的野草、泥沼和腐臭的黑色污水。任风吹在身上,雨淋在身上,雪落在身上,冰雹砸在身上,硬是把周恩来等人抬出了草地。

过草地欠下的情谊周恩来终生难忘。

1954 年杨立三去世。担任国务院总理的周恩来,无论如何要亲自给他抬棺送葬,也是别人怎么劝也劝不住。

1974 年彭德怀去世。戴着"里通外国、阴谋夺权"的帽子,骨灰被送到成都。存放前,传来周恩来指示:要精心保管,时常检查,不准换盒,也不准转移地方,以免查找时弄错。

当时已身患癌症且处境险恶的周恩来,没有忘记雪山草地。他用心良苦!

1978 年彭德怀平反,中央军委指示查找彭德怀同志的骨灰。骨灰顺利找到了。似乎预感到将来而提出"以免查找弄错"的周恩来,已经去世近 3 年。

1935 年 8 月 29 日,右路军第三十军和第四军一部,向包座地区之敌发起进攻。经三天激战,毙伤俘敌第四十九师 5000 余人。包座之战显示四方面军确实具有坚强的战斗力。四十九师是胡宗南的主力,被刚刚走过草地的程世才、李先念指挥三十军一下打垮;北上之门由此完全打开。

跟随右路军前进的中共中央,站在敞开的门边焦急地等待左路军的张国焘。

9月1日,张国焘率左路军一部从阿坝出发,向中央所在的班佑、巴西地区开进。

9月2日,张国焘到达噶曲河附近,致电中共中央"噶曲河水涨大,上下三十里均无徒涉点";停止东进。

9月3日,张国焘电称"茫茫草地,前进不能,坐以待毙";公开反对北上方针,要中共中央和右路军南下。同时令左路军先头部队三日内全部返回阿坝。

危机到了总爆发时刻。

大多数人都有过这种体验:越到关键时刻,各种相关回忆越呈现出一片互相矛盾的混乱。就像那些记录重大历史事件的真实镜头,观众除了从慌乱捕捉、无序跳动的镜头中感觉到拍摄者激烈跳动的心脏和不住颤动的手臂外,其他便很难看清楚到底发生什么了。

1935年9月发生在阿坝、班佑、巴西地区的事件,也是如此。

从9月8日开始,空气中充满了火药味。张国焘电令四方面军三十一军军长詹才芳:"令军委纵队蔡树藩将所率人员转移到马尔康待命,如其(不)听则将其扣留,电令处置。"

同一天徐向前、陈昌浩电张国焘:"中政局正考虑是否南进。毛、张皆言只有南进便有利,可以交换意见;周意北进便有出路;我们意以不分散主力为原则,左路速来北进为上策,右路南去南进为下策,万一左路若无法北进,只有实行下策。""请即明电中央局商议,我们决执行。"

张国焘回电徐、陈:"一、三军暂停向罗达进,右路军即准备南下,立即设法解(决)南下的问题,右路皮衣已备否。即复。"

徐向前、陈昌浩接电后,经研究由陈昌浩报告了党中央。

当晚,中央领导人通知陈昌浩、徐向前去周恩来住处开会。会议一致通过向张国焘发出如下电报:

目前红军行动是处在最严重关头,须要我们慎重而又迅速的考虑与决定这个问题。弟等仔细考虑结果认为:

　　(一)左路军如果向南行动,则前途将极端不利,因为:

　　(甲)地形利于敌封锁,而不利于我攻击……

　　(乙)经济条件,绝不能供养大军……

　　(丙)阿坝南至冕宁,均少数民族,我军处此区域,有消耗无补充……

　　(丁)北面被敌封锁,无战略退路。

　　(二)因此务望兄等熟思深虑,立下决心,在阿坝、卓克基补充粮食后,改道北进,行军中即有较大之减员,然丹南富庶之区,补充有望。在地形上、经济上、居民上、战略上,均有胜利前途。即以往青、宁、新说,亦远胜西康地区。

　　……

　　以上所陈,纯从大局前途及利害关系上着想,万望兄等当机立断,则革命之福。

恩来、洛甫、博古、向前、昌浩、泽东、稼祥

九月八日二十二时

　　《毛泽东年谱》记载,9月9日,张国焘从阿坝致电徐向前、陈昌浩并转中共中央,再次表示反对北进,坚持南下,并称"左右两路决不可分开行动"。另背着中央电令陈昌浩率右路军南下,并企图分裂和危害党中央。

　　索尔兹伯里在《长征——前所未闻的故事》中说,9月9日上午,张国焘发密码电报给陈昌浩,彻底开展党内斗争。前敌总指挥部参谋长叶剑英获悉后立即报告了毛泽东。杨尚昆1984年4月3日对索尔兹伯里说:"叶并不了解其中的阴谋。"

　　《叶剑英传》引述叶剑英的回忆说,"9号那天,前敌总指挥部开会,新任总政治部主任陈昌浩讲话。他正讲得兴高采烈的时候,译电员进来,把一份电报交给了我,是张国焘发来的,语气很强硬。我觉得

这是大事情,应该马上报告毛主席。我心里很着急,但表面上仍很沉着,把电报装进口袋里。过了一个时候,悄悄出去,飞跑去找毛主席。他看完电报后很紧张,从口袋里拿出一根很短的铅笔和一张卷烟纸,迅速把电报内容记了下来。然后对我说:'你赶紧先回去,不要让他们发现你到这来了。'我赶忙跑回去,会还没有开完,陈昌浩还在讲话,我把电报交回给他,没有出娄子。那个时候,中央要赶快离开,否则会出危险。到哪里去呢?离开四方面军到三军团去,依靠彭德怀。"

叶剑英说出一个重要情况:依靠彭德怀。这一句话的分量,并不亚于毛泽东抄在卷烟纸上的那一段电文。

中央红军与四方面军会合后,军委参谋部将各军团互通情报的密电本收缴了,一、三军团和毛泽东通报的密电本也收缴了。从此以后,只能与前敌总指挥部通报。彭德怀忧心忡忡地说:"与中央隔绝了,与一军团也隔绝了。"

北进时,林彪率一军团和四方面一部为前锋,距离中央队甚远。三军团走在右路军的最后,与中央队很近。当时周恩来、王稼祥因病重均住在三军团部。出于担心中央的安全,每到宿营地,彭德怀都要去看毛泽东,还秘密派三军团十一团隐蔽在毛泽东住处不远,以备万一。

身经百战的彭德怀已经从空气中感觉出事态严重。他觉得张国焘有野心,中央没有看出来。林彪已进至俄界地区。身边的兵力只有三军团的几个团。中央领导人又都住在前敌总指挥部。一旦有变,安全没有保证。

粗中有细的彭德怀多了个心眼儿。他当时叫人另编了密码本,派武亭带着指北针沿一军团走过的路径去找林彪、聂荣臻。

武亭是朝鲜人,长期在三军团作战。他刚把密码本送到,事情就发生了。

事实证明,彭德怀送密码给林、聂,将一、三军团重新联络成一个首尾呼应、交替掩护的战斗整体,是事变发生前极为关键的一着棋。林彪、聂荣臻在前方接到彭德怀电报后,立即做好了接应中央和三军团的所有准备。

9月8日,毛泽东得知张国焘来电"右路军即准备南下,立即设法解(决)南下的问题"后,发现情况严重,通知陈昌浩、徐向前"在周恩来住处开会",即是在三军团开会。

会前彭德怀向毛泽东请示:"如果四方面军用武力解散我们,或挟中央南进,怎么办? 从防御出发,我们可不可以扣押人质,以避免武装冲突?"

彭德怀所说的人质,指将要到会的四方面军政委陈昌浩。

毛泽东深思片刻说:"不可。"

但彭德怀的主意,为中央领导人脱离前敌总指挥部提供了借口。毛泽东到陈昌浩住处对陈说:军队即要行动,中央是否召开一次会议,做些部署? 陈昌浩同意。毛泽东又以病中的周恩来、王稼祥均在三军团为由,约陈到三军团司令部开会。

会议开完,毛泽东便留在了三军团。

三军团成为非常时期中共中央和毛泽东唯一可以依赖的武力。

那种关键时刻,绝对没有人说彭德怀"里通外国、阴谋夺权"或"三分合作七分不合作"的。

到了9月9日。

中共中央将要与张国焘在战略行动上分离的9月9日。

一方面军将要和四方面军分离的9月9日。

中国工农红军从1927年八一南昌起义以来将出现第一次大分裂的9月9日。

9月9日,中央再电张国焘:"陈谈右路军南下电令,中央认为完全不适宜的。中央现恳切地指出,目前方针只有向北是出路,向南则敌情、地形、居民、给养都对我极端不利,将要使红军受空前未有之困难环境。中央认为:北上方针绝对不应改变,左路军应速即北上,在东出不利时,可以西渡黄河占领丹、青交通(界)新地区,再行向东发展。"

但一切都难以挽回了。

同日24时,张国焘复电徐、陈并转中央,坚持南下:"南下又为真正进攻,绝不会做瓮中之鳖。"

9月9日晚,毛泽东来到徐向前住处,问道:"向前同志,你的意见怎么样?"

这是毛泽东离开之前对四方面军同志说的最后一句话。此日后,一方面军队和四方面军队一个向北,一个向南了。

毛泽东一生中,三个9月9日深深嵌入他的生命。

第一个是1927年9月9日,湘赣边界秋收起义爆发,毛泽东第一次实践"枪杆子里面出政权"。就在这天,与潘心源途经浏阳张家坊时,毛泽东被清乡队抓住,押送团防局处死。他从未暴露身份的潘心源那里借了几十块钱,打算贿赂押送的人。他对斯诺回忆说:

> 普通的士兵都是雇佣兵,枪毙我对他们并没有特别的好处,他们同意释放我,可是负责的队长却不允许。因此我决定设法逃跑。但是,直到离民团总部大约不到二百米的地方,我才找到机会。我一下子挣脱出来,往田野里跑。
>
> 我跑到一个高地,下面是一个水塘,周围长了很高的草,我在那里躲到日落。士兵们在追踪我,还强迫一些农民帮助他们搜寻。有好多次他们走得很近,有一两次我几乎可以用手接触到他们。尽管有五六次我已经放弃任何希望,认为自己一定会再次被抓住,可是不知怎么地我没有被他们发现。最后,天近黄昏了,他们放弃了搜寻。我马上翻山越岭,彻夜赶路。我没有穿鞋,脚底擦伤得很厉害。路上我遇到一个友善的农民,他给我住处,后来又带领我到了邻县。我身边有七块钱,用这钱买了一双鞋、一把伞和一些食物。当我最后安全到达农民武装那里的时候,我的口袋里只剩下两个铜板了。

集建党、建军、建国之誉为一身的毛泽东,竟然差点就让民团的清乡队解决了。

秋收起义部队在浏阳县文家市会师后,第一师师部副官杨立三看见毛泽东脚趾溃烂,问缘由,毛泽东回答是从安源到铜鼓的路上爬山扎烂的。

第二个是1935年9月9日,毛泽东说这是他一生中最黑暗的日子。

1927年的9月9日是个人生命的危险。1935年的9月9日则是丢失苏区之后、长征走到最艰难的时刻,中共中央和工农红军不是因敌人包围而是因内部分裂面临覆灭的可能。在红军总部的朱德后来也回忆道,革命生涯中经历过多少坎坷,多少困难,但从来没有像这次那样心情沉重。

中共中央决定与四方面军分离,紧急北上。

9月10日凌晨,万籁俱寂。毛泽东等人率三军团、红军大学出发。

杨尚昆回忆三军团受命于凌晨2时出发。前敌指挥部作战室墙上有一张地图掉在地上,叶剑英把这张地图放在自己的背包里。叶剑英则回忆说,"我预先曾派了一个小参谋叫吕继熙,把甘肃全图拿来。我把它藏在我床底下的藤箱子里。我起来后,把大衣一穿,从床底下把地图拿出来,就往外走。我先到萧向荣那里,他也刚起来。我告诉他,赶紧把地图藏起来,并说,这张地图你可千万要保管好,不要丢了,这可是要命的东西。当时,全军只有一份甘肃地图。我交地图给他的时候,离2点还有5分钟。"

10日凌晨,前敌总指挥部得知一方面军单独北进,急电张国焘。张国焘于凌晨4时致电中央,称已得悉中央率三军团单独北上,表示"不以为然";仍坚持南下,拒绝北上。

徐向前在《历史的回顾》中回忆说:

那天早晨,我刚刚起床,底下就来报告,说叶剑英同志不见了,指挥部的军用地图也不见了。我和陈昌浩大吃一惊。接着,前面的部队打来电话,说中央红军已经连夜出走,还放了警戒哨。何畏当时在红军大学,他跑来问:是不是有命令叫走?陈昌浩说:我们没下命令,赶紧叫他们回来!发生了如此重大的事件,使我愣了愣神,坐在床板上,半个钟头说不出话来。心想这是怎么搞的呀,走也不告诉我们一声呀,我们毫无思想准备呀,感到心情沉重,很受刺激,脑袋麻木得很。前面有人不明真相,打电话来请示:中央红军走了,还对我们警戒,打不打?陈昌浩拿着电话筒,问我怎么办?我说:哪有红军打红军的道理!叫他们听指挥,无论如何不能打!陈昌浩不错,当时完全同意我的意见,做了答复,避免了事态的进一步恶化。他是政治委员,有最后决定权,假如他感情用事,下决心打,我是很难阻止的。在这点上,不能否认陈昌浩同志维护团结的作用。那天上午,前敌指挥部开了锅,人来人往,乱哄哄的。我心情极坏,躺在床板上,蒙起头来,不想说一句话。陈昌浩十分激动,说了些难听的话。中央派人送来指令,要我们率队北进;陈昌浩写了复信,还给张国焘写了报告。

打电话来请示的是第四军军长许世友。

也不同意红军打红军的陈昌浩,在那封给彭德怀的信中火气十足:"胡为乎几个人作恶,分散革命力量,有益于敌","吾兄在红军久经战斗,当挥臂一呼,揭此黑幕","立即率队返回阿西。"

彭德怀把陈昌浩的信报告了毛泽东。毛泽东说,打个收条给他,后会有期。

彭德怀问毛泽东:"如果他们扣留我们怎么办?"

"那就只好一起跟他们南进吧!我想他们总会觉悟的。"

北进中再次出现险情。险情出自徐向前回忆中何畏向陈昌浩的报告。

何畏是红军大学政委。陈昌浩从他那里知道红军大学也跟着北上了,立即命令他们停止前进。红大的学员主要来自四方面军,接到命令便停了下来。毛泽东等人走在红大前面,见他们停下来了,便也停下来,想问个究竟。

来传达命令的是红大教育长李特。李特当过四方面军司令部副参谋长,脾气急躁,身上从不离枪。他带着人追赶上来,问毛泽东:张总政委命令南下,你们为什么还要北上?

跟随李特的几个警卫员,手提驳壳枪指头按着扳机,气氛十分紧张。

毛泽东冷静地回答:这件事可以商量,大家分析一下形势,看是北上好,还是南下好:南边集中了国民党的主要兵力,北面敌人则较薄弱,这是一。第二,北上我们可以树起抗日的旗帜。

说到这里,毛泽东话锋一转,对李特说:"彭德怀同志率领三军团就走在后面,彭德怀是主张北上、坚决反对南下的,他对张国焘同志要南下,火气大得很哩!你们考虑考虑吧!大家要团结,不要红军打红军嘛!"

在此两军对峙、千钧一发之时,毛泽东再次抬出了彭德怀。

李特脾气暴,彭德怀脾气更暴。彭德怀在红军中有猛将之威,这一点连李特都十分清楚。毛泽东这些话使他不能不有所顾忌。

李特没有轻举妄动。他只是带回了红大中四方面军的学员。

毛泽东对这些又将南返的学员说:"你们将来一定要北上的。现在回去不要紧,将来还要回来的,你们现在回去,我们欢送,将来回来,我们欢迎。"

南下的红大学员,在毛泽东的视野中远去了。

北上的毛泽东,在红大学员视野中远去了。

会师刚刚三个月的两支主力红军,在北上大门之前分道扬镳。

由此把第二个9月9日,深深浇铸进毛泽东的生命。

第三个9月9日,是1976年9月9日。中央人民广播电台在这天下午4时向全世界沉痛宣告:中国人民的伟大领袖和导师毛泽东主席去世。

第三节　山丹丹花开

1923年11月,托洛茨基对访问苏俄的蒋介石说,国民党应该"北上，因为北方有更便于共同行动的条件"。

当中国工农红军开始北上万里长征之时，蒋介石是否还记得托洛茨基这句话？从这句话里能得到什么启示？

1933年3月，共产国际执委会关于军事问题致电中共中央："我们肯定红四方面军的主力转入四川是对的，认为在四川、陕南和尽可能在通往新疆的地区扩大苏区根据地具有重大意义。"

当毛泽东与张国焘就北上还是南下问题发生原则分歧之时，他们之中有谁知道共产国际的这封电报？

9月12日，中共中央在俄界召开政治局扩大会议。毛泽东说，一、四方面军会合后，是应该在川、陕、甘创建苏区。但现在只有一方面军主力北上，所以，当前的基本方针，是要经过游击战争，打通同国际的联系，整顿和休养兵力，扩大红军队伍，首先在与苏联接近的地方创造一个根据地，将来向东发展。

6月26日两河口会议决定的北上川陕甘方针，被做出修正。

会议还一致通过《关于张国焘同志的错误的决定》。决定将红一方面军主力和中央军委纵队改编为中国工农红军陕甘支队，彭德怀任司令员，毛泽东任政治委员，林彪任副司令员，王稼祥任政治部主任，杨尚昆任政治部副主任。并成立了彭德怀、林彪、毛泽东、王稼祥、周恩来五人团指挥军事；设立了编制委员会，主任李德，叶剑英、邓发、王稼祥、蔡树藩、罗迈为委员。

这是一个非常时期团结所有力量的班子。毛泽东已经做了最坏打算："即使给敌人打散，我们也可以做白区工作。"

9月17日，红军陕甘支队攻占天险腊子口，打开北上门户。

腊子口是怎么攻克的？ 30多米宽的山口，两边是悬崖陡壁，周围则全是崇山峻岭，无路可通。山口下面的两座山峰之间为一段深不见底的急流，一座木桥将两座山峰连在一起。过腊子口必过此桥，再无别路。

不打下腊子口，则北进的队伍只有回头。

红军没有回头。彭德怀第二天经过时，连声感叹"不知昨天我第一军团这些英雄怎样爬上这些悬崖峭壁，投掷手榴弹的"。

50 米一段的崖路上,手榴弹的弹片铺满一层,有的地方还厚厚地堆了起来。

能闯过这样天险的,必是真老虎。一军团主力二师四团主攻腊子口。战斗最激烈时,林彪亲到四团指挥,四团团长王开湘则亲率两个连从腊子口右侧攀登悬崖陡壁,摸向敌后。黑夜中正面拼杀正酣,一颗白色信号弹腾空而起:王开湘迂回成功! 三颗信号弹又腾空而起,林彪命令总攻!

冲锋号声、重机枪声、迫击炮声和呐喊声随着历史远去了,唯王开湘在拂晓晨曦中洪钟一般的呼唤像洪钟一样回响:"同志们,天险腊子口被我们砸开了!"

此时离王开湘告别这个世界只剩下两个月。没有纪念碑的他披着硝烟立在那里,钢浇铁铸,像一尊永远竖立的战神。

是倒下的和未倒下的英雄在用鲜血和生命回答:为何道道雄关皆无法阻挡红军北进的意志。

开路先锋一军团,确实无坚不摧!

9 月 18 日,红军陕甘支队攻占甘肃岷县哈达铺,缴获大批军粮和食盐。鉴于该地区敌军兵力薄弱、群众条件好、物资比较丰富,中共中央决定部队就地休整。

休整期间却获得一个重大发现。毛泽东召见侦察连连长梁兴初、指导员曹德连,要他们到哈达铺找些"精神粮食",只要是近期和比较近期的报纸杂志都找来。

侦察连从当地邮局搞到了这样的报纸。主要是 7、8 月间的天津《大公报》。上面登载着阎锡山的讲话:"全陕北二十三县几无一县不赤化,完全赤化者八县,半赤化者十余县。现在共党力量已有不用武力即能扩大区域威势。"报纸还进一步披露了红二十五、二十六军的一些情况:刘志丹的红二十六军控制了大块陕北苏区根据地,徐海东的红二十五军已北出终南山口,威逼西安。

阎锡山为共产党做了一回好的情报员。毛泽东、张闻天、博古读到后,那种"山重水复疑无路,柳暗花明又一村"的兴奋心情,无法用言语形容。陕北不但有红军、有游击队,而且发展迅速,颇似1931年的江西苏区。毛泽东在俄界会议做出的被敌人打散的最坏设想不但可以避免,而且中国革命有望依托这块新的根据地获得更大发展!

9月27日,政治局在榜罗镇召开常委会议,决定改变俄界会议确定的"首先在与苏联接近的地方创造一个根据地,将来向东发展"的方针,到陕北去,在陕北保卫与扩大革命根据地,以陕北苏区来领导全国革命。

艰难困苦,玉汝于成。从1934年10月10日长征开始,战略目标由最初的湘西,到黎平会议的川黔边,遵义会议的川西北、扎西会议的云贵边、两河口会议的川陕甘、俄界会议的"与苏联接近的地方",一直到榜罗镇会议,终于确定为陕北。一年来无数的牺牲和奋斗,不尽的实践与探索,战略目标的选择最终完成。

脱离根据地一年、长途跋涉2万余里的中央红军,终于找到了落脚点。

10月,陕甘支队过了岷山,长征即将取得胜利。毛泽东心情豁然开朗,作《七律·长征》诗:

> 红军不怕远征难,
> 万水千山只等闲。
> 五岭逶迤腾细浪,
> 乌蒙磅礴走泥丸。
> 金沙水拍云崖暖,
> 大渡桥横铁索寒。
> 更喜岷山千里雪,
> 三军过后尽开颜。

1935年10月19日,中共中央随陕甘支队到达吴起镇,又很快东进至瓦窑堡。

十五军团派人来联系,中共中央才刚刚知道,这个终于找到的落脚点,正在发生一场大规模肃反。

1935年9月16日,红二十五军长征到了陕北,与陕北红二十六军组成十五军团,聂洪钧任军委主席,徐海东任军团长,刘志丹任副军团长,程子华任政委,高岗任政治部主任,郭述申任政治部副主任。

刘志丹没有担任军委主席,也没有当军团长,却表现得很坦然。高岗却对政治部主任一职不满,觉得职务给低了。

军委、省委的第一次联席会议讨论军事方针时,就出现分歧。

高岗第一个发言,主张向北发展,向南取守势,首先打横山。理由有二:

一、井岳秀和高桂滋部队好打,一打就散;

二、向北发展如能打下陕北最富的绥德、米脂,能够与神府苏区打成一片;再向南,可以出三边打马鸿逵。

高岗就是横山人。半个月前,刘志丹、高岗刚刚打过一次横山,没有打下来。

第二个发言的是徐海东。他认为我军当前主要任务不是怎样发展苏区,而是怎样粉碎敌人"围剿"。既然"围剿"主力是东北军,要粉碎"围剿",首先必须打东北军。理由也是二:

一、打高桂滋部队不能粉碎敌人"围剿"。只有打败东北军,才能保卫陕北根据地。

二、二十五军的武器主要就是在鄂豫皖根据地缴获东北军的,打东北军有把握。

刘志丹同意高岗的意见。郭述申、程子华同意徐海东的意见。

两方面都坚持各自意见,逼得陕甘晋省委书记朱理治出来做结论。

朱理治年仅28岁,并无军事斗争经验。他1927年在清华大学读书时加入共产党,任过中共清华大学支部书记,共青团江苏省委书记,中共河北省代理书记等职。由中央驻北方代表孔原派遣到陕北工作,1935年7月刚到陕北永坪镇,比徐海东的红二十五军仅仅早来两个月。

虽无军事经验,但以前看过毛泽东在江西反"围剿"的材料启发了他。他表示同意徐海东的意见,首先打东北军;建议佯攻甘泉,打敌增援队伍。

大家都同意了这个意见。刘志丹补充说,延安南30里处有一片森林,可以隐蔽部队。

几天之后,十五军团在劳山设伏,消灭东北军一○一师3000余人,师长何立中也被击毙。

敌人对陕北的第三次"围剿"被粉碎了,根据地内部的分歧也开始了。

分歧由军政两方面同时扩展。

军事方面的分歧,最初是两军会合后的人事安排和取什么样的战略战术。

政治方面的分歧则有历史渊源。自中央苏区陷落后,党对西北工作的领导也陷入混乱。当时北方局还未成立,领导陕北地区斗争的有两个党组织:陕北特委和陕甘边特委。前者归中央驻北方代表领导,后者由陕西省委领导。不同的领导体系、不同的工作重点在产生着分歧。陕甘边特委批评陕北特委执行了立三路线,是左的错误;陕北特委则认为陕甘边特委是右倾机会主义。

两个特委,一个有中央驻北方代表支持,一个有陕西省委支持。虽然1935年2月举行了联席会议,成立了统一的西北工作委员会,但无法定出明确的领导人。中共中央驻北方代表孔原当然支持陕北特委的工作。派朱理治到陕北,就是开展反右倾取消主义及右倾机会主义的斗争,解决右派问题。主要针对陕甘边特委。认为陕甘边特委有右派混入,企图推翻陕北已经开始执行的中央路线。

朱理治到陕北永坪镇后,先是发现扩红推不动。派到地方去搞分地的同志被撤了职。高岗讲陕北地广人稀,文化落后,群众不要土地。继而有人报告,地主富农到处告状,还有人在大会上公开骂群众是土匪。报告说陕甘边特委没有做党、团、工会工作的干部;几万平方公里苏区内只有300个党员;有6个县的苏维埃内根本没有一个党员。非党员实际领导了南区十几个县的分区委,国民党的公安局长甚至做了苏维埃主席。陕甘边特委所在地的保卫队内不知有党,是哥老会的把子团占据领导权。

这个报告对一直在白区工作、刚刚进入根据地的朱理治来说，影响不能不十分重大。看过报告的其他党、政、团、工会的同志也极为震动。朱理治由此相信了来之前中央驻北方代表孔原的断言:陕甘边确有右派。不开展斗争，会犯大错误。他立即写了一篇《打倒右倾取消主义为列宁主义中央路线而斗争》，同时派人前去陕甘边反右倾取消主义。

就在此时红二十五军到陕北。他们还带来另一个新情况。在陕南时，他们也听到陕西省委为右派把持。从俘虏的杨虎城警卫旅长张翰民口中得知，陕西省委派了许多人到红二十六军。这个张翰民本是地下党员，红二十五军不知道，把他错杀了。

二十五军听到的消息使朱理治更加自信。徐海东他们过去和陕北完全没有联系，毫无利害冲突，现在也听说此讯，很可能二十六军真的混入了反革命，要立即搞清。

9月17日，中共西北工作委员会和随二十五军来的鄂豫陕省委在永坪镇召开联席会议，决定以朱理治、程子华、聂洪钧等组成中共中央代表团;成立中共陕甘晋省委，朱理治任书记，郭洪涛任副书记。聂洪钧任军委主席。

9月21日，中共陕甘晋省委发出指示，决定建立政治保卫系统，颁布赤色戒严令，实行肃反。

肃反由谁主持呢？站出来一个戴季英。

红二十五军参谋长戴季英曾是鄂豫皖苏区保卫局审讯部长，还带有一些原保卫部门的干部。朱理治提议叫戴做保卫部长。

徐海东反对，说戴意识不好。

徐海东如此说，因为有切身体会。

1932年11月，在二十五军七十四师当师长的徐海东正准备找干部研究作战问题，师政委戴季英却下令将七十四师二二〇团的政委、参谋长等49名干部抓起来了。徐海东大吃一惊，连忙去找政委。

问:这是怎么回事？他们犯了什么错误？

答:这还不知道？是肃反!

又问:他们打仗都很勇敢呀!

答:那是伪装得巧妙。

问:都有口供吗?

答:你不懂肃反的事。真正的反革命,没有说实话的。不吐口供,更证明他们是死心塌地的反革命,不愿供出他们的组织关系。

问:这么多干部,不可能都是反革命吧?

答:我是省委常委,又是政委,肃反是我的事,你不要多过问。

49名干部全部被杀掉了。

当时四方面军主力已经突围转移,但遗留下来的肃反扩大化,仍然搞得人人自危。当时鄂豫皖苏区传一段顺口溜:"天不怕,地不怕,就怕保卫局找谈话。"被保卫局找去谈话的人,十有八九没有好下场,轻则被关,重则被杀。

虽然徐海东反对,戴季英还是做了保卫部副部长,代理部长职务。朱理治同时指定,后方肃反由郭洪涛领导,因他是本地人,熟悉情况;前方肃反由聂洪钧领导,因他曾在赣东北搞过肃反。

戴季英轻车熟路地干开了。

鄂豫皖的肃反经验就是用刑。刑讯之下,很快就招出了刘志丹、高岗等13人。

再审,又招了。被审人用刑后都讲刘志丹、高岗等人是反革命。

向上的报告却说被审人未经拷打。

省委有怀疑,问:为什么审讯不让负责后方肃反的郭洪涛参加?

戴季英胸有成竹,答:按照鄂豫皖保卫局规定,审讯只能军委主席一人参加,省委书记不能参加。

军委主席聂洪钧在前方,根本无法参加。

郭洪涛不信招出的口供。他很肯定地说:"刘、高不是右派。杀了我的头也不信。"他在陕北工作多年,说出的话自有权威。

但戴季英在不停地审,口供在不停地供。看到口供越来越多,郭洪涛虽仍有怀疑,也不敢再多说什么了。

此前未在根据地工作过的朱理治,根本不知道苏区肃反这一套。他听信了戴季英,觉得问题严重。

戴季英主张立即抓捕刘志丹、高岗。

朱理治犹豫不决,感到问题太大。刘志丹是创造苏区、创造红军之人,说他反革命,怎么解释?

戴季英振振有词。他以中央苏区处理的季振同和鄂豫皖苏区处理的旷继勋、许继慎为例,说这些人创造苏区、创造红军为的是消灭苏区、消灭红军。

事情至此,朱理治便与郭洪涛商议,在刘志丹回来后把他软禁在省委机关。又叫戴季英起草一信,叫前方注意防备。戴将信写好后,未给省委看便直接送出。

那封信是保卫部签发的命令,抓捕二十六军营以上干部。

10月6日,陕甘晋省委保卫部以开会为名,将刘志丹骗回瓦窑堡逮捕"审查"。

前方开始按照保卫部的意见捕人。

面对着肃反运动一天一天扩大,红军里军心浮动,谣言也乘机传播开来,说红二十五军是杨虎城化装进来的假红军,专为制造内部的混乱。

说二十五军是假红军,令徐海东相当恼火。他曾经被人说成是假党员,几乎掉了脑袋。

1933年4月,鄂豫皖苏区规定,凡是在白区入党的人,都要填一份入党登记表,说明何时何地入党,介绍人是谁,现在何处。说不清入党介绍人现在何处,又找不到其他人证明入党,就定为混入党内的假党员。轻则清洗出党,重则被抓被杀。

徐海东也收到了这份登记表。他是1925年4月在武昌打工时由地下党员吝积堂、李树珍介绍入党的。两位入党介绍人一个在广州暴动中牺牲,一个下落不明,再无人可以证明他入党的情况。他陷入了被怀疑的困境。后来只因他作战异常英勇,红军中极需要这样的军事干部,才勉强过关。他后来在《生平自述》中说,沈泽民、徐宝珊"两个人对我从政治上肯定下来,才使我的生命有了保证"。

现在他率领的整个队伍都被说成是假红军,心中的愤怒可想而知。

前方部队开始杀人。

这时朱理治在后方开始发现有问题。他连续几天亲审已有口供的 7 个人,这些人完全看鞭子和脸色说话。于是他用省委名义拟了一个自首条例:诬陷了人要枪毙,隐瞒了人也要枪毙。

条例一出,开始讲老实话了。都说刘志丹、高岗不是右派,在口供上签了字。这才发现有可能搞错了,朱理治赶紧叫郭洪涛到前方,停止捕人杀人。

郭洪涛到前方找到了程子华,程当即找了保卫科长,命令不许再捕人。

前后方在刘、高不是右派这点上,已基本统一了。

这里出现了败笔。本来觉察到肃反搞错了,就应该马上甄别,迅速放人。但没有这样做。

没有放人的理由有几个。整肃方是戴季英态度蛮横,不同意放。被整方是高岗态度蛮横,怕放出来不好收拾。一拖再拖,错过了时机。

但主要领导人朱理治决心不坚,应是主因。

情况并不很明确之时,肃反决心下得过快;情况已经很明显了,结束肃反则前忧后虑,踌躇不决;朱理治为此付出了相当沉重的代价。不仅被说成是王明在陕北的代表,阴谋陷害高岗、刘志丹,还说他拒绝迎接北上的中共中央和中央红军。

后一个指责最要命。不愿让中央到陕北,比肃反扩大化不知严重多少倍。

程子华在回忆录中详细回忆了这一段:

> 劳山战斗缴获了敌军一份文件,内容有:中央红军主力北上到甘肃省武山县西南。前方负责同志们给朱理治同志写信,并附缴获的文件,建议红十五军团到关中苏区去欢迎中央红军。朱理治同志把前方来信和敌军文件给我看,征求我的意见。我看后对朱理治同志说:"敌军文件是一个多月前的,中央红军要来关中苏区的话,已经来了,用不着我军全部去;要是没有来关中,那就是到别处去了,十五军团去欢迎就会扑空。十五军团远去关中,来回要一个多月,敌军会乘虚占领永坪镇,苏区就困难了。不如十五军团继续向南打,

调动西安敌北援,以此配合中央红军的行动。同时,十五军团在苏区边沿,敌军就不敢占永坪镇。"朱理治说:"我考虑一下答复你。"过了两天,朱对我说:"戴季英同意你的意见,我也同意。你去前方与同志们开个会,把后方同志们的意见转告他们,征求他们的意见。"我同意了。但我的伤还未好,是睡在担架上抬到前方的。到前方后,与徐海东、刘志丹、聂洪钧、高岗、郭述申等同志开会,转达了后方同志们的意见,前方同志同意后方同志们的意见。1954年,彭德怀、马明芳同志在北京饭店召开西北问题座谈会时,我在会上把这个情况讲了,并说:"这是作战方针问题,不是不欢迎中央和毛主席。如果说作战方针错误,我负责。因为是我提出来,前后方同志们同意的。"我的话在那次会上没有人提出反对意见。

程子华1954年在西北问题座谈会上就这样讲,实在难得。我们就是因为少有程子华这样直露真情的人,使多少不应陷入迷雾的问题,最终陷入了迷雾。

朱理治无疑在肃反问题上犯了严重错误。作为陕甘晋省委书记,他当然应负主要责任。但当时陕北肃反情况相当复杂。

有老问题、老矛盾。如中央驻北方代表与陕北省委的矛盾,及这种矛盾引起的陕北特委和陕甘边特委的矛盾。也有新问题、新矛盾。一是陕北党的工作中确实存在一些问题,如土改问题,党组织的发展问题和地方政权的建设问题等;一是红二十五军与红二十六军的分歧。

两支红军的矛盾,最初表现为会合后的人事安排。继而是应采取的战略战术。红二十五军能打硬仗,战斗力强,干部军事素质高,但在新环境中人地生疏;红二十六军则基本还是游击队性质,不擅长正规作战,但人熟地熟。两军合编作战,必然在如何用兵、攻击何处等问题上产生分歧。在各自都坚持扬长避短的时候,就容易使对方感到有些强人所难了。

再加上两支红军以前素未谋面,都长期处于敌人包围,在极端艰苦复杂条件下战斗,不能不对周围保持高度警惕。二十五军未到陕北,就听到二十六军混进了陕西省委的右派,二十六军则传说二十五军是杨虎城派来的假红军。这些因素加到军事方针的分歧上面,必然使原本不复杂的局面变得复杂起来。

再加上一个在鄂豫皖苏区就擅长肃反、擅长逼供信的戴季英。

我们说成功是一分一分累积的结果,挫折就不是一分一分累积的结果了吗?让一个刚到陕北两个多月的 28 岁的省委书记承担全部责任,能完成对挫折的彻底借鉴吗?

历史最无情。历史也最有情。

历史证明:刘志丹、徐海东,都是中国革命的大英雄。

刘志丹等人创立的陕北根据地,使中共中央和中央红军在前后整整一年二万五千里的寻找中,终于找到了一个落脚点。

刘志丹几次遭难。1932 年年底,陕西省委书记杜衡曾指责谢子长、刘志丹"有反革命阴谋",实行"土匪路线",同时撤了刘志丹和谢子长二十六军正副总指挥职务。刘志丹在部队没有职务,行军时背黑锅,干炊事工作。后来叛变的倒是杜衡本人。

毛泽东、张闻天都要求快放刘志丹。

谁都不是神。在肃反问题上,毛泽东也有深刻教训。主要是江西苏区打 AB 团。

老将军萧克回忆说:

一、三军团打 AB 团是在 1930 年 11 月上旬从赣江西岸过到赣江以东之后开始的。首先是总政治部,接着就在各军各师开始了。……我们师打 AB 团也是这时候开始的。记得刚到宁都,军政治部告诉我们,你们那里有 AB 团,并具体指出几人,其中有师政治宣传队队长和一个宣传员,这两个人是福建人,闽西苏区游击队编入红军的。就凭这一句话,根本没有别的材料,就把他俩抓起来了。提审他们时都不承认,一打,一审,他俩承认了,还供出十几个人的名字。又把那十几个人抓起,再打,再审,又供出几十个,到 11 月底 12 月初,共抓了一二百人。

总计四军共打了一千三四百人。当时四军总人数 7000 多人，所打的 AB 团相当于全军人数的五分之一。

当时毛泽东任红一方面军总前委书记。他在《总前委答辩的一封信》中写道："此次红军中破获 AB 团 4400 以上，AB 团已在红军中设置了 AB 团的总指挥、总司令、军师团长，五次定期暴动，制好了暴动旗，设不严厉捕灭，恐红军早已不存在了。"

30000 人的一方面军竟然"破获 AB 团 4400 以上"，肃反规模之大可想而知。

1956 年 9 月八大预备会议第二次全体会议上，毛泽东对与会者讲"肃反时我犯了错误，第一次肃反肃错了人"，指的就是 1930 年打 AB 团。

"错误和挫折教训了我们，使我们变得比较地聪明了起来"，这是毛泽东的肺腑之语。正是有了这个教训，所以到了陕北发现肃反有偏，便马上提出放刘志丹。

以董必武为首的五人委员会在张闻天领导下，迅速查清了问题，放出了刘志丹等同志。周恩来在直罗镇战役后回瓦窑堡接见被释放的同志，刘志丹一进门便说："周副主席，我是黄埔四期的，你的学生。"周恩来热情地说："我知道，我们是战友。"并说："你和陕北的同志受委屈了。"刘志丹回答："中央来了，今后事情都好办了。"

刘志丹见到毛泽东，说："谢谢党中央救了我们，救了陕北根据地！"毛泽东说："你们也救了革命，给党创造和保住了这块长征的立脚点和革命的出发点。陕北这个地方，在历史上是有革命传统的，李自成、张献忠，就是从这里闹起革命的。这里群众基础好，地理条件好，搞革命是个好地方呀！"

1936 年 4 月，刘志丹在东征军攻占山西中阳县三交镇的战斗中牺牲。朱德在公祭大会上说："如果有人要问共产党员是什么样子？那么就请看看我们的刘志丹同志。"毛泽东在刘志丹烈士陵园落成时题词："群众领袖，民族英雄。"周恩来题词："上下五千年，英雄万万千! 人民的英雄,要数刘志丹。"

抓刘志丹、搞肃反扩大化的戴季英,也不是后来我们很多人喜欢简单到脸谱化的坏人。此人在特定的历史时期可以说主观武断到近似刚愎自用、骄傲自大到几乎唯我独尊的地步,但仍是 1926 年入党、为红军和根据地建设做出过重要贡献的老资格共产党人。他不公正地对待过不少人,也被不少人不公正地对待过。解放初期,因为没有当上河南省第一把手,他大为不满。1952 年 2 月 12 日,河南省委做出"开除戴季英党籍的决定",《人民日报》2 月 22 日全文刊登其四大错误:"表现在政治上严重的无组织无纪律行为和反党的活动","表现在组织上严重的宗派活动与家长制统治","表现在思想意识上严重的自私自利的个人主义思想和唯我独尊的权位思想","压制民主,抵抗反贪污、反浪费、反官僚主义运动","为严肃党的铁的纪律,纯洁党的组织,提高党的战斗力,省委决定并经中央和中南局批准,开除戴季英的党籍。"直到 1984 年 4 月中央书记处批准给他平反、恢复党籍和省级干部待遇以前,整整 32 年时间,戴季英就是一个被开除党籍、一撸到底的人。

主要领导者专门针对他还讲过分量很重的话。

当年在陕北批评抓刘志丹,他辩解,周恩来愤怒地说:"像刘志丹这样的'反革命'越多越好,像你这样的'真革命',倒是一个没有才好!"1955 年 10 月 11 日中共七届六中全会上,毛泽东说:"谁不犯一点错误呢? 无论是谁,总要犯一些错误的,有大有小。不可救药的人总是很少的,比如陈独秀、张国焘、高岗、饶漱石,还有陈光、戴季英。除了这样极少数之外,其他的人都是能够挽救的,都是能够经过同志们的帮助去改正错误的。"

这样的用语和结论会产生什么样的政治的和精神的压力,今人可以想象,却也难以想象。不少人还没有达到这样的压力强度,就已经全面崩溃了。被领袖归入不能挽救之列,称为"很少的""不可救药的人","一个没有才好",说让人"万念俱灰"都算是十分和缓客气的说法了。

就因为这样定论,1959 年戴季英被认定对陕北肃反负主要责任,1960 年被判 15 年徒刑。

处于这样的境地，一般人不知会死多少次，而戴季英竟然能够活到 1997 年 11 月，以 92 岁高龄在郑州病逝，其心理素质和政治定力让人难以想象。

戴季英曾经给很多人扣过大帽子，最后自己也被扣上很多大帽子。他错抓过人，错杀过人，自己也被错误对待和错误判刑。当所有恩怨像头顶乌云那样飘过去回过来再看，可注意这个人的两个鲜明特点：

第一，不认错。这一条不能说是优点。他一直不肯承认肃反错误，是其政治遗憾，也与其突出的个性紧密相关。改革开放后一些老同志主持撰写红二十五军史，初稿出来请他提意见，他依然像当年那样不留情面："我是昨天晚上才见到你们这个稿子，大概翻了一下，根据你们的经历和水平，能够写到这个程度，也是很不错了。"自己什么都不是了，也仍然不改那股咄咄逼人的狂傲之气。

第二，不叛党。这一条就不能说是缺点了。虽然毛泽东说过"共产党不需要戴季英这样的干部""永不启用"等重话，周恩来也说过"像你这样的'真革命'倒是一个没有才好"这样的气话，丢了党籍丢了公职、30 多年一无所有的戴季英始终无贰心。1983 年让他谈红二十五军战史，他开口就说："毛主席曾经说过，中国革命是十月革命的继续。鄂豫皖苏区的创建经过，完全是按照党的第六次代表大会的决议精神执行的，这就是反帝、反封建土地革命，坚持武装斗争，实行武装割据，以乡村包围城市。这是总的路线、方针、原则。毛主席从理论上对这个问题讲得十分透彻，应当总挂帅一下。"戴季英讲这些话的时候，毛泽东已经去世了 7 年，戴季英本人尚未恢复党籍和公职。

不是党员仍然坚定地站在这个党旁边，蛋打不飞，棒打不走，就是这么一个人。

这个人有很大缺点、很多错误。但不得不承认，这个人有党性，有原则，活得真。

是个有大缺点的真人。

中国革命的艰难复杂，就是在戴季英这样充满复杂矛盾的人物身上，得到最充分的展现。

刘志丹、徐海东都对戴季英不满。刘志丹、徐海东两人之间也有矛盾，但相辅相成。没有刘志丹的陕北根据地，徐海东的红二十五军也难以找到立足地。而就当时情况看，任何事情都有两面性。刘志丹创立的陕北根据地如果不开来徐海东的红二十五军，也很难保住。

红十五军团刚刚成立，蒋介石就在西安设立了西北"剿匪"总司令部，自任总司令，张学良任副总司令，代理总司令之责，指挥晋、陕、甘、绥、宁等省国民党军"从事清剿"。面对如此严重的敌情，若无战斗力坚强的红二十五军到来，若无徐海东坚持主张打敌人的主力东北军，并且在劳山战斗中歼灭东北军一〇一师，击毙师长何立中，一举打破敌人"围剿"，仅凭红二十六军一股力量，或仅攻击较弱的井岳秀和高桂滋部，确实很难保住陕北根据地。红军更有可能被压向更北。

若无徐海东也不是没有这种可能：中共中央和中央红军未到，陕北根据地已失。

所以毛泽东在吴起镇见到红十五军团前来联系的代表，当即起草一信：

徐海东、程子华同志：

你们辛苦啦！感谢你们的帮助和支援。我们久已听到了二十六军同志在陕甘边长期斗争的历史，二十五军同志在鄂豫皖英勇斗争的历史，和在河南、陕西、甘肃的远征，听到了群众对你们优良纪律和英勇战斗的称赞。最先又听到你们会合，不断取得消灭白军、地主武装的胜利，这使我们非常喜欢。现在中央红军、二十五军和陕北红军这三支部队会合了。我们的会合，是中国苏维埃运动的一个伟大的胜利，是西北革命运动大开展的号炮！我们表示热烈祝贺！

此致
敬礼

中国工农红军北上抗日陕甘支队 司令员 彭德怀
政治委员 毛泽东

毛泽东写这封信的时候,心情是激动的。徐海东读到信,心情也相当激动。尽管他不明白"陕甘支队"是怎么回事,也不明白为什么没有朱德的签名,但红二十五军按照中革军委命令于 1934 年 11 月脱离根据地西征,用一年时间终于和中央又建立了联系!

徐海东是红军中不可多得的一员猛将。从鄂豫皖西征一路打到陕北,打出了赫赫虎威。西安事变后,张学良和杨虎城担心中央军进攻,向周恩来点名,要徐海东和红十五军团帮助保卫西安。尽管当时彭德怀、林彪都在陕北,但张学良和杨虎城只相信几经交战的徐海东,杨虎城还把自己的警卫旅交给徐海东指挥。这也是从前的对手对徐海东指挥作战能力的一种高度肯定。

安得猛士守四方。徐海东如此善战,足令毛泽东深深感动了。但更令毛泽东感动的是徐海东的党性。中央红军长征到达吴起镇时,只剩下 7200 人,当时红十五军团也是 7000 余人。和中央红军会合后,徐海东马上把全军团都交给毛泽东指挥;这一点与一、四方面军会合后张国焘依仗人多枪多,向党闹独立,企图夺取毛泽东的领导地位,形成鲜明对照。

后来毛泽东对徐海东念念不忘的一句话,是"对中国革命有大功的人"。尽管徐海东因为伤病,抗日战争后期和解放战争时期一直在养伤养病,未能发挥应有作用。1955 年评定军衔时,仍然被评为大将,在十位大将中排名第二,仅次于粟裕。徐海东十分不安,对前来看望的周恩来说:"长期养病,为党做的工作太少,授我大将军衔,受之有愧!"周恩来说:"授予你大将军衔,是根据你对革命的贡献决定的,我看不高也不低,恰当!"

被毛泽东称为"工人阶级的一面旗帜""最好的共产党员"的徐海东,"文化大革命"中也面临危机。秘书造了反,要"火烧老病号"。造反派冲进他的卧室,围着病床开床头批判会。1967 年武汉"七二〇"事件后,又说他是事件的"黑后台"。他是中央委员,却不能参加八届十二中全会,想和毛主席和其他中央领导见一面也不行。

毛泽东没有忘记他。

1969 年 3 月 31 日晚,毛泽东突然发现党的第九次代表大会主席团名单中没有徐海东的名字，提议要他参加。

九大第二天就要开幕。周恩来在人民大会堂连夜召集紧急会议，传达毛泽东的提议：徐海东出席九大，参加主席团。

4月1日中午，中央办公厅和军委办事组派人到徐海东病床前传达最高指示。徐海东眼泪流了下来："主席提我名，身体再不行，就是死，我也要去的。"

九大是中国革命取得胜利后，党和国家又处于非常时期召开的一次代表大会。连留存下来的大会主席台照片都独具一格：座无虚席的主席台两块座位区之间，铺着红地毯的过道上，加了一张轮椅，一个穿便服、围围巾、戴帽子的老者坐在那里。因为座位奇特，特别引人注目。新闻照片发表后引来百姓一次次猜测此人到底是谁。从长相判断，有人说是陈云，有人说像邓小平。

不是陈云。也不是邓小平。是对中国革命有大功的徐海东。

九大主席台上徐海东那张轮椅加座，成为这次代表大会的一个奇景。

他仍然当选九大的中央委员。关键当然是毛泽东的首肯。后来专案组人员说，这是"敌我矛盾按人民内部矛盾处理"。

1969年10月，徐海东被紧急疏散出京。1970年3月，自我总结"打仗有瘾，走路有瘾，喝酒也有瘾，就是没有官瘾"的徐海东，病逝于郑州。

临终前的昏迷中，医生讲他反复说一句话："我想见毛主席。"

他再见不上毛主席了。九大主席台上，毛主席在《东方红》乐曲声中出现时，曾转过身来，朝后招了一下手，是向从轮椅上颤巍巍站起来的徐海东打招呼么？

主席团名单上的名字一个一个从毛泽东眼前飘过的时候，他是否突然想起了天高云淡的陕北高原那片红艳艳开不败的山丹丹花？

第十五章

历史与个人

降日与抗日,皆在一念之间。只会唱《大刀进行曲》,还不能明白那段历史。毛泽东被蒋介石通缉,又被张国焘通缉。连陈昌浩都发生动摇,铁锤还能成其为铁锤么?秘密谈判破裂,蒋介石要"围剿"到底。但历史的决心从来不属于个人。

第一节　踌躇分水岭

1935 年 8 月,相泽三郎中佐刺杀永田铁山少将的行动,在日本军界引起强烈震动。永田铁山作为"三羽乌"的头号人物、一夕会骨干、统制派中坚,其作用与影响远远超过他的军衔。

皇道派将领、永田铁山在一夕会的同伴、陆军省同事、给相泽引路的山冈重厚称,杀死永田是为了反腐败。山冈称自己出任军务局长时,从来不参加派阀政客的聚餐会,就是有木户侯爵、近卫公爵那样德高望重的人物参加的邀请,也不去参加。他说:"有事的话到陆军省来好了。自己不是文官是军人,不到那里去。"他认为这种聚会是华族以及内务和大藏省官僚们的聚会,"现在政党的力量处于不得势之际,利用这个机会把军部的有势力者拉到一起引为同伙,利用军部力量,以图使年轻的官僚得到政治上的发迹。"

但永田铁山却去参加了。而且在他任军务局长以前就多次去过。对政治表现出过分的热心。所以山冈认为,永田铁山"身为军人竟加入了营私舞弊的政治团体,玷污了军誉",导致他帮助相泽三郎将永田杀掉。

山冈重厚不愿说出来的原因,是皇道派将领与统制派将领互相清除的斗争。

都为了夺取日本军部的决策权。

1934 年则是皇道派遭受重大打击的日子。这年 1 月,荒木贞夫大将"因感冒引起肺炎"被迫辞去陆相;真崎甚三郎大将由参谋次长转教育总监;山冈重厚少将由军务局长调为整备局长。皇道派三员大将都遭到不同程度的挫折。

与此同时,统制派核心人物永田铁山少将出任陆军省最重要的军务局长。

1935 年 8 月,皇道派也做出报复:用相泽之刀斩断了统制派首脑永田铁山。

说到荒木贞夫和真崎甚三郎这两位皇道派的大将,不得不提一段插曲。荒木和真崎两人都是 1906 年毕业于士官学校。在日本士官学校中,以步兵科最为重要。按照惯例,士官生毕业之时,该年步兵科毕业生成绩第一名者,能够获得天皇赐予的军刀。这是所有日本军人梦寐以求的荣誉。获此荣誉者,在日本军界毫无疑问是前途无量的。荒木和真崎所在的步兵科第九期有日本学生 300 余名,中国留学生 4 人,还有泰国等国留学生若干名。没有想到宣布名单时,步兵科第九期第一名竟然是中国留学生蒋方震,天皇的赐刀被中国人拿走了! 当时主持毕业仪式的皇亲国戚伏见宫亲王,也自感十分难受,十分尴尬,只好闷着头继续往下念名单。结果又出现第二个没想到:第二名还是中国人,名叫蔡锷。这下全场开始骚动了,日本士官生们纷纷感到面子上实在难以忍受。于是公布名单的程序暂时中止,因为名单上第三名还是中国人张孝准! 惶恐之中的伏见宫亲王觉得,照这样下去难以向天皇做出交代,需要赶紧采取紧急措施。已经宣布的难以更改,只好在暂未宣布的名单上做文章:一是把名列第四的日本学生调为第三,但还不够,因为张孝准退到第四,日本人面子仍然不好看;于是再调:把第五名的日本学生调为第四,这样前四名中就有两名日本人,上对天皇下对日本毕业生都可以交代了。

中国留学生张孝准就这样,在暗箱操作中被从第三挤到了第五。

名列第一的中国留学生蒋方震,就是后来民国陆军大学校长、著名军事家蒋百里。

名列第二的中国留学生蔡锷,辛亥革命后袁世凯称帝,蔡锷首先从云南起兵反袁。

4 名中国留学生中唯一没有获奖的是许崇智,虽然据说聪明过人、有过目不忘的本事,但不愿努力,成绩一般,最后也成了孙中山麾下的粤军名将。

从第四名挤进第三名的日本学生,就是后来的日本陆军大将、陆相荒木贞夫。

从第五名挤进第四名的日本学生,则是后来的日本陆军大将、台湾总督、参谋次长真崎甚三郎。

吸取了教训的日本士官学校从此改制:中国留学生与日本学生分开授课、各自记分,以保证天皇的赐刀不再被中国留学生拿走。不管到了什么位置,荒木和真崎都是不太愿意回忆士官学校毕业仪式上的荒诞剧的。

皇道派与统制派在日本国内矛盾尖锐化,关东军与华北驻屯军又在中国矛盾尖锐化。

关东军和华北驻屯军是日本陆军中的两个山头。

华北驻屯军资格很老。它是日本根据《辛丑条约》驻扎在从北京至山海关铁路线上的部队,司令部设在天津。1901年9月,清政府与英、美、俄、德、日、奥、法、意、荷、比、西11国代表在北京签订《辛丑条约》,其中第九款规定:中国应允诺诸国会同酌定数处,留兵驻守,以保京师至海道无断绝之虞。

从此在华北驻屯的外国军队有英、美、法、意、日5个国家,司令部都设在天津。约定人数为8200人,每国不超过2000人,日军应为400人。驻扎在黄村、廊坊、杨村、天津、军粮城、塘沽、芦台、唐山、滦州、昌黎、秦皇岛、山海关12处。

1911年辛亥革命后,日本派出"清国驻屯军",由军司令部、北清驻屯各部队、上海驻屯步兵大队编成。1913年改称"中国驻屯军"。至1935年5月,北平驻屯步兵2个中队,天津驻屯步兵8个中队、山炮1个中队、工兵1个小队,分布在天津以北北宁铁路沿线及以东至塘沽军港。

相较之下,关东军的资格就浅多了。

关东军是1905年日俄战争后,日本把俄国势力赶出中国东北后派驻"关东州"即旅大地区的部队。原来仅是关东州都督府的守备队,后发展为"满铁"守备队。"九一八"事变后飞黄腾达起来,兵力由原来的1万,发展到10万。

既然关东军是个暴发户,必然就具有暴发户的一切特点:骄横跋扈,目中无人,看不起其他部队,包括老资格的华北驻屯军。

它的手伸得很长,尤其是那个自称"满洲国"之父的板垣征四郎。

板垣马不停蹄地奔忙在东北大地,实实在在是中国的汉奸之父。相当一部分大汉奸的出台,均经过板垣之手。"九一八"事变后,他网罗了罗振玉、赵欣伯、谢介石等人,然后运动熙洽宣布吉林独立;推动张海鹏在洮南宣布独立;诱逼臧式毅出任奉天伪省长;策动张景惠宣布黑龙江的独立。在这位关东军高级参谋的威逼利诱、软硬兼施下,溥仪成为中国头号大汉奸。

板垣征四郎以"功勋卓著",受到天皇的垂青。1932年1月,陆军大臣荒木贞夫召板垣回东京汇报。裕仁天皇破格见了这位高级参谋。在此以前,天皇直接询问一位参谋人员是不可想象的。于是接连出现更加不可想象的事情:日本陆军省、海军省、外务省三大实力机构联合炮制的《满洲问题处理方针纲要》,蓝本不过是板垣笔记本上那些字迹潦草的汇报提纲。板垣从此官运亨通,1932年8月晋升为陆军少将;1934年担任关东军副参谋长;1936年3月升为关东军参谋长,军衔晋升为中将。直到1937年9月底林彪在平型关收拾了他的后勤和辎重部队,这个在日军中声名如日中天的板垣才在中国吃了第一次亏。

关东军纵有板垣征四郎,也仍然被华北驻屯军看不起。驻屯军自恃资格老,但资格老一不能当饭吃,二不能当兵力使用,所以它虽看不起关东军,却又十分羡慕关东军的迅速发展。想在华北也制造一个"九一八事变",又感到兵力不足。借用关东军的力量,又不甘心。怕关东军势力伸展进来,打破了驻屯军在华北的一统天下。

1936年4月17日,日本陆军大臣寺内寿一在内阁会议上提议增兵华北。会议当场决定强化中国驻屯军。18日发布陆甲第6号军令,确定将中国驻屯军的编制升格为独立兵团,增加兵力6000人,达到8400人。司令官也由少将级升为中将级。日本学者记述此事时说:"阵营非常整齐。步炮兵三个团的混成旅,据估计可以压制中国军的六个师。于是在兵力上,可算是获得了安全感。"

但与中国军队相较,还是显得兵力过少。

驻守北平、天津、张家口、保定地区的宋哲元二十九军有4个步兵师、1个骑兵师、5个独立步兵旅以及保安团队，兵力达10万余人。日本在华北的驻屯军虽然由2000人增加至8400人，也只有1个旅团、2个联队和炮兵、骑兵等部队，而且分布在北平、丰台、通县、天津、塘沽、唐山、滦县、秦皇岛、山海关之北宁线上。

野心与兵力是一对矛盾。军队与军队也是一对矛盾。

驻屯军嫌兵力少，想入关的关东军同样感到兵力不足。1933年以后，也不得不决定改用政治手段谋取华北。关东军要介入华北，驻屯军心情矛盾。它视华北为自己的势力范围，想一手独揽，不让关东军从中插手。所以当关东军决定派土肥原贤二到华北活动时，在天津的驻屯军司令官多田骏不客气地表示拒绝。谁实力强谁就嗓门大，这条定律在日本军队照样管用。关东军司令官南次郎蛮横地坚持说："由天津司令官负责建立新政权是妥当的，但其中应包括关东军的希望。"硬把土肥原作为关东军的希望"借给"了驻屯军。

土肥原不负关东军之望。如果说板垣征四郎是东北汉奸之父，那么土肥原贤二就是华北汉奸之父。他在天津建立了特务机关处，自任特务机关长；拼凑旧北洋军阀的所谓"北洋派大同盟"，以图打乱北方政局，为日本势力渗入创造条件。他先后拼凑段（祺瑞）、吴（佩孚）携手和段（祺瑞）、溥（仪）联合，后来被日本收买的石友三和抗战不力、暗中通敌的韩复榘等人，都和土肥原贤二交往甚密。

他也不是一点钉子没碰。在天津先拉吴佩孚，不成。便拉孙传芳，孙传芳也对记者指斥日本阴谋，声明不做傀儡政权首领。

孙传芳不做，吴佩孚不做，宋哲元却差一点做，后来汪精卫真的做了。

帝国主义真的来了，连北洋军阀都不做傀儡，整天喊打倒帝国主义、打倒北洋军阀口号的汪精卫，却真正做起了帝国主义的代理人。

中国历史上一直充满这种深奥莫测令人难解的哑谜。

有意思的还是那个孙传芳。他大斥日本帝国主义，本想壮举报国，结果却被人义举报父。11月13日，这位前浙闽苏皖赣五省联军总司令，在天津居士林被施从滨之女剑翘暗杀。剑翘之举是为父报仇。其父施从滨1925年11月被孙俘虏斩首。

施从滨之女要尽孝，孙传芳便不能为国尽忠了。

中国自古忠孝不可两全。

老北洋军阀难以拉动，土肥原的工作重点逐步转向了宋哲元。

最初的收获，就是成功地鼓动了宋哲元抵制南京政府的币制改革。

1935年11月3日，国民党中央宣布实行币制改革，白银国有化。这一改革是由美国1934年实行的购银法案引起的。该法案使中国白银大量外流。为了避免白银外流，蒋介石决定白银国有，不许民间使用白银货币，而以法币代替白银，为全国统一货币。

中国的币制改革遭到日本的强烈反对。由于担心这一改革会加强中国的经济统一和政治统一，于是日本称这个改革为"暴举"。关东军司令官南次郎甚至声称要对此采取断然措施。日本驻华使馆武官高桥威胁宋哲元说："白银国有与现银集中上海是陷华北经济于绝境，并阻碍日本利益。如贵方不能自动防止，则日本将以实力期其实现。"

撕破脸面的事向来不用土肥原出面。脸面撕破之后，他出来打圆场了。

史料记载：在日本侵略者的逼迫下，宋哲元只得下令禁止白银南运上海。

其实史料就是史料。我们的很多史料之所以不那么"史"，就是修饰的成分太多，史实的成分过少。宋哲元抵制币制改革的计划本是史实，仅把其动机限定在"日本侵略者的逼迫"就委曲求全了？即便如此，他求的是谁人之全呢？

中国不知有多少令人遗憾的"逼迫下"的"只得"，不谈个人动机，回避动机中的一己私利，结果总找不到真正的症结所在。

以币制改革为起端，几乎彻底葬送了一个本来已经在走钢丝的宋哲元。

被西方报纸称为"东方劳伦斯"的土肥原在华北的活动，使关东军与驻屯军的矛盾斗争一度十分激烈。土肥原活动越有成效，矛盾就越大。日军内部的这种山头派系倾轧，客观上牵制了关东军入侵华北的行动。

因为蒋介石全力南顾围剿红军，华北危机本该早就发生。但由于关东军与华北驻屯军的互相牵制,更由于日本国内经济危机再次严重,财政困难,无法支撑发动侵华战争所需的庞大军费,这一危机又被一再推迟。

关东军和驻屯军的矛盾已到必须调解的地步了。石原莞尔亲自出马。

石原此时已由关东军作战参谋调任日军参谋本部作战课长。他从对苏战略出发,坚决反对关东军插手华北。1936年1月13日,石原炮制出《华北处理纲要》,强调关东军不能再插手华北、华北完全交由驻屯军处理的必要性;规定权限为"华北之处理由中国驻屯军司令负责","关东军及华北各机关协助其工作"。

如此之后,两个山头的矛盾才有所减缓。

在石原这一规划下,才有了陆军大臣寺内寿一在内阁会议上增兵华北的提议。

增兵了也兵力不足。兵力不足,侵略的手段便由武装占领改为"中日亲善""中日经济提携"。

从1935年开始,日本对华北的侵略就采用这种手段。力图把华北从南京政府管辖下分离出去,成为受日本"指导下的"的第二个"满洲国"。

1935年10月,日本外相广田弘毅提出对华三原则:一、彻底消灭反日运动;二、中日"满"密切合作;三、共同防共。

驻日大使蒋作宾立即向蒋介石报告。蒋介石当时正忙于指挥陕北"剿共",往返于陕、豫、晋三省之间,根本无心与日对抗,便电告汪精卫可以考虑。

日本人变本加厉。

11月20日,日驻华大使有吉自上海到南京,见蒋介石谈华北问题两小时之久。有吉要求南京政府不能压制华北自治运动,中央军不可北调,并指陈中国币制改革未先与日协商,有碍中日合作。

蒋介石的回答有软有硬。他说,凡违反国家主权,妨害行政统一之自治运动,均难容忍,如有事故必能镇压,毋庸中央用兵。对于华北局面,已定有办法,军委会北平分会将撤销,另派大员与日方商讨调整关系,允许考虑广田三原则,但华北发生事故,必至陷于无以商谈之结果。

这种语调最明显表露出蒋的处境与性格。他要采取"拖"的策略,以待他从"围剿"红军中腾出手来;但不能过一定限度。过了,他也要硬。

此前11月初在关东军支持下,土肥原已经拟定了一个建立以宋哲元为委员长、土肥原为总顾问的"华北共同防共委员会"的所谓"华北高度自治方案"。11日,土肥原以此案为蓝本,向宋哲元发出最后通牒,限其在20日以前宣布自治。宋哲元更加动摇。17日在致蒋介石的电文里,一面表示不做丧权辱国之事,一面又强调自己"力量薄弱,只能支撑一时,不能永久"。19日,宋更不顾国民党中央的反对,自行与日方谈判自治,引起社会各方面的不满和反对。

11月25日,殷汝耕在通县成立"冀东防共自治委员会",自任委员长。

11月26日,南京行政院决议,何应钦北上为行政院驻平办事长官,拿办殷汝耕。

但宋哲元不以蒋介石派何应钦拿办殷汝耕为然。

日本军事当局继续施加压力。11月26日,土肥原再发出最后通牒,限30日前宣布自治。宋如坐针毡,一方面向南京请辞冀察绥靖主任的新职,同时又邀请河北、山东的地方实力人物商震、韩复榘赴平商谈华北问题,向南京施加压力。

11月30日致电蒋介石,露出实行华北自治的打算:"情势危迫,民情愈益愤激。议论纷纭——倡导自治者有之,主张自决者有之。——阻,有所不能。"宋哲元把大汉奸殷汝耕的冀东伪政权也算在"民情"之内了。要蒋"因势利导",拿出"慰民望,定民心之有效办法",暗示蒋接受华北自治的局面;否则难以转危为安。

12月初,天津《大公报》发表社论:《勿自促国家分裂》,劝宋哲元万勿自肇分裂,勿诬责民意,捏造自治。

宋哲元立即下令停止该报邮寄。

第二天,天津教育界电何应钦、宋哲元、商震,本主权统一、领土完整二原则,挽国家于垂危。

南京政府也出来干预。国民党一中全会决议开放言论,保障新闻纸,令纠正平津公安局非法扣留报纸。

12月9日,北平爆发"一二·九"运动,反对华北自治,要求停止内战,一致抗日。

宋哲元甩手不干了。他赴西山休息,谓一切听命何应钦负责处理。

以退为进,这是近代中国政治中屡见不鲜的手法。

蒋介石、何应钦被迫同意宋哲元的办法。何应钦电告蒋:"遵照钧座指示之最后办法"处理。

最后办法就是华北自治。

12月18日,冀察政务委员会正式宣告成立,以宋哲元为委员长;委员17人,其中亲日派委员7人。宋哲元表面上在日、蒋之间完成了一种平衡,实现了对自身利益的兼顾;但实质上这个执行华北自治任务的委员会,已经朝降日的方向跨出了危险的一大步。

中国现代史上这个"冀察政务委员会"是一个怪胎。它既是国民党政府对日妥协的结果,也是蒋介石争取地方实力派的一种手段,更是地方实力派在蒋、日夹缝之间自谋生路的一种方式。蒋介石想用该委员会作为对日关系的缓冲。宋哲元想用该委员会作为对蒋讨价还价的资本。皆有所想,皆有所图。

矛盾折冲之中都便宜了日本人:举手之间就实现了入主华北的第一步设想。

冀察政务委员会是宋哲元的收获。凡收获,皆需代价。他不得不与日本表示友好,对日方的某些要求做出让步。在就职之时,宋发表书面谈话称:"冀察两省,与日本有特殊关系。"此后又与驻屯军订立了《华北中日防共协定》,并与驻屯军司令田代商定了所谓华北经济提携的"四原则、八要项"。

如若不是沸腾的全国舆论使其有"黄雀在后"之感,天知道这位后来的"抗日英雄"还会干出些什么事情来。

冀察政务委员会成立的同一天,南京学生5000余人游行请愿,反对华北自治组织。"一二·九"运动后的平津学生组织扩大宣传团,分向乡村宣传抗日救国。

12月20日,武汉学生2万余人大游行,要求讨伐殷汝耕,全国动员,维护领土主权完整。同日,上海学生5000余人冒雨跪向市政府请愿。

12月22日,太原、武汉学生游行示威。

12月24日,上海律师公会、全国商会联合会等十四团体电宋哲元,谓"流芳遗臭,公能自择";另电南京政府请中止冀察自治,讨伐叛逆。

1936年1月6日,宋哲元复电上海各团体,谓洁身爱国,未敢后人。

这真是危难时刻救人的舆论。若没有这种舆论,不知有多少人会自觉不自觉地滑为汉奸。

就是在这样的压力下,宋哲元感到自己的某些行为过分了,开始向回扭转。

他艰难地玩弄着平衡。平衡的结果,冀察政务委员会成了一个形状奇异的怪胎。委员中有张自忠、万福麟等抗日将领,也有王揖唐、王克敏等汉奸走狗。这是一块宋哲元在民族公利与个人私利之间最后挣扎的地方。委员会成立之时,他应日方要求用了一批汉奸、政客做委员,但反日力量还是居于主导地位。日方不满,屡次提出齐燮元、汤尔和、章士钊等人当委员,宋哲元想拒绝又不敢,想出一个办法:进一个亲日派,就进一个反日派。进齐燮元、汤尔和时,便增加刘汝明、冯治安;有了章士钊的任命,又提出邓哲熙来拉平。

宋哲元对日态度的转变,真正开始在1937年2月国民党五届三中全会之后。

于是,最后终于导致华北驻屯军挑起以宋哲元为对象的"七七事变"。

"七七事变"发生了,他仍然犹豫动摇于抗战与妥协之间。直到7月27日,才发表坚决抗日的通电。

那个时候在中国除了汉奸,不抗日的已经没有几个人了。

中国历史上有许多根基太深的谜。教科书上说,抗日战争是自1840年以来,中国人民反抗外来侵略第一次取得完全胜利的民族解放战争。戴上这个花环,却让人感受到其中刺人的荆棘。有一些任凭时间流逝多少年也必须说清而又不易说清的事情。国人无不知"七七事变"为抗战发端。但卢沟桥并非边关塞外,疆界海防,连万里长城上的一处垛口也不是,它实实在在是在北京西南。为什么战争尚未正式打响,鬼子已经抄到京师以南扼住了我们的咽喉?华北地区的全部日军最多也只有8400人,同一地区仅宋哲元的二十九军兵力就不下10万;战争爆发之前敌方不但如此深入你的领土,而且以如此少的兵力向你挑战,查遍世界战争史,有没有这样的先例?

一个中国人,如果仅仅会唱《大刀进行曲》,还无法明白那段历史。时光再流逝,我们也必须记住那些往往令我们不愿记忆的事情。必须要探究,那些胸前不乏勋章的人是怎么退到了这一步,才终于"忍无可忍"了的。不了解当时中国的政治、军事有多么腐朽,国家有多么衰弱,你就永远不会理解衰弱与腐朽要带来多么巨大且深重的灾难。

这是我们必须面对的真实历史。它是荆棘,而不是花环。

当日本关东军和华北驻屯军都感到侵华力量不足的时候,一心一意"安内"的蒋介石,也开始感到侵略迫在眉睫,抗日的力量不足。

对国力、军力皆弱的中国来说,选择余地是十分有限的。错综复杂的国际政治甚至也令蒋无可选择,只有和苏联搞好关系。

1935年12月14日,宋哲元那个冀察政务委员会成立之前,苏联政府致电其驻华大使鲍格莫洛夫,要他通知蒋介石,苏联政府准备就同中国签订军事协定问题进行具体的讨论。

这正是蒋梦寐以求的事情。

12月19日,宋哲元的冀察政务委员会成立第二天,鲍格莫洛夫与蒋介石会谈。

内外交困的蒋介石相当客气。他表示遗憾说,过去中苏间有过不少误会,特别是在对中共的态度问题上。他说,他从来不反对共产党的存在,共产党和其他党派一样,有权发表自己的见解。

鲍格莫洛夫正式将苏联政府同意讨论签订苏中协定的决定告诉蒋介石。

蒋立即声明,他想以1923年1月《孙文越飞宣言》作为中苏关系的基础。他脑子转得飞快。孙越宣言的基础是越飞承认苏维埃制度和共产党组织不适用于中国。

鲍格莫洛夫没有接受这个建议。苏方提的是签订军事协定问题。

蒋介石换一个方式,仍然坚决要求苏联政府协助他同中国共产党达到统一。他对鲍格莫洛夫说:"如果这个问题谈判成功,其余问题可以迎刃而解。"他还说,如苏联政府在一定程度上给中国红军以影响,使其承认南京政府的权威并服从南京政府,苏联政府就将得到真诚的可信任的联盟。

蒋介石软了不少。但其首要方针还是"安内"。

12月28日,苏联副外交人民委员斯托莫尼亚科夫给鲍格莫洛夫回信:

> 我们同意蒋介石关于互助合作,抗击日本的建议,我们的出发点是,这样做有利于支持中国日益高涨的武装抗日潮流。如果中国真正发起反抗日本的解放战争,我们愿意给予力所能及的支持。但是我们认为,尽管中国抗日思想日益高涨,我们同蒋介石签订协定,从而担负起一旦日本发动武装侵犯便要相互支援的义务,似乎还为时过早。蒋介石虽比以前收敛,仍不断向日本帝国主义者的要求让步。也许这一切只是要手腕以赢得时间,希图改变力量对比以利中国,特别是等待意大利——阿比西尼亚战争的结局。但始终不能排除他利用与我们的谈判,同日本达成妥协的可能。

对这个太反复无常的蒋介石,苏联人还在观望。

蒋介石却等不了了。1936年1月,他委派驻莫斯科武官邓文仪同王明直接会谈。

根据共产国际保留下来的记录,邓文仪当时说,蒋介石和南京政府被日本的宣传所欺骗。他们认为日本不会也不能把中国变为它的殖民地,所以他们决定不抗日,而首先同日本一起反对西方列强,然后他们再来对付日本。邓说:现在看来这是错误的,日本进攻威胁到整个中华民族,不抗日中国就会灭亡。

邓文仪告诉王明,蒋介石收到他在共产国际"七大"的发言和《八一宣言》后,决定同中共谈判。初步提出三项建议:

一、取消苏维埃政府,苏维埃政府的所有领导人和工作人员参加南京政府;

二、因为对日作战须有统一指挥,改组工农红军为国民革命军;

三、恢复两党在 1924 至 1927 年的合作形式或任何其他形式。

邓文仪强调,在上述情况下,中国共产党可以继续存在。

谈到改编红军时,邓文仪说:"当然红军不会接受南京政府的军事工作人员,但红军和南京军队间应交换政工人员以表示互相信任和尊重。南京政府将给红军一定数量的武器和粮食,以及拨出若干军队帮助红军,以便红军开到内蒙前线,而南京军队将保卫长江流域。"

轮到王明表态了。王明说,蒋介石把内蒙划为红军根据地和活动区域,实际上是使红军处在他的监视之下,这是共产党所不能接受的。

邓回答说:考虑到内蒙远离中心和那里缺乏粮食,南京政府可以给红军其他地区作为基地,其中包括西北部分地区。他还说,这使中共有可能建立"国际联系"。邓文仪特别提出,在中日战争情况下,日本将会封锁中国海岸,那时,中国将不能从欧洲和美国买到武器和弹药,主要来源将是苏联,所以我们想经过西北从苏联方面得到武器和弹药。

王明根本不了解国内的详细情况,他最后只有建议邓文仪同在国内的中共和红军领导建立直接联系,谈判抗日和停战的具体条件。

1936 年 1 月 23 日,王明专就此事写信给毛泽东、朱德、王稼祥,介绍邓文仪去苏区。并让潘汉年以中华苏维埃中央政府人民外交部副部长身份致函蒋介石,代表苏维埃政府主席毛泽东和红军总司令朱德,保证邓文仪进入苏区谈判时的人身自由与安全。

就在王明写信前一天,1 月 22 日,苏联驻华大使鲍格莫洛夫又与蒋介石进行了一次认真深入的会谈。蒋介石因急于获得苏联军事装备的援助,加强与日本的谈判地位,改善中苏关系,这次谈判的态度特别好,在会谈中未提任何使苏联为难的要求。关于援助的规模,蒋介石表示一切由苏联政府决定。谈到与中共组成联合抗日统一战线问题时,蒋未再提及《孙越宣言》,要求只要红军承认中央政府和总司令部的权威,保持现有编制,参加抗日,在此基础上他可以同中共谈判。

蒋介石为保障华北不再分裂,要打苏联牌吓唬日本;苏联为保障其东部安全,也需要打蒋介石这张牌牵制日本。双方各有所需,也各有打算。

这些情况,在陕北将开始组织东征的中共中央并不知道。

苏、蒋各自盘算之际,1936年2月26日,日本陆军第一师团香田清贞大尉和几名同伙尉官安藤辉三、村中孝次、粟原安秀等皇道派军人,率领该师团1400余名士兵在东京发动叛乱,袭击内阁首脑官邸或私宅,杀死大藏大臣高桥是清、内务大臣斋藤实、陆军教育总监渡边金太郎等元老重臣,占领首相官邸、陆相官邸、陆军省、警视厅及附近地区,企图通过陆军大臣实行所谓"国家改造",建立军人独裁政权。

这次政变是昭和军阀集团内部皇道派权势发展的顶峰。这些主张军部独裁的少壮军人已经嗜杀成性,解决内部矛盾也往往诉诸军刀,还要天皇承认他们是"义军"。他们发表声明说:"所谓元老、重臣、军阀、官僚、政党等,乃破坏国体之元凶";"斩除君侧之奸臣军贼,粉碎其核心,乃我等之任务";对军部、独裁、法西斯这些概念,他们也毫不陌生:"如果认为只有军官才希望维新,这就将陷入军部的独裁";"只由军官来干时,那正是'法西斯'。同下级军官和士兵一起干,就能代表全体国民的声音。"

干着法西斯却宣称反对法西斯,走向独裁却宣称为避免独裁,这是近代日本的荒诞。

这些政变军官从1931年关东军发动的"九一八"事变吸取了丰富营养:"在当时朝廷的讨论中,就是否应该允许这种行动的问题虽未能轻易地做出决定,但此独断行动幸得大元帅陛下之嘉纳,使我之武威大大伸展于满蒙之原野,而奠定满洲国独立之基础。"当年关东军的独断行动,成为"二二六"政变军人行动的实践基础。

但颇富戏剧性的是,当年在关东军行动最不受拘束最坚决果断的石原莞尔,要求镇压"二二六"政变军人的态度却最强硬。

永田铁山死后,石原已经成为昭和军阀集团中的另一派别——统制派的中坚。

29日,叛乱平定,冈田内阁辞职。

皇道派遭受重挫。

参加兵变的1483人中,123人被起诉,13名军官被处死刑,1名无期徒刑,6名有期徒刑;民间人士6名被处以死刑;士官、士兵除少数判有期徒刑外,其余被赦免开释。

日本陆军被动了大手术。3月23日,部队参与叛乱的第一师团长崛丈夫中将、近卫师团长桥木虎之助中将被免职;与叛乱有关联的荒木贞夫大将、真崎甚三郎大将、林铣十郎大将、阿部信行大将、本庄繁大将被勒令退职或编入预备役;原陆相川岛义之、原警备司令官香椎浩平被令待命;陆军大学校长小畑敏四郎也被迫转为预备役少将,从此被排除在军界领导核心之外。

皇道派从此失势,统制派开始掌握陆军实权。日本统治集团内部就此基本结束了派系倾轧,开始集中全部力量对外扩张。1936年3月,日本废除了政党内阁制,组成广田弘毅内阁,建立由军队、官僚和财阀直接控制的法西斯独裁统治。此后以东条英机为首的昭和军阀集团完全掌握了政局,实行所谓"断然改革",建立强大的"国防国家"。

参加政变的军官虽然除去自杀者全被枪毙,但他们行动的目的完全达到了。

日本"二二六"政变第二天,董健吾牧师受宋庆龄、宋子文委托,从南京到达陕北,在张学良部队护送下,来到中共中央所在地瓦窑堡。他向留守陕北工作的博古介绍说:"蒋系法西斯分子陈果夫左派与曾扩情右派,陈主联红反日,曾主联日反红。此外孙科、于右任、张群、冯玉祥等均主联俄联共。"

博古将此情况迅速报告正在晋西指挥东征作战的毛泽东、彭德怀。

董健吾的消息,使中共中央首次得知国民党的态度正在发生转变。

2月28日,毛泽东、彭德怀致电李克农:"蒋介石亦有与红军妥协反日的倾向。"

3月4日,毛泽东、张闻天、彭德怀致电董健吾:"弟等十分欢迎南京当局觉悟与明智的表示,为联合全国力量抗日救国,弟等愿与南京当局开始具体实际之谈判";并进一步指出,"我兄复命南京时,望恳切提出弟等下列意见:一、停止一切内战,全国武装不分红白,一致抗日;二、组织国防政府与抗日联军;三、容许全国主力红军迅速集中河北,首先抵御日寇迈进;四、释放政治犯,容许人民政治自由;五、内政与经济上实行初步与必要的改革"。还指出,"同意我兄即返南京,以便迅速磋商大计"。

从此,中共中央开始逐步放弃反蒋抗日口号,逐步明确地提出"联蒋抗日"和"逼蒋抗日"。侵略一方已经成熟了,反侵略一方也正在成熟。

第二节 一句顶一万句

1934年9月中央红军长征前夕,中共中央与共产国际的电讯联系中断。

凡事都一分为二。这种中断在某种意义上说也不完全是坏事。它使中国共产党人得以通过遵义会议等一系列会议,独立地解决了自己的军事路线、政治路线和领导人问题。

当然从更大的意义上看,它又的确不是好事。它割断了中国共产党人的消息情报来源,阻碍了共产党领导者的战略视野。中央红军流连徘徊于川黔边4个月之久,先图赤化四川后图赤化贵州而终不可得,与此就有一定关系。

所以红军1935年5月渡金沙江、占领泸定城基本脱离险境后,中共中央立即召开会议:决定以陈云、潘汉年作为中共中央代表,携带密码到上海恢复白区工作,建立中央与上海及共产国际间的电讯联系。

10月2日,化名史平的陈云辗转到达莫斯科,出席中共驻共产国际代表团召开的会议,并成为中共代表团三个正式代表之一,此时陈云才知道为恢复与中共中央的联系,共产国际也付出了极大的努力。

从1935年4月开始,共产国际为了恢复与中共中央的电讯联系,先后派阎红彦、张浩和刘长胜带密电码回国。

阎红彦为了承担这一艰巨的任务,废寝忘食,短期内学会了英文字母,把用英文字母编排的密码背熟记在脑子里,他没有参加国际"七大",于4月就提前动身回国。阎红彦进入新疆后,乔装富商,骑着骆驼,驮载着俄罗斯毛毯和灯芯绒,经伊犁、迪化、兰州、宁夏、绥远到达北平。这时中央红军已经胜利结束长征,阎红彦立即去陕北找党中央。12月他在瓦窑堡见到了毛泽东、周恩来等中央领导同志,全凭记忆汇报了带回来的与共产国际联系的密码。

可惜凭阎红彦的密码未能和国际联系上。是时间过长记忆有误还是什么别的原因,不得而知。

阎红彦没能参加国际"七大"就匆匆回国,张浩则是"七大"未开完就动身出发。共产国际实行新方针后急于恢复与中共中央联系的心情,由此可见。

张浩出发时,陈云还未到莫斯科,所以谁也不知道中共中央的确切位置。张浩装扮成从蒙古回来的商人,穿着光板皮袄,挑一副货筐,风餐露宿,跨越沙漠。沿途打听消息,经过三个月长途跋涉,于11月到达陕甘边区的边缘——定边。在那里由边区赤卫队护送到瓦窑堡,终于找到了中共中央。

他在瓦窑堡刚和张闻天、邓发、李维汉等见面,便立即传达国际"七大"关于改变以往对社会民主党的策略,不再将中间力量看作危险敌人、建立反法西斯统一战线和人民阵线等精神,以及中共驻国际代表团起草的《八一宣言》。

张浩也带回了与共产国际联系的密码,甚至先于阎红彦,将密码转给中共中央。但遗憾的是他带回来的密码也未能与国际沟通联系。

沟通与共产国际联系的,是刘长胜带回来的密码。

而这一联系的恢复,首功却在当年要求"会师武汉、饮马长江"的李立三。

很多人早把他忘记了。1930年三个月的立三路线后，他被解除政治局委员职务调往莫斯科，一去就是15年。其中有两年时间甚至在"世界无产阶级红色堡垒"的监狱中度过，品尝了苏联内务部人员对囚禁者从不手软的肉刑。

李立三讲，他在苏联期间"终日提心吊胆，谨小慎微，以免触怒，但还是不免经常受到斥责"。即使这样，他仍然努力为党工作。1935年初春，共产国际派他到接近新疆的阿拉木图建立交通站，负责国内方面来往人员安排，了解新疆政治情况，更重要的是设法恢复与中共中央的电讯联系。李立三到阿拉木图后，派两批人带上密电码回国，寻找长征后的红军，由于地理和技术上的困难，都失败了。最后派刘长胜带上李立三亲自编写的一套新的更难以破译的密码回国，终于在1936年6月16日，收到了中共中央按照李立三编的密码拍来的电报。莫斯科谁也翻译不了这封电报，康生带着电报来到高加索，找到在那里疗养的李立三，终于由他翻译出来。

电报是毛泽东起草的，报告了中国国内形势和党内的情况。说："你们派出的人，林仲丹（林育英）12月就到了，阎红彦、罗英（刘长胜）均到了。但有七个人带电台已达苏区边境被民团杀害六人，余一人及电台现尚在民团手中。"

中共中央和共产国际的电讯联系终于重新建立。

完成这一重大任务的李立三，又被人忘记了。

他被忘记的地方何止一处。

中国共产党领导的早期工人运动中，最为成功的是安源工人大罢工，"文化大革命"前说领导者是刘少奇，"文化大革命"中说领导者是毛泽东，从始至终一直在安源领导罢工的工人俱乐部主任李立三却长期无人提及。安源工人的歌谣"有个能人李隆郅"也被改为"有个能人毛润之"。篡改者还振振有词：不是为个别的真实，是为历史的真实。

丢掉了个别的真实，真的能够获得历史的真实吗？

遵义会议后，本来已经弄清楚了李立三和王明有所不同，但为了照顾与共产国际和与苏联的关系，将近十年时间，仍将王明路线称为"立三路线的残余"，李立三不仅由于自己的错误承受了应有的或不应有的对待,而且还要代人受过,把残酷斗争过他的王明的错误也担在身上。

自然又是历史的需要。李立三的命运就是这样,不断地为历史牺牲自己。

1946年,李立三终于从苏联回到东北,化名李敏然。一些单位不知道他就是李立三,请他去讲党史,他就自己选择介绍"立三路线"的错误,并分析形成的原因和领导者个人的责任,讲完后场上一片称赞。也有人听了以后疑惑不解:"您怎么会知道犯错误的人心里想什么?"李敏然的回答令全场大吃一惊:"我就是李立三。"经过短暂的沉寂后,会场上突然响起了雷鸣般的掌声。许多人很多年以后还回忆说,听了那次课,才知道什么是老革命家的坦荡胸怀和自我批评精神。

李立三这种坦荡带来的问题是:至今我们都知道他的错误在哪里,却很少有人能说出他的功劳在何处。

于是也就弄不清什么是个别,什么是历史;弄不清为什么历史如此藐视个别。

这是中国革命中一位极富悲剧色彩的人物。几十年忘我奋斗无人知晓,三个月的错误却结结实实检讨了30多年。最初因为横冲直撞的性格被人称作"坦克车";最终却像绑缚山崖任苍鹰一遍又一遍啄的普罗米修斯。

开国大典中,人们还可以清楚地看到李立三作为全国总工会的代表,站在毛泽东身边。

50年代末,他到东北考察后提出的"两参一改三结合"工业管理原则,被毛泽东概括为"鞍钢宪法"。

1967年6月22日,"文化大革命"炉火正红之际,李立三服用大量安眠药自尽。

1980年中共中央为他举行平反昭雪追悼会。骨灰早已无踪无影,被随便扔掉了。覆盖着党旗的骨灰盒里面,只装着他生前戴的一副老花镜。

李立三生前最喜欢明代爱国将领于谦的《石灰吟》。他的命运恰是如此:

千锤万击出深山,

烈火焚烧若等闲。

粉身碎骨全不怕,

要留清白在人间。

  在刘长胜带来李立三编制的密码之前,张浩带来了一个比沟通联络更加重要的消息:斯大林不反对红军向北和西北发展,靠近苏蒙边境。

  这时中共中央与共产国际已失去联系达 14 个月。张浩的消息是一股扑面的春风,更是一个天大的喜讯。张闻天立即连续写信给在前线的毛泽东等人,通报张浩带回来的这个重要消息;主张根据斯大林建议,迅速经宁夏靠近外蒙,以取得技术援助并建立战略根据地。

  毛泽东也非常兴奋,12 月 1 日致电张闻天:"关于红军靠近外蒙古的根本方针,我是完全同意的";"这个方针是使中国革命战争,尤其不久就要到来的反日民族战争取得更加有力量与更加迅速发展的正确方针。"

  中共中央开始准备做出战略和策略上的重大转变。

  这个转变就是瓦窑堡会议。

  12 月 17 日,中央政治局在瓦窑堡举行扩大会议,确定"抗日反蒋"策略方针。

  12 月 23 日,专门讨论军事方针及打通国际路线的问题。会议一致决定"把国内战争同民族战争结合起来",准备对日直接作战,使红军发展成为抗日的主力军;通过了毛泽东起草的《中央关于军事战略问题的决议》,确定 1936 年红军的战略方针和任务是"打通苏联"与"巩固扩大现有苏区";其中以打通苏联为中心任务,以山西和绥远为红军行动和发展苏区的主要方向;以便把"苏联红军和中国红军在反对共同敌人日本帝国主义的基础之上结合起来"。

  在此之前,中共中央曾多次提出打通国际路线的战略设想。

  遵义会议后,领导权的问题得到了解决,但严重的军事危机并没有消除。面对蒋介石亲自出马指挥中央军、黔军、川军、滇军的围追堵截,中共中央不得不一再变更作战计划和战役方针,指挥红军奔波于云贵川三省之交。部队长期处于无立足处的超强度征战之中,缺乏休整补充,减员现象严重,指挥员中也一直存在不同意见。迅速开辟一个稳固的根据地,已成为决定红军命运前途的紧迫问题。

关键是找到正确的发展方向。当时局面异常严峻。几万红军东返内地,已不可能。向南不是入桂就是入滇,这两省皆少数民族聚居,地方实力派统治巩固,打出一个局面非常困难。向西也是少数民族地区,粮缺人稀。唯一可行的是向北发展,接通苏联,以取得国际援助。

1935 年 6 月 16 日,毛泽东、周恩来、朱德、张闻天联名致电张国焘、徐向前、陈昌浩,提出:一、四两方面军总的战略方针应是占领川、陕、甘三省,建立三省苏维埃政权;"并于适当时期以一部组织远征军占领新疆";打通国际路线。

这是在失去中央苏区 9 个月后,中共中央和毛泽东本人反复思考的结果。

1935 年 6 月 26 日,毛泽东在与四方面军会合的两河口会议上再提在适当时间以一部组织远征军占领新疆、打通国际路线问题。6 月 28 日做出《关于一、四方面军会合后战略方针的决定》决议:"背靠于甘、青、新、宁四省的广大地区,有利的向东发展。"

8 月 4 日至 6 日的政治局沙窝会议上,毛泽东进一步说,"西北地区的特点,是统治阶级最薄弱的一环,帝国主义势力最弱的地方,少数民族最集中的地方,因靠近苏联在政治上物质上能得到帮助。西北地区的困难是人口稀少,物质条件缺乏,交通不便,气候条件不好等,这些都能克服",所以"要用全力实现在西北,首先是陕甘地区建立根据地的战略方针"。

毛泽东当时认为,只要得到苏联帮助,西北地区的困难便不那么可怕了。

与张国焘分裂后,这一方针的实现变得更加迫切。

在中央红军单独北上的 9 月 12 日俄界政治局扩大会议上,毛泽东作报告说:"当前的基本方针,是要经过游击战争,打通同国际的联系,整顿和休养兵力,扩大红军队伍,首先在与苏联接近的地方创造一个根据地,将来向东发展。"同时指出,中央过去曾反对主力打到苏联边界去的方针,主张在陕甘创造苏区,但现在不同了,"因一、四方面军已经分开,张国焘南下,使中国革命受到相当严重损失"。

中央红军脱离根据地作战整整一年,部队由出发时的8.6万人锐减为不到1万,却仍然没有找到立足之地,仍然在苦苦探寻。那种紧迫急切的心情,绝非我们今天把蜿蜒逶迤的跋涉路线看成一条红色飘带那样浪漫和诗意的。

那是一支军队的生死存亡,进而是一个政党的生死存亡。今天有很多人想走一走当年红军的长征路线。很多人真的走了这条路线。但即使你一步不差地走完全程,除去品尝到的跋涉艰苦,能品尝到天空国民党飞机丢炸弹、地面数十万大军围追堵截、无接济、无给养、无援助那种九死一生的危险吗?

死亡随时在身边。覆灭随时在身边。被包围、被分割、被切断随时在身边。那种日复一日不得不全副身心投入的严重斗争,绝非我们今日想象的那样指挥若定、豪迈潇洒。毛泽东在四渡赤水期间高度紧张,两次出现指挥失误;温和宽厚的朱德先对黄克诚、后对宋任穷两次发火;从不叫难从不叫苦的周恩来说"相当艰难困苦";一贯坚决支持毛泽东的林彪又写信又打电话要求改变军事领导;经历无数征战被誉为"军神"的铁汉刘伯承扶着泸定铁索竟黯然泪下……

这些现象你单独审视,可以有理解、有指责、有遗憾、有感动;集合起来,你才能感觉出它们是多么的不可分割。正是从这种不可分割之中,你才能真正感觉出中国共产党人当时面临的局面有多么严重。

毛泽东一再提出靠拢苏联,还有什么不可理解?

当时北上的红军战斗部队只剩不到1万人。红军在如此弱小的情况下,如果不设法打通国际路线,背靠苏联,很可能不得不永远打游击战争。毛泽东在俄界会议上谈到严重局面时,说"这是党内空前未有的"。他已经做好了分散游击的准备。

所以后来毛泽东高度评价徐海东和刘志丹。陕北那块苏区使北上的红军终于找到了立足之地,打通国际路线才不再是迫在眉睫的生死存亡问题。紧迫的问题变为"保卫、扩大陕北苏区"了。

中共中央当时之所以多次改变或推迟靠近苏联的方针,除时机、条件等因素制约外,关键还在于不了解共产国际和苏联方面的态度,担心一旦行动,使苏联陷于被动。此次斯大林主动表示愿意帮助中国红军,无疑对中共中央是极有吸引力的。

但在红军队伍中,对打通国际路线一直存在不同看法。

首先是李德。他认为这样做会引起国际纠纷,危及苏联安全。两河口会议前后,他就对毛泽东提出的靠拢苏联不以为然。1936 年 1 月 27 日,红军主力东征前夕,李德写信给中共中央,反对瓦窑堡会议确定的以打通苏联作为主要战略目的,"在我们方面应当避免能够引起苏日冲突的行动","没有到绥远去的必要,没有必要接近外蒙古"。

第二种意见张国焘,认为使红军远离中国内地靠拢苏联,是畏缩退却。

李德主要站在苏联利益的角度上。张国焘当时满脑子都是打成都。他们考虑的,皆非当时红军所处的实情。

林彪与彭德怀也对红军发展的战略重点提出不同意见。

这是中央红军的两员主将。出发点与着眼点与李德、张国焘完全不同。

两人虽然主张发展的方向不一样,但都不主张以打通苏联为第一要务。

直罗镇一战打败东北军的进攻后,林彪流露出他想带一些部队去陕南打游击。瓦窑堡会议之前,中共中央征求各军团主要领导干部对战略问题的意见。林彪抓住这个机会给中央写信说:开辟陕南比在陕北巩固和扩大根据地更重要,更有意义。他开列了一个长长的名单,要求名单所列的红军指挥员都跟他南下发展陕南。

毛泽东批评了林彪这封信。

12 月 21 日,毛泽东与张闻天致电彭德怀并转林彪:"在日本进占华北的形势下,陕南游击战争不能把它提到比陕北等处的游击战争还更加重要的地位,实际上后者是更重要的。尤其不能把游击战争提到似乎比主力红军还更重要的地位(如提出红军主要干部去做游击战争),这样的提法是不妥当的。林在某些问题上的观点是同我们有些分歧的。中央认为有当面说明之必要。现在前方军事不紧张,因此仍望林来中央一行,并在此一个时期,这于林是有好处的。"

毛泽东这封电报对林彪的批评比会理会议说他"是个娃娃"严重得多。但林彪有他自己的处理方法。他没有到中央去,更不可能实现毛泽东设想的"并在此一个时期"。相反他于12月26日再发一封电报,坚持"我还在期待中央批准我打游击战争"。

林彪个性中这种倔强绝不仅仅是1959年庐山会议后拒不检讨才刚刚表现。

毛泽东没有回复林彪这封电报。

林彪主张向陕南发展。彭德怀则主张巩固陕北。

1936年1月,彭德怀在甘泉指挥作战,收到毛泽东关于东征决策的电报,阅后思虑再三,1月26日回电毛泽东,坦陈自己意见。

彭德怀认为:陕北东临黄河,北靠沙漠,西面人烟稀少,敌不易对我形成"围剿"局面,是红军活动的好后方,应该巩固发展这块根据地;但中央红军与陕北红军会合后,人数大增,陕北贫瘠,红军发展有一定困难,要同南面的东北军和西北军打仗,还可能把在河南的蒋介石嫡系军队引进西北,这是不利的一面;东渡黄河在吕梁山一带创建根据地比较理想,可虑之处是一怕渡不过去,当时红军刚刚结束长征,体质很弱,人数也少,包括刘志丹、徐海东两部分才1.3万人;二是过去后,在蒋军大增援下,能不能撤回来,不能因此再失去陕北这块根据地。

彭德怀以后回忆说:"我这种想法,反映了当时红军体质弱的实际情况以及长征中没有根据地的痛苦教训。"

这就是东征前后,围绕巩固发展现有苏区和打通苏联这两个任务出现的争论。

李德称红军东征打通抗日路线的行动是"想挑起日苏战争",不足为虑。

林彪提出在陕南打游击战争,向南发展,势必同正在与红军商谈联合抗日的东北军和西北军发生冲突,蒋介石的嫡系部队再乘机进入西北,就将陷我于大不利,也不现实。

张闻天坚决支持毛泽东将重点放在打通苏联的意见。他认为应该吸取第五次反"围剿"失败的教训,局促于一个地区并不能巩固。红军行动应更加广泛、更加灵活一些;扩大与巩固,现在应该特别着重于扩大。

但彭德怀的意见却不能不考虑。彭德怀则认为,从兵力看,东征的目的主要是调动占据绥德、吴堡一线的晋军回援,求得在运动中消灭晋军主力和巩固河防,不宜实施战役上的进攻和转移,特别要防止出现任何脱离陕北苏区的可能性。他为此两次致电政治局:"陕北苏区是中国目前第一个大苏区,是反蒋抗日有利的地区,是全国土地革命、民族革命一面最高旗帜";并说毛泽东"过去坚决扩大红军苏区的方针"应当继续坚持。

1月31日,毛泽东主持召开军事会议,讨论东征问题。

会上争论很大。

毛泽东最后说服了大家。

说服也是有所改变的说服。

毛泽东规划的东征,以山西和绥远为红军行动和发展苏区的主要方向;以打通苏联为中心任务,以便把"苏联红军和中国红军在反对共同敌人日本帝国主义的基础之上结合起来"。

经过充分争论后,大家都认识到东征必须进行。陕北地贫人稀,征粮、扩红均困难,必须向外发展,所以东征作战必不可免。但人们又开始清醒地认识到,以红军现有的实力同时完成巩固发展现有苏区和转进绥远、接通外蒙古的任务,确实存在矛盾。所以渐渐都同意把作战的首要目标放在巩固和发展苏区的任务上。

打通国际路线的战略方针再度修改。主要为避免出现脱离陕北根据地的危险。考虑到敌我力量对比出现的变化,并没有取消打通国际路线,但对1936年打通国际路线和巩固发展苏区两项任务的先后顺序做出了调整。

1936年2月20日,红一方面军以中国人民红军抗日先锋军名义实行东征。彭德怀任总司令,毛泽东任总政委。

毛泽东这时已经认为,红军应该首先在山西站稳脚跟,逐步形成以陕晋为中心的战略根据地,进而在河北、绥远扩大这一根据地,再与外蒙古接连,与苏联打通。

这一设想没有实现。在阎锡山频频向蒋介石告急的情况下,1936年3月下旬起,蒋介石急调中央军10个师进入山西,派陈诚协助阎锡山指挥作战,同时令东北军与西北军向陕北苏区进攻,形势变得十分紧张。至4月下旬,毛泽东原定在山西和华北几省建立根据地的计划已完全不可能,整个东征的战略方针不得不改变。

毛泽东4月28日致电张闻天:"情况已根本地发生变化,丧失了继续作战的可能,为稳固计,决定西渡";"提议开政治局会,讨论新的行动方向及其他与此关联的问题"。

事前有彭德怀能不能渡过去、能不能渡回来的疑虑,所以红军作战计划制订得现实且周详,渡过去在山西扩大了8000红军,筹款30万元,又全部渡了回来。彭德怀回忆说:"进军山西是红军到达陕北后的第二个伟大胜利。"

可惜在进攻三交镇的战斗中牺牲了刘志丹。

东征部队于5月初全部回师陕北。新的发展方向和战略方针问题又重新在考虑之中。

还是要想方设法靠近苏联。

1936年4月20日全军回师陕北以前,毛泽东、彭德怀电周恩来、张闻天并致邓发,要邓发即去苏联,最好在夏天到达;邓发去苏联在军事方面的任务是:

一、对日作战的共同步骤问题;

二、双方军委间的通信联络问题;

三、我军向绥远行动并向绥远创立局面问题;

四、技术帮助问题,能否接济步、炮、弹药,轻、重、高射机枪,以及架桥设备,通讯器材等。如有可能我军在秋天全部开往绥远接运;

五、苏方派人的帮助问题,担任特种技术教育者数人,担任作战者数人。

红军刚刚回师陕北,蒋介石就发起新的"进剿"。中央军、陕北地方军、宁夏"二马"、东北军、西北军共154个团,25万余人一起围将上来,红军有被困死在陕甘地区的危险。

5月18日,中共中央决定以红军主力组成西方野战军,彭德怀任司令员兼政治委员,实施西征;目的是设法造成陕甘宁边区革命根据地,相机攻取宁夏,打通国际路线,取得苏联援助。

如果说东征之意在通过山西绥远,打通国际路线,那么西征之意即要通过宁夏接近苏联。但这个时候,打通国际路线已不是西征战役的重点。重点是解决眼前困难,以扩大苏区为目标。所以中共中央决定"红军西渡后向陕甘宁发展苏区,策应四方面军与二方面军,猛力发展苏区,渐次接近外蒙"。

一个"猛力",一个"渐次",将主次袒露分明。

6月1日,两广事变发生。国民党广东军阀陈济棠和广西军阀李宗仁、白崇禧,以北上抗日为名发表通电,组成"抗日救国军西南联军",企图出兵争夺南京国民党政权。10日,粤桂两军分路北上。30日,中央军与两广军队互相开火。

陈济棠、白崇禧于红军长征之初担任围堵主角。此次在紧要关头又帮了红军的忙。蒋介石不得不将主要精力用于应付两广事变。

对陕北根据地的"进剿"被分散了。

此时红军与东北军的关系已经发展到了一个非常程度。

1936年1月,中共中央与东北军的张学良建立了直接联系。张学良、王以哲在与中共中央联络局局长李克农的会谈中,表示同情中共的抗日主张,愿为成立国防政府奔走。

2月,红军与王以哲的六十七军达成互不侵犯协议,各守原防,红白通商。

3月,张学良在与李克农会谈中提出,请中共在毛泽东、彭德怀、周恩来、博古四人中选一位来肤施,与他谈判。肤施即后来的革命圣地延安。

4月,周恩来应邀前往肤施,在城内一座天主教堂与张学良彻夜长谈。

2000年5月,香港凤凰卫视播映1993年制作的张学良访谈录《世纪行过》,张学良还能清晰地回忆起57年前的1936年4月9日,在肤施天主教堂与周恩来的长谈。

"我最佩服周恩来",1993年已经92岁的张学良侃侃而谈。他说周恩来"反应快,几句话就明白,不用啰嗦",毛泽东能打下天下,"周恩来的作用很大"。

张学良最后还有一句:"他也佩服我。""他"当然是指周恩来。张学良在历史发展的关键时刻不但能够顺势而为,而且成为时代大势的推波助澜者,的确值得周恩来代表中共中央对其表示钦佩。

1936年5月,中共中央经过两个月来的多次讨论,决定将统战工作重点放在局部的抗日统一战线的建立上,建立东北军、西北军、红军的"三位一体",争取首先成立"西北国防政府",实现"西北抗日大联合"。

"三位一体""西北国防政府""西北抗日大联合"这三个基本点,成为后来张学良发动西安事变的政治基础。

张学良特别看重中国共产党与共产国际及苏联的关系。他认为在当时条件下采取联合抗日行动,必须以强大的苏联作为后盾。对1929年中东路事件中命令东北军向苏联红军发动进攻一事,他似乎是忘记了。或者说国难当头之际,他愿意忘记。

这个新的情况在红军东征时没有发生。所以中共中央做出西征的决策时,就有了一个重要补充:"红军与东北军密切合作,以进到西北大联合,建立西北国防政府,打通苏联,同苏联及外蒙订立互助条约。"

在当时条件下,中国各派政治力量对苏联的态度都极其重视。因此打通国际路线与苏联取得联络,不论是对推动张学良"抗日反蒋"建立西北大联合,还是对巩固红军与东北军的统战关系、提高红军的军事政治地位,都有极重要的意义。

6月29日,毛泽东致函彭德怀:从总的战略上看,站在红军和其他友军联合成立国防政府的观点上,打通苏联解决技术条件,应是今年必须完成的任务。关于红军接近苏联的道路有两个:一是宁夏和绥远以西,这条路距离较近,人口经济条件较好,缺点是恐怕不易形成根据地;二是甘、凉、肃三州,这条路距离较远,某些区域人口稀少,行军宿营恐有妨碍,但能形成根据地。

毛泽东最后说,关于西渡黄河靠近苏联问题,日内将征求国际意见。

8月9日,毛泽东、张闻天、周恩来等致信张学良,要求东北军"以至少三个师好好地控制兰州,如此着成功,则可在今年秋天三个月内完成打通苏联的任务,必须坚信,打通苏联是保证西北胜利(更不说全国胜利)的基本点。根据二、四方面军北上、西南事变发展、日本对绥蒙进攻等情况,我们认为兄部须立即准备配合红军选定9、10月间有利时机决心发动抗日局面,而以占领兰州、打通苏联、巩固内部、出兵绥远为基本战略方针"。

信中对张学良的个人安全颇为担心:蒋介石一解决西南问题,就有极大可能进攻西北。"无论如何兄不要去南京了。并要十分防备蒋的暗害阴谋。目前此点关系全局,卫队的成分应加考查,要放在政治上可靠的干部手里。"

电文中可以看出来,给张学良通报的情况,对张学良安全的关照,几乎与对待自己人一样。

8月12日,毛泽东又同张闻天等致电朱德、张国焘、任弼时,提出今后战略方针的建议:"一、二、四三个方面军,有配合甲军(东北军)打通苏联、巩固内部、出兵绥远、建立西北国防政府之任务。由此任务之执行以配合并推动全国各派统一战线,达到大规模抗日战争之目的。"

8月13日,毛泽东致函国民党军第十七路军总指挥、西安绥靖公署主任杨虎城:"先生同意联合战线,盛情可感。九个月来,敝方未曾视先生为敌。先生如以诚意参加联合战线,则先生之一切顾虑与困难,敝方均愿代为设计,务使先生及贵军全部立于无损有益之地位。"

承诺代杨虎城设计解决的"一切顾虑与困难",主要还是寄希望于苏联。

中共中央和毛泽东本人,当时并未认识到红军、东北军、西北军"三位一体"的设计存在一个严重缺陷,就是张学良忘记了他当初恶化与苏联的关系,斯大林却并没有忘记。

8月15日,共产国际执委会书记处致电中共中央书记处,明确要求中共中央根本放弃抗日反蒋的观点,放弃利用两广事变和其他内战削弱蒋介石统治的做法,以最大的努力争取全国范围统一战线;尤其"不能把张学良看作是可靠的盟友,特别是在西南(指两广事变)失败之后,张学良很有可能再次动摇,甚至直接出卖我们"。

显而易见,共产国际和苏联不同意中共中央关于建立西北国防政府的计划,也不同意中共中央继续实行带有"抗日反蒋"色彩的政策,更不同意中共中央把统战放在东北军方面,而要把统战重心北移到全国去。

核心是不同意红军与张学良联合。

共产国际和斯大林在对待抗日反蒋问题上,与中国共产党出现重大差异。

中共中央以为基本找到了克服艰难局面的好方法,共产国际和斯大林迎面泼过来的却是冷水。

1933年春,日本侵略军在占领长城各口之后,分兵侵入察东和冀东,华北形势异常危急。5月26日,冯玉祥在张家口正式宣告成立察哈尔民众抗日同盟军,6月20日任命吉鸿昌为北路前敌总指挥;6月22日又委派方振武为北路前敌总司令,以统率大军,收复察失地。

对冯玉祥1927年背弃对苏联的承诺投向蒋介石,斯大林同样记忆犹新。苏联不但对察哈尔抗日同盟军毫无兴趣,《真理报》还发表文章说,冯玉祥和方振武的行动是"在为日本人服务"。不久,《真理报》再发表评论:"冯玉祥重新出来反对南京政府,这一行动得到了日本方面的支持","冯玉祥虽为自己的行动披上了'保卫祖国免受日本军队侵略'的外衣,可事实上,他已成了日本帝国主义最积极的代理人。"

最终冯玉祥的抗日行动被形容为"勾引日本帝国主义进攻察哈尔与绥远,以便帝国主义准备反苏战争的阴谋"。

1933年9月底,抗日同盟军失败。

1933年11月20日,福建事变爆发。斯大林对蒋光鼐、蔡廷锴也无兴趣。共产国际执委会第十三次全会文件指出："……这个福建政府宣布的一系列激进口号……是十九路军高级将领的权宜之计和'左倾'词句"，"是军阀和政客为了保证自己的成功而提出的蛊惑人心的诺言"；因而共产国际认为，"蒋介石集团和国民党所有派系都是帝国主义奴役中国人民的代理人和工具"；中国共产党人在国内应当反对一切中间势力，在国际上应当反对一切帝国主义。口号是"要兵不要官"。

国际和斯大林的态度对中共中央处理福建事变产生很大影响，导致这一打破第五次"围剿"的珍贵机会最终丧失。

对待1936年12月12日的西安事变更是如此。张学良、杨虎城发动西安事变后，12月14日，苏联《真理报》发表社论《中国发生事变》："毫无疑问，张学良部队举行兵变的原因，应当从不惜利用一切手段帮助日本帝国主义推行奴役中国的事业的那些亲日分子的阴谋活动中去寻找。臭名昭著的日本走狗汪精卫的名字同陕西省发生的张学良兵变紧密相连，这也绝非偶然。"共产国际刊物《国际新闻通讯》也把张学良说成是"叛徒""强盗"。

所有反蒋的抗日力量，皆被共产国际和苏联冠以日本走狗。斯大林非常现实。他始终感兴趣的，一直是拥兵数百万、控制全国政权的蒋介石。他的老朋友鲍罗廷回国后说过一句话："如果再有一位中国将军跑到莫斯科叫喊'世界革命万岁！'，最好立刻把他送到国家政治保安局那里去。他们无非是想要几条枪。"

斯大林正是用这样的观点看待冯玉祥、蔡廷锴、张学良。

由于共产国际不同意，斯大林不同意，中共中央只得放弃建立在苏联支持基础上的西北国防政府和西北大联合计划，下决心转过来同南京政府谈判。

8月25日，毛泽东为中共中央起草《中国共产党致中国国民党书》，呼吁"停止内战，一致抗日，实现国共两党重新合作"，并提出，我们"早已准备着在任何地方，与任何时候派出自己的全权代表，同贵党的全权代表一道开始具体实际的谈判，以期迅速订立抗日救国的具体协定"。

但毛泽东最清楚不过,"联蒋抗日"绝非一朝一夕之事。不谋求军事上的发展,只期望谈判解决问题,不但远水不解近渴,可能还会最终无水解渴。

红军的生存和发展问题已经十分紧迫。

在呼吁与国民党谈判的8月25日同一天,中共中央电告共产国际:"陕北、甘北苏区人口稀少粮食十分困难","红军之财政粮食已达十分困难程度","整个红军的行动方针必须早日确定",而"为着靠近苏联,反对日本截断中苏关系的企图,为着保全现有根据地,红军主力必须占领甘肃西部宁夏、绥远一带"。

为此,部署大致定为:

以一方面军约1.5万人攻宁夏,其余保卫苏区,12月开始渡河。

以四方面军12月从兰州以南渡河,首先占领青海之若干地方作为根据地;待明年春暖逐步向甘、凉、肃三州前进,约于(明年)夏季到达肃州附近。

以二方面军位于甘南成为陕南苏区之联系。

电报还说,"红军主力必须占领甘肃西部、宁夏、绥远一带。这一带布满着为红军目前技术条件所不能克服的许多城市堡垒及围寨,希望苏联方面替我们解决飞机大炮两项主要技术问题。陕北、甘北人口稀少,粮食十分困难,非多兵久驻之地。目前红军的财政、粮食已达十分困难程度,只有占领宁夏才能改变这一情况。否则只好把三个方面军的发展方向放到甘南、陕南、川北、豫西与鄂西,待明年冬天再执行黄河以西的计划。而这种做法对我们非常不利,将造成许多损失。"

这封电报的分量是很重的。毛泽东告诉了共产国际,内战与不内战,不仅仅是中国共产党人的意愿。国际和苏联不拿出具体行动和办法,中国的内战很可能无法避免。如果苏联方面能够有效地帮助中国红军,"则无论如何困难,我们决乘结冰时节以主力西渡,接近新疆外蒙";如不能提供帮助,红军西进攻取不克或与南京谈判不能达成协定,便只好决心作黄河以东的计划以求生存。但这一方向不是抗日方向,而是内战方向,将无法避免和南京在军事行动上发生冲突。

经过一段时间讨论思考，9月11日，共产国际执委会书记处征得苏联同意——即斯大林同意——之后，致电中共中央领导人，同意占领宁夏和甘西以打通国际路线的战略方针，并明确表示在红军占领宁夏地区之后，将从外蒙给予红军以技术上和物资上的帮助。

至此，经过前后一年多的多次酝酿变化，一直探索实施道路的打通国际路线的战略方针，终于正式确定予以实施。

9月14日，中共中央致电三军领导人："国际来电同意占领宁夏及甘肃西部，我军占宁夏地域后，即可给我们以帮助"；为坚决执行国际指示，准备在两个月后占领宁夏。至于占领甘肃西部问题，等宁夏占领取得国际帮助后再分兵夺取。电报特别要求三军领导人"坚决执行国际指示"，这个"对于中国红军之发展与中国抗日战争之发动有决定意义的战略行动中，三个方面军须用最大的努力与最亲密的团结以赴之，并与甲军（东北军）取得密切配合"。

这时打通国际战线、解决战略依托问题，不但是红军生存和发展的需要，也成为陕北根据地周围凡愿意与红军保持关系的友军关注的焦点。

10月26日，中共中央致电共产国际："许多方面经常向我们提出苏联是否援助他们的问题，近来的问题更加多了。打通国际路线成了张学良、杨虎城、阎锡山、傅作义一班人的口头语。"

不但红军，即便友军也对这一战略行动寄以极大的希望。

红军打通国际路线的战略行动，由东征战役到西征战役，由宁夏战役到最后的远征新疆，一步一步演化为一个庞大的计划，踏上了一条不归的路程。

为完成这一使命，组成了中国工农红军战史上最为悲壮的西路军。

西路军的命运与劫难，其担负使命之沉重和聚集矛盾之复杂，以及斗争之艰苦卓绝和历程之可歌可泣，毫无疑问将是一部巨制鸿篇。写好它，有可能是中国革命史中最为动人的著作之一。

东征，西征，皆为张浩带回来的"斯大林不反对红军向北和西北发展、靠近苏蒙边境"这句话，也皆因工农红军面临局面之严重和本身困难之严重。

斯大林这话不再是教条,是红军生存与发展的希望。

在严重困难的中国共产党人面前,真是一句顶一万句。

第三节　个人决心中的历史,历史决心中的个人

张国焘的分裂,是中国共产党历史上前所未有的分裂。中国共产党和工农红军面临因内部分裂而覆灭的危险。朱德曾经回忆说,从来没有像那次那样心情沉重。毛泽东甚至做了给敌人打散、最后到白区做工作的打算。

由张国焘掌握控制的实力有:红四方面军第四军、第九军、第三十军、第三十一军、第三十三军;中央红军五军团改编的第五军、九军团改编的第三十二军;共计7个军,8万余人。

毛泽东率领北上的,只有原中央红军一、三军团 7000 余人。到陕北与徐海东的十五军团会合后,也只到 13000 余人。论实力,完全无法与张国焘相比。

这里面还有一个问题。十五军团主力徐海东的原红二十五军,也是四方面军留在鄂豫皖根据地的老部队,原来一直受张国焘指挥。张国焘在这支部队里面的影响到底怎样,这支部队对中共中央的态度如何,在中共中央和毛泽东对徐海东真正了解以前,心里并没有太大把握。

现在不少人以为张国焘的分裂纯系飞蛾扑火,自取灭亡,一开始就是孤家寡人。他们把历史做出的结论和当时面临的现实搞混了。

由于张国焘掌握强大的实力,再加上当时很多情况并不清楚,连一方面军留在四方面军的很多同志都对事情的发生感到突然和混乱,四方面军同志就更是情绪激动。态势是非常严重的。

在阿坝一座喇嘛寺——格尔登大殿召开了川康省委扩大会议。会场外挂着横幅:“反对毛、周、张、博北上逃跑。”张国焘先讲话,攻击中央率军北上是逃跑主义。然后他对朱德说:“总司令,你可以讲讲嘛,你对这个问题的认识怎样?是南下,是北上?”朱德不紧不慢地说,我

在政治局会议上是举过手的,我不能出尔反尔。于是有人冲着朱德喊:既然你拥护北上,那你现在就走、快走! 刘伯承站出来说话:现在不是开党的会议吗? 你们怎么能这样对待朱总司令! 于是攻击的矛头又转到刘伯承身上。

张国焘办事历来不乏决心。这回他更是决心把事情做到底。

10月5日,张国焘在四川松岗卓木碉召开高级干部会议。宣布另立"临时中央""中央委员会""中央政治局""中央书记处""中央军事委员会"和"常务委员会",自封为"主席"。并通过了"组织决议",决定"毛泽东、周恩来、博古、洛甫应撤销工作,开除中央委员及党籍,并下令通缉。杨尚昆、叶剑英应免职查办"。

"撤销""开除""通缉""查办",张国焘的自信和气焰也算可见一斑了。

张国焘要朱德表态。朱德心平气和,语重心长。他说:大敌当前,要讲团结嘛! 天下红军是一家。大家都知道"朱毛"在一起好多年,全国世界都闻名。要我这个"朱"去反"毛",我可做不到呀! 不论发生多大的事,都是红军内部的问题,大家要冷静,要找出解决办法来,可不能叫蒋介石看我们的热闹!

朱德这些话讲得是很有分量的。陈毅说过,朱德在南昌起义余部天心圩整顿中讲的"革命须自愿""共产主义一定胜利"两条,奠定了我军政治工作的基础;现在朱德在卓木碉讲"都是红军内部的问题","不能叫蒋介石看我们的热闹"这两条,既是后来解决这一问题的理论基础,又是后来解决这一问题的感情基础。

四方面军总指挥徐向前也对张国焘的做法不以为然。他回忆说:"另立'中央'的事,来得这么突然,人人都傻了眼";"会后,张国焘找我谈话,我明确表示,不赞成这种做法。我说:党内有分歧,谁是谁非,可以慢慢地谈,总会谈通的。把中央骂得一钱不值,开除这个,通缉那个,只能使亲者痛,仇者快,即便是中央有些做法欠妥,我们也不能这样搞。现在弄成两个中央,如被敌人知道有什么好处嘛!"

毛泽东多次被蒋介石通缉,已经习以为常了。如今居然被党内自己人通缉,真是破天荒第一次。

即使被通缉，毛泽东也不忘对这支红军部队的争取。

11月12日，毛泽东到达瓦窑堡后致电四方面军："我一、三军团已同二十五、二十六、二十七军在陕北会合"，"正与白区党及国际取得联系"；并指出，现在国民党、日本关东军司令部和何应钦都在污蔑我党中央是逃跑主义，托派分子也在这样攻击我们党中央，"请你们严重注意"。

同日，张国焘电毛泽东等人，称南下红军已"打开了川西门户，奠定了川康苏区胜利的基础"，"证明了向南不利的胡说，达到配合长江一带的苏区红军发展的战略任务，这是进攻路线的胜利"；并以命令的口吻说"甚望你们在现地区坚决灭敌，立即巩固扩大苏区和红军，并将详情电告"。

双方都在让对方知道自己的优势。都要求对方改变做法。

事情难以转圜。很显然，中共中央不取得绝对优势，张国焘不会回心转意。

12月5日，张国焘干脆以"党团中央"名义致电中共中央，声称："此间已用党中央、少共中央、中央政府、中革军委、总司令部等名义对外发表文件，并和你们发生关系"；今后，"你们应以党的北方局、陕甘政府和北路军，不得再冒用党中央名义"。并宣布"一、四方面军名义已取消"；"你们应将北方局、北路军和政权组织状况报告前来，以便批准"。

分裂达到了顶点。

这一分裂的最终解决赖于三个因素。

第一是借用共产国际的威望和影响。

张国焘以"党团中央"名义致电中共中央时，张浩已经来到瓦窑堡。情况很明显，仅仅靠党中央的教育和劝导，难以解决问题，必须借助共产国际的权威。毛泽东、张闻天与张浩商量，由张浩以"国际代表"的特殊身份出面，帮助、教育张国焘；党中央同张国焘之间的组织关系也用变通的办法处理。

中国共产党仍然是共产国际的一个支部。安排张浩以"国际代表"

这种第三者特别是仲裁者的身份出现，表明毛泽东已经掌握了相当水平的斗争艺术。

12月16日，张浩以国际代表身份从陕北开门见山地致电张国焘："共产国际派我来解决一、四方面军问题。"

22日张浩又电："党内争论，目前不应弄得太尖锐"；"可以组织中共中央北方局、上海局、广州局、满洲局、西北局、西南局等，根据各种关系，有的直属中央，有的可由驻莫（斯科）中央代表团代管，此或为目前使党统一的一种方法。此项意见望兄熟思，见复。"

"有的直属中央，有的可由驻莫中央代表团代管"，这就是毛泽东、张闻天、张浩商量好的变通办法。

张浩的电报对张国焘无疑是当头一棒。他深知共产国际这块招牌的权威。思考一段时间后，他致电张浩，表示"一切服从共产国际的指示"；但又说中共中央北上行动是"反党的机会主义路线"，"放弃向南发展，惧怕反攻敌人"，"向北逃跑"，是"一贯机会主义路线"的表现。

他依然照称自己是"中央"；毛、周、张、博是"假冒党中央"。

中共中央只有做出《关于张国焘同志成立第二"中央"的决定》，指出"张国焘同志这种成立第二党的倾向，无异于自绝于党，自绝于中国革命"；同时在党内公布1935年9月12日俄界会议做出的《关于张国焘同志错误的决定》。张闻天致电张国焘，望其停止分裂活动，否则"不但全党不以为然，即国际亦必不以为然。尚祈三思为幸"。

实际情况是，在当时条件下，以毛泽东为首的中共中央无论是让步还是警告、哪怕借用共产国际的权威，都还不可能扭转张国焘。除去依靠强大实力，其分裂行动另一个重要基础，就是认为中国革命的重心在四川，不在陕甘。

第二还有待张国焘南下政策的破产。

张国焘为南下所做的准备是精心的。口号也实惠诱人："大举南下，打到天全芦山吃大米"；仍然是五四运动中跟那位牧师学到的技巧：从大众切身问题入手。

张国焘又实惠到庸俗的地步了。搞革命仅仅为了吃大米吗？

但南下最初确实颇为顺利。

10月7日，张国焘以"军委主席"名义下达《绥崇丹懋战役计划》，决定以主力迅速而秘密沿大金川夹河并进，夺取绥靖、崇化，然后分取丹巴、懋功。

8日，部队分为左右两个纵队开始行动。

12日，攻占绥靖，击溃守敌刘文辉部两个团。

15日，占领崇化。16日，攻克丹巴县城。19日袭占达维。20日，攻克懋功，守敌杨森部两个旅向夹金山以南逃窜。接着又连克日隆关、巴郎关、火烧坪等地。大获全胜。绥崇丹懋战役胜利结束，共击溃川军第二十、第二十四军6个旅，歼敌3000余人。

张国焘乘胜再下达《天芦名雅邛大战役计划》，提出以主力乘胜向天全、芦山、名山出动，彻底消灭杨森、刘文辉，并迎击主要敌人刘湘、邓锡侯部。

四方面军越过终年积雪的夹金山后，随即发起猛攻，十几天内连下宝兴、天全、芦山、五家口等城镇，击溃杨森、刘湘、刘文辉、邓锡侯部共17个旅近7万人，其中毙伤俘敌1万多人，控制了懋功以南、青龙江以北，大渡河以东，邛崃山以西的川康边广大地区。

南下计划几近成功。打到天全芦山吃大米的许诺也基本兑现。

南下成功，张国焘的另立中央就有可能成功。实践是检验真理的唯一标准，对张国焘也并不能例外。他几乎眼见着就要通过了实践的检验。

却还是在节骨眼上碰到了挫折。

四川军阀方面，刘湘等人最初确实被张国焘的突然南下搞了个措手不及。

他们已经做出了红军主力将北上出川的判断。

张国焘说，毛泽东改北上红军为陕甘支队，是为了让蒋介石以为中共中央和红军主力仍在四川，吸引川敌主力。实际却是中共中央一直主张北上的企图和行军部署，使敌人相信红军必将出川，给张国焘南下的最初成功创造了条件。

四方面军突然由阿坝回师，击破杨森主力和刘文辉两个旅后分路南下,一路向芦山推进,一路指向天全。天全、芦山两处具有重要战略地位;倘若有失,将直接威胁川西平原。刘湘立即进行军事部署,令教导师师长杨国桢率部驰赴芦山,模范师师长郭勋祺率部驰赴天全,分路防堵。同时,由潘文华为南路"剿匪"总指挥,设总指挥部于名山。

11月初,红军攻势凌厉,川军的天全、芦山相继失守。刘湘再次后退,准备将部队转移到夹门关、莲花山、伍家垭口、蒙顶山、金鸡山一线占领阵地,拒止红军东进,保住川西平原。可是,教导师杨国桢部不遵令退向夹门关以南的新阵地,而是自行经飞仙关向名山退走,结果北面门户洞开,暴露了名山城,直接威胁着通向成都平原的邛崃要地。

川军的部署被打乱,前线两个师失控,情况急转直下,红军直逼名山,指向成都平原。紧急关头刘湘亲自出马,率同机枪、炮兵司令,赶到邛崃前线设"行营",调集各路大军,准备与红军一拼。

刘湘当初与川军将领商定的作战原则就是:红军只要不危及其政治生命,就虚与周旋,保住实力,绝不对消;如果真要深入四川腹地,那就只有不惜忍受蒋介石的控制,与之硬拼到底,在同归于尽中去求幸存。

现在面对张国焘的大举南下,刘湘不惜同归于尽了。

顾了正面,又担心侧翼出现漏洞;尤其怕红军丢开正面,由北翼直插成都。刘湘特邀其心腹亲信、省府秘书长邓汉祥到邛崃,反复叮嘱说:军事情况紧急,守边部队已经用光,回成都立即组织警备部队、警察武装和民团,抢时间修葺城垣,以便凭恃环城碉堡,保卫成都。

不知道红军已经发生分裂的蒋介石,这时也唯恐川西平原有失,成都难保,急令中央军薛岳部的周浑元、吴奇伟两个军迅速参战。

川军与中央军的增援部队陆续到达,兵力迅速增加到80多个团20余万人,摆出一副决战的架势。

张国焘南下计划最大的问题暴露出来了:四方面军对川军死保川西平原的决心和作战能力估计不足。

11月16日,关键的一场战斗在邛崃、名山之间的重镇百丈展开。川军以优势兵力围攻百丈,从北、东、南三面反攻,以整营、整团甚至整旅的兵力轮番发起攻势。中央军薛岳部又从南面压将上来。四方面军在此血战7天7夜,毙伤敌军1.5万多人,自身也付出了近万人的伤亡,被迫退出百丈地带。

百丈战役的失利,成为南下红军由进攻被迫转入防御的转折点。双方重兵相持。就像最初是我方得胜不想停止一样,现在是敌方不想停止了。川军主力和薛岳、周浑元、吴奇伟等部从东北、东南和东面几个方向步步压来。红军指战员虽然顽强抵抗,防线仍不断被突破,处境日趋艰难。严冬到来,部队棉衣无着,口粮不继,而激战却不停息。四方面军由南下时的8万人,锐减到4万余人。

实践是检验真理的唯一标准:挫折和失败在证明南下政策的错误。

朱德说:"事情向好的方向转了。"

1935年12月30日,朱德第一次以个人名义致电毛泽东、彭德怀并转张浩,"我处与一、三军团应取密切联系,实万分需要,尤其是对敌与互相情报,即时建立";同时介绍了四方面军掌握的敌人调动情况,最后说:"你处敌情近况望告。"

这封电报令中共中央很难判断是朱德拍发的,还是张国焘以朱德名义拍发的。电报要求与一、三军团建立"密切联系"是"万分需要",并不感到与中共中央建立联系是"万分需要"。

毛泽东对这封电报的处理是审慎的。中共中央在这个问题上吃过大亏。

1935年9月29日,周恩来用明码发报呼叫二、六军团,询问他们基本情况。当时二、六军团正在磨岗隘召开积极分子代表会议,任弼时随即用密码电复周恩来,向党中央汇报和请示。但与红二、六军团联系的密码被张国焘控制,中央无法译电,电报被张国焘截获后译出,以红军总政治委员名义致电任弼时,从此沟通了与二、六军团的联系,并对其实施指挥。若再借交换情报取得对一、三军团的直接联络,全部红军尽在张国焘手里了。

毛泽东对朱德回电说:本应互换情报,但对反党而接受敌人宣传之分子实不放心。今接来电,当就所知随时电告。我处不但与北方局、上海局已发生联系,对国际也已发生联系,这是大胜利。兄处发展方针,随时报告中央得到批准。即对党内过去争论,以待国际及七大解决,但组织上决不可逾越轨道,致自弃于党。

毛泽东在电文中最后说,国际除派张浩来外,又有阎红彦续来。据云中国党在国际有很高地位,被称为除苏联外之第一党,中国党已完成了布尔什维克化,全苏联全世界都称赞我们的长征。政治局在国际指示之下有新策略决定,另电详告。

此电很长,将各方面情况和国内国际时局动向,对朱德、也是对张国焘做了一个简要的通报。唯对与一、三军团建立直接联系之事,毫不提及。

朱德在进行艰苦的转圜。

1936 年 1 月 23 日,朱德致电张闻天,"现处革命新的高涨,党急宜得统一,以争取胜利。"

24 日,张闻天电复朱德,"接读来电至为欢迎。兄与国焘均党内有数同志,北局同志均取尊重态度。弟等所争持者为政治路线组织路线之最高原则,好在国际联络已成,尽可从容解决。既愿放弃第二党,则他事更好商量。兄处组织仿东北局例,成立西南局,直属国际代表团,暂与此间发生横的关系,弟等可以同意。原有之西北局、北方局、上海局、南方局的组织关系照旧,对内对外均无不妥。"

"暂与此间发生横的关系",是从当时实际出发做出的最大妥协方案:党中央暂不垂直领导四方面军,而只发生平行关系。张闻天在电报中称中共中央为"北局",也颇耐人寻味。

但软中同样有硬:"好在国际联络已成,尽可从容解决。"

1 月 24 日,张浩电张国焘:"共产国际完全同意于中国党中央的政治路线,并认为中国党在共产国际队伍中,除联共外是属于第一位。中国革命已成为世界革命伟大因素,中国红军在世界上有很高的地位,中央红军的万里长征是胜利了";"兄处即成立西南局,直属代表团。兄等对中央的原则上争论可提交国际解决"。

对于长期偏于西南一隅、消息不灵的张国焘来说,张浩这封电报的影响是重大的。共产国际至高无上的权威、万里长征胜利后中共中央巩固的地位、自己主张的南下政策面临的困境,都使他从来不缺乏的自信发生雪崩般的崩塌。

1月27日,张国焘致电张浩、张闻天,同意"急谋党内统一"。条件是双方同时改为西北局和西南局;中央领导机构"最好在白区";条件不允许则"由国际代表团暂代中央"。他说"强迫此间承认兄处中央和正统,不过在党中央留下一个不良痕迹,一方让步,必是种下派别痕迹的恶根。互相坚持必是互相把对方往托陈派、罗章龙路线上推"。

他现在的坚持不再是向中央进攻,而是思虑怎样安全地从原来立场撤退了。

张国焘并非表面上看上去那么强大和自信。从自立中央那一天起,他心里就在打鼓。所以虽然挂起了伪中央招牌,却一直没有对外公开宣布;他后来在香港写回忆录时说:"顾到朱德所说留下转圜余地的意见",所以不敢把事情做绝。

他还存有最后一点自信。他还没有被川军彻底挤出去。

这点最后的自信也很快被蒋介石和刘湘拿走了。

蒋介石方面,1935年11月下旬,重庆行营主任顾祝同及参谋长贺国光来到邛崃,二人向刘湘提出一个在最短时间完全歼灭四方面军部队的"进剿方略"。

刘湘不采纳这个倾尽全力、一口将红军吞掉的"方略"。他仍然奉行自己的方针:摆开阵势,扎稳阵脚,既要用硬打把红军送走,又不做围歼打算,以避免过度对消。红军一日不走,则持久一日,但决不强求所谓"最短期间"的速战速决。

刘湘下令向红军发起总攻。虽然展开了主力,但未齐头并进。经过多次战斗,各部小有进展。时当岁暮天寒,高山积雪甚深,红军主力开始向西北山区转移。刘湘所部于12月中旬逼进天台山、伍家垭口后,亦未继续再进。双方在对峙中形成冬眠状态。

1936年2月初战局重开,形势发生对四方面军更加不利的变化。刘湘还算客气,仍然只是一线平推,做驱赶式前进。这种情况下,张国焘不得不承认长期停留在川康地区是不利的。

至此,南下方针宣告失败。四方面军兵力也由8万多人减至4万余人。

恰在此时接中央来电,就四方面军的战略行动提出三个方案:

一、北上陕甘;二、就地发展;三、南下,甚至转向云贵川。

来电指出:第一案为上策。

朱德、刘伯承、徐向前、陈昌浩皆赞成第一案。

张国焘第一次处于孤立状态。他见电报中有"育弟(指张浩)动身时,曾得斯大林同志同意,主力红军可向西北及北方发展,并不反对靠近苏联"语句,也只得同意了北上方案。

这里特别应该一提的是陈昌浩。

身为四方面军政治委员的陈昌浩,是张国焘在四方面军中的主要支柱,张国焘对他的信任远远超过对徐向前的。陈昌浩虽是知识分子出身,对指挥作战却颇为热衷。虽然军事素养并非很强,指挥作战却果断勇猛,主动性、进取性皆佳。参与军事工作时间不久,即练就了不弱的领导能力,很好地完成了莫斯科中山大学留学生到红军指挥员的转变。

此人的性格也十分勇敢。1931年攻打黄安,红军以缴获的德国容克式高级教练机"列宁号"参加战斗。陈昌浩担心飞行员龙文光不可靠,亲自带手枪上飞机,与龙文光一起飞行。飞临黄安上空,见龙文光表现很好,陈昌浩就从座舱里一枚枚朝敌人阵地扔手榴弹。

这是中国工农红军暨中国人民解放军进行的第一次空战,由1955年授衔元帅级标准的方面军政委直接实施。中国共产党人的英勇无畏,在这里表现得淋漓尽致。

陈昌浩也是留学莫斯科中山大学的"二十八个半布尔什维克"之一。他脾气急躁,在张国焘与中共中央的对立分歧之中,是最为激动、也是说过头话最多的人之一。1935年12月28日,在南下训令中他说:"我们占有广大的而便于发展的地区,使敌人无法四面封锁我们;人粮补充有法,使敌人无法围歼我们;地区依托甚好,使我们能集中大量兵力来进攻敌人";"苏维埃的四川、苏维埃的中国为期不远,只在我们决死去争取!"

但苏维埃的四川越来越远。

在南下政策受挫的事实面前,他开始动摇。特别是张浩以国际代表身份出现,一封接一封发电,在莫斯科学习过的陈昌浩开始表示,要服从共产国际的决定。

陈昌浩态度发生动摇,最令张国焘不安。

3月15日,张国焘在四方面军团以上干部会议做报告,"反对毛、周、张、博的机会主义逃跑路线与主力红军毅然南下是完全正确的","任何暗中三五成群议论党的决议而发生破坏作用的现象,都要受到铁锤的打击"。

死不认错的人,总是把别人当阿斗,把自己当诸葛亮。

连陈昌浩都开始动摇了,张国焘想象中的铁锤还能成其为铁锤吗?

这时出现了推动张国焘放弃伪中央的第三个也是最后一个重要因素:二、六军团北上。

1935年11月4日,中共湘鄂川黔省委和军委分会在湖南桑植刘家坪召开会议,决定为保存有生力量,突破国民党军的包围,实行战略转移,到外线寻求建立新的根据地。

二、六军团1.7万余人,在任弼时、贺龙、关向应率领下,开始长征。

他们并不知道最后一直要走到陕北。所以占领黔滇交界的贫困山区后,就停留下来,准备在南北盘江间创建新根据地。

朱德与张国焘联名致电二、六军团,要求他们于3月底涨水前设法渡过金沙江,同四方面军会合,大举北进。

朱德后来回忆说:"他(指张国焘)没有决定北上前,是想叫二方面军在江南配合他,他好在甘孜待下来保存实力,他的中央就搞成了。他想北上时,才希望二方面军渡江北上。"

当时的实际情况是,一、四方面军的分裂尚未弥合;二、六军团加入上来,态度将怎样、立场会如何,成为一个最大的疑问。

对天平上这个举足轻重的砝码将放到哪一边,哪一边都没有太大把握。

张国焘想让二、六军团北上,但又怕二、六军团和他作对,搞不到一起。

中共中央最初也不想让二、六军团北上,与四方面军会合。

所以有党史中很少提到的张浩4月1日电:"二、六军团在云贵之间创立根据地,是完全正确的","将二、六军团引入西康的计划,坚决不能同意。"

显而易见,这不仅仅是张浩的个人意见。如果二、六军团被张国焘拉过去,后果的确难以设想。

因为与二、六军团联系的密码掌握在张国焘手里,中共中央为得到这一密码,也费尽了力气。几次要求张国焘将密码告知,均被拒绝。

1936年1月21日,周恩来致电张国焘:"请将与二、六军团密码速告知,以便直接通报。"张国焘2月9日回电:"我们对二、六军团之各种情况甚为明了,可以完全帮助他,勿念。对二、六军大的行动方向上有何指示,请直发我处转去。"

5月18日,张浩、周恩来再次提出"请将其通电密码……告我,以便联络通电,免误时间";张国焘干脆不予理睬。

中央长期与二、六军团失去联系、这一联系又被张国焘独自把持,中央既不了解二、六军团现状,又不知道张国焘对二、六军团都说了些什么,所以曾担心两支部队会合后,会不会又增强了张国焘的力量。

情况再次变得复杂。就二、六军团先与四方面军会师这个问题来说,唯朱德显出比张国焘和毛泽东心里都更有底。

他后来对二方面军同志说:"过江不是中央指示,是我们从中抓的,抓过来好,团结就搞起来了。这里阴错阳差,把团结搞起来了";"我和刘伯承同志的意思,想把你们那方面的力量拉过来,不然我们很孤立";"二方面军过江,我们气壮了,北上就有把握了"。

朱德确实言中了。

在这个问题上,总司令是十分自信的。他相信能够通过做工作,把二、六军团这股力量拉过来。

张浩那封"坚决不能同意"二、六军团北上与四方面军会合的电报,最大之不足,便是没有考虑到或没有充分考虑到朱德、刘伯承对二、六军团的影响。

因为的确要充分考虑到张国焘的煽动能量。

当初凯丰大段引用导师话语,以一篇《列宁论联邦》反驳张国焘时,张国焘一句"他们是洋鬼子,修洋头,穿西装,戴眼镜,提着菜盒子,看不起我们四方面军这些'老土',不想要我们",就在土生土长的四方面军中,把几个莫斯科毕业的中央领导者划出去了。这方面,张国焘确实是老手。与二、六军团会合后,他会不会也用同样的手段? 会不会把他与中共中央的分歧简化和煽动为中国革命中"土"与"洋"的分歧呢?

应该承认在当时条件下,这是一发分量不轻的炮弹。

果然,两军前锋刚刚会合,张国焘就派出"工作团",向二、六军团散发小册子,散布党中央有错误、单独北上是逃跑等舆论。

当时一些具体情况,今天已经不可能知其详了;但从一些回忆中,仍能看出斗争的复杂与尖锐。

六军团总指挥萧克回忆说,他在甲洼与四方面军接应部队会合后,曾盲目相信了张国焘追随者制造的舆论,"但当我见到朱总司令,他诚恳地向我说明了事件发生的经过后,就改变了态度"。

萧克参加过南昌起义,参加过湘南起义,是参与朱毛红军和井冈山根据地创建的老资格人物之一。这样的同志对张国焘追随者的宣传尚一时不能分清,可见那种宣传的煽动性还是相当强的。

不仅萧克。中央红军与四方面军会合后,长期跟随毛泽东、支持毛泽东的林彪,听到旁边有人说张国焘路线不对时,也反驳说:你说他路线不对吗? 那他们为什么有那么多人哪? 我们才几个人哪?

林彪说话时还拍了桌子,把桌上的盘子也打翻了。

张国焘的影响能力与煽动能力,绝非我们今天想象的那么低能。

所以更可见朱德苦口婆心工作的可贵。

为澄清事实真相,朱德又同六军团政委王震整整谈了一个晚上。王震回忆说:"在甘孜休息时,张(国焘)一个一个把我们召去谈话,送给我四匹马,给我们戴高帽子,说我们勇敢、能打";"张认为我们是娃娃,想把我和萧克及六军团买过去,反对毛、周、张、博"。与朱德谈完话后,王震明白了要向张国焘斗争。

二军团上来后,朱德、刘伯承又与任弼时、贺龙、关向应秉烛长谈,告知一年来党中央与张国焘斗争的经过。朱德回忆说:"任、贺来了,我和他们背后说,如何想办法会合中央,如何将部队分开,不让他指挥。贺老总很聪明,向他要人要东西,把三十二军带过来了,虽然人数少,但搞了他一部分。"

假若没有在红军中有巨大影响力并及时通报情况且苦口婆心做工作的朱德,情况又会怎样呢?

若无留在四方面军中的朱德、刘伯承,张浩的担心、中共中央的担心,就很有了几分道理。各路红军达成统一起码需要更多的时间、遭受更大的损失、走更长的弯路。

而在当时世界的东方各种矛盾趋于沸腾、新的战争形势和革命形势已迫在眉睫之际,中国共产党人手中还能掌握多少机动时间呢?

幸亏历史不是假设。

毛泽东并非对二、六军团不了解,尤其是对贺龙。

通过两把菜刀闹革命,毛泽东很早就知道大名鼎鼎的贺龙。

1927 年 9 月,毛泽东领导的秋收起义 8000 余人编为一个师,余洒度任师长,余贲民为副师长。但不足 20 天,部队就垮了一大片,只剩下几百号人。

大量减员很大一部分是逃跑所致。尤其是领导干部领头逃跑。

师长余洒度借口到省委汇报,首先离队。毛泽东后来对斯诺说,"余洒度逃跑以后,部队在到达宁冈后进行了改编。陈浩被任命为残余部队的指挥官,约有一团人;后来他也叛变了。"编为一个师,师长跑掉了。编为一个团,团长又要逃。不仅仅团长,还有副团长徐恕、参谋长韩昌剑,都要逃。

余洒度后来竟然成为国民党复兴社重要成员。1934 年因贩卖吗啡,被蒋介石下令枪毙。

陈浩、徐恕、韩昌剑,则被工农革命军处决。

一支四面受敌的起义军,内无粮草、外无救兵,领导干部又带头叛逃,拿什么来鼓舞士气呢?

毛泽东想起了贺龙。

9 月 29 日三湾改编时,毛泽东说,我们不要怕失败,中国共产党是不怕失败的,古人说,失败是成功之母,重要的是,我们能够从中总结教训,从而逐渐取得革命的胜利。现在,敌人在我们后面放冷枪,这个有什么了不起? 贺龙同志两把菜刀闹革命,现在当了军长,带了一军人。我们现在还不止两把菜刀,我们有两营人马,几百条枪,还怕干不起来吗? 你们都是起义出来的,一个可以顶敌人十个,十个可以当一百个。我们有几百人的队伍,还怕什么呢?

毛泽东在最困难时刻的讲话中,为人们树立的榜样是贺龙。

40 年后,贺龙被认为搞"二月兵变"。

1973 年 12 月 21 日,毛泽东在军委常委扩大会议上说:"我看贺龙搞错了,我要负责呢";"都是林彪搞的,我听了林彪一面之词,所以我犯了错误"。

毛泽东在八大上讲过一次自己的错误。

1973 年年底的军委常委扩大会议上,是另一次。

回顾历史,他会想起三湾改编时给红军树立的那个榜样吗?

毛泽东知道贺龙,张国焘更知道。贺龙 1961 年回忆说:"张国焘这个人,我还是有所了解的。南昌起义前两天,他作为中央代表来到南昌阻止起义,我还和张国焘发了脾气。后来,在瑞金我入了党,又和他编在一个党小组里,整天走在一起,直到潮汕失败才分手。"

当年与贺龙吵过架的张国焘,担心与二、六军团搞不到一起,主要就是担心贺龙和任弼时。

张国焘是个实力派,看问题历来从实力出发。他看到中共中央掌握了与共产国际的联系,掌握了与东北军张学良、西北军杨虎城的关系,不论抗战问题还是统战问题,皆掌握了主动权;而他手中只掌握着与二、六军团的联系,正在向四方面军靠拢的任弼时、贺龙等人,态度到底怎样还很难说。里算外算优势太小,加上张浩以国际代表身份施加的影响、四方面军南下作战失利及二、六军团北上后的压力,只有痛下决心,于 6 月 6 日取消第二"中央"。

做出这一决定前他颇不放心,于 5 月 30 日电张浩,机关枪一般设问:

兄是否确与国际经常通电？国际代表团如何代表中央职权？有何指示？对白区党如何领导及发展情况如何？对军事和政权机关各种名义，军委、总司令部、总政由何人负责？如何行使职权？对二方面军如何领导？

对取消第二"中央"之后的处境，满腹狐疑。

真实的情况是这个时候包括张浩在内，中共中央还未和共产国际取得联系。第一次联系在6月16日方才沟通。

在宣布取消第二"中央"的会议上，张国焘扳着指头计算："在陕北方面，现在有八个中央委员，七个候补委员，我们这边有七个中央委员，三个候补委员，国际代表团大约有二十多个同志。这样陕北方面设中央的北方局，指挥陕北方面的党和红军工作。此外当然还有白区的上海局、东北局，我们则成立西北局，统统受国际代表团的指挥"；"我们对陕北方面的同志不一定用命令的方式，就是用互相协商的形式也还是可以的"；"我们的军事上依旧一、四方面军会合时的编制来划归军事上的统一。军委主席兼总司令是朱德同志，军委副主席兼总政委张国焘同志，政治部主任陈昌浩同志。"

张国焘不得不挥师北上。但他的北上，并不想与中央会合，发展陕北根据地，而想单独夺取河西走廊，设立他的"西北局"。他说："河西走廊将是未来西北抗日局面的交通要道，正是我们可以大显身手的地方，而且因此也不致与一方面军挤在一块，再发生摩擦。"

但此时他的意愿已经不能够左右一切了。

7月1日，二、六军团齐集甘孜，同四方面军胜利会师。

贺龙回忆了会师后与张国焘相处情景："到了甘孜，他人多，我们人少，我们又不听他的，得防备他脸色一变下狠手。我有我的办法，我让弼时、向应和朱老总、伯承、张国焘，都住在一幢两层的藏民楼里。那时，在甘孜组织了一个汉藏政府，叫'巴博依得瓦'。我们大家就住在主席府，整个住处的警卫是我亲自安排的，警卫员每人两支驳壳枪，子弹充足得很呢！你张国焘人多有个大圈圈，我贺龙人少，搞个小圈圈,他就是真有歹心也不敢下手!张国焘搞分裂,我们搞团结,可是对搞分裂有歹心的人不得不防嘛!还有开庆祝会师大会,张国焘是红军总政治委员,自然要讲话。在主席台上,我坐在他身旁。他刚刚站起身要讲话,我半开玩笑半认真地给了他一句悄悄话,我说:'国焘啊,只讲团结,莫讲分裂,不然,小心老子打你的黑枪!'"

朱德后来也讲过:"张国焘对弼时、贺龙都有些害怕呢!一起北上会合中央,贺老总是有大功的!"

7月5日,按照中革军委命令,红二、红六军团组成中国工农红军第二方面军。

按照中共中央意图,两个方面军终于携手北进。

7月27日,中共中央批准西北局成立,由张国焘任书记,任弼时任副书记,统一领导红二、红四方面军的北上行动。

8月1日,得知两个方面军经过艰苦跋涉,通过了茫茫草地,毛泽东、周恩来、彭德怀致电朱德、张国焘、任弼时:接占包座捷电,无比欣慰。

越向北,张国焘感到越来越不能掌控四方面军的部队了。

中共中央要四方面军北上,共同执行夺取宁夏的战略计划,张国焘却想西渡黄河。面对不断接到中央来电商讨战略步骤,陈昌浩被朱德说服,在争论中基本站在朱德一边,反对张国焘。

9月16日在岷州三十里铺召开的西北局会议上,陈昌浩面对面与张国焘争论到深夜。张国焘突然宣布辞职,带着警卫员和骑兵住到了岷江对岸。结果当天黄昏又不放心,派人通知继续开会。在会上张国焘被迫说:"党的组织原则是民主集中制,是少数服从多数,既然你们大家都赞成北上,那我就放弃我的意见嘛。"

岷州会议后,张国焘带着他的警卫部队先行北上,连夜骑马赶到漳县,进门就说:"我这个主席干不了啦,让昌浩干吧!"未参加岷州会议的徐向前、周纯全、李先念等不知发生了什么事,张国焘的眼泪已经掉下来了:"我是不行了,到陕北准备坐监狱,开除党籍,四方面军的事情,中央会交给陈昌浩搞的。"

哭过之后张国焘虽然还是一再抵制北进,但他已经感觉出身边那种谁也抵挡不住的洪流了。

9月26日，就战略方向问题，张国焘向中央连发四电，中午12时那封电报中已经有"我们提议洛甫同志即以中央名义指导我们"等语；这是他第一次表示放弃同陕北党中央保持"横的关系"，接受中央领导。

中共中央与中国工农红军这次持续一年之久的分裂危机，经过多方努力，终于基本解决。

10月9日，朱德率红军总部到达会宁，与中央派来迎接的一方面军部队会合。这个辛亥革命时期的老军人如此激动，与红一师师长陈赓谈话时，禁不住热泪盈眶。

同日，中共中央、中华苏维埃中央政府、中革军委致电朱德总司令和全体指战员，热烈祝贺一、二、四方面军在甘肃境内大会合。

10月22日，红二方面军在贺龙、任弼时率领下到达会宁以东的兴隆镇、将台堡，与一方面军接应部队会师。

至此，全体红军完成了震惊世界的二万五千里长征。

三大主力红军的会师，令蒋介石大受震动。"剿共"近10年不但未能剿灭，反将红色力量都剿到了一起。

当时中共中央正式任命潘汉年为谈判代表，直接与国民党代表陈立夫会谈。毛泽东8月底致电潘汉年："因为南京已开始了切实转变，我们政策重心在联蒋抗日。"

蒋介石却又在转变心思，要变卦了。

他对冯玉祥说：最担心中共手中的军队。他说，与中共谈判的内容有三点：

一、人的问题好解决，以前大家在一桌子吃饭，一屋子开会，现在变成对打的冤家，这有不得不打的原因，现在如妥协成功，仍在一起，对外并无不可；

二、党的问题也好办；

三、军队问题，这是最不容易解决的问题。

最不容易解决也要解决。

蒋介石还是想军事解决。

他想乘红军云集陕北、粮食弹药供应均极为困难之际,发动围攻,最低限度也要压迫红军全部过黄河,然后在谈判桌上迫使共产党就范,完成"招安"。

蒋介石又弄错了。他把中共"联蒋抗日"政策看作是软弱的表现。

11月10日,潘汉年在上海沧州饭店与陈立夫、张冲晤谈。陈立夫的态度大不如前,转达蒋介石的意见是:

首先是对立的政权和军队必须取消;中共军队最多编3000至5000人,师以上干部一律解职出洋,半年后召回,量才录用,适当分配到南京政府各机关服务;如果军队能按此解决,政治方面各点就好考虑了。

条件突然变成如此苛刻,是中国共产党人意料不到的。毛泽东9月8日致函邵力子、朱绍良、王均等人说:"从井冈山就同先生打起,打了十年了,也可以休息了!"

看来蒋介石还是要打下去。

中共谈判代表潘汉年针锋相对地指出,这是蒋先生站在"剿共"立场的收编条件,不能说是抗日合作的谈判条件;"蒋先生目前有此设想的原因,大概是误认为红军导致了无能为力的地步,或者受困于日本防共之提议"。

陈立夫回答说:谈判一时难成,蒋的中心意旨是必须先解决军事,其他一切都好办,可以请周恩来出来和蒋介石直接谈。

潘汉年明确答复:停战问题不解决,周恩来是不可能出来谈判的。

陈立夫又说,能否停战,蒋的意思要看你们对军事问题能否接受来决定,而军事问题必须双方军事直接负责人面谈。

刚开的谈判就立即破裂。

还是要战场上见。

11月,蒋介石在洛阳召开"剿共"军事会议。策划将其嫡系部队约30个师,调往西北"剿共"前线,任命蒋鼎文为西北"剿匪"军前敌总司令,卫立煌为陕甘绥宁四省边区总指挥,陈诚驻前方督战,并召集20多名高级军政大员聚集西安待命,图谋一举消灭红军。

11月上旬,红军宁夏战役失利。共产国际致电中共中央,决定改变从外蒙提供援助的计划,开始研究从新疆哈密帮助红军的新方案。

但这一方案显然不切实际。中共中央11月8日复电共产国际及王明,认为除非将物资运至安西,否则要红军经过1500里荒无人烟的沙漠接运,极为困难。因此,虽可组织西路军设法前往哈密方向前进,但"红军主力一般看来将不得不改变向四川、湖北或山西"。

中共中央和毛泽东再次做出万一在陕甘无法立足这种最坏情况下的打算。

11月13日,中共中央致电共产国际,蒋军已将红军主力与红军渡过黄河部队从中隔断,河西部队已组成西路军,令其依照国际新的指示向接近新疆的方向前进。

同一天,中央政治局召开会议,决定新的作战方针。这一新方针虽然提出由河西部队组织西路军创建根据地,并争取在一年内打通新疆;但事实上红军主力已放弃了打通国际路线及靠近苏蒙的计划,决定全力向内地发展,以游击战争方式实行战略大转移,以解决红军主力的生存和发展问题。

12月1日,毛泽东、朱德、周恩来、王稼祥、彭德怀、贺龙、任弼时、徐向前等红军将领19人联名发出《致蒋介石》的信:

> "先生一念之转,一心之发,而国仇可报,国土可保,失地可复,先生亦得为光荣之抗日英雄,图诸凌烟,馨香百世,先生果何故而不出此耶?""吾人诚不愿见天下后世之人聚而称曰:亡中国者,非他人,蒋介石也。"

从1935年冬开始到1936年冬,持续一年的国共两党秘密接触,终于落下帷幕。

山雨欲来风满楼。蒋介石决心"围剿"到底。

但历史的决心从来不属于个人。

12月12日,西安事变爆发。

中国现代史发生质变。

没有红军胜利的万里长征,不会有红军与东北军、西北军组成"三位一体"。

没有红军与东北军、西北军组成"三位一体",不会有西安事变。

从江西围追堵截红军一直到陕西的蒋介石,明白这个道理么?

西安事变时,全世界独家报道这一事变的日本同盟通讯社上海支局长松本重治回忆:"从西安事变到卢沟桥事件的七个月期间,现在回想起来是决定日本命运的时刻。"认为西安事变不但是中国现代史的重大转折点,同时也是日本昭和史与中日关系史的重大转折点;待半年之后卢沟桥事变爆发,中日战争全面开始的时候,国民党与共产党已经达成第二次合作,形成了统一战线。

1935 年 12 月 27 日,毛泽东在《论反对日本帝国主义的策略》一文中,写下这样一段话:

> 讲到长征,请问有什么意义呢?我们说,长征是历史纪录上的第一次,长征是宣言书,长征是宣传队,长征是播种机。自从盘古开天地,三皇五帝到于今,历史上曾经有过我们这样的长征吗?12 个月光阴中间,天上每日几十架飞机侦察轰炸,地下几十万大军围追堵截,路上遇着了说不尽的艰难险阻,我们却开动了每人的两只脚,长驱 2 万余里,纵横 11 个省。请问历史上曾有过我们这样的长征吗?没有,从来没有的。长征又是宣言书。它向全世界宣告,红军是英雄好汉,帝国主义者和他们的走狗蒋介石等辈是完全无用的。长征宣告了帝国主义和蒋介石围追堵截的破产。长征又是宣传队。它向 11 个省内大约两万万人民宣布,只有红军的道路,才是解放他们的道路。不因此一举,那么广大的民众怎会如此迅速知道世界上还有红军这样一篇大道理呢?长征又是播种机。它散布了许多种子在 11 个省内,发芽、长叶、开花、结果,将来是会有收获的。总而言之,长征是以我们胜利,敌

人失败的结果而告结束。

历史巨人已逝去多年,回音壁上轰隆之声,仍然如雷贯耳。

第十六章

狂飙歌

历史是兴衰,也是命运。在世界东方,不知多少人因中国而失掉名誉,又因中国而恢复名誉。"盖棺论定"讲一个人生命的完结,却不能讲一段历史完结。不是每个人,都能以短暂的生命辉映漫长的历史。常说殊途同归,殊途永远无法同归。

无终结的历史。

无终结即是一切的终结。

大江东去,浪淘尽,千古风流人物。

国际悲歌歌一曲,狂飙为我从天落。

西安事变之后,各种力量在急剧地重新分化组合。

1937年4月中旬,作为西安事变达成的默契之一,蒋经国回到上海。

接到回国通知后,蒋经国问国民党政府驻苏大使蒋廷黻:"我父亲希望我回国吗?"

斯大林希望他回国。

回国之前,斯大林召见他,语重心长地说:"中国国难当头,为了国家和民族的前途,你应该回去!你在苏联13年了,把苏联的革命精神带回去,为你们国家的独立强大,人民生活的幸福愉快而努力。"

13年前五卅运动爆发,蒋经国在上海浦东中学读书,与同学一道参加反帝游行,被学校当局以"行为不轨"开除。转到北京一所国民党人子弟学校学俄语,又跟着北京学生上街示威反对北洋军阀政府。这回他没有跟着队伍回来,受了两个星期监禁。

鲍罗廷推荐这个既热衷于学运和游行又万分狼狈的青年去莫斯科中山大学。临行时其母毛福梅涕泪纵横,蒋经国陪着流泪,却不敢违背其父的意志。蒋介石严厉地训他:"这一回一定要立志出国深造!"

那一年蒋经国15岁。在风起云涌的革命风暴中似一只鼓胀的风帆,也似一片吹脱的落叶。他从何处来?他向何处去?本人也不甚清楚。

突进的狂飙,是看不见的手。

在中山大学有关中国革命问题的辩论会上,第一届学员中年龄最小的蒋经国身穿皮夹克,头戴列宁帽,站在演讲台上口若悬河。他总是捧着一堆书,引证马克思、列宁的论点。他讲话像打机关枪,一面飞快翻书寻找导师讲过的话,然后讲自己的立场,接着又找下一段引文。

1927年2月,莫斯科召开少共国际第四次代表大会。青年工人斯施云代表中山大学青年团在开幕式上讲话,蒋经国做他的翻译。演说结尾,斯施云与蒋经国面对群情振奋的会场,用中文与俄文共同高呼:"马克思列宁主义万岁! 全世界无产者联合起来! 少共国际万岁! 中国革命胜利万岁!"

上海工人第三次武装起义的消息更似晴天霹雳,震动了中大全体师生员工。全校沸腾一般庆祝这个伟大胜利。很多人眼含泪花,跳上台只喊了一声"同志们"就哽咽住了。庆祝大会结束,全校师生冲出大门,一直游行到共产国际大厦。蒋经国走在游行队伍前头,又蹦又跳地呼喊着:"上海拉期(上海是我们的)!"

但上海是他父亲蒋介石的。

"四一二"反革命事变后,群情哗然。苏联《消息报》1927年4月16日刊登,"蒋介石的儿子鼓动学生们到共产国际大厦前游行示威。不久前,他在一次中国青年的会议上说:'我在这里不是作为蒋介石的儿子,而是作为中国共产主义青年团的儿子来讲话的。'"几天后,他发表的反蒋声明由塔斯社传往世界各地。汉口《人民论坛》报1927年4月24日全文转载:

> 蒋介石的叛变并不使人感到意外。当他滔滔不绝地谈论革命时,他已经逐渐开始背叛革命,切望与张作霖和孙传芳妥协。蒋介石已经结束了他的革命生涯。作为一个革命者,他死了。他已走向反革命并且是中国工人大众的敌人。蒋介石曾经是我的父亲和革命的朋友。他已经走向反革命阵营,现在他是我的敌人了。

同学们把他举起来抛向空中,"乌拉"之声沸腾一片。

当蒋介石的名声在莫斯科一落千丈之时,蒋经国的名声却与日俱增。莫斯科人纷纷打听:"蒋介石的儿子在哪儿?"第三国际将他转为共产党员,送列宁格勒托玛卡红军军政学校深造。王明派的共产党人盛岳后来写回忆录提及此事还垂头丧气:"倒霉的是我们没有一个像蒋介石那样的父亲。"

1936年1月,列宁格勒《真理报》刊登了蒋经国写给母亲毛福梅的一封信：

亲爱的母亲：

您把我送到莫斯科已经有10年了。我们分离的时候，您说出了您的愿望。您希望我幸福、富有，今天，我已经达成了。但是我达成的方式跟您当时的想象并不相同。您的儿子已经成了真正富有的人，但这富有既不是田产，也不是银行的钞票，而是人类实际生活的知识和解救被压迫、被剥削的人们的办法。

您的儿子虽然成了真正幸福的人，但这个幸福不是舒适安乐的寄生虫似的生存，而是努力劳动和自由的生活，是斗争和作战的伟大前途，是为全国人创造幸福的将来。1927年您给我的信要我马上回家，这个要求到今天还未能实现。但是您的儿子已经开始新的生活道路，他也许永远不会回来了。他也许永远不会再落入父亲——那个笨蛋的手中，去做一个可怜胆小的孩子。您的孩子正要以坚定的决心在中国革命的大道上勇敢地迈步前进。母亲，人家说共产党是匪徒、野蛮人，共产党员不要家庭生活，对父母不要孝敬的这些话，您千万不要相信；这些话都是骗人的。共产党员是为争取自己的真理什么都不怕的战士。他们为了创造人民幸福的生活在斗争着。共产党员就是这样的人。只有这样的人才能真正了解生活和善于创造家庭生活的。

我的隔壁住着一个共产党员的家庭。父亲是工厂的技师，母亲在同一间工厂当职员，儿子是熟练工人，女儿在工厂学校上学。他们是真正地过着亲爱的家庭生活，他们互相敬爱，这个家庭是建筑在相当的政治主张之上。每当我看到别人家庭的幸福，就常常会想起生我的母亲。因此，我问自己，为什么我就不能跟他们一样？为什么我就不能有那样的幸福？但是问了以后又怎样呢？您以前的丈夫以极端野蛮的手段杀了数万、数十万的兄弟同胞，前后三次出卖中国人民的利益。他是中国人民的仇敌。我有这样的父亲在中国人民面前是不能不感到耻辱的。对这样的父亲不但没有什么敬爱之念，对这样的人物我恨不能杀戮他，消灭他！

……

我在写这几行文句时，不但自觉地握紧了拳头，胸中燃起对仇敌的愤怒和痛恨，恨不得将这样的仇敌马上驱除。昨天我是一个军阀的儿子，今天我成了一个共产党员。有人也许会觉得奇怪，但是我对共产主义的信念一点都不能动摇，我有充分的自觉，对真正的革命理论成就有研究、有认识。您和世界上许多人一样，因为对政治不懂，对各种支配因素和统治分子的联系关系不清楚，对自然世界变化的真相了解有困难，因此，也许对蒋介石的儿子变成共产党员就不能理解了。母亲！我希望您和见到这封信的人们从各个方面来考虑事情，以最客观的态度观察中国所发生的一切事情。罪恶、威胁和混乱的根源究竟在什么地方？混乱和威胁的战争，谁应该负责？也许您不会没有见过千百人饿死的事吗？那些饿死的是因为蒋介石及其同党把穷人从自己光荣的努力得到的一碗饭抢去吃了。

……

蒋介石在帝国主义的援助下前后发动了五次"围剿"，反对中国的苏维埃，打算消灭苏维埃政权。但是苏维埃政权是挽救中国、使中国独立的唯一出路。他虽打算消灭红军，但红军是中国人民的武装力量，他们的这种企图永远不会成功的。我们应该了解、也不应忘记，运动的规律和斗争的逻辑都说明了所有的统治阶级必定灭亡，被压迫者必定得到胜利。蒋介石所走的道路，必定是过去俄国反革命将军高尔察克、邓尼金、乌兰克尔等所走过的道路。红军前进的道路必定是苏联的红军——光荣的胜利者走过的道路，这是所有中国人都完全了解的。

……

母亲！我希望您站在正义的一边，站在您的儿子的一边，站在革命的一边——这是您的儿子对年老的母亲的愿望。

......

您的儿子　蒋经国

1935 年 1 月 23 日

蒋经国写这封信的时候，遵义会议刚刚结束，准备北上入川的红军正在赤水河畔与川军激战。这封信广为传播，轰动一时，《纽约时报》1936 年 4 月 29 日还刊登了此信的摘要，使蒋介石颇为难堪。

现在，按照国共两党的安排和斯大林的意志，他要回国了，要去见那个"中国人民的仇敌""恨不能杀戮他、消灭他"的父亲，如何才能使会面不过于尴尬呢？

蒋经国挖空心思。在蒋廷黻大使的帮助下，他给其父选了一套乌拉尔黑色大理石制的小装饰品；给宋美龄选了一件波斯羊皮外套。

蒋介石根本不在乎乌拉尔黑色大理石和波斯羊皮外套，就像不在乎这个儿子把他称为"笨蛋""军阀""仇敌""罪犯"一样。他在杭州一座叫作"澄庐"的湖滨别墅等阔别 13 年的儿子，并派小时候与蒋经国一起生活过的族侄侍卫蒋恒祥专程去上海迎接。

透过落地玻璃窗，看见 13 年前走掉的儿子被带到门前、宋美龄满面微笑地迎上去的时候，他坐在客厅的沙发上纹丝不动。这个在战场上东征西讨南攻北伐的战争枭雄，此刻却在用报纸挡住湿润的双眼。

从莫斯科飞来了蒋经国，从延安飞走了李德。

1939 年仲夏一个星期日早晨，太阳还没有出来，在窑洞中酣睡的李德被一名通讯员唤醒。

面前是张闻天写的一张纸条："速来机场，你飞往莫斯科。"

从此，他离开了中国。

1932 年初，他也是被突然派来中国给佐尔格送款。

也许也像这样被人从梦中唤醒，也像这样凭一张纸条？

来的时候冒着生命危险。化名、假护照、假职业。走的时候倒是很安全。蒋介石提供的专机。周恩来与他同机。毛泽东在机场道别。

来的时候一腔激情。

走的时候满腹怨愤。

他认为中国同志亏待了他,中国革命亏待了他。他承认的唯一缺点,是不了解中国国情。

白求恩不远万里来到中国,也不了解中国实情。当他在根据地看到简陋的医疗卫生条件、粗糙得令人难以置信的手术器具时,不也大发其火、相当严厉地指责八路军的医生们吗?

1938年5月1日,白求恩率加拿大医疗队离开延安,6月初到达岚县。6月中到达五台。到达五台以前,他写了下述报告:

> 医疗技术:相当差。没有合格的医生,亦无医科学生。医生缺乏外科原理、消毒、防腐等基本知识;
>
> 医院的设备:很差。没有床上用的便盆、便壶,也没有床单、枕头,仅有五十床供重伤员使用的棉被……
>
> 没有达金氏冲洗液,胶皮管、灌肠器,也没有胶皮垫子和手套。只有十几块当夹板用的木板……
>
> 食物:不充足。几乎没有肉,亦无蛋、牛奶等食物……

白求恩也好,李德也好,这些外国人来到中国,真心实意地帮助中国革命,难免在不了解情况,甚至在根本就不理解情况的情况下,从他们原有的条件、环境,从他们原来接受的知识和受到的训练出发,发出一些对我们革命情况不尽适合的命令与指责来。

关键还是我们中国同志。

我们是学习他们的经验、发挥他们的长处、引导他们认识中国实情,还是把他们的经验奉若神明、把他们的话语当作指示,"一句顶一万句"? 他们是先生,同时也是学生。不把握这一点,不引导他们学习和了解中国革命具体实践,不用事实去向他们证明他们某些东西与中国实情的脱节处,结果反而限制了他们本来应该发挥的作用。

把李德捧得高而又高的同志,最终反而害了李德。

1936 年在陕北,李德曾深有感触地对埃德加·斯诺承认,西方的作战方法在中国不一定总是行得通的。他说:"必须由中国人的心理和传统,由中国军事经验的特点来决定在一定情况下采取什么主要战术,中国同志比我们更了解在他们本国打革命战争的正确战术。"

他并非一无所获。

伍修权后来说:"李德的权力,不是他自己争来的,而是中共中央负责人拱手交给他的,造成失败的主要责任应该是中国同志本身。""他作为一个外国革命者,致力于中国人民的解放事业七年多,这种献身精神也还是可取的。不过当时我们在领导上把他摆错了位置。……他的错误有主观原因,也有其客观因素,即来自共产国际的指示,特别是中共党内的王明'左倾'机会主义错误路线。对此,我们都应更客观和实事求是地加以分析。"

白求恩后来终于理解了中国艰苦的革命战争环境。他真心实意地向那些在简陋环境中用简陋器械完成救治的中国医生道了歉。那张他躬身在一个简陋的破庙里实施手术的照片,成为大多数中国人心目中白求恩形象的写照。那个地方做手术肯定不符合西方医学要求。但又恰恰是这张照片,活生生展现了这位外国专家献身中国革命的感人情景,也成为白求恩一生中最动人的形象之一。

在他去世以后,毛泽东专门写了一篇《纪念白求恩》,称赞他是一个高尚的人,一个纯粹的人,一个有道德的人,一个脱离了低级趣味的人,一个有益于人民的人。

这篇文章后来成为脍炙人口的"老三篇"。

这位在十几亿中国人民中享有崇高威望的加拿大人,终于使其本国人民也知晓了这个英雄。在他去世 30 多年后,加拿大政府在他的家乡建立了一座白求恩雕像,作为中加友谊的象征。

还有李德的上级、苏军总参谋部上海小组负责人佐尔格。

佐尔格 1933 年以后从上海转去日本。因为在东方对苏联威胁最大的,就是日本。头两年他不提供情报,专打基础。他埋头阅读大量有关日本政治、经济方面的书籍,在报刊上发表了许多颇具独到见解的文章,甚至 1934 年加入纳粹党。到 1936 年中期,佐尔格在日本的地位已经相当巩固,他开始正式工作了。从 1936 年 1 月至 1941 年 10 月,他向联共(布)中央上报了 806 份电报情报,还不算此期间通过信使报上去的大量文件材料。

他报告了德日两国准备于 1936 年 11 月签订反共产国际条约的情况,关东军 1936 年上半年和 1939 年中期在满蒙边境军事挑衅的起因和性质;1937 年日本发动侵华战争时日军的展开和部署;希特勒德国 1939 年 1 月入侵波兰的准备情况;德军入侵法国及其主要战略突击内容;日本在中国扶植汪精卫傀儡政府情况等。尤其重要的是,佐尔格及时准确地报告了法西斯德国进攻苏联的准备和日期;日本军队在中国大陆、朝鲜及日本本土上的全部作战实力和部署;他还详细列出了日军各军、师指挥官名单;日本航空工业和坦克制造业的生产能力;日本石油战略储备情况。

可惜斯大林没有重视他报告的希特勒准备进攻苏联的日期。苏联红军为此付出了极为沉重的代价。佐尔格搜集的日本情报却受到斯大林重视。苏军总参谋部据此将大批军队从东方调往苏联的东部战场,终使苏军在莫斯科城下反败为胜。

苏联情报史上,还没有佐尔格这样杰出的工作人员。

成功的佐尔格掉以轻心了。日本的特高课早就在注意他,他却不知道这一点。1941 年 10 月,佐尔格小组的重要成员尾崎秀实被特高课逮捕。由于尾崎秀实是内阁近卫首相的顾问和秘书,近卫内阁即刻倒台,新任首相东条英机上任后签署的第一个文件,就是逮捕佐尔格。在狱中佐尔格也一直坚信,他能够像牛兰夫妇那样,获得苏联政府大力的援助。但在审讯和宣判过程中,莫斯科一直保持沉默。苏联政府没有像佐尔格期望的那样,用交换间谍的方式将他换回。

1944 年 11 月 7 日,东京鸭巢监狱——即日本无条件投降后收押甲级战犯的监狱——对佐尔格和尾崎秀实执行绞刑。这一天是苏联的十月革命纪念日。佐尔格要求让自己死在这一天。

佐尔格死后相当一段时间内,仍是无名英雄。苏联政府一直不承认他与苏联有任何关系。

1964 年,佐尔格牺牲整整 20 年后,苏联政府正式授予他"苏维埃社会主义共和国联盟英雄"称号,并颁发列宁勋章;佐尔格的诞生地巴库市一条街道被命名为"佐尔格街",一艘油轮也被命名为"佐尔格号"。1965 年,苏联政府还发行了纪念佐尔格的邮票。

不论与白求恩相比还是与佐尔格相比,李德什么也不是。

他 1974 年去世。过去没有、将来也不会有哪一届德国政府想起来给他立座雕像,作为中德友谊的象征。也没有哪一个中国共产党人会认为他是中国革命的英雄。

但他却同样是不远万里,来到中国。作为在白色恐怖环境下进入中央苏区的唯一一个外国人,他比白求恩担当着更大的风险。

而且他全程参加了中国革命中最艰苦卓绝、使中国共产党人凤凰涅槃般再生的两万五千里长征。他为中国革命了贡献了 7 年多时间,共同走过了一段最艰难的历程,比佐尔格经受过更大的磨难。

但他被捧得太高了。他从极高处重重地跌落下来,摔得粉碎,再也没有可能成为白求恩和佐尔格,只能成为任何一个研究中共党史、中国工农红军史和二万五千里长征史的人都想和他算算账的李德。

20 世纪 90 年代,中国又从德国请来了一个洋教练施拉普纳。

当时足球正在变为中国人最关心的运动。邓小平看,江泽民看,普通老百姓更看。赢了球一边欢呼一边看,输了一边咒骂一边看。如果看半天没有进一个球,双方踢得软不塌塌,发誓说下回再不看了,下回一打开电视机,又坐在那儿呆呆地看。

看了 20 年,中国足球水平也未被看上去。

于是换教练。选教练。请外国教练。

于是来了施拉普纳。本来找个洋教练,是想详细了解国外的训练情况,学点先进的训练方法,但众人却以为来了个大救星,新闻界添油加醋把他捧得高而又高,大报小报"施大叔""施大爷"一通猛叫,硬把一个人弄成了一尊神。

施拉普纳带的队伍还是输了球。眼看他也不过一个凡人,"施大爷"的称呼也变成了"施老头"终而"死老头"。

施拉普纳与李德同乡,同是德国人。他有他的优点,也有他的缺点。他训练严格,要求标准高。但到中国来教球,对中国的文化、生活习惯、思维方式都不是很了解,也无法翻手之间就能使中国足球起死回生。

当初就是寄希望于李德,希望他带来先进的战略战术粉碎蒋介石的"围剿"。

虽然不过是足球,20 世纪 90 年代的施拉普纳,也颇像 20 世纪 30 年代的李德。

先把外国人捧足、后把外国人骂足的我们,真正的教训是什么?又在哪里?

李德尴尬地夹在北洋水师的汉纳根和国家奥林匹克队的施拉普纳之间。

毛泽东 1949 年写了一篇《别了,司徒雷登》。

1939 年,他却没有写一篇《别了,李德》。

20 世纪 90 年代,更无人去写《别了,施拉普纳》。

无人写,也没有关系。

1888 年诞生的《国际歌》就唱道:从来就没有什么救世主。

还有那个"九一八"事变的急先锋、昭和军阀集团中最富战略头脑的石原莞尔。

1931 年因为不能直接吞并中国的东三省,石原莞尔声泪俱下。1937 年"七七事变",这个给日本政治语汇创造"满蒙生命线"的人物,态度却转变为不赞成扩大侵华战争。

当时石原莞尔已晋升为日军参谋本部作战部长。因对待"七七事变"与"九一八"事变截然相反的态度,被部下、作战课长武腾章无情调侃:"石原桑,我们只不过是在重复你们在满洲干过的事情,有什么不对吗?"

"七七事变"当天,武腾章即以压抑不住的兴奋,给关东军参谋部第二课课长河边虎四郎打电话:"愉快的事情发生了!"事变第二天,就将连夜拟好的《处理时局纲要》送参谋本部。第三天,又以作战课名义拟订《处理华北时局要领》，十分积极地要求扩大对华战争。

1948年东京审判，作为7名甲级战犯之一，武腾章被判处绞刑。

与武腾章吵翻的石原莞尔当时已经嗅出来了：扩大侵华战争是日本的灾难。虽然陆军大臣杉山元夸下海口："一个月左右解决事变。"石原莞尔却不这么看。他觉得以张学良的东北军为敌、以蒋介石的中央军为敌，日本军队都有把握战而胜之；但以整个中华民族为敌就非同小可，日本将很难从其中脱身。他主张把准备对苏联作战放在首位，不能再扩大侵华战争。

日军攻入南京前，石原莞尔见中国抵抗力量如此强大，更主张早日讲和，认为否则日本将陷入中国泥沼不能自拔。如此不但增强中国方面抗日意志，更会使中国共产党势力壮大。所以，应趁蒋介石还掌握全国统治权时与其媾和。

当时日本政府也考虑通过德国的调停与中国讲和。但日军占领南京后，日本国内舆论普遍认为全胜已经指日可待，向即将战败的中国提出讲和是不合时宜的；甚至从来宣称以文官政治为己任的首相近卫文麿也坚决主张打到底。

这场争论中，赞成扩大侵华战争一方由于有天皇支持而取胜。石原莞尔是失败者。

这时天皇裕仁发现了另一个问题。

1937年9月初，裕仁提出在宫城内成立帝国大本营，但后来大本营直到11月中旬才组成；一半原因是上海战事的拖延，另一半原因是他给参谋本部的一些指示被作战部长石原莞尔少将束之高阁。

石原说他忘记了。

大胆的石原当了作战部长依然那么大胆，连天皇的指示不合自己心意也随意处理。

裕仁把愤怒表现得不动声色。石原莞尔被解除作战部长职务，调任关东军副参谋长，做参谋长东条英机的助手。用支持扩大侵华战争的下村定为作战部长。

失败的石原却料算胜了：日本被淹没在中华民族全民抗战的汪洋大海之中；中国共产党在这场战争中获得极大的发展。

石原莞尔——疯狂的利令智昏的昭和军阀集团中仅存的最富战略头脑的人物。

石原失宠后,1941 年被编入预备役,后来当大学教授,在民间组织东亚联盟运动。1945 年日本无条件投降,裕仁天皇说了一句不痛不痒的话:"石原是什么样的人,不太清楚。"

不仅天皇"不太清楚",其实石原自己也"不太清楚"。

东京审判选定战犯,军事法庭检察团来取证,石原莞尔说:"想讲的话堆积如山,满洲事变的中心人物就是我这个石原,这个石原为什么不是战犯? 这根本不合逻辑!"

眼见同伙甚至下级都成了甲级战犯,自己未获这样的名分,他于心不甘。

石原的逻辑。

他忘记了,昭和军阀集团的所作所为,哪一件符合历史的逻辑。

在中国革命取得决定性胜利的 1949 年,石原莞尔悄悄去世。

去世的日子是 8 月 15 日,正撞上天皇宣布无条件投降的同一天。

那个用清水饭团炮制出日本法西斯理论的北一辉,却不如石原莞尔这么幸运。北一辉 1936 年以"二二六"事变幕后策划者身份被捕,1937 年 8 月被处以死刑。

比较起来,另一个日本法西斯鼻祖大川周明更为幸运。1932 年因资助海军军官刺杀首相犬养毅而被捕,判处徒刑 9 年。1937 年获赦出狱,任东亚经济调查局最高顾问、法政大学大陆部长。第二次世界大战后,列为甲级战犯被捕,后因精神失常,1948 年释放。他从此被当作一个不正常的人看待,1957 年死亡。

大日本"皇军"的首创者、皇道派首领荒木贞夫活了 90 岁。

这个早年读过《资本论》的甲级战犯,二战后竟然无灾无难。他从 20 年代就开始记录档案,搜集各种秘密资料。裕仁 1925 年清洗长州藩时,他又担任秘密警察司令,使他的秘密资料大获补充。1935 年他透出一点资料,就导致天皇抛弃"三羽乌"中的头号人物永田铁山。

荒木直到 1967 年去世，一直把这些档案存在身边。里面有很多对裕仁天皇不利的东西。荒木是一只老狐狸。他透露说，档案中的每一页都已经影印，影印件加封后由一位可靠的朋友保存。如他遭遇不测，这些文件将启封公布。

裕仁身边那么多搞阴谋的行家，偏偏对这个老东西奈何不得。

荒木贞夫平安死去了。藏档案的保险柜仍保存在他家中。

被中国革命者奉为导师的河上肇，1928 年被迫离开他教书的京都帝国大学。在《告别大学之际》这篇文章中，河上肇说："我坚定地于心中宣誓，首先应以真理为念。……决不能因顾念而丝毫改变自己的学说。"1933 年 1 月河上肇被捕入狱，判刑 5 年。他蔑视通过"转向"获得减刑："如果我因不合时流便改变自己的信仰，力求安全便符合于雷同无知的人们，那就有辱天之使命。"

1945 年，河上肇终于迎来了日本法西斯全面战败的时刻。获知入狱 18 年的老朋友、日共领导人德田球一出狱，他在病榻上兴奋地赋诗一首：

衰翁七十许
萧条破屋底
独卧垂死床
遥寄诚敬意

1946 年 1 月，美国总统杜鲁门的特使马歇尔刚抵中国，主持调停国民党与共产党可能爆发的内战，河上肇以 68 岁年纪，安然离世。

还有那个在台湾做梦都想反攻大陆的蒋介石。

1949 年蒋介石行将离开大陆，痛定思痛，在家乡奉化思索总结，将共产党优点概括为七：

一、组织严密。

二、纪律严厉。

三、精神紧张。

四、手段彻底。

五、军政公开。

六、工作检讨。

七、主义第一。

总结以上七条后，蒋又补写一句："干部不准有私产。"把它作为中共最重要的优点。

此人一辈子东征西讨、南战北伐，最后满盘皆输。行将告别大陆的最后时刻、检讨自己为什么失败之时，他作为一个政治家，才算成熟了。

1956年10月，毛泽东在一次谈话中说，如果台湾回归祖国，"一切可以照旧"。毛泽东还说，台湾只要与美断绝关系，可派代表回来参加人民代表大会和政协全国委员会。周恩来说得更具体，蒋经国等安排在人大或政协是理所当然的。蒋介石将来总要在中央安排。台湾还是他们管，如果陈诚愿意做，蒋经国只好让一下做副的。其实陈诚、蒋经国都是想干些事的。陈诚如果愿到中央工作，不在傅作义之下，蒋经国也可以到中央工作。

1960年5月22日，在中共中央政治局常委会上，周恩来与毛泽东商讨后确定对台湾问题的总方针是：台湾宁可放在蒋氏父子手里，不能落在美国人手中。中央认为，对蒋我们可以等待，解放台湾的任务不一定要我们这一代完成，可以留交下一代人去做。蒋现在过来也有困难。要逐步创造些条件，等待时机成熟。

后来周恩来一再关照统战部门，照顾好在西安的于右任前妻的生活。周恩来还请有关人士将"奉化庐墓依然，溪口花草无恙"的照片寄往台湾；安排住在上海的蒋介石的内兄毛懋卿做浙江省政协委员，并要他们照顾蒋介石在浙江奉化的亲属，和陈诚在浙江青田的姐姐。

时间对这一代人来说，已经来不及了。

1975年4月5日，农历清明节。晨8点15分，台北市郊草山脚下的士林官邸内，蒋介石醒来走出卧室。昼夜监护其健康的医疗小组，在一张例行的病历卡上记下："昨夜，蒋公睡眠安稳，故精神颇佳。"

当晚11时50分，蒋介石在卧室内去世，年89岁。

子夜，台湾国民党军政要员纷纷赶来，依次排队，在蒋介石遗嘱上签字。

遗嘱不长,300多字。大多都是别人早已熟悉的老话。记与不记,似无关痛痒。

况且有哪一个将来,是在靠遗嘱维持的。

蒋介石去世当晚,蒋经国与宋美龄商定蒋治丧事宜,"暂厝蒋介石灵柩于台北市南六十公里处的慈湖湖畔"。慈湖背依草苓山,湖水终年碧绿清澈,宛如江南蒋之故乡浙江奉化溪口。蒋生前在这里修建一座中国四合院式的"行宫",常来此小住,并嘱咐死后灵柩暂厝此地,以待将来归葬大陆故乡。蒋在台湾终其一生,一直在眺望无法靠近的故国山河。他在台湾的行馆,多是和故乡类似的景色。如他最爱去的角板山,以及"暂厝灵柩"的大溪慈湖湖畔,都是他心目中的江浙风情;木妻兰森林区因为面对兰阳、多望、田古尔三溪汇流,每当台风过境,山洪汇集于溪谷,从木妻兰高处往下望,很像气势磅礴的钱塘江潮,蒋介石在此也设有行馆,作为乡愁的延伸。

他知道今生不能,便寄希望于来世了。

国民党"围剿"苏区的急先锋、曾经给红军造成重大损失的陈诚,到台湾后大搞起土地改革。之所以如此,他认定抓住了国民党兵败大陆的主因。陈诚说,台湾实施土地改革是"一种客观需要,虽有万难,不能顾及";事实很明显,不进行土改,连在台湾的统治都无法维持。

陈诚将土改分为三步。第一步是三七五减租,即最高地租不得超过主要农作物全年收获量的37.5%;第二步是公地放领,将台湾当局掌握的耕地所有权有条件地转给农民;第三步是耕者有其田,以实物和股票形式征收地主的超额土地,转放于现耕农民。

他通过请吃饭、恳谈和走访等办法,向地主说明:"三七五减租,一方面固然为佃农解除痛苦,减轻负担,实际上实为保护地主,帮助地主。"他说:"实行三七五减租,可以避免共产主义的流血斗争,温和地调和地主和农民之间的关系,逐渐达到民生主义的目的。"

这可以说是陈诚式的对大陆失败的"反思"。说话之间,不知陈诚心中可会掠过几丝悔之晚矣的悲凉。

陈诚的土改使台湾政局基本稳定下来。封建租佃关系基本被摧毁。大量无地农民成为自耕农。粮食产量大大提高,阶级矛盾相对缓和,稳定了国民党的统治。

"围剿"工农红军的悍将陈诚,最后竟以土改专家闻名于世。其所著《台湾土地改革纲要》一书被译成英、法、德、西班牙及阿拉伯等国文字,风行全球,成为很多国家实行土地改革时之重要参考资料。

如此结局,这个行伍大半辈子、立志拯救中国的人,一定始料未及。

陈诚后来对中国共产党的态度一直非常含蓄。1961年8月访美期间,美国人拉拢他,把1955年以来中美大使级谈判的记录拿给他看。陈诚看后对人说:"中共拒绝美国一切建议,坚持美国舰队及武装力量退出台湾的做法,不受奸诈,不图近利,是泱泱大国风度。"

他1965年3月5日去世。去世前两天已不能进食,他屏退医生护士,召长子陈履安带纸笔至其身边,口授遗言:

一、希望同志们一心一德,在总裁领导之下,完成国民革命大业。

二、不要消极,地不分东西南北,人不分男女老幼,全国军民,共此患难。

三、党存俱存,务求内部团结,前途大有可为。

这份遗言耐人寻味。既不提"反攻",也不提"反共"。一些国民党人想在其遗言中,加上"反共反攻"内容,陈诚夫人不同意;找到蒋介石,蒋介石同意不修改。

1918年被杜志远一火车拉到北京的陈诚,1965年8月葬于台北县泰山乡同荣村一块海拔400米的山腰平台上。

参加中共一大帮助组建中国共产党,又最先提出国共合作的国际代表马林,后来回到自己国家荷兰,在码头工会担任秘书。第二次世界大战期间参加了荷兰的抵抗运动,编辑秘密报纸《斯巴达克》,被德国法西斯逮捕并判处死刑,于1942年4月牺牲。

大革命失败后帮助中国共产党人制定武装反抗方针、起草《中共"八七"会议告全党党员书》的国际代表罗明纳兹,回国后担任过高加索区委第一书记,因反对斯大林过分集中的工农业政策,被指为组织反党集团,撤销了党内一切职务。1935年1月,因基洛夫事件自杀。

还有那个叱咤风云的共产国际的中国通米夫。26岁时首先提出中国革命的民主革命性质和分阶段设想,被斯大林称赞为是个贡献;后来又主持六届四中全会中共中央改组,扶持王明上台。1938年37岁时,死于斯大林的大清洗。

还有那个曾给中国革命以巨大影响的鲍罗廷。

1927年7月27日,鲍罗廷从武汉启程,离开他为之奋斗了4年的中国。当他在郑州期间,中国共产党人武装反抗蒋介石的八一南昌起义消息火焰一样传播开来。领导这场起义的,是他的学生和崇拜者周恩来。但他什么也没有说。疟疾仍然在折磨着他。他胳膊上仍然打着石膏。他的身体已经垮了,精神也基本垮了。

8月3日,当八一南昌起义部队开始南下的时候,鲍罗廷乘车悄悄离开了郑州。

就如斯大林后来对毛泽东讲"胜利者是不受指责的"一样,在斯大林那里失败者是必受谴责的,不论斯大林原来怎样信任你抑或你实际上多么忠实于斯大林本人。"广州的列宁"鲍罗廷回国后失去了信任,当了造纸和木材联合公司副经理。他对这项新的业务一窍不通。木材和造纸与操纵国民党和共产党、指挥一场大革命完全是风马牛不相及。他极不适应,也干不好。不久被解职,去做工厂厂长。还是不称职,又一次遭到批评。

已经十分低调的鲍罗廷内心的火焰还没有熄灭。他相信还有伟大的革命在等待着他。他开始研究印度。研究在印度开展革命的可能性。但他名气太大了,不可能再去印度担当革命的代理人。德国的苏联问题专家克劳斯·梅内特说,鲍罗廷给人一种"被废弃了的火车头锈在岔道上的感觉"。

他的确像一辆锈在岔道上的旧蒸汽机车头。中国大革命对他就像消散的蒸汽,成为一场遥远的梦。外国记者问他的过去,鲍罗廷总是守口如瓶。

他诸事不顺。担任《莫斯科每日新闻》主编后爆发了第二次世界大战。战争迅速夺去了他大儿子弗雷德的生命。

鲍罗廷日益变得淡泊,看破一切,与世无争。

他最后还是争了一次。

1948年年底,美国记者安娜·路易斯·斯特朗告诉他,他从前的中国伙伴们马上要掌握政权了。她还带来了一本介绍中国共产主义和毛泽东的书稿。那是在延安走访了毛泽东,在解放区待了很长时间后写出来的。书中未提苏联对毛泽东理论的发展有何贡献,却着意批判了那些"曾在外国学习,特别是在莫斯科,他们能够整段背诵引用马克思、列宁和斯大林的话,对中国的实际问题则无知到了极点"的教条主义者。

这本书因此不允许在苏联出版。最后一次激动的鲍罗廷打破了对中国问题长达20年的痛苦沉默:"中国人不是在节节胜利吗?他们的理论不可能都是错的!"这是别人听到他留下来的最后一句话。

这一态度给他带来了更大的麻烦。

为毛泽东的反教条主义叫好,自己又是犹太人,鲍罗廷被扣上"民族主义者""同外国民族主义者有牵连"的帽子。他1903年脱离"崩得"加入布尔什维克。到了1949年,仍然被认为是一个"崩得"。

1949年2月4日,鲍罗廷在莫斯科被捕入狱,被认定为苏维埃政权的敌人。

此时中国共产党领导的中国人民解放军已经结束三大战役,全国胜利指日可待。

鲍罗廷活到67岁。1953年9月3日,《纽约时报》驻莫斯科记者哈里森·索尔兹伯里首先报道了鲍罗廷去世的消息。他死在伊尔库茨克附近的一个集中营里。时间是1951年5月29日。他在集中营仅仅活了两年。

美国迈阿密大学政治学教授丹尼尔·雅各布斯说:"这颗曾在中国上空闪烁得如此光亮而短促的明星,燃为难以寻觅的灰烬,融合在西伯利亚劳改营外冰冷的土地之中。"

1957年1月,周恩来总理访问苏联。繁忙的外交活动之余,他特意抽时间拜访鲍罗廷的夫人法尼亚·谢苗诺夫娜。20年代在中国，人们习惯称她为"范娅"。憔悴的谢苗诺夫娜拿出一张鲍罗廷身穿中国丝绸衬衫的照片，和一条她用俄文绣的"永恒的友谊和纪念"的丝巾递给周恩来。端详着泛黄照片上30多年前的鲍罗廷，和渗透着衷心祝愿的丝巾，周恩来千言万语一时难以启口。他紧紧握住谢苗诺夫娜的手，说："请多多保重。凡是帮助过中国革命的外国友人，中国人民都不会忘记。中国共产党和中国人民会永远记住鲍罗廷。"

鲍罗廷一直到1964年才恢复名誉。起因是中苏分裂。莫斯科为证明苏联长期以来一直关心中国革命，重新抬出了鲍罗廷。

1964年6月30日，鲍罗廷80诞辰。当年广州的同伴切列潘诺夫将军在《莫斯科真理报》里页上发表文章：《一个列宁主义的革命者》。旁边附有一张鲍罗廷在中国拍的照片。结尾处说："1949年2月，在斯大林搞个人崇拜期间，M.M.鲍罗廷开始遭受迫害，并于1951年去世。现在，党已为他恢复了名誉。"

因为中国，他失掉了名誉。又因为中国，他恢复了名誉。

鲍罗廷曾经有过许多头衔，许多化名；参加过许多组织，经历过许多风浪。活着的时候有人请他讲讲传奇经历，他说过这样一句话："我是在冰天雪地里出生的……在阳光下长大，不是吗？还有什么好说的？"

当鲍罗廷回国去搞木材和造纸的时候，陈独秀在国内成了托派领袖。他1932年10月在上海被捕，国民党江苏省高等法院审讯他，名律师章士钊自告奋勇为他辩护。为不致罪，章士钊说陈独秀是三民主义的信徒，议会政治的政客，组织托派也为反共，等等；章士钊辩护词未完，陈独秀拍案而起："章律师之辩护，全系个人之意见，至本人之政治主张，应以本人文件为根据。"

他所说的"本人文件"，即审讯前两个月写好的《陈独秀自撰辩诉状》：

"予行年五十有五矣，弱冠以来，反抗清帝，反抗北洋军阀，反抗封建思想，反抗帝国主义，奔走呼号，以谋改造中国者，于今三十余年。

前半期,即'五四'以前的运动,专在知识分子方面;后半期,乃转向工农劳苦人民方面。盖以大战后,世界革命大势及国内状况所昭示,使予不得不有此转变也。

"唯有最受压迫最革命的工农劳苦人民与全世界反帝国主义反军阀官僚的无产阶级势力,联合一气,以革命怒潮,对外排除帝国主义之宰制,对内扫荡军阀官僚之压迫;然后中国的民族解放,国家独立与统一,发展经济,提高一般人民的生活,始可得而期。工农劳苦人民解放斗争,与中国民族解放斗争,势已合流并进,而不可分离。此即予'五四'运动以后开始组织中国共产党之原因也。"

陈独秀的老朋友、国民党元老柏烈武后来对陈松年说:"你父亲老了还是那个脾气,想当英雄豪杰,好多朋友想在法庭上帮他忙也帮不上。给他改供词,他还要改正过来。"

陈独秀1942年5月病逝于四川江津。

死前贫病交加,但风骨不改。已是国民党官僚的当年北大学人罗家伦、傅斯年亲自上门给他送钱,他不要,说:"你们做你们的大官,发你们的大财,我不要你们救济。"弄得二人十分尴尬。国民党交通部长、当年在北大教德文的朱家骅赠他5000元支票一张,他拒之;朱托张国焘转赠,又拒之;张国焘再托郑学稼寄赠,还是不收。他在江津住两间厢房,上无天花板,下是潮湿的泥地;遇大雨满屋是水。屋内仅有两张木床、一张书桌、几条凳子和几个装满书籍的箱子。

唯一的装饰,是墙上挂着一幅岳飞写的四个大字的拓片:"还我河山"。

中国有句老话,叫作"盖棺论定"。一个人死了,装进棺材钉住,他的历史便完结了。既不会爬出来为将来增添什么,也不可能把过去再减少一点,可以对其一生功过是非做评定了。

这也是理想。凡在历史上产生过重大影响的人物,往往在"盖棺"很久之后,人们仍在对他争论不休。陈独秀就是这样的人。他最先鼓吹革命,后来又走上另一条道路。中国的大革命为什么失败,他犯了什么错误,负有怎样的责任,中国社会究竟是怎样的性质,中国革命究竟是怎样的性质,中国革命到底应该怎样革法……他以不惑的气概迎面这个世界，又带着一个又一个不解之思索，离开了这个世界。

陈独秀生前说："我愿意说极正确的话，也愿意说极错误的话，绝对不愿意说不错又不对的话。"

"文化大革命"中，因墓碑早毁，四周杂草丛生莫辨，使他免受了如瞿秋白墓地那样掘骨扬灰之灾。1979年开始重新评价陈独秀。中共中央批准安庆市政府拨款重修陈独秀墓地。

时代不一样了。陈独秀的墓碑上，既没有极正确的话，也没有极错误的话，更没有不错又不对的话。简朴的碑石正面只有五个大字：陈独秀之墓。碑石背面记载生卒年代："一八七九年十月九日至一九四二年五月二十七日"。

1950年出版的《新名词辞典》，"陈独秀"词条的内容如下：

陈独秀，劳工阶级的叛徒，中国托匪的头子。

1999年出版的《辞海》，"陈独秀"词条的内容已改为：

陈独秀(1879－1942)中国共产党的创始人和早期领导人。

这位中国一代青年学子的思想启蒙者、向旧营垒冲锋陷阵的英勇斗士，随着"大江东去、浪淘尽，千古风流人物"的滔滔江流，最终回归到了自己的出生地。

1946年4月7日，重庆八路军办事处向延安拍发电报：博古、王若飞、叶挺、邓发于4月8日上午飞往延安。

4月8日下午1时，毛泽东、朱德、任弼时、林伯渠等陆续来到机场迎接。天空阴云密布，又下起了细雨。传来了飞机声，但又逐渐远去了。一直等到下午4时，失望且不安的人们才逐渐离去。

第二天，晋西北兴县村民上山打柴，才发现摔毁的飞机机身及遇难者的尸体。随后赶来的人们，在现场找到了博古的印章。这位24岁出任中共临时中央总负责人的博古，不到42岁便完结了自己生命的全程。

公祭大会上，由康生代表中共中央宣读祭文："你们每一个人，都是从最年轻的时候，就勇敢的投入中国人民民族斗争和民主斗争的行列"；"你们为了人民的自由，自愿选择了极端自我牺牲的道路，你们作了光荣的中国共产党的党员和战友"；"亲爱的同志们！我们永远记得你们为什么牺牲"。

郭沫若则在《新华日报》发表一首悼念博古的自由体长诗，其中有一句："我听见鸥鸹的叫声，说是'秦邦宪死于秦'。"

1956年1月，王明以治病为由启程赴莫斯科，从此再未回国。行前曾写信给中共中央，要求解除他的中央委员职务，"等我的病好到可以工作时，再由组织另行分配工作"。

他的病再也未好，所以再也不需组织另行分配。

他死前写有一篇《非不为也，是不能！》："我而今只剩下个有翅难展的多病之身；但还留有腾空奋斗的战士之心。不过，我只能：在好长的时间里，吟咏出若干首述怀诗句；在好长的岁月里，倾吐出几篇反毛论文。而且这我还只能躺在床上口讲，写和译还要靠全家人。知我者说，我确是在战斗到最后的呼吸。不知我者说，我真是个天下少见的懒人。"

1974年3月，这个战斗到最后的懒人在莫斯科去世，年70岁。其妻孟庆树说，王明本来还打算写一本批判毛泽东思想的书，未来得及完成这一计划就去世了。

这个人至死不服。

延安整风后期，当时刚从苏联回国不久的师哲，看见延安批判王明的那些东西哪里是王明自己的，分明是共产国际和斯大林的，于是他百思不解地问毛泽东：我们与王明的真正分歧到底在哪里？毛泽东沉默片刻，这样说了一句：他为别人考虑得太多了，为我们自己考虑得太少了。

正是这句话，让师哲豁然醒悟。

王明在苏联去世第二天，《真理报》刊登文章，称其为"国际共运的老战士""苏联的老朋友",他的"形象将铭记在苏联人民的心中"。

他的形象却不会铭记在中国人民心中。

一个中国人,长期以别国的利益为中心利益,以别国的目标为核心目标,以别国的指示为最高指示,这样的"共产主义战士",中国还是少几个为好。

所以,他无法活在中国人民心中。

1938年4月4日清明节,张国焘代表边区政府祭轩辕黄帝。到黄帝陵所在的中部县(今黄陵县),国民党陕西省政府主席蒋鼎文也到了,双方站在一起同时祭陵。张国焘悄声对蒋鼎文说了一句:"我想和你多谈谈。"蒋会意,当即吩咐自己的随从将张国焘的警卫隔开。张国焘上了蒋鼎文的座车又说了一句:"我想见见蒋委员长。"就这样去了西安。在西安,林伯渠赶来对张国焘说,党内有什么问题都好商量,要张先回延安,张坚决不从。在汉口,李克农率人把他从火车站劫走,他逃掉;又派人追踪他,把他"请"到八路军办事处,他又逃掉;来来回回三"请"三逃。其中一次李克农架着张国焘上车,周恩来挽着张另一只胳膊,张大叫:"绑架啊!"国民党人士上来询问,幸亏周恩来有国民政府军事委员会政治部副主任的身份,同样高声回答:"没有你们的事,我们要带这个人去看病!"顺手把张国焘推进汽车,才脱离而去。但不论周恩来如何煞费苦心地劝说,张国焘依然一意孤行,最后甚至说:"你们要杀我或者枪毙我,就在这个旅馆行事吧。"脱党意志如此决绝。

不知当初入党的时候,是否也像这样顽强坚定?

1938年4月18日,中共中央宣布开除张国焘党籍。

张国焘后来加入了戴笠的军统,主持"特种政治问题研究室""特种政治工作人员训练班"。堂堂中国共产党第一次代表大会的主持人、中华苏维埃共和国临时中央政府副主席、中国工农红军总政治委员,竟然扛着蒋介石给的中将军衔开始从事起下作的特务活动。

1948年11月,在人民解放军与蒋军展开战略决战的轰轰炮声之中,张国焘悄悄去了台湾。1949年又悄悄离开台湾,移居香港。1968

年,大陆"文化大革命"波及香港,他又悄悄离开香港,移居加拿大多伦多。与狂飙突进的历史相较,他似乎成了一道憧憧的鬼影。

张国焘的妻子杨子烈晚年在香港说,张国焘"以近七旬之年,安贫乐道,昔日恩怨得失,早已无意计较。他常说:'在中国舞台上,我以往是个演员,现在仅是个观众,总希望能少看到些悲剧才好。'"

张国焘晚年贫病交加。1973年圣诞节前夕突然中风,右手右脚麻痹,从儿子家中被送入养老院。1978年在养老院中皈依基督教。为其施洗的章力生博士十分感慨:"一生为其信仰奋斗牺牲的唯物无神主义者竟能谦卑顺服,真切悔悟,在其八十余岁的晚年,做了神的儿女。"

1979年12月一个鹅毛大雪的严寒之天,张国焘被冻死于多伦多那所他住了6年的养老院。据说死前因病痛折磨,从床上翻滚掉下来,竟然一夜无人发现。

死后两日,旧金山英文报载如下消息:"中国共产党创始12人之最后一人张国焘在加拿大多伦多老人院逝世。"

最后弥留之际,他可记得44年前的1935年6月26日,他骑一匹白色骏马、由十余骑警卫簇拥飞驰两河口,毛泽东率领政治局全体委员走出3里路、立于雨中恭候的情景?

张国焘由红四方面军领导者变成了国民党的将军,张学良则由东北军领导人变成了国民党的囚徒。

1989年6月1日,张学良在台湾对远道从美国来看他的王冀教授,谈起他平时最讳言的西安事变:

> 我是不是有私心在里头?我是不是为我自己利益?我是不是问心无愧?好了,没有,我问心无愧,我没有私心。我敢给你说,我做那件事(西安事变)没有私人利益在里头。我没做过与我私人地位、利益有关系的东西,我没有。假使我自个有地位利益就没有西安事变。我跟你说,我大权在握,富贵在手,我什么我都不要。所以,蒋先生也能原谅我。我跟

蒋先生是要钱？我是管他要地盘？我没有。我牺牲我自己。牺牲我自己为什么？我第一个问题就是：不要打了。我说我们与共产党打什么呢？都是中国人，打什么呢？都是政治问题，不是不可谈的嘛，所以后来谈是我的主张。而且我对介公讲，我说共产党你也剿不了。他说为什么？我说共产党有人心，我们没人心。

这一天是张学良的 89 岁寿辰。

2001 年 10 月 14 日，张学良在檀香山去世，享年 101 岁。

在夏威夷瓦胡岛一处叫作"庙谷"的青山绿地之间，成为张学良和夫人赵一荻的合葬之地。简朴的墓碑上没有任何头衔，没有任何称谓，只写有：

张学良　1901—2001
赵一荻　1912—2000

连两人的生卒年代也如此简练，仅四个阿拉伯数字："0""1""2""9"，多一个都毫无所用。

还需要什么呢？上面的姓名，下面的年代，已经在诉说那个天翻地覆的时代所发生的一切。

墓园旁边低矮的一段石墙上，录有《约翰福音》第 11 章第 25 节：

复活在我
生命也在我
信我的人虽然死了
亦必复活

张学良与张国焘一样，晚年皈依了基督教。他们二人都被认为是本阵营的叛将。二人最终都葬在了异国他乡。他们二人的根本差别在于孙中山那句话："历史潮流浩浩荡荡，顺之则昌，逆之则亡。"张国蓁逆历史潮流而行,只能被大潮卷走,无声无息。张学良顺应了历史潮流,他长久活在所有中国人和全世界所有华人的记忆中。

"复活在我,生命也在我"也包含这样的意思在其中?

在张学良的公祭仪式上,宋美龄送的十字花架分外醒目。这位19世纪末出生、生命横跨三个世纪的蒋介石夫人,得知张学良过世的消息后,把自己关在房间里,连续数日沉默不语。很难找到另外一个人像宋美龄这样,一生中目睹如此之多的风雨烟云:眼看国民党1949年丢掉了大陆、2000年丢掉了台湾,她丈夫和她终生为之奋斗的东西,一件又一件在眼前灰飞烟灭。

国民党丢失台湾政权后,她不再让身边任何人提台湾岛内的情况。

定居纽约的宋美龄晚年头脑十分清楚,但寂寞、封闭,变得愈来愈沉默。她很少说话,多数时候静坐在轮椅上沉思、祷告,或一个人静静欣赏自己以前画的国画,一幅一幅慢慢回味,沉思往事。她经常独自发问:为什么上帝让我活得这么久?周围无人能够问答。也无人敢于回答。于是她自问自答:也许这是上帝对我的惩罚。

宋美龄临终前嘱咐,死后葬在纽约,不回台湾。

浙江奉化蒋家丰镐房的院落里,有当年宋美龄亲手栽种的金桂银桂各一棵,多年来一直长势旺盛。

2003年春夏,奉化大旱,丰镐房院内的银桂树9月枯病而死。

10月23日,作为"宋氏三姐妹"中的最后一人,宋美龄走完了生命的最后旅程,在纽约辞世,终年106岁。

人类的历史何其漫长。个人的生命又何其短暂。

不是每个人,都能以短暂的生命辉映漫长的历史。

20世纪在世界东方,最激动人心的话题,莫过于救国与革命。这个世纪狂飙突进。没有哪个世纪像20世纪这样战争与革命风起云涌,金石掺瓦砾大浪淘沙。没有哪个世纪像20世纪这样以如此丰厚的精神财富砥柱于奔腾不息的历史长河中流。

俄国爆发了推翻罗曼诺夫王朝的二月革命,和实现无产阶级专政

的十月革命;

中国爆发了推翻爱新觉罗王朝的辛亥革命,以及实现人民民主专政的新民主主义革命;

日本也爆发了一场将国家和民族引入法西斯道路的"昭和革命"。

中国国民党、中国共产党、联共(布)与共产国际、日本昭和军阀,这四股力量在世界东方大舞台互相交叉、互相影响、互相矛盾、互相冲撞,导演出一幕又一幕威武雄壮的活剧。

先进的中国人向西方寻找真理。先进的日本人、先进的俄国人比中国人更早向西方寻找真理。俄国人、中国人找到了马克思主义。日本人则找到了法西斯主义。

那是一个非凡的革命年代,也是一个颠倒的革命年代。布尔什维克党人、中国国民党人、中国共产党人、昭和军阀集团成员,都在谈论社会主义、共产主义。北一辉第一部著作即是《国体论及纯正社会主义》。孙中山想加入第二国际。蒋介石说"直接是为总理的三民主义而死,间接即为国际的共产主义而死"。唐生智可以一天99次谈阶级革命。大革命时期,连武汉的富商们也在街头高喊"世界革命万岁!"

·泥沙俱下,鱼龙混杂。

常说殊途同归。说说而已。殊途永远无法同归。

殊途远去了四伙年轻人。

列宁去世时不到54岁。斯大林42岁当上总书记。蒋介石39岁出任国民革命军总司令。中国共产党创始人、北大教授李大钊1927年就义时,不到38岁。毛泽东34岁上井冈山。周恩来29岁主持南昌暴动。米夫25岁在共产国际提出中国民族资产阶级的软弱性,指出中国革命的资产阶级民主革命性质。博古24岁出任中共临时中央总负责的人。日本法西斯鼻祖北一辉,1906年自费出版第一部著作《国体论及纯正社会主义》时,也才23岁。

聂耳为《义勇军进行曲》谱曲时,还不到23岁。今天每一位中华人民共和国公民,从幼稚的学生到白发苍苍的老者,都要直立聆听这位年轻人对中华民族血脉的感受和呼唤。

红军中最年轻的将领寻淮洲,19岁当师长,20岁当军长,21岁任军团长,22 岁牺牲。

那是一个年纪轻轻就干大事、年纪轻轻就丢性命的时代。无一人老态龙钟,无一人德高望重。无一人切磋长寿、研究保养。

需要热血的时代,便只能是年轻人的时代。

最需要热血的,就是长征。

最先报道鲍罗廷死讯的美国记者哈里森·索尔兹伯里后来到了中国,他怀揣心脏起搏器,带着打字机,以 76 岁高龄跋涉一万多公里,完成了对中国工农红军二万五千里长征的寻访,并于 1986 年出版了 *The Long March: The untold story*,翻译为《长征——前所未闻的故事》,在中国与美国同时出版,成为继斯诺《红星照耀的中国》之后,又一部介绍中国工农红军长征的书籍。索尔兹伯里在序言里的最后一句话是:"阅读长征的故事将使人们再次认识到,人类的精神一旦唤起,其威力是无穷无尽的。"

其所言极是。你可以忘记工农红军纵横 11 省区,行程 25000 里,一路硝烟,一路战火;可以忘记不尽的高山大河,狭道天险;国民党数十万大军左跟右随,围追堵截;可以忘记革命队伍内部争论与妥协,弥合与分裂;但这一点你将很难忘怀:长征所展示的足以照射千秋万代的不死精神与非凡气概。

不屈不挠的工农红军。

不屈不挠的共产党人。

不屈不挠的解放事业。

不屈不挠的中华民族。

有许多时候我想,如果没有艰苦卓绝的五次反"围剿",如果没有惊天动地的二万五千里长征,我们的今天又是什么样的? 中华民族是否可能探测到这样的时代宽度和历史深度? 中华民族的伟大复兴能否获得今天这样的世界性号音?

你或许可以抱怨,如今鲜见这样的共产党员了。但你不得不惊叹:我们拥有过如此一批义无反顾、舍生忘死的共产党人。

我们也办了蠢事。一遍一遍把历史朝这面颠倒过来,又一遍一遍把历史朝那面颠倒过去。颠倒的次数多了,连自己也分不清正反。

于是很多人便不屑于分清。

这不是不屑于分清者的责任。是颠倒者的责任。历史有其自身规律。

最容易被忘掉的,就是人人都在论断历史,而人人又都被历史论断。

我们图解了历史。而历史是最不能被图解的。它的色彩,不可能用三色、六色、十二色或哪怕二十四色概括出来。再丰富多彩的颜料,也难描尽历史的真面。

其实面对如此众多的历史财富,无须刻意加工或粉饰,把它活生生摆上来让大家看,就足令世人深深感动。

我们的世纪狂飙突进。

狂飙中充满了英雄。但伽利略说,需要英雄的国家是可悲的。

狂飙中遍布着色彩。但孟德斯鸠说,历史苍白的国家是幸福的。

他们的话内涵极大,够我们安静下来,思索品味一生。

在世界东方中国国民党、中国共产党、苏俄及共产国际、日本昭和军阀集团这四大板块激烈碰撞的场所,谁都可以站出来高声宣称他的光荣与梦想,他的热血与献身,他的拼搏与奋斗,但谁能够站出来高声宣称他的幸福?

幸福是安宁。这块什么也不缺的土地,恰恰缺安宁。

安宁又是苍白。思想的苍白。语言的苍白。笔下内容的苍白。

已经有了很多从客厅到舞厅到咖啡厅的作品,以及从一房描写到二房、三房甚至四房五房的影视。不该到那个程度。你尽管可以说我们没有那么幸福,你不应说我们竟然会那样苍白。

这部动荡不已的历史,你可以说它不富足,不充裕,不美满,不宽容,不开放,不安宁;但你必定惊叹于它的光荣与梦想,它的热血与献身;即使这里面同样淤集了丑恶与悲哀,隐藏着没落与衰败。

20世纪不是一泓平滑光洁的缓流,而是一段跌宕起伏得惊天动地的激流。奔腾不息的咆哮声至今回响在我们耳畔。如中国古代诗歌中博大苍凉的唱和:

前不见古人，
后不见来者；
念天地之悠悠，
独怆然而涕下。

1910 年秋，毛泽东在《盛世危言》的影响下，决定外出求学。临行前抄写了日本"维新三杰"之一西乡隆盛的一首诗，悄悄夹在账簿里，留给父亲：

孩儿立志出乡关，
学不成名誓不还。
埋骨何须桑梓地，
人生无处不青山。

西乡隆盛的原诗被改了两处："孩儿"在原诗中是"男儿"；"誓不还"在原诗中是"死不还"。两处改动，可看出毛泽东当时细腻的心境。

1976 年 9 月 9 日，毛泽东去世。他走向了天安门广场中央那方坚固雄伟的纪念堂。

周恩来 1913 年考入南开学校后，写过一篇作文《一生之计在于勤论》：

欲筹一生之计划，舍求学其无从。然学而不勤，则又何贵乎学。是故求学贵勤，勤则一生之计定矣。人人能勤，则一国之事定矣。

教师对这篇作文的批阅是："选词甚当，惟用笔稍平。"

1976 年 1 月，事无巨细、操心之至的周恩来把自己化为粉碎的细末，撒向祖国的江河和土地。

彭德怀晚年在囚室中回忆起自己的入党介绍人段德昌时,感慨万千:"感谢段德昌同志,种了我这一颗不大好的种子。他如今早已到马克思那里去了,我呢,还留在人间。"

1926年,彭德怀率湘军一部进占玉泉山截击吴佩孚残部,与段德昌同在山上一座苍松古柏环抱的关帝庙里铺草就宿。段德昌问彭德怀,对关云长有何感想?彭德怀说:"关是封建统治者的工具,现在还被统治阶级利用做工具,没有意思。"

段又问:"你要怎样才有意思呢?"

彭答:"为工人农民服务才有意思。"

1959年,彭德怀走向乱云飞渡的庐山。

1929年6月,林彪在白砂会议后奋笔写信给毛泽东:

> 现在四军里实有少数同志的领袖欲望非常高涨,虚荣心极端发展。这些同志又比较在群众中是有地位的。因此,他们利用各种封建形式成一无形结合(派),专门吹牛皮的攻击别的同志。这种现象是破坏党的团结一致的,是不利于革命的,但是许多党员还不能看出这种错误现象起而纠正,并且被这些少数有领袖欲望的同志所蒙蔽阴谋,和这些少数有领袖欲望的同志的意见,这是一个可叹息的现象。

他对极端困难中的毛泽东给予坚决支持的同时,又使用了超出红四军党内政治生活常态的耸人听闻的语言。

1971年9月13日,林彪走向苍寂荒凉的温都尔汗。

斯大林1953年3月5日去世于莫斯科郊外的孔策沃别墅。遗体先入水晶棺进列宁墓供人瞻仰,后又被取出火化下葬克里姆林宫墙;画像、雕像都被拿光。将其骨灰从克里姆林宫墙取出的流言,时不时在莫斯科风传。唯有其家乡格鲁吉亚,仍然张开双臂,等待这个1902年流放西伯利亚便离开家乡的游子。

一位苏联作家写道："人的一生像北方的夏季一样迅速地把热度耗尽。对于伟大和不伟大的人来说，或迟或早都有死亡在等待着他。这一真理对所有的人都同样残酷。具体人的思想是一个巨大的神秘世界，它随着这个人的死亡而一同消失。我们永远也无法了解每一个正赴幽冥的人的一切，而对这种了解的希望却没有止境。"

还有那个孤岛台湾。

1985 年 9 月 20 日，邓小平说了一段话："我们担心蒋经国不在了，台湾走向混乱。不管怎样，现在台湾和我们还有共同点，都认为只有一个中国。但如蒋经国不在了，就可能真正出现两个中国。"

说完上述话两年零四个月，蒋经国在台湾黯然去世。"台独"势力像一台接通电源的引擎，开始加速运转。

形势发展被邓小平言中。海峡两岸风起云涌。

1920 年夏，邓小平赴法国勤工俭学，刚满 16 岁，是同学中最年轻的。

1925 年底，蒋经国赴莫斯科留学，刚满 15 岁，也是同学中最年轻的。

两人在莫斯科中山大学相遇，成为同学。两人个子都不高，排队时经常站在一起。

60 年后，两人各自一方，主持海峡两岸的大局。邓小平对对岸的老同学，充满希望。

但历史留给他们的时间不够了。

中国统一的使命，留给了后人。

还有那个每年都要引发争议的靖国神社。

除了被远东国际军事法庭判处绞刑的那些甲级战犯、以永田铁山为首的"巴登巴登三羽乌"及以"三羽乌"为首的昭和军阀集团成员，骨灰几乎都存于靖国神社内。每年参拜不参拜，在日本政界竟然成为一张可以随时甩出也可以随时收回的扑克牌，在东北亚政治牌桌上甩来甩去、翻云覆雨，年年激起层层波澜。

已经垮掉的苏联。

依然追求"脱亚入欧"的日本。

日益繁荣富强却仍然有待统一的中国。

无终结的历史。

一位文学家说,无终结便是一切的终结。

叱咤风云的人物纷纷消失之后,历史便成为一笔巨大遗产,完整无缺地留给了我们。

苏东坡说:大江东去,浪淘尽,千古风流人物。

毛泽东说:国际悲歌歌一曲,狂飙为我从天落。

中国共产党人的全部努力、牺牲和奋斗,为了什么?

习近平说:人民对美好生活的向往,就是我们的奋斗目标。

一个民族,就这样开始了伟大的复兴。

参 考 书 目

1. 军事科学院军事历史研究部：《中国人民解放军战史——土地革命战争时期》，军事科学出版社 1987 年。

2. 军事科学院军事历史研究部：《中国人民解放军战史——抗日战争时期》，军事科学出版社 1987 年。

3. 军事科学院军事历史研究部：《中国人民解放军战史——全国解放战争时期》，军事科学出版社 1987 年。

4. 中国大百科全书军事卷编审室：《中国大百科全书·军事 中国人民解放军战史分册》，军事科学出版社 1989 年。

5. 中国大百科全书军事卷编审室：《中国大百科全书·军事 中国人民解放军军事人物分册》，军事科学出版社 1989 年。

6. 军事科学院军事历史研究部：《中国人民解放军六十年大事记》，军事科学出版社 1988 年。

7. 军事科学院军事图书馆：《中国人民解放军组织沿革和各级领导成员名录》，军事科学出版社 1987 年。

8. 张国琦、李国祥编写：《中国人民解放军发展沿革（1927—1949）》，解放军出版社 1984 年。

9. 蒋凤波、徐占权编写：《土地革命战争纪事》，解放军出版社 1989 年。

10.《中国工农红军第一方面军史》编委会编：中国工农红军第一方面军史（上、下），解放军出版社 1993 年。

11.《中国工农红军第四方面军战史》编委会编：《中国工农红军第四方面军战史》，解放军出版社 1992 年。

12.《中国工农红军第三军团史》编委会编：《中国工农红军第三军团史》，国防大学出版社 1992 年。

13.《中国工农红军第二十五军战史》编委会编：《中国工农红

军第二十五军战史》，解放军出版社 1990 年。

14. 政治学院第一军事教研室编：《中国人民解放军战役战例选编》，解放军政治学院出版社 1984 年。

15. 星火燎原编辑部编：《中国人民解放军将帅名录》（一），解放军出版社 1986 年。

16. 星火燎原编辑部编：《中国人民解放军将帅名录》（二），解放军出版社 1986 年。

17. 星火燎原编辑部编：《中国人民解放军将帅名录》（三），解放军出版社 1986 年。

18. 赵功德、张明金编著：《中国人民解放军历史上的 70 个军》，天津人民出版社 1997 年。

19. 中国人民解放军历史资料丛书编审委员会：《红军长征回忆史料》，解放军出版社 1990 年。

20. 军史资料编辑部：《军史资料（1986 合订本）》，《军史资料》编辑部 1986 年。

21. 军史资料编辑部：《军史资料（1987 合订本）》，《军史资料》编辑部 1987 年。

22. 军史资料编辑部：《军史资料（1988 合订本）》，《军史资料》编辑部 1988 年。

23. 军史资料编辑部：《军史资料（1989 合订本）》，《军史资料》编辑部 1989 年。

24. 廖盖隆主编：《中国共产党历史大辞典·总论·人物》，中共中央党校出版社 1991 年。

25. 廖盖隆主编：《中国共产党历史大辞典·新民主主义革命时期》，中共中央党校出版社 1991 年。

26. 胡绳主编，中共中央党史研究室：《中国共产党的七十年》，中共党史出版社 1991 年。

27. 王健英编：《中国共产党组织史资料汇编》，红旗出版社 1983 年。

28. 中国人民解放军政治学院编：《中共党史教学参考资料》（第

一卷），解放军政治学院出版社 1979 年。

29. 中国人民解放军政治学院编：《中共党史教学参考资料》（第二卷），解放军政治学院出版社 1979 年。

30. 中国人民解放军政治学院编：《中共党史教学参考资料》（第三卷），解放军政治学院出版社 1979 年。

31. 中国人民解放军政治学院编：《中共党史教学参考资料》（第四卷），解放军政治学院出版社 1979 年。

32. 中国人民解放军政治学院编：《中共党史教学参考资料》（第五卷），解放军政治学院出版社 1979 年。

33. 中国人民解放军政治学院编：《中共党史教学参考资料》（第六卷），解放军政治学院出版社 1979 年。

34. 中国人民解放军政治学院编：《中共党史教学参考资料》（第七卷），解放军政治学院出版社 1979 年。

35. 中国人民解放军政治学院编：《中共党史教学参考资料》（第八卷），解放军政治学院出版社 1979 年。

36. 中国人民解放军政治学院编：《中共党史教学参考资料》（第十二卷），解放军政治学院出版社 1985 年。

37. 中国人民解放军政治学院编：《中共党史教学参考资料》（第十三卷），解放军政治学院出版社 1985 年。

38. 中国人民解放军政治学院编：《中共党史教学参考资料》（第十四卷），解放军政治学院出版社 1985 年。

39. 中国人民解放军政治学院编：《中共党史教学参考资料》（第十五卷），解放军政治学院出版社 1985 年。

40. 中国人民解放军政治学院编：《中共党史教学参考资料》（第十六卷），解放军政治学院出版社 1985 年。

41. 中共中央党史研究室、中共中央党史资料征集委员会编：《党史资料通讯 1983》，红旗出版社 1985 年。

42. 土地革命文献选编组：《第二次国内革命战争时期土地革命文献选编（1927—1937 年）》，中共中央党校出版社 1987 年。

43. 张廷贵、袁伟：《中国工农红军史略》，中共党史资料出版社 1987 年。

44. 马齐彬等：《中央革命根据地史》，人民出版社 1986 年。

45. 颜广林编著：《土地革命战争初期若干问题》，复旦大学出版社 1990 年。

46. 郑德荣、王维礼主编：《中国革命纪事》，东北师范大学出版社 1990 年。

47. 中国人民解放军历史资料丛书编审委员会：《红军长征参考资料》，解放军出版社 1992 年。

48. 周朝举主编：《红军黔滇驰骋史料总汇》，军事科学出版社 1990 年。

49. 石仲泉：《毛泽东的艰辛开拓》，中共党史出版社 1990 年。

50. 黄少群、张培林：《毛泽东的独特创造》，河北人民出版社 1991 年。

51. 阎稚新等：《李大钊与中国革命》，国防大学出版社 1989 年。

52. 清华大学中共党史教研组：《赴法勤工俭学运动史料》，北京出版社 1979 年。

53. 中国现代革命史资料丛刊：《南昌起义资料》，人民出版社 1979 年。

54. 中共中央党史资料征集委员会、中央档案馆编著：《八·七会议》，中共党史资料出版社 1986 年。

55. 中央党史资料征集委员会、中央档案馆编：《遵义会议文献》，人民出版社 1985 年。

56. 王思源：《铁甲车队——中国共产党领导下的第一支革命武装》，总参谋部装甲兵部 1990 年。

57. 中国人民解放军历史资料丛书编审委员会：《总参谋部回忆史料（1927—1987）》，解放军出版社 1995 年。

58. 毛泽东：《毛泽东选集》（第一卷），人民出版社 1991 年。

59. 毛泽东：《毛泽东军事文集》（第一卷），军事科学出版社 1993 年。

60. 中共中央文献研究室编撰，逄先知主编：《毛泽东年谱

（1893—1949）》，人民出版社、中央文献出版社 1993 年。

61.廖国良等:《毛泽东军事思想发展史》,解放军出版社1991年。

62.金冲及主编：《周恩来传1898—1949》，人民出版社、中央文献出版社 1989 年。

63.金冲及主编：《朱德传》，人民出版社、中央文献出版社 1993 年。

64.章学新主编：《任弼时传》，人民出版社、中央文献出版社 1994 年。

65.程中原：《张闻天传》，当代中国出版社 1993 年。

66.李志英：《博古传》，当代中国出版社 1994 年。

67.《彭德怀传》编写组：《彭德怀传》，当代中国出版社 1993 年。

68.《刘伯承传》编写组：《刘伯承传》，当代中国出版社 1992 年。

69.《贺龙传》编写组：《贺龙传》，当代中国出版社 1993 年。

70.《陈毅传》编写组：《陈毅传》，当代中国出版社 1991 年。

71.《罗荣桓传》编写组：《罗荣桓传》,当代中国出版社 1991 年。

72.《徐向前传》编写组:《徐向前传》,当代中国出版社 1992 年。

73.《聂荣臻传》编写组:《聂荣臻传》,当代中国出版社 1994 年。

74.《叶剑英传》编写组:《叶剑英传》,当代中国出版社 1995 年。

75.《王震传》编写组：《王震传》，当代中国出版社 2001 年。

76.《曾希圣传》编纂委员会：《曾希圣传》，中共党史出版社 2004 年。

77.《王稼祥选集》编辑组:《回忆王稼祥》,人民出版社1985年。

78.陆定一：《陆定一文集》，人民出版社 1992 年。

79.任建树：《陈独秀传》，上海人民出版社 1989 年。

80.唐宝林：《陈独秀传》，上海人民出版社 1989 年。

81.唐纯良：《李立三传》，黑龙江人民出版社 1984 年。

82.李良明：《项英评传》，经济日报出版社 1993 年。

83.【美】保罗·皮科威兹，谭一青、季国平译：《书生政治家——瞿秋白曲折的一生》，中国卓越出版公司 1990 年。

84.尚明轩、唐宝林：《宋庆龄传》，北京出版社 1990 年。

85. 包惠僧：《包惠僧回忆录》，人民出版社 1983 年。

86. 曹仲彬：《何孟雄传》，吉林大学出版社 1990 年。

87. 张太雷纪念馆：《张太雷研究史料选》，中央文献出版社 2007 年。

88. 萧克：《朱毛红军侧记》，中共中央党校出版社 1993 年。

89. 《方志敏传》编写组：《方志敏传》，江西人民出版社 1982 年。

90. 朱永来：《寻淮洲将军传》，解放军出版社 1991 年。

91. 江华：《追忆与思考——江华回忆录》，浙江人民出版社 1991 年。

92. 彭德怀：《彭德怀自述》，人民出版社 1981 年。

93. 刘伯承：《刘伯承军事文选》，解放军出版社 1992 年。

94. 贺龙：《贺龙军事文选》，解放军出版社 1989 年。

95. 王孝柏、刘元生：《左权传》，人民出版社 1990 年。

96. 徐向前：《历史的回顾》，解放军出版社 1984 年。

97. 聂荣臻：《聂荣臻回忆录》，战士出版社 1984 年。

98. 粟裕：《粟裕战争回忆录》，解放军出版社 1988 年。

99. 黄克诚：《黄克诚回忆录》，解放军出版社 1989 年。

100. 张麟：《徐海东大将》，解放军文艺出版社 2005 年。

101. 穆欣编：《记陈赓将军》，湖南人民出版社 1984 年。

102. 何长工：《何长工回忆录》，解放军出版社 1987 年。

103. 杨尚昆：《杨尚昆回忆录》，中央文献出版社 2001 年。

104. 伍修权：《我的历程 1908—1949》，解放军出版社 1984 年。

105. 肖华：《艰苦岁月》，上海文艺出版社 1983 年。

106. 杨成武：《杨成武回忆录》（上），解放军出版社 1987 年。

107. 彭绍辉：《彭绍辉日记》，解放军出版社 1988 年。

108. 程子华：《程子华回忆录》，解放军出版社 1987 年。

109. 李聚奎：《李聚奎回忆录》，解放军出版社 1986 年。

110. 王平：《王平回忆录》，解放军出版社 1992 年。

111. 黄仲芳、李春祥：《王佐将军传》，解放军出版社 1990 年。

112. 中共河南省委党史研究室编：《纪念朱理治文集》，河南人民出版社 1993 年。

113. 星火燎原编辑部：《星火燎原（3）》，人民文学出版社 1960 年。

114. 彭德怀传记编写组编：《一个真正的人——彭德怀》，人民出版社 1994 年。

115. 吴黎平整理：《毛泽东一九三六年同斯诺的谈话》，人民出版社 1979 年。

116. 师哲回忆、李海文整理：《在历史巨人身边——师哲回忆录》，中央文献出版社 1991 年。

117. 刘杰诚：《毛泽东与斯大林》，中共中央党校出版社 1993 年。

118. 陈独秀：《陈独秀文章选编》（上、中、下），生活·读书·新知三联书店 1984 年。

119. 周国全、郭德宏编著：《王明年谱》，安徽人民出版社 1991 年。

120. 周国全、郭德宏、李明三：《王明评传》，安徽人民出版社 1989 年。

121.【美】埃德加·斯诺：《红星照耀中国》，河北人民出版社 1992 年。

122.【苏】B. B. 沃龙佐夫：《蒋介石之命运》，中共中央党校出版社 1992 年。

123.【美】哈里森·索尔兹伯里：《长征——前所未闻的故事》，解放军出版社 1986 年。

124.【英】韩素音，王弄笙等译：《周恩来与他的世纪 1898—1998》，中央文献出版社 1992 年。

125. 吕黎平：《青春的步履》，解放军出版社 1984 年。

126. 黄平：《往事回忆》，人民出版社 1981 年。

127.【德】奥托·布劳恩，李逵六等译：《中国纪事（1932—1939）》，现代史料编刊社 1980 年。

128. 张国焘：《我的回忆（一）》，现代史料编刊社 1980 年。

129. 张国焘：《我的回忆（二）》，现代史料编刊社 1980 年。

130. 张国焘：《我的回忆（三）》，现代史料编刊社 1980 年。

131. 龚楚：《我与红军》，香港南风出版社 1954 年。

132. 陈公博：《苦笑录（1925—1936）》，现代史料编刊社 1981 年。

133. 王明：《中共五十年》，现代史料编刊社 1981 年。

134. 郑超麟：《郑超麟回忆录（1919—1931）》，现代史料编刊社 1986 年。

135.【美】盛岳：《莫斯科中山大学和中国革命》，现代史料编刊社 1980 年。

136. 军事科学院战略研究部编著：《中国军事地理概况》，军事科学出版社 1988 年。

137. 阎崇年主编：《中国市县大辞典》，中共中央党校出版社 1991 年。

138. 周文琪、褚良如编著：《特殊而复杂的课题——共产国际、苏联和中国共产党关系编年史 1919 — 1991》，湖北人民出版社 1993 年。

139. 黄修荣：《共产国际与中国革命关系史》（上下册），中共中央党校出版社 1989 年。

140. 安徽大学苏联问题研究所、四川省中共党史研究会编译：《苏联〈真理报〉有关中国革命的文献资料选编1919—1927 第一辑》，四川省社会科学院出版社 1985 年。

141. 安徽大学苏联问题研究所、四川省中共党史研究会编译：《苏联〈真理报〉有关中国革命的文献资料选编1927—1937 第二辑》，四川省社会科学院出版社 1986 年。

142. 安徽大学苏联问题研究所、四川省中共党史研究会编译：《苏联〈真理报〉有关中国革命的文献资料选编 1937 年 7 月—1949 第三辑》，四川省社会科学院出版社 1988 年。

143. 马克思、恩格斯：《共产党宣言》，人民出版社 1964 年。

144. 恩格斯：《论马克思》，人民出版社 1971 年。

145. 列宁：《国家与革命》，人民出版社 1964 年。

146. 列宁：《帝国主义是资本主义的最高阶段》，人民出版社

1964 年。

147.【俄】普列汉诺夫：《论个人在历史上的作用问题》，生活·读书·新知三联书店 1965 年。

148. 人民出版社编辑部编：《马克思 恩格斯 列宁 斯大林 论研究历史》，人民出版社 1974 年。

149. 中国社会科学院近代史研究所翻译室编译：《共产国际有关中国革命的文献资料 1929—1936》，中国社会科学出版社 1982 年。

150.【西班牙】费尔南多·克劳丁，廖东、王宁编译：《共产国际·斯大林与中国革命》，求实出版社 1982 年。

151.【英】伦纳德·夏皮罗，徐葵、邹用九译：《一个英国学者笔下的苏共党史》，东方出版社 1991 年。

152.【苏】德·安·沃尔科戈诺夫，张祖武等译：《胜利与悲剧——斯大林政治肖像》（第一卷），世界知识出版社 1990 年。

153.【苏】德·安·沃尔科戈诺夫，张祖武等译：《胜利与悲剧——斯大林政治肖像》（第二卷），世界知识出版社 1990 年。

154. 周尚文、叶书宗、王斯德：《新编苏联史（1917—1985）》，上海人民出版社 1990 年。

155.【美】盛岳，奚博铨等译：《莫斯科中山大学和中国革命》，现代史料编刊社 1980 年。

156. 中央档案馆党史资料研究室整理校注：《莫斯科中山大学〈国际评论〉1926—1927》，中共中央党校出版社 1981 年。

157.【苏】波诺马廖夫主编：《苏联共产党历史》，上海人民出版社 1974 年。

158. 陈之骅主编：《苏联历史辞典》，吉林文史出版社 1991 年。

159.【苏】列夫·托洛茨基，王景生等译：《托洛茨基回忆录》，社会科学文献出版社 1991 年。

160.【苏】列夫·托洛茨基，石翁、施用勤等译：《托洛茨基自传——我的生平》，国际文化出版公司 1996 年。

161.【俄】米夫，王福曾等译：《米夫关于中国革命言论》，人民出版社 1986 年。

162. 中国社会科学院现代史研究室编写：《马林在中国的有关资料》，人民出版社 1980 年。

163.【美】丹尼尔·雅各布斯：《鲍罗廷——斯大林派到中国的人》，世界知识出版社 1989 年。

164.【苏】卡尔图诺娃：《加伦在中国 1924 — 1927》，中国社会科学出版社 1983 年。

165.【美】马克·斯坦伯格、【俄】弗拉基米尔·赫鲁斯塔廖夫，张蓓译：《罗曼诺夫王朝覆灭》，新华出版社 1999 年。

166. 姜长斌：《历史的孤独——早期斯大林新探：1879—1924》，中共中央党校出版社 1994 年。

167.【苏】罗·亚·麦德维杰夫：《让历史来审判——斯大林主义的起源及其后果》，人民出版社 1981 年。

168.【俄】尤·阿·布拉诺夫，张志强、赵志鹏译：《被篡改的列宁遗嘱》，新华出版社 1999 年。

169.【法】皮埃尔·弗朗克，刘宏谊译：《第四国际》，商务印书馆 1981 年。

170. 荣孟源主编：《中国国民党历次代表大会及中央全会资料》（上），光明日报出版社 1985 年。

171. 荣孟源主编：《中国国民党历次代表大会及中央全会资料》（下），光明日报出版社 1985 年。

172. 王功安、毛磊主编：《国共两党关系通史》，武汉大学出版社 1991 年。

173. 姜克夫编著：《民国军事史略稿》（第一卷），中华书局 1987 年。

174. 姜克夫编著：《民国军事史略稿》（第二卷），中华书局 1991 年。

175. 姜克夫编著：《民国军事史略稿》（第三卷），中华书局 1991 年。

176. 中国第二历史档案馆编：《国民党军追堵红军长征档案史料选编》（中央部分），档案出版社 1987 年。

177. 中国第二历史档案馆、湖南省档案馆编：《国民党军追堵红军长征档案史料选编》（湖南部分），档案出版社 1991 年。

178. 四川省档案馆编：《国民党军追堵红军长征档案史料选编》（四川部分），档案出版社 1986 年。

179. 云南省档案馆编：《国民党军追堵红军长征档案史料选编》（云南部分），档案出版社 1987 年。

180. 中国革命博物馆编写：《国民党将领传略》，新华出版社 1989 年。

181. 马齐彬等编：《中国国民党历史事件·人物·资料辑录》，解放军出版社 1988 年。

182. 广东省哲学社会科学研究所历史研究室等合编：《孙中山年谱》，中华书局 1980 年。

183. 尚明轩等编：《孙中山生平事业追忆录》，人民出版社 1986 年。

184. 【美】史扶邻，丘权政、符致兴译：《孙中山与中国革命的起源》，中国社会科学出版社 1981 年。

185. 万仁元、方庆秋主编，中国第二历史档案馆编：《蒋介石年谱初稿》，中国档案出版社 1992 年。

186. 韦显文等编写：《国民革命军发展序列》，解放军出版社 1987 年。

187. 中国人民政治协商会议全国委员会文史资料研究委员会编：《第一次国共合作时期的黄埔军校》，文史资料出版社 1984 年。

188. 广东革命历史博物馆编：《黄埔军校史料（1924—1927）》，广东人民出版社 1982 年。

189. 王永均编著：《黄埔军校三百名将传》，广西人民出版社 1989 年。

190. 张光宇：《第一次国共合作时期的国民革命军》，武汉大学出版社 1989 年。

191. 中国人民政治协商会议广东省委员会文史资料研究委员会等编：《中国国民党"一大"史料专辑》，广东人民出版社 1984 年。

192. 中央档案馆编：《北伐战争》，中共中央党校出版社 1981 年。

193. 张同新编著：《国民党新军阀混战史略》，黑龙江人民出版社 1982 年。

194. 中国第二历史档案馆、云南陕西档案馆合编：《西安事变档案史料选编》，档案出版社 1986 年。

195. 【美】费正清主编，章建刚等译：《剑桥中华民国史》（第一部），上海人民出版社 1991 年。

196. 【美】费正清主编，章建刚等译：《剑桥中华民国史》（第二部），上海人民出版社 1991 年。

197. 褚德新、梁德主编：《中外约章汇要 1689—1949》，黑龙江人民出版社 1991 年。

198. 莫永明：《陈其美传》，上海社会科学院出版社 1985 年。

199. 蔡德金：《汪精卫评传》，四川人民出版社 1988 年。

200. 王俯民：《蒋介石详传》，中国广播电视出版社 1993 年。

201. 中国农工民主党中央委员会编：《邓演达》，文史资料出版社 1985 年。

202. 中国政协浙江省委员会文史编辑部编：《陈诚传》，华艺出版社 1991 年。

203. 【美】拉尔夫·尔·鲍威尔，陈泽宪、陈霞飞译：《1895—1912 中国军事力量的兴起》，中国社会科学出版社 1979 年。

204. 《文史资料选辑》编辑部：《文史资料精选》（第一册），中国文史出版社 1990 年。

205. 《文史资料选辑》编辑部：《文史资料精选》（第二册），中国文史出版社 1990 年。

206. 《文史资料选辑》编辑部：《文史资料精选》（第三册），中国文史出版社 1990 年。

207. 《文史资料选辑》编辑部：《文史资料精选》（第四册），中国文史出版社 1990 年。

208. 《文史资料选辑》编辑部：《文史资料精选》（第五册），中国文史出版社 1990 年。

209. 《文史资料选辑》编辑部：《文史资料精选》（第六册），中国文史出版社 1990 年。

210. 《文史资料选辑》编辑部：《文史资料精选》（第七册），中国文史出版社 1990 年。

211. 中国人民政治协商会议全国委员会文史资料委员会《围追堵截红军长征亲历记》编审组编：《围追堵截红军长征亲历记——原国民党将领的回忆》（上下册），中国文史出版社 1991 年。

212. 王成斌等主编：《民国高级将领列传》（第一集），解放军出版社 1988 年。

213. 王成斌等主编：《民国高级将领列传》（第二集），解放军出版社 1988 年。

214. 王成斌等主编：《民国高级将领列传》（第三集），解放军出版社 1989 年。

215. 王成斌等主编：《民国高级将领列传》（第四集），解放军出版社 1989 年。

216. 王成斌等主编：《民国高级将领列传》（第五集），解放军出版社 1990 年。

217. 王成斌等主编：《民国高级将领列传》（第六集），解放军出版社 1993 年。

218. 王成斌等主编：《民国高级将领列传》（第七集），解放军出版社 1993 年。

219. 李宗仁口述，唐德刚撰写：《李宗仁回忆录》（上），广西人民出版社 1980 年。

220. 李宗仁口述，唐德刚撰写：《李宗仁回忆录》（下），广西人民出版社 1980 年。

221. 白崇禧：《白崇禧回忆录》，解放军出版社 1987 年。

222. 蒋经国：《蒋经国自述》，湖南人民出版社 1988 年。

223. 张瑛：《蒋介石"清党"内幕》，国防大学出版社 1992 年。

224. 王学庆：《蒋介石和陈立夫、陈果夫》，吉林文史出版社 1994 年。

225. 范小方等：《国民党理论家戴季陶》，河南人民出版社1992年。

226. 广东省政协文史资料研究委员会编：《粤军史实纪要》，广东人民出版社1990年。

227. 萧振瀛：《华北危局纪实》，中国国际广播出版社1998年。

228. 潘俊峰主编：《日本军事思想研究》，军事科学出版社1992年。

229. 王颜星主编：《日本军事战略研究》，军事科学出版社1992年。

230.【日】桑田悦、前原透编著，军事科学院外国军事研究部译：《简明日本战史》，军事科学出版社1989年。

231.【美】戴维·贝尔加米尼，张震久等译：《日本天皇的阴谋》（上），商务印书馆1984年。

232.【美】戴维·贝尔加米尼，杨品泉等译：《日本天皇的阴谋》（中），商务印书馆1986年。

233.【美】戴维·贝尔加米尼，华幼中等译：《日本天皇的阴谋》（下），商务印书馆1986年。

234.【日】重光葵，齐福霖等译：《日本侵华内幕》，解放军出版社1987年。

235.【美】约翰·托兰，郭伟强译：《日本帝国的衰亡》（上下册），新华出版社1994年。

236.【日】重光葵，天津市政协编译委员会编译：《重光葵外交回忆录》，知识出版社1982年。

237.【日】楳本舍三，高书全、袁韶莹译：《关东军秘史》，上海译文出版社1992年。

238.【日】河本大作等，陈鹏仁译：《我杀死了张作霖》，吉林文史出版社1986年。

239.【日】儿岛襄，天津市政协编译组译：《马来之虎——山下奉文》，天津人民出版社1981年。

240.【日】今井武夫，《今井武夫回忆录》翻译组译：《今井武夫回忆录》，上海译文出版社 1978 年。

241.【日】猪木正道，吴杰等译：《吉田茂传》，上海译文出版社 1983 年。

242.【日】河上肇，储元熹译，龙仁校：《河上肇自传》，商务印书馆 1963 年。

243.赵军:《辛亥革命与大陆浪人》，中国大百科出版社 1991 年。

244.【日】信夫清三郎，周启乾译：《日本政治史》，上海译文出版社 1982 年。

245.【美】本尼迪克特，吕万和译：《菊与刀》，商务印书馆 1990 年。

246.【美】马士、宓亨利，姚曾廙译：《远东国际关系史》，上海书店出版社 1998 年。

247.【英】赫·乔·韦尔斯，吴文藻等译：《世界史纲：生物和人类的简明史》，人民出版社 1982 年。

图书在版编目（CIP）数据

苦难辉煌（大字版）/ 金一南著. -- 北京：作家出版社，2020. 8

ISBN 978-7-5212-1070-5

Ⅰ. ①苦… Ⅱ. ①金… Ⅲ. ①中国历史 – 现代史 – 通俗读物 Ⅳ. ①K270.9

中国版本图书馆 CIP 数据核字（2020）第 138999 号

苦难辉煌（大字版）

作　　　者：金一南
总 策 划：扈文建　高　路
责任编辑：苏红雨　丁文梅
出版统筹：华　婧
装帧设计：天行云翼·宋晓亮
出版发行：作家出版社有限公司
社　　　址：北京农展馆南里 10 号　　　邮　编：100125
电话传真：86-10-65067186（发行中心及邮购部）
　　　　　　86-10-65004079（总编室）
E-mail:zuojia@zuojia.net.cn
http://www.zuojiachubanshe.com
印　　　刷：玉田县嘉德印刷有限公司
成品尺寸：170×240
字　　　数：609 千
印　　　张：42.5
版　　　次：2020 年 8 月第 1 版
印　　　次：2020 年 8 月第 1 次印刷
ISBN 978-7-5212-1070-5
定　　　价：88.00 元